U0670311

清华政治学书系

政策民主

第二部

西方政治学的理论基础

史卫民◎编著

中国社会科学出版社

图书在版编目(CIP)数据

政策民主. 第二部,西方政治学的理论基础/史卫民编著. —北京:中国社会科学出版社,2017.9

ISBN 978 - 7 - 5203 - 0585 - 3

Ⅰ. ①政⋯　Ⅱ. ①史⋯　Ⅲ. ①政策—民主—研究②政治学—西方国家　Ⅳ. ①D0

中国版本图书馆 CIP 数据核字(2017)第 142979 号

出 版 人	赵剑英
责任编辑	史慕鸿
责任校对	石春梅
责任印制	李寡寡

出　　版	中国社会科学出版社
社　　址	北京鼓楼西大街甲 158 号
邮　　编	100720
网　　址	http://www.csspw.cn
发 行 部	010 - 84083685
门 市 部	010 - 84029450
经　　销	新华书店及其他书店

印刷装订	北京君升印刷有限公司
版　　次	2017 年 9 月第 1 版
印　　次	2017 年 9 月第 1 次印刷

开　　本	710×1000　1/16
印　　张	44
插　　页	2
字　　数	740 千字
定　　价	169.00 元

凡购买中国社会科学出版社图书,如有质量问题请与本社营销中心联系调换
电话:010 - 84083683

版权所有　侵权必究

"清华政治学书系"导言

  由清华大学政治学系和清华大学治理技术研究中心共同推出的"清华政治学书系"丛书，经过几年的努力，终于与读者见面了。

  "清华政治学书系"是以清华大学政治学系和清华大学治理技术研究中心为研究平台的国内学者的研究著作、研究报告、论文集等的综合集成，重点涉及四方面的研究成果。一是政治学理论的研究，尤其是当前政治学界重点关注的民主理论、治理理论、法治理论等方面的研究成果。二是治理技术的研究，重点是以治理技术的视角开展的多维度的民主治理、多层治理、有效治理、转型治理、危机治理等方面的研究所产出的成果。三是中国政治发展的研究，从理论和实践层面对中国内地以及港澳台的政治发展进行综合性比较研究的报告、论文或学术专著。四是公共政策研究，既包括宏观政策背景和政策走向的综合性研究成果，也包括具体政策的案例分析和量化研究等系列性的研究成果。出版"清华政治学书系"的目的，是为中国的政治学界提供新的理论视野，以积极姿态促进中国政治学的良性发展。

  "清华政治学书系"首批推出的是史卫民教授所著的以"政策民主"为书名的三部著作。第一部重点阐释的是"政策民主"的马克思主义理论基础，不仅系统整理了马克思主义经典作家对政策与民主关系的看法，亦对巴黎公社、苏维埃、计划经济、民主集中制和改革开放五种政策民主的理论范式作了全面的说明。第二部重点阐释的是"政策民主"的西方政治学的理论基础，系统整理了非马克思主义的西方政治学者对政策与民主关系的看法，并对直接民主、意见表达、代议制民主等十四种政策民主的理论范式作了全面的说明。第三部是"政策民主"理论体系的构建，不仅对"政策民主"的概念给出了明确的定义，还就"政策民主"理论所涉及的权力、权利、价值、社会、信息、参与、法治、制度、程序、文化等范畴涉及的问题，作出了具体的解释，并概要性地说明了"政策民主"与其他民主的关联和区别。

　　"清华政治学书系"的出版，得到了香港新范式基金会的支持和赞助，在此特别表示衷心的感谢。

　　关注中国问题、发展中国政治学，是"清华政治学书系"的基本宗旨。对于本丛书所推出的各种著述，欢迎学界同仁和广大读者提出批评意见。

张小劲

2017 年 9 月 10 日

清华政治学书系

研究成果之一

《政策民主·第一部·马克思主义的理论基础》

研究成果之二

《政策民主·第二部·西方政治学的理论基础》

研究成果之三

《政策民主·第三部·理论体系的构建》

目　　录

前　　言

在中国的现代化进程中，政治发展扮演了重要的角色。通过对改革开放以来中国政治发展的全景式研究，尤其是对影响中国政治发展的经济、制度、民主、法治、政治文化、公民社会、社会冲突、国际影响、政策、发展方式十个主要因素的分析，可以看出尽管经济、制度、民主、法治、政治文化、公民社会、社会冲突、国际影响等因素在中国政治发展中都起了重要的作用，但这些因素都不是主导中国政治发展的根本性因素，真正主导或决定中国政治发展的应该是政策因素，政策因素极大地影响、主导甚至制约着其他因素的发展，并形成了"政策主导型的渐进式改革"的政治发展范式。① 换言之，在国家的现代化进程中，政治发展范式可以有多种选择，对政治发展范式本身也可以有不同的解释。在多种可能被选择的政治发展范式中，改革开放以来，中国真正选择的应是"政策主导"的政治发展范式。②

正是因为"政策"在中国政治发展中扮演着极为重要的角色，作为政治学的学者，就不能不关注一个重大的理论问题：在"政策"与"民主"之间，能否形成紧密的关系？如果"政策"与"民主"能够结合在一起，进而影响国家的政治发展方向，那么中国的"政策主导"政治发展范式（"政策主导型的渐进式改革"的政治发展范式），就可能具有鲜明的民主特征，并最终成为一种被更多人理解和支持的政治发展范式。

为此，我们认为需要引入一个重要的概念，这个概念就是"政策民主"，并且在 2011 年出版的著作中使用了这一概念，着重于解释在中国的

---

①　参见史卫民《"政策主导型"的渐进式改革——改革开放以来中国政治发展的因素分析》，中国社会科学出版社 2011 年 10 月版。

②　参见史卫民、张小兵《中国政治发展范式的选择》，中国社会科学出版社 2013 年 10 月版。

政治发展状态下，"选举民主"与"政策民主"各有什么样的发展空间，还给出了"政策民主"的简单定义，即"政策民主是以政策民主化及公民参与政策过程为代表的民主"。① 2013 年，我们又对"政策民主"概念作出了新的解释，强调"政策民主"是一种程序性的民主，要求以民主的方式改变封闭的政策过程，使公共政策能够获得更好的民意基础；此外，我们还讨论了"政策民主"与"选举民主"、"协商民主"、"人民民主"、"党内民主"、"网络民主"的关系问题，并对"政策民主"如何推动中国的政治体制改革作了总体性的说明。②

"政策民主"确实是一个新的概念，因为无论是在马克思主义学说还是在非马克思主义的西方政治学的发展中，还没有人使用这样的概念，只出现过"决策民主"、"民主决策"、"民主政策"等与之相近的概念。"政策民主"要成为一个严谨并且通用的学术概念，并用于实践，必须回答三个彼此相关的问题。第一个问题是如果将"政策民主"视为一种理论，它是有其自身的理论渊源，还是"无源之水"，直接由作者自己"构想"出来的；换言之，将"政策"与"民主"联系在一起，是否有过先例，甚至出现过一些具有代表性意义的理论解释范式。第二个问题是"政策民主"更准确的定义是什么，它将涉及哪些领域的问题，尤其是在规范性意义上，"政策民主"能否成为民主理论中的一种系统性的理论表述。第三个问题是与民主有关的概念不是太少，而是已经太多，那么为什么还要提出"政策民主"的概念，它的理论意义何在，实践意义何在，它与其他民主概念的区别何在。要回答这些问题，显然既需要进行更深入的理论研究，也需要对实践经验等进行更全面的梳理。

为回答第一个问题，我们不仅要在马克思主义学说中寻找将"政策"与"民主"联系在一起的先例，也要在非马克思主义的西方学者的学说中寻找先例，本书就是对西方政治学学者相关论点的整理。通过整理可以发现，从古希腊开始，政策与民主的关系问题已经进入学者的视野，并且经过长期的历史发展，在西方政治学学者中形成了解读政策与民主关系的直接民主、意见表达、防止专制、代议制民主、法治、精英决策、官僚决

---

① 参见史卫民《"政策主导型"的渐进式改革——改革开放以来中国政治发展的因素分析》，第 644—645 页。

② 参见史卫民、张小兵《中国政治发展范式的选择》，第 177—192 页。

策、行政民主、决策民主、多元民主、公共选择、组织决策、治理导向、民主政策科学十四种主要的理论解释范式。也就是说，"政策民主"理论在西方政治学中也能找到"源"和相应的理论基础。

本书对西方政治学学者各种论点的梳理和归类，同样是"粗线条"的，也只是为政策与民主关系的理论解读画出了一个基本轮廓。由于作者学识有限，无论在理论解释范式的划分上，还是在论点的梳理上，都可能有重大遗漏，希望方家给予批评和指正。

第二部

西方政治学的理论基础

第一章　政策与民主在西方传统政治学中的三次交集

政策与民主的交集，在西方学术界有悠久的历史。如果将从古希腊时期到19世纪末叶的西方政治学视为"传统政治学"，以与近代和当代政治学有所区别，可以看到在西方传统政治学的发展过程中，政策与民主有过三次重要的交集，本章将概要介绍这三次交集中出现的重要论点。

一　政策与民主的第一次交集：古希腊、古罗马和中世纪

政策与民主显然是不同的两个问题，但是在这两个问题之间，是否有一定的关系，在列出古希腊、古罗马和中世纪一些政治学家的基本看法后，就能得出清楚的答案。

（一）亚里士多德：直接民主政策范式的提出

在西方政治学中，最早关注政策问题的应该是柏拉图（Plato，前427—前347年），他指出在波斯人的政治制度下，统治者制定政策不是根据他们统治下的臣民的利益，而是维护他们自己的权威。一个人不应该以统治得好，而应该以服务得好而感到骄傲，并且首先是服务于法律。真正的政治技能的合适对象并不是个别的私人利益，而是公共利益。就是这种公共利益把国家团结在一起，而私人利益则会弄得国家分崩离析。① 柏拉图赞赏的是在有争议的政策中，年长者和年轻人的结合，这样的结合能够

---

① 参见［古希腊］柏拉图《法律篇》，张智仁、何勤华译，上海人民出版社2001年7月版，2002年2月第2次印刷本，第99、175、309页。

为国家安全提供有力的保证。①

亚里士多德（Aristotle，前384—前322年）将政策与政体问题联系在了一起，强调想包揽并尽可能地加强有利于自己一方面的势力，并非良好的政策；凡能维护其所创政体于久远者，才可说是良好的政策。②

亚里士多德还看到了公民在政策中的作用，并提出了三个重要的论点。

第一个论点是理想政体中的公民应该是以道德优良的生活为宗旨而既能治理又乐于受治的人们，任何公民都应为城邦所公有，每一公民各成为城邦的一个部分，任何对于个别部分的照顾必须符合于全体所受的照顾。③

第二个论点是群众比任何一个人可能作较好的裁决，多数群众也比少数人为不易腐败；"无论从政是一件好事还是坏事，正也应该让全体公民大家参与政治"；"一个城邦，一定要参预政事的公民具有善德，才能成为善邦。在我们这个城邦中，全体公民对政治人人有责（所以应该个个都是善人）"。④

第三个论点是公民的政策参与可以有三种不同的做法，一是把一切事项交给全体公民审议，二是把一切事项交给某些公民，三是把某些事项交给全体公民审议而另一些事项交给某些公民审议；但是最高治权应属于公民大会，一切政事至少是军国大事必须由公民大会裁决；执政人员完全没有主权，或至少应把他们的权力限制得很小很小。⑤

亚里士多德的这些论点，实质上是要求以直接民主的方式来解决政策问题，并且将最终决策权赋予公民大会。这样的理论表述，可以概称为"直接民主决策范式"。

（二）西塞罗和阿奎那：不同的政策视角

古罗马时期的西塞罗和中世纪的阿奎那，在政策问题上有完全不同的

---

① 参见［古希腊］柏拉图《法律篇》，第432页。

② 参见［古希腊］亚里士多德《政治学》，吴寿彰译，商务印书馆1965年8月第1版，1997年第2次印刷本，第323页。

③ 同上书，第114—129、154、406—407页。

④ 同上书，第46、101—102、384页。

⑤ 同上书，第215—218、312—313页。

视角。

西塞罗（Cicero，前106—前43年）关注的是权力对政策的影响，他认为正是由于系统阐述政策上的难题，才使权力从一个君主转移到更多人手中；也正是民众集会的任性和轻率，才使得权力从多数人转移到少数人手中。[①] 与亚里士多德的直接民主决策思路有所不同的是，西塞罗希望为政策建立一种平衡权力的制度：如果承认元老院是公共政策的领导者，并且所有其他等级都维护元老院的法令，并愿意允许最高等级以其智慧进行治理，那么这一妥协——最高权力给予人民而实际权力给予元老院——就使那种平衡和谐的制度成为可能。在人民大会和元老院应保持节制；元老应熟悉公共事务；人民的集会不得使用武力，应尊重否决权，否决一个坏议案的人应视为服务出色的公民；每次只应将一个问题交给人民表决，给予公民个人和官吏发言的机会；应把有待解决的问题告知人民，并允许其他官吏和公民私人告知人民。[②]

阿奎那（Thomas Aquinas，1224—1274年）关注的是公共福利、公共幸福、公共利益问题，这些问题实际上都是政策问题。他指出在君主统治下人们往往不大容易对公共福利发生兴趣，因为他们认为无论对公共幸福作出任何贡献，都不能使自己得到好处，而只能便宜任何出来掌握公共利益的个人。但如果不是一个人掌握公共利益，他们在着手处理共同的事业时就觉得好像是自己的事情，并不单纯对另一个人有好处。无论是谁，只要他促进社会的公共幸福，他就是促进他他自己的个人幸福。国王的职责就在于殚心竭虑地增进公共福利，并有三项任务：一是他必须首先确立他所统治的社会的安宁；二是他必须保证不让任何事情来破坏这样地建立起来的安宁；三是他必须费尽心机继续扩大这种福利。许多人在一起生活，除非其中有一个人被赋予权力来照管公共幸福，是不可能有社会生活的。安排有利于公共幸福的事务，乃是整个社会或代表整个社会的某一个个人的任务。法律的公布乃是整个社会或负有保护公共幸福之责的政治人的事情，公布目的的人也就是公布用以达到目的的手段的人。[③]

---

① 参见［古罗马］西塞罗《国家篇　法律篇》，沈叔平、苏力译，商务印书馆1999年8月第1版，2008年5月第5次印刷本，第42页。
② 同上书，第229、239、245—247页。
③ 参见《阿奎那政治著作选》，马清槐译，商务印书馆1963年3月第1版，2007年10月第5次印刷本，第54、70、87—89、102—105、137页。

西塞罗显然还具有认同人民参与政策的取向，阿奎那则完全不具有这样的取向，因为他所强调的是公共幸福的希望应该完全寄托在统治者身上。

（三）马基雅维里：意见表达政策范式

尼科洛·马基雅维里（Niccollo Machiavelli，1469—1527 年）是中世纪思想家中较多谈论政策问题的人，可以归纳出他的六个重要论点。

（1）公共事务（应包括公共政策）应是公众注意的问题。即使一个人精于治理，假如事务的秩序总是由他一肩独担，它本身也不会长久；若是始终受到众人的关切，其存续与众人休戚相关，则可传之久远。众人虽然意见各异，不知制度之益，故而不善治理，然一俟他们辨明其善，也不会轻言放弃。①

（2）建立公民发表意见的制度。护民官或任何公民都能向人民提出制定法律的动议。在作出决定之前，每个公民无论赞成还是反对，都能对它发表意见。公民良善，此种制度亦可称良善，因为能够提出动议的每个人都是出于良好的公心，而且人人都能表达自己的看法，在听取各方的意见后，人民可以择善而从。切不可建立这样的制度，使少数人能够把维护共和国所必须的决定束之高阁。②

（3）人民能够作出正确的政策选择。人民对事情作出判断时，如果听到两个辩论家各执一词，他们的德行又不相上下，则人民鲜有不接受更好的意见、不相信他们听到的真理的时候。君主在制定法律、构建文明生活、颁布新的法规政令方面优于人民，人民则在维护事务之良序上优点突出。优秀的公民，即使看到民众的狂热有害，也绝不会杯葛决策，尤其是那些刻不容缓的决策。③

（4）选择明智的政策。当人们权力相同而意见相左时，要想作出一项好的决定谈何容易。④ 在软弱无力的共和国中，最糟糕的事情莫过于优

---

① 参见［意］尼科洛·马基雅维里《论李维》，冯克利译，世纪出版集团、上海人民出版社 2005 年 5 月版，第 44、72 页。

② 同上书，第 99、173 页。

③ 同上书，第 195、246—247 页。

④ 参见［意］尼科洛·马基雅维里《佛罗伦萨史》，李活译，商务印书馆 1982 年 5 月版，2008 年 9 月第 6 次印刷本，第 228 页。

柔寡断，所采取的一切政策都是出于迫不得已。假如有人对政策得到遵从能够产生怀疑，它便不是明智的政策。对事务作出判断时，总是遵从应然之理，总是以弊端较少者为上策。对于所有的政策，都要考虑其中的缺陷和危险，如果它弊多利少，即使断定它符合他们的决定，也不可采用。①

（5）杰出人士决策。决策倘若不是由最杰出的人士做出，往往与一切真理背道而驰。因拙劣的谋士或政策陷入绝境的人，都是因为没有好好评估自己的实力。要有讲明真相的勇气。在决策中应当彻底避免中庸之道，因为它是有害的。做事要考虑时代因素，要因时制宜，在大事上更应当如此。谋士的两难境地是不果断进言或玩忽职守，提出建议则可能拿自己的性命和国家冒险，因此无论进言还是维护意见，都不要过于热情，要保持一定的分寸。②

（6）政策说服和泄愤。共和国于法律中设置让民众对某个公民泄愤的渠道，是多么的有用而必要。这种正常渠道的阙如，会使众人诉诸反常的渠道。消除谣言的上策，就是广开指控的言路。你打算让人民相信的事情，表面看上去是得还是失；你所采取的策略，在别人眼里，是出于勇敢还是懦弱。策略若有懦弱或损失的外表，尽管背后潜藏着安全与收益，那也很难让人信服。③

马基雅维里的这些论点之所以重要，是因为他为西方政治学解读政策与民主的关系创造了一个不可忽视的"传统"：既承认"精英决策"的现实（注重杰出人士决策），也要求为民众表达意见保留一定的空间（建立公民发表意见的制度等）。这样的表述，由于重在民众的意见"表达"而不是直接的决定，显然与直接民主政策范式不同，为显示区别，可以概称为"意见表达政策范式"。

（四）直接民主政策范式的赞成者与反对者

中世纪的空想社会主义思想家是直接民主决策范式的赞成者，并设计了"议事会"、"大会议"等决策形式。如托马斯·莫尔（Thomas More，1478—1535 年）指出，在别的国家，人们固然谈说公共福利，但所奔走

---

① 参见［意］尼科洛·马基雅维里《论李维》，第 108、145—147、177 页。
② 同上书，第 271、274—277、343、415—416 页。
③ 同上书，第 66、69、180 页。

打算的却只是私人的利益。在乌托邦，私有财产不存在，人们就认真关心公事。任何涉及国家的事，在通过一项法令的三天前如未经议事会讨论，就得不到批准。在议事会外或在民众大会外议论公事，以死罪论。议事会照例不在某一问题初次提出的当天讨论，而是留到下次会议上，以防止任何成员未经深思，信口议论。① 康帕内拉（Tommaso Campanella，1568—1639 年）设想的太阳城，每月朔望举行过祈祷仪式以后，就召开"大会议"。二十岁以上的公民全体出席，每个人都有权对共和国的缺点和对政府负责人员执行工作的好坏提出自己的意见。由妇女或男子组成的十人团、五十人团和百人团的各领导人，也举行会议讨论国事和选出"大会"预先提名的负责人员。除了完全不知道应该怎样解决的问题外，他们不会用抽签的办法来解决问题。②

布丹（Jean Bodin，又译博丹，1530—1596 年）则是直接民主政策范式的反对者，他明确指出，对民众而言，聚集起来商讨国家大事远非恰当，或许从根本上来说就不应当这么做。③

从古希腊到中世纪，尽管列出的西方政治学家的论点不是很多（因为我们不是要作一个全面的政治思想史方面的论述），但是已经可以看出，在早期政治学中，政策问题与民主问题确实已经有了重要的交集，并出现了影响后世的两种重要的理论表述，一种是亚里士多德对"直接民主政策范式"的表述，另一种是马基雅维里对"意见表达政策范式"的表述。正是有了这些表述，使得政策问题与民主问题的第一次交集具有了不可忽视的地位，后来研究此类问题的西方学者，往往都会将其理论源头追溯到亚里士多德或是马基雅维里。

二　政策与民主的第二次交集：资产阶级革命时期

16 世纪中叶至 18 世纪末叶，随着资产阶级革命的发生与发展，不仅

---

① 参见［英］托马斯·莫尔《乌托邦》，戴镏龄译，商务印书馆 1982 年 7 月第 2 版，1997 年 2 月第 8 次印刷本，第 55、115 页。

② 参见［意］康帕内拉《太阳城》，陈大维、黎思复、黎廷弼译，商务印书馆 1960 年 4 月第 1 版，1980 年 5 月第 2 版，1997 年 4 月第 5 次印刷本，第 39—40 页。

③ 参见［法］让·博丹《主权论》，李卫海、钱俊文译，北京大学出版社 2008 年 12 月版，第 98 页。

民主问题成为思想家重点关注的问题，政策与民主的关系问题也引起了不少人的注意，由此出现了政策与民主之间的第二次重要交集。民主思想的发展已经有人作过系统的总结，我们所要引述的，主要是这一时期思想家在政策与民主关系方面提出的重要论点。

（一）英国资产阶级革命时期：对政策专制的挑战

尼德兰革命和英国革命，需要相应的理论解释，在这样的解释中，政策已经成为难以回避的问题，霍布斯、弥尔顿、哈林顿、洛克以及斯宾诺莎等人都提出了自己的见解。

1. 霍布斯："政策专制"的代表

霍布斯（Thomas Hobbes，1588—1679 年）注意到了在政策过程中，可能面临的五大问题。

第一个问题是针对"公共利益"的。善于治家和善于治国并不是程度不同的两种慎虑，而是两种不同的事情。公私利益结合得最紧密的地方，公共利益所得的推进就最大。①

第二个问题是针对"政策质量"的。要注意建议与命令的区别，命令是为了本人的利益，建议是为了别人的利益。会议的公众意见如果在辩论终结前可以看出来，就不应当征询，也不应当接受任何进一步的建议。

第三个问题针对的是"决策者的条件"。参议者应该具有的条件：一是本身的目的与利益不能和对方的目的与利益相矛盾；二是应当避免那些易于激动感情的模糊、混乱和含混不清的表达方式以及一切隐喻式的语言；三是除开自己十分精通而又经过深入思考与研究的事情，任何人都不能认为是一个良好的参议者；四是提供他国事情的建议必须熟悉该国的情报与文献；五是最好分别听取参议者的建议而不要聚在一起听取。②

第四个问题针对的是"政策代议制"。没有合法的会众的权力为根据，聚会的一群人所作出的任何行为都是当时在场并协助其实现的每一个人的个别行为，而不像一个整体所作的行为那样是他们全体的行为；对于不在场或在场而不愿作出这种行为的人说来，就更不能算是他们的

① 参见［英］霍布斯《利维坦》，黎思复、黎廷弼译，商务印书馆 1985 年 9 月第 1 版，1996 年 4 月第 4 次印刷本，第 53、144 页。

② 同上书，第 197—205 页。

行为。①

　　第五个问题针对的是"政策说服"。教导人民的具体做法，一是教导人民服从自己的政府形式，二是教导人民识别主权僭越者，三是教导人民不能轻视主权代表者，四是让臣民学习正义之德，五是教导人民认识不义的行为。②

　　从霍布斯关注的政策问题不难看出，他所主张的，应该是一种让人们服从与君主统治密切相关的"政策专制"。

　　2. 弥尔顿：代议制民主政策范式的早期倡导者

　　约翰·弥尔顿（John Milton，1608—1674 年）明确指出，没有官吏和世俗政府就不可能有共和国，不可能有人类社会。人民的集会、投票、决议、行动、法令同样是源于上帝的。③

　　弥尔顿反对贵族控制的议会，认为下议院中明智善良的人往往比上议院要多得多，当大多数人民或民族的精华参加下议院时，可以毫不犹豫地说他们代表了全体人民。上议院的议员也可以作为人民的代表投票，但是他们不能代表自己，而只能代表他自己那个选区的选民。由于平民代表选区，贵族只代表个人，所以平民比贵族更有权威、更高贵、事事更应占先。国王召集议会时，只是在执行人民交给他的任务和职权；议会本身定期召开会议，不受国王、主教、贵族等的影响，"因为议会中要解决的和根据人民愿望决定的事情都是人民自己的事情，而不是国王的事情"。议会尤其是下议院是国家的最高机关，对各种法庭和普通权力机关都具有一种持续的控制力和权威。议员是由绝对自由的人民选任的，他们具有商讨重大事件的充分权力和权威。④

　　弥尔顿还明确指出，议员们应该听取一切有益于他们决定国策的意见；议会在重要问题上意见分歧时，人民中那些最有主张、最有原则的人，绝不考虑议会里哪一方人数最多，而是考虑哪一方理由最充足、办法最稳妥；同时在遇有好的动议或建议时，他们也绝不检查该动议或建议的通过是由于外人的压力还是由于自己的信服，也不以表决者的动机衡量选

---

①　参见 ［英］霍布斯《利维坦》，第 372—373 页。

②　同上书，第 263—266 页。

③　参见 ［英］约翰·弥尔顿《为英国人民声辩》，何宁译，商务印书馆 2011 年 7 月版，第 78、102 页。

④　同上书，第 168—169、179、182、185—186、194—196、216 页。

票和建议。①

弥尔顿所倡导的，显然既不是"直接民主政策范式"，也不是"意见表达政策范式"，而是依托议会决策的政策范式，即"代议制民主政策范式"。应该看到，弥尔顿的表述，带有强烈的"平民代表"色彩，其核心要素就是人民选任议员—平民代表选区—议员代表人民决策。

3. 哈林顿、洛克：法治政策范式的早期版本

詹姆士·哈林顿（James Harrington，1611—1677 年）认为共和国或民主政府是最好的政府。一个平等的共和国是唯一没有缺陷的共和国，也是唯一尽善尽美的政府形式。人类的共同利益就是共同权利，民主政府的利益最接近全人类的利益，民主政府的理智最接近正确的理智。②

在哈林顿看来，凡是不能防止私人利益横行祸患的政府，就不可能是好政府。凡是能够免于这种祸患的政府，就必然是完美的政府。一个人民如果对自己的政府感到满意，这就肯定地说明那个政府是好政府，而且人民有了这个政府也能得到许多好处。人民的错误都是由统治者产生的，如果他们对自身的道路发生怀疑，或者偏离了正道，那都是因为领导者引错了方向。③

哈林顿重视法律与法治对政府的重要性，强调行政官员的手既是执行法律的力量，那么行政官员的心就必须向人民负责。如果说共和国是法治的政府而不是人治的政府，那么这种国家便是以德治理的王国而不是以人治理的王国。④

哈林顿将共和国、民主政府、法治政府联系在一起，强调政府应具有明确的共同利益导向、对人民负责并使人民满意。在这样的表述中，政策问题应该是与政府和法治联系在一起的，尽管哈林顿并没有使用"政策"的概念，但还是可以将他的学说视为"法治政策范式"的一种早期版本。

洛克（John Locke，1632—1704 年）没有使用民主政府的概念，而是

---

① 参见［英］约翰·弥尔顿《建设自由共和国的简易办法》，殷宝书译，商务印书馆 2013 年 1 月版，第 6、12—13 页。

② 参见［英］詹姆士·哈林顿《大洋国》，何新译，商务印书馆 1963 年 9 月第 1 版，1996 年 7 月第 4 次印刷本，第 22—23、33—35 页。

③ 同上书，第 19、69、204、238 页。

④ 同上书，第 26、38 页。

使用了"公民政府"的概念。他不仅认为政府是为被统治者的福利，而不是为统治者独自的利益而设的；① 还强调公民的社会需要公民政府，认为公民政府是针对自然状态的种种不方便情况而设置的正当救济方法。如果以公众的集体力量给予一个人或少数人，并迫使人们服从这些人根据心血来潮或直到那时还无人知晓、毫无拘束的意志而发布的苛刻和放肆的命令，而同时又没有可以作为他们行动的准绳和根据的任何规定，那么人类就处在比自然状态还要坏的状况中，因为政府所有的一切权力，既然只是为社会谋幸福，因而不应该是专断的和凭一时高兴的，而是应该根据既定的和公布的法律来行使。② 洛克的论点尽管与哈林顿有所不同，但也应该属于"法治政策范式"的早期版本，强调的是公民政府的法治和重视被统治者福利的取向。

4. 斯宾诺莎：议事会的沟通作用

对尼德兰革命有重要影响的斯宾诺莎（Benedict de Spinoza，1632—1677 年）认为民主政体的基本目的在于避免不合理的欲求，竭力使人们受理智的控制，这样大家才能和睦协调相处。公民服从统治权的命令，命令是为公众的利益。最坚强的统治是属于最能左右国民之心的统治者。③ 国家必须组织得使所有的成员，统治者也好，被统治者也好，不论是否愿意，都按公共利益行事，换句话说，必须使全体成员，不论出自自愿，还是出自强制或必要，都按照理性的指令来生活。除了根据共同的政令，或符合公意的事情以外，人们没有权利做任何事情。一个不能管好自己和私人事务的人更不能管好公共事务。④

斯宾诺莎应该是"代议制民主政策范式"的赞同者，但是他所看重的，不是英国体制下的议会，而是君主政体下的议事会。议事会的主要任务是维护国家的根本法，并且对政务提出建议，俾使君主得知为了公共利益应当采取什么决策。议事会颁布法令和决定，并监督国家的全部

① 参见 ［英］洛克《政府论》，上篇，瞿菊农、叶启芳译，商务印书馆 1982 年 11 月版，1996 年 7 月第 6 次印刷本，第 79 页。

② 参见 ［英］洛克《政府论》，下篇，叶启芳、瞿菊农译，商务印书馆 1964 年 2 月第 1 版，1997 年 4 月第 9 次印刷本，第 10、86 页。

③ 参见 ［荷兰］斯宾诺莎《神学政治论》，温锡增译，商务印书馆 1963 年 11 月第 1 版，1997 年 2 月第 4 次印刷本，第 217—219、227、260 页。

④ 参见 ［荷兰］斯宾诺莎《政治论》，冯炳昆译，商务印书馆 1999 年 10 月版，第 20、47、122 页。

行政。议事会是公民与统治者沟通的唯一渠道，公民的要求或请愿书均须通过议事会转呈。只有在全体成员出席的情况下，议事会才能对国家政务做出决定。获得多数通过的议案，显然是对多数国民有利的议案。除了国家设立的议事会外，还可以在各城市设立下属的议事会。公民必须服从议事会颁布的一切法令。绝不会有人想向议事会行贿。委托具有充分规模的议事会行使的统治是绝对统治，或几近于绝对统治。①

与斯宾诺莎同时代的德国学者萨缪尔·普芬道夫（Samuel Pufendorf，1632—1694 年）认为，一个人不应当接受或者担负任何他认为自己不适宜的公共职责。那些辅佐国家统治者商议国家大事的人必须密切关注国家的所有情况，他们应当巧妙地、如实地、公正地提出任何对国家有益的建议；他们商议的目的都是为了他们国家的福祉而不是他们自己的财富或者权力；他们不应通过阿谀奉承怂恿君主干邪恶的事；他们必须避免非法的派系斗争和联盟；他们不应当保密应当公开的东西，也不应当散播应当保密的东西；他们不应当接受外国人的贿赂；他们考虑公共事务应当有别于考虑私人事务或者娱乐。②

尼德兰革命和英国革命时期的思想家，较少使用"政策"的概念，只能通过决定、决策、立法等词汇的使用，才能了解他们对"政策"的态度，并从中体会出他们对霍布斯倡导的"政策专制"的否定意见，以及具有一定民主倾向的政策思维。

（二）法国资产阶级革命时期：政策理性化倾向

法国资产阶级革命前后的思想家，如孟德斯鸠、卢梭、霍尔巴赫、孔多塞、马布利等人，都讨论了与政策有关的各种问题，并且表现出了较强的政策理性化倾向。

1. 孟德斯鸠：代表机关是为了立法而不是决定

孟德斯鸠（Baron de Montesquien，1689—1755 年）对代表机关的作用有以下评价：代表的最大好处，在于他们有能力讨论事情，人民是完全不适宜于讨论事情的，这是民主政治重大困难之一。代表机关不是为了通

---

① 参见［荷兰］斯宾诺莎《政治论》，第 52—62、66—75、92 页。

② 参见［德］萨缪尔·普芬道夫《人和公民的义务》，张淑芳译，陕西出版集团、陕西人民出版社 2009 年 10 月版，第 130 页。

过积极性的决议而选出的，因为这是它所做不好的事；代表机关是为着制定法律或监督它所制定的法律的执行而选出的，这是它能够做得很好的事情。① 这样的论点，强调了代议机关的立法功能和监督功能，而不是决策功能，显然是在"代议制民主政策范式"的理论解释方面，与弥尔顿和斯宾诺莎有所不同的另一种表述。

孟德斯鸠还认为治国的人不要为外国的箴规训则所感染陶醉，外国的箴规训则总不如本国既有的箴规训则合适。在一个大的共和国里，公共的福利成了千万种考虑的牺牲品，公共服务要服从许多的例外，要取决于偶然的因素。在一个小的共和国内，公共的福利较为明显，较为人们所了解，和每一个公民的关系都比较密切。②

2. 卢梭：公意的作用

卢梭（Jean-Jacques Rousseau，1712—1778 年）认为，就民主制这个名词的严格意义而言，真正的民主制从来就不曾有过，而且永远也不会有。多数人统治而少数人被统治，那是违反自然的秩序的。我们不能想象人民无休止地开大会来讨论公共事务。③ 卢梭还就"公意"对公共讨论的影响，提出了以下看法。

第一，公意代表公共利益。主权就是公意的运用，唯有公意才能够按照国家创制的目的，即公共幸福，来指导国家的各种力量。公意永远是公正的，并且永远以公共利益为依归。我们每个人都以自身及其全部的力量共同置于公意的最高指导之下，并且我们在共同体中接纳每一个成员作为全体之不可分割的一部分。公意必须从全体出发，才能对全体都适用。使意志得以公意化的与其说是投票的数目，倒不如说是把人们结合在一起的共同利益；因为在这一制度中，每个人都必然地要服从于他所加之于别人的条件。这种利益与正义二者之间可赞美的一致性，便赋予了公共讨论以一种公正性。甚至于是为了金钱而出卖自己选票的时候，他也并未消灭自己内心的公意，他只是回避了公意而已。任何人拒不服从公意的，全体就

① 参见［法］孟德斯鸠《论法的精神》，张雁深译，商务印书馆 1963 年 3 月第 1 版，1997 年 2 月第 8 次印刷本，上册，第 7—9、158—160 页。

② 参见［法］孟德斯鸠《论法的精神》，上册，第 124 页；下册，第 196 页。

③ 参见［法］卢梭《社会契约论》，何兆武译，商务印书馆 1980 年修订第 2 版，1997 年 2 月第 8 次印刷本，第 88 页。

要迫使他服从公意。① 只要细心观察以下任何一次公共集会，你就会发现公意总是以共同的幸福为归依的，不过会中也隐藏着一种分裂的倾向，一种为了达到个人目的而与公共集会的自然情绪相背离的小团体意识。②

第二，"公意"不同于"众意"。众意与公意之间经常总有很大的差别，公意只着眼于公共的利益，而众意则着眼于私人的利益。如果当人民能够充分了解情况并进行讨论时，公民彼此之间没有任何勾结，那么从大量的小分歧中总可以产生公意，而且讨论的结果总会是好的。但是当形成了派别的时候，形成了以牺牲大集体为代价的小集团的时候，投票者的数目已经不再与人数相等，而只与集团的数目相等。为了很好地表达公意，最重要的是国家之内不能有派系存在，并且每个公民只能是表示自己的意见。③

第三，政府政策应符合公意。有两种公意，一种是对全体公民而言的，另一种是仅只对行政机构的成员而言的。尽管政府可以随自己的意思规划自己内部的政策，但是除非是以主权者的名义，也就是除非是以人民本身的名义，政府是绝不能号令人民的。④

第四，不召开全体人民大会辨别公意。一个国家无论是多么小，它的人口总是众多的，是很难由它的全体成员一起来治理的。公众的利益和法律都没有任何自然的力量，而且还不断遭到官员和社会成员的个人利益和贪欲的侵害。在公意的表达不明显的情况下，应如何识别公意呢？每一次处理意外的事情时是不是都需要召开全体人民大会呢，我的回答是尽可能不召开。首领们只需处事公正就行了。⑤

第五，人人都应关心国家大事。国家的体制愈良好，则在公民的精神里，公共的事情也就愈重于私人的事情。私人的事情甚至于会大大减少，因为整个的公共幸福就构成了很大一部分个人幸福，所以很少还有什么会是再要个人费心去寻求它了。在一个政绩良好的城邦，人人都会奔向大会去的。"只要有人谈到国家大事时说，这和我有什么相干，我们可以料定

---

① 参见［法］卢梭《社会契约论》，第24—25、29、35、39、42—43、137、184页。
② 参见［法］卢梭《政治经济学》，李平沤译，商务印书馆2013年5月版，第8—11页。
③ 参见［法］卢梭《社会契约论》，第39—41、135—136页。
④ 同上书，第90页。
⑤ 参见［法］卢梭《政治经济学》，第4、14—15、34页。

国家就算完了。"① 愿政府让公民们充分参与公共事务的处理，使他们感到在当家做主人。②

第六，行政层级与效率。距离越远行政就越发困难，随着层级的繁多，行政负担也就越来越重；我们应该更加重视一个良好政府所产生的活力。行政官的人数越多，则政府也就愈弱；负责的人越多，则处理事务就愈慢；随着行政官的增多，政府也就会松弛下来。③

从卢梭的论点不难看出，他明确反对的应该是"直接民主政策范式"，而不是反对公民的政策参与，因为他十分看重公民的意见表达对形成公意的决定性作用。

3. 公正或明智决策的不同思路

马布利、霍尔巴赫、塔列朗等人，都就如何产生公正、明智或正确的政策，提出了自己的看法。

马布利（Mably，1709—1785 年）指出，如果我们想使执政者公正，就应当使国家的需求不多；而为了使执政者更习惯于公正，就应当使法律不给予执政者以可以比其他公民有更多需要的条件。活动受到限制的政府，在国家的需要有节制的条件下，不可能使财政发生混乱。凡是用来增加国家或其执政者的需要的东西，按它们的本质来说，都是罪恶的东西；相反地，能够减少需要的一切法律，都是济世救民和英明的法律。④

霍尔巴赫（Holbach，1723—1789 年）认为国王的政策常常是各种罪过的大杂烩。暴君的原则和利益同正确的政策是完全不相容的。在治国事业上正确的政策以理性、法律和显而易见的社会利益为指针，这种政策无须以欺骗作为使人们服从的手段。⑤ 政府的措施只在两种情况下引起普遍不满：一种情况是措施显然不好，而且是长期不好；另一种情况是措施本身好，但被居心不良的人恶意曲解了。在第一种情况下，必须找出灾难之源，消除管理工作中引起人民不满的缺点。在第二种情况下，最高统治者应该把人民从迷误中引导出来，做到使人民了解自己的真实意图，逐步使

① ［法］卢梭：《社会契约论》，第 124—125 页。

② 参见 ［法］卢梭《政治经济学》，第 25 页。

③ 参见 ［法］卢梭《社会契约论》，第 63—65、82—85 页。

④ 参见《马布利选集》，何清新译，商务印书馆 2011 年 7 月版，第 61—62 页。

⑤ 参见 ［法］霍尔巴赫《自然政论》，陈太先等译，商务印书馆 1994 年 3 月第 1 版，1999 年 3 月第 2 次印刷本，第 243、408 页。

他们摆脱偏见，揭穿贪污腐化分子妄图唆使人民反对有利于祖国的合理措施的阴谋。只有在最高统治者认为自己没有必要去说服臣民的时候，臣民才会反对政府的合理措施。健全合理的政策负有教育人民的使命，它应该指导人民，培养人民的理智和热情，使他们公正无私、讲人道，把他们培养成为社会人。错误的政策或者忽视教育公民，或者坚决反对教育。①

塔列朗（Charles Maurice de Talleyrand-Perigord，1754—1838 年）指出，我的政策一直是法兰西的政策，民族的政策，明智的政策，根据时代需要制定的政策，只要那些人遵从公共意愿，我就会忠于他们。在重大问题上，不要征求别人的意见，应该权衡利弊，大胆抉择，坚决行动。在制定方针之后，有了全局观点，我就不去管那些细节了。一切都无可挽回之日，就是重大决策之时。当社会无力创建一个政府时，那么，就由政府来创建一个社会好啦。利用人民之前，就要先将人民的思想搞乱。一个王国应该由一些民主主义者来治理，而一个共和国则应由一些贵族来治理。②

4. 孔多塞：建立多数决定规则

孔多塞（Condorcet，1743—1794 年）认为，人们感到要确保每个人的权利的办法，便是在每个社会里都要服从共同的规则，而选择这些办法、决定这些规则之权就只能是属于这同一个社会的成员的大多数；因为每个个人在这类选择中既然不可能追随自己的理性而又使别人并不是屈从，所以大多数人的意愿就成为了可以被所有的人所采纳而又不损害平等这条真理的唯一特征了。这既是大多数人对于社会及其成员的权利，同时也是对于这些权利的限制。这便是那种一致同意的根源，它使得唯有大多数人所采取的决定对所有的人才成其为契约。毫无疑问，对有些事物，大多数人所宣布的往往或许是更有利于错误的，并且是违反所有人的共同利益的，但是仍然要由大多数人来决定，什么才是根本不应该直接由他们来决定的事情，正是要由大多数来决定哪些人才是所有的人可以信赖他们的理性的，并且也要由大多数来规定他们要更准确地达到真理所应遵循的方法；他们也不能放弃进行宣告他们自己的决定并不会损害人人所共有的权

---

① 参见［法］霍尔巴赫《自然政治论》，第 133—134、243 页。

② 参见［法］塔列朗《变色龙才是政治的徽章：塔列朗自述》，王新连译，中国法制出版社 2010 年 9 月版，第 8、14—15、17、20、23、33 页。

利的那种权威。①

　　孔多塞要求建立的多数决定原则，实际上是对"直接民主政策范式"的肯定和重要的补充，因为这样的原则，显然不是针对代议制的，而是针对整个社会和全体人民的。

　　5. 罗伯斯比尔：政策表达和了解政策的结合

　　罗伯斯比尔（Maximilien de Robespierre，1758—1794 年）认为，建立政府是为了迫使尊重大众的意志。真正人民政府的本性，就是信任人民和严格要求自己。共和国政策的第一条，应当是依靠理智来管理人民，借助恐怖来统治人民的敌人。②

　　罗伯斯比尔侧重的应是人民意见表达的政策范式，主要有三个论点支撑着这样的主张。

　　一是鼓励人民出席公共集会并表达自己的意志。在广大的政治社会中，每一个成员可以尽其所能，推动别的成员来采取他觉得是最符合共同利益的决定。集会上的每一部分人民都应当享有充分自由表达自己意志的权利。要设法使人民能够出席公共集会，因为只有人民才是自由和正义的支柱。让辩论公开进行。要紧的是，任何时候都不许哪一个现存的政权来干涉会议的程序和辩论。这样就会解决政治经济学的一个尚未解决的问题：使人民的美德和主权者的权力有了对付公职人员专横和政府趋向暴政所必需的力量。③

　　二是要求议员和政府的行为公开，使人民了解政策。人民是有美德的，而他们的代表们则是蜕化变节的。人民有权了解自己议员的一切行为；议员们应当向人民提出自己管理事务的翔实的报告，并很尊敬地服从人民的判断。④ 道义责任的原则要求政府工作人员在一定时期和很短时限内提出有关管理工作的准确和详细的报告，要通过报刊公布这些报告并使之受到一切公民的讨论。因此，要把这些报告发到各省、各管理机关和各公社。必须使公开达到最大的广度。⑤

---

　　① 参见［法］孔多塞《人类精神进步史表纲要》，何兆武、何冰译，凤凰出版传媒集团、江苏教育出版社 2006 年 3 月版，第 113—114 页。

　　② 参见［法］罗伯斯比尔《革命法制和审判》，赵涵舆译，商务印书馆 1965 年 6 月第 1版，2012 年 10 月第 3 次印刷本，第 152、188 页。

　　③ 同上书，第 61、148、163—164 页。

　　④ 同上书，第 149、155 页。

　　⑤ 同上书，第 158、161—163 页。

三是以舆论自由作为反对暴君统治。一切钳制出版自由的桎梏在暴君手中都是按照自己个人利益操纵社会舆论和把自己权力建立在愚昧与普遍腐化的基础之上的手段。社会舆论是对个人意见的唯一有资格的判断者，是对各种作品的唯一合法的检查员；社会舆论对于个人意见的影响是温和的、良好的、自然的、不可阻挡的。不是执政者应当使社会舆论服从自己和制造舆论，而是社会舆论应当裁判执政者。①

（三）美国革命时期：注重政策权力

美国革命时期的思想家和政治家，如潘恩、华盛顿、杰斐逊和联邦党人的代表人物等，既注意到了政策理性问题（在这方面可以与法国革命的思想家产生共鸣），也注意到了政策带来的权力运作和政府政策体制等问题，而后者对于建立一个领土广阔的共和国而言，显然是更为重要和更为现实的问题。

1. 华盛顿、潘恩：议会决策功能的阐释

乔治·华盛顿（George Washington，1732—1799 年）指出大陆会议对提交的问题优柔寡断，拖延不决，并且嫉妒军队，认为要执行正确的政策，不应有军队和议会的差别，并且不能使议会陷入党派纠纷和个人争执。有绝对必要由各州选派最能干的人，即完全了解国家宪法、政策与利益的人，参加大陆会议，并将足够的权力赋予这个会议，能否获得独立取决于此。党派性总是在涣散人民的议会，削弱政府的行政机构，甚至使一个国家的政策和意志听命于另一个国家的政策和意志。②

华盛顿希望合众国各地居民之间的分歧，最好本着和衷共济的精神进行调整以解决纷争；温和的措施（只要恰如其分）比激烈的措施更容易取得令人满意的效果。"我决不会相信任何在世的人所采取的政策和措施绝无谬误。"③

华盛顿相信人民大众用心良好，当他们对事态有正确理解时，往往能干得出色。但在美国有些地方，其代表和领导人在思想上和政府对立，他

① 参见［法］罗伯斯比尔《革命法制和审判》，第59—61、157—158 页。

② 参见《华盛顿选集》，聂崇信、吕德本、熊希龄译，商务印书馆 2012 年 12 月版，第129—130、142、144、158—161、164、173、198—201、217—219、262—263、301—304、336—338 页。

③ 同上书，第184—185、248—249、293 页。

们尽一切努力使民众相信他们的权益受到侵害，自由受到威胁，在这些地方想使人民了解真相确非易事。① 知识是公众幸福的最可靠的基础，社会舆论可以直接对政府的措施作出反应。知识可以多种方式维护自由宪法：它可以使那些受托担任政府职务的人懂得，政府的每一重要目的都会得到民众通情达理的信任；它可以使民众理解并珍视他们的权利；使他们能够预见到并预防这些权力可能遭受侵犯；使他们懂得什么是压迫，什么是必须行使的合法权威；使他们分清，什么是自由精神，什么是无法无天。报刊应更加广泛地和更加正确地登录国会在所有全国性重大问题上的辩论，凡引起意见分歧的一些根源及决议要如实地告诉民众，作为他们自己判断的最可靠的依据。②

托马斯·潘恩（Thomas Paine，1737—1809 年）认为，在代议制下，随便做哪一件事都必须把道理向公众说清楚。每一个人都是政府的经管人，把了解政府情况看作是他分内之事。这关系到他的利益，因为政府的所作所为影响到他的财产。一个在组织良好的政府治理下的国家不应当允许有一个人不受教育，只有君主制和贵族制的政府才需要用愚民政策来维持自己的统治。③

潘恩还指出，如果投票赞成经费的人就是投票后接受经费的人，同时又负责向那些投赞成票的人说明经费的用途，那就等于自己向自己负责，这样"错误的喜剧"就以"沉默的哑剧"告终，国库就会成为每个人都可以骑一骑的公用的租马。④

华盛顿和潘恩都强调了民众了解政策的重要性，并且都认可在代议制之下，议会具有决策的功能，但对议会决策的着重点有所不同，华盛顿侧重的是为议会赋权，潘恩侧重的是决定权和执行权的分离。

2. 杰斐逊：公民直接参与决策和多数裁定原则

托马斯·杰斐逊（Thomas Jefferson，1743—1826 年）强调人民本身才是政府唯一安全可靠的保管者，必须使全体人民对政府发挥影响；如果人民大众中每一个人都参与根本的权力，政体就会安全可靠。使一个共和

---

① 参见《华盛顿选集》，第 291—292 页。

② 同上书，第 246—248、250、253—254、269—270 页。

③ 参见［美］潘恩《人权论》，吴运楠、武友任译，载《潘恩选集》，商务印书馆 1981 年 5 月版，2012 年 7 月第 6 次印刷本，第 251、312 页。

④ 同上书，第 152 页。

国永葆青春的是人民的行为举止和精神。① 他反对将政府的全部权力集中在一个人、少数人、出身名门的人手里，认为每个人都应参与领导他的共和政体，或领导大一些的共和政体，感到自己在参与管理国家大事，不仅仅是在每年一次的选举中参与，而是天天都参与。离开人民直接和经常性的控制越远，政府的共和主义成分也越少。②

与人民直接参与密切相关的是多数同意原则，杰斐逊认为世界上每一个人和每一个集体都有自治的权利，他们的这种权利是与生俱来的，个人通过独自一人的意志行使这种权利，集体通过多数的意志行使这种权利，因为多数裁定原则是每一个人类社会的自然法。但是，杰斐逊也指出，虽然在任何情况下都一概以多数人的意志为重，但是那个意志必须是合理的才能站得住脚，而且少数人也享有同样的权利，必须受平等的法律保护，如果加以侵犯就是压迫。③

杰斐逊表示，我本人相信人民的良知永远是最强大的军队，他们可能会暂时被引入歧途，但很快就会迷途知返。人民是统治者唯一的审查者，甚至他们的错误也有助于统治者遵守其体制的真正原则。过分严厉地惩罚这些错误就等于镇压公众自由的唯一保障。防止人民进行这些不正当干预的办法，是通过报纸渠道让他们充分了解国家大事，并努力使报纸进入千家万户。一旦人民对国家大事变得漠不关心，你和我、国会和州议会、法官和州长，就都会变成狼。造反是对于政府的健康必不可少的良药。④

杰斐逊显然是希望打破"直接民主政策范式"只能在狭小的范围内实现的局限性，要求在共和国的范围内实现全民的政策参与，并为此强调了多数裁定原则所具有的重要意义。

3. 联邦党人：建立政府决策体制

美国革命时期以杰伊（John Jay，1745—1826 年）、麦迪逊（James Madison，1751—1836 年）、汉密尔顿（Alexander Hamilton，1757—1804 年）为代表的联邦党人，重点关注的是政府决策体制建立的问题，他们

---

① 参见 ［美］托马斯·杰斐逊《杰斐逊选集》，朱曾汶译，商务印书馆 2011 年 1 月版，第 266、281 页。

② 同上书，第 651—652、660—661 页。

③ 同上书，第 312、318 页。

④ 同上书，第 405—407 页。

提出了六点重要的看法。

（1）建立全国一致的政策原则。杰伊力主各州联合起来建立一个有效的政府，因为一个政府能够集中和利用在联邦任何地方发现的最优秀人物的才能和经验，它能按全国一致的政策原则行事。假如美国人民分为三四个国家，它们的政策和所追求的唯一目的，将是每个联邦的局部利益，而不是整个美国的整体利益。①

（2）赋予政府行政管理权力。汉密尔顿认为，各种比较微小的利益，必须由地方政府管理。全国政府的作用很少直接被公民群众所注意。在民主政体或代议政体中，对于管理不善的自然纠正办法就是变动人事。国家当局的保证，不但能对付社会上的党争和民变的动乱和暴行，同样也能对付统治者的篡权行为。倘若把最重要的国民利益的管理交付给一个政府，而又不敢把适当而有效的管理所需要的权力交付给它，就必然是永远荒谬的。政府的更大能力对社会的幸福和繁荣是必不可少的。一个政府应该拥有全面完成交给它管理的事情和全面执行它应负责任所需要的各种权力，除了关心公益和人民的意见之外，不受其他控制。国家权力的执行越是混合在政府的日常实践中，公民越是习惯于在日常的政治生活中接触到这种权力。一直远离人民，又为人民看不到的政府，难以指望引起人民的情感。联邦政府的权力和公民对它的感情，会由于它扩大到所谓内心关注的事物而加强，而不会因而减弱。使行政部门能够强有力的四个因素是统一、稳定、充分的法律支持、足够的权力；保障共和制度安全的两个因素是人民的支持和承担一定的义务。②

（3）建立必要的政府机构。汉密尔顿或麦迪逊指出，政府的事务，大致可以分为两大类别：一类取决于合理实施而马上见效的单项措施；另一类则取决于慎加选择而密切联系的一系列措施，其实施过程是逐步的，甚或是难以监察的。后一类事务，需要任期较长的机构负责。③

（4）防止党争影响政府决策。麦迪逊指出，党争是使公共管理不稳定和不公正的重要因素。党争就是一些公民，不论是全体公民中的多数或少数，团结在一起，被某种共同情感或利益所驱使，反对其他公民的权

---

① 参见［美］汉密尔顿、杰伊、麦迪逊《联邦党人文集》，程逢如、在汉、舒逊译，商务印书馆1980年6月第1版，2006年2月第8次印刷本，第17、20—21页。
② 同上书，第82—85、103、117、128、134—135、151、356页。
③ 同上书，第320—326页。

利，或者反对社会的永久的和集体利益。党争的原因不能排除，只有用控制其结果的方法才能求得解决。如果党争所包括的人不是多数，可用共和政体的原则来求得解决，这就是使多数人用正规投票的方法来击败其阴险的企图。当党争包括大多数人在内时，民众政府的机构能使他们把公益和其他公民的权利当作占统治地位的感情或利益作出牺牲。共和政体（采用代议制的政体）能保证我们正在寻求的矫正工作。① 汉密尔顿也认为，党争精神容易玷污人们的所有团体的思想，往往会促使组成团体的个人行为不当而且过度。②

（5）代议制的必要性。杰伊指出，一般人民在没有确信新的政见是以真理和正确的政策为基础时，就去接受它们，那肯定是不明智的。③ 麦迪逊也认为，公众的措施很少用心平气和的精神来研究，而这种精神对于公正地估计这些措施提高或阻碍公众福利的真正趋势是重要的。由人民代表发出的公众呼声，要比人民自己为此集会和亲自提出意见更能符合公共利益。④

（6）政府政策的公信。汉密尔顿或麦迪逊指出，通向人民为某些重大特殊事件作出的法定道路，应该保持畅通。参加裁决的是公众的情感而不是理智，但是只有公众的理智应该控制和管理政府，情感应该由政府控制和调节。一个好的政府应该做到两点：一是信守政权的宗旨，亦即人民的幸福；二是了解实现其宗旨之最佳途径。不论某一具体计划或措施的得失，都应该使别国把该项计划或措施能够看作是明智而体面的政策结果，这一点从各方面看都是可取的。政策多变，在国内造成的后果，其灾难性更大。对公众机关缺乏信任，使人不敢贸然从事有益的事业，因为事业的成败利害，往往取决于现行安排是否持久。一个人多易变的机构是不可能具有充分的民族荣誉感的。民族荣誉感只能存在于人数很少的机构之内，这样每个个人才能为公共措施的是非承担合理的责任；它也只能存在于长期受到群众信赖的代表机构之中，只有这样，每个成员的自尊心和影响力，才可以同集体的荣誉和福利合理地结合在

① 参见［美］汉密尔顿、杰伊、麦迪逊《联邦党人文集》，第44—51、65页。
② 同上书，第75页。
③ 同上书，第7—8页。
④ 同上书，第49、178页。

一起。①

联邦党人提出的建立政府决策体制的各种要求，应是对"法治政策范式"的进一步解读，其重要之处就在于强调了国家政策统一、行政赋权和政策公信力的不可缺性，并且将代议制纳入政府决策体制之内。

4. 政治家的政策思维

亚伯拉罕·林肯（Abraham Lincoln，1809—1865 年）指出，我们的政府是信赖民意的。谁能改变民意，实际上也能在同样程度上改变政府。②

林肯反对由法院来裁决政策：正直的公民必须承认，如果政府关于影响全体人民的各种重要问题的政策非由最高法院的裁决来决定不可的话，那么，一旦对有关个人之间事务的普通诉讼作出裁决时，人民就不再是自己的主人了，因为他们实际上已把他们的政府交到那个至高无上的法庭手里。③

对于有人就政策执行提出的三个建议："不论我们采取什么政策，都必须有力地加以执行"；"为了这个目的，就必须有人来负责执行和不断进行指导"；"政策一旦决定，对它的争论就得停止，全体都要同意和遵守"；林肯的态度是：总的政治路线一经采纳，就不至于无缘无故地改变，或把它继续作为无谓辩论的题目。当然，对于执行过程中出现的问题，我希望并相信我有权利听取全体阁员的意见。④

林肯认为，一项政策如果不以富于思想性的舆论为基础，是不能永远保持下去的。政府为了公共安全必须随时制定政策，但是这些政策所产生的心理结果，政府却并不总是有力量来扩大或缩小它的范围。⑤

（四） 保守主义的政策观

18 世纪下半叶，保守主义兴起，同期的英国和德国学者，在政策问题上也带有一定的保守倾向。

1. 柏克：代议制民主的普遍代表性

柏克（Edmund Burke，1729—1797 年）虽然被指为"保守主义之

---

① 参见［美］汉密尔顿、杰伊、麦迪逊《联邦党人文集》，第 256—260、311—320 页。
② 参见《林肯选集》，朱曾汶译，商务印书馆 2010 年 12 月版，第 87 页。
③ 同上书，第 185 页。
④ 同上书，第 189—190 页。
⑤ 同上书，第 161—163、262 页。

父", 但是他同情美国革命, 认为英国在美国筹集岁入等政策是不合理的。课税于美洲的权利、公平、政策甚至必要性, 都有完整的声明, 缺的只是美洲的正式同意。劝人受奴役, 是必不能成功的。①

基于政策需要人民同意的基本立场, 柏克提出了一些基本的看法。(1) 宽猛混杂的政策有怎样的后果, 我不敢保证, 但就整体而言, 宽政将更有成功的机会, 却可以肯定。给人民以宽松的环境, 人民就会不满, 说真心话, 这样的担心我是一点没有。②(2) 推行强硬的政策, 致贻害于国; 唯有伴以最完美的智慧, 坚定才是好品德。而实际上, 随波流、见风倒, 往往是救治愚蠢和物质的天然膏丹。我们要考虑的问题, 不是对政府的绝对不满, 或对政府的完全满意, 不论哪个时代, 什么体制下, 这种纯而不杂的东西, 都是没有的。我们所争论的, 是人民满意的程度, 这是有可能得到的, 也是我们理当求取的。③(3) 顽硬是自然天大的恶习, 在政事一日千里的变化中, 它往往是灾难的根源。随着人世之推移, 政府的政策、国民的性格, 都有了实质性的变化, 它虽然是悄然而来, 但更革之大, 却同于革命的喧嚣所带来者。④(4) 要把政策与正义分开来是极其困难的。正义本身便是公民社会的重大的、经常性的政策; 在任何情况下对正义的任何背离, 都会使人怀疑根本没有政策。⑤

柏克不认为人民可以参与决策, 认为人民就其大部分而言, 在幸福生活时, 是不太关心什么理论的; 人民好动用理论, 正是国有乱政的明显症候。故政治家的第一要务, 就是研究他统治的人民的脾性。⑥他对"纸上政府"的效能向来看得不高, 对计划与执行彻底分离的政治也是如此,

---

① 参见［英］柏克《美洲三书》, 缪哲译, 商务印书馆2003年3月第1版, 2005年2月第2次印刷本, 第26—27、33、62—63页。

② 同上书, 第66、142页。

③ 参见［英］柏克《论当前之不满情绪的根源》, 载《美洲三书》(第212—303页), 第213、216、248页。

④ 参见［英］柏克《美洲三书》, 第55页;《论当前之不满情绪的根源》,《美洲三书》, 第217页。

⑤ 参见［英］柏克《法国革命论》, 何兆武、许振洲、彭刚译, 商务印书馆1998年8月第1版, 1999年10月第2次印刷本, 第203页。

⑥ 参见［英］柏克《美洲三书》, 第196页;《论当前之不满情绪的根源》,《美洲三书》, 第213页。

认为精巧的政策，一向是混乱的根源。世界只要还存在，情况会一直如此。① 担当重大事务的人，即使在常规的方式中也应该让我们有依据可以推断其才干；而医国的医生——他不满足于治疗病症，而是在承担重建国家体制——则应该表现出非常的能力来。②

更为重要的是，柏克认为"代议制民主政策范式"应具有普遍代表性的特征，而不是只代表平民。他一方面强调国家大策不能出于私人的意志和喜好，议会尤其是下院处理政策问题应完全依据公共的原则和国民的意见，不能完全支持皇室和贵族的所有政策。下院为了全体平民的利益，想以牺牲另外两个等级（贵族与王权）为代价而取得新优势，所以推行强硬的政策，这一套做法，即使谈不上公正，至少也是自然的。举凡天下的政府，若还感到自己有责任于下院，下院又感到有责任于选民，应该成为政府的一般特征。③ 另一方面，柏克又坚决反对法国大革命后第三等级在议会中垄断政策的做法，认为在由各色公民所组成的一切社会里，某类公民必定是在最上层，平均派只不过是改变和颠倒了事物的自然顺序而已。凡是不能代表一个国家的能力以及它的财产的东西，就不能成为一个国家的恰当的和适宜的代表。尤其是与之结合的完美的或纯粹的民主制，是世界上最无耻的东西，是最肆无忌惮的；每当出现严重分歧时，公民中的多数便能够对少数施加最残酷的压迫，这种对少数人的压迫会扩大到远为更多的人身上。赌徒民族的政策中真正可悲的部分在于，虽然所有人被迫参与，却很少有人能懂得这场赌博，而有条件为他们自己利用这种知识的人更少，大多数人必定成为控制这类投机机器的少数人的蒙骗对象。④

2. 休谟：服从统治者的决策

休谟（David Hume，1711—1776 年）认为政府不满足于保护人们实行他们所缔结的互利的协议，还往往促使他们订立那些协议，并强使他们同心合意地促进某种公共利益，借以求得他们自己的利益。执政长官把他们的任何重大部分臣民的利益看作自己的利益，他们无须咨询他人，只须

---

① 参见 ［英］柏克《美洲三书》，第 71、73 页。

② 参见 ［英］柏克《法国革命论》，第 223 页。

③ 参见 ［英］柏克《论当前之不满情绪的根源》，《美洲三书》，第 242—245、275—276、302—303 页。

④ 参见 ［英］柏克《法国革命论》，第 54—55、64—65、67、84、90、125、164—165、251 页。

自己考虑，就可以拟定促进那种利益的任何计划。你如果询问国内大部分的人们，他们是否曾经同意于他们的统治者们的权威或者曾经许诺服从他们，那么他们会认为你这个人很奇怪，并且一定会回答说，这件事不依靠他们的同意，而他们生来就是这样服从的。①

3. 康德：积极公民与消极公民

康德（Immanuel Kant，1724—1804 年）指出公民具有三种不可分离的权利，一是宪法规定的自由，二是公民的平等，三是政治上的独立（自主）。具有选举权的投票能力，构成一个国家成员的公民政治资格。但是，这种投票能力，却又是首先假定这个单独公民在该国人民之中，具有自给自足的独立性。也就是说，他不能仅仅是这个共和国的偶然附属部分，而是此共和国的一个成员，和其他的人一起在此社会中行使他自己的意志。这三种性质中的最后一种性质，必然涉及构成积极公民身份和消极公民身份的区别。并非所有的人，根据该国宪法都具有平等资格去行使选举权，并成为这个国家完全的公民。尽管消极的公民有资格要求其他所有公民，根据本质是自由和平等的法律去对待他们，可是作为这个国家的消极组成部分，他们没有权利像共和国的积极分子那样去参与国家事务，他们无权重新组织国家，或者通过提出某些法律的办法而取得这种权利。②

（五）　功利主义的政策倾向

边沁（Jeremy Bentham，1748—1832 年）对功利原理和相关的政策行为作了以下解释：它按照看来势必增大或减少利益有关者之幸福的倾向，亦即促进或妨碍此种幸福的倾向，来赞成或非难任何一项行动。我说的是无论什么行动，因而不仅是私人的每项行动，而且是政府的每项措施。当一项政府措施之增大共同体幸福的倾向大于它减少这一幸福的倾向时，它就可以说符合或服从功利原理。在体制良好的政府之下，甚或在体制不佳但执政有方的政府之下，人们的道德情感通常较强，道德偏向较符合功利要求。政府的业务在于通过赏罚来促进社会幸福。一项行动越趋于破坏社

---

① 参见［英］休谟《人性论》，关文运译，商务印书馆 1980 年 4 月第 1 版，1997 年 2 月第 9 次印刷本，第 578—579、588 页。

② 参见［德］康德《法的形而上学原理——权利的科学》，沈叔平译，商务印书馆 1991 年 9 月第 1 版，2008 年 10 月第 6 次印刷本，第 139—141 页。

会幸福，越具有有害倾向，它产生的惩罚要求就越大。①

边沁质疑在英国的政策过程中，上院议员比下院议员更有智慧、经验更多的论点，指出下议院的成员们要么像上议院的成员那样清闲，要么很忙，而这种忙碌却往往使他们比他人更多地了解政府的某个特殊部门。下议院的成员可能希望成为上议院的议员，上议院的成员却没有更高一级的上议院让他们去晋升，因此下议院的成员对事务更有兴趣，更积极。那些能够在辛劳的政务中坚持不懈，除了人民的拥护而不求任何其他报酬的人，当然是人民最愿意挑选的人。这样的人自然是最好的，但为数极少。国家的事情，不正是由于那些贪污受贿之徒，才弄得这样萎靡不振。②

综观资产阶级革命时期西方思想家、政治家的政策观点，可以看出在这一时期政策与民主的交集，比古希腊、古罗马和中世纪时期有了重大的扩展，不仅对"直接民主政策范式"和"意见表达政策范式"有所补充和发展，还提出了三种新的范式，即"防止专制政策范式"、"代议制民主政策范式"和"法治政策范式"。尽管对于这三种新理论范式的表述都还不够系统，大多数论述带有"早期版本"的特征，但是后续的讨论者，往往离不开这样的"早期版本"。

三　政策与民主的第三次交集：19 世纪

19 世纪的西方思想家在资产阶级革命提出的民主等理念的基础上，对政策问题展开进一步的论证，由此出现了政策与民主的第三次重要交集。

（一）自由主义的政策观

自由主义的学者，在民主等问题上与保守主义形成对立，在政策问题上也出现了一些不同的论点。

1. 贡斯当：权力不受限制的议会比人民更危险

贡斯当（Benjamin Constant，1767—1830 年）认为存在两种自由，一

---

① 参见［英］边沁《道德与立法原理导论》，时殷弘译，商务印书馆 2000 年 12 月第 1 版，2009 年 7 月第 5 次印刷本，第 58—59、117、122 页。
② 参见［英］边沁《政府片论》，沈叔平等译，商务印书馆 1995 年 4 月第 1 版，2007 年 12 月第 5 次印刷本，第 185—191 页。

种是政治自由，另一种是个人自由。政治自由指公民的参政行为，主要包括集体行使多数人的主权、共同讨论公共福利、决定战争与和平、制定法律、参加审判、选举公职人员等。个人自由包括人身自由、思想自由、选择职业、处置财产、行动自由、与他人合作自由、宗教信仰自由、贸易和经营自由。自由是每个人表达意见的权利，是每个人通过选举全部或部分官员，或通过当权者或多或少不得不留意的代议制、申诉、要求等方式，对政府的行政施加某些影响的权利。政治自由把对公民最神圣的利益的关切与评估毫无例外地交给所有公民。①

贡斯当认为，国家规模的扩大导致每一个人分享政治的重要性相应降低，他的个人影响仅是决定政府方向的社会意志之难以察觉的组成部分。个人淹没在广大民众之中，他几乎从来感觉不到自己的影响，他个人的意志也不会给集体留下任何印记；在他自己眼中，没有任何东西可以证实他自己的合作。他们最多被要求通过代议制，以一种假定的方式行使主权。②

贡斯当指出，对我们的事务进行管理是我们大家的事情，也就是代表们的事情；只与几个人有关的事情，只能由那几个人来决定。国家权力、地区权力和公社权力，每一种权力都必须恪守本分，这一点将指引我们确立一个我们认为十分重要的真理。全体居民或它的代表拥有国家的合法管辖权，假如他们干涉地区、公社或个人的利益，那就是越权。③

贡斯当一方面肯定代议制代表人民表达意见的重要意义，指出代议制就是大众希望维护自己的利益但没有时间去亲自保护自己的利益，于是委托一定数量的人做他们的代表；另一方面强调对代表必须有所控制，世上没有不受限制的权力，不管是人民的权力，还是那些自称人民代表的人的权力；国民本身无权做的事情，国民的代表同样无权去做，没有一个君主拥有毫无限制的权力；权力不受限制的议会比人民更加危险；要把人民主权置于正义的限度之内；必须保留权利，以便当代表背弃了对他们的信任时将其免职，当他们滥用权力时剥夺其权力；选举是自由的，解散议会正是根据人民的利益求助于他们这一权利；至关重要的就是应该由有产者组

---

① 参见〔法〕贡斯当《古代人的自由与现代人的自由——贡斯当政治论文选》，阎克文、刘满贵译，商务印书馆 1999 年 12 月版，第 26、32—46 页。

② 同上书，第 30—33、305 页。

③ 同上书，第 152—153 页。

成议会。①

　　贡斯当还强调了议会公开辩论的重要性，要求禁止书面发言，因为利益在不受意见左右的时候，它的需求是有限的，对它的享受也很容易满足，它只是满足于眼前的需要。我们集会就是为了相互理解，要做到相互理解就必须说话；只有当演说者不得不大发议论时，才能产生真正的辩论。被刚刚听到的论证所打动的每一个人，自然会对它们作出评价。他现在遇到的看法，将会融入并修改他已经持有的看法，促使他回答从不同观点提出的同一问题。大臣们自己也要讨论行政管理所必须的法令。政府会听从理性的反对意见。对于那些真正需要保密的事情，涉及责任问题的讨论并不会导致泄密；事实上只有在引起争论的目标已经公开之后，才会发生这样的讨论。②

　　贡斯当重视舆论的作用，指出当前舆论的代言人处于少数地位、代表过时舆论的人处于多数地位是荒唐的。政府希望以自己的能动性替代被禁锢的舆论的天然能动性，无异于自找麻烦。对心怀不满的舆论进行血腥镇压，是某些精明强干的政治家特别喜爱的手段，然而舆论是压不住的。有人认为很难精确了解舆论的动态以及它的要求。对此，贡斯当的回答是，首先，如果你允许舆论自由表达，你就不难了解它的感情。如果权力只是沉默不语，个人就会畅所欲言，思想的碰撞就会带来启示，而误解舆论将不复可能。其次，舆论实际上会不知不觉地修改那些妨碍它的法律和制度。③

　　贡斯当认为，任何改良，任何改革，任何弊端的清除，只有在它们符合国民愿望的时候才有益处。重要的不是如何迅速完成善举，而是制度是否合理。由于人类的发展是渐进的，给它带来强烈震荡的一切革新都是危险的。人们害怕天翻地覆，这合乎情理。避免它们的唯一办法，就是支持那些有形与无形中发生的细小变革。④

　　贡斯当明确指出民众对政府决定影响较小，因此不得不依靠代议制来进行利益表达，但是对议会的权力也要有所限制，这样的论点显然有助于

　　① 参见［法］贡斯当《古代人的自由与现代人的自由——贡斯当政治论文选》，第44、55—65、80—84、101、104—113页。

　　② 同上书，第114—118、127、335页。

　　③ 同上书，第97、338、360、376—382页。

　　④ 同上书，第377、382—385页。

更全面地解读"代议制民主政策范式"。

2. 阿克顿：分散权力

阿克顿（John Emerich Edward Dalberg-Acton，1834—1902 年）认为，如果权力分散在国家的数个地区是对君主制的最有效约束的话，那么，权力分散在数个国家则是对民主的最有效制约。通过使政府多中心化和讨论多中心化，分散权力可以促进政治知识的传播，以及维持健康和独立的舆论。[①]

阿克顿指出，自由与良好的政府并不互相排斥。自由并不是达到一种更高的政治目标的手段，自由本身就是最高的政治目标。不是为了良好的公共管理才需要自由，而是为了保障人们追求公民社会与私人生活的最高目标。首要的问题不是发现政府规定什么，而是政府应该规定什么；因为，任何违背人类良知的规定都是无效的。[②]

阿克顿的分权观点，尤其是使政府多中心化和讨论多中心化，应是提出了防止"政策专制"的一种不同的思路，为后来的"政策控权"学说打下了基础。

3. 基佐：公开性是代议制政府的最根本特征

弗朗索瓦·基佐（Francios Guizot，1787—1874 年）以代议制为基础讨论政策问题，指出选举者并没有给代表委派明确的任务，他们只是简单地委托他们根据他们的理智来研究、决策。他们必须信任他们所选举的人的觉悟。代议制政府迫使整个社会——行使权利的人和拥有权力的人——来共同寻找理性和正义，它促使大众向整体化靠拢，并从多元中引出单元。凭借公开辩论和新闻自由，公民私人之间甚至可以合作。[③]

基佐指出，可以将代议制的必要条件和基本形式归纳为三个。（1）权力分立。任何唯一的权力事实上很快就会在权利上变成专制的，因此，需要设置上下两个议会。如果只有一个议会，行政权力或者会镇压它，或者会服从它，从而导致单个议会的专制权力。（2）选举。除非选举经常举行从而变换掌权者，否则，从其自身获得权利的权力将很快变为

<hr/>

① 参见［英］阿克顿《自由的历史》，王天成、林猛、罗会钧译，贵州人民出版社2001 年10 月版，第21 页。
② 同上书，第23—24 页。
③ 参见［法］弗朗索瓦·基佐《欧洲代议制政府的历史起源》，张清津、袁淑娟译，复旦大学出版社2008 年12 月版，第58—59 页。

独有的权利，这是所有贵族政治的趋向。（3）公开性。将权力与社会联系起来的公开性，是防止现有权力篡夺获得统治权的权利的最佳保障。①

真正正当的统治权理论是代议制政府原理，亦即所有的专制权力不论以什么名称和在什么地方出现，都是完全不合法的。正当的统治权理论的必然结果是，所有的实际权力都是负责任的。任何时候，它都要追求永远制约着现有权力的理性、正义和真理，代议制度这样做的方式是：（1）通过辩论，它迫使现有权力来共同追求真理；（2）通过公开性，它可以将这些正在寻找真理的权力置于公民的监督之下；（3）通过舆论自由，它激发公民自己来寻求真理，并将所寻求的真理告诉政权。从理论上讲，公开性是代议制政府的最根本特征。公开性包含了社会与其政府之间的联系。归功于新闻，它们在不扰乱会议的情况下提供了公开性。代议制政府的目的，是让社会中的主要利益和各种舆论具有公开性，它们为获得优势地位而争论不休，通过它们的争论，将使国家最适用的法律和措施得到认可和采用。②

基佐认为英国革命和法国革命都致力于同样的任务，即公众在公共事务中必须取得支配作用。③ 人民统治从一开始就充满矛盾，少数人可以从多数人中退出的说法是荒唐的，这将使社会不断处于被解体的边缘。至于意见表达，多数人的意见就绝对可靠吗？多数人如果仅仅因为他们是多数这个事实，就意味着它所采用的是数量的力量，他们不能因此拥有合法的统治权，无论是根据权力——他们并未被授予权力，还是根据其可靠性——他们并不永远正确，都是如此。只有在多数人充分证实了自己后才能宣布他们的胜利，并迫使他们总是要证明自己的合法性，从而能够维护他们自己，并将少数人置于一个可以与多数人的权力和权利相竞争的位置。④

（二）德国思想家的政策思维

洪堡（Wilhelm von Humboldt，1767—1835 年）关注整个民族或者民

---

① 参见［法］弗朗索瓦·基佐《欧洲代议制政府的历史起源》，第 72、239—240 页。

② 同上书，第 52、72—75、239、366 页。

③ 参见［法］弗朗索瓦·基佐《一六四〇年英国革命史》，伍光建译，商务印书馆 1985 年 8 月第 1 版，2007 年 10 月第 4 次印刷本，第 9 页。

④ 参见［法］弗朗索瓦·基佐《欧洲代议制政府的历史起源》，第 64—69 页。

族的各个部分应该如何不同程度地参加政府的问题。他认为国家关心公民的正面福利是有害的，因为这种关心阻碍个人的道德生活、自由和个性的发展。国家不应该通过规章法令来张扬外来的教导，最好的途径是把一切可能解决问题的办法都提出来，让公民从中找出最巧妙的解决办法或自己发明解决办法。重要的是要把事情办了，而不是如何教会要办事情的人如何办事。国家越是清闲无事，违法行为的数目就愈小。我们如果没有大众大规模的参与，就不会取得这么快的进步。政治的宪法应强化公民的私人利益，使之数倍增加；这样一来公共利益似乎被削弱，但公共利益是建立在私人利益基础之上的。①

黑格尔（Georg Hegel，1770—1831 年）认为现在的国家幅员广大，实现每个自由人应参与决定和讨论普遍国家事务的理想完全不可能，为要作为政府作出决定，并付诸实施，国家权力都必须集中到一个中心。这个中心就是君主和各等级代表。但是黑格尔并未忽视公民参与的重要性，他认为作为国家权力的中心即政府，必须把对它组织和维持权力这种本分并非必要的事情听任公民自由处理；在普遍事物的某些分支对最高国家权力是偶然事情的条件下，个人意见参与普遍事物时会从中产生自由自尊的自我感。民众必须参与一个国家的立法和最重要的事务，已经深入人心。这种规定的公共舆论的原则，它已成为健全的人类理智的一个部分。人民的个人努力是个威力至大、不可战胜的精灵。只有当最高国家权力尽可能把事情委诸公民自己办理时，这一精灵才有生命。按年龄和个别财产大致分为两个阶级的规定，不足以消除民众参与普遍事务上的民主制的粗陋性。②

黑格尔一方面将民众的政策参与和代议制联系在一起，另一方面指出了议会讨论政策需要注意的问题。一是会议没有真正的讨论，大多数是宣读讲话，以排斥民众的方式对待民众的事务；讲形式主义和局部性的精神，在历史上一向就已成为德国的特点和不幸。二是不应当随便从民众中抓来一些人作民众代表，而应当取最有智慧的人，因为民众并不知道自己的真实意志是什么，而这些最有智慧的人却应当知道。三是民众陈情书愈

---

① 参见 ［德］洪堡《论国家的作用》，林荣远、冯兴元译，中国社会科学出版社 1998 年 3 月第 1 版，2005 年 5 月第 2 次印刷本，第 22、40—42、47—49、54、58、108、171 页。

② 参见《黑格尔政治著作选》，薛华译，中国法制出版社 2008 年 4 月版，第 33—37、74—75、105—109、138 页。

被滥用，愈失去信用。四是秘书横行是一种可恶的东西。①

尼采（Friedrich Wilhelm Nietzsche，1844—1900 年）认为如果更高级的恺撒式的人物利用民主运动，最终会加入民主运动对奴隶制的全新的和高雅的扩充过程（欧洲民主的完成终将成为这样一种奴隶制）。民主化是群畜道德的更自然形态，一个更少虚伪的形态。被压迫者、低贱者、大量奴隶和半奴隶意愿获得权力：第一阶段他们解放自己；第二阶段他们进入斗争，意愿得到承认，得到平等权、"公正"；第三阶段他们意愿特权（把权力的代表拉到自己一边）；第四阶段他们意愿独享权力，而且他们确实也拥有权力。②

尼采认为政治学和国民经济学思维主义的后果的一切"原则"都是演戏。政治中的虚无主义亦然：缺乏对自己的权利、清白的信仰，充斥着谎言、一时的卑躬屈膝。要看人们是真实的，还是仅仅是戏子，人们作为戏子是真实的，还是只不过是模仿的戏子，人们是"代表"，还是被代表者本身。民众的功劳和恶习几乎总是要归功于前一届政府的氛围。你的权力量决定你的等级，剩下的就是怯懦了；我越是放弃权利，我就越是沦于最平庸者的统治之下，最终沦于最大多数人的统治之下。对于平等权利的意图，说到底是对于平等需求的意图，我们这种商业和政治选票等值性的文明类型的一个几乎不可避免的结果，导致一种更高等的、更危险的、更奇特的，总而言之更新的人类的出局和缓慢消逝。③

尼采希望"和平党派"主宰政治，指出欧洲经济上的统一过程势在必行，而且同样地作为反应，必将出现和平党派。这个和平党派明白，在思想和行动上放弃敌意，乃是一种区分和保存的条件。它必须通过极端的温和、甜蜜、温厚获胜。④

尼采指出，一位官员，一位大臣，他们很可能是值得尊敬的人，但他们绝不是神圣的、无个性的人，无独创性的人，是为职务而生的，也就是说，是为公仆身份而生的。国家是作为组织化的暴力行为。内部，作为警

---

① 参见《黑格尔政治著作选》，第 161—163、171、175—176、194—201 页。

② 参见［德］尼采《权力意志》，孙周兴译，商务印书馆 2007 年 2 月版，2008 年 2 月第 2 次印刷本，上卷，第 84、571—572、577 页。

③ 参见［德］尼采《权力意志》，上卷，第 149、153、618 页；下卷，第 687、742、754、768 页。

④ 参见［德］尼采《权力意志》，下卷，第 779—782 页。

察、刑法、等级、商业、家庭；外部，作为权力意志、战争意志、征服意志、复仇意志；它何以能使大众去做个人或许决不会同意的事情呢？通过分散责任，分开命令与执行，通过置人服从、义务、祖国之爱和王侯之爱等德性，维护所有与群盲类型相冲突的典型特性。一个人为效力于国家而做的一切，皆有悖于自己的天性。① 国家存在于一切善恶之语言中，它所说皆为谎言，它所有皆为偷取。国家是为多余者而设计。②

相较于洪堡和黑格尔，尼采显然更具有保守的色彩，因为他对于民主化和代议制等，持有的都是消极的态度。

（三）无政府主义的政策观

近代无政府主义思想的代表人物葛德文、蒲鲁东和巴枯宁，都对代议制民主政策范式持的是批判态度，并表述了不同的政策参与主张。

1. 葛德文：建立政权的目的是消极的

葛德文（William Godwin，1756—1836 年）认为除自己授予社会的权利以外，社会对个人没有任何权力。从最严格的意义上来说，建立政权的目的是消极的。政治社会中的弊害是由国家制度造成的。政权即使在最好的形态下也是一个弊害，所以人们所抱的主要目的就应该是，在人类社会的普遍和平所能允许的情况下统治得越少越好。人的真正权利或假定权利分为积极权利和消极权利。一切民族都有选择自己的政府形式的权利属于积极权利，但这些权利已经为正义的更高的要求所代替而失效。③

葛德文指出"共同审议是政权的真实基础"的基本论点是，政权是以全体人民的名义为全体人民谋利的，集体中的每个成员都应该对它采取的措施参加意见；在公共事务上给每一个成员以发言的机会。他对这样的论点提出了质疑：既然承认每个人在一开始就应该参加指导全体事务，那么如果他是一个大国的成员，似乎他有必要来协助选出一个议院；即使在一个小国里，他也应该帮助来任命行政官员。这就意味着，第一，这是对于这些官员的一种权力的委托；第二，这是对于所要辩论的问题应该由多

① 参见 ［德］尼采《权力意志》，下卷，第 770、785、898 页。
② 参见 ［德］尼采《查拉图斯特拉如是说》，杨震译，九州出版社 2007 年 1 月版，第 67—71 页。
③ 参见 ［英］威廉·葛德文《政治正义论》，何慕李译，商务印书馆 1980 年 4 月版，1997 年 2 月第 4 次印刷本，第 4—6、16—18、71、107—115、166 页。

数决定的默认，或者说默认其必要性。委托，在一切符合于正义的情况下，都要求以普遍福利为目的。受委托的个人，不是由于才能或者由于有充裕的时间，而更有可能以最适当的方式来行使那项职能，就是至少有某种公共的利益要求这项职能应由一个人或少数人而不是由一切个人亲自来行使。无论是在一切政治委托中最初级和最简单的多数表决权上，或者是在一个议院的选举上，以及在公职人员的任命上，都是这种情形。即使组织最完善的政府，特别是在一个巨大的集体中，也不免包含许多规定，不但远没有得到集体中全部成员的同意，甚至在一开始就会遭到有力的虽然是无效的反对。①

在葛德文看来，把国家问题和选举问题交由抽签决定的做法，本身都包含有精神上的鲁钝或者是怯懦这两种弊害之一。投票方式是比抽签更加值得指摘的一种决定方式，几乎想象不出一种政治制度能够比投票更加直接而公然地袒护罪恶。如果抽签使我们背弃自己的义务，那么投票就是使我们在履行义务时隐藏在幕后，它给我们指出一个偷偷摸摸的行动方法。既然抽签和投票方式都是充满弊害的制度，一切社会的决定当然就都应该采取公开表决的方式。② 一个选民团的表决，总会或多或少地代表舆论，一个个人的选择就会取决于任性。如果说总统的职位是必要的话，他的工作就应该限于议程方面而绝不应包含着专断地选择和实现他的个人决定。③ 衡量一个政权是否合格，最正确的标准是它了解情况的范围及其准确程度。④ 个人是一切，而减去组成社会的个人所余的社会就什么也不是。从这个原理所得出来的直接结论是，我们应该特别注意社会内部事务，对外事务则是次要而带从属性的问题。内部事务是不断的和每时每刻都应关心的，而对外事务则是不常发生的和不固定的。⑤

葛德文认为政权一般是不适宜监督民意的。真话是应该讲的。如果把一切对于出版和言论自由的限制都取消，如果鼓励人们尽量公开地宣布他们所想的一切，也许所有刊物最初都会充满诽谤和中伤，但是正是由这些

---

① 参见［英］威廉·葛德文《政治正义论》，第146—147、152—153页。
② 同上书，第518—520页。
③ 同上书，第340、367页。
④ 同上书，第335页。
⑤ 同上书，第427页。

报道的各不相同，它们就会自相抵消。[1]

　　葛德文认为，服从可能是对的，但是要谨防崇拜。政权可能授给最恰当的人选，那么他们就有资格受到尊敬，这是因为他们的智慧而不是因为他们是统治者。服从可能面对的是三种权威。第一种权威是理性的权威。第二种权威是依靠它所说服的人的信任来取得其效力的。第三种权威是一个人的命令一经发出就是不能被忽视而不受惩罚的，他的要求伴随着一种制裁，违者将受惩罚。葛德文强调：对于一个要求我们尊重政治权威和对长上表示敬意的政权，我们的回答应当是服从和外表的屈从是你有资格要求的一切，你没有权利强迫我们尊重和命令我们不去发现并反对你的错误。我们并不因之就应该对政权的一切措施都表示反对；但是只要有严格的政治服从的问题，也就一定会有对政府的非难。在我认为政权是错误的时候，我屈从它只是因为我没有其他的对策。在任何情况下都能按照所获得的最大量公共福利的方式来行事，服从还有什么支配的余地呢？政权除非依靠人们的信任，就不能继续存在。政治骗局随时有破裂的危险，政治和统治是长远的事，因此必须建立在经得起考验的基础上。[2]

　　葛德文认为代议制虽然是对某些弊端可采的一种对策，或者不如说是一种缓冲手段，但却不是美好和完善到使我们完全可以信赖的对策。国民议会的害处，一是虚假的一致，二是有害的某种实际上的一致，三是因为必须一律以表决来结束，各项辩论被牵扯得离开了合理的常规，辩论和讨论本来最能促进智力的发展，但是它们一旦受到这种不幸条件的影响，就会失去这个有利的特点。一切以公然侮辱理性和正义的方式，以计算数目来决定真理而告结束。在一切我们常常认为最神圣的事情上，最好也不过是为议会中一些最没有能力的人所决定的。国民议会尽管在某些场合下必须加以依靠，却应该尽力少予采用。[3]　一种十分简单而看来又充分可以达到目的的牵制办法就是采取一种缓慢的审议程序。代议制国民议会在任何情形下都不应该放弃这种缓慢而渐进的程序。只有独立和公正的讨论而不是喧嚣的集会，才是真正的进步。真正

---

①　参见［英］威廉·葛德文《政治正义论》，第452—453、490—492页。
②　同上书，第155—156、160—161、402、710页。
③　同上书，第340、394、432—448页。

仁爱为怀的人，不会压制讨论，而会热情地参加讨论，利用自己全部智能进行调查和研究，并通过自己的努力促使研究的作用既明确又深刻。①

葛德文指出，当局部改革出于正当的根源，这种改革通常是可以得到我们赞扬的。在某种意义上，逐步改革是改革和不改革之间的唯一被选择的出路。②

从政策与民主的关系看，葛德文在建立政权的目的是消极的基本取向下，有两点重要的看法：一是对"共同商议"和投票决定国家问题的否定，要求一切社会决定采取公开表决的方式；二是尽管他认为代议制不能信赖，还是提出了"缓慢的审议程序"的改革建议。

2. 蒲鲁东：唯有国民能发布命令

蒲鲁东（Pierre Proudnon，1809—1865 年）对民主制度以及与之相关的代议制提出了质疑：当一个民族从君主政治过渡到民主政治，那是有了进步，因为在把国家的元首由一个变成许多时，可以使理智有较多的机会来代替意志，但实际上在政治方面并没有发生革命，因为原则仍然是基本相同的。今天我们可以证明，在最完善的民主制度下，人们可能仍然是不自由的。还不仅如此，变成国王的人民自己不能行使主权，他们不得不把这个主权委托给一些代理人。这些代表可能是五个、十个、一百个、一千个，人数的多寡又有什么关系呢？代表采取什么名义又有多大出入呢？这永远是人的政治，意志和人性的统治。身为国家主人、立法者和改革者的人民，在公职中所注意到的只是报酬。人民并不掌握俸禄单，它是在人民的代理人和代表人手里；在另一方面，他们当心地不去违背他们宽厚的国家元首的意志。理应属于意志的行政权不能委托给太多的代表，这就是国民真正的主权。如果这样的观念有一天深入一般人的思想中去，那么代议政体和空谈家的虐政就将告终。③

蒲鲁东指出，在政治方面，民主政治是以多数的主权作为原则的。公民们既然要求自由与秩序，观念政治学派便报以代议制。蒲鲁东特别对代议制给出了以下说法：我所说的关于君主立宪制的道理，对于代议制民主政体也同样正确，因为社会契约到处都束缚着政权，禁锢着生活。君主们

---

① 参见［英］威廉・葛德文《政治正义论》，第 198—199、434、663—664 页。
② 同上书，第 734—735 页。
③ 参见［法］蒲鲁东《什么是所有权》，孙署冰译，商务印书馆 1963 年 6 月第 1 版，2007 年 10 月第 6 次印刷本，第 56—61、290 页。

和议员们，你们这些议会闹剧的可怜演员们，每年你们都收到人民的陈情书，当人们向你们讨一份救治方案时，你们的智慧就避而不露面了。但愿人民能彻底明白，当局的施政演说和党派人士的抨击发言中竞相用以安抚老百姓的那些关于减轻捐税和税负公平化的种种诺言和希望，全都是骗人的鬼话。在权威制度下，不论其权威来自君主制还是民主制，政权就总是社会的最高机构，社会就必须依靠它才能生存和活动，一切创议权都来自政权，一切秩序、一切成就都归功于它。既然假设政府就是一切，那么，又怎么能期待政府会成为一个顺从的公仆，一个从属于人民的机构呢。有人说，人民既然任命了自己的立法者，并且通过他们向政府表达自己的意志，就能够随时制止政府侵犯人民；人民这样就既起着君主的作用，又起着最高主权者的作用。可以总结一句说，这不过是民主派的一种乌托邦，是他们用以愚弄无产阶级的永恒的迷宫。①

蒲鲁东还以否定所有权和强调平等的角度否定了政府存在的合理性：政府是什么？政府是公共组织，是对公用事业和国家财产的最高管理机构。政府是一个公司，确切地说，不是一个保险公司，因为它是不保险的，而是一个报复和镇压的公司。国家好像是一个以全体公民为股东的庞大的公司，在大会上，每个人都有发言权，并且，如果股份是相等的话，每个人都有一票的投票权。所有权是同政治权和公民权的平等极不相容的。如果国家向我征收得多一些，那就让它多偿还一些，否则它就不必再来向我说什么权利平等了。无产者没有权利容忍法律的矛盾，更不必说容忍政府的错误了。所有权的效果是专制主义。把否决权和批准权赋予某一个权力机关是虐政的顶点。②

在蒲鲁东看来，不论建立了何种政权的社会，在无止境地恶化工人处境这点上都是一致的。社会所设想出这些措施虽然再好不过，但执行起来却又再坏不过。不论国家采取任何形式，是贵族政体还是神权政体，君主政体还是民主政体，只是它一天不从属和听命于一个人人平等的社会，对人民说来就永远是一个地狱，甚至可以说是一个合法的惩罚。当局无论采取什么方式都绝对无法保障人民获得福利，光是因为它是一个政权，也就

---

① 参见［法］蒲鲁东《贫困的哲学》，余书通、王雪华译，商务印书馆 2010 年版，第 50—51、162—163、345、370 页。

② 参见［法］蒲鲁东《什么是所有权》，第 73、224—225、261、283—291 页。

是说，是神权和私有权的代表，是强制机构，就必然在这方面无能为力，它的一切措施都必然具有深刻的欺骗性。处于危难中的社会所需要的一切改革，没有一项是政权力所能及的，没有一项可以靠它来实现，因为政权在性质上就反对这些改革。所有权是使用与滥用的权利，简而言之就是专制权。①

蒲鲁东强调了无政府主义的参与观，认为无政府状态就是没有主人，没有元首。如果国民不是最高权力机关，如果立法的权力不是来自国民，那么国民是什么呢？唯有国民才有权利说，让我们发布命令。既然政府机器必须使之运转，以保障统一和达到我们的目的，我们就不应进行推理，我们必须服从。但是，根据这一观点而必须消极服从的同一个人，有权以公民和学者的资格发言。他可以诉诸公众，把他对于四周或他上面的等级中所发生的事件的看法向公众提出，但要注意避免那种应该受到惩罚的冒犯行为。②

蒲鲁东显然是通过对既有民主政治和代议制的批判，导出了直接民主的结论：只有国民才能发布命令。

3. 巴枯宁：代议制的国家集权本质

巴枯宁（Mihayi Bakunin，1814—1876 年）也从无政府主义的角度对代议制提出了否定性的意见：这种官僚警察政权主要是依靠军事力量，因此就其实质来说是专制主义的，但同时又披着立宪制议会的外衣。国家集权制同所谓代议制民主融洽相处，因为这种现代国家形式，是建立在由虚假的人民代表在虚假的人民议会上似乎表达出来的虚假民意的虚假统治基础之上的，把它们获得成功所必需的两个主要条件结合在一起，这就是实行国家集权制，迫使作为国家主人的人民真正服从那些管理他们、似乎代表他们并且必定剥削他们的少数劳心者。现在，真正强大的国家职能有一个可靠的基础——军事和官僚的集权制。在共和国里，似乎是由国家代表的虚假的人民、合法的人民，现在在摧残、将来还要摧残活生生的人民、真正的人民。任何国家，无论其形式多么民主，哪怕是最好的政治共和国，也不过是所谓人民代表制的虚假的人民共和国，不能给人民所需的东

---

① 参见〔法〕蒲鲁东《贫困的哲学》，第 139、305、315、339—340、370—375、690、719 页。

② 参见〔法〕蒲鲁东《什么是所有权》，第 288—289、466 页。

西——在没有任何来自上面的干预、监视和暴力的情况下谋取自身利益的自下而上的自由组织。这是一种所谓人民代议制的虚构，实际上是由一小撮特权人物来管理人民群众，这些特权人物是由被赶去投票的人群选出的甚至没有经过选举的，而这些选举人根本不知道为什么选举和选的是什么人；这是想象中的全民思想和意志的虚假的和抽象的表现，真正的人民对这种思想和意志根本一无所知。因为任何国家权力和任何政府就其实质和地位来说，都是被置于人民之外和凌驾于人民之上的，必然要力图使人民服从那种与自己无关的制度和目的，所以我们宣布自己是任何政府权力、国家权力的敌人，是一切国家制度的敌人。一切称之为法律权利的东西，任何通过立法和政府自上而下建立的机构，都应当同国家一起灭亡，这些机构除了为统治阶级的利益对人民劳动作出规定和加以制度化以外，从来没有别的目的。①

巴枯宁对愚民政策提出了批评，指出政府当然希望人民永远俯首听命，没有怨言地去承受一切强加在他们身上的严重负担。为此，就必须使人民永远不能知道自己的权利，不能认识自己的力量，永远认为自己是无能为力的。② 人民不幸仍旧十分无知，而且被一切政府的有系统的努力所弄得继续无知下去，这些政府把这种无知当作他们自己的权力的根本条件之一。③

（四）实证主义的政策观

实证主义的代表人物孔德和斯宾塞，在政策与民主关系上秉持的是与无政府主义理论家相反的积极态度。

1. 孔德：政策讨论中的公众理性

实证主义创始人孔德（Auguste Comte，1798—1857 年）指出，今天政治家倾向于尽可能防止一切重大政治运动。大众理性该会不言而喻地倾向于接受实证精神，以此作为真正解决精神与道德大混乱的唯一可行基础。实证精神表明，今天主要的社会困难本质上不是政治性的，而主要是道德性的，因而解决困难的可能办法实际上更多地取决于舆论和风尚而不

---

① 参见［俄］巴枯宁《国家制度和无政府状态》，马骧聪、任允正、韩延龙译，商务印书馆 2013 年 1 月版，第 10—15、28、56、166—168、264—265 页。

② 同上书，第 272 页。

③ 参见［俄］巴枯宁《上帝与国家》，朴英译，华东师范大学出版社 2005 年 11 月版，第 9、33—35 页。

是制度。知性缺乏条理、疏于准备的群体是无法合理地参与讨论的。谋求公众利益将不断地被视为是通常确保个人幸福的最合适方式。实证学派直接以巨大的精神运动来代替毫无结果的政治骚乱，它以系统的考察解释并认可今天公众的理性与政府的审慎态度对于一切认真、直接本意上的制度所一致表示的冷漠或反感。迄今为止，特别深得人心的政策并未能存在，唯有新哲学能够制定这种政策。①

孔德认为自从现代重大危机开始以来，人民还只是作为单纯的辅助力量参与重大政治斗争，无疑是怀着多少改变自己一般境遇的愿望，而不是根据自己实际固有的观点和追求的目标而参与的。所有常见的争论一向主要集中在各个上层或中层阶级之间，因为争论尤其与控制政府有关。然而人民不可能长时间密切关心这种冲突，因为我们的文明本质显然是压抑无产者任何认真参与实际政权的希望甚至意愿的。人民主要关心的只是政权在什么人手里能有效地运用，而不是由自己专门去夺取。人民自然抱有这样的愿望：关于权利的激烈的无谓争论最终将被对各种基本任务（普遍的或特殊的）作出充实而有益的评价取而代之。②

孔德指出，在完全正常的条件下，政府是社会的首领、公共活动的领导和代表；但现在这种学说使它完全失去作用。人们甚至认为，社会对其成员的一切治理活动，只应严格地局限于维持社会的安宁；政府已不再被认为是负责团结社会和领导个人的一切活动奔向共同目的的社会首领，而被看成是安置在社会内部的天敌。人民至上的主张，相当于世俗权力方面的信仰自由的主张，而且不外是信仰自由主张在政治上的应用。摆脱不断引起革命的这种可悲的恶性循环的最终办法，只有由各国人民和国王建立并普遍接受可使国王放弃倒退方针和使人民放弃批判方针的有机的学说。国王们唯恐社会解体的正当担心消失之后，任何合法的动议都将不会使国王们提出反对意见而阻止人类理性的发展。一心一意建立新体系的人民，将不再急于怀恨旧的体系，而听其按照事物的发展规律自消自灭。③

孔德的论点，显然不是侧重于公民直接参与决策，而是侧重于公民的

---

① 参见［法］奥古斯特·孔德《论实证精神》，黄建华译，商务印书馆1996年12月版，1999年3月第3次印刷本，第39—41、52—57、63—64页。

② 同上书，第63—64页。

③ 参见［法］奥古斯特·孔德《实证政治体系》，引自《圣西门选集》第二集，第126—229页（第133—139页）。

政策意见表达，并加入了体现实证精神的公众理性要求。

2. 斯宾塞：政府不是无所不能的

英国的实证主义学者斯宾塞（Herbert Spencer，1820—1903 年）认为，既然承认人是自私的这一命题，我们就无法避免下面的推论：拥有权威的那些人，如果得到允许，就会为自私的目的而使用权威。但是就国家权威的存在就证明不负责任的统治者会为他们的个人利益而牺牲公共利益，尽管有一切庄严的许诺、华而不实的宣言和细心安排的检查与保障。虽然政府不能改变必须承受的不公正的总量，它仍然可以改变不公正的分配。它实际上做的也正是这一点。取消人们在一个方面的机会，而在另一个方面增加他们的机会，在最佳情况下也要伴随一种损失。政府显然不能创造行使技能的任何便利，它所能做的只能是重新分配它们。当企图由承担追加的职责为公众服务时，政府对所有持不同意见的人就不能尽到责任，而对此它并非由于向其余的人提供增加的利益而真正作出了补偿。它用一只手给予他们的只是他用另一只手从别人那里拿过来的较少的东西。① 如果人民相信政府是无所不能的，在他们对国家应该为他们做什么所抱有的过分想法这一方面，和国家可怜的表现这另一方面之间，肯定会产生对社会秩序极端不利的情绪。②

斯宾塞认为代议制是在拥有无限权力的君主制与感情占优势的民主制状态之间的中间形式的政治组织，在代议制下，选民们向他们的代表发布指示的权利得到充分的承认，由于使全国成为一个审议机构，并使立法会议成为执行机构，这一制度把自治扩张到与一项统治权力的存在可以相容的最大限度。尽管这样的混合体制存在根本的不调和性，但是它由于必要而必然存在，这是人民的看法最终由感情而非由理智决定的一个很好例证。③ 在还不适合代议制形式的人民中间，公民们由于缺乏要求得到同等权力的冲动，在行使他们的参政权方面变得漫不经心，甚至以不干预公共事务为荣。只要他们的自由只是间接地受到影响，他们将茫然不关心地注视着最阴险的措施被通过。④

---

① 参见 ［英］斯宾塞《社会静力学》，张雄武译，商务印书馆 1996 年 11 月第 1 版，2007 年 11 月第 4 次印刷本，第 91—93、112—113、122 页。

② 同上书，第 129 页。

③ 同上书，第 238—239 页。

④ 同上书，第 102—103 页。

斯宾塞强调人们必须遵守同等自由法则，因为他们自己是社区的成员，无论什么事物影响社区都会影响他们。社区服务于他们需要的效率之大小视其状态好坏而定，社区加于他们身上的祸害大小也是如此。①

（五）空想社会主义的政策视角

空想社会主义的思想家如圣西门、傅立叶、雪莱、莫里斯等人，对民众的政策参与和代议制等问题，有不同的看法。

1. 圣西门：代议制是公共福利不可缺少的条件

圣西门（Saint-Simon，1760—1825 年）认为，每一个政治方案，每一种制度，要想完美无缺，必须满足下列两个条件：（1）要有利于社会，即要给社会带来实际效益；（2）要同社会现状协调，要正合时宜。②

圣西门指出，衰老是统治者的归宿，而人民则是走向返老还童的道路。凡是敢于议论谈论公益、敢于对政府应当采取的行动或应当实行的措施发表意见的被统治者都是可笑的，这是多么荒谬的见解。要使居民群众，即绝大多数工人有足够的能力在社会中自己处理本身的事情。由此需要三种教职：一般教职向各行各业实业家说明他们这一阶级最能担任管理工作；道德学教职教导每个人如何能够把个人利益同公共利益结合起来；实证科学教职向人们传授以最有利于人的方式改变人可以施加影响的自然现象的一般方法。③

在圣西门看来，旧大陆的人民或被统治者都同意这样的见解：为了公共福利，应当以大量金钱酬谢公职人员，而对议员或代表支给高薪也是必要的。美国人的想法与此完全不同，他们认为公职人员越不豪华铺张，越平易近人，生活越朴素，才能越受人尊敬。我们完全可以大大削减国家开支而不至有损于公共服务。公共事物的现行管理机构，首先有如下的严重缺陷：行政管理官员及其下属的人数过多，他们使行政管理机构的费用达到巨大的数额，给全国人民带来了极其沉重的负担，但对他们并没有什么益处。生产者阶级最有能力管理行政；最高行政委员会由最卓越的实业家组成。管理机构应尽量节省，管理机构应尽量精简，管理机构由最有能力

---

① 参见［英］斯宾塞《社会静力学》，第 251 页。

② 参见《圣西门选集》，董果良、王燕生等译，商务印书馆 2004 年版，第一卷，第 216—217 页。

③ 同上书，第一卷，第 145、149—150 页；第二卷，第 12、234—235 页。

的人组成和使社会的安宁完全有保证。社会的最高管理工作包括创制、审查和实行有利于居民的各种工作计划。管理工作的基本原则是：应根据被管理者的利益办事，以便尽量增殖社会资本，得到社会大多数社会成员的赞同和支持。把管理活动置于统治活动之上，这不仅不会造成巨大的损失，甚至会带来很大的好处。首先，我们要证明人民群众已经到达相当高的文明水平；其次，我们要证明艺术家、学者和实业家聚变的广博才能，已经足够正确解决有关公共福利的一切问题和恰当领导社会的公益事业；再次，我们要证明社会的大多数成员在许多方面都养成了足以使自己的私事接受管理部门指导的习惯；最后，我们要证明管理活动高于统治活动绝对不会损害法国的国际地位。[①]

圣西门认为代议制是公共福利不可缺少的条件，这种制度可提供一套办法，以便由旧的社会制度和平地、不知不觉地过渡到教化和文明所要求的制度；以避免政治动乱为重要目的的代议制，应该使自己成为一种革命的制度。圣西门还特别指出，我们过于重视政府形式，好像整个政治都集中于此，只要实行三权分立，就会万事大吉。议会政府的形式比其他一切政府形式都好得多，但这仅仅是一种形式，而所有制的制宪工作才是根本。规定国家预算的法律，是一切法律中最重要的法律。在法国这项职责由下议院行使，只有下议院真正拥有全部政治权力。但是，下议院是效忠于政府的人士占大多数，他们遵从来自政府的指示，按照政府的意图表决预算。建立实业体系是重要的目标，下议院应完全或绝大多数由实业界的代表组成。提高实业家的政治作用，对于统治者和被统治者都是有力的，因为实业家一方面总是支持现有的政府，另一方面又始终不渝地致力于限制权力和减少赋税。[②]

圣西门认为，全人类只有一个共同的目的和一些共同的利益，所以每个人在社会关系方面只应把自己看成是劳动者社会中的一员。可以让人们吃得好、住得好、穿得好的国家，再加上可以让人们随意四处旅行，就是一个让人们在物质方面感到十分幸福的国家。人们认为政府的经常的和唯一的职责，就是为社会造福。但是，用什么手段来为社会造福呢？对此，

---

① 参见《圣西门选集》，第一卷，第149、197页；第二卷，第3—5、21—28、40—45、53—54、121、236—239、244—245、288—299页。

② 同上书，第一卷，第187—188、192—195、227、232、300页；第二卷，第10页。

舆论至今无所表示。统治者除了具有按既定方向领导社会的天然职能之外，还兼有另一个同样重要的职能，即决定社会发展方向的职能。政论家当前工作的主要目的，应当是指明社会应走的繁荣道路，并使社会选择这条道路。什么是为社会造福的一般手段呢？除了科学、艺术和工艺外，再无其他手段了。在旧体系下，社会实质上是受人的统治；在新体系下，社会只是受原则的统治。在一个依靠科学、艺术和工艺组织起来以达到繁荣这一积极目的的社会里，决定社会应当遵循前进的方向的最重要的政治行动，不再由身居公职的人员来完成，而是由社会组织本身来实施。只有这样，一个由集体掌握的社会，才能真正行使主权。①

2. 傅立叶：政府总会成功摆脱宪法约束

傅立叶（Charles Fourier，1772—1837 年）强调人类的协作精神，希望建立不同于"文明制度"的"协作制度"或"和谐制度"。他认为虽然人们希望用宪法来约束政府，但是政府总会完全成功地摆脱这种约束的。要改造的只应该是经济制度。只要经济制度是以保障制度或协作社制度的形式组织起来的，任何政府便会把压制舞弊行为看成是自身的利益所在，而在文明制度下它却要庇护这种舞弊行为。在和谐制度下，公职人员设置愈多，获得的利润也就愈多；这正与文明制度的效果相反，在文明制度下，长官往往总是吸血鬼，他们的数目必须缩减。②

傅立叶对自由主义醉心的代议制提出了批评，认为代议制是幻想中一种最可以捉摸得到的幻想，由于它歪曲了关于实际保障方面的智慧，因而是特别有害的。立法者的利己主义是代议制议会所传授的，代议制是一种可以收到很多捐税的好办法。完全沉溺于宪章和代议制幻想中的现代人，对所有接触到真正自由和协作保障的事物，都患有白内障病。人们狂热地期望从代议制方面得到的好处，只能来自真正的进步，这种真正的进步具有满足一切阶级的美妙属性。③

3. 雪莱：每个人都有权享受无限制的讨论自由

雪莱（Percy Bysshe Shelley，1792—1822 年）认为一个人对公众的感

---

① 参见《圣西门选集》，第一卷，第 168、240—248 页；第二卷，第 14 页。

② 参见《傅立叶选集》，赵俊欣、吴模信、汪耀三等译，商务印书馆 2004 年版，第一卷，第 89、130—132、153—155 页。

③ 同上书，第二卷，第 245、279、304—305 页；第三卷，第 256—258、304—305 页。

情愈深，对他自己的正当利益的关心也会随之融化到对公众利益的关怀中去。① 被统治者的福利是政府的根源和意义。一切为其他人的幸福而存在的政府，其合法性仅仅在于它的存在是得到人们同意的，而其有效性仅仅在于它的活动是为他们谋福利。政府的善即包含在被统治者的幸福之中，如果被统治者不幸和不满，那么这个政府是失败的，没有尽到它应尽的职责。政府是一件坏事，仅仅是由于人们没有思想，由于人们的邪恶，才使政府成了一种不可缺少的坏东西。如果所有的人都成为善良而聪明，政府必然会自己消亡。在政府的约束被解除之前，我们应该首先消除政府约束的必要性。在政府被消灭之前，我们必须首先改造我们自身。②

雪莱还指出，政府不会允许任何集会公开地就政府的原则来进行和平的、合理的讨论，但是人类有没有权利来集会谈谈他们愿意谈的题目呢？人们讨论政府能采用什么手段以便更有效地达到它的目的，还有什么题目比这个更有意义、更有用呢？雪莱强调：尽管我很不赞成使用暴力，然而我绝不认为连集会议论形势的发展，也属于暴力或暴乱性质的活动。被统治者查究政府的工作情况，是完全合理的；政府如不为人民的安全而施政，那就是无用的东西。任何不能表示意见的现象本身意味着，在政府方面是赤裸裸的暴政，在被统治者方面则是无知的奴性。每个人都有权享受无限制的讨论自由。每一个国家的大多数人有权改进他们的政府。少数人不应该扰乱他们，少数人可以退出，依照他们自己的方式，建立他们自己的制度。③

4. 莫里斯：议会就是全体人民

威廉·莫里斯（William Morris，1834—1896 年）指出，议会一方面是一种保护上层阶级利益的看守委员会，另一方面是一种欺骗人民的幌子，使人民相信他们也参与处理他们自己的事务。政府本身不过是过去时代冷酷无情、漫无目的的专制政治的必然结果，政府只不过是专制政治的机器。政治家的把戏就是用花言巧语来欺骗或者强迫公众为几个野心家的

---

① 参见《雪莱政治论文选》，杨熙龄译，商务印书馆1981年4月版，1997年8月第4次印刷本，第47页。

② 同上书，第23—24、28、54、65页。

③ 同上书，第20、35、51、57、66—67页。

集团负担奢侈的生活和刺激性娱乐的费用。①

　　威廉·莫里斯认为在理想的社会中，议会就是全体人民，有人专门从事"管理"和"组织"工作，并且没有政治问题。当一件事的进行或者不进行对于每一个人都有影响的时候，就必须服从多数人的意见，除非少数人拿起武器，以暴力来显示他们是有效的真正多数。不过，这种情况在一个人人自由平等的社会里很少有发生的可能，因为在这种社会里，表面的多数就是真正的多数。其余的人非常了解这一点，所以不至于因为固执而从中作梗，尤其是他们有过很多机会来发表他们对问题的意见。如果出现不同意见，可以拖延正式讨论，在这个期间，赞成和反对的双方纷纷发表自己的意见，有些意见还在刊物上发表，因此大家都知道讨论的经过情况。到正式讨论时，如果赞成和反对的票数相差不多，议案就再度搁置起来，以便作进一步的讨论。如果双方的票数相差很多，就问少数人是否服从多数。如果他们不同意，议案就进行第三次讨论，到这时候，如果少数派的人数没有显著的增加，他们一般就放弃了他们的主张。这并不是因为他们认为自己的意见是错误的，而是因为他们知道他们不能劝说或强迫整个社会来采纳他们的意见。如果属于少数派的人为了这件事闹情绪，他无疑地可以用拒绝参加工作的办法来减轻自己的痛苦，但这对我们社会的"多数派创制"的创痛来说，并不是一贴很有效的止痛药。②

　　皮埃尔·勒鲁（Plerre Leroux，1797—1891 年）认为现代人就其本质来说，他们感到自己不仅是他们出生的这个国家的公民，而且也是这个国家的主人翁。今天总不会有人能拒不承认各种智慧合法参与社会管理是一个既成事实。③

（六）托克维尔：民主的政策观

　　托克维尔（De Tocqueville，1805—1859 年）指出，一场伟大的民主革命正在我们中间进行；人民生活中发生的各种事件，到处都在促进民主。领导社会的人肩负的首要任务是：对民主加以引导。重新唤起民主的

---

　　①　参见［英］威廉·莫里斯《乌有乡消息》，黄嘉德译，商务印书馆 2007 年 10 月版，第 94—99、109 页。

　　②　同上书，第 94、106—114 页。

　　③　参见［法］皮埃尔·勒鲁《论平等》；王允道译，商务印书馆 1988 年 5 月版，2007 年 11 月第 6 次印刷本，第 42、263 页。

宗教信仰；洁化民主的风尚；规制民主的行动；逐步以治世的科学取代民情的经验，以对民主的真正利益认知取代其盲目的本能；使民主的政策适合时间和地点，并根据环境和人事修正政策。在民主社会，享乐将不会过分，而福利将大为普及。民主有利于增加国内的资源，使人民生活舒适，发展公益精神。民主的真正好处，并非像人们所说是促进所有阶级的兴盛，而只是对最大多数人的福利服务。民主并不给予人民以最精明能干的政府，但能提供最精明能干的政府往往不能创造出来的东西，使整个社会洋溢持久的积极性。①

托克维尔强调了"正确理解的利益"，指出人民知道自己的利益之后，自然会理解，要想享受社会的公益，就必须尽自己的义务。由于他们知道只有协助同胞才能得到同胞的支援，所以他们将不难发现自己的个人利益是与社会的公益一致的。"正确理解的利益"的原则不要求人们发挥伟大的献身精神，只促使人们每天作出小小的牺牲。②

托克维尔指出，在民主国家，公众的意见不仅是个人理性的唯一向导，而且拥有比在任何其他国家都大的无限权力。个人的努力与社会力量结合，常会完成最集权和最强大的行政当局所完不成的任务。公民的集体力量永远会比政府的权力创造出更大的社会福利。③

托克维尔还就民主与公民参与管理的关系提出了一些重要的看法：所有的公民都参加政府的管理工作，而且人人在这方面都有平等的权利，民主国家所追求的，就是要达到这个理想的境地。使人人都参加政府的管理工作，是我们可以使人人都能关心自己祖国命运的最强有力手段，甚至可以说是唯一的手段。人口越多，人民的志趣和利益越复杂，也就越难形成一个巩固的多数；人民插手公共事务，往往会把事情搞得很糟；但是，在小事情上都没有学会使用民主的老百姓怎么能在大事情上运用民主呢？不扩大人民的思想境界，不让人民摆脱陈规旧套，他们就参与不了公共事务。让人民参加政府的管理工作很难，而让他们积累管理的经验和产生管好国家的意识更难。强迫每一个公民实际参加政府管理工作的民主制度，可以节制人们对于平等所造成的政治方面的一般理论的过分爱好。当使公

---

①　参见［法］托克维尔《论美国的民主》，董果良译，商务印书馆 1988 年 12 月版，1997 年 2 月第 6 次印刷本，上卷，第 4—8、11、261、266、269、280 页；下卷，第 633 页。

②　同上书，上卷，第 11 页；下卷，第 651—655 页。

③　同上书，上卷，第 100 页；下卷，第 526—528 页。

民们全都参加国家的治理工作时，他们必然走出个人利益的小圈子，有时还会放弃自己的观点。如果让公民们多管小事而少操心大事，他们反而会关心公益。① 在公共事务中，必须相互理解，说服对方，与人为善。②

托克维尔特别提出了"多数的暴政"的概念，指出民主政府的本质，在于多数对政府的统治是绝对的，因为在民主制度下，谁也对抗不了多数。在民主共和国，人民有巴结大多数的思想，而且使这个思想立即渗入各个阶级。在美国，只要多数还没有最后形成统一意见，讨论就得继续下去；但是，一旦多数人作出不可更改的决定，所有的人便默不作声了。身份越是平等，个人的力量就越薄弱，人们就越容易随大溜和越难独自坚持被多数人所反对的意见。"我最担心于美国的，并不在于它推行极端的民主，而在于它反对暴政的措施太少"；"人民的多数在管理国家政权方面有权决定一切"这句格言，是渎神的和令人讨厌的。③

托克维尔就代议制在政策过程中的作用有一些具体的说明。一是在美国新英格兰的乡镇没有采用代议制，凡涉及居民利益的事务，均在公共场所召开公民大会讨论决定。人们试图以巧妙的方法打碎权力，以使最大多数人参与公共事务，结果选民的任务是经常开会审议乡镇的管理措施。④二是美国人把立法机关分为两院时，根本就未想把其中一个建成世袭的，另一个建成选举的。他们的目的也不是让第一个支持政府，而让第二个支持民意和人民的利益。⑤ 三是在民主国家不断关心自己的事业和重视自己的权利的人民，可防止他们的代表偏离他们根据自己的利益为代表规定的总路线。⑥ 四是议员通常是依据他在议会中的地位，才能出面做某项工作，因此他要不断地拼命设法在议会中占据重要地位，并迫不及待地希望自己的建议付诸实施。议员几乎不能长期左右选民的思想，因此必须时时刻刻讨好于选民。为讨好选民而发表的言论，未必就是对自己信奉的政治观点有利的言论。结果在这个大机关里进行的辩论，往往是空空洞洞和杂

---

① 参见［法］托克维尔《论美国的民主》，上卷，第 106—107、180、270、279—281、366 页；下卷，第 536、620、630—634 页。

② 参见［法］托克维尔《旧制度与大革命》，冯棠译，商务印书馆 1992 年 9 月第 1 版，2012 年 12 月第 10 次印刷本，第 36 页。

③ 参见［法］托克维尔《论美国的民主》，上卷，第 282—300 页；下卷，第 644 页。

④ 同上书，第 45、66—75 页。

⑤ 同上书，第 94 页。

⑥ 同上书，第 265 页。

乱无章。①

　　托克维尔将集权分为政府集权和行政集权，认为美国不存在行政集权，但政府集权达到了很高水平。有一些与全国利益相关的问题，只有交给一个总的当局才能得到有效的处理。民主国家关于政府的观点有利于中央集权；民主时代的人，可以不用深思就会想出关于由政府亲自直接领导全体公民的单一的中央权力的观念；他们厌恶复杂的制度，认为一个大国由同一模式的公民组成和由一个权力当局领导最好。个人独立和地方自由将永远是艺术作品，而中央集权化则是政府的自然趋势。使领导民主国家的中央政权积极和强大，这既是必需的，也是人们所希望的，但要完全阻止它滥用其机智和权力。② 倘若仔细注意高等法院反对王权的斗争，就会看到，斗争差不多总是集中于政策问题，而不是集中于政府问题。民主革命扫荡了旧制度的众多体制，却巩固了中央集权制。大家都认为，若是国家不介入，什么重要事务也搞不好。③

　　托克维尔指出，在完全按人民主权理论施政的国家，设立出版检查制度不仅危险，而且极其荒谬。在民主国家，报刊往往引导公民去共同进行一些非常欠妥的活动，但是如果没有报刊，就几乎不能有共同的行动。因此，报刊带来的害处远远小于它的战功。舆论的理想是一切力量中最难于驾驭的力量，因为无法说清它的界限，而且界限以内的危险，也总是不亚于界限以外的危险。④ 舆论的力量就连那些常常压制它的人也不得不承认，但这种力量强弱无常，大起大落，毫无节制，变化多端；它是人民主权的影子，而非人民主权本身。⑤

　　后来研究美国政治和政策走向的学者，往往不能不提到托克维尔，是因为他对美国的民主有全面的论述。我们所要关注的，则是他的民主政策观，因为在这样的政策观中，"直接民主政策范式"（所有的公民都参加政府的管理工作）、间接民主的"代议制民主政策范式"（注重议会的政策代表性）和"法治政策范式"（既强调中央集权的必要性，也注重防止权力的滥用）被结合在了一起，并且以美国的情况，证明了在不同的层

---

① 参见［法］托克维尔《论美国的民主》，下卷，第614—618页。
② 同上书，上卷，第96—99、128—129、301；下卷，第840—847、874页。
③ 参见［法］托克维尔《旧制度与大革命》，第100—102、109—111页。
④ 参见［法］托克维尔《论美国的民主》，上卷，第169、205页；下卷，第641页。
⑤ 参见［法］托克维尔《旧制度与大革命》，第315页。

级，确实可以采用不同的民主决策方式，如乡镇以公民大会的方式决策，国家层面则采用议会决策方式。

（七）密尔：理性民主制的政策取向

约翰·密尔（John Stuart Mill，又译穆勒，1806—1873 年）不仅明确提出了"理性民主制"的概念，还在此基础上阐释了代议制政府的基本政策取向。

1. 理性民主制

密尔指出，理性民主制的理念是，不是人民亲自进行统治，而是可以保证他们拥有优良政府。[1] 民主制如果不在小事情上贯彻民主原则，而只在中央政府一级实行民主原则，则不仅不会保障政治自由，反而会造成一种完全相反的气氛。[2]

纯粹的民主制观念，照它的定义来说，是有平等的代表权的全体人民治理的全民政府。通常所认为的，也是迄今所实行的民主制，则是独占代表权的人民的简单多数所治理的全民的政府。后者有利于人数上的多数，实际上只有这个多数在国家有发言权；这是目前采取的选举办法的不可避免的结果，完全剥夺了少数的选举权。少数应有适当的代表，这是民主制的一个不可缺少的部分，没有它就不可能是真正的民主制。各种有才智的人的利益和意见虽然居于少数但仍然会被听到，并会有机会依靠品质的分量和论点的有力得到照他们的人数说来得不到的影响，是唯一平等的、唯一公正的、唯一由一切人治理一切人的唯一真正的民主政体。[3] "多数人暴政"已经被普遍的包含在社会需要提防的各种祸害之中。仅仅防御地方官员的暴政是不够的，还需要防御占优势的意见和感觉。[4]

密尔还在所有道德问题上都把功利视为最终的诉诸，但是它必须是最广义的功利，必须是以作为进步性存在的人之永恒利益为基础的功利。[5]

---

[1] 参见《密尔论民主与社会主义》，胡勇译，吉林出版集团有限责任公司 2008 年 9 月版，第 29 页。

[2] 参见［英］约翰·穆勒《政治经济学原理》，胡企林、朱泱译，商务印书馆 1991 年 9 月第 1 版，2008 年 10 月第 3 次印刷本，下卷，第 539 页。

[3] 参见［英］约翰·密尔《代议制政府》，汪瑄译，商务印书馆 1982 年 6 月版，第 101—125 页。

[4] 参见［英］约翰·密尔《论自由》，于庆生译，中国法制出版社 2009 年 4 月版，第 6—7 页。

[5] 同上书，第 15—16 页。

公正意味着只受公共利益考虑的影响，如在候选人中选择政府部门工作人员时。①

2. 公民的政策参与

依据理性民主制的理念，如何看待公民的政策参与，密尔提出了四方面的看法。

（1）参与培养公益精神并能产生处理公共事务的智慧。应克服缺乏教育和缺乏公共事务讨论、参与带来的政治冷漠。大家商量和处理集体事务，可以很好地培养公益精神，有效地产生处理公众事务的智慧。②

（2）发言权的不平等。每个公民都有发言权，但较聪明和较有道德的人的发言权应具有较大的分量。每当人民普遍倾向于只注意个人的私利而不考虑或关心他在总的利益中的一份时，在这样的事态下好的政府是不可能的。理想上最好的政府形式就是主权或作为最后手段的最高支配权属于社会整个集体的那种政府；每个公民不仅对该最终的主权的行使有发言权，而且，至少是在有时，被要求实际上参加政府，亲自担任某种地方的或一般的公共职务。被排除在政体之外，而不是到里面去进行商谈，对个人来说是令人沮丧的，对一个阶级来说是尤其会感到沮丧的。在一切人类事务中，每个有直接利害关系而又不是在别人保护下的人，都有公认的发言权，并且不能正当地加以排除。但是，完全排除对共同事务的发言权是一回事，根据其对共同利益的管理的较大能力有较大分量的发言权则是另一回事。作为较聪明或较有道德的人，有权主张其意见具有较大的分量，并应该使其具有不同的投票权。③

（3）多数人的政治冷漠。居民大众很少有机会亲自参加一般社会事务的管理。阅读报纸，或许还给报刊写信，公共集会，以及对行政当局提出各种要求，是普通公民在两届议会选举之间的间隔期间参加一般政治的范围。④ 共和国需要克服的障碍是多数人的政治冷漠，由于缺乏教育所造成的结果，由于在公共事务中缺乏讨论与参与习惯所造成的结果。⑤

（4）重视舆论的作用。古代世界不存在形成和传播舆论的物质条件，

---

① 参见［英］约翰·密尔《功利主义》，叶建新译，九州出版社 2007 年 1 月版，第 105 页。

② 参见［英］约翰·穆勒《政治经济学原理》，下卷，第 538—539 页。

③ 参见［英］约翰·密尔《代议制政府》，第 26、43、53—55、132—143 页。

④ 同上书，第 208 页。

⑤ 参见《密尔论民主与社会主义》，第 184 页。

克服这一障碍需要有出版物甚至新闻报纸。认为由于在社会中掌握权力的人到头来也掌握政府的权力，因此企图靠影响社会舆论来影响政府的构成方式是徒然的这种看法，就是忘记了舆论本身就是一种最大的社会积极力量。不受君主支配的舆论必定是要不支持他的，要不就是反对他的。舆论所反对的通常是变化，而不是代议制政府本身。如果公众对所作的事漠不关心的话，公开的办法就既不能阻止坏事也不是鼓励好事；但是如果不公开，公众又怎能对不允许他们看到的事情加以制止或鼓励呢。①

3. 完善政府的理性类型一定是代议制政府

密尔明确提出了完善政府的理性类型一定是代议制政府的概念。能够充分满足社会所有要求的唯一政府是全体人民参加的政府，但是既然在面积和人口超过一个小的市镇的社会里除公共事务的某些极次要的部分外所有的人参加公共事务是不可能的，从而可以得出结论说，一个完善政府的理想类型一定是代议制政府。代议制政体是全体人民或一大部分人民通过他们定期选出的代表行使最后的控制权，他们必须完全握有这个最后的权力，无论什么时候他们高兴，他们就是支配政府一切行动的主人。② 如果人民坚持以绝对符合他们的意见作为代表保持其职位的条件，他们这样做是不明智的。代表是选民的使节的学说是错误的，其实际运用是有害的。③

代议制议会的适当职能是公开政府行为和作为国民的诉苦委员会和表达意见的大会。代议制议会的适当职能不是管理，而是监督和控制政府：把政府的行为公开出来，迫使其对人们认为有问题的一切行为作出充分的说明和辩解。部长的不适当的措施或不适当的任命，可以由议会加以制约；部长们关心的是辩护，反对党的人关心的是攻击，这就保证了相当平等的讨论。但是谁来看这看守人呢。谁将制约议会呢？任何议员都不会因为他在行政管理的细节上的投票而失去他的议席，议会只要当时的舆论支持。由议会本身提名内阁成员的事从来被认为是不可取的，议会不过是承认某个人是议会支持其一般政策的那个政党的候选人。现代文明的代议制政府，其自然趋势是朝向集体的平庸，将主要权力置于越来越低于最高社

① 参见［英］约翰·密尔《代议制政府》，第10、14、28、40—42、57 页。
② 同上书，第53—55、68—83 页。
③ 同上书，第171—182 页。

会教养水平的阶级手中。议会还有一项职能，其重要性不亚于上述职能：既是国民的诉苦委员会，又是他们表达意见的大会。在那里每个政党或每种意见都能检阅自己的力量，也都能矫正有关它的追随者的人数或力量的任何错觉。代议制议会常常被它的敌人讥笑为纯粹清谈和空谈的场所，很少有比这更大的误会。当谈论的问题关系到国家巨大公共利益的时候，谈论决不会妨碍行动。①

两院制应该是一院代表民主，另一院代表控制民主。在民主政体中应该有一个反抗民主的核心，如果一个议院代表舆情，另一个就应代表经过实际公共服务的检验和保证并经实际经验加强的个人美德；如果一个是人民的议院，另一个就应该是政治家的议院。②

地方代表机关及其官员几乎肯定在才能和知识程度上比不上议会和中央行政部门，监督他们的以及他们应对之负责的舆论也较差。最熟悉原则的当局在原则问题上应该是最高的，而在具体问题上最有能力的当局应该负责处理具体问题。中央当局的主要职务应该是发指示，地方当局的主要职务应该是把指示应用到具体问题。③

4. 政府的干预

密尔认为政府对公民的干涉有三种类型：一是要做的事由个人做出很可能要比政府做出更好一些；二是个人在特定事务上可能不像政府官员做得那么好，但是作为他们心理教育的手段，应该由个人而不是由政府做出；三是不必要地增加政府的权力是巨大的祸害。④

对政府的职能有不同的态度，一方面，性急的改革者认为控制政府要比控制民众的理智和意向来得容易、方便，因而常常倾向于过分扩大政府的权限；另一方面，统治者则常常并非为了公众的利益而干预人类事物，或在错误理解公众利益的情况下干预人类事物，同时一些真诚希望改良的人也提出了许多轻率的建议，主张通过强制性的法规来实现那些本来只有通过舆论和辩论才能有效地实现的目标，在这种情况下，对政府干预本身，便很自然地滋长了一种抵触情绪，并滋长了一种倾向，主张尽量限制政府的活动范围。在许多情况下，政府承担责任，行使职能，只是由于这

① 参见［英］约翰·密尔《代议制政府》，第73、80—81页。
② 同上书，第184—189页。
③ 同上书，第217—219页。
④ 参见［英］约翰·密尔《论自由》，第168—172页。

样一个简单的原因，即它这样做有助于增进普遍的便利。除非政府干预能带来很大便利，否则便不允许政府进行干预。如果政府不了解所干预的对象，干预必定会带来有害的结果。我们应当区分两种干预，一种是命令式干预，另外一种干预可以称为非命令式的，政府不发布命令或法令，而是给予劝告和传播信息（这是一种政府本来可以加以广泛利用但实际上很少采用的方法）。同非命令式的政府干预相比，命令式的政府干预所具有的正当活动范围要小得多。在政府的几乎所有干预活动中，有一件事情是强制性的，那就是政府必须有经费才能进行干预。在某一时期或某一国家的特殊情况下，那些真正关系到全体利益的事情，只要私人不愿意做（而并非不能高效率地做），就应该而且必须由政府来做。①

密尔指出，即便在最温和的专制君主下，人们在实际事务上最多只能被容许提建议，也只有被认为优秀或以优秀出名的人才能指望他们的建议能被管理事务的人们知道，至于重视就更说不上了。好的专制政治意味着这样一个政府：在这个政府里，就依靠专制君主来说，不存在国家官吏的实际压迫，但人民的一切集体利益由政府代他们进行管理，有关集体利益的一切考虑由政府替他们去作，他们的思想形成并同意于这种对他们自己能力的放弃。② 由于深远政策而受到称赞的政府一般是贵族制政府。但是，这是非常封闭的贵族制，由少数成员组成，所以每个成员都可以亲自参与行政事务，这些政府自然具有进行稳定管理的倾向。③

密尔倡导的"理性民主制"，也实现了三种政策范式的结合，但是与托克维尔有所不同的是，密尔是将"意见表达政策范式"、"代议制民主政策范式"和"法治政策范式"结合在了一起，其基本逻辑可以用他的三句话来概括：一是用以表述"法治政策范式"的"不是人民亲自进行统治，而是可以保证他们拥有优良政府"；二是用以表述"代议制民主政策范式"的"一个完善政府的理想类型一定是代议制政府"；三是用以表述"意见表达政策范式"的"议会既是国民的诉苦委员会，又是他们表达意见的大会"。

19 世纪的思想家和政治家尽管在政策与民主的关系方面有不少新的

---

① 参见［英］约翰·穆勒《政治经济学原理》，下卷，第 366、371—372、502、530—532、570—571 页。

② 参见［英］约翰·密尔《代议制政府》，第 38—40 页。

③ 参见《密尔论民主与社会主义》，第 104—105 页。

见解，但是政策问题与民主问题的第三次重要交集，并没有产生新的理论范式，只是对前两次交集中产生的"直接民主政策范式"、"意见表达政策范式"、"防止专制政策范式"、"代议制民主政策范式"、"法治政策范式"，作了进一步的表述，并拓展了这五种范式的内容。需要注意的是，在 19 世纪出现了不同政策范式"结合"的现象，具有代表性的就是托克维尔结合了三种范式的"民主政策观"，以及密尔结合了三种范式的"理性民主制"，这应该被视为政策与民主理论关系的重要突破（打破只坚持一种政策范式的狭隘境界），并成为政策问题与民主问题第三次交集的最重要成果。

第二章　政策与民主的第四次交集：
20 世纪前半叶

20 世纪前半叶（时间段可限定在 1901—1945 年）尽管出现了两次世界大战，但西方政治学家、行政学家、社会学家、法学家等，还是就政策与民主的关系提出了不少新的见解，由此不仅形成了政策与民主的第四次重要交集，还产生了一些新的政策理论范式。

一　精英决策的政策范式

20 世纪初叶兴起的精英主义学说，不仅对民主理论的发展产生过重要的影响，在政策问题上也提出了一些值得注意的看法，可以列举几个有代表性人物的主要论点。

（一）帕累托：人民群众是统治阶级的利用对象

帕累托（Virfredo Pareto，1848—1923 年）认为每个逻辑地活动的个人，都竭力获取个人效用最大值。① 除了短期中断外，人类社会一直处在"精英"的统治下。人类历史就是一部精英持续更替的历史。如今人们有一种幻觉，认为统治阶级把人民群众摆在首位。事实并非如此，对于位居统治阶级的那些未来的新精英分子，人民群众只是他们的利用对象。②

帕累托认为，在个别情况下，只考察两个集团，精英阶级和非精英阶级，这种现象称为"精英阶级的循环"：在同一集团内，名义上属该

---

① 参见［意大利］帕累托《普通社会学纲要》，田时纲译，东方出版社 2007 年 8 月版，第 253—254 页。

② 参见［意大利］帕累托《精英的盛衰》，宫维明译，北京出版集团公司、北京出版社 2010 年 2 月版，第 13、69 页。

集团但实际上又不具备应有素质者占整个集团的比例；在不同的集团之间，从某集团向另一集团过渡的方式和这一运动的强度，或循环的速度。统治阶级不仅在数量上，而且更为重要的是在素质上由下等阶级的家庭重新构建，他们给统治阶级带来活力和朝气，以及为维护政权所需的相应的剩余物。由于统治阶级循环，执政的精英阶级像一条流淌的河流，处于一种连续和缓慢的变动状态。伴随精英阶级缓慢的循环或其他原因，革命爆发了，因为在上层阶级中低劣分子聚集，他们不再拥有用以维护政权的剩余物，并放弃使用暴力；相反在下层阶层中优秀分子增加，他们拥有用以执政的剩余物，并且准备使用暴力。赞成被统治者使用暴力的理论几乎总同谴责统治者使用暴力的理论相结合。在全部历史中，作为统治手段，认同与暴力总交织在一起，从远古时代的国王直至现代民主政体。[1]

　　针对"哪里不存在普选制，就可发动起义"、"在所有那些人民可以表达自己意志的国度里，起义都是无用的，因此都是罪恶的"、"凡存在法制国家的地方，那里的起义就不能宽容"等论点，帕累托指出，无论有无普选制，总是寡头政治集团在统治，并且善于将自己期待的表述强加给"人民的意志"。[2]

　　帕累托还对民主作了如下阐释：术语"民主"的含义是什么，如果我们只限于研究它所掩盖的事实，将发现在现代文明民族那里，譬如，人们一般倾向于这样一种政府形式，将立法权大部分交给由或多或少公民选举的议会，人们还趋向扩大这种权力和议会选举人的数量。民主越来越倾向于摇唇鼓舌、蛊惑人心的富豪统治集团。许多国家的"民主"政体，在许多方面可以界定为主要经济封建制，这里主要使用门客和权术作为统治的手段。一个表达人民"意志"的政权，没有门客、派别集团、纷争，假设有一个这样的政权，仅为理论家的良好愿望，在现实中观察不到。许多人已发现这些现象，习惯把它们指作"民主的蜕化"。[3]

　　帕累托指出，正如拿破仑所说，"只有当君主的虚荣心受到伤害时，

---

[1]　参见［意大利］帕累托《普通社会学纲要》，第 238—242、260—264、274—275 页。
[2]　同上书，第 263—264 页。
[3]　同上书，第 273—274、276—277 页。

他们的决策才会受到最大的影响"。民主主义者认为公开冒犯高级官员的虚荣心是羞耻的,他们会通过机智的办法去影响高官们的决策。① 享有主权的人民更未发觉,还自认为按自己的意志办,实际上是按其统治者的意志办。在统治者企图显示自己政权的民主效用而产生的派生物中,人民能用以更好地判断一般问题而不是个别问题的派生物最引人注目。实际上恰恰相反,因为只要同缺乏教养者讨论片刻,就足以发现他们对个别问题(通常为具体问题)的理解远比一般问题(通常为抽象问题)深透。但抽象问题能有助于统治者获得自己期待的结果,而不管人民对这些问题作出什么样的回答。②

(二) 莫斯卡:注重中产阶级的作用

莫斯卡 (Gaetano Mosca,1858—1941 年) 的精英主义论点,在政策问题上应包括以下内容。

第一,统治阶级控制"政策"。一切社会都会形成两个人们的集团,即统治阶级和被统治阶级。前一个阶级总是人数较少,他们行使一切政治职能,垄断所有权力,享有权力带来的诸多特权;而被统治阶级在人数上处于多数,他们受到前一阶级的指导和控制。公共事物的管理都掌握在少数有影响的人手里,无论是否情愿,大多数人只能服从。人类社会从未出现过绝对平等,政治权力从来不是、将来也不会建立在多数人的明确同意基础之上。它始终是掌握在那些有组织的少数人手里的,他们始终能够在不同的情势下主导多数民众。③

第二,被统治阶级影响政策。不管是什么类型的政治有机体,处于被统治地位的大众阶级,他们的不满和由此所爆发出来的情绪,对统治(政治)阶级的政策产生一定的影响。当伤及大多数被统治者的情感、信念和倾向时,或者要求他们作出无法接受的金钱上的牺牲时,即使最专制的政府也不得不小心从事。而任何在政府行政机构中举足轻重的代表都深知,民众的不满时刻都会使自己的对手处于优势地位,所以他们会更加小

---

① 参见 [意大利] 帕累托《精英的盛衰》,第 97—98 页。
② 参见 [意大利] 帕累托《普通社会学纲要》,第 275 页。
③ 参见 [意大利] 莫斯卡《政治科学要义》,任军锋、宋国友、包军译,世纪出版集团、上海人民出版社 2005 年 10 月版,2006 年 8 月第 2 次印刷本,第 119、358—359 页;《统治阶级》(《政治科学原理》),贾鹤鹏译,译林出版社 2002 年 10 月版,第 50 页。

心不能冒犯民众。①

　　第三，普选不是人民意志的表达。以基础广泛的普选权为代表的民主原则，似乎与统治阶级趋于稳定的理论相矛盾，但应当注意到，在民主选举中，那些最终赢得选举的候选人几乎总是世袭的拥有政治力量的人。认为选任官员是其所代表的选民的代言人，这样的假设并不符合事实。实际上，代议制根本不可能带来多数人的统治，它仅仅是某些社会价值在国家的指导下的参与。绝大多数选民事实上是消极被动的。② 不能认为普选通常是人民意志的表达，或者大多数人民意志的表达，不论在这种普选中选举权是多么自由。③

　　第四，中产阶级是支持代议制的重要力量。对代议制政府的反对意见大致可以分为三种。第一种反对意见集中于批评议会整天忙于清谈、冗长的演说、空洞的争吵。第二种反对意见认为由于目前财富分配上的不平等，议会并不能代表大多数人的利益和愿望。第三种反对意见的理由最为充分，它涉及议会对各种事务的过度干预。在当前的社会条件下，对代议机构的压制必然会导致一种人们通常所说的"绝对"体制。当代人想当然地认为，一切政府活动都应当通过公共讨论。首先，议会并不直接统治，它的功能仅仅在于制衡统治者，限制他们的权力。其次，议会通常有自己明确的权限和职责，许多议员有着长期从事公共事务的经验。行动迟缓并不总是坏事。各种政治职能的专业化以及官僚成分与选举成分之间的相互合作和制约，是现代代议政体的两个突出特点。疗救议会体制之弊害的最稳妥最有效的办法是进行广泛的有机的去中心化，这不仅意味着权力从中央官僚机构向地方官僚机构、国家议会向地方议会转移，它还意味着许多目前由官僚和立法机构行使的职能将转移到公民阶层手中。一个小康的中产阶级是现代代议体制正常运行所必需的。中产阶级原本应当是独立的公民，对官僚机构形成有效的平衡，如今这一阶级本身却日趋转化为职业官僚。欧洲中产阶级的处境应当得到改善，没有这一阶级的合作，任何形式的代议体制最终都是不可能的。④

---

　　①　参见［意大利］莫斯卡《政治科学要义》，第120、213页。

　　②　同上书，第128—129、211—214、324—325页；《统治阶级》，第109页。

　　③　参见［意大利］莫斯卡《统治阶级》，第119页。

　　④　参见［意大利］莫斯卡《政治科学要义》，第298—312、411—414、494—495页；《统治阶级》，第311—338页。

第五，使公开讨论统治者行为成为可能。公共职能的专业化使许多不同的影响力在政府中得以表达，共同对国家进行控制。与此同时，有关统治者行为的公开讨论成为可能。所谓的新闻自由只有到晚近才成为司法防护的新手段。在代议制政府中，真正意义的司法防护在于代议机构中进行的公开辩论。自由原则的一个优势是代表应当向被代表者负责，另一个优势是统治者的行为可以作为公开讨论的话题。这样的讨论或是在政治集会或行政会议上，或是在每天的出版物或期刊上。然而，假如这一最终的也是最为有效的控制手段真正能够启蒙公共舆论，那么报纸就不应当是某些政治或金融机构的附庸机构。对政府行为的诚恳批评包括那些基于基本政治理念和政治原则的差异的批评，只要不是蓄意诽谤，造谣中伤，就应该使其有表达的机会。①

第六，全民公决是控制代议制的一种有效手段。那些在很大程度上奉行代议制原则的政府中，全民公决有时是一种非常有效的手段。通过全民公决，民众的好恶、喜怒，只要影响广泛进而形成一般所说的公共舆论，那么他们就能够抵制处于统治地位的少数人的行为和计划。多数统治这一民主理想并未因实行全民公决而得以实现。即使全民公决确实有助于限制统治阶级的专断，但它同样也经常严重阻碍政治有机体的改良。②

（三）米歇尔斯：寡头统治铁律的政策表现

米歇尔斯（Robert Michels，1876—1936 年）认为曾经作为一种理论和实践活动的民主已经很难找到出路，民主走向寡头统治这一规律是所有构成派系和附属阶级的人们集合体的共同特征。民主之所以堕落为寡头统治，是因为其中肯定包含着某种寡头统治的内核。为解释寡头统治铁律，米歇尔斯侧重于分析人的本性、政治斗争的性质和组织的性质，③ 我们关注的主要是他对政策问题的论述。

米歇尔斯指出，大众直接民主无论在机制上；还是在技术上都是不可能的。理想的民主在实践中包括群众自治，即通过民众集会决定公共事

---

① 参见 ［意大利］莫斯卡《政治科学要义》，第 203、214、431—432、478—479、495 页；《统治阶级》，第 211—215 页。
② 参见 ［意大利］莫斯卡《政治科学要义》，第 214—215 页；《统治阶级》，第 215—216 页。
③ 参见 ［意大利］米歇尔斯《寡头统治铁律——现代民主制度中的政党社会学》，任军锋等译，天津人民出版社 2003 年 1 月版，作者前言，第 2—3 页。

务。由于这种体制中民众直接行使公共职能，必然使公职人员丧失其基本的行为能力；直接民主非但不能帮助人们对问题进行审慎的、有意义的讨论，而且使那些能够随机应变的少数人有了可乘之机。拥有主权权力的大众在多数问题上是无能为力的。在现代民主政党组织中，不可能通过成员直接参与的办法解决所有的组织内纷争。多数人永远不可能实现自治。复决投票程序的发展历史告诉我们，这一程序的运用仍然相当罕见，其效果也并不尽如人意。复决程序所遭到的指责绝不亚于其他形式的直接民主所受到的指责。①

政党组织的寡头化和官僚化在技术上和实践中都是必要的。任何形式的领导体制与民主的最基本要件之间都是不相容的。民主政党之所以会出现寡头统治，最重要的原因在于领袖在技术上的不可或缺性。表面看来，那些要求举行信任投票的领导人是在尊重被领导者的决断，然而实际上他是以自己的不可或缺为赌注，使自己的意志获得压倒的影响力；其目标也志在抹杀领导者与被领导者之间的意见分歧，保持各种意见之间必要的一致性，最终在实际上使大众屈服于领导人的权威。在民主运动中，个人的影响举足轻重。在小型协会中，个人的影响力更是决定性的。而在大规模组织中，在那些事关全局的重大问题上，虽然不具有当初的个人化及其特征，但同样是少数人首先提出这些问题，从而使这些问题在一定程度上具有了个人化色彩。对于民主体制中的专断行为，从理论上说大众掌握着足够的控制手段，但领袖们通过彼此的末期控制各种代表大会代表的选举过程，从而使普通民众事实上被剥夺了所有有关他们事务的决定权。当领袖与大众之间发生冲突时，只要领袖集团内部能够保持团结，他们在冲突中总能够处于上风。民主政治的一个基本特点是每个人都各自怀揣一根警棍，现任领袖必须时刻注意大众意见和情绪的变化，因为后者决定着他能否保住自己的位子。②

米歇尔斯认为，在那些享有公民权利的人当中，对公共事务具有浓厚兴趣的人寥寥无几。大多数人对国家这种机构的活动与个人的利害、福祉以及日常生活之间的互动关系不甚了了。仅有少数人参与政党的决策活

①　参见［意大利］米歇尔斯《寡头统治铁律——现代民主制度中的政党社会学》，第 19—23、289—292、340 页。

②　同上书，第 30、43、130、134—135、139、350 页。

动，有时他们的人数屈指可数，最关键的决议无一例外都是出自一小撮人之手。可以说，人们放弃自己的民主权利在很大程度上是自愿的。由于需要作出及时的和具有针对性的决策，使得城市居民能够取得相对于分散的乡村人口的优越地位。选举首先是一种权利，而不是一种义务。只要这种义务是建立在权利基础之上的，那么就有可能使少数人得到多数人主动放弃的权利。民主体制中政治群体参与政党活动往往呈梯形排列，在最底端是广大的普通选民，其上是政党各地方组织的正式成员，再往上是那些人数更少的经常参加党的集会的人，再往上是党的公职人员，处于最高层的包括公职人员的一部分和大约半打在行政委员会中任职的人。实际掌握的权力与行使这种权力的人数成反比。正是组织使当选者获得了对于选民、受委托者对于委托者、代表对于被代表者的统治地位。组织处处意味着寡头统治。①

正是由于认识到大众在政治上的不成熟，以及真正完全实现人民主权是不可能的，所以某些著名的思想家就提出，民主应当受到民主本身的制约。纯粹的民主制具有两个最为严重的缺陷：缺乏稳定；无法进行有效的政治动员。这种缺陷源于拥有主权的大众为参与管理自己事务而得到认可的权利。在所有管理事务中，作出决断需要具有专门的知识，而且为了执行这些决断，某种程度上的权威也是必不可少的，还应当允许某种程度的专断，这样，就必然偏离真正的民主原则。从民主的原则看，这也许是一种不幸，但这种不幸是必要的。民主只是目的，而非手段。②

米歇尔斯认为，即使民主政党处于寡头统治之下，它也能够在民主的意义上对国家产生影响。原来在政治上处于特权地位的社会阶级——首先是"国家"本身——被迫对大量的价值进行重新评估，这种评估既是理想层面的也是实践层面的。即便领袖们都是善于蛊惑人心的煽动家，普通民众的影响力也会得到增强。行政机关和立法机关不仅需要善于听取来自上面的要求，而且也要求对来自下面的要求作出回应。如今政党组织的对内政策具有绝对的保守性，不过这些保守的组织机构对外也可能推行果断的带有革命性的政策。"政党组织"意味着争取尽可能多的成员，"议会

---

　　①　参见［意大利］米歇尔斯《寡头统治铁律——现代民主制度中的政党社会学》，第44—45、47、351页。

　　②　同上书，第74—77、88页。

制度"则意味着争取尽可能多的选票。民主的内在缺陷是显而易见的，不过，我们之所以选择民主作为我们的社会生活方式，是因为它是最少邪恶的社会生活方式。只有坦然而且真诚地面对民主体制中的寡头化危险，我们才能够将这种危险减少到最低限度，尽管这种危险永远无法完全避免。[①]

以帕累托、莫斯卡、米歇尔斯为代表的精英主义论者，提出了一种新的政策理论范式，即"精英决策的政策范式"。精英主义论者提出的"民主的蜕化"和"民主堕落为寡头统治"等论点，只是表现出了他们对既有民主的不满和消极态度，在精英主义论点中也包含着不少民主的诉求，如莫斯卡强调了代表不能冒犯民众，要求公开讨论统治者的行为，以及对全民公决作用的认可；米歇尔斯则强调了政党对民主的作用和寡头统治下普通民众影响力的增强，并明确提出了行政机关和立法机关应对来自下面的要求作出回应的要求。

二　韦伯：官僚决策的政策范式

德国学者马克斯·韦伯（Max Weber，1864—1920 年）对官僚政治的研究，不仅与政治学、行政学有密切的关系，还因为他明确提出了"官僚决策的政策范式"，对政策与民主关系的研究，也有重要的贡献，

（一）三种统治类型

韦伯认为，"政治"就是指争取分享权力或对权力分配的影响力，无论那是发生在国家之间还是发生在一国之内的群体之间。原则上有三个能使任何支配获得正当性的依据。首先是"永恒的昨日"的权威，即习俗的权威，它由于无法追溯的悠久性和人们习于遵从而被神圣化了。昔日的"家长制"和家长制君主所实行的，就是这种"传统的"支配。还有一种不同寻常的"个人神宠"（韦伯称之为"超凡魅力"）权威，它来自极端的个人献身精神、个人对救赎、对英雄业绩的信念，或者其他一些体现在个人身上的领袖素质。最后，是凭借"法制"、凭借对法律条款的效力和

---

① 参见［意大利］米歇尔斯《寡头统治铁律——现代民主制度中的政党社会学》，第315—318、357—358 页。

理性规则基础上的实质性司法"权能"的信任，这种支配类型依靠的是在履行法定职责时得到的服从。① 传统的、法制的、超凡魅力的三种正当性的类型，在历史上没有任何一个真正以"纯粹"的形式出现过。②

合法（法制）型统治建立在下述相互关联的观念的适用之上。（1）通过协议的或强加的任何法都可能以理性为取向。（2）任何法按其本质都是一些抽象的、一般是有意制订成章程的规则的总体。（3）典型的合法型的统治者即"上级"。（4）服从者仅仅作为团体的成员，并且仅仅服从法。（5）团体的成员服从统治者，并非服从他个人，而是服从那些非个人的制度。（6）不存在任职人员对职位有任何的占为己有。（7）行政管理档案制度原则。（8）合法型统治可以具有极为不同的形式。合法型统治的最纯粹类型，是那种借助官僚体制的行政班子进行的统治。合理的官僚体制的一般"精神"是形式主义，以及官员们倾向于在实质上功利主义地对待他们的行政管理任务，以报效需要取悦的被统治者。③

传统型统治首先是一个由于教育共性所决定的恭顺的团体。统治者不是"上司"，而是个人的主子，他的行政管理班子不是由"官员"组成，而是他个人的"仆从"。决定行政管理班子同主子的关系，不是事务上的职务职责，而是奴仆的个人忠诚。统治者的命令在两种性质上是合法的，部分根据传统，部分依据统治者的任意专断。传统型统治的原始类型是统治者没有个人的行政管理班子：老年人政治以及原始的家长制。④

魅力型统治是一种非凡的统治。纯粹的魅力对经济尤其陌生。在受传统束缚的时代，魅力是巨大的革命力量。⑤

（二）官僚体制与行政管理

韦伯在官僚体制与行政管理的关系方面，提出了以下重要的论点。

---

① 参见［德］马克斯·韦伯《以政治为业》，载《韦伯政治著作选》，［英］彼德·拉斯曼、罗纳德·斯佩尔斯编，阎克文译，东方出版社 2009 年 9 月版，第 247—296 页（第 249—250 页）。

② 参见［德］马克斯·韦伯《经济与社会》，林荣远译，商务印书馆 1997 年 12 月第 1 版，2006 年 2 月第 4 次印刷本，上卷，第 64—67、238—241 页。

③ 同上书，上卷，第 242—251 页。

④ 同上书，第 251—269 页。

⑤ 同上书，第 269—283、297—302 页。

第一，今天我们视为国家基本职能的东西，法的确立（立法）、保护个人的安全和公共秩序（警察），保护业已获得的权利（司法），维护健康卫生、教育社会政策和其他文化利益（行政管理的不同部门），最后，尤其是有组织的武力保护不受外犯（军事行政管理）等，以前或者不存在，或者没有采取理性制度的形态。①

第二，任何需要持续进行行政管理的统治运作，一方面需要使人的行为适应于服从那些有权要求认为自己是合法权力的体现者的统治者；另一方面，需要支配那些必要时要应用有形的暴力所需要的履行职责的手段：人的行政管理班子和物的行政管理手段。②

第三，政治发展成为一种"经营"，决定了公共官员分为两类，一方是专业化的职业官员，一方是"政治官员"。③ 有两种类型的职业政治家，一种是在物质上"靠"政党和政治生活为生，另一种则是"为"政治而生。④ 如果领导国家或政党的人（从经济角度来说）并不靠政治维生，而是全身心地为政治而生存，那就必然意味着，这个政治领导阶层是在"财阀政治"基础上形成的。⑤

第四，凡是存在共同体的地方，直接民主的行政管理处处都是不稳定的。⑥ 在大规模国家中，民主制到处都在变成一种官僚化的民主制，因为民主制正在用一个带薪官员群体取代贵族官员或者其他荣誉官员。使用带薪官员并由此导致官员与履行的手段相分离时，便出现了现代国家。⑦ 对日常生活的有效统治既不是通过议会的演说，也不是通过君主的文告，而是通过日常的行政管理。向官僚制官员进步是衡量国家现代化的标准，绝对主义国家和民主国家都会以带薪官员取代显贵统治，带薪官员就是对我们的所有日常需求和抱怨作出决定的人。在大规模联合体的行政中，具有专业素养的常任官员始终是这个行政机器的核心，而且它的"纪律性"

---

① 参见［德］马克斯·韦伯《经济与社会》，下卷，第 221 页。

② 同上书，第 733 页。

③ 参见［德］马克斯·韦伯《以政治为业》，载《韦伯政治著作选》，第 248—250 页。

④ 参见［德］马克斯·韦伯《新政治秩序下的德国议会与政府》，载《韦伯政治著作选》，第 107—217 页（第 174 页）。

⑤ 参见［德］马克斯·韦伯《以政治为业》，载《韦伯政治著作选》，第 254—255 页。

⑥ 参见［德］马克斯·韦伯《经济与社会》，下卷，第 272、275 页。

⑦ 参见［德］马克斯·韦伯《社会主义》，载《韦伯政治著作选》，第 218—242 页（第 221—223、225 页）。

是获得成功的绝对前提。①

第五，现代官员特殊的运作方式表现如下。（1）存在着固定的、通过规则即法律或行政规则普遍安排有序的、机关的权限的原则。（2）存在着职务等级的审级的原则。（3）现代职务的执行是建立在文件（案卷）之上。（4）职务工作以深入的专业培训为前提。（5）职务工作要求官员投入他的整个劳动力。（6）官员职务的执行是根据可以学会的规则进行的。

现代官员职务就是"职业"，官员个人的地位按下述方式形成。（1）力争并且大多数享有一种特别高贵的、"等级的"社会评价。（2）纯粹类型的官僚体制的官员由一个上级审级机关任命。（3）一般存在职务的终身制。（4）官员定期拿到货币报酬。（5）与机构的等级制度相适应，官员的"仕途生涯"是由下面的、较不重要的、报酬较少的职位，逐渐向上安排的。

职务的这种现代形态的社会和经济前提如下。（1）货币经济的发展。（2）行政管理任务数量上的发展。（3）行政管理任务强度和质的扩大和内在的发展。（4）纯技术的优势。（5）官僚体制的结构与客观的运作手段集中在统治者手中。（6）官僚体制组织是现代群众民主的不可避免的伴随现象。②

（三）官僚体制的政策特征

韦伯还特别指出了官僚体制的一些基本政策特征。

第一，和"领袖"一样，"官员"也是不仅在无数具体事务上，而且在更大的问题上被预期进行独立决策并表现出组织能力和创造性。但是，确定政治目标并非一项专家的事务，政策也不应决定于纯粹的专业官员。③

第二，政策无论如何始终都是由少数人制定的。在"民主制"条件下，重大的外交政策都应由一个小群体作出。重大的政治决策——尤其在

---

① 参见［德］马克斯·韦伯《新政治秩序下的德国议会与政府》，载《韦伯政治著作选》，第120、127页。

② 参见［德］马克斯·韦伯《经济与社会》，下卷，第278—324页。

③ 参见［德］马克斯·韦伯《新政治秩序下的德国议会与政府》，载《韦伯政治著作选》，第131—132、147页。

民主制条件下——不可避免总是由少数人作出。成功的政治——尤其是成功的民主政治——毕竟要依赖于冷静而清醒的头脑，进行负责任的决策时保持这样的头脑就更需要：（1）参与决策的人数更少；（2）每个参与者以及他们所领导的每个人的责任更清晰。①

第三，从联邦制观点看，必须考虑的是帝国应不应该创造一种团契制度，能够事先讨论帝国的重大政治决策，征求国内政治中最重要的权力因素的代表们以及被知会了有关问题的行政首脑的意见。在作出重大决策之前，富有经验的政治家可以自由地、不抱偏见地对最后结论性的正式决议表达个人观点，而不必考虑在国内的公共影响。②

第四，合议——除了集权主义的否决的合议外——几乎不可避免地意味着妨碍准确地、明确地，首先是迅速地作出决定。作决定和行动的必要的速度变得越快，合议的原则就越被排斥。合议保障着行政管理考虑的更大的"彻底性"。凡是要牺牲准确和快捷而强调"彻底性"的地方，还会采用它。③

第五，政府彻底失灵是因为这一事实：在位者顽固坚持的原则是避免与政党领袖继续协商。君主就重大政策的任何表态在被传播从而导致公之于众之前，都必须事先征询政治领袖的意见。④

第六，当我们投下我们的选票或以类似方式表达我们的意志，如在"政治"集会上鼓掌或抗议，或发表"政治"演说等，这时我们都属于"临时"政治家，对于许多人来说，这就是政治参与的全部。⑤

第七，所谓直接民主制，从技术上说仅仅在一个小邦国（州）才是可能的。世界上没有哪个国家采取公民直接投票的办法完成由定期的议会活动来执行的那个最重要的任务：预算。在一个大规模国家实行公民直接投票，如果用之于任何极为复杂的安排民族文化实质内容的法律和方法，就等于给一切进步安装了一副强有力的机械制动器。它排除了政党妥协的

---

① 参见［德］马克斯·韦伯《新政治秩序下的德国议会与政府》，载《韦伯政治著作选》，第149、167、179、185页。

② 同上书，第211页。

③ 参见［德］马克斯·韦伯《经济与社会》，上卷，第302—316页。

④ 参见［德］马克斯·韦伯《新政治秩序下的德国议会与政府》，载《韦伯政治著作选》，第152—154、159—161页。

⑤ 参见［德］马克斯·韦伯《以政治为业》，载《韦伯政治著作选》，第253页。

可能性。① 公民直接投票并不懂得妥协，而在任何一个大规模国家，由于内部结构存在根深蒂固的地区、社会、宗教以及其他对立，多数法律都是建立在妥协基础之上。然而，凡此种种，都不能作为论据反对在适当情况下利用公民直接投票作为最后手段。②

（四）议会在政策过程中的作用

韦伯对议会在政策过程中的表现和作用有长篇的论述，归纳起来有以下重要观点。

第一，由定期选举产生的议员组成的议会，由群众领袖和政党领袖担任部长并对议会负责的政府形式，为我们西方所独有。③ 代议制有五种典型的形式。（1）占有权利的代议制。（2）等级的（固有权利的）代议制。（3）受约束的代议制。（4）自由的代议制。（5）由利益代表体现的代议制。④

第二，议会制政府和民主化未必是相互依存的，而且实际上往往还彼此对立。议会的存在与正式的权力地位不会受到选举式民主本身的威胁，这已被法国及其他实现了平等选举的国家所证明。能动的大众民主化意味着政治领袖不再因为他在某个显贵圈子中证明了自己的能力而被宣布为候选人，然后因为他在议会中的业绩而成为领袖，而是意味着他利用大众煽动手段赢得了大众对他个人的信任和信仰并获得了权力。实质上，这意味着对领袖的选择转入了恺撒制方向。实际上，任何民主都会出现这种趋势。如果没有一个能够对行政的实质和人事进行干预的民主化议会，就不可想象怎么才能实现民主。大概任何人都愿意看到议会作为一个权威继续存在，以迫使行政公开、决定预算以及审议和通过立法，这些功能在任何民主制度中都是不可替代的。⑤

---

① 参见［德］马克斯·韦伯《德国的选举权与民主》，载《韦伯政治著作选》，第66—106页（第104—106页）。

② 参见［德］马克斯·韦伯《新政治秩序下的德国议会与政府》，载《韦伯政治著作选》，第181—183页。

③ 参见［德］马克斯·韦伯《新教伦理与资本主义精神》，九州出版社2007年1月版，第9页。

④ 参见［德］马克斯·韦伯《经济与社会》，上卷，第324—332页。

⑤ 参见［德］马克斯·韦伯《新政治秩序下的德国议会与政府》，载《韦伯政治著作选》，第170、178—181页。

第三，要拥有一个根据如下原则选举产生的议会，这个原则是，它必须代表大众的需求，而不是代表把个人用于货物生产的方式——换句话说，我们需要一个平等选举权产生的议会，它独立于这种类型的经济组织，它的权力是绝对至高无上的。在议会化（parliamentarisation）与民主化（democratisation）的关系上，可以想象一下，如果不存在议会的权力，民主制度还有什么手段能够控制官员的行动。如果没有议会化，则是通向纯粹的官员统治。[①]

第四，至关重要的是，现代议会乃是被官僚制手段统治的人们的代表机构。毕竟，被统治者——至少是在社会上具有重要地位的被统治者——某种最低限度的内心同意，才是任何统治，即使是组织得最出色的统治能够维持下去的先决条件，今天的议会就是显示这种最低限度同意的手段。在俾斯麦统治时期，为要安全地驾驭这位大人物所要求的制度，就包括了议会，一个积极参与决策，从而能够吸引不同凡响的政治干才和强有力政党的议会。俾斯麦的全部政策目标就是阻止任何强大而独立的合宪政党的巩固。他留下了一个缺乏任何教育的民族，他留下了一个完全没有任何政治意志的民族，他留下了一个习惯逆来顺受地容忍所有以"君主之治"名义作出的决策的民族。一个完全没有权力的议会，这就是他的巨大声望带来的纯粹消极的结果。那些已在议会中确立了如下原则的国家，局面就会不同：行政领袖必须直接从议会成员中产生（一种真正意义的议会制），或者他们需要议会多数明确表示信任才能继续任职，至少也必须在失去议会信任时辞职（由议会选择领袖）。因此，他们必须详尽无遗地对议会说明自己的行动，服从议会或其委员会的核查（领袖对议会负责）；进而，他们必须按照议会认可的指导方针施政（行政由议会控制）。这时，那些关键的议会党团领袖必然会在任何特定时刻共同对国家权力积极负责，议会则与君主一起成为一个积极政治的侍从，而君主在帮助形成政策的过程中所发挥的作用也不再是基于正式的君主特权。[②]

第五，议会的思想品质是高是低，要取决于那里是否不仅在讨论重大问题，而且是否就这些重大问题作出最终决定。换句话说，它的品质取决

---

① 参见［德］马克斯·韦伯《德国的选举权与民主》，载《韦伯政治著作选》，第86—87、103—104 页。

② 参见［德］马克斯·韦伯《新政治秩序下的德国议会与政府》，载《韦伯政治著作选》，第 113—114、119—120、135—136 页。

于议会中究竟发生了什么以及要在多大程度上依赖那里发生的事情，或者它是否仅仅充当一个统治的官僚系统不大情愿地加以容忍的橡皮图章。一个议会成员的演说如今已不再是他个人信念的陈述，也很少是为了游说反对派改换门庭。毋宁说，那是政党"通过这个窗口"笼统提交给国家的官方说明。在今天的任何地方，甚至包括英国，都不可能是议会本身在"治理"和"决"策。大批议员只是作为"领袖"的追随者或组成内阁的领袖的小群体发挥作用，只要这些领袖干得富有成效，议员们就只是服从，这就是议会的行事方式。①

第六，只要选票这个最后手段（现代议会最为重要的特征，尽管不是唯一的特征）开始进入这种结构的议事程序，结构本身也就开始了变化。妥协通行于议会政治、党际关系之中，其表现形式是选举的妥协以及立法提案的妥协。妥协是在以下事实的压力下达成的：如果不妥协，随后的选举和投票将很有可能产生所有各方或多或少同样不愿看到的结果。议会的特殊功能在于，它使通过谈判与妥协达成（相对来说）"最佳"解决方案成为可能。②

第七，一个实际有效的议会乃是持续分担政府工作并监督行政的议会。为了有效控制议会，没有什么能够替代专家在议会委员会面前召唤有关部门官员到场进行系统的（口头）盘问，这是保障控制行政并全面质询的唯一方式。质询权是一种间或使用的必要辅助手段，此外它还是一条鞭子，单纯有它的存在，即可迫使行政首脑为了不让鞭子必须被应用起来而对自己的行动作出说明。有效的议会监督和控制体系将迫使行政当局保持公开性。必须有一个使官员有效对其负责的议会，非常简单，没有任何其他权力能够替代这种议会。③

第八，议会上院（在理论上是但实际上一般并不）是表达政治观点的地方，部分是显贵们的观点，部分是那些既得利益阶层的观点。它至少没有了自己的预算权，而这是一个代表人民的议会的权力赖以存在的基

---

① 参见［德］马克斯·韦伯《新政治秩序下的德国议会与政府》，第120页；《以政治为业》，载《韦伯政治著作选》，第274—275页。

② 参见［德］马克斯·韦伯《德国的选举权与民主》，载《韦伯政治著作选》，第84、106页。

③ 参见［德］马克斯·韦伯《新政治秩序下的德国议会与政府》，载《韦伯政治著作选》，第140—148、166页。

础。从政治上看，它在其他方面有如下法律地位：它是可以反对、批评、发回重议、撤销和推迟，甚至修改人民议会决议的权威，但在某些重大政治问题上却不可能无休止地阻碍人民议会中无可置疑的强大多数的意志，不论它是否有这样的正式权利，即使有这种正式权利也会丧失掉，或者扩充贵族数量加以抵消。无论上议院的成员是如何构成的，它们也绝对不会成为人民代表大会。今天的上议院当然是显示个人政治辩才的真正论坛，但实际上往往也是个过度闲扯的地方。任何由职业代表构成的上议院，都是这样一种结构：本意就是让它们发言——专家的意见、决议或争论——有分量但不算数。[①]

（五）政党在政策中的作用

韦伯认为，现代国家的政治党派是从起点上（依法）"自由"征募支持者的组织，它们的目标是借助支持者的数量决定政策。所有现代政党政治的最后手段都是——投票。选票就是唯一的权力手段，它在任何情况下都能给予接受了官僚统治的人民以最低限度的共同决策权去决定他们有义务为之献出生命的共同体的各项事务。[②]

政党的目标始终是游说选举投票人以谋求政治职位或进入某个选举机构。即使一个组织形式非常民主的大规模政党（其结果总是发展出一个带薪官员班子），至少它的投票人大众，相当程度上还有它的普通"党员"，也并不（或者仅在形式上）参与决定纲领和候选人。选举人仅仅是在如下意义上参与其中：纲领的修改和候选人的推举要取决于能否赢得他们的选票。[③]

（六）经济政策与社会政策

韦伯认为，一种名副其实的国家的经济政策，也就是说，持续不断的和有始有终的国家的经济政策，到了现代才产生。在它形成之前，到处都

---

① 参见［德］马克斯·韦伯《德国的选举权与民主》，载《韦伯政治著作选》，第79—81 页。

② 同上书，第 81、87 页。

③ 参见［德］马克斯·韦伯《新政治秩序下的德国议会与政府》，载《韦伯政治著作选》，第 123、172 页。

是两种政策：财政政策和福利政策。①

在韦伯看来，在经济政策问题上，"经济意义的阶级立场"并非总是决定性因素。一个德意志国家的经济政策，只能是德国的政策；同样，一个德国经济学家使用的价值标准，也只能是德国的标准。说到底，经济发展的过程同样是权力的斗争，由此，经济政策必须为之服务的最终决定性利益就是民族权力的利益。经济政策的终极价值标准就是我们眼中的"国家的理由"，所有其他的民族国家莫不如此。②

韦伯指出，在经济政策领域，经济工作的最大程度理性化，即给予理性的生产性经济活动以经济回报，都是一个至关重要的问题。对于我们来说，一个迫在眉睫的政治要务就是，给予至少是承担了这种经济工作的人们以最低限度的政治影响力，而能够给予他们这种影响力的，唯有平等投票权。③

韦伯还注意到了政策的文化内涵问题，指出对国家的某些经济政策的措施作出价值判断，是科学最切近的，几乎是唯一的目标。当我们特别地考虑到经济政策和社会政策（一般意义上）的实际问题时，我们看到，存在着许许多多，甚至无数的个别问题。一个问题的社会政策性质的标志直接就是：它无法根据从确定的目的出发的纯粹技术上的考虑而得到解决。所涉及的问题愈"一般"，问题的文化意义愈广泛，通过经验认识获知一个明确答案就愈不容易。在实际的经济政策和社会政策的讨论中，忽视构造清楚的概念已经变得尤其危险。致力于认识具体历史联系的文化意义是唯一的最终目标。④

从韦伯的各种论述可以看出，由他提出的"官僚决策的政策范式"，带有一定的"精英决策"色彩，但毕竟不同于"精英决策的政策范式"，因为这样的范式不仅与"民主化"或"民主制"有更明确的关系，还涉及了行政体制等方面的问题。韦伯的论点之所以重要，就在于他在"代议制民主政策范式"和"行政民主政策范式"（详见下述）之间植入了过

---

① 参见［德］马克斯·韦伯《经济与社会》，下卷，第724页。

② 参见［德］马克斯·韦伯《民族国家与经济政策》，载《韦伯政治著作选》，第2、10—11、13—14页。

③ 参见［德］马克斯·韦伯《德国的选举权与民主》，载《韦伯政治著作选》，第71—72页。

④ 参见［德］马克斯·韦伯《社会科学方法论》，韩水法、莫茜译，中央编译出版社2008年5月版，第3、7、56、60页。

渡性的"官僚决策的政策范式"，因此到了现代社会，仍有一些学者在继续阐释和发展他的一些关键性的论点。

三 行政民主政策范式

19 世纪末 20 世纪前期，行政学有了重大的发展，不仅明确提出了"政治—行政二分法"的概念，还形成了"行政民主政策范式"的早期表述。之所以称之为早期表述，是因为这一时期的行政学家还没有使用"行政民主"的概念，而是用其他的民主表述说明这种新范式的具体内容。

（一）伍德罗·威尔逊：民主政策的提出

对公共行政学具有重要影响的政治—行政二分法，是由伍德罗·威尔逊（Woodrow Wilson，1856—1924 年）最先提出的。他认为行政研究的目的在于，首先厘清政府适合做并且能做好的工作，其次研究政府如何尽可能以最高的效率和最低的成本（不管是资金还是精力）完成适合做的工作。执行一部宪法要比制定一部宪法困难多了，这就是我们如今为什么要谨慎而系统地精心调适行政工作，使之适应已经校正的政策标准的原因。行政管理领域是一种事务性领域，它与政治的纷乱和冲突无关；行政管理存在于政治特定范畴之外。行政问题并非政治问题，虽然政治为行政安排了各项任务，但是政治却无需自寻烦恼地去操纵行政机构。威尔逊还特别提到了宪政问题和行政问题的区别，即为适应宪政原则所做的政府调整与仅仅是为了灵活应变的便利而改变目标的政府调整之间的区别。①

威尔逊明确提出了"民主政策"的看法：建立在美国行政科学基础之上的原则必须是在本质上包含民主政策（democracy policy）的原则。他指出，以前是大多数人听命于政府，而现在则是大多数人管理着政府。政府曾经唯宫廷的异想天开是从，而现在必须顺应一国民意。行政学之所以在欧洲备受关注，原因有二：第一，欧洲的政府不需要征得公众的同意，他们做得更多的是统治；第二，保持政府垄断性的热情使垄断者热衷于探求最缓和的统治方式，而这些人的人数较少，易于迅速采取决策。在所有

---

① 参见［美］威尔逊《行政之研究》，载［美］古德诺《政治与行政》，丰俊功译，北京大学出版社 2012 年 8 月版，第 215、219、231—232 页。

高度发展的现有体制中，政府经历了三个发展阶段。第一个发展阶段是专制统治时期，其行政体制服务于专制统治；第二个阶段是制定宪法，废除专制统治，由大众管理取而代之的时期，在这一阶段，因为人们有更高层次的关注而忽视了行政；第三个阶段是拥有主权权力的人们着手发展行政的时期，他们拥有新宪法所赋予的权力。保持行政管理精神上的自由独立和实践中的运用自如是更好的方式，但是最主要的障碍是主权在民理念，民主国家筹建行政管理要比君主国家困难得多。在官员服务于民众的民主制度中，找出权力分配的最佳原则显得更为重要。行政管理组织者的职责在于使行政管理与职责明确的责任相匹配，而这种职责明晰的责任能保证人们获得信任感。只要权力承担责任，它就不具备危险性。我们可以将一项巨大的荣誉授予民主，即凡是影响公共利益的重大问题都通过辩论的方式最终决定，在大多数人意志的基础之上建立起一切政策框架。①

威尔逊就公众舆论对行政管理和政策的影响提出了以下看法：我们将公众舆论推上帝王的宝座，一群君主即公众，却持有无数不同的政见，他们绝不可能在任何事情上轻易就能达成一致。如果尊重公共舆论是政府的第一准则，那么践行改革必会迟缓，所有的改革也会充满妥协。不管是谁，如果他想要在现代宪政政府中进行改革，他必须首先使公众愿意倾听意见，然后务必确保公众倾听正确的意见；他必须鼓动大家寻求一种舆论，然后树立正确的舆论。公共舆论在行政管理中应充分发挥权威评论家的作用。自治并不意味着事事都要染指。我们不仅要使公众舆论具有效力，还要免受它的好管闲事之苦。当公众舆论直接监督政府的日常事务和选择政府的日常工作方法时，公众的评论就像一个令人讨厌的家伙。但是，当对诸如像政治和行政的各式政策所具有的巨大力量进行监督时，公众的评论是完全可靠且有益的，同时也是必不可少的。②

威尔逊以政治与行政二分的视角，提出了具有"民主政策"特征的总体政策思维：坚定而全心全意忠诚于他们服务的政府所提出的政策就是良好的品行。而政府的政策并未沾染官僚习气，它并非是常任文官的发明，而是对公众舆论直接负责且必须负责的政治家的创造。只有当国家的

① 参见［美］威尔逊《行政之研究》，载《政治与行政》，第 220、222、224、228、236、241、244 页。

② 同上书，第 228—230、237—239 页。

全部行政机构与民众、机构官员和基层成员的共同政治生活相分离时，官僚制度才能生存下去，其动力、目标、政策以及标准必定充斥着官僚主义习气。在一个真正具有公共精神的政治家的领导下，可以将妄自尊大和敷衍塞责的官僚机构转变成公正政府有公共精神的工具。理想是建立一套文官制度，它具有良好的教养和独立的精神，足以能够按照理性且精力充沛地行事，而且通过选举以及经常与公众协商保持与民众思想的紧密联系，这样就彻底消除了官僚的专横独断或等级倾向。①

归纳威尔逊的论点，应是以政策的公共性为出发点，通过政治与行政分离以及由选举带来的公众协商机制和公共舆论监督机制，重塑新的官僚制度以及相应的政策机制。这样的以"民主政策"改变官僚体制的思路，显然与韦伯提出的"官僚决策的政策范式"有明显的区别。

（二）古德诺：政策二分法和政党的政策作用

弗兰克·古德诺（Frank Goodnow，1859—1939 年）比威尔逊更前进了一步，他所扩展的政治—行政二分法，实际上是基于政策的二分法：人们认为存在两种不同的政府功能，而且这两种政府功能的分化又使正式政府体制规定的政府机关发生了分化（尽管这种分化并不彻底）。为了方便起见，可以将这两种政府功能分别称为"政治"与"行政"。政治是政策或国家意志的表达，行政则是对这些政策的执行。"政治"是关于指导或影响政府政策的，而"行政"是关于执行政府政策的。在所有的政府体制中都存在两种主要的或基本的政府功能，即国家意志的表达和国家意志的执行。此外，所有国家也都设立了分立机构，每个机构主要负责这些机构中的某项功能。这些功能分别是：政治与行政。除执行方面外，从理论角度来说，行政与政治不存在关系，从事实的角度来说，也不应该将两者合在一起。②

古德诺在政策过程中最看重的是政党的作用，他认为正式的政府体制具有一个特点，即政府官员对政府政策承担的责任并不明确。如果仅有集权的行政而无负责任的政党，那就无法保证行政高效。在美国政治体制中，不负责任的党魁使公共事务的管理也变得不负责任，迅速导致维系民

① 参见［美］威尔逊《行政之研究》，载《政治与行政》，第 240 页。
② 参见［美］古德诺《政治与行政》，第 15—18、66—67 页。

众所需要的政策连续性变得几乎不可能。如果希望美国确立民治政府和高效行政，那么就有必要建立一套适度集权的行政体制。这一体制能够减轻政党的工作，因为工作可以转由政府承担，从而使政府变得更负责任。由于政府准备正大光明地行事，所以它能服从公众控制。但是，必须使党魁对政党负责，政党对民意负责。如果政府是民治政府，那么民众有权否决政党领袖的提案，有权剥夺其领导权，并将政事委托给其他更能顺应民意的人。①

古德诺同样关注政策过程中的民主问题，并提出了以下论点。

（1）培养健全的公共舆论可以防止政治对行政控制的不适当扩展；公共舆论可以很好地防止过度集权，也可以抑制能够导致国家走向解体的明显趋向。②

（2）行政集权的特征是，中央任命的官员手握执行政策的权力，而根据法律规定，这些政策显然是地方性的。在地方自治体制下，由地方选举并受地方辖制的官员执行的是国家法律。在行政集权体制下，由中央选举或受中央辖制的官员通常负责执行地方性政策。仅仅是投票这一项优势，城市居民将足以迫使政党在他们的地方组织中制定地方政策，或迫使他们退出地方政策，让位于城市政党。在考虑地方政策时，应该使它们摆脱与州和联邦的关系。地方政策将为地方政治共同体表达和执行地方意志提供机会。③

（3）在政党组织力量薄弱的地方，强大的行政会利用它对选举的必然控制而使民意失效。在政党组织强大的地方，如果一个行政体制中那些较低级别的职务不存在长期任职的话，那么这个体制同样也会使民意失效。如果期望存在高效率和公正无私的行政，如果政策问题是根据民意决定的，那么在行政体制的半科学部门、准司法部门、办事机构和执行部门中，就应该规定长期任职。在行政体制的高级部门中，也就是在那些在职官员对政策问题有着决定性影响的部门，特别是对于行政首脑而言，应该避免这种长期任职。如果希望确保由代表民众的机构来决定政策问题，那就应该对政治控制做出规定。④

---

① 参见［美］古德诺《政治与行政》，第141、203—205页。
② 同上书，第35、40—41页。
③ 同上书，第44—45、51页。
④ 同上书，第72—73页。

（4）民治政府的最高主宰是广大民众，他们必须对执行和表达其意志的官员进行控制，因为这些执行官员的任期较短，民众可以通过频繁的选举对他们频繁地加以控制。任何一次选举通常都无法在政策决策机关（即政府中的政治机关）和政策执行机关（行政机关）之间达成协调一致的关系。由频繁选举带来"政党分肥制"本身存在两大缺陷。首先，当应用于行政任命的官员时，它严重损害了行政效率。其次，即使应用于选举产生的官员，除了维持政党组织的必要性外，也找不出它存在的理论依据。我们应该鼓励朝着行政集权发展的趋势，集权应该伴随着对政府活动范围的完全承认。民治政府会不会消失，主要取决于我们是否有能力防止政治对行政施加过多影响，以及是否有能力防止控制行政的政党利用行政对表达公共意志施加不当影响。[①]

（5）大多数人都认为，民治政府应该是这样一种政府体制，有关政治行为的决策都是民众深思熟虑后作出的决定。然而，确凿无疑的是，我们习惯上认为是民治的政府形式，一般不会为民众提供这种深思熟虑的条件。在我们熟知的拥有高度发达文明的国家中，全体民众并不会对公共事务的处理产生重大影响。[②]

（6）英国并没有建立民意机构制定政策而由公职人员执行的体制。大臣们将立法权以及中央政府和地方政府的行政权集于一身，他们不但制定政策，而且在这些政策颁布后，他们还负责执行这些政策。虽然这种体制并没有试图采纳民主观念，即保证民众或他们的代表有权制定政策，并委托下级机构执行，但这一体制确实保证过，民众代表和全体民众有权否定他们并不赞同的政策，同时还保证，一旦民众表达了反对意见，那么执政的人就应该让位于更符合民意的人。美国各州政府的建立证明了民主理想对凝聚力所产生的影响，即政策问题是由民选代议机构——由占相对多数的人选出的立法机关——决定的，这些机构不仅有权否决行政官员向他们提出的议案，而且也有权提出政策，并由自己决定政策的所有具体内容。这些政策由被视为立法机关受托人的其他政府机构执行，但由于这些机构具有独立的地位，所以它们实际上并没有受到有效的立法控制。虽然各州建立的正式政府体制中实现了民主理念，但是实际的政治实践中却没有实

---

① 参见［美］古德诺《政治与行政》，第 78—103、116—117 页。

② 同上书，第 121—123 页。

现这一理念。虽然政府形式上是民主的，但在很大程度上，公共意志的实际确定掌握在少数人手中，这些人运用精明的手段，甚至在一些情况下通过颇受质疑的方式，成功迫使或说服选民服从他们的领导。政党组织发展的结果是，普通公民的政治功能被限定，他们只能对由政党组织控制的提名或选举政治官员或政党官员的提议说"同意"或"不同意"。美国目前的政治体制并没有像定义的那样，能够完全满足民治政府的要求。首先，它不轻易允许撤销已经失去了民众信任的政党对公共事务的控制权。其次，当党员不赞成政党领袖提出的政策时，它也没有赋予党员按照自己意愿轻易改换政党领导的权力。与其说民主政府实现的是对官员的审慎选择和对政策的积极决定，还不如说实现了否决权和更换政党领袖的权力。①

　　（7）从瑞士的经验可以看出，变革就是越来越频繁地运用全民投票（公投）。全民投票于1874年引入，在对重大问题决策方面，这种方法似乎已经对减轻政党工作产生了影响。公投在多大程度上适应美国国情，这是一个很严肃的问题，确保立即普遍采用全民投票的前景并不光明。②

　　古德诺以选举中的政党政治为出发点讨论政策问题，恰是因为他看到了任何一次选举通常都无法在政策决策机关（即政府中的政治机关）和政策执行机关（行政机关）之间达成协调一致的关系，因此他特别强调的是政党（尤其是党魁）对政策的决定性作用；他所要确立的民主形式，也主要是民众对党魁或党的领袖的有效控制，以及与之相关的对行政集权和官员任期的控制。

四　政策与民主交集的传统民主理论

　　20世纪前期的一些政治学家，着重于发展传统的民主理论，而不是创设不同流派的民主理论，并且在一般性民主理论中包含着政策问题的处理，而不是专门使用与政策相关的民主概念。将政策与民主交集在一起的传统民主理论，形成了一些具有代表性的论点。

（一）布赖斯：民治政府的政策体系

　　布赖斯（James Bryce，1838—1922年）将"民治政府"的定义与政

---

　　①　参见［美］古德诺《政治与行政》，第123—133、195页。
　　②　同上书，第165—166页。

策联系在了一起：凡在一个国家之内，全体人民的意志在重要政策上能有一点操纵的力量，即使这一种力量只不过是一种迟延的势力，或在一定目的一定手续上须按照法律所规定的行动，这种政府就可以称为"民治政体"。在布赖斯的著作中，"民治政体"的定义即指一种以合格公民之多数的意见为统治的政体，其合格公民必须占住民之大部分，至少四分之三，然后人民的实力约能与他们投票的权力相当。布赖斯不同意民治政府缺乏政策上的连续性、行政上的敏捷、实行决定的勇气的论点，认为民治政治的文官全是合格的，其诚实的平均程度也比从前民治成分更少的国家高些。①

　　按照布赖斯的论点，民治政府的政策体系应具有以下重要的特征。

　　（1）民治政府的政策需要广泛的民众参与。凡一种法律或一种政府如为团体中大多数分子所喜欢，必定是这团体之最好的法律或政府。在一个团体中，对于公共事务有权可以发表意见的人越多，这团体的判断一定越精确。全民的政治最容易得到政府的两个目的——"正义"和"幸福"。凡一个社会中，最大多数的分子能够依平等的资格，有平等的权利而参预政治，其于个人的利益及全体的幸福一定有最好的成效。自由的讨论更使人民细察一切议论。②

　　（2）人民通过选票选择政策。假如选举最好的人及主张最好的政策，就是个人或阶级政治能力之实际的表现，那么在许多国内，一般民众的政治能力并不一定不及所谓的"知识阶级"的政治能力。因为知识阶级所选举的人主张的政策，并不一定比一般民众的所主张高明得很多。所谓政治名流所谓大学教授所鼓吹的政策常常是很糟糕的。从前人民发表意见的方法是自由人民在会场呼喝，现在却用投票的方法了。③

　　（3）投票只是人民表示意见的一种方式。选举代表绝不能把人民对于政策的意见完完备备表示出来，因为在选举时候人民仅看候选人本身的资望，并不顾到他所主张的主义。投票不过是表示人民意见之一种显明的方法罢了。公意大概不出赞成或反对某种主义或政策，或者可以把全体国民的意见当作许多不同的论调之总和，每种论调都包括或维持一种主张、

---

　　①　参见［英］布赖斯《现代民治政体》，张慰慈等译，吉林人民出版社 2001 年 1 月版，第22、861—868 页。

　　②　同上书，第 46—47、62、94 页。

　　③　同上书，第 80、145 页。

主义或实际的政策。人民的意见只需表示出来，即被认为是至高无上的，在形式和法律上虽必经投票的手续才能表现，而在实际上却时时刻刻可表现的。公共投票的结果，有时不足以作为民意的真正表示，因为人民有时被议案内特别的句法所颠倒，被种种不相干的论点所迷惑，且有时因不满意某一论点，遂致否决全案。①

（4）舆论引导政策。投票能否发生功用，全靠它前面是否有一个成熟的舆论作先驱。内阁或议会如果觉得舆论的趋势已经不赞成他们的政策了，他们一定要变更方针。凡是政治作用的报纸大概是运用两种方法。第一种方法是论评，论评时常是反对或鼓吹一种政策，并且在相当范围内，是披露各种重要政策。第二种方法是为事实张本。选民的政治知识全是从新闻纸上得来的。议会如为演说家所操控，自然有鲁莽浮躁的危险；但是民众如为新闻纸所操控，也必有同样的危险。②

（5）政党和领袖具有重要的政策作用。在行代议政治的国家中，政党有两种主要的任务，即宣传政策及办理选举。政党还有一种重大的职务，就是把立法部中同党的议员团结起来，使他们一致主张一种政策。政党是把代议士当作奴隶的，因为属于政党的代议士是不能自由决定政见的。在民治政府，特别是议院制的民治政府，领袖人物是万不可缺少的，有作领袖的人物，而后可以创造那紧密的、坚固的政党，以及那坚定的、一致的政策。领袖政客的政纲宣传的增加，减少了国会辩论形成舆论的重要性。③

（6）代议机关将面临更多的政策难题。今日立法机关所注意的政策问题，比较五十年前的政策问题来得复杂而且困难。代议机关有五种疾病：第一是议事妨碍，或者不断演说或者继续提议，使得国会对于当前的主要问题不能解决以妨碍议事的进行。第二是政党的增多加剧党争。第三是选区里的小组行使一种和它的人数并不相称的权力。第四是议员并不能代表选民的意见。第五是多数党支配议会。要代议机关对人民负责，尤其来得困难。人们虽然厌恶政党机关有许多弊病，却宁愿容忍政策。政党差不多是唯一的势力，它能够劝诱人民用他们的投票来惩罚作恶的人。④

---

① 参见［英］布赖斯《现代民治政体》，第153—161、398页。
② 同上书，第75、100—101、110、160页。
③ 同上书，第112—129、321页。
④ 同上书，第844—845、849—860、988—990页。

（7）人人既配得用投票决定政策，那么，人人必定也配得执行政策。①

与布赖斯同时代的鲍桑葵（Bernard Bosanquet，1848—1923 年）也认为任何一种形式的代议制政府，作为文明民族所采取的正常的政府形式，似乎都不大可能被取代。全体选民和代表大会的作用是不同的。全体选民的作用无疑是决定一般的政策，而代表大会和政府的作用是具体执行政策。如果有人教育选民说，他的责任不在于裁决政策并决定他认为可靠的和能够执行政策的人选，而是集合一群与他有同样倾向的人，选出一个与他们有同样想法的代表，那就会抹杀这种区别。②

布赖斯和鲍桑葵都高度重视公民的政策参与，但是出发点是有所不同的。布赖斯强调的是公民以投票来表达政策意见，并通过政党和代议制来选择政策。鲍桑葵强调的是全体选民决定政策，代表大会和政府执行政策。换言之，布赖斯是"意见表达政策范式"的支持者，鲍桑葵则是"直接民主政策范式"的支持者。

（二）狄骥：公共服务的核心作用

法国学者狄骥（Leon Duguit，1859—1928 年）尽管是法学家，但是在他的公法理论中，以公共服务为核心，提出了一些与政策相关的论点。

（1）国家成员同时具有公民和臣民两种身份。作为行使主权权力的民族集体中的一分子，他们是公民；但是因为他们服从于一个以国家的名义行使主权的政府，他们又是臣民。③

（2）公共服务的概念正在取代主权的概念。国家不再是一种发布命令的主权权力，它是由一群个人组成的机构，这些个人必须使用他们所拥有的力量来服务于公共需要。公共服务的概念是现代国家的基础，没有什么概念比这一概念更加深入地根植于社会生活的事实。公共服务就是指那些政府有义务实施的行为。国家政策必须由它所处的整个环境来加以决定。对一项公共服务可以给出如下定义：任何因其与社会团结的实现与促

---

① 参见 ［英］布赖斯《现代民治政体》，第 66 页。

② 参见 ［英］鲍桑葵《关于国家的哲学理论》，汪淑钧译，商务印书馆 1995 年 1 月版，2006 年 1 月第 3 次印刷本，第 15、293 页。

③ 参见 ［法］狄骥《公法的变迁》，郑戈译，辽海出版社、春风文艺出版社 1999 年 6 月版，第 9 页。

进不可分割，而必须由政府来加以规范和控制的活动，就是一项公共服务，只要它具有除非通过政府干预，否则便不能得到保障的特征。①

（3）公共服务的内容始终是多种多样和处于流变状态之中的。政府的事务已经超出了提供司法、警察和战争防御的方位。人们要求它履行各种各样的职能，其中许多职能带有行业管理的性质。当政府在实现上述功能时，所体现出来的并不是命令，也不是至高无上的意志所享有的权能，或者是传统统治权的展现。一旦国民向公民提供公共指引，为穷人提供帮助，或者保障交通运输，那么我们就很难将这些行为与发布命令的权力或多或少地挂起钩来。②

（4）如果国家的干预在任何制度下都是令人遗憾的，那么它在民主政体中也是如此。不论履行公共服务的过程中是否存在过错，都可能涉及政府责任的问题。国家就是由政府为着共同利益所实施的公共服务的总和。一旦公共服务的履行涉及对个体公民所造成的特别损害，国家的财政部必须承担支付赔偿金的责任。行政风险导致了行政责任。③

（5）公民个人能够运用法律手段来使公共服务得以正常运行。公民个人并不，而且也不能要求国家必须确保公共服务的正常运行，他所能要求的只是将非法的行政有予以撤销。每一位公民都是政府的代理人，他们都可以帮助维护法律，也可以要求法院撤销不合法的行政行为。不论一个行政机构享有多么广泛的权力，普通公民总是有权去探寻它的动机。行政法院可以采取措施来审查和判断某一行政行为的动机。动机问题的提出使每一位政府官员的每一项行为都处于法院的制约之下。④

（6）行政权的分散化是我们这个时代的特征之一。其主要特征就是让行政部门的公务员自己管理自己所提供的服务。但是，这种制度只涉及技术性的行政事务，而不涉及国防和司法等事务。⑤

（7）政府行为与制定法是有区别的。前者其实是一位政府官员个人作出的行为，而后者则是议会按照立法程序而作出的一种行为。一项行政

---

① 参见［法］狄骥《公法的变迁》，郑戈译，辽海出版社、春风文艺出版社 1999 年 6 月版，第 11—13、50、53 页。
② 参见［法］狄骥《公法的变迁》，第 38—39、50—53 页。
③ 同上书，第 55—56、180—200 页。
④ 同上书，第 58—63、164—167 页。
⑤ 同上书，第 96 页。

行为如果要获得合法性，关键在于这项行为应当具有某个与这个国家的客观法相符合的、具有社会价值的目标，并且这一目标只能与公共服务相关。这一目标必须是带有公共性的。日常性的行政行为这一术语，适用于政府官员的无数确保公共服务之运作的行为，特别是涉及那些我们通常所说的产业服务的行为。任何一项行政行为都是由一位以确保某项公共服务的运营为目的的行政官员来实施的，并且该项行政行为的实施也必须与法定的要求所符合。①

（8）不要去做那些可能损害社会的相互依赖的事情，无论这种相互依赖是由于相似形成的，还是由于劳动分工而形成的；而要在自己的权限范围内，在自己现有的处境和能力所允许的范围内，去做那些保障和加强社会的相互依赖的事情。②

狄骥强调的公共服务，实际上与公共政策有着密切的关系。公共服务中的政府责任、政府干预以及公民权利的保障等，也是公共政策所面临的问题。

（三）霍布豪斯：民主政治面临的政策难题

霍布豪斯（Leonard Trelawny Hobhouse，1864—1929年）从"民主政治"的角度，提出了一系列与政策有关的论点。

第一，民主政治需要共同体意识。民主政治不是单单建立在个人的权利或私人利益上面的，民主政治同样也建立在个人作为社会一员的职责上，它把共同利益建立在共同意志上。民主政治的成功取决于选民对给予他们的机会的反映。③ 民主所有的，大都是促成一些情感的决议。民主除了自由和平等之外还含有第三个原则，这个原则我们可称为共同体原则。任何可行的民主政治，都需要有某种共同体意识。④

第二，民众的政策参与具有局限性。纸上的解决好像非常简单，每人都必须有发言权和投票权。每件事必须同每个人商讨，这在实践上是不可

① 参见［法］狄骥《公法的变迁》，第121—122、129—138页。

② 参见［法］狄骥《法律与国家》，冷静译，辽海出版社、春风文艺出版社1999年6月版，第438页。

③ 参见［英］霍布豪斯《自由主义》，朱曾汶译，商务印书馆1996年9月版，2005年4月第3次印刷本，第115—119页。

④ 参见［英］霍布豪斯《社会正义要素》，孔兆政译，吉林人民出版社2006年5月版，第152—154页。

能的。政府是一个关联着的整体，一项决议在诸多方面会牵涉到其他决议，这种复杂关系即使是专家和居事务中心的人员也不能预见。民众的参与只是暂时的、偶然的，而且知识极不全面，以致有人认为在一切高级社会的政府组织中，不管其表面形态如何，实际上都是专家政府。民主学说不过是在说，提出的解决方法应当反溯于它所影响的人民。民主的困难在于得不到任何民意，得不到任何稳定的意见，以制定一些连贯的原则，可以让专家安全地去施行。①

　　第三，政治自由是受决议所约束的每个人对于这些决议的形成和修改有贡献其所能的权利。政治自由是指公民处于主动的地位。自由的个人的要求并不是要求共同的决定和他自己的决定一致，因为那是不可能的，而是要求了解和考虑他的决定。他要求参加公共的商讨会，他要尽他的一份责任。② 信仰自由权、言论权、表达权、公共集会权、宗教礼拜权，都是根据我自己认为适当与否而用或不用的权力。在存在不同意见的地方，我们对两方均应给予真诚的信任。一个共同体的政治自由是有条件的，它不仅要独立于其他的共同体，而且它自己的组织也是建立在广泛的尽管不是普遍的参政权上。政治权利的行使尽管是必需的、附随的，却是偶然的，而表达意见的自由和在规定限度内的行动自由，是持续起作用的因素。在狭义上的政治自由是发言权和对约束共同体的公开决议、法律和管理条例的表决权。但是如果说通过发言和表决，集体的决议就可以代表每个公民的意志，即使他曾经力阻通过这个决议，那么这种说法完全是让人误入歧途的言辞上的伎俩。政治自由，不过是受决议所约束的每个人对于这些决议的形成和修改，有贡献其所能的权利。这只能在保证在形成决议时，他的意志能与其他人的意志一同考虑，而约束共同体全体的是在共同体中的主流意志。政治自由权与其说是权利，不如说是责任；与其说是享有，不如说是职能。③

　　第四，民主统治（无论是人民直接统治还是代议政体）的固有困难在于它是多数人的统治，而不是全体同意的统治。它的决定是大部分人民的决定，而不是全体人民的决定。这个缺点是必须作出决定而又不可能获

---

　　① 参见［英］霍布豪斯《社会正义要素》，第148—155页。

　　② 参见［英］霍布豪斯《形而上学的国家论》，汪淑钧译，商务印书馆1997年4月第1版，2004年9月第4次印刷本，第55—56

　　③ 参见［英］霍布豪斯《社会正义要素》，第44、61—65页。

得全体同意的不可避免的结果。要证明任何一项重要的新政策是正当的，必须有一样不只是勉强多数的东西，必须要么有巨大的多数，三分之二或四分之三的选民，要么必须克服一种阻力。真正需要的是让人民有机会去重新考虑一项议案，这可以用两个方法中随便哪一个来实现：（1）允许上院行使中止否决权，把一项议案推迟到下届议会讨论；（2）允许下院提出议案，最后让人民直接投票表决。①

第五，全民公决是代议制的补充形式，公民表决只能针对第一流议案。霍布豪斯并不赞成经常使用公民表决的办法，他认为有许多议案是不适宜进行公民表决的。财政议案绝对不适宜进行全民公决。财政控制和行政控制是并驾齐驱的，使其中哪一项脱离下院多数掌握，这不是改革我们的制度，而是把制度彻底毁掉。公民表决要奏效，只能是关于第一流的议案，而且只有在极其难得的情况下才能向公民请教。超越政党的一般界限，我们的制度无法应付的议案，直接付诸人民就是最恰当的解决方法。②

霍布豪斯赞同的，显然是一种附带前提条件的"直接民主政策范式"，即一方面要求议会行使决策权力，另一方面也主张针对第一流议案可以实行全民公决。

（四）沃拉斯：代议民主的政策特征

英国学者沃拉斯（Graham Wallas，又译华莱士，1858—1932年）分析了代议民主面临的困境，强调一个国家的幸福和自由并不整个地或部分地依靠它的宪法或选举权的形式，并且指出人们只是想当然地认为，生活在民主政体下的公民在使用选票时必定受理智的引导；使别人最清楚地了解自己的结论以及结论所依据的理由的政治家是最成功的；如果选民有充分机会听取自由而真诚的讨论，好政府就有了保障。③归纳沃拉斯的论点，"代议民主"具有以下特征。

一是在那些通过报纸将一应激发政治行为的事情传达给选民的现代大国，报纸对感情的刺激作用会很快消失。现代报纸财产是集中掌握在资本

---

① 参见［英］霍布豪斯《自由主义》，第122—124页。
② 同上书，第124—125页。
③ 参见［英］沃拉斯《政治中的人性》，朱曾汶译，商务印书馆1995年1月版，1997年3月第3次印刷本，第1—5、106、111—115页。

家手里的，他们可能利用他们控制的报纸为赤裸裸的金钱的目的服务。①

二是在民主政治中，隐私是最被忽视、最难也是最必要的。但是隐私的传统正因为同贵族惯例的关系，大有在英国民主中被废除之虞。②

三是政党是随着代议政体大规模出现而问世的。政党和政治冲动之间的整个关系也许用广告艺术来解释最为适宜。一部分选民会投票选举他们党的"正规"候选人而不问其纲领如何，然而对于其余的选民，这位候选人必须同时提出一个能够代表党的政策的纲领，这个纲领对于提名委员会更是永远必不可少的。但是无论如何，他的听众之间隔着一张政党的面具，这张面具比他自己的脸大而呆板。③

四是大多数人的大多数政治见解并非是受经验检验的推理的结果，而是习惯所确定的无意识和半无意识推理的结果。负责的政治决定，无论正确还是错误，永远是有意识推理的结果的论断，是站不住脚的。新的理智行为理想可能要等从许多方面涉及我们生活的心理态度发生更大变化后才能在政治中产生有效影响。那些希望提高民主主义的安全系数的人必须具备寻求真理的精神，既要估计每个公民的政治力量在一定时期内能被道德和教育的变化增强到什么程度，又要估计在民主结构中维持、扩大或发明那些能防止对公民过高要求的办法的可能性。④

五是代议政体的实质在于依靠相当一大批人民的定期同意；所需要的同意的程度可以从单纯接受既成事实到宣布多数公民作出的、政府必须予以解释和服从的积极决定。及时承认未经人民的统治是一个复杂和丑恶的过程，并不就此可以说经人民同意的统治永远是做得到的，或者代议政体是唯一可能或永远最可能获得同意的方法。代议制即使在能够实行的时候也并不是一个永远不变的实体，而只是一个能有无穷变化的权宜之计。⑤

六是在任何可以想象的代议制下当选的人，光靠自己是担负不了全部政府工作的。在英国，真正的"第二院"、真正的"宪法制约"不是上院，也不是君主，而是一个永久存在的文官行政机构，文官的任用不受任

---

① 参见〔英〕沃拉斯《政治中的人性》，朱曾汶译，商务印书馆1995年1月版，1997年3月第3次印刷本，第26—27、142—143页。

② 同上书，第31—33页。

③ 参见〔英〕沃拉斯《政治中的人性》，第52—59页。

④ 同上书，第66、71—72、128、154页。

⑤ 同上书，第130—135页。

何政治家意愿的影响。①

七是委员会或议会就政府政策和选举机构作出的最后决定必须用主要是量的方法使所有这些和其他需要考虑的事情平衡起来。②

八是如果当选治理一大片地区的代表让他的亲朋好友和自己的好恶左右他的决策，他的亲朋好友和他的好恶就会被那些别有用心的人策动和利用。③

（五）　罗素：民主体制中的政策问题

英国思想家伯特兰·罗素（Bertrand Russell，1872—1970 年）尽管很少使用"政策"的概念，但是在论及民主体制或民主政治问题时，实际上大量讨论的是政策问题，并提出了以下值得注意的论点。

（1）政治欲望与政治理想。绝大多数关于政治学和政治理论的讨论并没有充分考虑心理因素。政治学考虑的是民众而非个人，因此政治上的主要欲望便是那些在一个既定的民众团体中，大多数成员能够感到的欲望。④政治理想必须根植于个人的生活理想。使每一个人都能获得最大的利益——政治学的使命就是按照这个原则来调整人们之间的关系。与革命方法相比较，渐进改革的方法有许多优点，但是渐进改革也有一定的危险性。⑤

（2）政府行政与"政策"。可以把政府看作是由两部分构成的，一个部分是社会或权力机关制定的决议，另一个部分是强迫反对者执行这些决议。⑥靠单纯地压缩政府的作用是不能增大自由的，我们现在要考虑的是在保证政府优点的情况下，如何将它对自由的干预限制在最小范围内。⑦要使庞大的组织机构能够容纳尽可能多的个人创造力，必须采取的一个重

---

① 参见［英］沃拉斯《政治中的人性》，第 155—171 页。

② 同上书，第 102 页。

③ 同上书，第 152—153 页。

④ 参见［英］伯特兰·罗素《政治与自由》，刘志明、张永红译，载《自由之路》，文化艺术出版社 1998 年 1 月版，第 133—179 页（第 135、147 页）。

⑤ 参见［英］伯特兰·罗素《政治的理想》，许峰、上官新松译，载《自由之路》，第 381、408 页。

⑥ 参见［英］伯特兰·罗素《自由之路》，李国山译，载《自由之路》，第 1—132 页（第 124 页）。

⑦ 参见［英］伯特兰·罗素《社会中的自由》，张永红、付维科译，载《自由之路》，第 214—216 页。

要步骤，就是促进各种机构的管理民主化。如果那些真正处理事务的实干者不能行使管理权，那就没有什么自由和民主可言。自由与政府的统治之间的协调是个难题，但这又是任何一种政治理论所必须面对的。民主是人类发明的一套装置，它最大限度地减少了政府对自由的干预。权力的分配是比财富的分配更困难的问题。代议制政府机构只把注意力集中于最终的权力，并把它看成是唯一重要的事情，而忽略了直接的行政权力。在行政方面也几乎没有促使它合乎民主政治的要求。①

（3）投票与决策。一个公民常常在投票之后仍然觉得很苦恼，因为他又开始认为只有另一个政党才能带来长期的繁荣和稳定。② 即使一个人获得了选举权，他也并非觉得自己成为构成国家权力的有效一分子，并且能够对它的决策施加影响。除非在一些事物中他的行为和一些具有特别影响力的团体联系在一起，否则在他看来，政府只是一个遥远的、不具人格意义的环境而已，相对于它，个人显得微不足道，而只是简单地顺从它，适应它。③

（4）多数原则的弊病。在大国中，少数服从多数这个原则存在严重的缺点。大量的问题只对一部分人有直接的利害关系或者只有一部分人了解它们，可是其他人也参加这些问题的解决。④ 多数专制实际上是非常危险的。凡是认为大多数必然代表正确的思想都是不对的。当每一个新问题产生时，大多数的意见总是首先出错。进步是在少数人的逐渐影响下，通过改变观念和移风易俗才能取得。⑤

（5）专家决策及其缺点。在政治问题上，目前有两类不同的专家。一类是各党派的政治家，另一类是主要由公民组成，但也包括经济学家、金融家、科学家在内的专家。政治家的作用在于搞清公民心目中自己政党的长处是什么。而另一类的作用在于评价什么措施才能带来好处。一项措施尽管值得称道，但对政治家而言，只有他认为其理由能在演讲时说服一般大众时，这项措施才是有用的。因此，政治家们要重点提出某项措施，就必须使之符合两个条件：一是必须得到国内相当一部分人的赞同；二是

---

①　参见［英］伯特兰·罗素《政治的理想》，载《自由之路》，第390—393、413页。

②　参见［英］伯特兰·罗素《政治与自由》，载《自由之路》，第150页。

③　参见［英］伯特兰·罗素《政治的理想》，载《自由之路》，第391、413—414页。

④　参见［英］伯特兰·罗素《自由之路》，载《自由之路》，第86页。

⑤　参见［英］伯特兰·罗素《政治的理想》，载《自由之路》，第414—415页。

有关它们的争论必须非常单一。政治家的一种特殊才能还在于他知道群众的哪一种感情能够轻易被唤起，之后又该怎样防止它对自己和盟友的不利。专家是一个很奇怪的与政治家们不同的类型，对于一个政治问题，他的自然反应是调查其有益于什么而不是调查什么最受大众欢迎。专家也不可避免地带有某些缺点：一是他往往会过高估计本部门的重要性；二是喜欢在幕后说服众人；三是他并不能辨别群众的情感，他常常很好地理解某个委员会的意见，但很少知道普通大众的想法；四是他们往往低估了赞成行政措施的重要性和忽视实施不受欢迎的法律的困难。几乎没有什么专家会经常考虑到大众的懒惰和对政治的冷漠。我们仅仅把政治权力交给政府官员并不能够避免政治上的邪恶，然而在当前日益复杂的社会当中，当务之急是专家们应具有更大的影响力。① 政府官员和立法者们通常与被统治的人民之间相隔得很远，对于他们所作出的决定影响的生活环境并非想象中的那样熟悉，他们虽然非常勤恳并愿意研究各种统计资料和蓝皮书，但仍然会对一些应该了解的东西一无所知，他们所了解的那些东西就是办公室的日常事务和行政条例而已。②

（6）政党的决策作用。在一个民主国家中，一个政党要想执政，本身应该具备某种吸引力，通过它对全国的大部分产生影响。但在现在的民主制度下，由于在辩论中出现的种种原因，本来是很有益处的吸引力往往变得对自己不利，这样一来，没有一个大的政党能有一个行之有效的计划，而且即使某些有效措施被通过，也不是由执政党的政府而是通过其他机构来进行的。③

（7）民众政策参与不足。一项措施要想获得成功，在经过专家们的讨论和传播之后，还必须能为普遍市民所认同。但在目前，在很多事情上，普通市民不知道专家们经过深思熟虑后的意见，另一方面也没什么机构能够了解市民的集中意见或多数意见。尤为重要的是，除了某些特殊场合和通过非政治的方法，一般来说，市民并不能够在大众中宣扬自己的观点。④ 在现代国家中，政府官员权力日益扩大的危险产生的原因是，能节制官员的大多数选民通常对于一种特别问题都不大感兴趣。当官员违反有

---

① 参见 ［英］伯特兰·罗素《政治与自由》，载《自由之路》，第 150—154 页。
② 参见 ［英］伯特兰·罗素《政治的理想》，载《自由之路》，第 410—412 页。
③ 参见 ［英］伯特兰·罗素《政治与自由》，载《自由之路》，第 150 页。
④ 同上书，第 162 页。

利害关系的少数选民的愿望时，大多数选民则不愿意进行积极干预。大部分公众听不到所争论问题的实情。也许他们能听到，但往往只能依靠不充分的信息作出草率的论断，而且这些信息大多来自官方，而非来自受争论中的问题所影响的那个社会阶层。①

（8）民主体制与政策。像食物、住所这类东西都是生活必需品，对于它们的需求在人与人之间不会有大的区别，也不会引发太多的争论，因此，这比较适合于政府通过民主制度采取措施。在这类事务中，公平将是统领一切的首要原则。在现代民主社会中，公平意味着平等。② 民主体制可以大大促进政府官员的进取心并使其大出风头，他们有权利——有时也有义务——形成自己的议案，并为自己的利益将之提交公众讨论。③ 民主政治的机构在名义上能约束官员，而其实是极不便利和难以企及的。只有在引起整个国家注意的一些大事上，这些民主机构才能起到约束官员的作用。民主政治的精义在于，当任何一群国民的利益和愿望上完全独立于其他国民时，就让他们自由地处理其内部事务。一个普通适用的原则是，在任何政治上重要的团体内实行自治，而以一个中立势力来解决包括团体之间关系在内的问题。④

在罗素的各种论点中，有两方面的看法最为重要：一是他强调了对行政权力的控制，二是他明确提出了政治团体自治的主张；前者可以视为对"法治政策范式"的补充，后者则是对"直接民主政策范式"的"自治"表述。

五　社会学家的政策取向

20 世纪前叶的社会学家，也对政策问题提出了一些看法，可以列出勒庞、滕尼斯、涂尔干和曼海姆的主要论点。

（一）勒庞：大众心理与政策

勒庞（Gustave Le Bon，1841—1931 年）指出，正是群众使用最多的那些词，在不同的民族中有着最不相同的含义。在拉丁民族看来，"民

---

① 参见 ［英］伯特兰·罗素《政治的理想》，载《自由之路》，第410—411 页。
② 参见 ［英］伯特兰·罗素《社会中的自由》，载《自由之路》，第220 页。
③ 参见 ［英］伯特兰·罗素《政治与自由》，载《自由之路》，第161 页。
④ 参见 ［英］伯特兰·罗素《政治的理想》，载《自由之路》，第410、417 页。

主"更多地是指个人意志和自主权要服从于国家所代表的社会的意志和自主权；而在盎格鲁－撒克逊地区，尤其在美国，"民主"一词却是指个人意志的有力发展，国家要尽可能服从这一发展。①

勒庞对政治心理学尤其是革命心理学（大众心理学）作了分析，可以列出其中与政策有关的论点。

（1）群体无意识。群体无疑总是无意识的，但也许就在这种无意识中，隐藏着它力量强大的秘密。无意识在我们的所有行为中作用巨大，而理性的作用无几。实际上，在群众眼里，也许最不公正的才是最好的。只有既不十分清楚易懂又显得负担最小的办法，才最易于被人们所容忍。心理群体一旦形成，它就会获得一些暂时的然而又十分明确的普遍特征。群体在智力上总是低于孤立的个人。②

（2）群体与民主。群体不善推理，却急于采取行动。我们注定要屈从于群体的势力，因为群体的眼光短浅，使得有可能让它守规矩的所有障碍已经被一一清除。群体的这种易变性使它们难以统治，当公共权力落到它们手里时尤其如此。一旦日常生活中各种必要的事情不再对生活构成看不见的约束，民主便不可能持续很久了。个体可以接受矛盾，进行讨论，群体是绝对不会这样做的。在公众集会上，演说家哪怕作出最轻微的反驳，立刻就会招来怒吼和粗野的叫骂。群体分成异质性群体和同质性群体。英国人或美国人的群体就不拿国家当回事，他们只求助于个人的主动精神；法国人的群体特别看重平等，英国人的群体则特别看重自由。这些差异解释了为何几乎有多少个国家就有多少种不同形式的社会主义和民主。即使在同一个民族中，知识分子的民主与大众的民主有着巨大的差异。知识分子民主的唯一目标就是要建立一个选择机制，以便从他们当中选择精英，充当领导阶级。不幸的是，知识分子民主只能导致一小撮专制寡头的神圣权力取代国王的神圣权力。它的狭隘与暴虐有过之无不及。大众民主决不会以产生统治者为目标，它完全被平等精神和改变工人命运的渴望所支配。因此，大众民主拒绝接受博爱的观念，在自由方面，它也没有多少热情。民主平等与天赋不平等之间的调和问题是当今时代最难解决

---

① 参见［法］勒庞《乌合之众》，冯克利翻译，广西师范大学出版社 2007 年 9 月第 1 版，2009 年 3 月第 5 次印刷本，第 116 页。

② 同上书，第 33、40、46—53 页。

的问题。嫉妒和仇恨似乎在任何时候都与民主理论脱不了干系。① 18 世纪哲学家对民主政治持的是厌恶的态度。②

（3）群体与舆论。目前，群体中易变的意见比以往任何时候都多，这有三个不同的原因。第一个原因是，昔日的信仰正在日甚一日地失去影响力，普遍信仰的衰落，为一大堆既无历史也无未来的偶然意见提供了场所。第二个原因是群众的势力在不断增长，这种势力越来越没有制衡力量。第三个原因是报业最近的发展，以及政府在领导舆论上的无能。过去，政府的措施、少数作家和寥寥几家报纸的影响，就是公众舆论的真正的反映者。而今天作家已经没有任何影响力，报纸则只反映意见。对于政客而言，他们莫说是引导各种意见，追赶意见还怕来不及。他们害怕意见，有时甚至变成了恐惧，这使他们采取了极不稳定的行动路线。于是，群体的意见越来越倾向于变成政治的最高指导原则。在政治事务上不可感情用事，过去这样说也许还算正确，但是当政治越来越多受到多变的群众冲动的支配，而他们又不受理性的影响，只受情绪支配时，还能再这样说吗？不存在任何引导意见的力量，再加上普遍信仰的毁灭，其最终结果就是对一切秩序都存在极端歧异的信念，并且使群众对于一切不明确触及他们直接利益的事情，越来越不关心。③

（4）选民群体的选择。选民群体，也就是说，有权选出某人担任官职的集体，属于异质性群体。但是由于他们的行为仅限于一件规定得十分明确的事情，即在不同的候选人中作出选择，在群体特有的特征中，他们表现出极少的推理能力，他们缺少批判精神，轻信、易怒并且头脑简单。说服选民群体的办法：一是候选人应当享有名望；二是享有名望的候选人必须能够迫使选民不经过讨论就接受自己；三是他必须用最离谱的哄骗手段才能征服选民，要毫不犹豫地向他们作出最令人异想天开的许诺；四是候选人写成文字的纲领不可过于绝对，但是在口头纲领中，再夸夸其谈也不过分，选民绝对不想为这事操心，他并不想知道自己支持的候选人在实行他所赞成的竞选纲领上走了多远，虽然他以为正是这个纲领使他的选择有了保证。至于理性对选民的头脑可能产生的影

---

①　参见［法］勒庞《乌合之众》，第 37、39、56、69—70、157—159 页；《革命心理学》，佟德志、刘训练译，吉林人民出版社 2004 年 10 月版，第 241—255 页。

②　参见［法］勒庞《革命心理学》，第 122—125 页。

③　参见［法］勒庞《乌合之众》，第 151—153 页。

响，要想对这个问题不生任何疑心，千万别去读那些有关选民集会的报道。在不管是什么样的无名称的集会中，即使参与者全是受过高等教育的人，会上的争论也没什么两样。选民的意见和选票是操在选举委员会的手里的。只要候选人能够被群体所接受，并拥有一定的财源，对群体产生影响并不困难。由于受到集体无意识力量的推动，群众常常说不清自己的真实意图，结果往往投票赞成了那些他们原本不赞同的动议。①

（5）群体领袖。只要有一些生物聚集在一起，不管是动物还是人，都会本能地让自己处在一个头领的统治之下。群众领袖握有非常专制的权威。由于政府甘心受人怀疑，使自己越来越没有力量，所以这些领袖和鼓动家正日益倾向于僭取政府的位置。几张选票的转移剥夺了罗伯斯比尔的权力并把他送上了断头台。政治家最基本的任务之一，就是对流行用语，或至少对再没有人感兴趣、民众已经不能容忍其旧名称的事物保持警觉。名称的威力如此强大，如果选择得当，它足以使最可恶的事情改头换面，变得能被民众所接受。②

（6）选举权与普选。在民主的所有信条中，最基本的、最具吸引力的可能就是普选权了，普选权赋予大众一种平等的观念，因为，起码就在将选票送入投票箱的那一刻，不管是穷人还是富人，不管你是博学多识还是目不识丁，都一律平等。所有的政府，包括革命政府都害怕普选。实际上，只要稍微观察，普选权的缺陷就会暴露无遗。仅仅因为数量上的优势，就认为群众能够有效地选择出合适的统治者，就认为那些道德冷漠、知识贫乏、心灵狭隘的个人具有某种对候选人作出判断的能力，这样的想法难道不是愚不可及吗？有关大众心理的那些规律还向我们表明，所谓的普选权实际上纯属一个幻想。除了极个别的情况之外，群众只会唯领袖马首是瞻，他们根本就没有自己的主见，因此，普选实际上意味着最为有限的选举。③ 普选的弱点十分突出。一种文明的伟大，如果依靠仅仅以人多势众自夸的低劣成员的选票，是无法让人放心的。另一件无所怀疑的事情是，群众投下的选票往往十分危险；异想天开的人民主权论，十有八九会让我们付出更惨重的代价。对选举权加以限制，把这种权利限制在聪明人

---

① 参见［法］勒庞《乌合之众》，第 78、173—179 页。
② 同上书，第 115、124—144 页。
③ 参见［法］勒庞《革命心理学》，第 255—256 页。

中间，这样做就能使人相信改进了群众投票的结果吗？我永远也无法承认会出现这种情况。在社会问题上，由于未知的因素数量众多，从本质上说人们的无知没有什么两样。完全由掌握各种学问的人组成的选民，他们的投票结果不会比现在的情况好多少，他们将仍然主要受自己的感情和党派精神的支配。群众的选举权不管是受到限制还是普遍给予，所表达的不过是一个种族无意识的向往和需要。在每个国家，当选者的一般意见都反映着种族的禀性。①

（7）教育。在当前这个时代的主要观念中，人们普遍接受的是这样一种观念，即认为教育能够使人大大改变，它会万无一失地改造他们，甚至能够把他们变成平等的人。这种主张被不断重复，仅仅这个事实就足以让它最终成为最牢固的民主信条。如今要想击败这种观念，就像过去要击败教会一样困难。民主观念与心理学和经验的结论有着深刻的差异。法国的教育制度把多数受过这种教育的变成了社会的敌人，它让无数学子加入了社会主义者的阵营。国家用教科书制造出这么多有文凭的人，然而它只能利用其中的一小部分，于是只好让另一些人无事可做。中国也是一个掌握在等级森严的士大夫手里的国家，受过教育的无业大军在今天被视为真正的民族灾难。②

（8）人民主权。法国大革命的三个宣言，真正保留下来的内容，就是关于平等和人民主权的那些部分。平等教义的第一个产物就是资产阶级对人民主权的申明，然而，人民主权在整个大革命期间却一直是一种理论上的空谈，他们称之为人民的神秘实体其实不过是几个领袖意志的转化而已。在法国大革命的第一阶段，革命的议题几乎与人民没什么相干。虽然公布了人民主权原则，但人民主权仅仅意味着人们选举代表的权利。在自由、平等、博爱这些口号的背后，大众要摆脱纪律的限制才是真正的动机。这就是革命为什么不久就以失序、暴力、无政府状态而告终的原因。事实上，所谓拥有最高主权的人民主要是由底层的民众构成的。③

（9）代议制。一位君主在他的权力开始变得不稳固时召集议会，从心理学上看绝对是一个致命的错误。④ 议会制度却是一切现代文明民族的

---

① 参见［法］勒庞《乌合之众》，第179—182页。

② 同上书，第103—110页。

③ 参见［法］勒庞《革命心理学》，第40—41、46、132—135、142页。

④ 同上书，第86页。

理想。这种制度是一种观念的反映，即在某个问题上，一大群人要比一小撮人更可能作出明智而独立的决定。这种观念虽然从心理学上说是错误的，却得到普遍的赞同。在议会也可以看到群体的一般特征：头脑简单、多变、易受暗示、夸大感情以及少数领袖人物的主导作用。意见的简单化是他们最重要的特征之一，即根据适用于一切情况的最简单的抽象原则和普遍规律来解决最复杂的社会问题。由此产生的结果是，议会更严重地代表着各种极端意见。议会中的群体很容易受暗示的影响。在有关地方或地区的一切问题上，议会中的每个成员都持有牢固而无法改变的意见。议会中的表决通常只代表极少数人的意见。当议会极度亢奋时，它也会变得和普通的异质性群体没什么两样。法律的作者都是专家。群体的产品不管性质如何，与孤立的个人的产品相比，总是品质低劣。专家阻止着议会通过一些考虑不周的政策，在这种情况下，专家是群体暂时的领袖，议会影响不到他，他却可以影响议会。议会的作用虽然面对所有这些困难，它仍然是人类迄今为止已经发现的最佳统治方式，尤其是人类已经找到的摆脱个人专制的最佳方式。不过，在现实中也造成两种严重的危险，一是不可避免的财政浪费，二是对个人自由不断增加的限制。[1] 假如我们想证明一个大众政府可能会堕落到什么程度，我们只消看看国民公会就可以了。国民公会的历史为我们提供了一个非常显著的例子，它告诉我们领袖对议会施加的影响无所不在。[2] 议员们极度缺乏主动性和独立性，几乎总是堕落成不过是那些选出他们的委员会的传声筒。[3] 当选的代表几乎完全置国家的普遍利益于不顾。民主政治的低劣就体现在当选代表的行为举止当中。[4]

（10）政治制度。勒庞不同意"国家的进步是改进制度与统治带来的结果"的观点，认为一个民族并没有真正改变其各种制度的能力。深刻影响群体禀性的手段，不能到制度中寻找。我们看到，有些国家，譬如美国，在民主制度下取得了高度繁荣；而另一些国家，在极为相似的制度下，却生活在可悲的混乱状态中。这时我们就应当承认，这种制度与一个民族的伟大和另一个民族的衰败都是不相干的。[5] 政治家们在制定法律的

---

[1]　参见 ［法］ 勒庞《乌合之众》，第 183—201 页。

[2]　参见 ［法］ 勒庞《革命心理学》，第 156—158 页。

[3]　参见 ［法］ 勒庞《乌合之众》，第 37 页。

[4]　参见 ［法］ 勒庞《革命心理学》，第 256—257 页。

[5]　参见 ［法］ 勒庞《乌合之众》，第 98—101 页。

时候从未意识到，制度是结果而非原因，人类是依据过去而塑造的，我们根本无法撼动传统的根基。国家主义是拉丁民族真正的政治制度，其他的政府形式——共和制、君主制、帝国制——都不过只是空洞的标签、毫无意义的影子。①

（11）政府的权力。正是这些大量的法律——大体上全是些限制性法令——的通过，必然会大大增加负责实施它们的公务员的数量、权力和影响，沿着这个方向走下去，这些公务员有可能成为文明国家的真正主人，只有他们不承担责任，不需要个性，永久地存在。政府各部门必然会与公民的麻木和无望同步增长，所以它们必须表现出私人所没有的主动性、首创性和指导精神，这迫使它们要承担一切、领导一切、把一切都纳入自己的保护之下，于是国家变成了万能的上帝。而经验告诉我们，这种上帝既难以持久，也不十分强大。②

（12）革命。革命可以分为科学革命、政治革命和宗教革命。法国大革命除了破坏之外几乎无所作为。大革命所弘扬的博爱和自由从未对人们形成多大的吸引力，但它所倡导的平等却构成了他们的福音：平等是社会主义的支点，是整个现代民主思想演进的枢轴。③ 没有哪个政府是被人推翻的，它们的失败常常是自取灭亡。中国古老的君主制王朝之所以被革命推翻，从间接原因上说，就是因为清政府为了改变中国的现状，企图强制推行改革。④

（二）滕尼斯：权力是社会的推动力量

斐迪南·滕尼斯（Ferdinand Tonnies，1855—1936 年）认为政治有朝一日将会成为应用的社会学，恰如技术是应用的物理学一样。政治作为一种术语，用于一位政治家或者一个立法机构的实际的或者标准的实践的动机，是有其意义和内容的，人们当然能够在理论上探讨这种世界，理论的社会学也必须以它为基础。⑤

---

① 参见［法］勒庞《革命心理学》，第 230、235 页。
② 参见［法］勒庞《乌合之众》，第 198—199 页。
③ 参见［法］勒庞《革命心理学》，导论，第 6—7 页；正文，第 3—11 页。
④ 同上书，第 27—32 页。
⑤ 参见［德］斐迪南·滕尼斯《新时代的精神》，林荣远译，北京大学出版社 2006 年 6 月版，第 241—242 页。

滕尼斯认为越来越多的个人利益，不管是作为单一的个人也好，还是与随从或伙伴一起也好，都在经济的领域、政治的领域以及精神的或道德的领域发挥作用。当政治的统治会出现在一种包罗万象的、深入干预私人生活、干预各种个人交往的立法时，围绕作为政治统治的争吵就会更多。越是认识到政治权力对于经济生活的重要意义，也就产生围绕着政治权力争执的越来越高的频率，而且人们将会直接意识到拥有"立法的把手"尤其对于大的商业利益的价值。①

滕尼斯把权力和权力追求作为社会的推动力量，指出各统治阶层或者联合在一起，或者分别统治着人民，即他们是通过国民经济来推动国民经济的力量，不过也是通过国家来推动国家的力量，也是通过精神生活的手段来推动精神生活的力量。可以把这些推动的力量理解为：（1）有形的实力和优势；（2）巫术的实力和优势；（3）金钱的实力和优势。总体而言，总是可以预计人民或者大众会有某种反抗，不过也可以预计，这种反抗的意见一致的可然率很低。大部分人民在他们的条件得到满足的情况下，也就是说，让他们拥有自由，能够根据他们的力量去耕作农业，或是从事其他的劳动，尤其是如果和只要这类劳动不干扰或者甚至破坏他们所习惯的生活方式和他们认为某事是合情合理的各种看法，甚至如果可能的话，反过来强化方便他们的生活方式和看法，他们将总是对每一种统治感到满意，而且同时总是会对一切方式的统治感到满意。②

滕尼斯认为，科学的思维才使国家的概念诞生，而且同样也才使人民代表机构的概念的产生。倘若人们把人民代表机构的概念理解为对国家概念的否定，而它的目的仅仅是在君主政体的国家里，减少国王的不受限制——国王的权力永远与法不一致——那么这样来解释人民代表机构的概念是错误的。新时代逐渐进步到一切成年人拥有个人自由或自决的权利，一种在各种政治权利上实现的自由。而与自由处于很接近的相互关系中，还有不同出身、不同能力、受不同教育的人的"平等"，它意味着，个人服从个人不再适用，而是只有普遍服从法律，服从法制；只服从那些通过法律秩序委派的人员的权威，亦即他们在真正的或者假

---

① 参见 ［德］斐迪南·滕尼斯《新时代的精神》，第 23、62、107 页。

② 同上书，第 152—153 页。

定的委托下行动，这种委托被认为最后应该归结为全体人民的愿望和意志。①

滕尼斯指出，国家就是社会本身，或者就是社会的理智。因此，就形成个人的积极界定作为自然秩序，取代消极的界定；若干个人通过国家被赋予一种进行统治的委托，他们有能力把这种委托再继续授予他人，这就是说，最后每一个个人都在间接的依附中参与国家的意志。②

滕尼斯高度重视舆论的作用，认为宗教凌驾于公团之上，公共舆论凌驾于国家之上。公众舆论赞同政策和立法，认为它们是正确的和英明的或者谴责它们，认为它们是不正确的和愚蠢的。公众舆论本身提出要确立普遍的和适用的准则要求，而且不是建立在一种盲目信仰的基础之上的。它首先是针对社会和国家生活和交往的，所有参与这种生活和交往的、有觉悟的参加者，必然会对这类概念和观点感到兴趣，帮助它们形成，去同错误的、有害的概念和观点作斗争。歌功颂德正好不是公众舆论的事情。在舆论中有很多是无足轻重的，再也没有什么舆论比政治的舆论更加无关宏旨了。因为国家颁布或保留什么样的法律，它将推行何种对内对外政策，似乎最终取决于此。任何的政党都必须力争把它的舆论提到公众舆论的高度，以便能达到掌握国家的"航舵"，或者掌握开启"立法大门的门把"。另一方面，国家或政府本身，对"制造"公众舆论，"加工"公众舆论，为公众舆论定调和使公众舆论改变调门，同样有着强烈的兴趣。因此，"新闻媒介"是公众舆论的真正的手段，是一切善于利用它、必须利用它的人手中的武器和工具。公众舆论表现社会的道德，有赋予形式。公众舆论具有坚定的倾向，会排斥国家，利用国家的不可抗拒的政权，强迫大家去兴利除弊，做有益之事，不做有害之事。③

滕尼斯还特别列出了"社会"的三个公式。（1）大城市的生活＝惯例，人们竭尽全力确立惯例。惯例的真正的主体是整个社会。（2）民族的生活＝政治，人们以他的整个谋算确立政治。政治的真正的主体是国家。（3）世界主义的生活＝公众舆论，人们以他的整个悟性确立公众舆

---

① 参见［德］斐迪南·滕尼斯《新时代的精神》，第10、215页。
② 参见［德］斐迪南·滕尼斯《共同体与社会：纯粹社会学的基本概念》，林荣远译，商务印书馆1999年2月版，第319—320页。
③ 同上书，第322—326、338页。

论。公众舆论的真正的主体是学者的共和国。①

（三）涂尔干：控制权威的政策诉求

爱弥尔·涂尔干（Emile Durkheim，1858—1917年）的论点，具有强烈的反专制特征。他指出，当统治权在其他社会职能部门中没有遇到可以制衡和有效限制它的东西，它就是专制的。如果政府允许自己沉溺于无节制的状态，那么它所迫害的各种社会力量就会联合起来，反对和限制政府。政府专制主义并不是根据政府职能的数量和重要性来变化的。尽管政府可能有无数的职能，只要它不是集中在一个人的手里，就不会是专制的。②

与反专制的思想相呼应的是，涂尔干完全否定伟人的作用，指出有些国家把自身完全交付给伟人来掌握，而其他国家恰恰相反，他们不信任伟人。必须为了个人的幸福而献出一切，因为一个民族不是由一两个偶然降生的伟人创造出来的。他们可能会突然消失，只有紧密集合起来的公民才能构成一个民族。应该考虑的，只能是他们的利益。毫无疑问，真理必须成功地征服世界，不过还是让这种征服从最底层开始，而不是从最顶层开始。③

涂尔干重视个人与社会的关系，尤其重视集体活动的作用。由于社会是个体的综合，所以社会无限地高于每一个体。面对社会时，个体处于永恒的依赖状态。事实上，当个体形成社会时，他也会受到他自己帮助形成的社会状态的影响。社会状态的形成过程也是影响个体的过程，在受到社会形态影响的同时，个体也可以改变社会状态的性质。个人生活与社会生活是同步发展的，任何形式的集体活动都会以这种方式被个人化。每个人都有自己的道德准则、个人观点，尽管这些准则和观念来源于社会的共同道德和普遍观点，但两者还是不同的。除了纯粹的个人生活之外，在我们的当代社会中还存在着真正意义的集体活动。④

---

① 参见［德］斐迪南·滕尼斯《共同体与社会：纯粹社会学的基本概念》，林荣远译，第340页。

② 参见［法］爱弥尔·涂尔干《乱伦禁忌及其起源》，付德根等译，世纪出版集团、上海人民出版社2006年8月版，第328—330页。

③ 同上书，第144—148页。

④ 同上书，第83、87、254页。

最值得注意的是，涂尔干就权威的政策作用提出了以下看法。（1）每一种带有强制性的事物都有其社会根源。每一种义务都暗含着一种命令以及发出命令的权威。（2）为了能够强加规范，权威必须支配个体。（3）权威可以通过一个人、一个阶级、一个口号表现出来，但是不管权威采取什么样的形式，都是不可或缺的。（4）权威是商定的。负责维护国家利益的权威是用来发布号令的，人们必须服从。这种权威会集中于某些明确的领域，只属于某些得到明确指任的人。（5）绝大多数的集体决议都是舆论直接准备好的，甚至几乎是强加的。（6）权威能够指挥生活，却不能创造生活、代替生活。（7）如果权威是专制的，那么权威就是一种可怕的东西，人人必须批判它。（8）民族力量的基础，就是公民的创造力，大众的活力。在民主社会中，人们始终保持着潜能，这种能量可以突然地、奇迹般地显现出来。这是因为，在民主社会中，社会最无足轻重的要素都会充满活力。同样，控制集体活动的原则也不是不确定的一般化或模糊的相似性，而是实实在在的法律、一劳永逸的得到明确描述的规定。公众的角色并不是纯粹的服从，他们也参与这种活动，尽管无法指导这种活动。①

涂尔干论证了知识分子精英与民主的关系，指出作家和学者都是公民，因此，很显然，他们有严格意义上的参与公共生活的责任。无疑，让知识分子在议会的争辩中站出来，是件很有益的事情。他们的修养不仅能够使他们去思考那些人们无法忽视的各种信息要素，而且，他们比所有人都适合于在公共权力面前捍卫艺术和科学的利益。不过，即使需要做到这一点，议会中的知识分子也不必很多。而且，除了几个非同凡响、才华横溢的天才以外，我们也感到很为难，知识分子在当了代表和议员后，是否能够同时保留他们原来作为作家或学者出身份，因为这两类职能具有精神和意志截然不同的取向。②

（四）曼海姆：知识社会学的视角

卡尔·曼海姆（Karl Mannheim，1893—1947 年）指出，如果用以达到我们的多数关键的决策以及赖以判断和引导我们的政治的和社会的命运的思维方法，仍然是不可知的，因而也是不受理智的控制和自我批判的，那

---

① 参见［法］爱弥尔·涂尔干《乱伦禁忌及其起源》，第83、240—243 页。
② 同上书，第164—165 页。

么这应该认为是我们时代的一种异常现象。知识社会学的主题是，只要思维方式的社会起源是模糊不清的，那就一定存在不可能被充分理解的思维方式。为了从事社会科学研究起见，人们就必须参与社会过程，但是这种参与集体无意识的努力，绝不意味着参与者歪曲了事实或不正确地看待事实。的确，正相反，参与社会生活活生生的场面又是理解这一活生生的场面的前提。思考者喜欢的参与类型决定了他将如何阐述他的问题。①

曼海姆强调在政治领域对某个问题及有关的逻辑技巧的陈述随着观察者的政治立场的不同而不同。如官僚的保守主义这种思想模式，所有官僚思想的根本倾向是把一切政治问题变成行政问题。每一种官僚都依据他对自己立场的独特强调，倾向于把自己的经验普遍化，而忽视这样一个事实：行政领域和有条不紊地运作的秩序领域都只代表整个政治现实的一个部分。有一句产生于这些圈子里的话可算是这种观点的典型表述："一个好的行政机构胜于最好的宪法。"②

曼海姆指出，在每一种理论的背后，都有表示集团目的、集团权力和集团利益的集体因素。这样，议会的讨论在其可能最终达到客观真理的意义上说，远不是理论性的，因为它们关注的是十分现实的、在利益的相互冲突中被决定的问题。竞争不仅通过市场机制控制了经济活动，控制了政治和社会事件的过程，而且提供了存在于对世界的各种不同解释背后的动力，当人们揭开这些解释的社会背景时，会发现它们是为夺取权力而相互冲突的集团的思想表现。③

就思维上的对抗而言，他们通常都是"绕开话题"，即是说，虽然他们多少意识到，与他们讨论问题的人代表着另一集团，当讨论具体事情时，他的整个思想结构好像常常完全不同，他们的发言使人看来仿佛他们的分歧仅限于争论中的具体问题。这表明，在不同质的人之间也有一些思想交流的类型。一方面，整个思想结构的差别在有关参与者交往的背景下仍是模糊不清的，所以"绕开话题"便成了"平等化时代"不可避免的现象。另一方面，也可以这样来使不同的参与者接近，即利用双方在理论上的每一个接触点，通过弄清分歧的根源来消除误解。这就会引出不同的

---

① 参见［德］卡尔·曼海姆《意识形态与乌托邦》，黎鸣、李书崇译，商务印书馆 2000 年 9 月版，2007 年 10 月第 4 次印刷本，第 1—2、48 页。

② 同上书，第 118—120 页。

③ 同上书，第 125、273—274 页。

前提，这些前提包含在两个各自的观点之中，是不同的社会地位造成的结果。在这种情况下，知识社会学家并不以通常的方式面对他的对抗者，即不直接考虑对方的争辩。相反，他通过弄明确对方的整个观点和把它看作是某种社会立场的作用，来寻求理解对方。①

　　滕尼斯、涂尔干和曼海姆都程度不同地关注到了权力的问题，滕尼斯把权力和权力追求作为社会的推动力量，并强调了人民代表机构对权力的限制，以及公众舆论对政策的影响作用；涂尔干明确反对政府专制主义和将国家的希望寄托于伟人，并且通过分析权威对政策的影响，提出了反对权威强制的思路；曼海姆则强调应揭示为夺取权力而相互冲突的集团的集体因素。

　　出现在 20 世纪前半叶的政策与民主的第四次重要交集，最重要的成果是产生了"精英决策的政策范式"、"官僚决策的政策范式"和"行政民主政策范式"三种新的理论范式。当然，对 20 世纪以前已经出现的五种理论范式，无论是政治学家还是行政学家、法学家、社会学家，也有一些重要的探讨和补充。也就是说，能够被带入第二次世界大战结束后的当代政治学中的，已经是八种不同的理论范式。要发展新的理论范式，都不能不对这八种范式进行必要的检视。

---

　　① 　参见［德］卡尔·曼海姆《意识形态与乌托邦》，第 285—286 页。

第三章　新自由主义：决策民主政策范式

第二次世界大战结束后的西方政治学，应该被称作当代政治学。在西方当代政治学的发展中，出现了政策与民主的第五次重要交集。本书的第三章至第十三章，将分别介绍在这次重要交集中政治学不同流派如新自由主义、新保守主义、新马克思主义、实用主义、后现代主义学者的论点，以及行政学、经济学、政策科学、比较政治学、政治社会学等领域的学者的不同看法。

我们先从新自由主义开始，并且不区分主张新自由主义的学者，是否带有保守或激进的倾向。针对政策与民主的关系，新自由主义的学者开辟了两条主要的路径，第一条路径是走向"决策民主政策范式"，第二条路径是走向"多元民主政策范式"。本章重点介绍"决策民主政策范式"的发展情况，"多元民主政策范式"的发展将放到第四章论述。

一　熊彼特：民主是决策的一种制度安排

熊彼特（Joseph Alois Schumpeter，1883—1950 年）对"决策民主"有着重要的奠基作用，他的精英民主理论，一个重要的特征就是将政策摆在了突出的位置上。

（一）民主的目标就是产生决策者

熊彼特首先明确的是民主与决策的关系，指出民主是一种政治方法，即为达到政治——立法与行政的——决定而作出的某种形式的制度安排。因之其本身不能是目的，不管它在一定历史条件下产生的是什么决定都是一样。任何人要为民主下定义必须以此为出发点。而所谓的政治方法就是

"指一个国家用以作出决策的方法"，我们必须指明这些决策由谁作出和怎样作出，才能明白这种方法的特性。① 在熊彼特看来，制度结构不但包括法律制度，而且包含公众心理和政府政策。②

正因为民主与决策有这样的紧密关系，熊彼特进而提出了民主的目标就是产生决策者的重要论点：选举代表对民主制度的最初目标而言是第二位的，最初目标是把决定政治问题的权力授予全体选民。假如我们把这两个要素的作用倒转过来，把选民决定政治问题放在第二位，把选举作出政治决定的人作为最初目标，即人民的任务是产生政府，或产生用以建立全国执行委员会或政府的一种中介体。同时我们规定，民主方法就是那种为作出政治决定而实行的制度安排，在这种安排中，某些人通过争取人民选票取得作决定的权力。在民主政体里，选民投票的首要作用是产生政府，产生政府实际上等于决定领导人应该是谁。③

（二）不能用"直接民主"解决政策问题

熊彼特明确反对用"直接民主"的方式来解决政策问题尤其是全国性的政策问题，并提出了以下反对理由。

（1）除非实行"直接民主"，人民本身决不能真正进行统治或管理。民主政治并不意味也不能意味人民真正在统治。人民实际上从未统治过，但他们总是被定义弄得像在进行统治。在"直接"民主之外还有无数多的可能形式，使用这些形式，"人民"可以参与管理、影响或控制实际在进行统治的那些人的事业。④

（2）不存在人民的共同意志或共同福利。既然共同福利是政策的指路明灯，就必须同意存在人民的共同意志，但实际上不存在全体人民能够同意或者用合理论证的力量可使其同意的独一无二地决定的共同福利；即使有一种充分明确的共同福利证明能够为所有人接受，这并不意味着对这个问题都能有同等明确的回答。即使民主过程使用的每个公民的意见和愿望是充分明确而独立的可以作为根据，即使每个人都以理想的理性和敏捷

---

① 参见［美］熊彼特《资本主义、社会主义与民主》，吴良健译，商务印书馆1999年2月版，第359—361页。

② 同上书，第214页。

③ 同上书，第395—396、400—401页。

④ 同上书，第364—369、415页。

性按照这样的意见和愿望行事，也不一定能推论说，这个过程用这些个人意志为原料而生产的政治决定，可以有说服力地成为代表人民意志的东西。任何时候把个人意志分割成许多份，由此产生的政治决定不但可以想象而且非常可能不会符合"人民真正的需要"。①

（3）所谓人民意志或"公意"是被制造出来的。典型的公民一旦进入政治领域，他的精神状态就跌落到较低水平上。即使没有试图影响他的政治集团，典型公民在政治问题上往往会听任超理性或不合理的偏见和冲动的摆布。公众心理过程中的逻辑成分越弱，合理批评以及个人经验和责任心所施展的合理影响消失得越干净，而某些另有企图集团的机会越多。这些集团能够在很大程度上改变甚至制造人民的意志。人民的意志不会是政治过程的动力，只能是它的产物。在政治决策问题上同样没有有效的保证。实际上人民既不提出问题也不决定问题，决定他们命运的问题是经常由别人为他们提出和决定的。选民的选择不是出于选民的主动，而是被塑造出来的，对选择的塑造是民主过程的本质部分。②

（4）集体意志由政治家来表达。只要实际上存在真正的集体表示的意志，这样的意志一般说来不会直接地表现自己，一直要到某位政治家把它们唤醒，使它们成为政治因素。政治家做到这一点，或者由他的代理人为他这样做。他们的手段是组织这些意志，逐渐激励这些意志，最终把它们包括在他竞选纲领的合适条款中。③

（5）多数人的意志不是"人民"的意志。相信民主方法能保证根据人民意志决定问题和制定政策，他必定因下面的事实而吃惊：即使人民意志无可否认的真实和明确，简单多数作出的决定在许多情况下歪曲人民意志而不是实施人民意志。显然，多数人的意志是多数人的意志而不是"人民"的意志。④

（6）民主政治就是政治家的统治，政治不可避免地是一种职业。社会气氛或价值准则不但影响政策——立法的精神——而且还影响行政措施。在许多重要场合，一个政策越是贤明，必然使公众和知识分子批评者

---

① 参见［美］熊彼特《资本主义、社会主义与民主》，第370—376页。
② 同上书，第378—389、412—413页。
③ 同上书，第397页。
④ 同上书，第399—400页。

越不欢迎。①

（7）民主方法成功要求四个条件。一是民主方法不是简单地从全民中挑选人，它只从愿意竞选的人们中挑选人。二是政治决定的有效范围不应扩展太远，政治家作形式上的决定，也作实质上的决定。三是民主政府必须有能力支配一个赋有强烈责任感和同样强烈集体精神以及有良好名望和传统的训练有素的官僚机构的工作。四是民主自制，选民和议会必须在智力和道德水平上有相当高度，议会里的政治家一定要克制自己，议会外边的投票人必须尊重他们本身与他们所选政治家之间的劳动分工，有效地竞争领导权需要对意见分歧有高度的容忍心。②

（三）议会的政策作用

对议会在政策过程中的作用，熊彼特提出了以下观点。（1）以议会民主这个手段解决不管是社会化或者不是社会化问题的可能性已经确立。③（2）议会的主要职能是建立和推倒政府。政治问题的决策，像占领哪个地带或山头一样，不是目的而是议会活动的材料。从根本上说，议会不断作出对国家问题的决定就是议会用以保持或拒绝保持当权政府的方法，也是议会用以接受或拒绝接受首相人选的方法。政府的选择和领导（不管是不是自由的）是支配议会活动的要素。④（3）议会里的政治家一定要克制自己，不要在看来做得到的时候就不能抗拒颠覆政府、破坏政府的诱惑。要是他们反其道而行，那就不会有行之有效的政策。政府的支持者务必接受它的领导，允许它制定政纲和执行政纲。⑤（4）议会外边的投票人必须尊重他们本身与他们所选政治家之间的劳动分工，他们必不要在两次选举之间过早收回对当选人的信任。他们必须理解，一旦他们选出一个人，政治行动就是这个人的事情，不是他们的事情。在庞大而复杂的社会里，成功的民主做法无不仇视在后面指手画脚的人。⑥

---

① 参见［美］熊彼特《资本主义、社会主义与民主》，第240—241、415—416、529页。

② 同上书，第421—430页。

③ 同上书，第20页。

④ 同上书，第400—412页。

⑤ 同上书，第428页。

⑥ 同上书，第428—429页。

（四）官僚机构的政策行为

对资本主义国家官僚机构的政策行为，熊彼特一方面提出了尖锐的批评，指出政府及其官僚机构实际上为批评自己提供大量的弹药，例如它不断为大量鸡毛蒜皮之类小事情制定详细规则，它不恰当地考虑行政决策，它公开发布容易引起讥笑的文件，这些规则、决策、文件扼杀原来会改变国家经济状况的许多有开拓创业精神的活动。政策不得不迁就政治斗争的紧急情况，从而损害行政效率，但政府的个别失策和失败，从整体上说常常是由于领导人或领导班子心力耗竭的缘故。更重要的是为了取得职位或者保持职位的无休止的竞争，使他们对每一件政策和议案的考虑都带上偏见，这种偏见从"票数上做买卖"这句话中看得十分清楚。在民主政府中首先必须注重一项政策、议案或行政措施的政治价值这个事实——也就是说，迫使政府依靠议员和选民的选票这个民主原则的事实——很可能扭曲赞成者和反对者的主见。尤其是，这个事实迫使掌握枢要或参与枢要的人采取短期观点，极难要求他们为远期目标作持久努力，为国家长期利益服务。①

另一方面，熊彼特也强调了国家管理范围太大时依仗的是官僚机构，官僚机构并不一定与民主是对立的关系，官僚政治对民主政体不是阻碍，而是不可避免的补充，对现代经济也是不可避免的补充。官僚机构或文官制度特有的选择领导人的方法，不一定像有人常说的那样缺乏效率。官僚机构有效率处理行政事务、有能力提供良好意见是不够的，它必须强大得足以引导充当各部部长的政治家。②

熊彼特的论点尽管未被他本人冠以"决策民主"的名称，但确实是开启了一种新政策范式的探讨，这样的"先导"性作用显然是不应被忽视的。

二　哈耶克：民主是一种形成政治决策的特定程序

哈耶克（Friedrich A. Von Hayek，1899—1992 年）指出"政策"有

---

① 参见［美］熊彼特《资本主义、社会主义与民主》，第 21、417—419 页。
② 同上书，第 311 页。

广义和狭义的区别。从这一术语的广义来看，所有的立法都可以被认为是政策。从这一意义上讲，立法乃是制定长期政策的主要手段，而所有适用法律的行为也都是对一先已确定的政策的执行。在法律自身的领域中，"公共政策"一术语通常被用来指称某些广为接受的一般性原则。当政策意指政府对具体的且因时变化的目标的追求时，它更与立法构成了鲜明的区别。行政机构在很大程度上关注的正是对这种意义上的政策的执行。政府的任务就在于调动和配置其所掌管的资源，以服务于不断变化的社会需求。为了使政府更好地履行这些任务，人们赋予了政府以一定的手段并允许它雇用由它自己支付工资的公务人员。被委托执行这些特殊任务的机构，不能为了自己的目的而运用任何最高权力，而只能限于运用专门赋予它们的手段。① 哈耶克还指出，"民主"这个术语所意指的只是一种特定的治理方法。最初，民主这个术语只是意指一种形成政治决策的特定程序，而并不涉及有关政府目的应当是什么的问题。"严格地说，民主所指涉的乃是确定政府决策的一种方法或一种程序。它既不指称某种实质性的善或政府的某个目的（例如某种实质性的平等），也不是一种能够被确当地适用于非政府组织（如教育机构、医疗机构、军事机构或商业机构）的方法。"②

哈耶克侧重的不是提供一项详尽的政策纲领，而是陈述了一些评价标准，并指出一些具体措施若要为自由政权所用，就必须根据这些标准先加以评判。③

（一）"自由政策"标准

哈耶克主张一种"自由政策"（a policy of freedom），并对这样的政策提出了几点基本看法。

（1）一项维护个人自由的政策是唯一真正进步的政策。一个以逐渐改善自由社会制度结构为目标的政策，带来的是不可避免的缓慢进步。④

---

① 参见［英］哈耶克《自由秩序原理》（又译《自由宪章》），邓正来译，生活·读书·新知三联书店1997年12月版，1998年2月第2次印刷本，上册，第272—273页。

② 参见［英］哈耶克《法律、立法与自由》第2、3卷，邓正来等译，中国大百科全书出版社2000年10月第1版，2003年3月第3次印刷本，第3卷，第273、319—320、415页。

③ 参见［英］哈耶克《自由秩序原理》，上册，导论，第6页。

④ 参见［英］哈耶克《通往奴役之路》，王明毅·冯兴元等译，中国社会科学出版社1997年8月第1版，2007年3月第2次印刷本，第24—26、227页。

（2）自由政策的使命必须是将强制或其恶果减至最小限度，纵使不能将其完全消灭。选择政府未必就是保障自由。强制不能完全避免，自由社会处理此一问题的方法，是将行使强制之垄断权赋予国家，并全力把国家对这项权力的使用限制在下述场合，即它被要求制止私人采取强制行为的场合。①

（3）自由的政策不仅要求制止主观刻意的管制，而且还极力主张接受不受指导的自生自发的发展。②

（4）应该反对的是一切将那种经由主观思考而选定的分配模式强加给社会的企图，而不论它是一项平等的措施还是一项不平等的措施。③

（5）在普遍适用自由的政策性原则方面遭遇到了一种限制（如跨越国家自由迁徙权的限制），然而恰恰是在当下世界中所存在的各种事实性情形才使得这种限制变得不可避免。对于一个自由人组成的大社会来说，一个政府能够给予的最美好的东西都是否定性的。和平、自由和正义这三个伟大的否定性理想，实是人类文明得以维系的唯一不可或缺的基础，也是政府必须提供的基础。人们所需要的最高权力机构职能是一个对其他人说"不"而本身并不享有任何"肯定性"权力的机构。④

（6）由于保守主义者不相信抽象理论和一般原则，所以它既不理解一项自由的政策所依凭的那些自生自发的力量，也不拥有一个制定政策性原则的基础。⑤

（二）"民主的"标准

哈耶克在他的著述中使用了"无限民主"、"有限民主"、"讨价还价的民主"、"全权性民主"、"宪政民主"、"代议民主"、"多数民主"等民主概念，并就政策评判的"民主的"标准提出了以下看法。

（1）虽说"民主的"（democratic）一词在当下也常常被用来描述那些恰为人们普遍接受的政策的特殊目的，尤其是某些平均主义的目的，但民主与任何一种关于多数的权力应当如何使用的观点之间并不存在某种必

① 参见［英］哈耶克《自由秩序原理》，上册，第4、8—9、16—17、178、181页。
② 同上书，第80页。
③ 同上书，第105—106页。
④ 参见［英］哈耶克《法律、立法与自由》，第3卷，第350—351、460—462、487页。
⑤ 参见［英］哈耶克《自由秩序原理》，下册，第192页。

然的联系。我们所需要的标准，乃是一个与形成意见所依据的多数表决程序并不相关的因素。"民主的"或民主着重形成意见的程序，对于一个人应当如何投票或何者为可欲的问题显然没有提供答案。①

（2）自由主义是一种关于法律应当为何的原则，而民主则是一种关于确定法律内容的方式的原则。民主基本上是一种否定性价值，是一种程序规则，其作用在于防阻专制和独裁。②

（3）民主至少在两个方面几乎始终存在着扩展的可能性：一是有权投票的人的范围，二是由民主程序决定问题的范围。但是，恰恰是在这两个方面，我们不能简单地认为对民主所做的任何可能的扩展都会对人类有利，也不能认定民主原则本身就要求其范围应得到无限的扩展。③

（4）民主政制绝不是指无限的政府，民主政府与任何其他形式的政府一样，都需要对个人自由加以切实的保障。有人认为，当公民的需求仅由单个官僚机器统管负责满足的时候，人们只需要采取民主手段对这个官僚机器施以控制，便足以有效地保障公民的自由不遭侵犯，然而我们认为这种观点纯属幻想。④ 普遍盛行的民主制度所具有的致命缺陷是无限权力。民主远远不是一项最高的政治价值，而且一种"无限民主"也完全可能比一种截然不同形式的有限政府更糟糕。强调"有限民主"的必要性，不是说只有以民主方式运作的政府部门才应当受到限制，而是所有的政府部门（或所有的政府治理工作）都应当受到限制。⑤

（5）民主很可能是实现某些目的的最佳手段，但其本身却不是目的。民主之所以为正当，其赖以为据的乃是三种主要论点。第一种论点认为，当相互冲突的意见并存且只能有一种意见胜出的时候，以点人头的方式（即投票的方式）来确定何种意见得到了更大的支持，要比采取战斗的方式成本更低。第二种论点认为民主是个人自由的重要保障。第三种论点指出，民主制度的存在，对于人们普遍了解公共事务具有极大的影响力，这个观点似乎最强有力。民主是教育多数的唯一有效的方法，这一点在托克

---

① 参见［英］哈耶克《自由秩序原理》，上册，第 127 页。

② 同上书，第 126 页；《法律、立法与自由》，第 3 卷，第 465 页。

③ 参见［英］哈耶克《自由秩序原理》，上册，第 127—129 页。

④ 同上书，第 131 页；《自由秩序原理》，下册，第 14 页。

⑤ 参见［英］哈耶克《法律、立法与自由》，第 3 卷，第 270—271、416—417、465—468、471 页。

维尔的时代是如此，当今亦然。最为重要的是，民主还是一种形成意见的过程。民主的主要优长，并不在于它是一种遴选统治人员的方法，而是在于这样一个事实，即由于大部分人都积极参与了形成意见的活动，所以有相当数量的人员可供遴选。[①]

（6）除了某些极少的境况（如制宪会议）以外，民主式的讨论及多数决策的程序，必定只涉及整个法律及政府体系的某个部分，这一程序所引发的渐进且部分的变革，只有在它受到某种关于可欲的社会秩序的一般性观念的指导时，才会产生可欲的、切实可行的结果。这里所说的"一般性观念"，还意指某种关于人们期望生活于其间的世界的连贯一致的图式。[②]

（7）指出共同行动的种种可能性和各种各样的后果，以及提供多数尚未能考虑到的各种政策的总体目标，是政治学家的义务。只有在描绘出了这样一幅关于不同政策所可能导致的不同结果的总体图景以后，民主才能决定何者为其所欲求者。政治哲学家在履行这项任务时，往往能够通过反对多数意志的做法而最好地服务于民主。无视对多数权力施以限制，从长期来看，不仅会摧毁社会的繁荣及和平，而且还将摧毁民主本身。[③]

（8）民主政府必须认识到，为了达致公正，它的行动就必须受到一般性原则的指导。一旦民主政府把原则抛到九霄云外并力图确保某些特殊群体的地位，那么这种民主政府是否还能够理性地行事或是否还能够实施任何明智的方案？在农业领域中确实已经陷入了这样一种境况，即几乎所有的地方的较具思想的专家都已不再追问什么是政府应予实施的合理政策，而只追问那些在政治上可行的政策中何者将导致最小的危害。当下的舆论一般都认为，政治必要性在目前种种决策过程中极为重要，然而人们却毋需对着重所谓的政治必要性予以关注。今天已不再有人向多数追问他们是否视某项特定决策为正义决策这样的问题了。由于代议机构的决策并不约束它在未来的决策，所以它在相当大的程度上是不受任何一般原则约束的。[④]

---

① 参见［英］哈耶克《自由秩序原理》，上册，第 129、131—132 页；《法律、立法与自由》，第 3 卷，第 267—269 页。

② 参见［英］哈耶克《自由秩序原理》，上册，第 139 页。

③ 同上书，第 140—141 页。

④ 参见［英］哈耶克《自由秩序原理》，下册，第 81、141 页；《法律、立法与自由》，第 3 卷，第 277 页。

（9）对大多数来说，绝对平等仅仅意味着以平等的方式把大众置于某些操纵着他们事务的精英的命令之下。尽管"机会平等"这个说法乍一听来颇具吸引力，但是一旦这个观念被扩展适用于那些出于某些其他原因而不得不由政府予以提供的便利条件的范围之外，那么机会平等的主张就会变成一种完全虚幻的理想。政策必须旨在以平等的方式增进不确定的任何人得以成功地追求他们所具有的同属未知的目的机会。政策的目标所旨在实现的必须是一种能够尽可能多地增进每个人的机会的秩序——当然，这并不是一种在每时每刻而只是"在整体上"且从长远来讲会尽可能多地增进每个人的机会的秩序。①

（三）法治标准

哈耶克指出，从公众舆论接受一理想到该理想为政策所完全体现，其间存在着很大的距离，或者说需要很长的时间，法治这个理想的实施便是一例。法治是这样一种原则，它关注法律应当是什么，亦即关注具体法律所应当拥有的一般属性。法治的含义不止于宪政，因为它还要求所有的法律符合一定的原则。法治只关注政府的强制性活动。直接影响法治的自由裁量权的问题，并不是一个限制政府特定机构权力的问题，而是一个限制整个政府权力的问题。行政机构的决定必须能从法律的规则中推衍出来，也必须能从法律所指涉的和能为有关当事人所知道的境况中推演出来。即便是在决策机构的自由裁量权受到严格限制的领域，其最终的结果可能还是要取决于该机构在其自由裁量权范围内的所作所为。法治的基本点是很清楚的，即留给执掌强制权力的执行机构的行动自由，应当减少到最低限度。②

哈耶克认为，宪政的根本就在于用恒定的政制原则限制一切权力。只要民主制度不再受法治传统的约束，那么它们就不仅会导向"全权性民主"，而且有朝一日还会导向一种"平民表决的独裁"。③

哈耶克还讨论了合法性问题，认为正当性或合法性最终是以全体人民对某些支撑并限制政府活动的基本原则的同意为基础的，而不是以他们对

---

① 参见［英］哈耶克《法律、立法与自由》，第2卷，第146—148、199—200页。
② 参见［英］哈耶克《自由秩序原理》，上册，第215、260—262、270—271页；下册，第110页；《通往奴役之路》，第74页。
③ 参见［英］哈耶克《法律、立法与自由》，第3卷，第269—270、272页。

特定措施的同意为基础的。但是需要指出的是，就是在这种原本旨在制约权力的明确同意渐渐被视作是权力的唯一渊源的时候，那种无限权力的观念第一次被披上了正当性或合法性的外衣。[①]

（四）控制"多数统治"标准

哈耶克认为在"多数统治"（majority rule）下必须坚持一般性原则，并提出了一些具体的标准。

（1）自由主义接受多数统治的方式，但只是将其视为一种决策的方式，而不是一种确定决策应当为何的权威根据。我并不认为多数统治是一种目的，相反，我认为它仅仅是一种手段，甚或可以认为它是我们所必须加以选择的诸多种统治形式中所具危害最小的一种形式。实质性的问题不是谁来统治，而是政府有权做什么。[②]

（2）尽管在明显要求采取集体行动的场合，人们有充分的理由采取民主的决策方法，但是扩展集体控制的范围是否可欲的问题，却必须根据其他的判断而非多数统治这种民主原则本身来加以判断。[③] 我们之所以将这种决策权委托给民主政府或"多数"政府，那也是因为我们希望这种政府更可能为公共利益提供服务。但是，如果我们把普遍利益界定为多数所欲求的任何东西，那么这种做法就无疑是对上述理想的歪曲。[④]

（3）对于应当由多数决定的问题，当在范围上加以明确的限制。对于自由主义者来讲，多数决策的权威性并非源出于即时多数的意志，而是源出于对某些共同原则的广泛同意。多数经由审慎思考而作出的投票决定（与某个统治精英做出的决定不同），可以裁断是否应当作出这类牺牲或作出那类牺牲，以实现自由市场社会所能达致的更好的未来境况；或者说因多数同意而产生的权力是否就不应当受到更为一般的规则的限制。连续性的集体决策的结果以及个人决策的结果，只有在其与那些人们共同遵守的诸原则极为符合的时候，才会是有助益的。最为重要的一项原则就是个人自由的原则，将这种个人自由的原则视作一种政治行动的道德原则最为

---

① 参见［英］哈耶克《法律、立法与自由》，第3卷，第319页；《通往奴役之路》，第82—83页。

② 参见［英］哈耶克《自由秩序原理》，上册，第126页；下册，第195页。

③ 参见［英］哈耶克《自由秩序原理》，上册，第129页。

④ 参见［英］哈耶克《法律、立法与自由》，第2卷，第10页。

恰当。民主政府必须认识到，为了达致公正，它的行动就必须受到一般性原则的指导。民主的治理与民主的立法所提出的乃是这样一种要求，即个人同意的范围必须远远超出他们所能意识到的特定事实的范围；再者，也只有当这些个人逐渐接受了那些能够指导所有的特定的措施并为多数所遵循的一般性规则的时候，他们才会容忍自己的愿望被忽略不计。①

（4）民主决策的权威性，立基于它是由一个共同体的多数做出的，而此一共同体之所以得以组成，则是因为绝大多数成员所共同持有的某些信念所致。如果我们承认少数的权利，那么就意味着多数的权力归根结蒂源出于少数也接受的原则，并受这些的限制。②

（5）政府应当由多数意见加以指导的观念，只有在这种多数意见独立于政府的情况下，才具有意义。③

（6）尽管讨论是至关重要的，但它并不是人们进行学习的主要过程。正是因为我们通常不知道谁最有知识，我们才将决策的问题留给了一种不受我们控制的程序去解决。但是有一个道理却是恒久不变的，即正是从行事方式不同于多数所规定的标准的少数那里，多数学习到了知识并做出了较优的决策。④

（7）多数决策的过程不应当与那些自生自发的过程相混淆。多数决策如果不为人们所接受的共同原则所指导，就极容易产生任何人都不期望看到的总体性后果。⑤

（8）绝大多数政治家之所以必定缺乏原创力，乃是因为他们是根据大多数人的意见来型构其施政方案的。在民主制度中，政治家的任务就在于发现何为大多数人的意见，而绝不是传播那些在将来的某个时候有可能成为多数意见的新观念。⑥

（9）绝大多数选民都处于被雇用的地位，由于现在是他们的意见在很大程度上支配着政策，所以在这一方面使得被雇佣的地位相对来讲具有了更大的吸引力，而在另一方面则使得独立人士的境况的吸引力日趋减

---

① 参见［英］哈耶克《自由秩序原理》，上册，第57、79、129页；《法律、立法与自由》，第3卷，第289—293页。

② 参见［英］哈耶克《自由秩序原理》，上册，第130页。

③ 同上书，第133页。

④ 同上书，第134—135页。

⑤ 同上书，第135—136页。

⑥ 同上书，第136—137页。

少。被雇用者常常不易认识到他们的自由乃依赖于其他人能够进行决策的事实，尽管从表面上看这些决策与被雇佣者的整个生活方式并无直接关联。由于被雇佣者能够不做此类决策就可以生活（当然他们也是不得不承受这种情况），所以他们也就意识不到自行决策的必要性，而且由于被雇佣者在生活中几乎没有进行决策的机会，所以他们也往往低估这些机会的重要性。[①]

（10）我们今天所说的那种民主政府，实际上并不为多数的意见服务，而是在为压力集团所拥有的各种利益服务。享有决策权的并不是多数，因为构成多数的每个成员为了获得多数的支持以满足自己的特殊要求不得不同意向许多其他人行贿。不论"多数决策原则"在解决那些涉及到所有人的问题方面多么值得称道，反正把这种程序用来分配那些不义之财，其结果就必定是极其邪恶的。一个全能的多数政府不得不日益凭靠收买小群体的支持来维持其多数地位，政治党派事实上已经蜕变成了组织的利益群体之同盟。把不同的利益群体在一种讨价还价的民主制度中确定的行动纲领说成是多数之共同意见的表示，实是一种十足的欺人之谈。因此，对于大多数人来说，在各种政党纲领之间的选择，主要是一种多害相衡取其轻的选择。[②]

（五）代议机构运行标准

哈耶克指出，选举办法、选举周期、议会构成、议会程序等，所有这一切都趋于把议员变成他们各自选民利益的代言人，而不是公众意见的代表。有权给予特定群体以好处的议会，肯定会变成这样一种机构，其间，起决定作用的乃是多数之间所进行的讨价还价或交易，而不是就不同主张的是非曲直所达成的实质性共识。从这个讨价还价过程中拟制出来的"多数之意志"，不过是一种以牺牲同仁利益为代价而有助于其支持者的协议。正是由于人们意识到了政策在很大程度上取决于决策者与特殊利益群体之间所达成的一系列交易这个事实，这才使得"政治"在普通大众的心目中变得如此之声名狼藉。并不是民主制度或代议政府本身，而是我

---

① 参见［英］哈耶克《自由秩序原理》，上册，第 144—151 页。
② 参见［英］哈耶克《法律、立法与自由》，第 3 卷，第 283—289、415—416、459、472—473 页。

们所选择的那个全智全能的"立法机关"的特定制度才会使这种制度必定趋于腐败。代议机构的绝大部分工作不是制定和批准一般行为规则,而是指导政府在解决特定问题时采取何种行政措施。一个代议机构集政府治理与立法这两项权力于一身,不仅与权力分立原则相抵触,而且也与法律下的政府的理想和法治的理想不相容。①

为解决代议机构存在的问题,哈耶克认为应该建立几种不同的议会。一种是"立法议会",可以采用"同龄代议制度"和间接选举的办法组成这样的议会。另一种是"政府治理议会",按现有的选举办法组成。政府治理议会与现行议会机构的重要区别是,当政府治理议会作任何决策的时候,它都必须受到立法议会所制定的正当行为规则的约束,而且特别重要的是,这种政府治理议会还不得向公民发布任何命令。②

哈耶克还进一步提出了五层权力结构的设想:首先是一种分为三层的代议机构制度:一层机构关注那种具有准恒久性的宪法框架(宪法法院);第二层机构承担如何以渐进的方式改进一般的正当行为规则(立法议会);第三层机构关注当下政府的治理活动(政府治理议会)。政府,亦即政府治理议会的执行机构,是整个权力结构中的第四层,而行政官僚机构则属于权力结构中的第五层。③

(六) 政策赋权标准

在较为广泛的政府治理领域中,亦即在政府向公民提供各种各样的其他服务的领域中,政府在运用它所掌控或支配的资源的时候也必须持续不断地对那些应予服务的特定目的作出选择,而这样的决策在很大程度上则必定是一个权益的问题,全都不是那种能够通过适用某项一般性规则而得到解决的正义问题,而毋宁是如何进行有效组织以满足各种群体的需求的问题——但是究竟满足哪些需求的问题,却只有根据决策者赋予这些彼此竞争的目的的相对重要性才能够得到解决。如果采用民主的方式来解决这样的问题,那么这些决策就会变成决定谁的利益应当压倒谁的利益的决策。显而易见,通过管理和运用公共资产去实现公共目的,不仅需要人们

---

① 参见［英］哈耶克《法律、立法与自由》,第 3 卷,第 277—283、302—304、306—311、320—324 页。

② 同上书,第 434—445 页。

③ 同上书,第 323—324、448—449 页。

将正当行为规则达成共识，而且还需要人们就特定目的的相对重要性达成共识。因此，就管理或运用那些专门划拨出来供政府治理所用的社会资源而言，人们必须赋予某个机构以权力，从而使它能够对这些资源应当被用于实现哪些目的的问题作出决策。在自由社会中，这种权力只能适用于那些为了实现政府治理的目的而专门划拨出来的有限数量的资源，而在全权的社会中，这种权力却可以适用于所有的社会资源（甚至包括公民本人在内）。权力分立始终意味着，政府的每一项强制行为都必须得到某项普遍的正当行为规则的授权，而这种普遍的正当行为规则是由一个并不关注特定且即时性政府目的的机构所制定的。虽然政府需要得到议会多数的信任，但是，这并不意味着为了实施一项政策性纲领，也必须维持一个有组织的多数。政府的绝大多数活动都是一些日常事务，因此除了年度预算的批准外，这些活动几乎都不需要议会的授权。①

没收和强制购买是政府为了履行某些职能必须拥有的一项权力，但必须做到下述三点：（1）这种权力的使用被严格限定在那些能够由一般性法律规则予以界定的场合；（2）法律必须对全值赔偿的问题作出明确的规定；（3）行政当局所作的决策必须受制于独立法院的审查。下述两种情形也是不可否认的：一是在这个领域中，自由秩序诸基本原则与政府的政策看似无可争辩的必然性之间明确存在着冲突；二是就妥善解决此领域中所产生的某些问题而言，我们至今还缺乏适当的理论原则予以支援。②

"无限民主"导致了许多结果，而最为凸显的结果是强化了中央集权。一个国家在今天主要是通过它的首都进行治理的，有权发布命令的中央权力机构布局为整个国家提供了一个共同的法律结构，而且还直接操纵着越来越多的原本由地方政府向广大公众提供的服务。把中央政府的大多数服务性活动都转交给地方政府去承担，确实是大有助益的。还应该把制定对内政策的权力下放给地方政府。对于普通人来说，更为重要的是能够参与当地事务的决策，但是现在这些地方事务却在很大程度上不是由这些普通人所了解并能够信任的人进行决策的，而是由一个地处遥远且较为陌生的官僚机器决定的。③

---

① 参见［英］哈耶克《法律、立法与自由》，第 3 卷，第 304—305、308 页。
② 同上书，第 360 页。
③ 同上书，第 463—465、481—484 页。

有关的决策程序应当使人们能够用理性的方式对公共开支额度作出限制性的决策。这个论点似乎提出了这样两项要求：（1）应当把个人据以分摊税额的原则事先确定下来。（2）所有投票赞同某项特定开支的人都应当知道，他们必须按照前定的比率为这项特定的开支交纳费用，进而做到收支平衡。以政治方式决定"收入政策"注定是要失败的，如果变化只能通过政治决策而得到实现，那么这只能使整个经济结构愈益僵化，因为在政治决策的过程当中根本就不存在可供人们达成真正共识的基础。①

（七）权利和责任标准

哈耶克指出，由于我们都是在被要求的情况下去支持政府组织的，所以根据决定政府组织的诸原则，我们便取得了某些权利，也就是人们常说的那种政治权利。具有强制性的政府组织及其组织规则的存在，的确为人们创制了一种分享政府组织所提供服务的正当要求，甚至还为人们要求平等地参与决定政府所作所为的做法提供了正当性理据。但是，这个事实却不能够为人们要求政府提供它并不向所有的人提供或不可能向所有的人提供的那种东西提供任何理据。只要政府的权力是有限的，那么这些政治和公民的权利也就不可能使政府去承担促成某种特定事态的义务。否定性权利虽说只是对那些保护个人领域的规则的一个补充，但却经由政府组织规章的规定而得到了制度化；而公民的肯定性权利则是公民参与指导政府组织的权利。②

哈耶克还指出，自由不仅意味着个人拥有选择的机会并承受选择的重负，而且还意味着他必须承担其行动的后果。自由与责任实不可分。在现代社会中，责任感之所以被削弱，一方面是因为个人责任的范围被过分扩大了，而另一方面则是因为个人对其行动的实际后果却不需负责。欲使责任有效，责任就必须是明确且有限度的。自由提出的要求是：（1）个人责任的范围只能以他被认为可以作出判断的情形为限；（2）他在采取行动时必须考虑他的预见力所及的责任对他行动的影响；（3）他应当只对他自己的行动负责（或对那些由他监管的人的行动负责）。责任必须是个人的责任，在一自由的社会中，不存在任何由一群体的成员共同承担的集

---

① 参见［英］哈耶克《法律、立法与自由》，第3卷，第345—348、404—407页。

② 参见［英］哈耶克《法律、立法与自由》，第2卷，第180—183页。

体责任，除非他们通过商议而决定他们各自或分别承担责任。①

　　哈耶克认为，就未开化国家的状况来看，只要其全民仍处于同等低下且停滞的生活水准，其地位的改善就不会有什么希望，因此其发展的首要条件乃在于他们当中的少数人应当较其他人先行发展起来。所有旨在防止少数人发展的阻碍因素，从长远的角度来看，实际上也是阻碍所有人进步的因素。②

（八）反"统制经济"标准

　　所谓"统制经济"（dirigisme），乃是指这样一种政策，它决定应当运用那些特定手段来实现何种特定目的。然而，这恰恰是一个受法治约束的政府所不能为者。③

　　这样的"统制经济"，实际上就是"计划经济"。哈耶克在反对"统制经济"方面提出了以下看法。

　　（1）尽管国家直接控制的只是对大部分可取资源的使用，但它的决策对经济体系其余部分的影响是如此之大，以至于它几乎间接地控制了一切。④

　　（2）议会不应该拟定一个无所不包的经济计划，它也无法完成这样的使命。倘若有效的计划要落实的话，管理必须要"与政治分家"并交由专家——常设的官员或独立自主的机构——掌握。⑤

　　（3）计划与民主之间的冲突只不过起因于这个事实，即对经济活动管理所需的对自由的压制来说，后者是个障碍。在一个经济生活受到彻底管制的国家，甚至形式上承认个人权利或少数人的平等权利都会失去任何意义。⑥

　　（4）政府一旦负起筹划整个经济生活的任务，不同的个人和集团都要得到应有地位这一问题，事实上就一定不可避免成为政治的中心问题。由于只有国家的强制权力可以决定"谁应得到什么"，所以唯一值得掌握的权力，就是参与行使这种管理权。一切的经济或社会问题将都要变成政治问题，因为这些问题的解决，只取决于谁行使强制之权，谁的意见在一

---

　　①　参见［英］哈耶克《自由秩序原理》，上册，第83、99页。
　　②　同上书，第55—56页。
　　③　同上书，第293页。
　　④　参见［英］哈耶克《通往奴役之路》，第63页。
　　⑤　同上书，第64—69页。
　　⑥　同上书，第71、86页。

切场合里都占优势。①

（5）一个负责指导经济活动的政府，将必定用它的权力来实现某种公平分配的理想。②

（6）对于服务性活动，人们必须毫不妥协地反对政府持有任何垄断性权力，即使这样的垄断有望为我们提供较高质量的服务。在依靠市场提供服务中应采用的做法，一方面是用中央决策这种强制性措施来实现筹措资金的目的，另一方面是尽可能把组织这些服务之生产的工作和在不同的生产者当中分配这些可供使用的资金的工作交由市场所具有的各种力量去决定。一旦大企业的经营管理部门被认为不仅有权利而且有义务在决策过程中对那些被人们视作是公共利益或社会利益的东西进行考虑，或者说必须支持有益事业而且在一般意义上还必须为公共利益服务，那么它就确实谋得了一种无法约束的权力。只要公司有权力为某些群体提供好处，那么仅规模本身也会成为影响政府的一个因素。要控制这样的权力，必须根除政府为这样的公司提供的保护。真正具有危害的，实际上并不是垄断本身，而是对竞争的禁止。③

哈耶克的贡献，不仅仅是指出了民主是确定决策的方法，还通过八种政策评价标准的阐释，对已有的八种政策范式既有批判也有吸收，并将其融入了一种新的完整表述之下，如"自由政策"标准涉及"防止专制政策范式"，"民主的"标准和控制"多数统治"标准涉及"直接民主政策范式"和"意见表达政策范式"，法治标准涉及"法治政策范式"，代议机构运行标准涉及"代议制民主政策范式"，政策赋权标准、权利和责任标准和反"统制经济"标准涉及"精英决策的政策范式"、"官僚决策的政策范式"和"行政民主政策范式"。这样的表述显示，完全可以用一种新的理论视角，将不同的理论范式"组合"在一起。

三　波普尔：民主政策

波普尔（Karl Raimund Popper，1902—1994年）认为，民主不是多数

---

① 参见［英］哈耶克《通往奴役之路》，第105页。

② 同上书，第106页。

③ 参见［英］哈耶克《法律、立法与自由》，第3卷，第338、387—390、474、484—487页。

人的统治，而是一种让大家不受独裁控制的制度。民主的重点其实是避免独裁，或者换个说法，避免不自由，避免某种统治模式不是法治。民主不能算是什么特别好的政治制度，它的好处来自民主之外的地方。民主是一种避免集权暴政的手段，如此而已。当然，民主的另一个好处是法律面前人人平等。①

波普尔也明确提出了"民主政策"的概念：我们现在可以把这个建议，即为了避免专制去创设、发展、保护政治制度，看作是一项民主政策的原则。这项原则并不意味着我们就可以发展出这样的制度，它要不完善无缺，要不完全可靠，要不就能确保民主政府采纳的政策优秀而明智——甚至必然要比一个仁慈专制统治者所采纳的政策更好更明智。不过，就采纳民主原则所隐含的意味我们可以说的是，可以肯定接受民主制度下的哪怕是一项坏政策要比服从哪怕是何等明智何等仁慈的专制制度更加可取。国家的注意力丝毫不能放到维护可能威胁最可宝贵的自由形式，即心智自由的措施上来。这个政策较权威主义的政策无比高明，权威主义政策给国家官员充分的影响人们心智、控制科学传授的权力，从而由国家的权威来支持专家令人怀疑的权威。一项成功的民主政策，需要捍卫者遵守一定的统治。② 当日常的政治问题需要一种个人的解决时，一切长期的政策——尤其是一切民主的长期政策——就应该依照非个人的制度来构想。尤其重要的是，控制统治者检查他们的权力的问题，主要的是一个制度的问题，是设计各种不同制度防止即使是坏的统治者也不能造成太大伤害的问题。③

波普尔以国家推行经济干预的两种方法为例，对制度化的政策选择作了说明。第一种方法是设计一种保护制度"法律框架"，可以称为"制度化的"或"间接的"干预；第二种方法是授权给国家机构，让它们（在一定限度内）视统治者所承担的目标必须随时采取行动，可以称为"个人的"或"直接的"干预。从民主控制的观点看，只要可能的话，明显的政策必然是使用第一种方法，并把第二种方法限制在第一种方法不适应

　　① 参见［英］波普尔《二十世纪的教训：波普尔访谈演讲录》，王凌霄译，广西师范大学出版社 2004 年 7 月版，第 61—62、104 页。
　　② 参见［英］波普尔《开放社会及其敌人》，陆衡、郑一明等译，中国社会科学出版社1999 年 8 月版，第 1 卷，第 234—236、243 页；第 2 卷，第 242 页。
　　③ 同上书，第 2 卷，第 207—208 页。

的情形中（如财政预算）。只有"制度化"的方法使依照讨论和经验进行调整成为可能，它唯一使将试错的方法应用于我们的政治行动成为可能，它具有长期性。以"制度化"的方法选择的明确政策，一般很难为人接受。当我们的心中为一定的目标萦绕时，它只允许我们通过经验和分析，发现我们实际在做什么。它们都是短期的政策，它们甚至不能被公开讨论，一方面是由于缺乏必要的信息，另一方面是由于采纳决策所依赖的原则是含糊的；即使它们全然存在，它们通常也不能被制度化。①

波普尔还列出了民主运行的七个基本要素。（1）虽然普选制是最重要的，却不能把民主完全描述为多数人的统治，因为多数人可能以专制的方式进行统治。在一个民主的国家，统治者的权力应该受到限制；民主的准则是在一个民主国家（也即是说政府）可以不经流血而为被统治者解散。（2）我们只需要区分两种形式的政府，即拥有这种制度的民主政府和一切其他的专制政府。（3）一部具有连贯性的宪法只排斥法律体系的一种变化类型，即一种危及其民主特性的变革。（4）在民主国家，对少数人的全面保护不会扩大到那些违法者，尤其不会扩大到那些煽动其他人用暴力推翻民主者。（5）一项捍卫民主的构架体系的政策必然永远是从这一前提出发，即在被统治者和统治者中总会存在各种反民主的倾向。（6）如果民主被摧毁了，一切权利就都会被摧毁。（7）由于民主承认非暴力的改革，它就为一切合理的改革提供了一个无价的战场。②

波普尔对全民投票持质疑态度，指出多数人永远是对的，不能被视为民主的原则，"大多数表决"还是可能会犯下最严重的错误；投票的结果甚至还会引进专制统治。所谓的"全民创制"只是误导，只是一种宣传手段而已。它还是少数人的创见，最多只是向大众公开，寻求评估而已。如果是这样，重要的是弄清楚一件事，向大众征询意见的课题，不要超出了他们的理解范围。客观评判一个政府或一个政策，需要一段不短的时间，也许我们在这段时间内，又再次肯定了他们，重新授权给这个政府。我们很可能会在事前投票给这个政府，但是我们对它一无所知，无法得知重大关键，也不能确定我们的政府是否会利用我们对它的信任滥权

---

① 参见［英］波普尔《开放社会及其敌人》，第2卷，第208—210页。
② 同上书，第254—256页；第1卷，第234—237页。

违纪。①

波普尔还讨论了合法性问题：大家都认为，只要是取得了合法性，政府就有统治的权力——也就是说，根据宪法，只要政府是通过大多数人或其代表选出，就拥有合法的统治基础。但是，我们不要忘记希特勒就是通过合法选举上台的，而使得他成为独裁者的授权法案，也是议会多数通过的。所以，单凭合法化原则是不够的。②

从波普尔的论点不难看出，他所强调的"民主政策"，具有明确的反专制、政策选择制度化和否定"全民创制"特征。

四　阿伦特：委员会决策的理想

汉娜·阿伦特（Hannah Arendt，1906—1975 年）不仅旗帜鲜明地反对"公共意见的统治"，还对委员会的决策制度给予了高度的评价。

（一）参与决策的自由

阿伦特指出，自由的实质内容是参与公共事务，获准进入公共领域。如果革命仅以保障公民权利作为唯一目标，那它的目的就不是自由，而是解放。解放是免于压制，自由则是一种政治生活方式。美国人知道公共自由在于分享公共事务，与之有联系的活动绝不构成一种负担。他们心知肚明，人民参加市政集会，就像他们的代表接下来将参加著名的国会会议一样，这样做不仅仅是出于一种职责，也不是，甚至更不能是服务于自身利益，大多是因为他们享受讨论、协商和决策的乐趣。我们都没有理由将公民权利误当作政治自由。因为，政治自由一般而言，意味着"成为一名政府参与者"的权利，否则就什么也不是。③ 当一个人参与公共生活时，他就为自己打开了一个原本会一直关闭着的人类经验维度，它以某种方式构成了整体"快乐"的一部分。④

---

① 参见［英］波普尔《二十世纪的教训：波普尔访谈演讲录》，第 62、106—107 页。
② 同上书，第 129 页。
③ 参见［美］汉娜·阿伦特《论革命》，陈周旺译，凤凰出版传媒集团、译林出版社 2007 年 3 月版，第 21、102—104、204 页。
④ 参见［美］汉娜·阿伦特《共和的危机》，郑辟瑞译，世纪出版集团、上海人民出版社 2013 年 4 月版，第 158—159 页。

在阿伦特看来，立宪政府那时是，现在依然是有限政府。大多数所谓的革命根本就没能构建自由，甚至也无法产生对公民权利和公民自由的宪法保障这一"有限政府"之福。①

大多数人在一切政党和其他政治组织之外，对任何人来说都不重要，对这个阶级和对那个阶级也没什么两样。换言之，阶级成员资格及其有限的群体义务和对政府传统态度，阻碍了公民意识的成长，使公民不会感到对政府的统治负有个人责任。只有当阶级制度崩溃，使民众不会系结于政体的可见和不可见的关系也随之而去时，民族国家居民非政治的特点才会暴露。群众并不产生于日益平等的条件，一般教育的普及，以及不可避免地降低标准和普遍满足。②

参与需要权利的保障，阿伦特认为，国家作为一种机构，它的最高任务是保护和保障人作为人的权利、作为公民的权利，以及作为民族成员的权利。从一开始起，在宣称不可分离的人权中就包含了一种吊诡，即它重视一种好像根本不存在的"抽象"的人。人权假定是不可分离的，但是每当人们不再是任何主权国家的公民时，就无法实行人权——即使是在那些以人权为宪法基础的国家里。丧失人权者失去的第一种权利是家园，第二种权利是政府的保护。根本剥夺人权，首先表现在人被剥夺了在这个世界上的位置，一个能使言论产生意义、行动产生效果的位置。人权之丧失的吊诡是，这种丧失和另一种事例同时发生，当一个人变成了一般意义的人——没有职业、没有公民资格、没有言论、没有用以具体地验明自身的行动——并且在总体上与众不同，完全只代表他自己绝对的、独特的个体，被剥夺了在一个共同世界里的表现以及对这个共同世界产生作用的行动，这个个体就失去了全部意义。③

（二）公共意见的统治是暴政的一种形式

阿伦特对"公意"或"公共意见"的统治持否定态度，还对全民公决提出了否定性的看法。

反对公共意见，也就是反对潜在的全体一致性，成为美国革命者们取

---

① 参见［美］汉娜·阿伦特《论革命》，第 126、203 页。
② 参见［美］汉娜·阿伦特《极权主义的起源》，林骧华译，生活·读书·新知三联书店 2008 年 6 月版，2009 年 3 月第 4 次印刷本，第 410—413 页。
③ 同上书，第 313—314、382—396 页。

得高度一致的众多事情之一。他们知道，共和国的公共领域是由平等者之间的意见交流所构建的，一旦所有平等者都正好持相同的意见，从而使意见交流变得多余，公共领域就将彻底消失。在论战中，美国革命者从不打出公共意见的旗号。在美国革命者看来，公共意见的统治是暴政的一种形式。一种一致持有的"公共意见"的统治，与意见自由之间，必定是不相容的。全民公决是唯一与无拘无束的公共意见统治密切呼应的制度。正如公共意见是意见的死亡，全民公决也使公民投票、选择和控制自己政府的权利走向终结。①

异议也具有法律上和事实上的可能性。异议也隐含着同意，它是自由政府的标志。② 每当人们自由地相互交流，并有权利将自己的观点公之于众，意见就会出现；但是这种数不胜数的意见，似乎也需要过滤和代表，本来参议院的特定功能就是"中介"，一切公之于众的观点都必须经它传递。尽管意见形成于个人，可以说必须归个人所有，但却没有一个人可以胜任筛选意见和经情报过滤网传递它们的任务，将随意的、纯属无稽之谈者筛掉，然后将意见过滤成公共意见。既然意见是在意见反对意见的交换过程中形成和检验的，那它们之间的差异也只能通过这样一种方式来调和，也就是经过一个由专门为此而选出的人组成的机构来传递。③

社会上普遍认为"民众的声音就是上帝的声音"，而领袖的任务则是机警地追随那种声音。这两种观点的相同的根本错误是视暴民为全体人民。暴民首先是这样一种群体，代表了各阶级的多余人物。这一点容易使人错将暴民看作民众，而民众也是包含了社会各个阶层。在一切伟大的革命中，民众为寻找真正的代表而战斗，暴民却总是叫喊要寻找"强人"、"伟大领袖"。因为暴民憎恨将他们排斥在外的社会，以及他们未占领代表席位的国会。所以近代暴民领袖们利用公民投票来取得辉煌成果，公民投票是依靠暴民的政治家的旧观念。暴民们被排除在社会之外，政治上没有自己的代表，就必然转向议会外的行动。他们总是倾向于在那些运动及其影响中寻找政治生活的真正力量。暴民的反复无常是天下闻名的。暴民的组织化以及其领袖所享有的英雄崇拜是令人惊奇的。④

---

① 参见［美］汉娜·阿伦特《论革命》，第63—79、210—212、214页。
② 参见［美］汉娜·阿伦特《共和的危机》，第65页。
③ 参见［美］汉娜·阿伦特《论革命》，第213页。
④ 参见［美］汉娜·阿伦特《极权主义的起源》，第161—174页。

（三） 多数决策与多数统治

阿伦特指出，我们通常将多数统治等同或混同于多数决策。然而，后者是一种技术装置，各种议事的委员会和集会都可能自觉地采用多数决策，不管这是整个选区、市政厅会议抑或向个别统治者提供咨询的由制定人员组成的小型顾问委员会。换言之，多数原则是决策这一过程所固有的，故而存在于一切政府形式之中，包括专制。唯一可能被排除在外的就是暴政。只有多数在决策之后，紧接着就在政治上并且在极端情况下在肉体上对少数进行清洗，多数决策的技术装置才沦为多数统治。在共和政府形式中，这些决策的制定，这些政治生命所受的引导，都是在一部宪法的框架内以其规定为依据的。在美国，宪法之拟定，就是竭尽人之所能，防止多数决策的程序演变为多数统治的"选举专制"。①

公民不服从虽然常常和多数人意见相左，他却是以群体的名义并为了群体的利益而行事。不仅在数量上，而且在意见的质量上，他们都是如此重要，以至于不能被轻易忽视。把不服从的少数人当成造反派和卖国贼，违背了宪法的文字和精神，而宪法的缔造者们尤其警惕多数人暴政的危险。在我们的政治制度中确立公民不服从，或许最有可能疗救司法复审的最终失败。第一步是为公民不服从的少数派争取获得承认，下一步就是需要一项与公民不服从有关的新的宪法修正案。②

（四） 代议制的政策缺陷

阿伦特通过对美国革命、法国革命以及极权主义等的分析，指出了代议制在决策问题上的严重缺陷。

革命前在殖民化美国，从头到脚，从省或州下至市和地区、市镇、乡村和县，由一个个正式构建起来的实体拼接而成，都自成一国，拥有"经友人睦邻同意而自由选出的"代表；而且，它们都为"叠增"而设，因为建立在"同住"之人相互承诺的基础之上。根据革命者们的想法，代议制政府远不止是为人口规模庞大的政府而设的技术装置，而且是局限于一个小规模的、民选的公民机构，充当利益和意见的巨大过滤器，

---

① 参见 ［美］汉娜·阿伦特《论革命》，第148—149 页。
② 参见 ［美］汉娜·阿伦特《共和的危机》，第56—57、75 页。

防止"众说纷纭造成的混乱"。他们要按照代议制政府来定义共和制，以区别于民主制。显然，直接民主是行不通的，只因"屋子里装不下所有的人"。

代议制是指人民自己直接政治行动的纯粹替代品，他们选举的代表据说将根据从选举人那里接到的旨意来行动，而不会自作主张、见机行事。然而，立国者应当是懂得这一理论离开现实有多远的第一人。今天的代表，要想解读他们所代表的人的念头和情感，也不见得更加容易。

代议制有两种情形：一种是作为人民直接行动单纯的替代品，另一种是人民代表对人民实施的大众化控制式统治。这两者之间的传统的两可选择，构成了其中一个无法解决的难题。如果民选代表受制于人民的旨意，以至于他们聚集在一起，只是执行他们主人的意志，那么，他们依然可以作出选择：是当一名光荣的信使，还是当一名受雇的专家，就像律师一样，是代表当事人利益的专家。不过在两种情形中，当然都假设了，选民的事务比他们自己的要更加迫切，更加重要；人民出于种种原因，无法或不愿意参加公共事务，他们就是受雇于人民的代理人。如果相反，代表被理解为在一个有限时间内成为选举人的指定统治者——轮流执政，严格说来当然就不存在什么代议制政府了——那么，代议制就意味着投票人让渡自己的权力，虽然这是自愿的；意味着"一切权力属于人民"的古老格言仅仅在选举日是真实的。在第一种情形中，政府堕落为单纯的行政机关，公共领域消失了，既不存在让人在行动中看与被看的那个空间，也不存在讨论与决策的空间。政治问题就是必然性支配的东西，由专家来决策，而不是向意见和名副其实的选择开放。第二种情形更加接近现实，人民再度被拒于公共领域大门之外，政府事务再度成为少数人的特权。结果，人民要么就陷入"冷漠，这是公共自由死亡的前兆"，要么人民对他们选举的任何政府都"保持反抗精神"，因为他们留下的唯一权力就是"革命这一保留权力"。[①]

两党制最大的成就也就是使被统治者对统治者形成某种控制，但它绝没有让公民成为公共事务的"参与者"。公民最多也只能希望被"代表"。唯一能够被代表和委托的东西是利益，或者说是选民的福利，而不是他们的行动，也不是他们的意见。在这种体系下，人民的意见其实是搞不清楚

的，理由很简单，它们根本不存在。代表能做的事情顶多就是，像他的选民自己一有机会就去行动那样行动。党派因为垄断了提名权，不能当作民间组织；相反，它们是一种十分有效的工具，用来剥夺和控制人民的权力。放到现在的制度中观之，正是在他穿梭于同仁之间的州议会和国会中，一位代议制政府成员的政治生活化为现实，而不管他有多少时间是花在竞选上，花在谋求选票和聆听投票的声音上。在此，投票者对于一项不是由他制定的选择只能同意或拒绝认可。尽管代表与投票人之间，国民与议会之间有沟通，可是这种沟通从来就不是平等者之间的沟通，而是渴望统治者与同意被统治者之间的沟通。①

党派业已成为一种制度，为议会制政府提供他所需要的人民支持。于是习惯成自然，人民通过投票去支持，行动则始终是政府的特权。政党制度千差万别，却具有一个根本特征，那就是"为选任官员或代议制政府"提名"候选人"，而提名举动本身就足以产生一个政党，因此，从一开始，党派作为一种制度就预设了要么由其他公共组织来保障公民参与公共事务；要么那种参与就是不必要的，新晋阶层应对代表制心满意足；要么福利国家一切政治问题最终都是行政问题，由专家们处理和决定。②

代议制政府实际上变成了寡头政府，这是千真万确的，尽管不是在代表少数利益的少数统治这一阶级意义上的那种寡头政府。我们今天叫作民主制的东西，据说至少是一种代表多数利益的少数统治的政府形式。这种政府是民主的，因为平民福利和私人幸福是它的主要目标；但是，在公共幸福和公共自由再次成为少数特权这一意义上，它也可以被叫作寡头的。③

极权主义运动将目标定在组织群众，并且获得了成功。极权主义运动在群众中的成功，意味着对一般民主统治的国家，尤其是欧洲民族国家和政党制度两种幻想的终结。第一种是大多数人积极参与政府，每一个个人都同情自己的或别人的政党。事实上相反，运动显示出政治上中立和无动于衷的群众很容易成为一个民主统治国家里的多数，因此民主可以根据少数人的积极地承认的规划来发挥功能。被极权主义运动炸得粉碎的第二种

① 参见〔美〕汉娜·阿伦特《论革命》，第252—253、259—260页；《共和的危机》，第66页。

② 参见〔美〕汉娜·阿伦特《论革命》，第255—256页。

③ 同上书，第253页。

民主幻想是，这些对政治漠不关心的群众无关紧要，他们是真正中立的，无非是构成了国家政治生活中没有意见的背景。别的公共舆论喉舌向来都不能显示的东西，即民主政府有赖于人民的默认和无动于衷的容忍，就像依赖国家中清晰地表达意见的机构和组织一样，现在却由极权主义运动来使之显现。所以，当极权主义运动用它们对代议制政府的蔑视来侵犯议会时，它们显得有些矛盾：事实上，它们成功地使一般民众相信，议会中的多数是虚假的，并不必然符合国家的现实，由此破坏了政府的自尊和信心——它本来也只相信大多数人的统治，而不相信宪法。极权主义利用并且滥用民主自由，以便废止它们。民主自由也许是以一切公民在法律面前平等为基础，然而它们只有在公民们属于群体、由群体来代表，或者构成一个社会政治层级时，才获得它们的意义和功能。①

（五）腐败

阿伦特指出，直至现代，没有什么比"权力腐败"更能得到人们普遍的认同了。②腐败堕落在一个平等的共和国比在其他任何政府形式都更为致命，同时也更有可能发生。当私人利益侵入公共领域之时，腐败就产生了。换言之，它们是自下而上而不是自上而下地发生的。有别于人民代表或一个统治阶级的腐败，人民自身的腐败只有在一个让人民分享公共权力并教他们如何支配公共权力的政府中才是可能的。对公权谋私唯一的补救方法，就在于公共领域本身，在于照亮公共领域范围内每一行动的光明，在于那种使进入公共领域的一切暴露无遗的可见性。尽管当时还不知道什么是秘密投票，杰斐逊却至少有一个预感，若不同时给人民提供比计票箱更多的公共空间，比选举日更多的其他时间公开发表言论的机会，让人民分享权力该是多么危险。当考虑共和国安全这个方面时，问题是如何防止"我们的政府腐化"。任何政府，只要将一切权力集中在"一个人、少数人、出身好的人或者多数人手中"，杰斐逊都称之为腐化。这样一来，街区制度的用意不是加强多数人的权力，而是加强"每一个人"在其能力限度内的权力。当考虑共和国公民的安全时，问题就是如何使每个

---

① 参见［美］汉娜·阿伦特《极权主义的起源》，第405—408页。

② 参见［美］汉娜·阿伦特《人的境况》，王寅丽译，世纪出版集团、上海人民出版社2009年1月版，第156—161页。

人都感到他是政府事务的参与者，不仅仅是选举年的选举日，而且天天如是。街区体系的基本假设就是：不享有公共幸福就不能说是幸福的；不体验公共自由就不能说是自由的；不参与和分享公共权力就不能说是幸福和自由的。①

（六）　政治谎言对政策的影响

阿伦特通过对美国卷入越南战争的秘密文件的分析，指出政治谎言对政策有五个方面的影响。

（1）操控。操控是人心的统治者，并因而是世界的真正的统治者。我们遭遇的是这样一些人，他们尽最大努力赢得政府人民的心灵，也就是操纵人民。同一个人可能会被"操控"去买某种肥皂，却不可能被操控去"购买"意见和政治观点。人的可操控性的心理学前提已经成为一种重要的商品，它在共同意见和有学识的意见市场上被叫卖。唯一无需恐怖手段而对其产品具有实际影响的方法仍然是威逼利诱这种古老的手段。政治一半是"制造形象"，另一半是让人们相信这一形象的艺术。目标就是形象本身，为了这个最终的目标，一切政策都成了短期交替的手段。在政府内部，一方面是官僚主义，一方面是社会生活，它们使得自欺相对容易。②

（2）失职。当参议院被剥夺或者不愿意行使参与和建议外交事务的权力时，就会产生我们政府体系的逻辑后果。正如我们现在所知道的，参议院的功能之一就是保护决策过程免遭瞬间的情绪和大众社会潮流的影响。③

（3）专家参与谎言。问题解决专家被认为是充满自信的人，他们显然不同于普通的形象制造者，他们还是解决问题的人。专家值得尊敬的道德品格显然不能阻止他们多年来参与欺骗和谎言游戏。各种智库使问题解决专家对生活事实一无所知。问题解决专家显然没有犯意识形态的错，他们相信方法而非"世界观"。④ 官僚政治永远是一种专家政治，一种"有经验的少数人"的统治，它必须抵制，而且也了解，来自"没有经验的

---

① 参见［美］汉娜·阿伦特《论革命》，第235—238页。
② 参见［美］汉娜·阿伦特《共和的危机》，第6—7、14、27—28页。
③ 同上书，第7页。
④ 同上书，第8—9、24、31页。

大多数人"的经常性压力是怎样一回事。每一个人从根本上说属于没有经验的大多数人，因此不能托付以政治和公共事务这样高度专门的事情。官僚政治家回避每一种普遍法律，用法令来分别处理每一种具体情况。一切都要服从法律，这对官僚政治是一种威胁。[1]

（4）不顾事实。事实——由情报机构、有时也由决策者自己树立，并经常用于有知识的大众——和据此最终作出决定的前提、理论以及假定之间存在着完全的分歧。错误的决定和谎言不断违背情报团体令人吃惊的确切的事实报道。事实和决策、情报团体和平民、军事部门之间的关系或者毋宁说毫无关系，是保护得最好的秘密。这表现了过度科层化所带来的一个最为严重的危险：不仅人民和他们选出的代表者拒绝接触这些东西，而这些东西却是为了形成看法、做出决定而必须知道的，而且行动者本身最有可能来学习一切相关事实，却很乐意对它们一无所知。去事实化和解决问题受到欢迎，因为不顾及事实正是这些政策和目标本身所固有的。[2]

（5）服务于政治。最大的、也是最基本的误判是，用战争的手段来让观众从"政治和公共关系的角度"（在这里，"政治"意味着下一届总统选举，"公共关系"意味着美国的世界形象）来决定军事事务，不考虑实际风险，而是考虑"使坏结果的影响最小化的方法"。[3]

（七）委员会决策的前景

阿伦特特别看重委员会制度（亦有人翻译为"议事会制度"）的决策过程，指出政党制度惊天动地的成功和委员会制度同样惊天动地的失败，都归因于民族国家的兴起，它扶植了一个，却打倒了另一个。我们习惯于根据党派政治来思考国内政治，以致我们不免忘记了，两种制度之间的冲突，实际上一直是作为政党制度的权力宝座和源泉的议会，与让渡权力给代表的人民之间的冲突。委员会制度是一种全新的政府形式，是一种为了自由构建的新的公共空间。委员会实际上是不属于任何党派的人民的唯一政治组织，委员会就是自由的空间。坐在委员会中的人也是精英，但他们不是自上而下提名的，也不是自下而上获得支持的，他们是自我遴选。从

---

① 参见［美］汉娜·阿伦特《极权主义的起源》，第293、295、328—330页。

② 参见［美］汉娜·阿伦特《共和的危机》，第11、16、19、23、33页。

③ 同上书，第15页。

"初级共和国"中，委员会人接着就为下一个更高级的委员会选出了他们的委托人。毫无疑问，这种政府形式如果充分发展起来，又将具有一种金字塔形式，但是权威却既不是产生于顶端，也不是产生于底部，而是在金字塔的每一层中产生的。这显然可以解决一切现代政府最为严重的问题之一，这个问题不是如何协调自由和平等，而是如何协调平等与权威。基层拥有一种不是被选出来而是自我构建的"精英"，而委员会是将大众社会分散到基层的最好、最自然的办法。①

议事会（应为委员会，下同）体系的自发组织出现在每一场革命之中。议事会体系看起来对应于，并且来自政治行动经验。公社形式常常非常荒唐，议事会所追求的完全相反，即使它们一开始很小——比如，社区议事会、职业议事会，工厂、公寓等中的议事会——有各种各样的议事会，而非只有工人议事会，工人议事会只是这一领域中的特例。议事会说：我们想参与，我们想争论，我们想让我们的声音在公共场合中去被听到，我们想有可能决定我们国家的政治事务。因为对我们走到一起来决定我们的命运来说，国家是太大了，所以，我们需要国家中的一些公共空间。毫无疑问，我们投选票的投票站太小了，因为投票站只能容纳一个人。政党完全不合适，对大多数人来说，我们只不过是被操控的选民。但是，如果我们中十个人开会，每一个都表达自己的意见，每一个都聆听他人的意见，那么，意见的理性产物就会通过意见交换而出现。我们中哪个人最适合在更高的议事会面前代表我们的观点，这也会变得明显。在这一更高的议事会中，我们的观点也能通过其他观点的影响而得到澄清、修正或被证明是错误的。不必一个国家中的每一个居民都是议事会的成员，不是每一个人都想或者关心公共事务。自选过程由此而得以可能，它将在国家中汇集真正的精英。任何对公共事务不感兴趣的人都不得不满足于并非由他做出的决定，但是每一个人都必须给予机会。在这一方向上，我看到形成一个新的国家概念的可能性。主权原则和这种议事会国家完全无关，它会很适合于完全不同的东西的联盟，这尤其是因为它的权力是水平地而非垂直地构成的。②

阿伦特重点关注的，显然是参与对决策的影响，并且得出的应是"有限

① 参见［美］汉娜·阿伦特《论革命》，第231—232、248—262页。
② 参见［美］汉娜·阿伦特《共和的危机》，第177—179页。

参与"的结论：一方面，公民有参与决策的自由，并需要有相应的权利保障和制度保障；另一方面，即使面对精英决策和代议制的政策缺陷，也不能走向"公共意见统治"，因为公共意见的统治是暴政的一种形式。

五　弗里德曼：市场导向的政策选择

米尔顿·弗里德曼（Milton Friedman，1912—2006 年）看重的是对现有的政策提出另一些可供选择的替代办法，使得这些办法不致湮没无闻并且能为人们所使用，一直到原来是在政治上不可能的事情成为政治上不可避免的事情。①

（一）　看不见的手和看得见的手

弗里德曼原来主张的是经济自由和政治自由的二分法，后来改为经济自由、公民自由、政治自由三分法，并指出经济自由是公民和政治自由的一个必要条件，政治自由在某种情况下会促进经济和公民自由，而在另外一些情况下，它却会约束经济和公民自由。② 我们怎么能从政府的有利之处取得好处而同时又能回避对自由的威胁呢，在我们宪法中体现两大原则给予了迄今能保护我们自由的答案：首先政府的职责范围必须具有限度，其次是政府的权力必须分散。对于一个自由主义者而言，合适的手段是自由讨论和自愿合作。这也就意味着，任何强制的形式都是不合适的。理想的情况是，在自由和充分讨论的基础上具有责任心的个人之间取得一致的意见。自由市场的存在当然并不排除对政府的需要，相反地，政府的必要性在于，它是"竞赛规则"的制定者，又是解释和强制执行这些已被决定的规则的裁判者。在思想上不自我矛盾的自由主义者并不是无政府主义者，但强调政府的职能显然有限，而且会约束自己。③

弗里德曼认为，趋向于给市场较大的作用，而给政府较小的作用，是所有国家所面临的压力。④ 市场的实际运行和它的理想的运行之间的差

① 参见［美］米尔顿·弗里德曼《资本主义与自由》，张瑞玉译，商务印书馆 1986 年 3 月第 1 版，2004 年 7 月第 2 版，2007 年 11 月第 7 次印刷本，"1982 年版序言"，第 8 页。

② 同上书，"2012 年版序言"，第 3—4 页。

③ 同上书，第 5—7、19、27、40—41、190 页。

④ 同上书，"2012 年版序言"，第 2 页。

异——虽然无疑是很大的——与政府干预的实际效果和它意图中的效果之间的差异来相比是微不足道的。那只看不见的手对进步的有效作用大于那只看得见的手对退化的作用。最近几十年，那么多的政府的改革已告失败，这些措施的主要缺陷是它们企图通过政府来迫使人民为了增进被设想为是普遍的利益而采取违反他们直接利益的行动。他们以局外人的价值判断代替了参与者的价值判断。其办法之一是由一些人告诉另一些人什么是对他们有好处的；另一个办法是政府从某些人那里取走一些东西以便使其他人得到好处。因此，这些措施被人们所知的最强大的和最富有创造力的一种力量所反对——即数以百万计的人增进他们自己利益的企图，按照他们自己的价值观来过他们自己的生活的企图。已经集中起来的权力不会由于创造它的那些人的良好意愿而变为无害。政府作为我们如此多产品的购买者和作为许多厂商和工业的唯一购买者的重要性已经在政治当局的手中集中达到危险程度的经济力量，改变了私有企业运转的环境和私人经营成功的标准，从而通过这些或别的一些办法来危害自由经营的市场。这种危险是我们不能避免的，但是，通过在与国防无关的领域继续进行目前的政府的广泛的干预，我们不必要地使危险加剧。我们将能保存和扩大自由，并相信自由的制度会比强制性的国家力量提供更加肯定的途径。在政治方面来看，避免政府活动规模的扩大以及每一次这种扩大给自由带来的间接威胁具有显著的好处。①

（二）政策过程中的问题

弗里德曼通过对经济政策、货币政策、财政政策、教育政策等的分析，提出了政策过程中需要关注的六个问题。

（1）中央计划的缺陷。第二次世界大战之后经济政策决定性的改变，其特点是对集中"计划"和"方案"依靠的减少，对种种控制的取消，和对私营市场的重视。这些政策变更的大致原因是中央计划的成就不大，或完全没有达到既定的目标。然而至少在某种程度上，这次失败本身应归因于中央计划牵涉到的政治问题，和归因于不愿意把政策执行到应有的程度，因为这样做需要残暴地践踏宝贵的个人权利。②

---

① 参见［美］米尔顿·弗里德曼《资本主义与自由》，第201、213—220页。
② 同上书，第15页。

（2）重大政策问题不能采用多数决的方法。有关基本价值的根本性的差异如果不是永远不可能，那也很少能用投票的方法得以解决。少数服从多数的办法是个权宜之计，而本身不是一个基本原则。假使事情很少有重要性，而少数人遭受否决又不会引起强烈反应，那么，仅过半数就可以通过。另一方面，假使少数人对牵涉的问题具有强烈的感觉，那么，明确的多数票也无济于事。专门的法律制度中充满了不同问题要求不同程度的多数的事例。重要的原则问题的接受要求类似基本上一致通过的办法，而对这些原则的改变，我们也同样要求类似基本上一致通过的办法。①

（3）用规章来代替官方当局。迄今提出的唯一有希望的方法是通过立法而成立一个法治的政府，而不是人治的政府来执行货币政策，这种货币政策能使公众通过政治当局对货币政策进行控制，同时又可使货币政策不受政治当局的经常出现的胡思乱想的支配。在财政政策以及在货币政策中，即使我们抛开一切政治因素，我们的知识还不足以使我们能运用随意变动的税收或开支，把它们作为灵敏的稳定机制。弗里德曼主张在货币政策方面由立法机关制定规章，命令货币当局来使得货币数量按照具体的比例增长。对财政政策而言，相应于货币方面的规章是：完全根据整个社会需要通过政府而不是私人所要做的事情来计划开支方案，而丝毫不考虑逐年的经济稳定问题，来事先规定税率以便得到足够的收入，用以大致补偿有关年份的计划开支，同样也不要考虑逐年的经济稳定问题，以及来避免政府开支或赋税的突然变化。②

（4）注重政策问题的合并考虑。假使每个情况均根据它本身的情况而加以考虑，那么，在大部分的事例中，就可能会做出错误的决定，因为决策者仅在一个有限的范围内进行考虑，而没有照顾到政策的全面后果。另一方面，假使对一组合并在一起的情况采用一般性的规章，那么，规章的存在本身会对人们的态度、信念和希望产生有利的影响，而这些影响是即使在对一系列的个别情况采用完全相同的政策时所考虑不到的。③

（5）政策过程中的公众意见。什么形式的教育有最大的社会利益和社会的有限资源的多大部分应花费在它之上必须取决于通过社会认可的渠

①　参见［美］米尔顿·弗里德曼《资本主义与自由》，第28—29页。

②　同上书，第57、61、85页。

③　同上书，第58—60页。

道所表示的公众的意见。我们的分析的目的不是替社会来决定这些问题，而是澄清在作出决定时所涉及的问题，特别是作出的决定是否能以社会的而不是个人的利益为基础。①

（6）反对垄断的政策。在政府政策的范围内，第一个和最迫切需要的是消除那些直接支持不论是企业还是劳工垄断的措施，并且对企业和工会以同样的态度执行法律。②

弗里德曼强调的市场导向的政策选择，其核心点就是用"法治"来约束政府那只看得见的手，要求政府的职责范围必须具有限度，政府的权力必须分散。

六　杜鲁门：利益集团影响政策的政治过程

戴维·杜鲁门（David B. Truman，1913—2003 年）提出的利益集团理论，重点解读的是利益集团如何影响政策的政治过程，因为按照杜鲁门的定义，利益集团指的是在一种或几种共同的态度基础上，为了建立、维护或提升具有共同态度的行为方式的集团。利益集团是在社会中提出特定要求，具有共同态度的集团。当它通过任何一种政府的机构提出自己的要求时，它就变成了政治利益集团。③ 杜鲁门不仅阐释了利益集团本身的决策体制，还对利益集团如何影响公共政策作了全面的解释。

（一）文本的政策过程与真实的政策过程

杜鲁门指出，我们对政府过程的规范化的、正式的一面的认识如此强烈，尤其对我们自己的政府，以至常常落入简单化思维的僵化过程：立法机关制定政策、行政机关执行政策、法院对政策执行过程中的争议进行仲裁，只有这些机关，并总是按照这样的顺序，构成了政治过程，这就是政府应该的活动。在任何情况下，对制度的正确描述仅仅从正式法律的角度是不够的，必须进一步观察人们之间的互动。④ 杜鲁门对真实的政策过程

---

① 参见［美］米尔顿·弗里德曼《资本主义与自由》，第 97 页。
② 同上书，第 143—147 页。
③ 参见［美］戴维·杜鲁门《政治过程——政治利益与公共舆论》，陈尧译，天津人民出版社 2005 年 3 月版，第 37、41、112—114 页。
④ 同上书，第 285—287 页。

作了一些具体的说明。

（1）重要的决策问题由政府正式依法提出，也有可能处于正式结构的间隙之中，受到习惯的保护或者半隐蔽性的保护。分权制度和制衡机制给政府活动留下了许多替代性的方法，许多重要决策并不是按照正式的、坚实的等级制程序作出的，非正式的、法律外的方式也提供了重要的决策基础。①

（2）最熟悉的政策发布，是全国性的政党纲领。对选民关心的是政策还是候选人这一实质上是错误的问题的讨论，无助于探讨党纲的意义。选民不可能完全不顾政策而选择官员，也不可能只考虑政策而不顾执行政策的人员。选民通常具有高度的同质性，主要关心选择"最合适"的人来执行人们一致达成的政策。政策与人员之间的互相依存表明全国性党纲的重要性。然而，党纲的作用并不在于文件的表面价值，而在于这些文件所要达到的目的及其过程。这一目的可以从两个方面来看，即政党作为选举工具和作为政治利益集团。②

（3）一个经常在行政首长选举中获胜以及在立法机关占据多数的政党，将形成一种参与政府活动的特定模式。参与渠道主要存在于政党领导层内部，且参与模式稳定、井然有序。政党纪律提供了一种管理力量，因为纪律可以稳定地控制政党影响政府决策的方式。③

（4）一个明显但人们不太注意承认的事实是，个人和集团在政府事务中不是同等地、持续地活跃参与，更不用说个人在所属的利益集团的活动中，参与的程度也是不一样的、不平衡的。整个国家中到处在召开有着极高出席率的市镇会议，这是一种对公民权的神话。④

（5）立法活动中的辩论经常被嘲笑为毫无意义。辩论的主要功能是作为立法过程的一部分，正式的辩论推动了最终决策的接受，但这并不一定是指被那些直接的参与者接受，而是指被那些边缘人士接受。⑤

（6）行政机关的重要性，并不是简单地从它的规模及其活动中得出，更重要的是，这些活动需要在不同的方向之间作出选择，需要运用行政处

---

① 参见［美］戴维·杜鲁门《政治过程——政治利益与公共舆论》，第287—288、436页。
② 同上书，第308—310页。
③ 同上书，第353页。
④ 同上书，第387页。
⑤ 同上书，第428页。

置权。法律法规可以进行引导，但不能确切规定所有或大部分行政官员的日常决定。这种自主决策的影响可能是很宽泛的。政府传统的和新的功能创造了大量行政裁量权的必要性，明显的趋势是这些权力不断扩展而不是缩减。行政部门自主权的扩张原因很多，但这些原因均来自一个因素：技术复杂性。在授权法律的宽泛条件下，行政部门的官员正式承担了对政府所涉及领域的大量事务作出重要政策选择的职能。当我们分析对政府行政机关的行政首长的影响方式时，这些方式不能简单地划分为行政影响和立法影响。行政首长对行政机关控制的增加使他对行政决策有了更大的控制。①

（7）美国政治的突出特征，也许就是在影响政府决策活动中存在大量的协调机制。这些影响政府的协调机制及其内部的复杂结构具有重要意义。这种多样化确保了利益集团参与政策的形成，而且是多样的、稳定的参与。②

（二）利益集团在公共政策中的地位

杜鲁门强调，如果没有进入政府的重要决策过程，政治利益集团或其领导者就不可能得到任何权力。因此，接触政府就成为政治利益集团的间接目标。增加接触政府的活动成为所有集团共同的策略，并往往导致排除其他竞争性集团同样接触政府或政府提出新的被特定集团垄断了的决策问题。利益集团活动的共同特征是有效地影响决策过程。

参与政治活动就是由正式结构不平等分配带来的结果，即由于我们政府结构方面的特殊性所产生的结果，一些集团比其他集团有更好、更多的机会来影响重要决策。

权力分立，尤其立法机关和行政机关的分立，以及相应的权力制衡机制，意味着集团有效接近政府的某个机构例如国会，并不能保证它们有效接近另一个政府机构如总统。

为了达到它们的目的和要求，政治利益集团寻求接近这些政府机构中重要的决策环节。这些决策环节在整个政治结构中广为分散，不仅包括正式建立的政府部门，而且也包括政党、政府组织与其他利益集团之间的

---

① 参见［美］戴维·杜鲁门《政治过程——政治利益与公共舆论》，第431、463页。

② 同上书，第563页。

关系。

有效接近的结果，即有组织的和未组织起来的利益集团的要求获得不同程度的表达，就是政府的某项决策。注意，这些有效接近政府和引导决策的利益不一定是"自私的"，也不一定是相当整合的，还可能不一定得到利益集团组织的表达。政府决策是能够接近政府的利益集团有效表达的结果。这些决策根据利益集团的支持力量以及社会中影响这些力量的干扰因素的大小，表现出不同的稳定性。[①]

（三）　利益集团内部的"民主模式"

美国政治利益集团的组织结构是根据社会对"民主"的期望而塑造的，当然，也包括它们的大多数成员对"民主"的期望。如果领导人不能举行定期选举或"立法"大会的话，他们将遭到来自其他集团的非难，在成员中产生犯罪感，从而破坏集团的团结。形式的安排本身显然体现了代议制民主的价值和实践，不管它们实际运行如何。它们意味着成员广泛参与集团的事务，通过年度选举方式定期向普通成员负责，由代表来控制钱袋子。实际上在财政问题上并没有那么民主。即便是名义上的选举权，也表明了组织的力量以及社会中"民主"利益的影响。

影响着所有的协会以及某种程度上所有组织的"民主模式"，在集团政治中具有非常重要的意义。它与集团的整合问题——不仅是特定协会的整合，而且是整个社会的整合，具有深刻的关联。在我们的文化中，协会被认为是"民主"的。而且，这种期望还代表着对社会中其他因素的一种质押，即这些"民主"期望具有相当的生命力，构成了某种利益。这些利益通过集团，更通常的是通过潜在的利益集团被表达出来。[②]

（四）　利益集团中少数人的决策作用

每个利益集团都有积极的少数人，他们之所以能够影响集团的决策或决定，主要取决于以下因素。（1）推动组织中积极的少数人产生的因素是管理技能，掌握管理技能的人通过授权的过程行使着代表权力。占据管

---

① 参见［美］戴维·杜鲁门《政治过程——政治利益与公共舆论》，第 287、350、352、548—549 页。

② 同上书，第 138—149 页。

理职位的结果——不管是通过选举还是通过任命方式——可能相当不同，然而，这些结果来自等级结构中关键职位所要求的专业化和技能。（2）这种少数人的作用和权力，当被用于抵制长期政策的变革或新血液加入少数人中间时，或者同时抵制这两者时，其影响最为显著。（3）财务结构在很大程度上决定由谁占据重要的职位，不同的财务结构可能有不同的政策表达，财务结构以不同的方式解释了利益集团内部积极的少数人的发展与存在。（4）只有个人经济有了保障、在协会制度中获得成功的人，才可能担任没有报酬，又花时间的领导者。（5）集团中的少数人，可以充分代表普通成员的态度和愿望。（6）拥有职位成为了一种习惯性的权利。（7）一个集团与其他集团之间的战略关系可能推动积极少数人的发展。（8）集团的危险不在于积极的少数人持续参与集团的事务，而另一些人不参与。危险在于，由于这两种倾向在一个集团中某一时刻同时存在，结果就可以划分出两类明显区别、不变的次级集团——领导者和大众。①

利益集团为维持内聚力，积极的少数人一般采用六种方法。（1）内部宣传。在大部分情况下内部宣传的一种重要方法就是全体表决，尽管在表面上好像并非如此。通过这一方法，协会将需要采取立场的公共政策问题传递给成员或分会，通常包括关于这一问题的各种各样的观点。成员通过投票表明他们的政策选择。通过形式上普通成员参与决策来加强集团内聚力，从而使其在外部变得更加有效。政策决定，如果不是为了反映集团内部缺乏团结，就一定是由积极的少数人作出的。利益集团内部的全体投票是一种引导性的工具，而不是相反。（2）领导者用于维持集团凝聚力和控制的方法，是对待不同意见的个人或宗派使用制裁手段。（3）与内部宣传方法和制裁手段相关的是采用积极的少数人提供服务的方法，或在少数人直接控制下，迫使个人或成员集团忠诚的方法。（4）在举行会议或进行非记录的争论时对保密的要求。（5）操纵政策的发布机制具有类似的重要性，包括如发表微妙的、模棱两可的政策声明，以使领导者具有最大的活动余地来避免内部不一致。（6）这些集团中的权力就像其他社会关系中的权力一样，垄断权力总是构成对民主过程的破坏，因为这些权力否定了人们参与重要决策的过程。大集团，通过对经济权力的集中，对

① 参见［美］戴维·杜鲁门《政治过程——政治利益与公共舆论》，第152—167页。

小的经济集团产生直接或间接的影响。

因为大多数组织化的利益集团都是少数人，促进了集团之间的联合。在一个往往运用多数规则进行决策的社会中，集团发现，为了有效实现自己的要求，与其他集团结盟是何等重要。联合是扩大公众范围的一种方法。[1]

（五）　集团利益与公共舆论

公共舆论是由组成公众的个人观点的集合构成的。它不包括一群特定的人群所持有的所有观点，而只是那些关于特定公众的问题或情况的观点。公共舆论，严格地讲，属于一系列特定条件下的观点。多数人的存在不是公共舆论的前提，而是其中一个特点。公共舆论的政治效果与公众的规模几乎很少有关联。

在美国，所有政治利益集团，首要关注的是社会中存在的公共舆论。集团领导者，不管他们如何疏忽，也不能无视针对自己组织立场和目标的广泛社会态度。领导者必须估计公共舆论的方向和影响，或多或少应该引导和控制公共舆论。

一个利益集团正式组织的首要目标是从事其宣传计划，旨在影响关于新集团的利益与要求的舆论。简单地讲，宣传从活动过程上可以分为三个阶段。（1）确保公众领会宣传者使用的语言和象征。（2）促进公众先前的态度符合宣传者的要求。（3）产生一种宣传者期望的新的态度。

由于各种原因，利益集团的宣传活动往往难免犯错误和缺乏效果。在特定情况下，宣传活动无效的其他主要原因是：目标人口无法按照宣传者期望的那样接受集团的信息，集团无力激发起合适的态度，宣传活动没有产生它所期望的活动。当然，利益集团可以使用许多技术克服这些障碍。[2]

（六）　利益集团与政党、选举的关系

利益集团参与政府决策受到政党结构和政党凝聚力程度的影响，这些

---

① 参见［美］戴维·杜鲁门《政治过程——政治利益与公共舆论》，第 211—227、274、277—278 页。

② 同上书，第 231—284 页。

政党不仅作为竞选的工具，而且也是控制立法机关的工具。

全国性政党的主要功能是选举美国总统。政党组织中地方的忠诚可以进一步追溯到地方单位的利益集团特征。利益集团参加选举的动机，尤其在地方层次，基本上不具有意识形态或政策的内容。

利益集团影响候选人提名过程的特定活动可以分为两类。第一类，集团通过政党机器的预选、干部会议或大会形式，或者获得政党的组织支持，或者至少获得政党标签，以促进某个要求的实现。第二类，集团在预选中可以通过说服其成员投票选择那些记录、背景或诺言最符合集团要求的人员，从而影响提名过程。竞选捐助是一种替代或另外一种附加性的要求。

尽管大多数利益集团都参与选举活动，但通常它们都羞于承认。实际上，大多数利益集团均提出"远离政治"的口号。"远离政治"主要意味着避免完全认同某个政党组织或派别，其原因可分为三类：首先，集团成员对选举过程持有的观念；其次，政党身份与政党团结之间的关系；再次，党派政治中政治孤立的风险。

利益集团参与选举过程是一种有效影响政治决策的方法，但不是唯一的方法。这一方法本身不能保证集团接近政府。①

（七）利益集团对议会决策的影响

利益集团影响议会需考虑以下正式因素。（1）参与政府活动的机会适于那些能够强调并利用立法者对地方事务的关注的利益集团。（2）那些制定立法机关活动的时间表和决定议案讨论时间的人物，对集团影响立法活动有着重要控制。（3）限制和不限制议会辩论时间的权力，对集团影响议会的活动产生一定的作用。（4）关于立法活动辩论的极其复杂的技术规则对集团参与产生了重要影响，因为规则并不是中立的。

在影响接近立法机关的非正式因素中，一种重要的因素是立法者对信息的需要以及集团提供信息的能力所创造的。政治家需要的知识分为两类：界定政策问题的技术知识；平衡不同要求的政治知识以及关于决策替

① 参见［美］戴维·杜鲁门《政治过程——政治利益与公共舆论》，第298、304、314—315、317、321、323、331—333、347、353页。

代方案的后果的政治性知识。任何集团都可以直接或间接地提供这些知识。

利益集团活动的很大一部分仅仅是防御性或阻止性的，是为了阻止现存状态的改变。防御性集团能否利用其地位优势，将部分取决于当时关心该问题的公众的规模。互相投票通常不是被视为集团合作的方式，而仅仅是议员们从事的议会活动策略。互相投票对小利益集团具有重要的影响，一个不具有全国性选举力量的利益集团可以通过立法会投票的交易来保护自己。

委员会决策的关键阶段发生在议会开会期间，为了有效地影响立法活动，在讨论法案开始之前利益集团就必须直接或间接接近委员会，而且直接接近必须是认真而不是敷衍一下。

公开听证会的功能或其使用可以分为三类。（1）听证会是一种在技术上和政治上，不同的利益集团向议会委员会传递信息的方式。（2）作为一种宣传的渠道，通过它公众的规模得到扩大。（3）为调整集团间冲突提供一种半正式的手段，为受到冲击的利益集团提供一种安全阀。对于有效接近立法机关的利益集团而言，听证会并不是进行说服工作的最好场所。

一个相对可行的立法决策，通常必然涉及不同利益之间的协调和妥协。调和利益集团之间的要求以及广泛期望之间的努力，可能形成一种缺乏理性的政策模式。但是这些政策具有它们自己的道理，对相当一部分有组织的人群而言，这些调和努力是政府政策和对政治过程的深刻期望之间达成更紧密一致的方式。此外，模糊性也许延迟或加速了摊牌的必要性，从而具有重要的政治功能。①

（八）利益集团对行政决策的影响

为了达成一项政策的活动，既可能是通过"横向的"立法机关进行，也可能是通过"纵向的"行政机关进行。在美国，行政控制的连续模式是一种变化模式、是一种"复杂关系的混合"。

一个行政部门的决策在很大程度上受到其与利益集团、意愿和其他行政机构的关系模式的影响，重组行政部门在很大程度上改变了这些既有的

---

① 参见［美］戴维·杜鲁门《政治过程——政治利益与公共舆论》，第354—362、384、388、399—429页。

相互关系。行政重组产生了许多结果，但最基本的一个结果是改变了利益集团接近政府的机会。

如果执行官员所接受的来自立法机关的命令较为模糊，则执行官员控制利益集团影响政策的执行就越困难。不论是在立法活动过程中还是在执行活动阶段，影响行政机关决策的利益集团活动并不一定体现在日常行政活动中。行政活动在两种情况下可能会失去其常规性的、为人们所普遍接受的特征。首先，即使是任命普通官员的决定，也可能导致利益集团之间形成成文或不成文的协定，并导致整个问题公开化。其次，环境、技术、经济和政治的变革，明显改变了利益集团之间的相对力量。不管一个行政机构是否进行特定的政策研究，必然会在某种程度上反映了利益集团对该机构的相对影响。

广泛的普遍利益，不管有没有组织起来，必定存在着接近政府行政机构决策的途径。行政机构活动的存亡既有赖于这些利益的调整，也有赖于对那些有组织的、与行政部门交往但受支持更小的利益集团的调整。在发生争议的情况下，行政官员知道他可以拒绝或修改与其职位冲突的、狭隘的但具有高度组织性的利益集团的要求，只要他找到直接或间接调动起那些受到威胁的利益的方法，他就可以这样做。

行政活动中形成了许多多少有些正规的方法，如顾问委员会、利益集团的管理机构、行政机构的宣传活动等，可以使利益集团从行政机构内部或外部来控制对行政官员决策的接近程度。利益集团利用行政机构作为接近政府决策渠道的重要性，反映了利益集团的众多数目及其互相冲突的特征。当两三个利益集团分享决策的责任时，这种决策模式只是在程度上不同于顾问委员会活动中的决策模式。①

七　伊斯顿：针对政策过程的政治系统论

戴维·伊斯顿（D. Easton，1917—2014 年）认为政治系统的分析对公共政策研究产生的影响最大：政策分析得以在政治科学中确立之前很久，系统分析就提供了政策输出、结果及政治性反馈等概念，所有这些概

---

① 参见［美］戴维·杜鲁门《政治过程——政治利益与公共舆论》，第 443—445、467—468、480—484、486—487、495、499 页。

念莫不诞生了今天政策研究的特点。① 伊斯顿把政治生活解释为一系列复杂的过程，某种输入由此而转换为我们称之为官方政策、决策和执行行动的输出。② 按照这样的基本逻辑，伊斯顿对政治系统不同程序的政策要求作了具体的解释。

（一）政治系统与政策的基本关系

为了使一个政治系统具有最大的效用，可以把它看作一些互动，一个政治系统通过这些互动为一个社会权威性地分配价值，这就是政治系统与它所处的环境中的其他系统的不同之处。如果我们要把它们描述为持续的系统，它们就必须能成功地完成两个功能。（1）能够为一个社会分配价值。（2）设法使大多数成员至少把这种分配作为义务予以接受。在环境中将发生一些事情——系统完全败于敌手，或是严重的经济危机引起了系统中普遍的解体和对于系统的不满，其结果大概是，当局始终不能做出决策，或者如果它们努力决策了，那么决策也不再会正规地被作为义务予以接受。在这种状况下，权威性地分配价值不再可能，社会将因为缺少完成其关键性功能之一的行为系统而崩溃。但是一般说来政治系统并不会彻底崩溃，即使存在着巨大的压力，该系统也仍然会存在着。③

如果我们知道了系统是如何设法对付压力并在面对着不是稳定就是变化的环境时是如何设法保存下来的，那么，研究政治生活各个方面的其他理论或追求理论地位的种种思想，如决策、联盟策略、博弈论、权力和集团分析全都会填补理论研究的空档。它们不再是系统分析的另一种或与之对立的模式，而是代表了分配的局部理论，研究的是政治系统的某些特殊部分和侧面。④

（二）"要求"输入的政策作用

如果没有输入这一概念，可能就难以描述社会中的各种行为到底是怎样影响政治领域中发生的事情的。输入将起着概括性变量的作用，这种变

---

① 参见［美］戴维·伊斯顿《政治生活中的系统分析》，王浦劬译，华夏出版社1999年1月版，"社会科学、政治科学主要趋势回望"（中文译本序言），第7页。

② 参见［美］戴维·伊斯顿《政治生活中的系统分析》，第21页。

③ 同上书，第26—29页。

④ 同上书，第563页。

量集中并反映与政治压力相关的环境中的每件事，因此，输入概念起着有力的工具作用。有两种主要的输入就是"要求"和"支持"。①

如果没有要求，当局委实不可能对社会作出约束性决策，正是依据这一简单事实，我们才把要求看作核心变量。要求可以定义为意向的表达，其内容为特定事物的权威性分配是否应该由那些担当此责的人们作出。所谓要求就是要实现以自我为核心的目标，或者很可能是意欲寻求某种政治决策，以便把各种职责和繁多的义务强加于系统的全体成员。如果系统成员对于某项约束性决策的需求相当广泛、模糊和复杂，可以认为这种需求也是一种要求。通常，意识形态包含着特征不明的所有意向，其中包括只有通过约束性决策才能得以实现的行动纲领，可以认为意识形态也是一系列要求。无论要求的具体内容是什么，它们都是直接向当局提出的。②

我们不应该将期望与政治要求相混淆。公众意向未必代表公众要求。动机会引起要求，但未必就是要求。就某件事表达自己的利益与将要求输入系统并不是一回事，要想把利益变成要求，就必须提请当局采取与之相关的行动。系统成员通常更多的可能是表达对于事情不同状况的偏爱、征求和意愿，而并不打算支持政治决策，甚至口头上的支持也没有。③

无论系统成员追求的目标是什么，这些成员都必须使负责制定政策的人们注意到就此制定政策的必要。一般说来，只要系统的运行规则和结构允许，系统中任何一名成员都可能向各种决策中心提出问题。就民主系统来说，起码形式上确实如此。一个政治系统愈是复杂，其内部结构愈是分化，它的成员发表意见就愈是众说纷纭，各执一词。在实际生活中，并不是所有的人都是十分理智的，他们在参与集体行动之前，未必都会对可选择方案作一番仔细斟酌。④

如果要求实质上需要花费过多时间来加以处理，或者如果它们超过了某个经验上可以把握的容量，出现"输入超载"或者"过分容量的压力"，以及由决策者处理信息的无能造成的"反应失败"等，那么一个系统所作出的约束性决策的能力就会受到威胁。⑤

---

① 参见［美］戴维·伊斯顿《政治生活中的系统分析》，第31—32页。
② 同上书，第42—47、55页。
③ 同上书，第47—54页。
④ 同上书，第54—58页。
⑤ 同上书，第42、65—69页。

我们可以把一个政治系统想象成为一个巨大的通信网络，信息以要求的形式流入其中，从中产生出我们称之为决策的种种不同的信息。如果系统能够生产这种输出，那就肯定存在着各种中间过程，这些过程的作用是允许进入系统的讯息通过、分离、组合和再组合，以便它们在数量上和种类上都适宜决策者加以处理。在这样的过程中，有三个逻辑选择。（1）转换，愿望必须被转换成要求。（2）缩减，要求内容需要修改或数量上的缩减。（3）争端，将未处理的要求转换为争端，不能转换成争端的要求永远到不了输出阶段。每一种政治系统都有各自适用于要求输入的一套原则，使"守门者"在一种特定的程度上发挥作用。[1]

政治参与者的数量不仅对要求的输入有重要影响，要求输入的大小将随着卷入到系统中人的数量的高低而发生直接变化；公众参与的程度也影响到领导本身感受到的压力的大小。为防止要求的输送失败，应使政治性活动专门化，并增加通道数量、增多通道开放时间和进行可选通道的竞争。必须对两类主要的争端小心地加以区分，即决策性争端和方向性争端。决策性争端所指的，是决策和行动的各种可供选择的方案内容，从中可以预知决策者可能作出的约束性决策。方向性争端所指的是参加竞争的各方在诸种品质方面的差异。即使是在最民主的系统中，许多争端也是在人数甚少的圈子里提出讨论的，如行政性争端是由那些在行政组织中形成的要求或在那里酝酿的要求构成的，还有一些要求在系统立法团的限制之下可能受到大幅度缩减，可以称作立法性争端。[2]

（三）"支持"输入的政策作用

支持的变动可以同时从三个方面，或从其中一两个方面对系统造成压力。（1）没有对某些政府的支持，至少要求就不能转换成输出。如果每做一项决策，都有一届政府上台，而每项输出的实施都要调换一批管理人员，那就只有最小的、几乎没有结构分化的系统才能处理其要求，但大多数系统需要的是某种相对稳定的权威。（2）要是没有支持，就不可能保证管理规则和政府的某种稳定性，而要求正是通过它们才能转换为输出，所谓典则正是就这方面而言的。（3）为了保证领导人内部的起码的团结，

---

① 参见［美］戴维·伊斯顿《政治生活中的系统分析》，第83—92、105页。

② 同上书，第127—128、145—150、167、171页。

支持也是极端重要的。以行动来支持是"显性支持",以一种态度或情绪来支持是"隐性支持"。①

政治共同体是政治系统的一个方面,它是由政治劳动分工联合在一起的人群团体,政治系统则是由政治成员所组成的。政治系统的存在必然包括政治关系的多元化,正是通过政治关系的多元化,单个的系统成员互相到了一起,也才能追求系统的政治目标。然而,系统成员和政治目标都可能是受到限制的。政治共同体感确实代表了支持的最重要的手段。我们挑选政治共同体作为支持集中的焦点,所凭借的标准是一种可能性,即当对政治共同体的支持丧失后,系统继续把要求转换成约束性输出的过程就会受阻。②

只要一个团体的成员在政治共同体中显露出最为强烈的相互认同感,那么他们就会一直面临建立某种规范化的方式来理顺彼此之间政治关系的任务。最终为了使输出能够作为具有约束性的东西而被接受,团体成员就需要接受某种基本的程序和规则。典则就是所有的系统对政治活动的一系列制约。它可以被拆分成三个部分:价值(目标和原则)、规范和当局(权威结构)。③

(1)政治价值。如果系统的输出完全可以是任何种类的,那么政治上相关的系统成员组织会对可能的决策范围失去信心,或者对当局本身失去信心。有关政治价值观一致程度的实际含义是经验的,而不是一件理论上的事。任何系统都具备一定的主导性政治价值,它们会给政治行为、规范和结构排列确立基调和方向。政府或许会不触犯构成现有基础的主导性价值前提,去实行差别很大的具体政策;政府甚至会认为,所有的系统成员都是足够明智或老练的,他们能够看到典则的目标和典则的价值之间的差别。即使我们不把系统的所有成员看成是共同具有同一整套政治价值,或者是拥护某些共同的政治原则的话,至少我们可以说,政治上占统治地位的价值 对人们所采取的行为施加广泛的限制,甚至就政府结构的行为也是如此。④

(2)规范。典则规范就是说系统成员在政治生活中的行为应按人们

---

① 参见 [美] 戴维·伊斯顿《政治生活中的系统分析》,第183—185页。

② 同上书,第206、221页。

③ 同上书,第223、226页。

④ 同上书,第228—235页。

希望的方式进行，并把这些方式加以具体化。政府规范是由三类可以分拆开来的期望所组成的，一是习俗，二是法律，三是典则结构。没有各种结构手段，要求就不可能被处理成输出，这么几件事是必须具备的，归纳起来就是决策、服从和执行。首先，系统必须提供决策的方式；其次，系统必须能够拥有系统相关成员的责任，正是这种责任，促使相关系统成员采取和达到系统目标，或者可以使反对者的态度中立化；最后，系统必须提供持续的能量以把决策付诸于实施，并监督决策的实施。①

（3）当局。每个系统都必须准备支持某些系统成员，这些系统成员随时准备、愿意、也能够特别关注用某种可以接受的方式，使分歧得到解决和处理，至少这些系统成员能够特别注意政治上相关的系统成员。只要承担权威角色的那些具体的系统成员有权制定和贯彻他们的决策，他们必定能够为他们自己动员到足够多的支持。没有任何个人或团体可以在他们的身后动员起足够的支持来制定出必要的日常决策，并把这些决策付诸实施，系统将因此而瘫痪，它将失去作为一个集体行动的能力。当需求逐渐转变为输出时，代议制便处于政治互动的中心。代议制的贡献并不仅仅是改进了政治人才选拔的模式或控制的手段，它还使那些团体的会员有机会在公共论坛上结识，以便进行谈判来寻找他们之间分歧的实质。传统上合法性一直被运用于政治当局者的权力，但合法性同样也归于典则的规范和结构。合法性可以分为支持典则的和支持特定的当局者两类，并且有三个可变来源：意识形态的、结构的或个人的来源。通常的合法性概念意味着相信在合法原则界限内当局的统治权利和成员的服从权利。只要成员相信当局者和典则不但应该努力维护公共利益，而且实际上也是这样做的，那么这本身便是散布性支持输入的一个至关重要的促动因素。②

（四）输出决策和活动

政治输出的结果表现为当局的决策和活动。既然权力关系模式有助于确定输出的本质，那么在各种决策中谁控制谁的问题就仍然是十分关键的。可是，对政治系统这方面概念结构的详细阐述，可能会把我们引入不

---

① 参见［美］戴维·伊斯顿《政治生活中的系统分析》，第236、241页。
② 同上书，第256—257、303、345—347、382页。

同层次的分析。①

　　如果我们把输出当作是这样一种机制，当外部变迁所产生的问题由变化着的要求和支持反映出来时，一个系统中的当局可以通过这种机制处理这些问题，那么我们就势必会从真实的、运动的方面去看待这些输出。它们并不是要求消极累加的总和，相反，当局或那些政治上正受到当局有效激励的有关成员，能够积极干预事件的进程，它们能够建设性地作用于要求或问题，能够重新组合、重新评价、采纳或反对它们，当局本身就能发起一种出乎系统其他成员意料的全新要求，我们不得不把当局者等同于源自政治系统的输出的制造者。②

　　输出确实是一种特殊的政治行为或政治活动。当局所产生的输出包括约束性的决策、实施这种决策的行为以及某些相关行为。权威输出和相关输出两者都将典型地采取两种形式：言语陈述和执行，由此可以区分输出的四种基本类型。（1）权威性陈述。权威性陈述是权威性分配采取用言语表示那些引导执行任务的约束性规则的形式。从当局的角度看，它们是关于应当或将要采取某种行动的决策。在一个法定系统中，它们表现为法律、正式立法、规章或行政和司法决策。（2）权威性执行。单有关于将做什么或应当做什么的约束性决策可能是不够的，成员也寻求必备的实际利益或服务，或者当局希望将产生权威性决策所要求的利益和服务。执行可能采取强迫他人作某事的方式。价值的分配就是直接执行言语陈述所想要实现的行动。执行由根据存在于努力去执行正式决议之时的环境而采取的行动组成。执行代表结果，以别于价值的正式分配。执行将采用两种形式，在一种形式中，将提供某些可见的目标或设施；在另一种形式中，将提供某些不可见的服务。（3）相关性陈述。相关性陈述有助于解释或者说明权威性陈述或行动。当局将利用意识形态的陈述去解释、辩护和说明权威性输出，以赢得成员对输出的特定支持。相关性陈述也可能表现为政策。我们习惯于从两种意义上去思考政策。在一种意义上，我们指被当局接纳为行为指导的决策规则，政策仅是一个关于一种权威性言语输出的术语。这个术语也在第二种更广泛的意义上被用于描述当局那些更为一般性的目标，任何特定的约束性

①　参见［美］戴维·伊斯顿《政治生活中的系统分析》，第32—33页。
②　同上书，第414—415、418—419页。

读出，可能都是对此的部分表达；通过揭示当局的意图，它们有助于解释权威性输出的含义和方向。（4）相关性执行。相关性执行采取与权威行动有关的可见利益和不可见服务的形式，不过它们本身没有任何约束性的性质。[①]

（五）反馈的政策作用

政治理论所面临的关键性问题并不仅仅是为了弄清楚影响一个系统作出各种决策的诸多因素，不仅仅是为了详细阐述一种政治分配理论而研制的一种概念工具。理论必须弄清楚一切系统是怎么能够长期地存在，不断作出这样的决策的。我们也需要一种系统持续的理论，转换过程的输出可以对于系统作出反馈，并形成系统后来的行为。[②]

反馈对于政策具有以下作用。（1）学习。因为它们能够通过记忆系统而储存信息、有选择地召回储存的信息以供仔细审查，并运用决策规划以对它们进行评价，所以这些系统就能够学习。如果不具有一系列复杂的反馈过程，这样的一个系统就不能学习或调整其行为。（2）纠错。关于系统状况、关于它与所欲目标的距离和关于已经采取行动的过去的和现存的影响的回归信息，能使系统的决策中心从事任何被认为是达到目标所切实可行的和必需的纠正行动。（3）知识。由有关其后果的信息反馈紧随其后的、表现为输出形式的每一个与其环境的变动，都增加了一个系统经由其决策中心而必须取得的知识。（4）方法。反馈能使一个系统探索和发现新的处理问题的方法，基于有关现存的和以往的行为的信息之上，一个系统就能够选择、排斥某种模式和强调相应有利的模式。（5）革新。在历史地界定的边限内的每个系统，都会发现其决策中心起码不拘泥于采用全新的和革新的策略，来处理任何实际境况，甚至创造新的目标。[③]

在围绕反馈环的完整循环中，对任何反馈功能来说都将是至关重要的有关阶段，其数量有四：作为刺激剂的输出和结果，反馈反应，严格意义上是对这种反应的信息反馈，和对这种反馈反应的输出反作用。输出在赢得成员的支持性反应方面的成功或失败将取决于输出能够满足成员现行要

---

① 参见［美］戴维·伊斯顿《政治生活中的系统分析》，第419—433页。
② 同上书，第36页。
③ 同上书，第439—443页。

求，或能够通过预防将会出现的怨苦而预期和中止将来可能要求的程度。来自于那些已经满足了现存要求或预期要求的输出的满足，将是诱发特定支持输入的一种主要手段。反馈刺激因此将对随后的要求输入及对支持输入有一种决定性的影响，通过这种方式这两种输入便紧密地交织在一起。①

伊斯顿成功地为政策过程建立的一个由"输入—输出—反馈"构成的政治系统，使得"决策民主政策范式"增加了一个新的分析视角，或者说是一种重要的方法论。

八　罗尔斯：正义政策

罗尔斯（John Rawls，1921—2002 年）在两个正义原则的基础上，提出了"正义政策"（"公共善政策"）的概念和与之相应的政策过程的解释。

（一）两个正义原则

罗尔斯对于两个"正义原则"的首次陈述如下。第一个原则，每个人对与其他人所拥有的最广泛的基本自由体系相容的类似自由体系都应有一种平等的权利。第二个原则，社会和经济的不平等应当这样安排，使它们（1）被合理地期望适合于每一个人的利益，并且（2）依系于地位和职务向所有人开放。它们区别开社会体制中这样两个方面：一是确定与保障公民的平等自由的方面，一是指定与建立社会及经济不平等的方面。大致说来，公民的基本自由有政治上的自由（选举和被选举担任公职的权利）及言论和集会自由，良心的自由和思想的自由，个人的自由和保障个人财产的权利，依法不受任意逮捕和剥夺财产的自由。按照第一个原则，这些自由都要求是一律平等的，因为一个正义社会中的公民拥有同样的基本权利。第二个原则是机会的公平平等原则和差别原则的结合。② 罗尔斯后来对两个正义原则作了修改和补充，最新的表述如下。（1）每一

---

① 参见 ［美］戴维 · 伊斯顿《政治生活中的系统分析》，第 454—455、480—481 页。

② 参见 ［美］罗尔斯《正义论》，何怀宏、何包钢、廖申白译，中国社会科学出版社 1988年 3 月第 1 版，2006 年 12 月第 8 次印刷本，第 60—61 页。

个人对于一种平等的基本自由之完全适当体制都拥有相同的不可剥夺的权利，而这种体制与适于所有人的同样自由体制是相容的。（2）社会和经济的不平等应该满足两个条件：第一，它们所从属的公职和职位应该在公平的机会平等条件下对所有人开放；第二，它们应该有利于社会之最不利成员的最大利益（差别原则）。第一个原则称为自由原则，第二个原则的第一部分称为机会平等原则，第二部分称为差别原则。①

（二）正义政策的判断

罗尔斯指出，我们可以参照社会政策的某些目的来考虑正义问题。运用正义原则，一个公民必须作出三种判断。第一，他必须判断立法和社会政策的正义，他的观点可能与其他人的观点大相径庭，特别是当涉及他们的利益的时候。因而第二，为了解决上述关于正义意见的冲突，一个公民必须决定哪一种宪法制度是正义的，我们可以把政治过程看成一部机器，当代表和选民的意见被输入时，它就作出一些社会决策。一个公民会认为这种机器的设计方法比其他方法更正义。所以，一个完整的正义观不但能够设计法规和政策，而且也能评价用于选择要被制定为法律的某种政治观的程序。此外，还有第三个问题，这个公民总是把某种制度当作正义而接受下来，并认为某些传统程序——比如，受到适当限制的多数裁决规则的程序——是合适的。但是，既然政治过程充其量不过是一种不完善的程序正义，他就必须明白何时他必须遵守大多数人所颁布的法令，何时他可以抵制这些法令，使之不再有约束力。简言之，他必须能够明确政治义务和责任的根据和限制。以四个阶段的序列来考虑正义原则的运用可能是有益的。（1）设计一种正义程序。（2）从正义的、可行的程序安排中推选出那种最能导致正义的、有效的立法的程序安排。（3）从立法代表者的见解来评判各种议案，以这个视角来评价法律和政策的正义。（4）法官和行政官员把制定的规范运用于具体案例，而公民们则普遍地遵循这些规范。这个模式是作为公平的正义论的一个部分，而不是对立宪会议和立法机构实际上如何活动的一个解释。它提出了一系列的观察点，可以从这些观察点来解决各种不同的正义问题。这样，一种正义宪法就是有理性的代

① 参见［美］罗尔斯《作为公平的正义：正义新论》，姚大志译，中国社会科学出版社2011年2月版，第55—64页。

表在第二阶段的限制条件下将为其社会采用的一种宪法。同样，正义的法律和政策就是将在立法阶段制定的法律和政策。为了解决社会、经济政策的各种问题，我们必须转而回溯一种准程序正义的观念，即只要各种法律和政策处在允许的范围内，并且一种正义宪法所授权的立法机构事实上制定了这些法律和政策的话，这些法律和政策就是正义的。[①]

诉诸公共利益是一种民主社会的政治常规。这一常规比效率原则更为重要，我们不能假设政府平等地影响着每一个人的利益。既然从不止一个观点来看追求最大值都是不可能的，那么，按照一个民主社会的精神，人们自然就挑选出最不利者的观点，并且以与平等自由和公平机会相容的最好方式来促进他们的长远前景。看来，我们最信任的正义政策至少在以下意义上是朝这个方向发展的：即如果这些政策被取消，那么社会的最不利阶层的生活会更差。这些政策即使不是完全正义的，也是始终正义的。因此，一旦我们正视采纳一种合理完善的正义观的必要性，差别原则就可以解释为一种民主的政治常规的合理延伸。[②]

至善主义价值并不是在任何情况下都不能加以考虑，譬如当立法者必须思考特定问题的范围的时候，或者当涉及某些政策问题的时候（如要求拨付公共基金保护美妙自然风景，随着宪法实质的深入人心，可以通过适当的全民投票来解决）。关键在于，应该真诚地承诺不诉诸至善主义价值来解决宪法实质问题和基本正义问题。必须首先达到基本正义，然后，民主的全体选民可以决定将巨大的资源用于艺术和科学领域的重大项目，如果他们这样选择的话。[③]

（三）　符合正义原则的政策过程

罗尔斯强调以一部正义宪法为行政公职和权力建立公平竞争的形式，通过提出公共善的观点和旨在实现社会目标的政策，竞争各方在确保政治自由的公平价值的思想自由、集会自由的背景下，按照正义程序的规则来寻求公民的赞同。[④] 由此涉及的政治过程或政策过程，涉及以下主要内容。

---

① 参见 ［美］罗尔斯《正义论》，第 35、193—199 页。
② 同上书，第 319 页。
③ 参见 ［美］罗尔斯《作为公平的正义：正义新论》，第 184—185 页。
④ 参见 ［美］罗尔斯《正义论》，第 225 页。

（1）建立代议制机构。决定基本社会政策的权力存在于一个代表机构中，这个代表机构是由选民定期选举，并绝对向选民负责的。这个代表机构远远不是一个纯粹的咨询机构。它是一个有权制定法律的立法机关，而不简单地是一个社会各阶层代表组成的、由行政部门来向其解释自己的行动并探察公共意向的论坛。政党也不仅仅是觊觎政权的利益集团，相反，为了获得足够的支持来谋取公职，它们必须提出某种公共善的观念。当然，宪法可以从许多方面来约束立法机构，宪法条文规定着它作为立法机构的行为。但是，在必要的时候，选民中的一个稳固的多数可通过适当的途径来修改宪法而达到他们的目的。①

（2）选举。所有健全的成年人（除了一些公认的例外）都有权参与政治事务，并且每一个有选举权的人都有一张选票这一规则得到尽可能的尊重。选举是公正的、自由参加的和定期举行的。②

（3）政治自由。通过公民投票或其他手段，或者在适合于公职人员的时间内进行的分散的、难以预言的民意测验，对一个代议制政权来说是不够的。某些自由，特别是言论自由、集会自由、组织政治团体的自由得到宪法的坚决保护。一个民主政权以言论、集会、思想和良心的自由为先决条件，不仅第一个正义原则要求这些制度，如果没有这些制度，则比较合理的政策方针即便不被特殊利益所掩盖，也必定会忽略。③

（4）忠诚的反对派。忠诚的反对派的原则得到承认。没有忠诚的反对派的观念，没有对表达和保护这一观念的宪法条款的坚持，民主政治就不能被恰当地引导或长久地维持。④

（5）公民的政策参与。所有的公民都应有了解政治事务的渠道，他们应该能够评价那些影响他们福利的提案和推进公共善观念的政策。此外，他们应有一种公平的机会把一些替换的提案补充到政治讨论的议事日程中去。每当具有较多个人手段的人被允许使用他们的优势来控制公共讨论的过程时，由参与原则所保护的这些自由就失去了许多价值。因为，这些不平等最终使处境较好的人对立法进程施加较大的影响。在适当的时候，他们就有可能在解决社会问题上，取得压倒一切的影响力。最重要的

---

① 参见［美］罗尔斯《正义论》，第 220 页。
② 同上书，第 220—222、229 页。
③ 同上书，第 220 页。
④ 同上书，第 220—221 页。

在于宪法应该确立介入公共事务的平等权利，应该采取措施维持这些自由的公平价值。在一个治理良好的国家中，只有较少的人花费大量时间来从事政治，因为还存在着人类善的许多其他形式。但是不管这部分人有多少，他们很可能或多或少是平等地来自社会的各个部分的。许多利益集团和政治生活中心都有它们的一些积极成员在照管它们所关心的事情。参与政治生活并不使个人成为他自己的主人，倒不如说是给了他在决定如何安排基本社会的条件下和其他人同等的发言权。进行商讨和把每个人的信仰和利益都考虑进来的公共意愿，奠定了公民友谊的基础，形成了政治文化的精髓。由于社会期待他去投票，社会也就期待他有各种政治观点，这种活动本身是一种积极的享受活动。[①] 在产生重大政治问题的场合，公民必须能够为他们的政治观点互相出示可公共接受的理由。这意味着，我们的理由应该附属于政治正义观念所表达的政治价值。除非民主政治中存在着公民的广泛参与，而这些公民是充满活力的和信息灵通的，并且其动机在很大程度上是由对政治正义和公共善的关切所决定的，否则即使是设计最好的政治制度也会最终落入这样一些人手中，这些人渴望权力和军事荣耀，或者追求狭窄的阶级利益和经济利益，而不顾别的任何东西。[②] 公民的理想给公民们强加了一种能够相互对那些根本性问题做出解释的道德义务（即公民义务）而不是法律义务。也就是说，他们要相互解释清楚，他们所拥护和投票支持的那些原则和政策怎样才能获得公共理性之政治价值的支持。这一义务也包含了一种倾听他人意见的态度，和一种在他们应该对别人的观点做出理性回应时于决策过程中保持的公平心。[③]

（6）公众意志。一旦立法和社会政策明确表达了公众意志，政府若还是民主政府就不可能凌驾于它之上。[④] 公共理性的理想不仅支配着选举的公共辩谈——在其所辩谈的问题包含那些根本性问题的范围内——而且也支配着公民怎样对这些问题投出他们的选票。否则，公共辩谈就会有落入假设的危险，即公民们都会当面说一套，背后投票却是另一套。[⑤]

---

① 参见［美］罗尔斯《正义论》，第 223、225、231—232 页。

② 参见［美］罗尔斯《作为公平的正义：正义新论》，第 112、175 页。

③ 参见［美］罗尔斯《政治自由主义》，万俊人译，译林出版社 2000 年 1 月版，2002 年 1 月第 3 次印刷本，第 230 页。

④ 参见［美］罗尔斯《正义论》，第 296 页。

⑤ 参见［美］罗尔斯《政治自由主义》，第 228 页。

（7）多数裁决原则。评判任何一种程序的基本标准是程序可能产生的结果的正义性。当选票被相当平均地分配时，我们也可以对多数裁决规则的适当性问题作出类似的回答。一切都依赖于结果是否可能正义。如果社会的各阶层之间存在着一种合理的信任并分享着一种共同的正义观，纯粹多数的统治就可能会相当不错地获得成功。在缺少某种根本的一致意见的情况下，多数裁决规则较难被证明，因为遵循正义政策的可能性较小。凡是涉及正义的地方，都不应考虑欲望的强度。当然，立法者必须实事求是地认真对待强烈的公共情绪。人们的愤怒不管是多么缺少理性，都将为政策的可行性划出界限。大多数参与理想程序并执行它的规定的人都将赞成某一法律和政策，那么这个法律或政策就是足够正义的，或至少不是不正义的。在这一理想的程序中，所达到的决定不是一种妥协，一项为达到各自目的的对立双方达成的交易。我们不应该把立法讨论看成是一场利益的争夺，而应看成是一种寻找由正义原则所规定的最好政策的意愿。投票结果给出了一个何种法律或政策最符合正义观的评价。一个正确判断比错误判断具有更大的可能性，而且不同个人的投票不是互无关联的。一种在许多人中间理想地进行的讨论（如果需要，可进行投票），要比任何一个人自己的审慎思考更可能得出正确的结论。与其他人交流意见克服了我们的偏见，扩大了我们的视野，我们被要求从他们的观点来看问题。无知之幕意味着立法者已经是公正的。每个理性立法者都要根据他认为那个法律和政策最好地符合两个正义原则的观点来投票。如果实际地被表决的法律是那些合理地得到真诚地想遵循两个正义原则的理性立法者赞成的法律，那么大多人的决定在实践中就是有权威性的，虽然不是决定性的。这种情况属于准纯粹程序正义。在立法阶段，我们必须依赖立法阶段的实际讨论过程而在允许的范围内选择一个政策，它们仅仅表明，那些不同意已作出决定的人，不可能在公共正义观的框架内令人信服地确立他们的观点。[①]

（8）经济政策。在宪法指导下，民主地作出的集体决策决定了经济的一般面貌。[②] 不能以借口来拒绝某些群体拥有平等的政治自由，即他们拥有这些自由可能会使他们反对有利于经济增长和提高效率的政策。财产所有的民主可以满足两个正义原则，其背景制度力图分散财富和资本的所

①　参见［美］罗尔斯《正义论》，第228—229、356—363页。

②　同上书，第281页。

有权，来防止社会的一小部分人控制整个经济。①

（9）民主政治的缺点。民主政治过程充其量只是一种受控的竞争过程，它甚至在理论上也不具有价格理论赋予真正的竞争市场的那种值得向往的性质。此外，政治制度中的不正义结果比市场的不完善更严重，持续的时间更长。政治权力急速地被集中起来，而且变得不平等。普选权是一个不充分的补偿措施，因为当不是公共资金而是私人捐款资助各方和选举活动时，占统治地位的利益集团的意图就约束着政治议会，以至于建立正义的宪法规则所需的基本法案很少被严肃地提出过。②

（10）非暴力反抗。虽然公民通常使自己的行为服从民主权威，即承认一种投票的结果确立了一种在其他条件相同的情况下便具有约束力的规范，但是他们并不使自己的判断也服从于民主权威。一个民主主义者有理由通过适当的不服从形式来反对公众意志，甚至作为一个政府官员来试图巧妙地反对它。在集体判断很不公正的场合下，考虑适当的不服从形式（例如非暴力反抗或良心的拒绝）是纠正民主制定政策偏差的必需的、合理的方法。非暴力反抗是一种公开的、非暴力的，既是按照良心的又是政治性的对抗法律的行为。③

（11）公共性。公共性要求当事人按照公民之公共承认的后果——政治的、社会的和心理的——来评价正义原则。秩序良好的社会可能达到公共性的三个层次。第一个层次是公民对正义原则和公共知识（或理性信仰）的相互承认。第二个层次是公民对一般事实的相互承认。第三个层次是对作为公平的正义基于自身而得到的安全证明的相互承认。就我们的目标而言，公共性条件具有一个重要的后果，即它赋予政治的正义观念以一种教育功能。④

（12）立宪民主与程序民主。立宪民主是这样一种政体，在这种政体中，法律和法规必须同某些基本的权利和自由相一致。程序民主是这样一种政体，在这种政体中，不存在任何对立法的宪法限制，从而多数派（或者相对多数）所制定的任何东西都成为法律，只要适当的程序得到了

---

① 参见［美］罗尔斯《作为公平的正义：正义新论》，第60—61、164—170页。

② 参见［美］罗尔斯《正义论》，第224页。

③ 同上书，第296—297、357、363—392页。

④ 参见［美］罗尔斯《作为公平的正义：正义新论》，第146—148页；《政治自由主义》，第69—76页。

遵守，而这种适当的程序是一套确认法律的规则。在立宪政体下，如果有争议的司法决定引起了细致的政治讨论，而在讨论过程中是按照宪法原则来理性地辩论它们的是非曲直，那么这些有争议的决定通过吸引公民参与公共辩论而发挥了一种极其重要的教育作用。立宪政体更有可能实现正义原则，也更有可能实现自由的公共理性的理想和审议民主的理想。[①]

（13）差别原则的政策适应性。第一种担心是，差别原则是否要求我们在每一个政策问题上都要考虑它对最不利者的前景会产生什么影响。如果差别原则这样要求的话，那么对于许多人来说这个原则显得太麻烦了。一种实用的回答是这样：一旦整个政策家族是既定的，我们就会选择几个为数不多的几种手段，而这些手段能够加以调整以满足差别原则的要求，这样做就可以使我们不至于在每一个政策问题上都必须考虑差别原则。第二种担心是，差别原则的实现是否应该在一个社会的宪法中得到确认。看起来不应该是这样的，因为这有使它成为一种宪法实质问题的危险，而宪法实质问题是应该由法院来加以解释和强制实行的。[②]

（14）保障自由的制度指标。一是各种选举的公共经费负担和确保有关政策问题的公共信息之有效性，使被选代表和官员足以独立于特殊的社会利益和经济利益，并提供知识和信息，正是依据这些知识和信息，各种政策才能形成并接受公民利用公共理性对之进行理智评判。二是确定的机会均等，尤其是教育与培训机会的均等；如果没有这些机会，社会各方就无法参与公共理性的争论，或无法对社会和经济政策进言。三是适当的收入和财富分配，缺少这一条件，那些拥有财富和较高收入的人就容易宰制那些财富和收入较少的人，并日益控制政治权力，使之有利于他们自己。四是通过中央或地方政府，或其他经济与社会政策，社会作为最后雇主。五是全体公民的医疗保健。[③]

（15）合法性。关于宪法根本和基本正义的问题，基本结构及其公共政策都可以向全体公民证明其正当合理，这是政治合法性原则所要求的。合法性是一个比正义更弱的理念。民主决策和民主法律之所以合法，并不是因为它们是正义的，而是因为它们是按照一种为人们所接受的合法的民

---

① 参见［美］罗尔斯《作为公平的正义：正义新论》，第241—245页。

② 同上书，第194—196页。

③ 参见［美］罗尔斯《政治自由主义》，平装本导论，第46—47页。

主程序而合法地制定出来的。合法民主程序之结果的不正义，会破坏其合法性。从各种各样的委员会和立法实体，到普选和复杂精密的宪法修正程序，一种合法的程序也就是在人民必须作出集体性决定而又在正常情况下难以达于一致的时候，全体自由而平等的公民都可以理性地予以接受的程序。①

九　萨托利：决策民主论

萨托利（Gioanni Sartori，1924—　）认为自己独创的民主理论是"决策民主论"，也可称为"决策过程网络的民主"，② 主要涉及以下内容。

（一）政治决策的性质与成本

萨托利指出，决策分为四种：（1）个人决策；（2）团体决策；（3）集体决策；（4）影响集体的决策。个人、团体和集体的决策都涉及某个主体，涉及决策者，而影响到集体的决策则是适用、实施于某个集体的决策，无论它们是一个人、少数人或许多人作出的决策。定义的标准不再是谁在决策，而是决策的影响面：无论是谁在决策，他都是在为大家决策。影响到集体的决策这一概念，使得有可能主张政治是由影响到集体的决策构成。一切政治性决策都是影响到集体的决策，但反过来说就不对了，并非一切影响到集体的决策都是政治决策。影响到集体的决策是否是政治决策，取决于它们是：（1）最高决策；（2）不留余地；（3）有惩罚能力。③

决策成本是团体内部的成本，它们只涉及进行决策的人。外部风险是团体外部的风险，它们只涉及为其作出决策的群体。三个变量影响外部风险与决策成本：（1）决策者人数；（2）选择（任命）决策者的方式；（3）决策规则。④

---

① 参见［美］罗尔斯《政治自由主义》，第238、454—457页。

② 参见［美］萨托利《民主新论》，冯克利、阎克文译，东方出版社1998年12月版，第15页。

③ 同上书，第241—242页。

④ 同上书，第244—251页。

（二）决策结果和决策背景

萨托利在决策结果和决策背景方面，提出了三个论点。

第一，决策结果包括正和模型和零和模型两种类型。决策背景可以分为连续性的和不连续性的，当我们面对的是个别的、分离的问题时，背景就是非连续性的；当一系列问题是放在一起解决时，决策背景就是连续性的。①

第二，每一项政策都是理想主义和现实主义的混合物。如果其中一个因素占了压倒优势，如果太多的理想主义消灭了现实主义或者相反，一项政策就有可能失败。永远不会有人能成功地制定真正纯粹的政策或严格的理想或道德的政策。②

第三，民主的决策过程模糊了统治者和被统治者的界线这一事实，并不能说明统治与被统治已浑然一体。③

（三）合作式民主

萨托利认为，强度是让具体的团体聚在一起开展活动的因素，它也解释了它们的冲击力和吸引力。强度通常只是为小小的少数派所固有，总是存在着"控制的少数"。区分"多数至上的民主"与"合作式民主"是对经验民主论的一项重要贡献。

（1）在某些国家，多数至上原则能够克服"强度"问题，而在另一些国家，这种决策原则必须服从和适应各种激烈态度。

（2）"多数至上的民主"和"合作式民主"这两种类型代表着使零和的政治和正和的政治之间取得平衡的两种典型方式。

（3）在一端为"始终是多数至上"而另一端为"始终不是多数至上"的连续体中，具体的民主制度越是具有共识性和（文化上的）同质性，越是（分裂体结构方面）没有分化，则有可能更多地表现出多数至上。如果它较少具备这些特点，则它的多数至上也会较少（即合作论）。④

萨托利还强调，多元主义和多数统治是相敌对的，这并不是说多元主

---

① 参见［美］萨托利《民主新论》，第252—253页。
② 同上书，第45页。
③ 同上书，第97页。
④ 同上书，第253—256、267—270页。

义不承认多数原则是一个规章性原则，也就是说，是一个决策的技术，多元主义是有限多数原则——即多数应该尊重少数权利的原则——得以存在并合法化的最好的基石。①

（四）　共识与公共舆论

萨托利认为，共识不是实际的同意，它不是指每个人对某件事的主动同意。共识包括三个对象或层次。一是基本共识，决定着既定社会是否从整体上分享同样的价值信仰和价值目标，它有利于建立民主的合法性。二是程序的共识，它建立了所谓的游戏规则。三是对政策和政府的共识，引出了作为异见的共识，对于政策的异见和对政府的反对，所针对的是统治者，不是统治的形式。② 如果在社区层次或基本原则上——特别是在解决问题的原则上——存在共识，那么完全可能在政策上发生冲突。之所以如此是因为基本原则上的共识提供了自我约束，使冲突成为不那么冲突的事。基本原则上的冲突也不是民主的一个可能的基础，的确也不是任何政体的基础；这样的冲突，也就是说真正的冲突，其唯一的结果就是内战和分裂。③

公共舆论首先是一个政治概念，可以把公共舆论定义为一群公众或数群公众的散乱思想（意见）状态同有关公共事务状况的信息流的相互作用。舆论并不仅仅在选举中表达，有些特殊群体，如传播界、经济利益集团和思想团体，随时都表达意见，而且可以相信，他们比选民更有影响。不起作用的公共舆论是没有的，但无所不能的公共舆论也是没有的。公众的感情或意见解释了一项政策的成败，它很少创制一项政策。④

（五）　政党是表达的渠道

萨托利指出，政党首先且最主要的是表达的手段：它们是工具，是代理机构，通过表达人民的要求而代表他们。政党对它感到必须进行反应的要求施加自己的影响。恰恰是因为政党为表达、沟通以及实践被统治者的

---

① 参见〔美〕萨托利《政党与政党体制》，王明进译，商务印书馆 2006 年 12 月版，第 38 页。

② 参见〔美〕萨托利《民主新论》，第 101—103 页。

③ 参见〔美〕萨托利《政党与政党体制》，第 36 页。

④ 参见〔美〕萨托利《民主新论》，第 100、138 页。

要求提供了渠道，负责任的政府才成为真正意义上的反应型政府。从宗派到政党正如凯（V. O. Key, Jr）所指出的，"政党是把大众的偏好转变为公共政策的基本公共机构"。表达功能是多党制的特点，政党（复数）的次体系允许表达性的交流，使公民能够与国家进行交流。既有选举型政党——夺取选票的单位，也有决策型政党——派别影响党的决策甚至与其他政党的派别做公开协调来讹诈自己的政党。决定性的因素不是实际的竞争，并且更不是高度的竞争，而是竞争是否是可能的。因而，只要新的竞争者可能进入市场，只要大众可能转移他们的忠诚，只要政策的决策者对此保持警觉并影响到其政策，那么，从结构上讲，这个体制就是竞争性的。由议题或对政党政策立场的反应决定的投票选择，是非常少的。政党形象是选民认同政党的机制，而政党形象反过来又与其基本的议题取向相关。[①]

（六）委员会决策

萨托利强调委员会是个相互作用、面对面的团体，是个长期存在的制度化的团体，是一个面对一系列问题的决策团体。委员会决策是正和决策。如果从产出角度评价民主，就可以看出委员会系统并不是阻碍民主前进的抗体，而是支持着民主分配的决策系统。理想的决策系统显然必须满足以下要求：（1）每个人有同样的影响力；（2）应对同等的选择强度给予同等的考虑；（3）正和和零和的结果应当适当地加以平衡；（4）应尽可能缩小外部风险；（5）应尽可能降低决策成本。没有任何规则、原则或决策系统能基本满足这些要求。实际的情况是，每种单位采用对自己适宜的和同质的决策原则，这些单位可以被概括为：委员会、制度化的常设会议、任何松散的投票集体。[②]

（七）民主理论的政策特征

萨托利认为民主理论具有以下的时代特征。（1）毫无道理地和危险地忽视外部风险问题。（2）对影响决策成本的规模限度和委员会原则向多数原则的变化认识十分不清楚。（3）重视透明度更大的政治，反对透

①　参见［美］萨托利《政党与政党体制》，第56、58、82—85、139、304、457—458页。

②　参见［美］萨托利《民主新论》，第256—267页。

明度不高的领域，但对涉及的事情没有清楚的了解。（4）先引入政治然后再将其政治化的领域不断膨胀。（5）结果是一种十分幼稚的民主原教旨主义，它以直接参与式民主反对控制和代议制。①

现代民主制度取决于三点。（1）有限的多数原则。由于决策过程并且为了作出决策，人民才分成了多数和少数，民主就是多数统治这一口号是不正确的，只有尊重和保护少数的权利，才能维护民主的力量和机制。（2）选举程序。选举必须是自由选举，正像不经投票的代表几乎毫无意义一样，没有自由选择的投票也不能产生代议制的统治。（3）代表权的转移。②

萨托利提出的"决策民主论"，重点考虑的是影响决策的各种要素是否带有民主的成分，由此不仅要关注决策的性质、决策背景、决策结果和决策成本，而且需要在"多数至上的民主"和"合作式民主"之间选择决策方式，并且需要有代表表达、形成共识和保证正和与零和的结果适当平衡的途径和制度。

十　雅赛：自由主义政策的选择

雅赛（Anthony De Jasay，1925—　）以"严格自由主义"的论点探讨了"自由主义"政策的集体选择问题，③ 提出了以下论点。

第一，政策的价值观取向。政治权威既无职也无权去给予一个价值。没有哪一条原则会留下来迫使一个一心一意追求选举得利的政府去自我克制。一个政府如果扶植某一特定的价值，那么，它哪怕是努力想限制自己，也是限制不了的。有两套有关价值中立的说法，代表了两条彼此对立的原则，两套根本对立的政策指导思想。一是要求"各人有各人的价值"，他要实现这个价值，就让他自己想办法去实现好了，不能对别人实施强制，逼别人去帮助他实现他的价值。二是主张"每个价值都有平等的机会"，既然没有市民社会，那就只能由国家来实行机会平等。④

---

① 参见［美］萨托利《民主新论》，第273—276页。
② 同上书，第33—39页。
③ 参见［英］雅赛《重申自由主义——选择、契约、协议》，陈茅等译，中国社会科学出版社1997年7月版，第11—13页。
④ 同上书，第18—22页。

第二，政策规则。一条最根本的规则，就是政策必须符合该国的宪法（宪法的实质内容可以由一个辅助性的理论勾勒出来）。[①]

第三，政策抉择的"正面自由"。如果公共政策要提供大堆大堆可供采纳的抉择时要使所有这些抉择都"可以接受"而且使其中最佳的抉择不至于因"代价过高"而非摒弃不可，那么，这个政策就必须标榜另一种目标、原则或是准则。"自由行动"所针对的是最佳选择和次佳选择之间的差距；"更多更好"是"正面自由"的一个替代性主张，所针对的是可供选择的种种抉择的绝对水平与数目。插进"正面自由"作为一个自由主义目标，如果说对据此而产生的政策起什么作用的话，那就是比之简单的非强制更为使这个政策变得像是"一切东西属于一切人"。[②]

第四，权利的控制。"权利最大化"的必然结果是"义务最大化"。如果有一个理论，它不准备对某一干涉主义政策在各个后果加以"全面权衡"的判断（因为这样的政策很少只会带来好处而不会给任何人带来代价），就对这一政策加以认可，那么这样的理论大概是无可接受的。另一个答案是，一个人如果对政策感兴趣，他就不能拒绝考虑后果，而如果这样做牵涉到要同权利的伦理道义问题妥协，这就必须放手去实行这样的妥协。[③]

第五，严格的自由主义的基石。（1）个人能够选择，并且只有个人才能选择（"个人主义"原则）；（2）个人能够为自己选择，为别人选择，或者既为自己也为别人选择（"政治"原则）；（3）选择的意义在于选取所偏爱的选择方案（"无支配"原则）；（4）承诺必须兑现（"契约"原则）；（5）先来后到（"优先"原则）；（6）所有权都是私有的（"排斥"原则）。[④]

第六，集体选择。最基本的政治就是作出和执行集体的选择。集体选择的特点是具有两个参数。一个参数说明谁有权选择，谁是在为之作出选择的集体中"起决定作用的小集体"（或称为"得胜的联盟"）。另一个参数说明什么样的方案可以（或不可以）以集体的方式选择，这是个人

---

① 参见［英］雅赛《重申自由主义——选择、契约、协议》，陈茅等译，中国社会科学出版社1997年7月版，第22页。

② 同上书，第31—36页。

③ 同上书，第49—52、62—63页。

④ 同上书，第75页。

领域与公共领域之间的界限。被指定的个人、教会的领袖、军队的指挥官、大家族的首领等可以一致地为整个国家作出决定，或者是以借助权威形成全体一致的方式，或者是以一种每一票的分量取决于投票者的势力、智慧或地位的表决方式。还有一种方式是，起决定性作用的小集体可以由不具名的个人组成，他们投票时每一票的分量都与投票者的身份无关。一个不具名的小集体变得具有决定作用凭的是它的人数，而不是凭组成这个小集体的人的地位、功劳、权威或财富。有决定权的小集体的人数越少（相对于大集体或投票人数），集体的选择就越容易作出。当有决定权的小集体被允许达到最低人数时，集体选择就可能处于最迅捷的状态，有时人们也说处于最民主的状态。作决定的集体越大，集体选择就越迟缓，因为会有更多人数更少的少数人阻止集体改变现状。自由主义的原则是，选择的意义在于选取不受另一选择方案支配的选择方案。如果人们或不同集团的人们在某些问题上怀有强烈的感情，并且认为其他人也怀有同样的感情很重要，他们唯一可以诉诸的合法手段是说服，而不是表决。从这个例子中，可以发现自由主义与民主发生矛盾和冲突的可能性。对于民主来说，只要有两个以上的其他人赞赏一项决定所服务的价值，你就必须服从这项决定；对于自由主义来说则不必因此而服从。集体选择将"以集体的方式做出"，到了再改变规则也不可能获得更多利益的时候，也就找到了支配性的选择；宪法到了不可能更民主的时候，也就最终处于平衡状态了。①

十一　彭茨：决策自由

德国的自由主义学者埃伯哈德·彭茨（Eberhard Puntsch，1926—2015 年）认为民主是政治上参与决定权力的一种制度，这种制度可使公民影响政治决策；自由就是以多种方式进行决策的可能性；自由即决策自由，不自由就是丧失了决策的可能性。②围绕"决策自由"，彭茨提出了一套自成体系的看法。

---

① 参见［英］雅赛《重申自由主义——选择、契约、协议》，第 125—131、138 页。

② 参见［德］埃伯哈德·彭茨《政治与人类尊严——德国自由主义者的解决途径》，1996 年 2 月由林荣远、冯兴元等翻译，第 7、26—27 页。

（一）决策自由的目的

彭茨论证的建立自由的国家和社会的目的，涉及了与决策自由有关的一些目的。

（1）自由主义的政策作风取代了现代专制独裁的陋习。执政者借助于公民的理性并取得成效，通过正当的方法仍然不能达到的目标，则仍然成为意向。

（2）公民不再凭政治家华丽动听的议论来判断他的素质，而是视其解决实际问题的能力；不再赞赏他回避游戏规则的技巧，而是看他遵循游戏规则所付出努力的程度。政治上的诚实在于，公民的福利就是行动的目的，是委托政治家的社会福祉。

（3）把党的政策作为治理国家的手段，这种做法不再奏效，公民知道其中的差别。

（4）越来越多的公民不仅仅为了建立某种联系或者为了发展人的兴趣才成为某一党团的成员，而是为了履行他们的民主义务。他们知道，"民主"只有在人民决心行使"治理权力"的地方才有可能存在。

（5）参加选举或者加入社团、协会、企业、学校、大学及其他团体的公民越来越多，其真正的意义是通过自己的成员资格得到社会的承认。公民们充分利用参与决定的可能性，因为他们知道，他们所留下的权力空缺将由当权者来填补，当权者所作出的决策恰恰是违背他们的意愿的。

（6）自由主义的国家是地方分权制和联邦制的国家。为了保证每个人最高限度地享有自由的权力而付出的努力与在各个最基层的决策单位作出决策的倾向是相一致的，它们自身并没有统一的愿望。

（7）少数派，只要他们遵守游戏规则，便会被作为丰富社会多样性而接受。公民不必害怕发表与众不同的见解，因为多数派知道，少数派的意见也是推动社会进步的源泉。

（8）记者们在发表他们的见解时意识到自己的责任。他们并没有兴趣将自己的观点强加给别人，而是试图促进各种要求。

（9）社会福利政策的中心点应该定在冷酷无情和溺爱纵容之间，它可将寄生虫从需要资助的人中区分出来，可以减轻人们的困难，但是不会令人生活舒适。自由主义的社会政策是要平衡不同的生活条件，救助处于不利地位的人，使他们能够独立生存。自由主义的社会政策是促进自助，这并不是说要建立终身的救济制度，而是要努力促使人们能尽快地摆脱救济，生活独立。任何社会福利政策所面临的最艰巨任务是必须分清，谁需要帮助是因为他无法自助，谁过着寄生生活，而没有充分利用自身所具有的自助潜能。

（10）由于下放权力和公民的理智，国家在维持裁减了的机构时，不再要求征收捐税，只有很少的税种和简单的计算方法。公民不再因为官僚主义的吹毛求疵而怀疑和拒绝履行自己的义务。

（11）自由主义政策必须找到个人权力与集体要求之间的平衡点。当自由和责任的价值处于平衡状态时，自由主义政策才有机会发现这样的平衡点。这样，在每次进行决策时，才能衡量对个人和集体的期望。自由是对整体负责。在自由主义的国家里，公民是最高的主体，他们对国家所发生的一切负责。

（12）唤起感情作为决策的载体，那是专制的方法；因为专制主义者多于自由主义者，所以一般都采取操纵决策机构的办法。自由主义者没有进行操纵，它不诉诸公民的感情，而是求之于他们的智力和理性。他不是规劝，而是令人心悦诚服。他要的是自由的赞成，而不是骗取的同意。①

（二）决策自由的政策过程

彭茨对决策自由所涉及的政策过程，作出了以下几个方面的解释。

第一，决策责任。人在哪里作出决策，就要为其决策的后果承担责任。谁若作出了错误的决策，他就将为此付出代价。人在决策时无法通观其决策的后果，这就免除不了他的罪责。②

第二，决策权力。民主是自由主义的国体。只有没有自由主义的民主，不存在没有民主的自由主义。民主制度使得决策权力不再掌握在君主或内阁的手中，而是被掌握在被选出来的代表手中；不再由个人专断而是根据大多数人的意志来决定。无论如何，民主还不是一个自由社会的保障，它只能实现其参与决定的基本价值，而且也只是在政治的领域内。③

第三，直接民主。自由主义的理想当然是直接的民主，公民不仅选举

---

① 参见［德］埃伯哈德·彭茨《政治与人类尊严——德国自由主义者的解决途径》，第1—5、8—9、19—21、39—40、43页。

② 同上书，第7页。

③ 同上书，第26—27页。

自己的决策全权代表，而且在较大的范围内进行决策。在大国中实行直接的民主是不可能的，相反，可以通过直接的形式来补充有代议制的民主，如关于举行公民投票的建议、公民投票表决、市民表决、市长和州议会的预选、承认公民的各种积极性等，即使这些形式只代表其成员的直接利益。①

第四，讨论。讨论使得有可能检验自己的意见的影响能力。讨论保证人们区别知识和臆想东西。在讨论中获悉他人的观点、新的观察方式，会令人充实。凡是有说话权利的地方，那里就有听取意见的义务。如果说民主就是讨论，那么就必须从一个国家的讨论水平，得出民主达到何种程度的结论。②

第五，决策过程。自由首先是一个公开的、公正的决策过程：行为的目标不是强加的，而是提供选择的；多数不是安排布置的，而是争取来的。一切当事人都可以或者通过他们选举的代表参与决定，通过公正的选举方式选举出代表。他们可以平等地获得有关的资料，在没有操纵的压力下作决定。③

第六，控制党派政治。自由主义禁止党派政治。推行党派政治，意味着政党没有把自己理解为平等的一员——整体的一部分和整体的公仆，而是觉得自己就是整体，并把自己提高为行动的目的。推行党派政治，意味不给予整体利益，而是突出自己党派的利益。④

第七，政策开放性。开放性体现在公平的决策过程当中：在该作出决策的地方就作出决策。与会人员的选择，议事日程，演讲，表决程序，骗局和压力不能操纵和摆布决策机构。开放性体现在透明度上：决策机构以透明方式经过选举产生，根据可能性公开举行会议，做出可靠的会议纪要。开放性保障公民有机会获取信息和参与决定：谁将自由置于一系列价值的最高位置，他就必须优先致力于建立公开的信息和决策程序。⑤

---

①　参见［德］埃伯哈德·彭茨《政治与人类尊严——德国自由主义者的解决途径》，第28页。

②　同上书，第35—37页。

③　同上书，第41页。

④　同上书，第44页。

⑤　同上书，第85—86页。

（三）公民的政策参与

彭茨认为，自我实现是自由的目的，自我决定是运用自由的方式。自由是形式，自我决定是内容。为什么如此多的人常常放弃行使他们自我决定的权力，其原因一是方便省事，二是害怕作出错误的决策，三是自卑感，四是软弱。公民对政治家要信任，也要有所批评，并不能要求他们是完人。公民要在更大程度上承担自己的参与义务，并且以此方式得到其他防止弊端的途径。①

在现代民主政体中，很少有公民决心尽可能地利用他们参与决定的可能性，到处都存在着成员不足的问题，至少是缺乏积极的成员。贪图方便省事已经阻碍了人们行使自我决定的权力，它又以下面两个借口使人们拒绝参与决定。（1）个人作为集体的一分子，对整体的路线方针"的确不会产生影响"。这种意见的辩护士没有认识到，作为集体的一个部分，有义务在决策过程中做出自己的贡献，而作为自主的整体则有贯彻自己观点的要求。（2）有意表现出对领导者的无限信任。注意到利用参与决定的可能性的一个障碍是，人们在行使参与决定权力时，缺乏足够的技巧。希望通过当逍遥派摆脱责任的想法，同样影响参与决定的领域。放弃参与决定权力的其他可能的原因是：道德主义者不想弄脏自己的双手；至善论者因为不可能找到尽善尽美的解决方法，皱起鼻子退缩了；专家学者则只对现有问题的某一个侧面感兴趣；独裁主义者讨厌整个民主主义的装腔作势。②

十二　沃尔泽：复合平等的民主决策

迈克尔・沃尔泽（Michael Walzer，1937—　）以"复合平等"的视角，就"民主决策"涉及的一些主要问题，提出了一些重要的论点。

（一）复合平等的基本政策原则

沃尔泽对"复合平等"的政策过程，提出了五项基本的原则。

---

① 参见［德］埃伯哈德・彭茨《政治与人类尊严——德国自由主义者的解决途径》，第2、9—13、118 页。

② 同上书，第13—16 页。

　　第一，政策过程的开放。在一个由独立国家组成的世界上，政治权力是一种地方垄断。政治权力，准确地说，是制定跨时间决策、变更法规、应付紧急情况的能力；不经其对象不间断的同意，这种权力就不能以民主方式行使，而其对象包括所有在领土范围内受决策影响的男女。复合平等理论通过政策制定的方式能够从特定共同体延伸到国家组成的社会中，并且这一延伸有这样一个优势：它将不会践踏地方性共识和决策。政治正义的原则就是这样的：一个民主国家用以设计其国内生活的自决过程必须开放，并且平等地向所有生活在其领土内、在当地经济中工作和服从当地法律的男女开放。职业管理者的无能和保护措施的双重僵化给民主政府带来根本危险。①

　　第二，控制政治权力。作为国家权力，它也是管理所有不同追求——包括对权力本身的追求在内——的手段，它是分配正义至关重要的代理人，它警诫着每一种社会善在其中得以分配和配置的领域的边界，因此就同时出现了两个要求：即权力必须维系和权力必须受到约束，权力必须被动员、被分割、被制衡。政府在他们的所有活动中，他们约束自己的权力，使自己服从于宪法的限制。有限政府就像受阻的交换一样，是复合平等的一个重要手段。但有限政府只告诉我们谁治理，它并不在政治领域内解决权力的分配。权力应该由那些最知道如何使用权力的人拥有；它应该由那些最直接承受其结果的人拥有，或至少由他们来控制。②

　　第三，明确受阻的交易。政治权力和影响不能买卖，公民们不能出售他们的选票，官员们不能出售他们的决定，贿赂是一种非法交易。离开政治共同体的权利不可出售。政治职位不能购买。言论、新闻、宗教、集会自由，所有这些都不需要金钱支付，它们只是简单地保证给予每一个公民。在复合平等政体中，特定种类的风险将被均匀分担，因为把风险强加到别人身上的权力、在工厂和公司中作出权威性决策的权力不是可出售的物品。如果设想金钱只在对候选人和官员"说话"时，只在被谨慎地展示在或公开地招摇在权力走廊上时，才有政治影响力，那就错了。它在更贴近家庭时也有政治影响力，在市场上也同样具有政治影响力，这里，也

---

　　① 参见［美］迈克尔·沃尔泽《正义诸领域：为多元主义与平等一辩》，褚松燕译，译林出版社 2002 年 5 月版，第 28、35—37、73—76、119 页。

　　② 同上书，第 377—382 页。

需要边界修订。①

第四，界定所有权。所有权的权利范围被重新确定，以便排除某种被认为只能由作为一个整体的政治共同体来做出的决策。这种重新界定确定了如今社会生活得以组织的关键的分界线。一方面是被称为"政治的"活动，包括对目的地和风险的控制；另一方面是被称为"经济的"活动，包括货币和商品的交换。②

第五，福利国家走向。每个政治共同体在原则上都是一个"福利国家"的意义。民主国家最有可能在实践中成为福利国家。现代工业民主国家中的公民彼此之间负有大量义务。每个政治共同体都必须根据其成员集体理解的需要来致力于满足其成员的需要；所分配的物品必须分配得与需要相称；并且，这种分配必须承认和支持作为成员资格基础的平等。美国当前仍保持着西方世界最吝啬的公共供给系统，民主决策反映了这些现实，而在理论上这也没么错。③

（二）民主决策

沃尔泽指出，民主不是简单平等一样的东西。事实上，政府绝不可能是简单平等主义的，因为在任何特定时刻，一些人或一些团体必须决定这个或那个问题，然后执行政策，而其他一些人或团体就必须接受政策并忍受政策的执行。民主是一种配置权力并使其使用合法化的途径——或更好地说，它是配置权力的政治途径。每一种外部理论都被排除了。真正重要的是公民中的争论。民主为演讲、劝说和修辞技巧设立了奖金。理想状态下，提出最具说服力的论点——即实际上说服了最大数量公民的论点——的公民就可以随心所欲。但他不能使用暴力，或用权势压人，或分配金钱；他必须讨论手边的问题，而所有其他的公民也必须讨论，或至少有机会讨论。但是，不仅只包容性导致民主政府，同样重要的还有我们称之为理性的统治的东西。公民们步入论坛所依靠的只是他们的论点，所有非政治性的善都被排斥在外面：武器、金钱、头衔和学位。④

---

① 参见［美］迈克尔·沃尔泽《正义诸领域：为多元主义与平等一辩》，褚松燕译，第127—130、137、157页。

② 同上书，第394页。

③ 同上书，第84、105—106页。

④ 同上书，第406—407页。

沃尔泽既反对在政策过程中"抽签制"的民主，也反对政策的电子投票式的全民公决。他指出从来没有人建议说每个公民都应该被允许用一般性抽签"提名"一项政策或起草一部法律，那对决定共同体的目标和风险来说，将似乎是一种不负责任的专断的程序。正确地讲，抽签分配管理权但并不分配政治权力。现代技术使这种事情成为可能：单个的公民与政策制定和公职候选人之间相联系如同直接相联系一样，可以对关键问题组织按钮公民投票，我们还可以以同样的方式在国家范围内组织任命和选举。这是一种错误的和最终可耻的分享决策的方法。①

我们通常认为真理来自讨论——就像我们认为政策来自政治辩论的交锋一样。而分享讨论和辩论，即便是不平等的，也比为简单平等之目的而废除它们要好得多，要更令人满意。②

沃尔泽还讨论了民主决策与市场的关系问题，指出民主决策像小资产阶级的小额资产一样，是一种理解市场的方法，也是把市场的机会和危险与个人的实际努力、进取心、运气联系在一起的一种方式；这是复合平等所要求的，不是废除市场，而是任何人都不能因出身低微或在政治上无权而被剥夺市场上的可能机会。治理不是一个市场问题——至少在民主社会中不是。公民的手不必然把握着国家的权力。公民们也不能使他们中意的所有决定都做到公正。③

（三）公职

沃尔泽认为并没有像精英统治这样的东西，他所关注的是公职问题。公职是作为整体的政治共同体用之获取利益的任何职位，政治共同体选出担任该职位的人或规定选出他的程序。控制公职的任命是至关重要的。公职的分配不是个人或小团体自行决定的事情。公职既不能被私人侵占，不能在家族中代代相传，也不能在市场上出售。公职的资格具有重要意义。

（1）公民资格是第一个公职，是至关重要的社会和政治的"地位"，是所有其他职位的先决条件。非公民不具有候选人权利，同等考虑的程序保护措施不惠及他们。

---

① 参见〔美〕迈克尔·沃尔泽《正义诸领域：为多元主义与平等一辩》，第408—411页。
② 同上书，第413页。
③ 同上书，第152—153、158—159页。

（2）在公民中，同等考虑适用于选择的每一点，不仅适用于职位的候选人，而且适用于受培训的候选人。平等常常是大致的平等，宣称每个公民应当拥有对可获得的机会完全同样的份额并没有什么意义。同等考虑并不意味着竞争条件必须对所有人都长期有效。有意义的只是，不论条件是什么，每个人的品质都应当受到注意。选择委员会致力于寻找那些品质，也就是说，寻找合格的候选人，不仅是出于对候选人的公平，而且是出于对所有那些依赖合格官员服务的人的关怀。大众偏好应当被考虑，我们应当期望这些偏好在选择委员会中得到体现。

（3）要想最好地了解相关性的范围，就得考虑超越其上的是什么。它们包括不能运用到工作中的能力，无法影响表现的个人特性，还有超越公民资格自身的政治从属关系和团体身份。事实上，所有这三个范畴——能力、个人特性和团体身份——都是成问题的。

（4）对于绝大部分职位来说，候选人的年龄根本不能说明他能干何种工作，但它的确告诉我们他大概能干多长时间。

（5）最深刻和最具分裂性的争论集中在亲属关系、政治从属关系和成员资格的重要性上，第一个被宣布与担任公职无关的是作出任命的人的家庭亲属。

（6）对于某些职位来说，职位获得者需要与当地居民有共同的种族或民族身份，说当地居民的语言，对他们的风俗习惯相当熟悉。

（7）至关重要的政治问题是公职配额或保留的正义。一个团体内公职持有的模式与别的团体内的公职持有模式的差异被当作一种确切的歧视标志。无论公职的分配在最繁荣或最有势力的团体内怎样流行，这种分配模式也必须在每一个其他团体中得到重复。重复越完美，我们就越能确信特定的候选人不会因他们的成员资格而不得不忍受歧视的痛苦。这个意义上的正义包含相当程度的强制，这可能是小事一桩，如果强制在本质上是救济性的和临时性的，而且重复的模式被证明是同等考虑的自然产品的话。

（8）选民的实际主体所受的约束和选择委员会所受的约束并不一样。当选的官员被允许将某些追随他们的支持者安排在某些职位上，行使与他人选择自己时所行使的一样的自行决定权。公职领域的复合平等要求职业向人才开放，但对有才能的人的特权设定了限制条件。致力于复合平等的男女将培养一种关于那些功绩是什么和它们如何在公职领域内运作的更为真实的理解。①

（四）政策参与涉及的问题

　　沃尔泽重视公民的政策参与，指出要求较强形式参与的论点是一种要求复合平等的论点。在民主国家，个人参与决策，但他们不是为自己决策，而是通常为共同体决策。作出决策的公民们必须彼此平等，而他们的各种利益都不得在政治过程中表现出来。有自尊心的公民是一个自主的人。他在他的共同体中是自主的，一个自由的负责任的人，一个参与的成员。公民必须自己统治自己。公民/选民对民主政治的生存是至关重要的，但公民/政客对民主政治的活力和完整性是至关重要的。在民主政治中，所有的目的地都是暂时的。任何公民都不能宣称他已经一劳永逸地说服了他的同胞。一方面，总是有新公民，而老公民也有权重开争论。这就是复合平等在政治领域的意义：人们所分享的不是权力，而是得到权力的机会和场合。每个公民都是一个潜在的参与者，一个潜在的政客。②

　　政策参与涉及成员资格问题，沃尔泽强调分配的正义理论从对成员资格权利的解释开始，它必须在某一时期且在同一时期维护（有限的）封闭权利，没有封闭权利，将根本不存在共同体和现有共同体的政治包容性。因为只有作为某个地方的成员，男人们和女人们才有希望分享所有其他社会物品——安全、福利、荣誉、职务和权力——而这些公共物品都是公共生活可以提供的。公民资格的经验要求承认每个人都是公民。每个公民都有同样的法律和政治权利，每个人的选票是以同样的方式计算的。当他的原则要求他这样做时，公民就把自己作为一个有能力参加政治斗争、在追逐和行使政治权力过程中能够与别人合作和竞争的人来尊敬。而他也把自己当作不仅在政治领域，而且在其他分配领域能够抵抗对他的权利的侵犯的人来尊敬。当他的机会到来时，公民们必须是准备就绪和有能力与他的同胞商谈的，他听取同胞们的意见，而他的意见也被同胞们听取，并且他为他所说的和所做的负责任。③

　　参与还涉及民主教育问题。沃尔泽认为民主教育是从简单平等开始

---

　　①　参见［美］迈克尔·沃尔泽《正义诸领域：为多元主义与平等一辩》，第168、187—214页。

　　②　同上书，第55、149、375、406、412—414页。

　　③　同上书，第78、372—376、414—415页。

的，但这种简单性很快就消失了——因为没有一种教育制度能够做到一视同仁——不过它确定了民主国家的学校政策。学生的简单平等与公民的简单平等相关：在教育体系中，一人/一票，一个孩子/一个位子。我们可以把教育平等当作一种福利供给的形式，其中，所有孩子都被当作未来的公民，同样需要学习知识；其中，如果教以同样的东西，成员资格的理想就得到了最好的实现。一方面，有最符合学校标准化模型的复合平等；另一方面，有民主政治的要求。民主的需要当然不是施加于学校的政治强制，民主的倡导者正确地主张所有的孩子在国家的治理上有利益所系。每个人都被教给作为一个积极公民所必需的基本知识。①

十三　罗素·哈丁：民主是宪法下的决策

罗素·哈丁（Russell Hardin）指出，据其希腊源起，民主的意义仅在于所有人一起决策（通常通过多数票决）。民主像社会一样经历了复杂的变化，这一术语里仍然有一个似乎核心的含义，尽管其对象在更替：从事实上几乎每个合格公民都能参与对政策直接投票的小社会，更替为如此庞大以至于连我们选出的代表也不能有意义地被称作在制定多数政策时扮演了有实质性因果影响角色的社会。哈丁倾向于保留民主这一术语为"宪法下的决策"，或者更恰当地说是宪法下的决策的一部分，即通过某种方式付诸投票的决策。②在这种论点的基础上，哈丁讨论了自由主义、宪政主义和民主的关系，在政策问题上提出了以下看法。

（一）政策的基本定位

哈丁依据自由主义的立场，对政策尤其是政治决策作了基本的定位，包括以下论点。

第一，自我实施的政府秩序。公务员的自利是它的首要支柱。当在政府职位上时，人们不必完全公德化成为好公务员。他们可以基本上是自利的，即对收入和职业生涯感兴趣。官僚以及司法体制都广泛地包含对行为

---

① 参见［美］迈克尔·沃尔泽《正义诸领域：为多元主义与平等一辩》，第268—287页。
② 参见［美］罗素·哈丁《自由主义、宪政主义和民主》，王欢、申明民译，商务印书馆2009年3月版，"中文版序言"，第8页；"序言"，第24—25页；正文，第155页。

的许多制约。支撑规范的最重要的激励之一是，别人通常不能从无视或者配合他们的同事和上司的失职行为当中得到好处。是谁使政府职员们适当地从事其工作这一问题的答案，在形式上和为什么我们公民通常默认政府政策这一问题的答案是相同的。我们全都相互控制。然而，对政府官员最重要的控制者，也许典型地是别的官员而不是公民，许多时候甚至对于当选的官员也可证明如此。因此，我们的政府秩序是自我实施的。①

第二，经济自由主义和政治自由主义。最低限度上正确的似乎是政治和经济自由主义是相互加强的：政府在一个领域进行干预的权力越多，它在另一个领域的权力也越多。制约政府是通往两种自由主义之路的一部分。政治自由主义的核心理念是个人，经济自由主义主导性的理念集中于社会的整个繁荣而不是个人利益。尽管政治和经济自由主义所提出的问题在结构上是相当不同的，但解决方法的形式在许多领域对两个问题是相同的。政治自由主义包含在宗教观念和实践，以及参与政治决策的机会方面得到实施的自由放任政策。当经济自由主义也包含得到实施的很大程度的自由放任政策时，它似乎能最好地发挥作用。反自由主义的经济可能导致反自由主义的政治。②

第三，分散决策。自由民主的真正魅力通常在于它分散决策，使政府行动的能力更弱而不是更强的趋势，有时需要克服障碍。市场化的分权化政策解决了一个实际上不可能发生的信息问题。许多人抱怨当代民主政府在面对国内和国际问题，尤其是福利和分配问题时的无效率。但是，可以证明，这种无能的收益可能超过它的代价。在自由民主型政府中的权力扩散通常妨碍做出忽视许多人利益的决策的能力。③

第四，程序正义。自由主义政治和自由主义政治理论同时致力于民主和个人自由或自主。大多数宪法和政治理论占压倒性优势的关注点是约束民主决策以保护个人自由，典型的是通过程序性保护——它把运用法律的权力从大众性团体（比如政治组织或立法机构）手中拿走。许多宪法所要做的是实现民主地选择约束特定的决策阶层。任何民主选择都必然或是事先的或是事中的，或是关于制度结构的或是关于即时政策的。在对民主

---

① 参见［美］罗素·哈丁《自由主义、宪政主义和民主》，第26—29页。
② 同上书，第8、47、69、79页。
③ 同上书，第72—73页。

控制（作为秩序的正义事务）的结构的两阶段理解中，民主和作为秩序的正义之间没有冲突。只是在运用民主选择之前和过程中有冲突。如果事先的选择控制，那么它通过按这种方式设置机构必定阻碍事中的选择。如果事中的选择是可能的，那么它就会无视事先的选择，使其不相关——因为它不起决定性作用。宪政主义是一切关于事先授权和约束的事情。实践中的程序公正可能实际上与民主选择冲突，民主选择可能反对程序公正的实际原则，但民主和作为秩序的正义都可能因之而运转得更好。①

第五，政策变化。发生在宪政秩序中的变化通常不是民主的变化。经济变化甚至侵略性地将大量政府的政策制定从民主决策的第一阶段移向了非民主决策的第二阶段。实际上，一个民主主义者经常想要不是民主地作出来的决策。因为民主政府不可能在其政策上保持一致，所以我们有理由怀疑它能在不使经济预期不稳定的情况下微观地管理一个长期的转型。②

（二）有限的政策参与

哈丁在公民的选举参与和政策参与方面，作出的是"有限参与"的解释，包括以下论点。

（1）政治参与的局限性。与许多参与式民主拥护者的规范性主张相反，在一个巨大的政治体中任何重要层次上的参与对大多数公民来说都是不可取的。实质上，人民被告知，一旦他们选举了代表，他们的政府将不用他们的进一步赞同也有能力工作。③

（2）"观众民主"与"公司民主"。从制度上来说，我们可以通过增加投票站数目以及方便缺席投票等方式，减低投票的成本和乏味性。但是我们仍然轻易地要求选民们去了解他们应当知道的东西。事实上，随着曾经明显区分自由主义与保守主义党派的经济事务不再是选举中的支配性考量，这个问题可能正在变得更加困难。这些问题已引发了选举过程、进而政府过程中的变化。其中的两个问题已经被视为"观众民主"和"公司民主"而得到分析。"观众民主"是伯纳德·曼南（Bernard Manin）提出的术语。他论证说，政治竞选活动的性质已经改变，它更加鼓励在舞台上

---

① 参见［美］罗素·哈丁《自由主义、宪政主义和民主》，第173—175、179、198页。
② 同上书，第176、288、302页。
③ 同上书，第38页。

的表演甚于对问题的立场。阿道夫·伯利（Adolph Berle）和加德勒·米恩斯（Gardner Means）的"公司民主"是，国家已经变得像是松散控制的公司，选举产生的官员像是代表公民——他们"拥有"国家——的"职业化的"经理。官员与公民一起是共同所有者，但是他们从管理中得到的报酬通常远远超过他们从其对政府的贡献所产生的普遍利益中分得的好处。[①]

（3）唐斯模型的规范含义。唐斯有两个并列的论题，第一个即中位投票人模型，第二个论题考虑的是投票人的理性选择。在某种层次上说，对投票人来说理性不存在问题。候选人将只是投票赞成与他们自己立场最接近的候选人。这个问题产生于这个阶段之前。难道理性的选民将会冒着麻烦去投票吗？并且选民会冒着麻烦去充分了解哪一位候选人的立场是与他们自己最接近吗？如果个人因不能影响选举结果而没有理由参加投票，那么他们如果参加投票的话也将没有理由为了明智地参加投票而知道得足够多。这一事实有几个规范含义。第一，它暗示民主的局限需要民主公民角色的个人责任方面的局限；第二，它影响——或许极大地影响——赞成民主参与的自主性的观点；第三，它削弱了对民主的、表面上一致同意的结果之正当性进行辩护的契约民主主义主张。[②]

（4）公民责任的限度。民主公民的责任受限制的方式反映了对民主的自然限制和约束。至少有两类问题：对多数人决策的体制性实际倾轧所产生的问题，以及民主参与的性质所产生的问题。第一类问题代表将民主应用于更深的冲突而不只是边缘问题所引起的民主的失效。这一失效提出了有关公民遵守民主决定的责任的问题。第二类问题代表个体公民的激励与对民主程序的要求之间可能的不匹配的逻辑含义。民主制度中公民责任的关键是公民角色的因果性功效和个人要求获得相关知识的正当性理由。如果其角色是完全无效的，那么就没有社会理由去获得知识，公民就可能理性地维持无知状态。可以想象，如果我们都民主地参与，那么我们所有人的境况都将改善。我们因而可能对没有投票的人施以罚款，就像许多国家所做的那样。但这不足以保证他们有智慧地投票，甚至根本不能保证他们有知识地投票。因此，尽管我们可能克服缺乏参与的问题，但我们或许

---

① 参见［美］罗素·哈丁《自由主义、宪政主义和民主》，"中文版序言"第9—11页。

② 同上书，第180—181页。

不能克服愚昧参与的问题。使人们更有知识将会把每次选举都变得更像是集团普查，但这将使政治更具分裂性，并可能摧毁延续民主政府的可能性。与众多的官员、选举官员和专家相比，大多数获得知识的公民也将是令人同情的业余人士。如果我们主张公民有责任知道比他们现在一般知道的更多的东西，那么我们需要这一主张的理由。理性无知的条件并不是应当受到谴责的，或在某种意义上不道德的或不负责任的。我们对于公民参与民主政府的责任最多只能是提出有限的要求，而且，民主不能通过诉诸它根基于实质性的公民参与而被证明是正当的。①

（5）受限制的个人自主权。可以认为政府应当首先使经济繁荣、安全和各种其他方面的福利这些事情得到保护，然后再关心民主参与，因为这些事情而不是政治参与，才是对大多数人实现自主权必不可少的。政治参与不可能是绝大多数人自主权的一个重要部分。要么自主权是一个自相矛盾的狭隘概念，要么它并不严重地依赖于参与。②

（6）正当的结果。典型的公民很少或没有可能有充分的理由去足够好地掌握尚待民主决策的问题以富有智慧地为这些问题的解决作出贡献。况且，即使他们确实掌握了这些问题，也几乎没有希望使用他们所掌握的东西影响民主选择。单个投票者实质上并不起作用。如果掌握决策问题的负责任的公民希望影响政策，那么他们将不会通过投票来实现。毋宁说，他们将不得不采取行动影响那些已经当选的人、可能竞选公职的人，或如不努力动员则不正常投票的人。在实际的民主中，参与严重地受制于个人利益偶然的意念。大多数个人能在政治之外的其他方面发现他们的利益，因此，他们没有动力去高度参与，从而他们也没有动力为了良好参与而足够获知。对我们大多数人来说，长期地过分激情地参与政治必会导致凄惨的结果。③

（7）被实质性代表。现代民主中的大多数人在决定统治他们生活的法律之内容时，只不过起着一种得到正式界定的，但实际上空洞的作用，他们最多是被实质性地代表。④

---

① 参见［美］罗素·哈丁《自由主义、宪政主义和民主》，第180—184页。
② 同上书，第184—185页。
③ 同上书，第187—190页。
④ 同上书，第194—196页。

（三）边缘上的民主

哈丁明确提出了"边缘上的民主"的概念，认为实际上即使在所有的政治决策上，都没有人坚持民主。标准的、极为常见而明显的例子，是战时政策制定中需要保密。20世纪管理型政府的兴起，主要是对民主形式在处理大范围政府政策方面无能的一种反应。我们似已民主地同意激进变革和政府的去民主化——尽管除了选举和重新选举对政府结构进行修正的人的投票之外，没有其他名副其实的投票。因为民主在其可行性上面临严格的限制，所以它不是政治的万能药，它只能在许多重要问题的边缘有效运作。实际上，它内在地是一种规制边际政治冲突的手段。民主通常只有在拥有民主政府服务于各种利益之间互利关系的地方才运行良好。在走向更大民主的传统案例中，渐进民主化在长期可能极为有效。①

将许多领域的民主程序制度化的最大价值在于，它们打破了寡头政治领袖对议程和政策进行的任何连贯的控制，或至少是削弱其前景。它们并不严格地要求领导人负有责任，而是在关键时刻或主要问题上能扰乱领导人早已做好的计划，并迫使他们默认我们总体上的协作。②

在一个宪政政权中，制度有两种截然不同的作用。也许最显而易见的是去赋能，以使得各种行动和结果可能发生。制度的第二种作用是去阻碍、去抬高在许多可能的行动和结果上进行即时协作的成本，有时是去使这种协作困难得令人难以问津。在其两种功能中，制度既赋能的又阻碍的，不但是零星变革，而且包括民意。赋能与限制民主之间的紧张状态因此成为民主宪政主义的核心。③

民主将政治秩序建立在被统治者同意的基础上，但这是一个内在分殊的观念。我们能将同意理论划分为两个分支：宪政的和后宪政的。一个人在提议改变一部宪法时可能求助于民众主权或契约主义的同意。然而，在实际操作中，甚至宪政设计也必须通过某种很难符合完全同意解释的程序来实现。对宪政体制下产生的多数问题，一个人只诉诸多数主义者的民主

---

①　参见［美］罗素·哈丁《自由主义、宪政主义和民主》，"中文版序言"第25页；正文，第40、186、301、310、320、340页。

②　同上书，第184—190页。

③　同上书，第90—91页。

要求，而不诉诸任何普遍同意一样的模糊的东西。①

在一个巨大规模的社会中，直接民主是不可能的，某种形式的代议制民主是我们所能成就的最好形式。从其被运用之始起，关于什么是代议制民主以及它如何运作就存有争议。乐观主义者宣称大众参与和商讨的可能性。而悲观主义者则断言这两个方面的不可操作性，他们专注于把民主当作一种确定由谁来治理的方法，而放弃了在许多境况下任何宣称民主选举有意义的观点。充分的政治平等在许多方面是不切实际的。如果我们必须拥有代议制政府，那么那些被选举担任公职的人就远不是平等的。即使如此，我们仍需要代表以实现多种目的。因此，我们不得不牺牲充分的政治平等，以交换那些目的的更大希望。②

民主选择一般地被定义为超越政治结果的民众主权的一种形式。民众主权的主张更多的是修辞上的合法化的作用，而不是对民主政府的描述。不可能存在大众对政府所做的许多事情的控制。做出选择的程序应当充分地将人民协调好以避免选择破坏宪政的协作，这就足够了。这通常是一个相对轻微的对选择的约束，它使政府相对自由地就广泛的可能性作出决定。我们的民主选择应当经常在决定政治制度的设计时被应用，而不是在此后决定这些制度采取的特殊行动时被应用。③

从熊彼特到哈丁的十三位学者，论证的是一种观点接近的、带有新自由主义色彩的新的理论范式（当然应不止这些学者，还有不少其他的学者，我们只是选择了这些具有代表性的学者），可以采用萨托利的"决策民主论"的概念，将这种新的理论范式称为"决策民主政策范式"。这种范式与其他理论范式的最大不同，就是在基本概念上将民主与决策直接联系在一起，强调决策是民主第一性、根本性甚至全面性的内容。与其他的理论范式相比，"决策民主政策范式"显然具有更多的包容性、系统性和哲理性。包容性表现为可以将其他理论范式的重要论点融入"决策民主"的理论框架，在十三位学者的论述中我们都可以看到这样的融入，当然最具代表性的应是哈耶克。系统性代表的是两种突出的表现，一种是方法上的系统性，主要来自伊斯顿提出的由"输入—输出—反馈"构成的循环

---

① 参见［美］罗素·哈丁《自由主义、宪政主义和民主》，"中文版序言"第25页；正文，第154—155页。

② 同上书，"中文版序言"第8页；正文，第58—59页。

③ 同上书，第166—173页。

政治系统（政策系统）；另一种是理论上的系统性，由不同的民主表述（如民主政策、议会民主、自由政策、正义政策、决策自由等），最终可以汇成"决策民主"的全面、系统的表述。哲理性反映的是这一范式所具有的较强哲学意味，尤其是围绕正义、公正以及自由、权利等问题的讨论，都涉及了哲学方面的争论，只是在我们引述的各种论点中，对此作了简化或淡化处理，以避免使我们的讨论无谓地陷入令人难懂的哲学命题之中（主张其他理论范式的学者，亦有针对罗尔斯、哈耶克等人哲学观点的长篇大论的批驳或修正，我们也同样地采用了简化或淡化的处理方法）。

第四章　新自由主义：多元民主政策范式

本书第三章已经指出，有一些持新自由主义论点的学者，发展出了
"决策民主政策范式"。另外一些持新自由主义论点的学者，发展的是
"多元民主"理论，这样的理论也探讨了如何在政策过程中发展民主的问
题，但是与"决策民主政策范式"最明显的区别是，这些学者在基本概
念上强调的是选举与民主的直接关系，与选举相比，决策或政策过程处于
次要甚至被决定的地位；由此形成的"多元民主政策范式"，也可以称作
"选举主义的政策范式"，本章将列举这种范式的代表人物的论点。

一　奥克肖特：信念论政治与怀疑论政治的决策选择

奥克肖特（M. Oakeshott，又译欧克肖特，1901—1990 年）通过对理性主
义的分析，指出政治是参加一批人的一般安排的活动，这些人由于机遇或选
择而走到一起。间或政治讨论与孤立的事务无关，也与政策和活动传统无关，
而是关系到一般原则。我们可以希望避免对政治活动的种种最不知不觉的误
解之一——误认为种种制度和程序好像是设计来达到预定目的机械系统的各
个部分，而不是各种离开它们的语境就无意义的行为样式。政治活动值得考
虑的地方是：一种政治形势；一个或一些被承认有权对此作出回应的人；选
这个而不是那个的思考。一切政治决定都是企图达到或避免事情的某些比较
特殊或不太特殊的状况。一切政治决定本来就复杂——不仅是对一特殊形势
作出回应，而且是对各种政治状况在当前的延续作出回应。对任何形势的回
应没有相关的关于较好或较坏事情状况的信念，都是不可能的。①

---

① 参见［英］奥克肖特《政治中的理性主义》，张汝伦译，上海译文出版社 2004 年 6 月版，第
37、49、55、62—63 页。

　　奥克肖特认为政府样式可以有两个完全不同的理解，一个是由个体性的愿望产生的"议会制政府"，一个是在"大众人"影响下它改变为"大众政府"。"大众政府"不是一种已经建立和实践的具体的政府样式，它是一种要把某些变型加在"议会制政府"上，以便将它变为一种适合"大众人"愿望的样式的倾向。这种倾向第一个伟大的计划是确立普遍的成人普选权；其次要求在议会代表的特性上要有变化：他必须不是一个个人，而是一个负有强加"大众人"要求的人类处境的实质性条件任务的受委托人；"议会"必须成为一个"车间"而不是一个争论的集会。"议会制政府"都没有暗示这两个改变。公民投票不是"大众人"将他的选择强加给他的统治者们的方法，它是产生一个有着无限权威，代表他作选择的政府的方法。在公民投票中，"大众人"最终解除了个体性的负担，他被断然告知选择什么。①

　　奥克肖特认同芝加哥大学的西蒙斯教授"积极的自由放任纲领"的政策，认为这样的政策，首先必须压制一切私人垄断；其次竞争不能在其中作为控制的力量起作用的企业必须交付公共经营；第三是一个稳定的货币，它靠应用固定和众所周知的规则，而不是靠日复一日的行政诡计来维护。②

　　奥克肖特反对将治理理解为把一个私人梦想变为一种公共的、强制的生活样式，认为政府的职能不是将别的信仰和活动强加给他的国民，不是指导和教育他们，政府的职能只是统治。统治者的形象是仲裁人，他的事情就是执行游戏规则；或是主席，根据已知的规则指导争论，但他自己不参与争论。在政府依靠对于它的国民当前的活动和信仰的认可的地方，唯一合适的统治方式就是依靠制定和实施行为规则。任何以这种方式思考政府的人都应该不喜欢创新：政府提供行为规则，在规则中，熟悉是至关重要的美德。③

　　奥克肖特指出，当仔细思考和制定"政策"的权威与事情被置于仔细思考和制定法律的权威与事情之上，当追求和管理一个"政策"的权威和事情被置于裁定的权威和事情之上时，作为一个依据法治的联合的国

---

① 参见［英］奥克肖特《政治中的理性主义》，第98—102页。
② 同上书，第122—125页。
③ 同上书，第140—151页。

家的特性是受限制的。我用"政策"说的是促进和寻求提供事物的实质条件的各种计划,这些事物被认为是满足一种利益,或被认为是为了联合者共同的利益,为了这么做它们(不可避免)要补助联合成员的部分资源。追求"政策"和行使做这样的补助的权威将一个合作事业的成员角色加于联合者,将一个事业联合的性质加于国家,将产业管理的性质加于政府。"政策"需要掌握一个国家成员的各种资源,这种掌握在范畴上不同于维持法治的机构所要求的那种掌握,甚至需要完全动员那些资源。这当然并不一定需要摧毁一切法律,但它需要暂时废弃作为一个只依据法治的联合的国家。因此,完全不是一个依据法治的联合的国家全神贯注于追求政策或它处于战争时,它的特性得到了最充分的表达,这些是它最不是它自己的时刻。①

　　奥克肖特认为,治理活动的两极,既不是"无政府状态"和"集体主义",也和政府权威无关,它们实际上是由两种对立的政治风格组成,即"信念论政治"和"怀疑论政治"。在信念论政治中,治理活动被理解成是为人类完美服务的。在信念论政治中,政治决策和政治事务可以被看作是对关于什么是公共之善的启发性理解所作出的反映。在这种政治理解中,政府制度不会被认为是安排事务、使决策得以作出的手段,而会被认为是达致"真理"、排除"谬误"、使"真理"成功的手段。相反,在怀疑论政治中,统治被认为是一种特殊的活动,它与人类完美的追求尤其格格不入。在对治理的怀疑论理解中,维持秩序就是政府的首要目标。政府的事务不是要决定社会成员所从事的活动应该是什么,而是要阻止这样的活动对现有秩序的破坏。这种政治风格的统治者是谦恭的,他认为在决定人类活动总进程方面他并不比他的邻居高明多少。这种秩序的守护不得不更多地以经验主义的样式来加以实行,它与其说是强制的权利和义务体系,还不如说它是在追求政策。总的说来,怀疑论者最为看重的不是制度适宜处理事务的方面,而是制度在自身落在野心家手中时,减少他们可能做出破坏的方面。②

　　奥克肖特指出,信念论政治与怀疑论政治并不是非此即彼的关系,"民主政治"就是一个指涉两种不同理念体系的多义词。它代表着某种政

　　① 参见〔英〕奥克肖特《政治中的理性主义》,第192—193页。
　　② 参见〔英〕欧克肖特《信念论政治与怀疑论政治》,张铭、姚仁权译,上海译文出版社2009年7月版,第25、34、39—40、46、50—56页。

府授权或构成的理念，从这个方面说，它与各式各样的、被称之为"平民"的"制度"有着关联。但在通常的用法中，这个词也还有其他的意思，它代表着一种转向某种方向的治理活动。在这里，它可能意味着转向信念论方向的政府，也可能意味着转向怀疑论方向的政府。最重要的首先是统治样式，因为正是这一点决定了怎样理解政府授权和政府构成。如果统治样式是信念论式的，那么就只能将"制度"理解成一种能够赋予政府以权力的东西，而"大众"制度的优势则被认为它们向政府提供巨大权力的能力远胜于其他任何制度。"民主政治"优越于"君主专制"是因为前者能形成更大的权力，在权力的来源上，"君权神授"无法与公民投票授权在这方面争锋，公民权的每一次扩展都被看作是政府支配权的增加。而从另一方面来讲，如果统治样式是怀疑论式的，那么，我们所考虑的"制度"便主要是关于它们对政府的控制能力，而"大众"制度的优势在于它们具有一种假定的、能有效和经济地控制政府的卓越能力。"民主政治"优越于"君主政治"是因为它能更有效地防止政府追求自己中意的规划，从而保护社会；作为一种持续控制政府的行使手段，公民投票远远比不上国会（下院）来得有效，公民权的每一次扩展都被认为是赋予这种控制以更广泛的基础的更大的权威。因此，仅仅去捍卫或攻击"民主政治"是没有意义的活动——这是遥远时代的遗风。自从 19 世纪中叶就为人们所关心的关于"民主"制度是否能够"运行"的问题，一直没有得到很好的考虑：真正被关注的问题是，能否在当代环境下防止"大众"制度整个地投靠信念论政治。我们真正在思考的是，怀疑论政治有什么样的机会去恢复自身的生命力，使我们的制度和政府样式恢复自己被模糊了的复杂性和失去了的灵活性。[①]

二　雷蒙·阿隆：自由民主制与政策

雷蒙·阿隆（Raymond Aron，1905—1983 年）强调"现代社会是民主社会，不可能不走向更加民主化"。[②] 在倡导"自由民主制"基本理念

---

①　参见［英］欧克肖特《信念论政治与怀疑论政治》，第 25、34、39—40、46、50—56 页。

②　参见［法］雷蒙·阿隆《阶级斗争——工业社会新讲》，周以光译，译林出版社 2003 年 6 月版，第 231 页。

的基础上，雷蒙·阿隆讨论了一些与政策有关的议题。

（一）民主是一种制度选择

雷蒙·阿隆对民主的发展有较多论述，但着重点是将民主作为一种有利于西方的制度形态。

（1）以民主为基点的制度选择。一种制度将叫作资本主义，它服从于选民的决定和消费者的全民投票，将以福利（相对而言，但是毕竟是福利）为目标；另一种制度叫作社会主义，它根据某些政治目标，将有限发展可动员为战争服务的经济实力。西方经济的某种"社会化"，包含多种意义：国家越来越直接干预经济生活，它按照某些社会因素对收入进行再分配，把有些工业部门国有化，但是这些措施是在西方框架内部实施的，它们不会导致全盘计划经济。① 人们选择自由的和资本主义的民主，而不选择共产主义的方案，并不仅仅因为人们认为市场机制比中央计划更为有效（经济机制相对地有效，当然是判断制度优劣的论据之一）。但是，选择的标准，还有很多：机构的有效性，个人的自由，分配的公平，也许高于一切的是，一个制度将会造就怎样的人。如果以冷静的态度对所有在理论上可行的政体进行正反两方面的比较，我自己也拿不准到底是否应该把欧洲还是美洲的民主政体排在首位。但是在西方，还有哪种政体会享有合法性呢？一党制政体只能依靠无法掩盖的暴力和民众沉闷的屈从来维持。② 极权的两种意义，一是国家吃掉公民社会，二是神化国家要推行的主义，变成教条。极权制度首先敌对民主制度，而不是共产主义。极权主义把反对派拒之于共同体之外，把反对派当成叛逆，所以反对派就认为自己已经解除了对国家担负的一切任务。③ 民主政治理想的任何制度表达都是一种对理想的背叛。并不存在所谓民治的人民政府：所谓选举和多党制是比一党制更好地体现人民主权的政治制度的观点，对于某些人来说可能是非常明显的，但是却会引起无尽的争论。④

---

① 参见［法］雷蒙·阿隆《阶级斗争——工业社会新讲》，第8—9页。

② 参见［法］雷蒙·阿隆《雷蒙·阿隆回忆录——五十年的政治反思》，杨祖功等译，新星出版社2006年9月版，第109、647页。

③ 同上书，第132—135、340—341页。

④ 参见［法］雷蒙·阿隆《知识分子的鸦片》，吕一民、顾杭译，凤凰出版传媒集团、译林出版社2005年7月版，2006年6月第2次印刷本，第246—247页。

（2）自由民主制（多元立宪制）的基本形态。相对于苏维埃世界的制度而言，西方制度的特点是多元化——私人领域和公共领域的多元化，社会群体的多元化，以及竞选执政的诸政党的多元化。自由民主制度，或根据我们在其他地方使用的一种说法，多元立宪制，最终在北美和欧洲站稳脚跟，与其说是由人民主权或普选（我们时代的几乎所有制度都诉诸投票选举，诉诸全体人民的意志）决定的，还不如说是由一种充满爆发式激情的竞争的组织决定的。对那些掌握政权的人来说，最大的愿望是不冒失去政权的危险，对那些被排斥在政权之外的人来说，最大的愿望是夺取政权。在20世纪中叶，自由民主制度在世界范围内失去了它在本世纪初拥有的威信。在所有的制度都以人民主权自居、明确地以民众的福利和经济发展为目的的意义上，所有的制度都是民主的，公认的绝对性标准是政权的效率，而不是公民的自由。现代国家的功能在于达到某些目的：用目标治理代替法治。多元宪政制也建立在一种不稳定的妥协之上，因为它要求对法规的遵守，而政府和反对党经常为了自己的利益违背法规。尽管如此，这种制度仍然继续存在；但是，只要历史继续前进，即社会变化和利益冲突继续进行，那么自由的制度就不可能最终地稳定下来。最终来说，这些制度取决于对法规的尊重，取决于激起选民和当选者捍卫法规的意志。多元立宪制用社会学的术语来说包含两个基本特征：多个集团的合法存在，他们之间的竞争决定了政府的建立；遵守法规，权力——不管是行政权力还是立法权，以及被执行的这些权力本身——的掌握者根据最高的宪法被任命。这种制度包含三种在理论上非暴力的但充满争论和激情的对话：利益集团之间的对话，政党之间的对话，高级官员（专家）或部长和议会之间的对话。如果我们比较英国的民主制度和美国的民主制度，那么可以看到有两种明显的差异：一种民主制度与为了行使权力的竞选有关，另一种民主制度与当选者、部长和高级官员之间的对话有关。① 但并不能因此得出这样一种结论，即"多元立宪制"的政体将永远是最好的和唯一正确的政体，因此应该在全世界加以推广。要使所有人都有权参加有关共同命运的政治讨论，其前提是放弃绝对真理。有些社会是不可能交

---

① 参见［法］雷蒙·阿隆《论自由》，姜志辉译，上海译文出版社2009年3月版，第34、40、48—49、54—55、58、95—97、108页。

出这个权力的，然而也不至于土崩瓦解。①

（3）民主与自由的分离。民主制度和自由主义（在欧洲的自由主义意义上）已经多次分离。一些人依仗人民的意志来废除个人自由和代议制。自由的辩护者通常不是民主主义者，他们更关心限制人民的权力和维护旧制度的某些残余，而不是根据全体公民的普选来建立后革命的国家。在建立美利坚共和国的国父们的心中，民主和自由是不可分离的，然而，在自革命风暴以来的法国，民主和自由已多次分离。政治哲学也不断地考察各种制度的命运，在这些制度中，人民主权是其合法性的原则，个人的自由则是其最终目的或至少是其最终目的之一。工业社会通常是民主的，即使不必然地是民主的。相反，如果我们把自由主义理解为尊重个人权利、个人自由、立宪程序，那么，工业社会仅仅相对传统旧观念来说才是自由的。制度处处都有败坏的可能性；政治制度，即政治艺术的特点，是随着时间的流逝而败坏，而受到怀疑主义侵蚀的思想统治能继续存在，因为在这样的一种制度中，民众没有体验到竞选的政治参与，没有在其中看到自由的必不可少的表达。②

（4）民主制度的有效性。民主标志着自由主义哲学的逻辑结果。选举、政党竞争、议会，毕竟只不过是选择执政者的程序；这种选择不规定当选者提出的目标。但是，如果这些程序得到遵守，就能确保权力从一个人或一个群体手里到另一个人或另一个群体手里的定期转移。选举是为了向公民提供某种选择余地，某种与多数党的一致意见，而不是为了在会议中产生一个国中之国。当争夺选票的政党代表了舆论的主要倾向，或者用更简化的语言来说，表明了政治行动的可能倾向时，选举就有了它可能具有的功能、意义、作用。③ 当民主制度被视为合法，当民主制度有一种充分有效性的时候，它被认为是稳定的。而民主制度要求政党的竞争能产生一个相对稳定的多数派执政党，一种体现在某个团体中的共同意志，最后，这种有组织的竞争必须以竞争的各党派对游戏规则的基本认同为前提。如果军队不服从民政权力，或者一般的公民对议会程序失去了信任，那么民主制度必然是不稳定的，也许会遭到谴责。

---

① 参见［法］雷蒙·阿隆《雷蒙·阿隆回忆录——五十年的政治反思》，第647页。
② 参见［法］雷蒙·阿隆《论自由》，第2—3、60页。
③ 同上书，第77、94、121—122页。

我们不能说，经济发展和人口快速增加必然导致的社会骚乱降低了民主制度的可能性。① 在民主制下的执政者明白，他们的地位全靠选举，他们事先就心甘情愿地同意，如果下次投票结局对他不利，就放弃他的职务。他们自认是平民、公民的代表者。他们依靠拥有武力手段的人对他们的服从。民主国家的政治领袖接受自己是"有偏向的"，仅直接代表一部分国民，对于代表另一些国民的其他人有可能在以后的选举中取代他们，他们是能够接受的。②

（5）民主制度的传播。关于在自由民主制度所界定的意义上的自由传播到西方国家之外的可能性，我们只需提防两种本身是正确的，但某些人倾向于从中得出错误结论的观念。首先，在经济发展水平（人均收入、城市化、工业化，文盲百分比的降低）和自由民主制度之间存在着相关性；其次，在多党制和发展中国家面临的任务之间存在着不相容性，或几乎存在着不相容性。③

（二）形式自由与实际自由

雷蒙·阿隆认为，在每一个时代，人们都以自由的名义要求恢复被不公正地剥夺的权力，以自由的名义抗议实际的从属地位。在自由—独立和自由—参与之上，社会学家又增加了第三个条件——命令者与服从者之间的关系的本质。④ 重新采用形式自由和实际自由之间的区分是合理的。只要一个人不把在理论上他是其公民的国家当作自己的国家，他就不可能获得参与政治的实际自由。虽然自一个半世纪以来发生了各种各样的重大社会事件，但个人自由和政治自由，相对于专制的自由和公共事务的自由，摆脱专制主义的自由和选举执政者的自由，基本上没有发生变化，尽管人们使用不同的具体表达方式。马克思所说的形式自由，即公民在政治舞台上选择其代表，直接或间接地选择最高权力拥有者的自由，在西方继续存在，但在苏维埃制度中已不复存在。和实际自由一样，形式自由也是公民选举和代表的必要条件。除了资产阶级传统保存下来的，通过竞选、代议制、政党竞争和立宪形式来表现出来的政治自

---

① 参见［法］雷蒙·阿隆《论自由》，第78—82页。
② 参见［法］雷蒙·阿隆《阶级斗争——工业社会新讲》，第109—110页。
③ 参见［法］雷蒙·阿隆《论自由》，第47—48页。
④ 同上书，第4、8页。

由，我们不知道其他形式的政治自由。雷蒙·阿隆把政治自由叫作形式自由，强调这种自由能保证公民参与公共事务，能使公民感到，通过他选出来的也可能代表其他意见的人，自己能对集体的命运施加影响。一个社会给予其成员的自由越多，社会成员在他们不认为违背法律或设计上不被法律禁止的行为方面受到惩罚的可能性就越小。① 自由的两种形式必然要结合在一起：国家要给予个人留有一定的自主权利，给赤贫者留下一定的谋生手段，以便让他们也能够行使那些得到公认的权利。现代民主体制懂得选择的自由，也清楚自由的能量。但是前者要受到国家的限制，而后者则由社会法律加以保证。②

（三） 代议制的政策功能

雷蒙·阿隆指出，对代议制的质疑是我们这个世纪的第二个重要事实。在两次世界大战之间，议会民主制在欧洲的绝大多数地方陷入了失败境地。苏联的经历已证明，多党制和通过议会讨论进行国家管理并不被算在亚洲各国想从征服者那里偷学的那些国家强盛秘诀之中。南美、近东和东欧发生的种种危机使民主制的运作陷入瘫痪，也激起了对输出英美政治制度之可能性的怀疑。代议制受到来自多方面的威胁：过分狂热的争论，特权阶层的盲目守旧和中产阶级的软弱无力。在我们的时代，代议制民主制度并不是普遍的自由意志的必然表达。在西方被当作严格意义上的政治自由的特征，即公民通过选举参与政治事务的管理，当选者通过审议和监督参与政治事务的管理，既完全符合民主的特有理想，也与工业社会相容，但不是工业社会的前提，即便在工业社会的富裕阶段，也是如此。即使不通过多党制和在西方认为政治自由不可或缺的反对党的合法性，其他国家仍然有可能实现它们所向往的具体民主（安全、福利、晋升的机会、集体生活的参与）。我们理所当然地认为，自由在于被统治者有选举统治者的权利，如果没有团体和政治的竞选，也就没有自由。这种定义的缺陷就在于把不局限于某个时代和某种文明中的概念和在历史上的具体制度混为一谈。自由民主制度也不能躲过批判，通过选择政党来参与公共事务也许是真正自由的一幅讽刺画。在某种意义上，就普选和通过著名人士来说

---

① 参见 ［法］雷蒙·阿隆《论自由》，第 51—52、73、89—91、137 页。
② 参见 ［法］雷蒙·阿隆《雷蒙·阿隆回忆录——五十年的政治反思》，第 655 页。

服没有受到指导的民众的必要性能减轻代议制的寡头倾向而言，今天的政
治自由多于过去的政治自由。①

　　1945 年以后，西欧领导阶级一致投效民主政体，正足以说明，右派
革命的教训使他们懂得了怎样去正确估计代议制。② 保持议会民主制度的
可能性很大，尤其因为当选的政治家与其他类型的领导人不发生搏斗，以
至造成你死我活的冲突。特别当群众领袖接受走议会道路时，民主制度有
更大的可能性保存下来。经济问题不过分复杂，对立政策的冲突不处于不
可调和状态，由资产阶级当选者领导的议会制度本质上说适合于和平与繁
荣时期。要完成的任务越简单，制度的成功率就越高。③

（四）　政党代表制

　　雷蒙·阿隆认为，政党代表制基于两个概念。第一个概念是，人不仅
仅是生产者或消费者，而且也是公民。否定政党代表制，就是否定公民，
或许一个人只能得到选举其主人的权利，或许一个人只能作为生产者和消
费者。第二个概念是，政党代表必须是职业团体和国家之间的中介，任何
一个政党都不等同于一种唯一的利益。任何代表制都包含委托的成分。当
选者不局限于维护把选票给予它的那些人的利益或表达他们的愿望，他也
对遇到的问题的原因作出自己的判断，在某种程度上认为自己是普遍意志
的代言人，而不仅仅是他接受其委托的特殊意志（尽管这种意志也具有
集体性质）的代言人。④

　　各政党谋求行政权力或个人为了谋求职权而进行的竞争，具有不同的
形式。在所有的制度中，参与竞选的个人或是为了获得选票，普通公民的
选票和选举其领导人的党员的选票，或是为了得到获胜者的宠爱。在两个
政党之间或在两个紧密结合的联盟之间的竞争仍然符合民主制度的本质，
即便竞争的焦点更多的是在两个团队或两个人之间，而不是在两个观念之
间作出选择。在我们的时代，代议制民主在政党竞争中并通过政党竞争表
现出来，选定执政党的方式引起三种批评和担忧：能从投票箱里产生一个

---

①　参见［法］雷蒙·阿隆《知识分子的鸦片》，第 246—247 页；《论自由》，第 61—63、
108 页。
②　参见［法］雷蒙·阿隆《雷蒙·阿隆回忆录——五十年的政治反思》，第 135 页。
③　参见［法］雷蒙·阿隆《阶级斗争——工业社会新讲》，第 191—192 页。
④　参见［法］雷蒙·阿隆《论自由》，第 112 页。

团结的多数党吗？政党之间的斗争针对真正的争论焦点，针对国家必须面对的重大问题吗？主要政党接受游戏规则吗？第四共和国时阿尔及利亚战争就是对第一个问题的否定回答的牺牲品，按照宪法和选举法建立的政党之间的竞争不能产生能治理国家的政府。对第二个问题可以作出肯定的回答，尤其是关于美国的民主制度问题。第三个问题是欧洲在最近和将来面临的一个问题。①

替换着把一党制度或多党制作为分类的标准，确有争辩的余地，但在雷蒙·阿隆看来，还是说得通的。组织合法竞争，行使政权，确是现代民主的现实。现代民主不仅要求多党，而且要求获胜的党，事先便容忍自己在下一次选举中失败。此外还要求暂时执政的党，依照宪法行使政权，同时必须尊重普通的法律。这就是为什么用一个不雅不驯的词来称呼西方式的体制，把它叫作"宪法多党制"。这样强调的对立面是一党制，正是苏联代表的完美形式，即一党包办最高权力，世俗的最高权力，宗教的最高权力和意识形态的最高权力。不少政体，既非宪法多党制，又不是极权一党制。多党制最适宜象征民主的准则，即对话的准则。马列主义的一党制，把正当的发言权占为己有。相反，合法的一党制，允许论调不同，确认公民有权经常与当权者交谈。②

（五）官僚在政策过程中的重要地位

雷蒙·阿隆对于在自由民主制下的政策过程中，官僚或行政官员所起的作用和所处的地位，有一些基本的说明。

第一，在任何社会里，行使权力的是一小部分人，他们充其量也不过是为人民而进行管理。直到目前，从来都没有过人民进行管理的事。共产党以无产阶级的名义或为无产阶级的利益在行使权力。如同人民在民主体制中不进行统治一样，无产阶级在苏联式体制中也不进行统治，权力就其实质而言是由一小部分人行使的。工人革命是可能的，一个政党夺取政权是可能的，但是一旦政党胜利，数百万人继续在工厂劳动。③ 用法治取代人治的理想属于西方自由主义的传统。但是，这种理想并不是人人都能理

---

① 参见［法］雷蒙·阿隆《论自由》，第96—97、114、157页。
② 参见［法］雷蒙·阿隆《雷蒙·阿隆回忆录——五十年的政治反思》，第348页。
③ 参见［法］雷蒙·阿隆《阶级斗争——工业社会新讲》，第11、24—25、65—66页。

解的，也不是与社会的整个存在同外延的。不管人们愿意不愿意，社会的政府始终允许一些人对另一些人的支配权：在危机时期，面对其他的团体，统治者作出使所有公民受到约束的决定，因而不可避免地把所有公民当作其工具。①

第二，政权在西方式的工业社会中也是分裂的。掌握政权的人是一批政治家们、文职人员，他被选定的方式与合法选定的原则应该相协调，他必须以此来证明自己权力的合法性，在民主社会里，这个原则就是选举。因此政治领袖就是政党领袖，执政的是一些并不能代表全体公民的人，他们充其量只是大部分人的代表。官员从本质上说有所不同，因为他们是根据合理性来进行管理的，并声称代表全部集体成员。官员们想考虑的是整个共同体的利益，在他们眼里，政治家往往是一些令人扫兴的人，是集体中部分人愿望的代言人。行政官员与政治家的关系，在理论上他们之间是存在区分的。但事实上，区分在缩小，有两个原因：一方面，官员不得不重视其上司对于选举的考虑；另一方面，从相反的含义上说，当选的执政者总是不同于在野的政治家。当选者不管愿意不愿意，他变成了集体利益的代表，不可能在作为执政者的同时还作为抗议者。在20世纪上半叶的民主社会内部，我们目睹了议员和政治煽动家的斗争。现代集体永远有一种公开或潜在的冲突。一边是合法的议会代表，另一边是一些图谋煽动或专制的政党和个人，他们宣称自己主要体现了统一意志。也许民主社会的稳定要求这两类人的结合，这两种代表方式的结合。②

第三，国家活动的逐步扩大将导致行政决定或规定的增多，因而通过国家代表对这些决定和规定进行民主监督将变得困难。现代国家中的官僚成分越来越多，民主成分越来越少。在这种说法中，人们可能暗示官员的作用越来越大，立法者的作用越来越小。美国是认真对待监督职能（这种职能应该是立法者的监督职能）的唯一一个西方国家。③

第四，我们应该承认，一个明显事实是，甚至在中央政府采取社会市场经济时，中央政府仍越来越多地承担管理的职能，因此，我们应该承认，行政部门的管理范围、权力和威望越来越大。我们还应该承认，决策

---

① 参见［法］雷蒙·阿隆《论自由》，第80页。
② 参见［法］雷蒙·阿隆《阶级斗争——工业社会新讲》，第107—111、193—195页。
③ 参见［法］雷蒙·阿隆《论自由》，第81、94—95、104页。

越来越多地由执政者和高级官员作出，越来越少地在公开审议后由立法者作出。最后，我们应该承认，代表不再和过去一样，是政权和舆论（或选民）之间的中介，与工业社会的人最有关系的问题是经济和社会方面的问题，大众传播工具强调西方制度中的全民表决特点，并可能操纵民意，因为民众关心自己的福利胜于关心公共事务的讨论，注重权力的效率胜于注重权力的分配。①

第五，问题在于代表、当选者和立法者的命运。从不同角度提出来的问题实际上是同样的。没有技术能力的众议员能与拥有专业知识并获得为国家服务的最好专家帮助的部长进行讨论吗？一个选区的当选者如何能抵制直接得到国家支持的总统或首相的权力？专门致力于人际关系的当选者如何能适应在投资、消费和价格问题上的争论？仅仅关注福利、被动地收听广播和收看电视的个人，如何能以公民的身份行事，积极参与关于公共利益的对话？总之，一个科技社会中的成员能同时是公民和立法者吗？②

第六，理解政治家主张维护某些利人之举，或者追求达到唯一的目标。理解政治家很像一个领航员，心中无数，不知道该去的港口是什么模样。理智政治家则恰恰相反，他至少能预见短期的演变，唯一的问题只在于配合战术与战略，一方面与现行制度妥协，同时配合筹备新制度的实现。政治艺术在于既能作出无可挽回的选择，又能作出长期的谋略。③

第七，美国研究权利学说的哲学家们几年来一直在讨论这个问题，他们趋向于认为，最大的平等与维护自由是可以并行不悖的。这些思辨虽然精彩，却不能掩盖对某些具体情况作出判断的事实，也无法消除对纵观全局所抱有的疑虑。由于没有一个社会能够在各个方面都体现平均主义，所以除了在一个绝对专制的政府统治之下，社会财富的分配不可能遵循任何简单的原则。从某种意义上讲，所有为寻求真理而从事政治写作的人都是揭露骗局的人。在自由与平等的理论占统治地位时期，社会学家们往往更加心怀疑忌，他们不相信那些在社会舞台上表演的人们所开出的空头支票。④

① 参见［法］雷蒙·阿隆《论自由》，第108页。
② 同上书，第109页。
③ 参见［法］雷蒙·阿隆《雷蒙·阿隆回忆录——五十年的政治反思》，第109页。
④ 同上书，第656页。

（六）政策中的公民参与

雷蒙·阿隆主要论述的是公民的选举参与，但其中也涉及了一些与政策参与有关的论点。

（1）"政治人"的本质。人们可以通过全民选举，而不是根据出身来选择其政治领袖感到骄傲。人们还可以把生产资料的管理权交给国家，而不再是交给私人。但是，无论是取消世袭贵族还是资本家，都不会改变社会秩序的本质，因为这种取消没有改变"政治人"的本质。集体只有在向所有人提供参与的机会的条件下才是人道的。但是，从政体的更迭交替中，我们可以得出这样的一种基本准则：不可能有奇迹使"政治人"全心全意地为公众利益操劳，也不可能有奇迹让"政治人"获得这样一种智慧，使之满足于靠机会或功绩而获得的现有地位。①

（2）公民的责任。公民服从法律，服从他所尊重的政权，不管临时执政者是谁。如果公民以机会主义的方式服从一种不合法的制度，那么他就沦为臣民。他是担心自己利益的消费者，而不是关心公共事务和对之负责任的公民。② 公民们是政权的主体又是客体。说是主体，是因为他们直接或间接地选举民主制度的文职领袖；说是客体，是因为他们服从国家统治。③

（3）选择的重要性。如果选举不包含选择的可能性，那么选举就没有任何意义。用唯一的选举名单替代非投票形式的选举，如同用邪恶向美德表示敬意，或者换句话说，用以唯有未来才能证明的一种使命的名义垄断选举的人向民主思想表示敬意。公民用他们的选票即使不是在两种政策之间，也至少在两个团体之间作出选择。④ 固然政治选择有可能引出某种死亡的选择，但总也意味着某种生存的选择。⑤

（4）全民公决。在美国，"全民表决的因素"或"权力的个性化"比英国更显得突出。对全民表决因素的强调，以及政党的无纪律，为个人、为与政治生涯无关的名人、为出乎意料的成功提供了更

---

① 参见［法］雷蒙·阿隆《知识分子的鸦片》，第101—102页。
② 参见［法］雷蒙·阿隆《论自由》，第9页。
③ 参见［法］雷蒙·阿隆《阶级斗争——工业社会新讲》，第108页。
④ 参见［法］雷蒙·阿隆《论自由》，第91、126页。
⑤ 参见［法］雷蒙·阿隆《雷蒙·阿隆回忆录——五十年的政治反思》，第110页。

大的可能性。法国在两种制度之间摇摆不定，全民表决或个人因素没有整合到正常运作的体系中。在 1961—1962 年，经过长时间的犹豫，英国政府决定加入共同市场，两个政党中的每一个政党都有分歧，国家也如此，在两个政党中，没有一个政党认真地考虑过把问题付诸全民公决。①

（5）合法性。群众领袖们的目的越是不雄心勃勃，民主制度的运转就越顺利。在安定的民主国家中，非特权者的组织不是革命组织，他们的请愿不超出制度允许的范围，精神权力的分离不表现为不可调和的斗争。民众的政权因固有的合法性即选举的合法性被大家所接受。从人们接受政权这一时刻开始，就出现一定程度的思想统一，即所有人都接受权力转移所遵循的规律。社会是民主的，因为人们可能就任何问题展开讨论。但是由于大家对国家机构本身所给予的原则一致同意或几乎一致同意，果然政权是稳定的。②

（6）少数人的政策参与。积极参与的公民向来是少数群体，将来也仅仅是少数群体。这个少数群体中的诸派别之间的竞争最终服从消极的多数群体，也就是犹豫不决的多数群体的裁决。他们之所以是犹豫不决的，或是因为他们思考更多，或是因为他们所知甚少。也许，公共事务的复杂变化远远超过了信息传递的速度，但是，能与作出重大决策的权力机构进行讨论的公民从来只是极小部分，今天，这部分人的数量不比过去更少，他们拥有的权力更少吗？决策仅仅是由少数的专家作出的吗？就个人而言，我不这样认为。重大决策有两类：第一类决策与经济形势有关；第二类决策与幕后的热核武器战略有关。在两种情况下，公民，尤其是当选者所需的培训包括经济学的某些知识，关于核威慑的某些思考。政治家不需要理解计算机的运算方式、线性程序设计的巧妙或热核炸弹的制造，就能作出合理的决策。参与国家事务对话的那些人的理解水平比以前更高，在今天和过去，他们都超过了大多数公民的理解水平。见多识广的业余爱好者或有学问的人不能达到这种理解水平。③

---

① 参见［法］雷蒙·阿隆《论自由》，第 97—99 页。
② 参见［法］雷蒙·阿隆《阶级斗争——工业社会新讲》，第 112—113 页。
③ 参见［法］雷蒙·阿隆《论自由》，第 119—122 页。

三 伯林：消极自由与多元民主

以赛亚·伯林（Isaiah Berlin，1909—1997 年）区分了积极自由（肯定性自由）和消极自由（否定性自由），认为"积极的自由"的观念（回答"谁是主人"这个问题）与"消极的自由"的观念（回答"我在什么领域中是主人"）是不同的。通常，强调消极自由，是为了给个人或群体多一些路径；强调积极自由，通常开放的路径较少，但对于沿着它们前行却有更好的理由或更大的资源。个人自由与民主统治并无必然的关联。我寻求的并不是法律权利的平等，做我愿做之事的自由，而是一种在其中我能感觉到我是一个负责任的行动者的状况。[①] 关于消极自由的问题是：拦在我面前有什么障碍要排除？其他人怎样妨碍着我？其他人这样做是有意的还是无意的？是间接的还是有制度依据的？关于积极自由的问题是：谁管我？别人管还是自己管？如果是别人，他凭借什么权利？什么权威？如果我有权自主，自己管自己，那么，我会不会失去这个权利？能不能丢掉这个权利？放弃这个权利再恢复这个权利？具体怎么做？还有，谁制定法律？或谁执行法律？征求过我的意见吗？是多数人在统治吗？为什么？是因为上帝、牧师，还是党？是出于公共舆论的压力，还是慑于什么权威？积极自由在正常生活中虽然更重要，但与消极自由相比更频繁地被歪曲和滥用。如果积极自由充分地实现，消极自由就会减少。消极自由起作用是由于没有消极自由，就会有压制。[②]

伯林对"专家统治"作了以下的描述：我不可能在所有时候向任何人协商法律的执行。政府不可能是一个持续的公民投票过程。更有甚者，有些人并不像其他人那样善于倾听他自己内在的理性的呼声，有些人则几乎就是聋子。如果我是立法者或者统治者，我必然会假定，如果我实施的法律是理性的，它就会受到我的社会的所有成员的自动赞同，因为他们如果不赞同，他们必然是非理性的，于是他们需要用理性来压制。如果你自己压制，我的任务就要容易一些，我试图教育你这样做，但是我对公共福

---

① 参见［英］以赛亚·伯林《自由论》（自由四论扩充版），胡传胜译，译林出版社 2003 年 12 月版，第 41、55、198、228 页。

② 参见［伊朗］拉明·贾汉贝格鲁《伯林谈话录》，杨祯钦译，译林出版社 2002 年 4 月版，第 37—38、138 页。

利负有责任，我不可能等到所有人都成为完全理性的。①

　　伯林认为，多数派统治的民主制逻辑上不承诺对最低限度个人自由不可侵犯性的绝对立场。对自由主义者来说，政治（"积极的"）权利和参与政府的权利的主要价值，是作为他们保护他们所认定的终极价值，即个人的（"消极的"）自由的手段。② 民主有时会压制少数派和个人。民主不一定是多元的，它可能是一元的。一元的民主使多数人可以为所欲为，不管多么残忍，多么不公平，多么不合理。在允许反对派存在的民主制度中，人们总还可以指望能够使多数派发生转变。但是，民主制也可能是不宽容的。民主制并非事实上就是多元的。伯林明确赞成的是一种明确的多元的民主制，它要求协商和妥协，承认各集团和个人的要求和权利，除非出现了极端危机的情形，这些集团和个人就绝不能拒绝民主决定的结果。③

四　达尔：侧重政策过程的"多元民主"

　　罗伯特·达尔（Robert A. Dahl，1915—2014 年）倡导"多元民主"（或"多元主义民主"、"民主多元主义"、"代议制民主"），其中的"多元主义"强调的是组织的多元，即在国家领域中大量相对自治（独立）的组织（子系统）的存在；"民主"则既可以指一种理想，也可以指现实政府形式的具体类型。④ 但是在对"多元民主"的具体论述中，达尔侧重的是民主制度下的政策过程，"民主的主张只是认为，选择一个民主的国家要比其他任何类型的国家或无国家好，各种决策要求人们针对审慎的备选方案、原则和可能性进行判断"；⑤ 他还突出强调了公民投票对政策过程的重要性，因为"民主必须在实际上确保每一个成年公民都拥有投票权"。⑥

────────────

　　① 参见 ［英］以赛亚·伯林《自由论》，第 224—225 页。

　　② 同上书，第 238 页。

　　③ 参见《伯林谈话录》，第 132 页。

　　④ 参见 ［美］罗伯特·达尔《多元主义民主的困境：自治与控制》，周军华译，吉林人民出版社 2006 年 5 月版，第 6 页。

　　⑤ 参见 ［美］罗伯特·达尔《民主及其批评者》，曹海军、佟德志译，吉林人民出版社 2006 年 5 月版，第 55 页。

　　⑥ 参见 ［美］罗伯特·达尔《论民主》，李柏光、林猛译，商务印书馆 1999 年 11 月版，第 4、98、107 页。

（一）以选举为基础的民主的政策过程

达尔为民主过程（或理想的民主）确定的标准，实际上是建立在选举基础上的"民主的政策过程"的标准，最初是投票中的平等、有效的参与、明智的理解、对议程的最终控制、公民身份五项标准；① 后来被改为有效的参与、决定性阶段的表决平等、开明的理解、议程的控制、作为无条件之权利的公民身份；② 再调整为有效的参与、投票的平等、充分的知情、对议程的最终控制、成年人的公民资格；③ 最终确定的理想的民主为以下六条标准。

（1）有效的参与。当某项政策被某个联合体采纳之前，所有的大众成员必须具有平等而有效的机会，使其他成员知晓他们对政策的看法。如果某些成员拥有更多的机会表达自己的观点，他们的政策就更有可能获得成功。如果剥夺人们讨论议程上的各项建议的机会，就会造成政策的决定权实际掌握在极少数成员手里。"有效参与"正是要避免出现这样的结果。

（2）平等的投票权。当做最后决定的时间即将到来时，每个成员必须有平等而有效机会进行投票，并且所有的投票必须被平等计算。

（3）获得受启发的理解。在适当的时间内，每个成员都有平等而有效的机会，知晓相关政策及其可能的结果。政治平等原则假定，只有在成员有足够的机会以询问、讨论和协商的方式来了解社团面临的问题时，他们才能够同等地胜任决策的工作，而第三项标准保证的，就是每个成员都能够获得这样的机会。

（4）议程的最终控制权。民众有排他性的机会，决定它的成员如何（或如果）选择哪些事情被讨论。因此，需要具备前面三个特征的民主过程从不会结束。政策将永远由民众来控制变化，如果它的成员选择这样做的话。

（5）包容。民众中的每个成员有权以刚刚描述的方式参与：有效参与、平等投票、寻找对问题受启发的理解和对议程使用最后的控制权。

（6）根本权利。理想民主每个必需的特征规定了一种权利，这个权

---

① 参见［美］罗伯特·达尔《多元主义民主的困境：自治与控制》，第6页。
② 参见［美］罗伯特·达尔《民主及其批评者》，第142—173页。
③ 参见［美］罗伯特·达尔《论民主》，李柏光、林猛译，商务印书馆1999年11月版，第41—46页。

利本身就是理想民主秩序必需的一部分：参与权、与其他人平等的计票权、为理解问题而寻找知识的权利以及平等基础上的参与控制最后议程的权利。民主不仅仅是由政治过程构成的，它也必须是一种根本权利的制度。①

（二）多元民主的代议制制度

达尔阐述的多元民主的代议制政治制度，也与政策过程有密切关系，并且同样有所变化。最初强调的七项制度，② 后来被归纳为选举官员、自由与公正的选举、包容的选举权、竞选官员的权利、言论自由、选择性的信息、结社自治。③ 最后确定的代议制制度（大规模的民主需要的政治制度）的解释，只有以下六项内容。

（1）选举产生的官员。宪法规定，公民选举产生的官员，具有对政府政策制定的支配权。因而，现代的大规模民主政府都是代议制政府。如果政府的高层官员能够决定议程，实行的政策和公民愿望毫无关系，那么它不符合我们的要求。如果高层官员是由公民选举产生的，而且公民还可以在以后的选举中把他们撤换掉，这样，借助选举，官员不得不多多少少担负种种责任。这么一种办法，虽然远没有尽善尽美，但却是唯一可行的办法。

（2）自由、公正和定期的选举。上述的官员都是在定期的、公正的、强制极为罕见的选举中选拔出来的。

（3）表达意见的自由。对范围广泛的政治事务，无论是官员、政府、体制、社会经济秩序，还是主流意识形态，都享有自由表达意见的权利，而不必担心遭到任何严厉的惩罚。首先，公民对政治生活的有效参与，需要这种表达自由；自由的表达不仅意味着我们有权利说出自己的观点，它还意味着我们有权利听到别人的观点。其次，要对政府各种可能的行为和政策有充分的知情，也必须有表达的自由；要培养基本的公民能力，公民需要相互学习，讨论和协商，而这些方式都离不开表达的自由。再次，公民一旦丧失了表达自由，很快就会对政府的决策议程无能为力。

（4）接触多种信息来源。公民有权利从其他公民、专家、报纸、杂

---

① 参见［美］罗伯特·达尔《论政治平等》，谢岳译，世纪出版集团、上海人民出版社2010年1月版，第6页；《论民主》，第45—46页。

② 参见［美］罗伯特·达尔《多元主义民主的困境：自治与控制》，第10页。

③ 参见［美］罗伯特·达尔《民主及其批评者》，第304—305、322—323页。

志、书籍、电讯等那里，寻找替代的、独立的信息来源。此外，必须存在不受政府控制、也不受其他某个试图影响公众的政治信仰和政治态度的政府团体控制的、替代的信息来源。并且，这些来源都得到法律的有效保护。如果公民获得的信息，都是出自同一个来源，比方说政府，或者是某一个党派、派系或利益群体，他们怎么可能有效地参与到政治生活中去。

（5）社团的自治。公民有权利结成相对独立的社团或组织，包括独立的政治党派和利益集团，以便实现自己的各种权利，包括民主政治制度的有效运行所需要的那些权利。

（6）包容广泛的公民身份。每一个在这个国家永久居住，并且遵守它的法律的成年人，都应该拥有与他人同等的权利，拥有上述五项政治制度所必须的权利。这包括，在自由公正的选举中投票选举官员的权利，竞选选举性职务的权利，自由表达的权利，组织、参与独立的政治组织的权利，接触独立的信息来源的权利，以及大规模民主的政治制度有效运行所不可缺少的各种自由和机会方面的权利。[①]

（三）多元政体的特征

达尔强调的多元政体的特征，综合了他对民主过程和代议制的基本看法，包括以下内容。

在投票期间：（1）组织中的每一个成员都履行某些行为，例如投票，我们假设这些行为构成了对预订的不同备选方案的一种偏好表达。（2）在计算这些表达（选票）时，赋予每一个人的选择以同等的权重。（3）拥有最多票数的备选方案被宣布为获胜的选择。

在投票前阶段：（1）对已经确定的一套备选方案有所了解的任何成员，如果他至少认为有一项其他的备选方案比现在确定下来的任何备选方案都更可偏好，那么他能够在那些为投票所预定的不同备选方案中插入他所偏好的那种方案。（2）所有个人对于不同的备选方案拥有同等的信息。

在投票后阶段：（1）拥有最多票数的选择（领导人或具体的政策）代替拥有较少票数的任何选择（领导人或具体的政策）。（2）当选官员的命令得到实施。

在选举间阶段：（1）所有选举间阶段的决策要么从属于那些在选举阶段

---

① 参见［美］罗伯特·达尔《论民主》，第91—108页；《论政治平等》，第7—9页。

提出的决策，要么是执行性的，这就是说，选举在某种意义上是控制全局的。
（2）或者，选举间阶段的新决策受到前面各条件的约束，然而，这些条件的
运作却是处在相当不同的制度境况之中。（3）或者，二者兼而有之。①

（四）政策偏好定理

达尔就"多数人暴政"和民众的政策"偏好强度"，提出了七条
定理。

（1）多数人极少控制特定的政策事务，但选举过程在民主政治的宏
大战略中具有决定性的重要意义，如果多元政体的社会前提存在，那么为
了确保政府领导人对非领导人负责，选举是关键的技术；尽管在大的民族
国家，选举都不能告诉我们多少关于多数人和少数人之偏好的事情。

（2）作为多数人偏好的指示方法，选举是相当无效的。许多传统的
民主理论，使我们对全国普选的期望高于其能够提供的可能。选举和政治
竞争是两种基本的控制方法，不造成多数人的统治，但是却极大地增加少
数人的规模、数量和多样性，领导人在做出决策选择时必须考虑他们的
偏好。

（3）少数人（至少是政治积极分子）几乎永远在一个多元政治体系
中"行使统治"，构成"多重少数人的统治"。在社会中，绝大部分的政
治积极分子对政策问题通常存在着共识，这在政治中是第一位的，构成政
治的基础，它包含着政治，限制着政治，构成政治的条件。有了这样一种
共识，关于政策的争论几乎总是对于一系列可替代政策的争论，如果基本
的意见一致的领域非常广泛，那么这些可替代政策已经经过了一番去芜存
菁的过程。

（4）如果多数人的统治几乎完全是一个神话，多数人暴政也几乎完
全是一个神话。多元政体的特征大大扩展了少数人的规模、数量和多样
性，它们的偏好将影响政府政策的产生。而且，这些特征显然对政府的若
干重要方面产生了相互作用的影响：新领袖的种类、合法的与不合法的政
治活动类型、政策向领袖们开放的范围和种类、传递信息与沟通的社会
过程。

---

① 参见〔美〕罗伯特·达尔《民主理论的前言》，顾昕、朱丹译，生活·读书·新知三联书店
1999年1月版，第90—96、112—113页。

（5）如果其他事情是同等的，那么政策决定的产出将取决于一个群体成员之中偏好强度的相对强度。少数人由于政府行动而受到虐待的程度，几乎完全依赖于非宪法因素。

（6）"宪法的"一词意指政策决定过程的决定因素，包括那些影响着政府官员中控制权合法分配、类型与方法的先赋规则。为了使那些由官方认可的过程产生的决策具有合法性，代议机构或多或少是必需的；选举过程本身要求另一种特化，致力于竞选获胜的人们要开动全国性的政党组织机器，每一个多元的政治体制都以权力的分离为标志；宪法规则之所以具有重要的意义，是因为它有助于决定什么特定的群体将在政治斗争中被赋予优势或者障碍。

（7）一个多元政体组织中的政治不积极成员，显然不可能影响决策的产出。"合法的"，意指其活动为政治积极分子的绝大多数认为是正确的、恰当的。民众中所有积极的和合法的群体都可以在决策过程的某个阶段表达自己的意见。政府决策的制定并不是就某些基本政策事宜统一起来的多数人的庄严进程，它是对相对少的群体的安抚。①

（五）决策的三种战略

达尔认为决策可以通过三种战略来达成。（1）通过总体性的探究来形成理性的答案，或采取有时所称的整体性战略。（2）采取不那么苛刻而又更为可行的有限理性战略。（3）采取一种试验性的战略。

整体性战略有时被认为是完全理性的理想战略，它可以被描述如下。（1）面对给定的问题。（2）理性的决策者先得阐明目标、价值或目的，继而再根据它们之间的关系来对其进行排序和组合。（3）接着，决策者要列举出实现目标的所有重要且可能的方法（即政策）。（4）然后要考量每个供选政策将会引起的所有重要后果。（5）这时，决策者就处在了一种可以比较每种政策的结果和目标的位置上。（6）至此，就可以选出结果与目标最为匹配的那种政策。鉴于我们的知识有限，决策是——而且必定是——在种种不确定中作出的。如果我们把决策推迟到我们接近完全理性之时，那么我们就永远作不出任何一项决策。

有限理性战略是一种渐进主义的战略。由于政府的选择常常笼罩着不

---

① 参见［美］罗伯特·达尔《民主理论的前言》，第170—204页。

确定性，一些决策研究者试图提出可以真正适应有限知识情景的决策方法。在实践中，政府决策者或任何人都可以采取许多有效的方法来应付不确定性。决策者可以找到令人满意但并非十全十美的解决问题的方法，他可以做出试探性的决定，看看到底会发生什么。一些重要的政府决策，常常都是采取一种渐进的方式，而不是盲目的冒进。由于每次只走一步，往往能够避免重大的灾难。公民、专家和领导人从错误中学习，留心需要的矫正措施，对政策加以修改，如此等等。这个过程，如果需要，可以反复进行。尽管每一步小得让人灰心，但日积月累，也会造成深刻的，也可以说是革命性的变化。

实验性战略即可以通过政策被广泛采用之前的刻意实验或小规模探索来降低决策中的盲目性与不确定性。政策决定确实是在做"实验"，拿人们的福利和幸福做实验，但是这样的实验规模宏大，代价高昂，也缺乏科学实验用以生产可靠知识的所有标准。因此，人们认为，提前实施小规模的、可控的、精心准备的探索，通常是可行的，而且也要合理得多。

上述的战略，没有哪一种可以保证在种种方案中发现最佳方案或拿出好的公共政策。然而，越熟悉关于决策的种种战略，就越容易确立健全的决策结构和程序，而这反过来又越有希望形成好的公共政策。①

（六）政策过程中涉及的其他与民主有关的问题

达尔还就政策过程中可能涉及的其他与民主有关的问题，提出了自己的看法。

第一，专家在决策中的作用。把某些次要的决定权力交给专家，与把重大决定的最终控制权交给专家，不可同日而语。同样地，政府官员去向专家求教是一回事，让政治领袖有权决定你所必须遵守的法律和政策，那又是另一回事了。个人事务上的决定，与政府通过并实施的决定，不是一回事。在这场监护统治与民主统治的争论中，关键的问题并不是作为个人我们是否应该在某些时候信任专家，问题是，谁，或者哪个团体，对于政府的决策拥有最终的发言权。在一些个人的事务上，你可能想求助于专家

---

① 参见［美］罗伯特·达尔、布鲁斯·斯泰恩布里克纳（Bruce Stinebrickner）：《现代政治分析》（第6版），吴勇译，中国人民大学出版社2012年6月版，第205—208页；［美］罗伯特·达尔《论民主》，第194页。

来做决定，但这不等于说，让政治领袖来支配政府的重大决定，支配如果必要就要借助强制、囚禁甚至处决来予以实施的政策的决定，也是合情合理的。专家有资格做你的代理人，并不意味着他们有资格做你的主人。公共政策往往是那么复杂（而且可能会逐渐越变越复杂），以致政府如果没有知识渊博的专家的帮助，肯定不能作出满意的决定。怎样才能最好地满足民主的标准，把政治平等维持在一个令人满意的程度，而同时，制定决策的人又借重专家以及他们的知识，这是一个非常重要的问题，一个民主政府的拥护者如果看不到这个问题是愚蠢的。[①]

第二，政策不是严格意义的"科学"判断。（1）事实上一切重大的政策决定，无论涉及个人或政府，都需要道德判断。我们在对政府政策意图达到的目的进行决定的时候，是在作伦理的判断，而伦理判断并不是通常意义上的"科学"判断。（2）良好的目的彼此常常存在冲突，而资源又有限，因此，无论是个人还是政府的政策决定，几乎总是需要权衡，需要对不同目的进行平衡。不同目的之间的权衡并不是一种"科学"判断，因为它不可避免地超出了严格意义的科学知识的范围。（3）即使对决策目标，人们能够用通常的方式达成一致，但围绕政策手段总是会有许多的不确定性和争论。对于这些问题，不可能有哪个团体会拥有这方面的"科学"知识是"专家"知识，能够为我们提供确切的答案。[②]

第三，决策规模的大小。如果我们建立一个民主的统治机制，是希望它能够为公民参与政治决策提供最大的机会。那么，一个小规模的政治体制中公民大会式的民主确实显得更为优越。但是，如果我们希望的，是使它有最大的空间来有效处理与公民密切相关的各种问题，那么，一个范围较大、有必要实行代议制度的单位往往效果更佳。这就是在公民参与和体制效率之间的两难。民主的单位越小，公民参与的可能性就越大，公民把政府决策权力移交给代表的必要性就越小；而单位越大，处理各种重大问题的能力就越强，公民把决策权移交给代表的必要性就越大。[③]

第四，精英的讨价还价。多元民主制虽然有助于公民对政府的行为和

---

①　参见［美］罗伯特·达尔《论民主》，第78—80、86页；《民主及其批评者》，第85—87页。

②　参见［美］罗伯特·达尔《论民主》，第79—80页。

③　同上书，第114—119页。

决策施加影响，但它上面却附着一个非民主的过程：政治精英和官僚精英之间的讨价还价。政治和官僚精英在达成协议的过程中，彼此也会存在相互的影响和制约，精英的讨价还价有它自己的一套相互制衡的制度。在民主国家，政治和官僚精英力量固然强大，远胜于普通公民，但他们还不是专制君主。①

第五，宪法的影响。宪法可能在许多方面影响一个国家的民主政治：稳定、基本权利、中立、责任、公平的代表、知情下的共识、有效统治、明智的政策、透明易懂、弹性、合法性。②

第六，多数规则。如果公民不同意某些政策，应当以谁的观点为主呢？在民主制度中，标准答案是，决定必须遵从大多数公民的意志。或者在代议制度中，应当遵从立法机关大多数代表的意见。多数统治原则只有作为获得政治平等的手段才是正当的。多数规则尽管有缺陷，但是可以证明的是四种优势：一是自决的最大化；二是合理要求的必然结果；三是更可能产生正确的决策；四是效用最大化。③

第七，其他集体决策方式。民主并不是我们认为正当的作出集体决策的唯一过程。为了将极其复杂的现实简单化，我们认为有三种主要的替代方案，它们是：等级制，即由领导来决策；协商制，即在领导之间决策；市场，即由领导和顾客决策并且在领导和顾客之间决策。④

第八，公民取向与利益互补。在民主国家里解决普遍利益问题的方法，没有一个是令人满意的。具有代表性的方法，或是通过强调人们对普遍利益的奉献，从而能够希望在某种程度上促成更高尚的公民美德；或者是强调一种开明的利己主义。尽管利益完全协调的情形仍然是罕有现象，但是完全冲突的、排他的、竞争性的利益——零和冲突——也不大可能占主导地位。卷入政治冲突的不同公民的利益通常既不是完全协调的，也不是完全冲突的，而是互补的。尽管公民的利益并不一致，但如果每个人实现自己目标的行动能够在不给其他人造成损失的情况下为自己带来利益，那么他们的利益就是完全互补的。完全互补的利益无疑是罕见的，但是对

---

①　参见［美］罗伯特·达尔《论民主》，第122—123页。

②　同上书，第133—136页。

③　参见［美］罗伯特·达尔《论政治平等》，第9—10页；《民主及其批评者》，第179—219页。

④　参见［美］罗伯特·达尔《论政治平等》，第109页。

每个角色来说，从与其他人的合作中得到的收益大于损失这个意义上说，他们得到的往往是不完全互补。冲突的利益使政治生活成为必要，但互补利益使之成为可能。①

第九，公民的政治参与。如果人们符合下列要求，那么他们更有可能参与政治。（1）看重将会得到的报酬。（2）认为选项的不同是很重要的。（3）相信他们能够帮助改变结局。（4）认为他们如果不行动，结局就将难以令人满意。（5）具备与眼前问题相关的知识或技能。（6）在行动中只需克服较小的障碍。（7）受到了别人的参与动员。人们不大可能介入政治的因素是。（1）人们认为他们可以预期的从政治介入中得到的报酬比从其他活动中得到的报酬要低。（2）摆在面前的选项没有重大的差异，因此其所作所为无足轻重。（3）不能有效地改变结果。（4）相信没有他们的介入，结局也会相当令人满意。（5）感到知识太有限以至于不能有所作为。（6）遇到的障碍太大。（7）没有人或组织来进行参与"动员"。②

第十，国际组织的民主难题。即使在那些民主制度和民主实践已经长期存在的国家，公民要想在外交事务的许多关键性决策上施加有效的控制，依然是困难重重，而要在国际组织中做到这一点，则难上加难。如"欧盟"依然存在着巨大的"民主的亏空"，它的一些关键的决定主要由政治和官僚精英的讨价还价产生，决定它能走得多远的，不是民主过程，而主要是谈判各方的能力。国际组织应当让民众充分地关注、了解它的政策决定，政治和传媒的精英对各种替代方案进行争辩、讨论时，应当采用能够引起公众的注意和热情的方式，要有各种党派和个人为了争夺职位而展开竞争。③

第十一，多元民主的缺陷。虽然由于种种原因，独立组织是可取的，但是它们也会卷入民主多元主义的四个问题当中：它们可能有助于固化政治不平等、扭曲公民意识、歪曲公共议程并且让渡对议程的最终控制权。大规模民主还面临六个根本性困境：一是权利与效用（功利）；二是更排他的公民总体与更包容的公民总体；三是个人之间的平等与组织之间的平

---

① 参见［美］罗伯特·达尔《多元主义民主的困境：自治与控制》，第141、165—167页。

② 参见［美］罗伯特·达尔、布鲁斯·斯泰恩布里克纳《现代政治分析》（第6版），第136—141页。

③ 参见［美］罗伯特·达尔《论民主》，第124—125页。

等；四是一致性与多样性；五是集权与分权；六是权力和政治资源的集中与分散。①

达尔突出强调选举对政策的决定性作用，并在此基础上提出了多项民主的标准或定理。恰是有了这样的全面论述，使得达尔成为"多元民主"以及"多元民主政策范式"的最具代表性的人物。

五　诺齐克：最弱意义国家的政策过程

诺齐克（Robert Noziek，1938—2002 年）认为，能够得到证明的是一种最低限度的国家，其功能仅限于保护人们免于暴力、偷窃、欺诈以及强制履行契约等；任何更多功能的国家都会侵犯人民的利益，都会强迫人们去做某些事情，从而也都无法得到证明；这种最低限度的国家既是令人鼓舞的，也是正当的。有两点值得注意：国家不可以用强制手段迫使某些公民援助其他公民，也不可以使用强制手段禁止人们追求自己的利益和自我保护。被排除的只是达到这些目标的强制性途径，而自愿的途径依然保留。国家能够从无政府中产生出来，其过程也无须侵犯任何人的权利。乌托邦传统中能够保留下来的东西正是最低限度国家的结构。②

在诺齐克看来，即便是最弱意义国家，如何来决定行为总体阈限以下的哪一个分支应该被允许，对每一个行为都征税，要求有一个中央的或统一的税收和决策机构。由社会来决定哪些行为是有价值的，应该允许哪些是应该被禁止的，以使行为总体缩减到恐惧阈限以下，也需要同样的机构。③关注他人的纽带涉及的可能不只是一般税收制度在象征意义上表达的（人们所希望的）有效政策，而且还是对有关行动种类的具体限制。④

对于一些人可以共同拥有同一种权利，并使用某种决策程序来决定这种权利应如何实行，诺齐克通过假设例证进行检验后指出，这种每个人在涉及所有其他人的生活方面（在某种规定的限度内）都拥有一种平等的

---

① 参见［美］罗伯特·达尔《多元主义民主的困境：自治与控制》，第 36—48、84—94 页。

② 参见［美］诺齐克《无政府、国家与乌托邦》，姚大志译，中国社会科学出版社 2008 年 4 月版，前言，第 1—4 页；正文，第 399—400 页。

③ 同上书，第 88 页。

④ 参见［美］诺齐克《经过省察的人生——哲学沉思录》，严忠志、欧阳亚丽译，商务印书馆 2007 年 11 月版，第 271 页。

发言权的制度，就可以想象的而言，是最好的和最公平的。他们的社会理论家一致认为，他们由民主过程所得到的制度，这种民有、民治、民享的制度，是社会生活的最高形式，是一种绝不允许从地球上消亡的制度。我们最终达到了被认作现代国家的东西，而这种现代国家披有针对其公民的巨大权力甲胄。确实，我们已经达到了一种民主的国家。通过一系列毫无争议的单个步骤，其间没有对任何人的权利的明显侵犯。但是这样的制度会受到普遍的抵制。有各种各样的治疗方法，我在这里只讨论其中的一种。任何人都可以开创他们向往的、任何种类的（与这种框架之运行相容的）新共同体，而其他任何人也都可以不进入它（不可以基于家长制的理由而排除任何共同体，也不可以强加一些更弱的家长制限制——例如强制性的信息发布程序和等待期——来消除人们决策过程中的一些所谓缺点）。①

诺齐克指出，民主制度和与它们同样重要的自由不只是实现控制政府权力，并将其导向共同关注的问题的有效途径，它们自身也——以一种具有针对性的官方方式——表达和象征我们的同等人类尊严，表达和象征我们的自主性和自我导向的权利。作为自主、自治的人，我们的经过深思熟虑的判断——甚至意见——必须被给予他人等同的认真考虑的地位；我们知道，我们自己的实际投票行为，在某种程度上作为对自己地位的一种表达和象征性确认，对相关结果产生某些决定性影响的可能性微乎其微；尽管如此，我们仍然会投票。这种象征性对我们来说是重要的。在民主制度的运作过程中，我们也希望表达与我们相关并将我们结合起来的价值观。对于有些事情，我们选择通过政府，以严肃地标示人的团结一致性的方式去共同完成；这被我们以官方形式共同完成它们这一事实所促进，而且常常被行动本身的内容所促进。②

政治理论家们常常被政治领域中的"立场"所吸引，他们感到惋惜，认为民主选民缺乏理论方面的恒定不变性——选民先让一个政党掌权，在数年后又让另一个政党上台。选民们知道自己所投选票的意义。选民们想要看到这种 Z 字形运行轨迹。他们是明智的人，意识到在政治领域中没有哪一个立场能充分包括一个人希望追求的所有价值和目标。所以，这些

---

① 参见 ［美］诺齐克《无政府、国家与乌托邦》，第 342—352、389 页。
② 参见 ［美］诺齐克《经过省察的人生——哲学沉思录》，第 267 页。

价值和目标只得找机会轮流表现出来。即使相当数量的人无论出现什么变故，依旧信奉他们原来的目标和所青睐的计划，但是，选民们在总体上是以这种明智的方式行事的。这是因为，可能存在一个明显摇摆不定的选民群体，他们将转向新的目标，从而形成得票数量的差异——在选举中，在意识形态方面承担最少义务的选民可能起到举足轻重的作用，这种情况与希望政治构成一套具体原则，然而在其他方面是可取的这一观点是相抵触的；不管怎么说，新一代选民将登上舞台，准备寻求不同的平衡状态，甚至迫切希望尝试某种新东西。这并不是一种使我们能够预测下一次转换何时出现的理论。这就是选民们需要判断的问题，他们作出的判断可能在某种程度上取决于他们在竞选期间听到的呼声，取决于发出呼声的人。我们作为个人可以选择在不同时刻进行转换，早于或晚于大多数选民。但是，我们每个人都应具有足够的冷静的心态来接受这一点：在过了一段时间之后，社会的适当做法是转向以充满活力的方式追求目标，而不是囿于我们目前喜欢的东西。这类事情不应由任何一个人单独完成，我们自己也应参与。一方面是持久地将任何一组迄今得以阐述的政治原则的具体内容——我指的是，那些旨在具体说明民主制度之内应该追求的那些类型的原则，而不是通过提供基本解释和辩护来支撑民主制度本身的那些类型的原则——惯例化，一方面是民主政治的 Z 字形运行进程——在这样的进程中，全体选民可能了解包括在其他类型的原则之中的同样原则。不管怎么说，如果在这二者之间作出选择，我每次都对 Z 字形运行轨迹投赞成票。[1] 理性决策原则不一定是预期效用最大化原则，按照决策值最大化原则，最大化决策值是因果预期效用、证据预期效用和象征预期效用的加权总和。[2]

如果民主社会中的多数人希望以合作、符号化的方式表达关注和团结一致的最严肃的关系，喜欢其他方式的少数人就得参与进来，以便使自己的看法得到充分表达。不过，多数派也可能表达它对少数派的关注以及团结一致的联系，其方式是不去迫使少数派像多数派自己希望的那样进行参与。只要有可能，社会应该允许由于道德原因对公共政策认真持反对意见

---

① 参见［美］诺齐克《经过省察的人生——哲学沉思录》，第 272—276 页。
② 参见［美］诺齐克《苏格拉底的困惑》，郭建玲、程郁华译，新星出版社 2006 年 11 月版。第 226 页。

的人选择退出该政策——即使其他人希望将他包括进他们的共同符号化行为时也是如此。这一考虑应该服从这个一般性原则：在我们力所能及的情况下，我们应该避免强迫人们参与旨在实现他们认为在道德上不可取或者极其可恨的目标的活动。①

在某种程度上，我们对个人自主性和自由的关注本身也是一种明确表达的关注。我们相信这种东西是有价值的，其原因并非仅仅在于它们使人能够选择，产生具体行动，也不在于它们能够使人获得益处，而是在于它们使人能够参与有针对性的、复杂的自我表达、自我符号化的活动，而这些活动会使人得到进一步提高和发展。公共领域只是一个共同表达自我的问题，我们也希望通过这一点在现实中完成某事物，从而改变现状；如果我们认为某些政策不会起到帮助或支持他人的作用，我们就不会发现这些政策充分表达了与他人的团结。自由论的观点一心只盯着政府的目的，而不是它的意义，因此，它也对目的持过分狭隘的看法。② 特定的个人可能喜欢仅为自己发表意见，但是，生活在社会之中，与它产生认同，这必然使你在面对你个人并无责任的事情——压迫性战争或对外国政府的颠覆——时感到羞愧，对你本人没有参与的事情感到自豪。社会有时候以我们的名义发表看法。③

每一个个人都确实拥有要求获得公共的信息或他可以得到的信息的权利。这些信息足以表明将用于他的正义程序是可靠的和公平的（或者其可靠性和公平性不亚于所使用的其他程序）。他有权利要求证明，正在他身上使用的制度是可靠的和公平的。在缺少这样一种证明的时候，他可以保护自己，反对把这种比较陌生的制度强加在自己身上。当信息是可以公开得到的或者是他可以得到的时候，他就处于一种能够知道该程序是否具有可靠性和公平性的位置。他要检验这种信息，如果他发现这种制度处于可靠和公平的范围内，那么他就必须服从它；如果发现它是不可靠的和不公平的，那么他就可以抵制它。他的服从意味着，他不会惩罚使用这个制度的其他人，尽管基于他是无辜的，他可以抵制它把任何特殊的决定强加给自己。④

---

① 参见［美］诺齐克《经过省察的人生——哲学沉思录》，第270—271页。
② 同上书，第268页。
③ 同上书，第270页。
④ 参见［美］诺齐克《无政府、国家与乌托邦》,，第121—122页。

诸齐克还讨论了经济平等与政治平等的关系，指出既然经济地位不平等通常导致政治地位不平等，那么为了避免政治不平等，而经济不平等通常与政治不平等是相互关联的，是不是需要一种更高程度的经济平等（以及一种更多功能的国家作为达到它的手段）？这种更高程度的经济平等是不是由此而被证明为正当的？在一种非最低限度的国家中，经济状况更好的人们向往更大的政治权力，因为他们能够利用这种权力为自己谋取各种经济利益。最低限度的国家能够最大程度地减少由渴望权力或经济利益的人来接管或操纵国家的机会，特别是如果它拥有相当警觉的公民的话，因为对于这样的接管和操纵来说，这种国家不是一个值得向往的对象。① 对于一种比最低限度国家更多功能的国家，只有当它是达到分配正义所必需的，或者它是达到分配正义的最合适工具，它才能够得到辩护。按照我们所提出的持有正义的资格观念，给予分配正义的头两个原则，即获取原则和转让原则，没有任何证据支持这样一种更多功能的国家。②

六　墨菲：激进多元民主

墨菲（Chantal Mouffe，1943—　）提出了"激进多元民主"③ 和"争议式多元主义"的主张。

（一）激进多元民主的基本论点

墨菲认为，现代民主制作为一种新的社会政治形式，作为一种新的"政体"，它的特殊性恰好就存于平等的民主逻辑和自由的自由逻辑之间的张力之中。自由主义和民主制之间的关联一旦建立起来，自由主义者反复要关注的问题就是如何使个人权利不受多数主义的控制，为此，他们就想对决策的民主过程施加约束。毫无疑问，有必要保全多元主义、个人权利和少数派来反对可能的多数人的专制，但相反的危险也存在，即就此采纳一套既定的"自由"和权利，同时为许多不平等关系提供支持，寻求这些"保证"恰恰可能导致对多元民主制的破坏。因此，民主制要存在

---

① 参见 ［美］诺齐克《无政府、国家与乌托邦》，第 325 页。
② 同上书，第 277 页。
③ 参见 ［英］墨菲《政治的回归》，王恒、臧佩洪译，江苏人民出版社 2005 年 5 月版，第9 页。

下去，就不应该有任何一个社会行动者可以声称他掌握了社会的基础，理解这一点是很重要的。同"政治自由主义"的支持者一样，墨菲也愿意围绕着多元主义民主原则建立起一种广泛的共识，他不相信这一共识应奠基于理性和齐一性，或者它应该明白表示是公平的观点。真正的任务是忠实于民主制度，完成此任务的最好方式不是去证明它们是由理性行动者在"无知之幕"下或"中立化对话"中选择的，而是与他们一起去创造一些强有力的认同形式，而这应该是这样完成的：在尽可能多的社会关系中，发展和增进那些产生民主的"主体地位"的话语、实践以及"语言游戏"，目标是建立民主价值和实践的霸权。①

对于民主是作为实体还是作为程序，墨菲的看法是，应该把自由民主政体的政治原则的固守看成为民主平等所需要的同质性的基础，关键就在于建立若干机制和程序，通过它们来作出决定，并在围绕如何理解这些原则的问题展开辩论的基础上确定国家意志。程序对于构建一种民主的政治统一体来说并非是一种充分条件，还需要一种更为实体性的同质性；但是普遍意愿离开若干程序的中介是绝对不可能直接就被预先给定的。②

墨菲强调西方社会之所以是民主的，这是因为它们已能保护的利益多元化并允许在它们之间存有竞争。如果他们所举行的选举仅仅是使政府合法化的一种机制，而且政府一旦被选出来，对公民的需求就不再予以回应，那么这种选举就不能保证民主。要想有效抵制以技术专家政治和官僚政治的增长为代表的独裁趋势，真正具备决策能力的联合体的多样性以及权力中心的多重性就是必需的。当自由议会制民主的制度仅仅被看成是一些工具性技术时，我们就不可能确信还存在着可保证有效参与的哪种类型的凝聚力。民主已变成一种纯粹用来挑选和授权政府的机制，它已沦为精英分子之间的一种竞争，而公民则被看成政治市场中的一些消费者，因而，今天在许多西方社会的民主进程中看到很低的参与率也就不会令人吃惊了。在许多社会关系中，代议制形式的民主是完全不适用的，因此，在那些自由和平等的民主原则在其中得到实施的社会关系类型中，所采用的民主形式应当是多元的。在有些情形下，代议制更适合些，而在另一些情

---

① 参见［英］墨菲《政治的回归》，第202—203页。
② 同上书，第172—174页。

形下，直接民主则更适合些；而且，我们还应试着去想象一些新的民主形式。①

墨菲倡导的激进多元民主，并不是要拒斥理性、个性和普遍性的所有理念，而只是强调它们必须是多元的，没有固定的结构，并且深陷在与权力的关系之中。它只是表示政治总是以其复杂的形态存在着，不仅有"他们"的维度（建构对抗的方面），而且有"我们"的维度（构筑朋友一方）。对于一种激进多元的民主来说，认定冲突最终有可能获得解决的信念是危险的。多元民主制的特质不在于没有控制和暴力，而在于建立了一套限制和反驳它们的制度。这样的民主将始终是"将来的"民主，因为冲突和对抗同时是其完全实现的可能性和不可能性的条件。②

（二）与"审议式民主"不同的"争议式多元主义"

墨菲指出，"审议式民主"有许多不同的版本，但是可以粗略地将之分成两个学派：第一个学派广泛地受到罗尔斯影响，第二个学派则深受哈贝马斯影响。他们的核心诉求乃是，我们可以透过适当的审议程序，达成同时符合理性（被理解为自由权利的捍卫）与民主正当性（由人民主权所代表）的协议形式。他们的做法是重新塑造人民主权的民主原则，以消除人民主权可能会对自由主义价值所构成的危险。他们所提出的解决方案之一，便是以互为主体的说法诠释人民主权，并将之重新界定为"沟通生成的力量"。根据审议式途径的说法，如果一个社会愈民主，那么社会关系便愈不由权力所构成。但是如果我们接受权力关系构成社会的观点，那么民主政治的主要问题便不是如何消除权力，而是如何构成一种更能与民主价值兼容并蓄的权力形式。一旦我们如是勾勒出理论场域的轮廓，我们便可以开始形塑一个不同于集结式与审议式模式的另类方案，我建议将之称为"争议式多元主义"。

墨菲认为，民主政治的目标乃在于一种建立"他们"的不同方式：不复将"他们"认为是应被歼灭的敌人，而是将之视为某些虽然观念与我们的立场相互对立，然而其捍卫自己观念的权利却不受到我们质疑的人。引入"敌手"这个范畴需要将敌对这个概念复杂化，并且区分两种

---

① 参见［英］墨菲《政治的回归》，第133、139、161页。
② 同上书，第8—10、196页。

敌对展现的形式，即严格意义上的敌对以及争议。敌对是敌人之间的斗争，而争议则是对手之间的斗争。我们因此可以从"争议式多元主义"的观点出发，以将敌对转变成争议为民主政治的目的想法，重新形塑我们的问题。这需要提供让集体激情可以在一些议题上表达出来的管道。而那些议题虽然让不同认同的可能性得以出现，但不会把反对者建构成敌人，而是视之为对手。其与"审议式民主：的重大差异在于，对"争议式多元主义"而言，民主政治的首要任务不是为了促成理性共识而将激情自公共领域中消除，而是将激情转往民主设计的方向。"争议式多元主义"论点中的关键是，争议式对抗不但不会对民主构成威胁，反而是其存在的条件。现代民主的独特之处在于承认并正当化冲突，以及拒绝以强加威权秩序的方式压抑冲突。争议式民主较之审议式模式，更能包容当代多元主义社会所涵盖的多重声音及其权力结构的复杂性。①

七　鲍尔斯、金蒂斯：后自由主义民主维护个人决策和参与能力

塞缪尔·鲍尔斯（Samuel Bowles，1939—　）和赫伯特·金蒂斯（Herbert Gintis，1940—　）以"后自由主义民主"的视角研究资本主义国家，明确提出了发展经济民主和维护个人决策和参与能力的论点。

第一，福利国家和凯恩斯主义的经济政策并没有受到仔细的限定：它们没有赋予公民以承担至关重要的经济功能的能力，它们也没有提供一种公共竞技场，在那里面公民能够发展他们促使经济政策负起民主责任的能力。②

第二，工作的民主形式必定在经济上是无效率的。如果民主决策是高效率的，那么单单市场力量就会选中它。生产过程的某个层面会由于企业所有关系或决策结构的变化而改变，这种变化改变了投入或产出的价格，于是由政治原因导致的向民主决策的转换可能只以较低生产率的代价改变

---

① 参见［英］墨菲《民主的吊诡》，林淑芬译，巨流图书有限公司 2005 年 12 月版，第69—91 页。

② 参见［美］塞缪尔·鲍尔斯、赫伯特·金蒂斯《民主与资本主义》，韩水法译，商务印书馆 2013 年 1 月版，第 10—11 页。

生产的社会组织。①

第三，甚至在一个其政府符合自由民主理想的社会里面，资本仍有一种独立于其直接地干预选举或国家决策能力而否决公共政策的权力。这种权力来自已被称作"资本罢工"的那种东西的效力。资本的权力——它对国家政策的支配——大都不是得自于它做些什么，而是得自它可能不做什么。那些假定的全体民主公民的主权在资本罢工面前失效了。②

第四，自由主义把选择驱入显然缺乏发展的潜能的个人自主的竞技场。虽然受到优待的自由主义机构——市场和投票箱——被赞扬为灵敏地适应于表达和公民的意志，这种灵敏性却没有扩展到最中心的个人控制区域；这就是这样一些选择，它们决定个人应如何发展他们的偏好，他们的社会参与能力，和他们作出明智决策的能力。自由主义声称，市场和投票箱允许人民得到他们所要的东西。但是，自由主义对于人民可以如何成为他们想成为的人，他们如何得到他们想要的东西，则缄默不言了。③

第五，市场使那些不参与民主政治实践的人的成本极小化，因为市场鼓励退出而不是发言，并且因而提供政治参与的替代方式以作为达到所欲目的的手段。对市场的广泛依赖就这样掏空了各种有利于高度参与和活泼的民主文化的条件。如果说最重要的社会结果由市场过程生成，那么民主地构成的决策过程的标桩是严格地限定了的。市场可以通过限制标桩和降低不参与的机会成本掏空民主政治参与的基础，恰恰就是着重对集体决策"需要"的降低才在自由主义的社会理论里面如此受欢迎。简而言之，市场决策对非市场决策的问题，传统上把看作一种应根据配置效率来决定的"经济"论争，必定也是政治的和文化的争论。一种合理的政治哲学不再和人民主权之间进行选择，我们出于同样的理由承认这个问题不能够以赞成市场或赞成计划而得到解决。我们反对工具的政治概念。通过撇开意志的形成和人类发展的过程，这个概念赞许退出，贬低发言，因而把民主政府化简为代议制政府。通过贬低政治参与的价值（或更准确地说，把参与简化为登记某人的选择的行动——投票），它反对居于个人与国家本身

---

① 参见［美］塞缪尔·鲍尔斯、赫伯特·金蒂斯《民主与资本主义》，韩水法译，商务印书馆 2013 年 1 月版，第 105—106 页。

② 同上书，第 116—118 页。

③ 同上书，第 163 页。

之间的共同体联盟的政治授权形式。①

第六，个人权利和个人主义政治学之间的联系是不能够否定的。个人自由权利和私人财产在个人行动和个人支配物质资源内赋予个人以权力，而民主的权利确保个人进入集体决策之决定的平等进程。但是，只是在反对敌视个人自为的社团主义的和等级制的政治哲学时，自由、财产、民主选择才显得是一个和谐的统一体。后自由主义民主的承诺是继续扩展个人权利，并因而使财产权和国家权力的行使变成民主地负责任的。它肯定代议制民主和个人自由权这种传统的民主形式，并且筹划独立于国家的新颖的社会权力形式，这就是说，在共同体和工作之中民主地负责任的、特许的自由。经济民主的这些层面，包括对投资和生产的民主控制，不仅是凭其自身的性质可以想象的，它们也是维持对政府的民主控制之能力的日趋必要的条件。经济民主化的主要命令是清楚的——工作场所的民主，民主的经济计划，共同体获得资本的进路。民主的工作场所的逻辑是生产单位中的民主决策将用民主参与和信誓取代无责任的等级制。民主经济计划是指以对社会负责的方式决定经济结构及其演进模式的大致轮廓。②

第七，日益民主的规则使活动者变得更加坚定地承担民主参与和民主决策的义务，更为熟练地从事民主参与和民主决策，我们称这个过程为"民主的动态"。为了简单起见，我们沿着单一维度来描述一大批复杂的社会规则：民主的高标准和低标准。我们所谓的民主文化是指个人决策和参与能力，他们对民主程序的信誓，他们的联合和政治组织的形式。两种可能性自己呈现出来。在第一种可能性中，一种民主的动态，一套民主的规则，肇致了更加民主的文化。然而，反民主的动态同样是可能的。我们的民主信誓既是对手段的信誓，也是对目的的信誓。我们的信誓包含如下含义：人民所应当学习的，是他们在具有自由权和人民主权的一般环境中作选择时他选择去学习的东西。③

从支撑"多元民主政策范式"的各种论点可以看出，这种范式显示了相当强的"统合"特征，并侧重于三个方面的统合。一是在"多元"概念下的统合，将组织、制度、行为以及民主形式等都纳入"多元论"

---

① 参见［美］塞缪尔·鲍尔斯、赫伯特·金蒂斯《民主与资本主义》，第175—177页。

② 同上书，第218、229—230、265—266、272—274页。

③ 同上书，第240—243、268—269页。

的解释框架之内，或者说是都作出多元而不是"一元"的解释。二是在"选举主义"下的统合，不仅使选举成为立论的基础，而且努力以选举的视角解读政策过程，或者说致力于确立选举与政策之间不可分离的关系。三是"自由"论点的自我统合，即力图形成新自由主义学者能够普遍接受的自由观念，并由此产生了对"自由民主制"、积极自由与消极自由等的探讨。由于第三个方面的统合与政策的关系不是太密切，在本章的论点引述中并没有作为重点，只是简略地介绍了将"自由"与"政策"联系在一起的一些论点。

第五章 新马克思主义：另一种流派的决策民主政策范式

20 世纪后半叶的新马克思主义学者，发展了与新自由主义学者倡导的"决策民主政策范式"有所不同的民主的政策观或"民主的政策理论"，但是其前提也是将民主与决策直接联系在一起，我们可以将其视为另一种流派的"决策民主政策范式"，并列举一些具有代表性的论点。

一 马尔库塞：改变单向度政策

属于法兰克福学派的马尔库塞（Herbert Marcuse，1898—1979 年）认为，单向度思想是由政策的制定者及其新闻信息的提供者系统地推进的。它们的论域充满着自我生效的假设，这些被垄断的假设不断重复，最后变成令人昏昏欲睡的定义和命令。譬如，在自由世界里运转或被运转的制度是"自由的"，其他那些超越这一模式的自由方式不是被定义为无政府主义、共产主义，就是被定义为宣传。这种既成事实的极权主义逻辑在东方也有所反映，在那里，由共产主义制度建立的生活方式是自由的，其他所有超越这一模式的自由方式则是资本主义的、修正主义的或左倾宗派主义的。在这两个阵营中，非操作性观念就是无法实施的、起颠覆作用的观念。在政治领域内，这种趋势通过对立派别明显的一致或趋同而清楚地显现出来。在国际共产主义的威胁下，外交政策上的两党合作跨越了竞争性的集团利益，两党合作也扩展到国内政策方面，各大党的政纲变得越来越难以分别，甚至在其伪善程度和陈腐气味方面也是如此。①

---

① 参见［美］马尔库塞《单向度的人：发达工业社会意识形态研究》，刘继译，世纪出版集团、上海译文出版社 2008 年 4 月版，第 13、17 页。

无论是在西方还是东方，越出封闭性分析结构的话语都是不正确的或是宣传性的。在这种公共话语领域中，言语的运动方向是同义词和同语反复；事实上，它绝不朝着质的差异的方向运动。分析性结构隔开了起支配作用的名词和它的那样一些内容，那些内容将使在政策及公共舆论的陈述中已被接受的名词用法失去合法性，或至少受到破坏。仪式化的概念被赋予了对矛盾的免疫力。今天的新颖之处在于，公众和私人舆论一方面普遍接受这些谎言，另一方面又压制其中的异己因素。[①]

马尔库塞强调，在任何情况下，集中的权力和直接民主的结合按照发展的程度都有着无尽的变化。自我决定的真实程度，决定于大众分解成为众多个人的程度；他们摆脱一切宣传、教义和操纵，并有能力知道和理解各种事实，有能力评价各种替代性选择。换言之，社会合理和自由的程度，决定于它被一种本质上新的历史主体所组织、支持和再生产的程度。[②]

二　胡克：民主是讨论政策的方式

美国的实用主义马克思主义学派的悉尼·胡克（Sidney Hook，1902—1989 年）认为，民主是这样一种生活方式，普遍同意只有在不同的意见能通过自由的、批判性的讨论而得到磋商的时候才能发扬光大，而在这种讨论中，那些无论在什么时候和在什么问题上原来是一个少数派的人，要可以在他们服从民主程序的条件下成为多数派。多数派所做决定是不是明智，是要看它在什么程度上考虑另一可能采取的行动，以及对每种选择所可能得到的证据。简单说起来，它要看那些参与社会和政治事务的人是不是受科学思想的习惯支配，还是为冲动、盲目的传统和不相干的"权威"所左右。但是当发生的问题是有关指导主要国家政策的社会目的和社会价值时，在一种极权主义的文化中是没有对各种可能采用的方法作鉴定试验而抱科学态度的余地的。[③]

胡克指出，民主的最大敌人也竟觉得不得不蛊惑性地口头表示忠于民

---

① 参见［美］马尔库塞《单向度的人：发达工业社会意识形态研究》，第 71—72 页。

② 同上书，第 199 页。

③ 参见［美］悉尼·胡克《理性、社会神话和民主》，金克、徐崇温译，世纪出版集团、上海人民出版社 2006 年 7 月版，第 9—10 页。

主，这正是一个雄辩的标志，表明民主的理想对现代心灵来说本来就是觉得有道理的，而且是有普遍号召力的。但民主的敌人们显得相当成功地竟敢于来夸耀其在实践中如此蛮横地背叛的那些原则，也同样是一种雄辩的标志，表明这些原则是含混不清的。①

胡克对"民主"的定义，显然是重点考虑了"政策"的作用：一个民主的社会是政府依靠被统治者自由地表示同意的一种社会。在这一初步定义中，每一个名词都带有某种的歧义。最少歧义的，是"被统治者"一词。所谓"被统治者"，就是指那些参与社会共同体的成年成员以及他们的家属，他们的生活方式都是受着政府的作为或不作为的影响。所谓"政府"，主要是指制定法律和政策的立法机构、行政机构和司法机构，它们的各种活动支配着社会的生活。因此，政府首先就是一个政治概念；但是在某些情况中它可以指政策影响着许许多多个人生活的社会和经济组织。说政府依靠被统治者的"同意"，是意味着在某种规定的期间内，它的各项政策都要服从被统治者的批准或不批准。所谓被统治者"自由地表示"同意，是意味着不用直接或间接的强制，来影响被统治者表明他们的批准或不批准。一个"依靠"被统治者自由地表示同意的政府，是一个在事实上遵从这种批准或不批准的表示的政府。这个定义的一个直接结论可能就是在世界上的任何地方都没有完全的民主，这并不阻止我们明智地使用这一名词并作出比较的评价。如果一个民主的政府依靠被统治者自由地表示同意，那么在制度的安排——不论是政治的还是非政治的——显然妨碍公众同意的表示或履行的地方它都不可能出现。在刺刀尖下举行的一种公民投票或选举，或只能投"赞成"票，或不准有反对派候选人的投票或选举，显然就说明不是自由地表示同意的，这些只是对民主理想最粗暴的侵犯。②

在具体的政策过程中，如何体现"被统治者同意政策"，胡克提出了八点看法。

第一，真正的政治民主必须包含被统治者的代表控制经济政策的权利。有一些比较不显著而同样有效的方式来强制地影响同意的表示。一切公开形式的经济压迫，既然它是直接为个人所体验的，而且因为他的生活

---

① 参见［美］悉尼·胡克《理性、社会神话和民主》，第249—251页。
② 同上书，第251—252页。

的其他许多方面都依靠着经济上的安全，这就是对民主的一种公开挑战。凡是经济控制在社会中发挥作用的地方，就存在着对民主的经常的威胁。因为在这样的一个社会中，便存在有这样的可能，即经济的压力能强烈地影响着同意的表示。在经济权力的差别是那么大，以致一个集团可以用非政治手段来决定另一个集团祸福的地方，一种政治的民主就不可能发挥适当的功能。因此，真正的政治民主必须包含着被统治者有通过他们的代表来控制经济政策的权利。很明显，现代的经济组织今天在社会生活中起着这样的一种统治作用，以致不能控制经济政策就不可能实现政治民主。所谓经济的民主，就意味着由作为生产者和消费者组织起来的社会权力来决定经济发展目标的基本问题。正如政治民主没有某种形式的经济民主就不完全一样，没有政治民主也就不可能有真正的经济民主。①

　　第二，公众有发表批判性意见的自由。"自由地表示同意"的进一步的结论是不要有教育方面的垄断，这里教育包括一切文化传播的媒介，尤其包括报刊在内。对一种民主制来说，多数原则是重要的，而大多数人如果不能接近消息的来源，如果只能读到官方的解释，如果在课堂、讲台和无线电广播中只能听到一种声音——总之，如果一切批判性的反对意见都被打上叛逆的烙印而为异端的审判、为集中营的思想改造和行刑队所根除的话，他们的表示同意就不是自由的。现代人对书刊的依赖更比历史上从前的人为大，这就使得公众发表批判性的不同意见的权利愈加重要，如果公众的同意要成为自由的话。②

　　第三，被统治者积极参与公共政策讨论。一种民主的有效行使要求有若干其他的条件存在，其中首要的是被统治者积极参与政府的工作过程。所谓积极参与，意思不是指企图去做官员的特殊工作，而是指对各项公共政策作自由的讨论和商议，并在执行通过民主程序所达成的各项委托时进行自愿的合作。在被统治者觉得他们对政府无关重要的地方，结果就产生漠不关心的情绪，而政治上的漠不关心就可以被称作民主的枯萎。始终会发现有利益的多样性，那就必须使任何一种利益的要求都不被排除，纵使这些要求在民主的评议过程中也许会取得妥协或是被拒绝。最明智的政策，在民众的漠不关心或敌意面前也是不可能成功的。即使是那些认为必

---

① 参见［美］悉尼·胡克《理性、社会神话和民主》，第252、256页。
② 同上书，第253页。

须由职业上明智的人们或专家们来实行统治的人，要是排斥他们所统治的人们的意见，也得冒自己覆灭的危险。①

第四，紧急情况下的政策授权。民主有效地行使的另一个要求，就是在危急的情势中具有可以通过授予的职权来迅速行动的机构。今天民主的存在本身取决于它有无为保卫自己而坚决行动的能力。只要民主社会还受到各极权主义国家的威胁，它们就必须公开地并在讨论后作出决定，来对负责的个人授予在一次危机中着手技术上自卫的职权。至于这样的授权也许会发生滥用的情况，那是不用说的。甚至还可以承认，防止这种篡夺的危险是没有绝对的保证的。但是不论发生哪一种危险，都须由被统治者或其委托的代表来对一种危机作出承认；权力的授予必须用民主方法来更新；而且被统治者要不破坏他们的民主就不可能宣布危机永久存在。②

第五，有效地控制权力。有时为保存民主要求授予广大的职权这一事实，以及拥有这样的职权使它的掌握者腐化这一事实，加强了民主的另一个积极的要求。为了解这一种的要求起见，我们必须注意到掌握权力的心理影响，并注意到它的历史见证指明许多民主的组织迟早都变成少数集团的工具。一种可行的民主的积极要求是明智地不信任它的领导，对一切扩大权力的要求抱顽强而非盲目的怀疑态度，并在教育和社会生活的一切方面着重批判的方法。③

第六，明智的公共政策。对事实的知识来说也许有专家，对政策的明智来说却没有专家。政策的明智取决于我们对利益的认识。任何统治者声称他对被统治者的真正利益是什么比被统治者自己知道得更清楚，而以此来为自己废止民主的监督作掩护，这就无异告诉被统治者说，他们并不比孩子们更负责任。究竟谁是所完成工作的最好裁判人，末了还是使用者而不是制作者。谁穿鞋子，谁才最知道在什么地方夹脚。任何一种对民主的理论攻击都要在这种日常的真理面前垮台。④

第七，少数派与多数派的关系。多数统治的原则是一种可行的民主的必要条件，但是多数是可以压迫少数的。一个依靠多数同意的政府并不就能因此成为一个好政府——如少数派受压迫的悲惨历史所证明的。坚决要

---

① 参见［美］悉尼·胡克《理性、社会神话和民主》，第253—254页。
② 同上书，第254—255页。
③ 同上书，第255页。
④ 同上书，第254、258—259页。

求民主社会必须准备条件让自愿组成的少数派对一切与少数派有关而不是与一般的社会有关的问题进行自决，那是有帮助的但是几乎还是不够的。①

　　第八，民主的态度和价值。从柏拉图时代以来，实践上的论据着重在指出民主在实际行使中的一些缺点。它对于各种民主张皇失措的无效率，在制定各种政策时所受蛊惑宣传和偏见的影响，以及某些政治机构的运用实际上把选择社会统治者的权力交于少数人之手，草拟出一项详尽的告发状。民主政治各种弊端的救治办法是实行更好的民主。而且民主不止是一种制度行为的形式。民主是对某种态度和价值的一种肯定，这些态度和价值由于它们必须对制度的变革充当敏感的操纵控制器，就比任何一套特殊的制度更为重要。有三种有关的价值对于作为一种生活方式的民主来说是占有中心地位的：一是应当为实现个人的天资与能力提供平等的发展机会；二是在一种民主制度中，利益和成就的差异不仅必须加以容忍，而且还必须加以鼓励；三是一种民主制度最终所专心致力的必须是相信某种方法可用来解决冲突，明智的方法是民主程序的主要的东西。在一个民主社会中理智愈被解放，它对自然和富源的支配也就愈大，它对自然的支配愈大。②

三　萨特：民主是一种生活方式

　　萨特（Jean-Paul Sartre，1905—1980 年）是法国当代存在主义的代表性人物，他认为民主不仅是一种权力的政治形式或者授予权力的政治形式，而且是一种生活，一种生活方式。我们民主地生活着，而且，在我看来，必须是这种生活方式而不是别的生活方式，此时此刻对我们来说，才是人们的生活方式。我们必须看出人们是否确实生活在民主政治之中，是否确实民主地生活着，我们必须看出民主到底意味着什么。③

　　萨特指出，民主这个词本身含有的一个意义如今已经废弃不用了。从

---

① 参见［美］悉尼·胡克《理性、社会神话和民主》，第 259 页。

② 同上书，第 256—257、259—262 页。

③ 参见［法］萨特《今天的希望：与萨特的谈话》，载《存在主义是一种人道主义》，周煦良·汤永宽译，世纪出版集团、上海译文出版社 2008 年 4 月版，第 54—55 页；《他人就是地狱——萨特自由选择论集》，关群德等译，天津人民出版社 2007 年 7 月版，第 109—111 页。

语源学上来说，就是人民管理的意思。现在很明显，在现代那些民主国家里没有人民在掌管政府，因为这样的人民并不存在。在古代政体和1793年期间有过这样一种人民，现在不再有人民了，称呼人民是不可能的，因为人们的生活方式完全被劳动的分工个性化了，除了职业的关系以外，同别的人再没有什么关系了，他们每隔五六年履行一种特别的行动：领到一张上面印着名单的纸，然后把这张纸投到一只选票箱里去。我不认为这样就表示人民有了权利。今天，通过普选权这个早已成为古老的做法，我们已经走过了从热区到冷区的路程。真的，投票是从热气腾腾的时候开始，现在投票已经冷了。可是至少投票容许这种在热的和冷的之间联结的方式，如果可以这样说的话。既然这是我们在大声叫喊"选举，是给傻瓜设下的圈套"的时候否认的东西，这中间难道没有过错吗？我同意投票不是最终的解决办法，因为它逐渐会从热烈变为冷淡，丧失它原来的热气。普选权至少有一个优点，它能标明一个数字的实体，一个完整的系列：它不取消"每个人"的观念，没有这种观念所谓"兄弟关系"就毫无意义。①

　　萨特认为，在今天投票选举是一种断裂的活动，既与他的职业不相联系，也与他一般个人关注的东西无关。1793年就根本不是这样看待投票，投票不是生活中很多行动中一种特别的行动，它其实是一个人因此变成介入政治的行动，因此一个人在某种意义上存在的行动。让我们互相了解吧，这里总有一些类型的人没有请求他们投票。"每个人"到底是什么意思。例如，投票选举的权利的真正涵义是什么？换句话说，那些把选票投进选票箱的不同的人，他们之间是什么关系？既然投票的结果是一部宪法，一项法令，总之，作为"每个人"的一种方式，像你所说的那样，所以，投票所必需的是人们在他们自己中间的一次会合，而且这必须在投票之前。事实是每个人，每个投票人都生活在一个社会环境，一个团体之中，同一些人生活在一起，他们致使他至少部分地服从于某种智力条件，从而迫使他把那些他将要在投票中表达出来的重大的普遍理论内在化。因此，在投票选举之前，在人们中间他们互相之间原来有一种关系，没有这种关系投票选举是不可能的。那些去投票的人是属于同一地区，同一个家

---

　　① 参见［法］萨特《他人就是地狱——萨特自由选择论集》，第109—111页；《今天的希望：与萨特的谈话》，第55页。

庭，长期以来持有共同观点的人；总之，投票不过是这一切的表达。就投票选举而言，我想那确实是主要的，但这并不是最重要的东西。人与人之间最深厚的关系是在生产关系之外把人们联结起来的东西。有人性和有能力——与自己一样也有人性的邻人们共同制定法律、公共机构并通过投票使自己成为一个公民，这一切意味着什么？马克思关于不同的上层建筑的区别是一次绝妙的研究，但它全是谬误的。我把社会看作是由一种比政治更为基本的个人与个人之间的联结造成的，那么，我认为人民应该有，或者能够有，或者确实有某种原始的东西，那就是兄弟关系。①

四　哈贝马斯：意见交往的民主

法兰克福派的哈贝马斯（J. Habermas，1929—　）是新马克思主义学者中全面论述"决策民主范式"的代表性人物，他提出了以交往为基础的民主模式，并在系统论的基础上对与政策相关的问题作了论证。

（一）　建立在交往前提上的民主模式

哈贝马斯把"民主"理解为制度上得到保障的普遍的和公开的交往方式。② 在涉及公共交往中的以话语形式进行的价值与规范的形成过程时，民主概念的规范内涵不仅仅指民主法治国家中恰当的机制安排，它更超出成文的交往和决策过程之外。只有当意愿形成过程（此过程最终导向政策，并以团体组织形式出现）对围绕它的政治交往的自由价值、观点、贡献和辩论是开放的，它才能实现共同寻求真理的目标。③

与自由主义民主和共和主义民主两种模式不同的是，哈贝马斯提出了第三种民主模式：它正是建立在一些交往前提之上，有了这些交往前提，政治过程就可以预测到它会带来的理性后果，因为它在一种广泛意义上表现为话语样式。政治是我们迄今为止的讨论中心。所谓政治，实际上就是

---

① 参见［法］萨特《今天的希望：与萨特的谈话》，《存在主义是一种人道主义》，第55—58页。

② 参见［德］哈贝马斯《作为"意识形态"的技术与科学》，李黎、郭官义译，学林出版社1999年1月第1版，2002年9月第2次印刷本，第92页。

③ 参见［德］哈贝马斯《公共领域的结构转型》，曹卫东等译，学林出版社1999年1月第1版，2004年12月第3次印刷本，"1990年版序言"，第27页。

民主的意见和意志形式，它是普选和代议的结果。① 这样的理论模式又被哈贝马斯称为"一种协商民主的模式"：在决策制定的组织内部所推行的各种协商需要对来自非正式环境的议题汇集、价值定位、贡献和规划的开放，并为其所理解。只要在意见和意志构成的制度化过程与那些公共交往的非正式网络之间出现这样一种相互作用，那么当今的公民身份就可以意味着，不仅仅是增加前政治的个人利益，也不仅仅是消极拥有由国家家长制权威赐予个人的各种权利。② 哈贝马斯为此而建立的"话语理论"，主要包括以下内容。

（1）话语理论吸收了自由主义和共和主义两方面的因素，用一种理想的商谈和决策程序把它们融合了起来。这种民主程序在协商、自我理解的话语及公正话语之间建立起了一种有机的联系，并证明了这样一种假设，即在这些前提下，合理乃至公正的结果是可以得到的。通过对民主程序的结构描述，也为国家和社会的概念规范化明确了方向，但前提必须是一种公共行政。

（2）话语理论同意共和主义的看法，认为应当把政治意见和意志的形成过程放在核心地位，但又不能把政治国家的宪法看作是次要的东西；相反，话语理论把法治国家的基本权利和原则看作是对如下问题的必要回应：即民主程序所具有的充满种种要求的交往前提如何才能得到制度化。话语理论在更高的层次上提出了一种关于交往过程的主体间性，它一方面表现为议会中的商谈制度形式，另一方面则表现为政治公共领域交往系统中的商谈制度形式。这些无主体的交往，无论是在作出决策的政治实体之外或之内，都构成了一个舞台，好让关于整个社会重大议题和需要管理的内容的意见和意志能够形成，并且多少具有合理性。非正式的意见形式贯彻在制度化的选举抉择和行政决策当中，通过它们，交往权力转换成了行政权力。

（3）团结作为一种社会一体化的力量，不再是仅仅来源于交往行为，它必须通过自主的公共领域以及民主意见和意志在法治国家制度中的形成

---

① 参见［德］哈贝马斯《哈贝马斯精粹》，曹卫东等译，南京大学出版社 2004 年 5 月版，第 235—248、516 页。

② 参见［德］哈贝马斯《公民身份与民族认同》，载［英］巴特·斯廷博根（Bart Von Steengergen）编《公民身份的条件》，郭台辉译，吉林出版集团有限公司 2007 年 12 月版，第 25—43 页（第 3 章）。

程序进一步释放出来，并且在面对其他两种资源（金钱和行政权力）的时候能够捍卫自己的地位。

（4）话语理论认为，意见和意志具有民主形式，对于政府和权力机关依靠权利和法律作出决策而言，其程序和交往前提是最重要的话语合理化力量。合理化不代表就是合法化，但又不全是权力的结构化。行政权力只要一直都与一种民主的意见形式和意志形式联系在一起，就会不断发生变化，因为这种意见形式和意志形式后来不仅左右着政治权力的运作，而且在一定程度上也规划了政治权力的运作。除此之外，只有政治系统还在"活动"。政治系统是一个依靠集体决策的系统，公共领域的交往结构则是一个范围极其广阔的感应网络。它们对整个社会问题的压力作出反应，并激发起许多意义重大的意见。公众意见经过民主程序成为交往权力，它自身不能发挥"宰制力量"，而只能把行政权力的行使引导到一定的路线上来。交往权力对应着的是法治国家制度当中意志形式与文化公共领域之间的互动，而文化公共领域自身的基础与国家和经济领域的公民社会都保持一定的距离。

（5）在一个名副其实的民主社会里，法律上已经获得制度化的政治意志形成过程——包括选民意愿等，必然会在尽可能地用论证加以操纵的舆论形成过程中得到反馈。为此，需要在国家化的政党、非权力化的媒介和不偏不倚的利益集团等组织内部形成一个自由联合网络。①

（二）技术与民主的关系

在技术与民主方面，哈贝马斯讨论了"专业知识与政治关系"的三种模式，这些模式都与决策过程有密切关系。

第一种是"决定论模式"。如果专家和领袖之间的权限划分是按照决定论的模式进行的，那么，公民大众行使政治职能的公众社会只能服务于领导集团的合法性。选举和确认掌握政权的人，或者具有执政能力的人，在通常情况下是公民投票表决的活动；只因为公民投票表决的是关于分配拥有决断权的职位，而不是关于今后决断本身的方针和路线，所以，现代大众民主制下进行的民主选举，与其说表现为公众的讨论，不如说表现为欢呼和喝彩。这种理论把民主政治意志形成过程最终归结为对经过挑选被

---

① 参见［德］哈贝马斯：《哈贝马斯精粹》，第 235—248、516 页。

任命来进行统治的领袖人物的正常的喝彩过程。这种在其非理性的实体上没有受到触动的统治，可以采用这种方式得到合法化，但统治本身并不能得到合理化。

第二种是"技术统治论模式"。科学化的政治的技术统治论模式把政治统治还原为合理的行政管理，只能被设想为以全部民主为代价。当政治家严格地服从于事物发展的规律性时，行使政治职能的公众社会在某种情况下可以使行政人员获得合法地位，并对被任命的干部的专业素质作出判断，相互竞争的领导集团中究竟哪一个领导集团来执政，原则上似乎是无关紧要的。工业社会的技术统治论的行政管理，使任何民主的意志形成变为没有对象的东西。

第三种是"实用主义的模式"。按照实用主义的模式，把技术成果和战略成果有效地转变为实践，有赖于政治公众社会作中介，因为专家同政治决断当局之间的交往，必须以一个给定的社会生活世界的社会利益和价值导向为出发点；政治决断从实际需求的、受传统制约的自我理解出发，决定着技术进步的方向，反过来，它又以实际需求得到满足的技术上可能的机遇来衡量和批评这种自我理解。这种交往可以在公民大众中以公开讨论的民主形式制度化。对政治的科学化来说，科学同社会舆论的关系是建设性的。①

（三）　与行政决策相关的"形式民主"

哈贝马斯对国家的行政系统和合法性系统涉及的政策问题，以及与之相关的"实质民主"和"形式民主"，有较详细的说明。

在行政系统方面，国家机器履行着许多经济系统的职责。这些职责分为两个方面：一方面，国家机器用总体计划来调节整个经济循环过程；另一方面，则创造和改善利用剩余资本的条件。总体计划具有正反两方面的意义，它既受到生产资料私人占有的限制，同时又避免了各种不稳定因素。从这个意义上讲，财政政策和货币政策调节经济循环的措施，以及旨在调节投资和总体需求的各种措施，比如信贷、价格控制、补贴、贷款、收入的二次分配、受经济景气政策指导的政府合同、间接的劳动市场政策等，所有这些都具有一种在目标系统框架内回避策略的回应性质。这种目

---

① 　参见［德］哈贝马斯《作为"意识形态"的技术与科学》，第92、96—99、103—104页。

标系统应当在保持增长、稳定币值、充分就业以及外贸平衡等相互冲突的要求之间取得平衡。总体计划控制着私人企业决策的边界条件，以便来校正市场机制，避免导致功能失调。

在合法性系统方面，借助于资本主义意识形态的普遍主义价值系统，公民权利，包括参与政治选举的权利，普及开来。因此，只有在特殊情况下，才能暂时把创造合法性同选举机制脱离开来。由此而出现的问题是通过"形式民主"系统来加以解决的。公民参与政治意志形成过程，即"实质民主"，必定会使人们意识到社会化管理的生产与私人对剩余价值的继续占有和使用之间所存在的矛盾。为了不让这种矛盾暴露出来，行政关系系统就必须充分独立于具有合法性功能的意志形成过程。在失去政治结构的公共领域里，合法性被压缩成了两个剩余的需求：（1）公民私人性，即对政治冷漠，而转向关注事业、休闲和消费；（2）结构失去政治意义本身就需要证明，或是用精英理论，或是用科技专家治国论。

"形式民主"的制度与程序安排，使得行政决策一直独立于公民的具体动机之外。这是通过合法化过程实现的：合法化过程诱发了普遍化的动机，即内容各不相同的大众忠诚，但同时避免了群众的参与。资产阶级公共领域的结构转型为形式民主的制度和程序创造了应用条件，在这些条件下，公民在一种客观的政治社会中享有的是消极公民的地位，只有不予喝彩的权利。如果仅仅从行政系统的功能条件来考虑，形式民主也可以被其他的民主形式所取代，比如能够把公民的政治参与减少到无损害程度的保守权威主义的社会福利国家，或者法西斯主义的极权国家。但是从长远看，这两种国家形式显然都不如具有政党民主特征的大众民主体制那样适用于晚期资本主义。①

政治系统需要尽可能投入各种不同的大众忠诚，所产出的则是由权力机构贯彻的行政决定。产出危机表现为合理性危机，即行政系统不能成功地协调和履行从经济系统里获得的控制命令。投入危机则表现为合法性危机，即合法性系统无法在贯彻来自经济系统的控制命令时把大众忠诚维持在必要的水平上。在其他因素不变的情况下，作为资本主义制度基本矛盾的一个后果，会导致下列情况：（1）或者经济系统不能生产必要数量的

①　参见［德］哈贝马斯《合法性危机》，刘北成、曹卫东译，世纪出版集团、上海人民出版社 2009 年 11 月版，第 38—41、80 页。

消费价值；（2）或者行政系统不能提供必要数量的合理决策；（3）或者合法化系统不能提供必要数量的普遍动机机制；（4）或者社会文化系统不能产生必要数量的行为动机机制。

国家机构同时面临着两个任务，一方面，它必须从利润和个人收入中来征集必要的税收，并合理地使用可供支配的税收，以此来避免经济成长过程中的危机。另一方面，有选择地征税，税收使用的明显次序以及行政运作本身，都应该满足随时会出现的合法性需求。如果国家不能完成前一项任务，那么就会出现行政合理性的欠缺；如果不能完成后一项任务，就会出现合法性的欠缺。①

（四）作为政策基础的公共性和公共领域

哈贝马斯认为国家是"公共权力机关"。它之所以具有公共性，是因为它担负着为全体公民谋幸福这样一种使命。公共性始终是我们政治制度的一个组织原则。② 公共性与公共领域有密切的关系，哈贝马斯对公共领域的系统论述，实际上强调的就是公共领域对公共政策的基础性作用。

资产阶级公共领域首先可以理解为一个由私人集合而成的公众的领域；但私人随即就要求这一受上层控制的公共领域反对公共权力本身，以便就基本上已属于私人，但仍然具有公共性质的商品交换和社会劳动领域中的一般交换规则等问题同公共权力机关展开讨论。这种政治讨论手段，即公开批判，的确是史无前例，前所未有。相对于古代公共领域而言，现代公共领域的主题由原来的市民的共同政治使命（对内是自我判断，对外则是自我维护）转变成了进行公开讨论的社会的市民使命（保障商品交换）。资产阶级公共领域的政治使命在于调节市民社会（和国家事务不同）。③

资产阶级公共领域的成败始终都离不开普遍开放的原则。制约进入政治公共领域的财产状况与纳税标准是一致的，实际上，法国大革命已经开始用这样一个标准划分积极公民和消极公民。但是，对选举权的这种限定并不一定就是对公共领域的限定，因为这种限定可以说是对在私人领域里

---

① 参见［德］哈贝马斯《合法性危机》，第52—57、68—69页。
② 参见［德］哈贝马斯《公共领域的结构转型》，第1—4页。
③ 同上书，第32、55页。

取得的经济地位（既受过教育又占有资产的个人的地位）的一种纯粹法律认定。资产阶级法治国家所建立起来的政治公共领域，其普遍开放性从一开始就取决于市民社会的结构，而不仅仅是市民社会给自己制定了政治宪法之后才确定下来的。只要经济和社会条件使得一切人都享有同等入门条件，具体说，就是获得有教养、有财产的人所需要的私人自律的资格，公共领域也就有了保障。公共领域本身在原则上是反对一切统治的，但是，在公共性原则的帮助下，却建立起了一种政治制度，其社会基础并没有消灭统治。①

　　资产阶级公共领域是在国家和社会间的张力场中发展起来的，但它本身一直都是私人领域的一部分。原先，公共性确保公共批判对统治作出合理的解释，同时，对统治的实施进行批判监督。其间，公共性使对非公共舆论的统治的统治这一矛盾现象成为可能，公共性不仅在公众面前呈现了统治的合法性，还操纵了公众。批判的公共性遭到操纵的公共性的排挤。公共性原则变化了，与此同时，具有政治批判功能的公共领域这一思想以及公共领域的实际功能也发生了变化。由于法律结构的改变，公共性原则不再担负使政治统治合法化的责任。尽管无限扩大的公共领域为了得到广泛的赞同，向被剥夺了权利的公众反复提出各种各样的要求，但是，公众同时也远离了权力实施和权力均衡过程，以至于公共性原则再也不能证明统治的合法性，更谈不上保障其合法性了。在这种扩大的公共领域面前，协议本身变成了摆设。为了发挥展示功能，公共性失去了其批判功能，甚至争论也蜕变成了象征，对此，人们无需争论，只能认同。公共性的功能已经从一种（源自公众的）批判原则转变成一种（源自展示机制，如权力机关、组织特别是政党的）被操纵的整合功能。②

　　社会福利国家中控制权力的增强——不仅相对于立法机构，而且相对于行政权力本身——使它的自主性特点一下子变得十分明显。它的另一个特点，即权力在国家和社会集团之间相互转换，则一直不太明显。随着议会地位的削弱，国家向社会的转换（官僚机构）加强了；反过来也一样，社会向国家的转换（特殊利益集合体和政党）也加强了。公共领域（已经被剥夺了大部分原有功能）因受制于行政当局、组织和政党，现在则

---

① 参见［德］哈贝马斯《公共领域的结构转型》，第68—97页。
② 同上书，第170—205、241页。

以另外一种方式来促进国家与社会一体化的进程。政治决定是在与旧的权力运作方式平行发展起来的"讨价还价"的新方式中作出的。两种方式所造成的结果不一样，一种是等级制，一种是民主制。进行政治妥协的权力从立法机构正式转移到执法机构、组织和政党手中，这种转移很大程度上讲实际上是一种权力剥夺。国家与社会越来越一体化，而社会本身并不是政治社会，这就要求决策采取各个集团之间暂时妥协的形式，也就是说，采取直接互利和补偿的形式，而无须迂回地通过政治公共领域特有的制度化程序。在此过程中，组织拥有极其广泛的政治权力，在行使这种权力时，它们并没有违背，而恰恰是由于其私人性质；特别值得注意的是，它们能够操纵"公共"舆论，而本身又不受公共舆论的控制。除了影响消费者的决策外，这种公共性也对政治施加了压力，因为它动员一种含混的迎合潜力，在需要的时候，这种潜力会转化为一种公民投票表决的支持。只要资产阶级公共领域的合法化制度依然有效，这个新公共性就和资产阶级公共领域一直保持着联系。只有在令人信服地利用选民表决的潜在资本或真正使之得到兑现时，这种展示的公共性才能发挥政治影响。当然，"兑现"永远都是政党的任务。这种功能转变涉及整个具有政治功能的公共领域，公众与政党、议会的核心关系也受到影响。公民平等权利的社会化，改变了政党的结构。自19世纪中叶以来，松散的选民组织越来越让位给真正意义的政党——它们拥有超地区的组织，设有官僚机制，意识形态保持整合，并且对广大选民进行政治动员。①

政党所面临的任务是，为了争取选票，用新的方法来"整合"广大公民（他们已不再是纯粹的"市民"）。选民大会在听取本地代表的报告时必须去做广泛深入的宣传。今天，这种以群众为基础、表面上统一起来的政党已经变成了主要类型。对于这种政党来说，关键问题是谁控制了强制手段和教育手段，通过展示或操纵去影响民众投票活动。政党是政治意志形成的工具，但是，它们并不操纵在公众手中，而是掌握在操纵着政党机器的人手中。这就既改变了政党与公众的关系，也改变了政党与议会的关系。公共成员之间的直接接触已经丧失了，原因在于政党已经变成公共组织体系的一部分，而不得不传达和代表从私人领域发展到公共领域的若干组织的利益。今天，这些组织通常既不是阶级政党，也不是利益集团本

① 参见［德］哈贝马斯《公共领域的结构转型》，第232—237页。

身。更准确地说，恰恰是由于有组织的利益相互交错，由于这些利益被公开转移到政治机制里，从而使得政党具有了突出的地位，在它们面前，议会沦落为一个党团委员会——议会成员本身则沦落为党内组织机制的一分子，在发生冲突时他必须服从党的指示。党内被召来参加形成多数派决议的个别议员最终还是属于某个党团，并且按照党的路线来做抉择。政党把利益集团之间不断达到妥协的这种压力变成一种政党对外展示团结的压力；议员从政党那里获得的实际上是直接授权。议会因此逐渐变成一个能够让依照指示办事政党代理人的聚会场所，把他们已经作出的决定记录在案。议会组织也相应地逐渐不再是一个论战组织，因为议会只是对关起门来作出的决议予以通过而已，这不仅满足了一种形式上的需要，而且也向外界展示了政党的意志。[①]

直接授权是各种等级代表制的共同特征。议会制观念从一开始就拒绝直接授权。自由授权主要不是指代表本身的独立性；实际上，与以前相比，议员显然与选民有着密切得多的接触。因此，自由授权毋宁说是对具有批判意识的公众内部的所有私人地位平等的一个保证。为了确保议会本身始终是这种公众的一部分，也为了使讨论自由无论在墙内还是墙外都能得到保障，保障议员独立的措施绝不意味着要为他们争取一种其余公众所不具备的特权地位——前资产阶级公共领域意义上的代表——而仅仅意味着防止议员因被委派而丧失权利。[②]

为了充分实现通过民主形成舆论和共识的功能，它们的内部结构首先应该按照公共性原则加以组织，而且应该在制度上允许有一种政党内部或组织内部的民主存在——即允许顺利交往和公开批判。此外，还必须用政党内部和组织内部事务的公共性来保障这些组织的公共领域和全体公众的公共领域之间的联系。最后，组织本身的活动——它们对国家机器施加的压力，它们彼此之间的权力运作以及多重依附关系和经济纠葛——也需要一种广泛的公共性，包括组织向公共领域提供有关它们财政来源和运用的情况。不仅国家机关，而且一切在政治公共领域中具有公开影响的机构，都要求具有公共性，因为社会权力转变为政治权力的过程就像政治权力在社会中的正当运作一样需要加以批判和监督。只有随着这种合理化的进

---

① 参见［德］哈贝马斯《公共领域的结构转型》，第237—240页。
② 同上书，第238—239页。

展，才会再次出现一种类似于过去资产阶级私人公众公共领域的政治公共领域，即"（一种）社会，它超越了定期或偶然的国家机构的选举和投票，并且处于一贯和长久的整合过程中"。具有政治功能的公共领域的两个前提是客观上官僚决策的最小化和根据能够认识到的普遍利益使利益结构冲突相对化。[①]

（五）选民的瓦解

哈贝马斯以对公共领域的理解，对民主制度下"选民的瓦解"提出了以下的看法。

第一，给个人意见的主动性留下的任何东西都被政党为了组织选举而强占了。政治公共领域作为一个批判公共权力机关的固定领域彻底瓦解了。在一个受到制度保障的公共领域当中，竞选再也不是意见冲突的结果了。然而，民主政治下的议会选举继续指望自由主义关于资产阶级公共领域的虚构。今天，那些对作为公民的选民依然具有规范意义的期待，是一种社会心理学现象，它反映了曾经使得具有批判意识的私人公众承担起批判和立法功能的社会条件。它所期待的是，具有一定知识和判断能力的选民能够在公共讨论中承担一种积极的角色，从而能够有助于发现具有合理性形式并引起广泛关注的正当而公正的政治行为的约束标准。但是，如果今天享有选举权的大众所显示的民主行为模式仅达到许多经验研究发现的那种低水平——无论是外在标准还是用其政治兴趣、政治水平、政治积极性和主动性的程度以及参与讨论的程度等标准来衡量，那么，在社会学意义上，只有联系公共领域本身在结构和功能方面的变化，才能理解这种偏差的原因。

第二，那些经常参与讨论的人（相对地说是最了解情况的人）往往不过是相互肯定彼此的观点，至多只能影响那些动摇不定或涉足较少的人。这也表明他们对公众舆论的形成过程的贡献是多么微不足道。通常恰恰是那些最想避开那种通过讨论而形成的公共舆论的人最可能在观点上受到左右——但此时他们是受到选举组织者通过展示或操纵所制造出来的公共性的左右。

第三，选民作为公众整体的瓦解具体表现为大多数选民事实上已经陷

[①]　参见［德］哈贝马斯《公共领域的结构转型》，第243—244、266页。

于僵化状态。当然，某一政党的核心选民是由两个截然不同的群体构成的。一方面是可以根据某些依据称作"积极"公民的少数人，他们或者是政党及其他社会组织的成员，或者是无组织但熟悉情况且关涉很深的选民，后者通常也是有影响的舆论领袖。另一方面是占多数的公民，他们的选择当然同样死板，日常的政治争论在他们身边如流沙一般流过，没有留下任何痕迹。结果，本质上完全不同，而且经常相互冲突的意愿在投票时却作出了同样的选择，很容易被认为是一种虚构的共识。不确定的选民群体处在这些僵化的阵营之间，并且左右摇摆。它们包括那些不投票者和边缘选民。这些享有选举权的投票者，即有资格参与公众舆论过程的人，也是选举经营者所要争取的群体。所有的政党都竭力从这个"没有明确意向"的后备大军中争取尽可能多的选票，它们的手段不是启发这些人，而是迎合他们当中特别流行的那种非政治的消费态度。因此，投票者的参与行动和为既定目标奋斗的方针之间的联系，远远不如投票者的参与行动和成功地制造一种号召力的主要候选人形象之间的联系来得紧密。

第四，政治公共领域在竞选时定期出现，很容易就具有资产阶级公共领域衰败的形式。选举经营者不仅应该注意政治领域中真正的公共领域的消失，而且应该全力以赴地促成这种消亡。临时制造出来的政治公共领域尽管出于不同的目的，但却复制出整合文化为之规定了准则的领域，这种政治领域的对象是政治消费者。选民作为公众整体的瓦解表现为报刊和广播"以通常方式"已经毫无效果。与报刊一道，政党聚会这第二种古典的舆论形成工具也失去了其意义。在操纵的公共领域里，随时准备欢呼的情绪，一种舆论氛围取代了公众舆论。政治意志的这种形成方法一方面确保了形成一种要求政府满足民众实际需求以避免声名扫地的非公众舆论压力，另一方面，它也阻碍了严格意义上的公众舆论的形成。公民作为公众被宣传手段降低剥夺了权利，人们一方面要求他们批准政治妥协，另一方面又不让他们有效地参与决策，他们甚至连参与能力都没有。[①]

（六）民众的政策参与

哈贝马斯一方面指出了"选民的瓦解"的现象，另一方面则强调了民众在政策参与方面能够有所作为，并强调了以下看法。

---

① 参见［德］哈贝马斯《公共领域的结构转型》，第 245—255 页。

（1）公民决定参与方向。一种民主宪政的建立，能够使我们的公正原则得以制度化。关于分配公正的特殊原则的斗争及辩论，应该成为民主评估的目标，而不是与市场的运作或机能障碍的唯一可变因素相关联的理论反映。所有的这些原则应该由专家们确定，但最后还是应该回过头来由公民们决定他们要共同参与的那些方向。知识分子面向的是自由且公共的领域发言，并且反过来依赖这个领域的反响。①

（2）参与者的双重身份。阶级妥协成为晚期资本主义结构的一个组成部分，这样就（几乎）使得每一个人既是参与者，又是当事人。当然，由于财富和权力的分配明显不公平，我们很容易区分，哪些人更多地属于参与者，哪些人则更多地属于当事人。②

（3）对政策参与的必然影响。只要公众与公共相关，那么，他们作为消费者和选民依然保有的决策权就必定会受到经济力量和政治力量的影响。如果社会再生产依赖于消费决定，如果政治权力实施依赖于私人的选举决定，那么，对公众施加影响就是必要的，前者为了提高销售额，后者为了通过正式途径，增加这个或者那个政党的选票，或者通过非正式途径，增强某一组织的影响力。③

（4）政策参与的消极因素。社会福利接受者首先不是通过政治参与而是通过采取一般的要求姿态来与国家发生联系——他们期待着获得供给，但不想作出任何的决策。④ 广大居民的非政治化和政治的公共领域的衰落，是一种倾向于把实际问题从公开的讨论中排除出去的统治制度的组成部分。⑤ 在政治意见和意愿的形成过程中，女性与"没有独立地位"的男性（工人、农民和"暴民"）这两类人都被剥夺了平等的参与权。因此，在阶级社会中，资产阶级民主自我理解的基本前提从一开始就陷入了矛盾之中。到了 20 世纪，女性终于获得了公民平等权，从而有机会改善自己的社会地位；政治平等也使女性有权享受社会福利国家的待遇，但是，凡此种种并没有自然而然地改变掉性别差异所导致的歧视。⑥ 公共领

---

① 参见 ［德］哈贝马斯《对话论理学与真理的问题》，第 36—37、58 页。
② 参见 ［德］哈贝马斯《合法性危机》，第 43 页。
③ 参见 ［德］哈贝马斯《公共领域的结构转型》，第 201 页。
④ 同上书，第 245 页。
⑤ 参见 ［德］哈贝马斯《作为"意识形态"的技术与科学》，第 110—111 页。
⑥ 参见 ［德］哈贝马斯《公共领域的结构转型》，"1990 年版序言"，第 7 页。

域的基本结构的特征是大众通过电子传媒相互交往遇到了越来越大的选择强制。种种情况表明，公共领域的民主潜能具有暧昧特征。①

（5）公共舆论。公共舆论是社会秩序基础上共同公开反思的结果；公共舆论是对社会秩序的自然规律的概括，它没有统治力量，但开明的统治者必定会遵循其中的真知灼见。②

（6）多数与少数。多数同真理并非必然相一致。但少数服从多数的意志是有所保留的，即多数人的决定是在通过话语公开形成意见的条件下作出的，因此只要理由充分，永远都可以更改。为了让少数人在一定时间内服从多数人的意志，多数人不能要求放弃他们（认为是更好的）信念。他们只能等待，直到他们在自由和公开的意见竞争中能够说服少数人，从而接受他们的意志为止。这听起来很像是旧自由派的腔调，的确也就是旧自由派的论调；但是，如果没有这种话语方法，就不会有民主的意志形成。③

五　艾伦·沃尔夫：重视决策发言权的积累民主化

美国的新马克思主义学者艾伦·沃尔夫（Alan Wolfe，1942—　）指出，一般说来，民主代表着两件事，参与和平等。在传统上，真正参与市民事务具有破坏性。在这个意义上，如果说卢梭是西方第一个伟大的民主思想家，马克思就是第二个。民主也代表平等（但参与的意向居第一位）。沃尔夫将民主定义为一种政治理想，这种理想倡导所有公民最大限度地参与，从而建立一个朝着共同赞成的目标迈进的，基于相互尊重的社会。从这个意义上说，平等和参与的逻辑无疑导致社会主义。不是所有的社会主义社会都是民主的，但是任何真正的民主社会恐怕都是社会主义的。④

沃尔夫将资本主义解决社会安宁办法分为六种类型的国家，即积累的国家、和谐的国家、扩张主义的国家、授予特权的国家、二元国家、跨国界的国家，⑤需要特别注意的是他对授予特权的国家和二元国家政策特征

①　参见［德］哈贝马斯《公共领域的结构转型》，"1990年版序言"，第32页。

②　同上书，第113—114页。

③　参见［德］哈贝马斯《哈贝马斯精粹》，第517—518页。

④　参见［美］艾伦·沃尔夫《合法性的限度——当代资本主义的政治矛盾》，沈汉等译，商务印书馆2005年11月版，第20—22页。

⑤　同上书，第27—28、261—315页。

的描述。

授予特权的国家具有以下政策特征。（1）有权势的个人和政府高层官员之间的连锁关系，不管始自哪方，都导致了授予特权的国家最显著的矛盾现象之一：它使公民生活更加民主，同时也更加精英化。一方面，更多的团体第一次参与国家事务，由此境遇大为改善。但是同时，人们付出的代价是决策越来越多地通过一种半秘密、非正式的方式被制定出来，所有重要细节都由观点相近的精英们制定。（2）授予特权的国家委托权力的过程揭示了一种双重偏袒，首先是只对某些组织的偏袒，然后是只对这些组织中某些有权势的人偏袒。（3）行政机构壮大和公众立法权力衰弱。（4）自我调节已在工业和政治领域对实际决策产生影响；自我调节就像讨价还价，它追求的目标是自治。（5）授予特权的国家的发展即使没有改变腐败行为，也改变了腐败理论。首先，公然行贿本应减少，因为它已成为公共政策议程的一部分。其次，改变了立法机构，立法的买卖双方可在一种确定、互利的气氛下进行会谈。再次，随着立法机构变得更加"商业化"，商人们便会轻视贿买选民的行为。（6）管理主义是调节授予特权的国家众多参与者之间关系的另一种方法，管理主义遗留下来了的是对政治的极度不信任。（7）授予特权的国家政治蓝图的三种主要特征：公有与私有界限的模糊，资本主义与非资本主义界定的模糊，公共利益与私人利益界限的模糊。①

二元国家会有两张脸：一张是民主的、民众的、关心民主合法性，并争取大众对政治秩序的支持；另一张脸负责资本的积累，并保护积累的机构。二元国家这种政治实验潜在的一面就是造就了资本主义社会史上最为孤立的政府。政府远离民众的视线，根据只有它掌握的信息制定政策，却不直接对决策后果负责。一个隐秘的和不民主的政府恰恰是一个公开的和民主的政府的对立面。②

晚期资本主义的政治体系都发现自己的选择越来越少。晚期资本主义公共生活唯一的，也是最值得一提的特征是官僚机构的僵化。越是需要政府制定权威决策来协调阶级内部及各阶级之间的矛盾，政府机构就越是不

---

① 参见［美］艾伦·沃尔夫《合法性的限度——当代资本主义的政治矛盾》，第220—260页。

② 同上书，第267、394页。

可避免的膨胀。国家被赋予广泛的神话般的权力的过程称为国家的具体化。国家具体化最常见的三种形式是国家的人格化、客观化和史诗化。由于无能，而需求更大的权力，却又导致了更高层面上的无能。国家越是失败就越被崇拜，而越是被崇拜就越失败。①

在晚期资本主义社会的统治精英被迫变得反政治的同时，普通民众却由于被要求遵守国家的决定而继续保留了他们的政治特性。普通民众要求参与那些会对他们生活造成影响的决策，这不可避免地与晚期资本主义的非政治特性发生冲突。晚期资本主义的公民患上了一种政治精神分裂症，其性格的一方面为非政治化所害，变得保守、沉闷而且乏味。而性格的另一方面则充满愤怒之情，一有机会就要通过政治狂飙运动来表达。政治学家越来越清楚地认识到，公民权形成之初期至关重要。在非政治化的过程中，社会化研究揭示出来的三种转变特别重要。对任何一个晚期资本主义社会的社会化进程加以研究，都可以清楚地发现人们的态度在从热情向冷漠转变。社会化研究揭示出的第二个重要转变是由权威转向合法化。作为政府的象征，警察的地位在逐步下降，而选票的作用正在逐步上升。最后，有关政治社会化的论述说明了人们对政治秩序的认识是如何从支离破碎向系统化发展的。如果说成熟公民的标志是他有参与政治进程的意愿，那么意大利应该是一个比美国成熟得多的社会——因为意大利的选民投票率超过90%。积极—消极、参与—逃避、主动—恭顺的公民也在提示我们，在晚期资本主义条件下，政治诉求是如何与非政治需要相冲突，从而造成含混、困惑和矛盾。②

只有政治参与的目标被界定之后，参与才会真正有意义。在晚期资本主义社会，公民被鼓动去参加仪式性却又脱离真正需要，并无法产生持续利益的政治进程。低落的政治情绪源于竞选政治的异化特点：由于竞选脱离实际需要，所以对之报以高度的热情无疑是一种病态。对公共官员的漠视则反映出这样一种共识：既然政客们并不是权力的真正行使者，那么选举他们的活动当然也就不是人们生活中的主要事务。散漫的投票、毫无意义的选择、虚幻的选择权、令人乏味的竞选——这些都成了资本主义政治

---

① 参见［美］艾伦·沃尔夫《合法性的限度——当代资本主义的政治矛盾》，第376—377、400—419页。

② 同上书，第421—431页。

的主要特点。在这种情况下，参与晚期资本主义"政治进程"的目的就变成了非政治性的。那些从整个异化过程中被孤立出来的人是潜在的健康者，这些心怀不满的人不参与资产阶级政治，这或许意味着如果要有更真实的政治出现替代了资产阶级政治，他们就会成为积极的参与者。没有了公众，代议制政府就失去了意义。调和机制也不再是政治动员可资利用的资源。调和机制长期不履行其动员功能，而选择去支撑政府的两面政策，结果既失去了合法性又失去了与政治变革的联系。①

沃尔夫指出，为了使得资本主义的决策为最大限度的公众接受，就要以某种方式考虑民主要求，他提出的变革措施包括以下内容。

第一，注重民众的选择。普通民众面临的困境与统治阶级面临的刚好相反，如果后者希望扩大选择权，那么前者则希望缩小选择权。就此而言，民主压力的主要目的就是反对来自统治精英内部的指令，增加政府参与行动的数量，减少异化政治的比例，发挥想象找出超越资本主义生产方式局限性的、建设性的、民主的解决方案。

第二，维持福利国家。那些主张在社会项目上减少政府开支的人知道自己在做什么，因为假如国家要行使积累功能，唯一一个减少政府行动的方式就是攻击最民主的方面，亦即社会福利政策。然而有争论的不是类似"支出"或"政策"这样的抽象名词，而是人们在现实生活中实实在在的需要。因此，对普通民众而言，最急切的政治策略应该针对如何保留或扩大政府服务这个问题。那些希望收回福利政策的人才是真正的极端分子。福利国家能否继续存在成为民主梦想能否实现的关键。

第三，将政治的非异化特征最大化。完成这个计划大体有两个途径。（1）"储藏"人们产生的社会力量。储藏不过是一种消极办法，如当罢工释放的政治能量可以动员人民为自己做出基本决策时，它就变得重要了。（2）重新政治化。重新政治化最引人注目的形式莫过于人们把政治权力直接用于实现自己的选择。选举制内部的解放活动或许包括公共部门的官员们在地方范围内设法与选举他们的群众分享权力与信息。这些官员试图成为权力建设者而不是权力经纪人。重新政治化的最终目的，应该是复兴民主观念，这个观念如此重要，绝不能成为资本主义的牺牲品。

---

①　参见［美］艾伦·沃尔夫《合法性的限度——当代资本主义的政治矛盾》，第431—435、459页。

第四，积累的民主化。消除积累与合法化的矛盾就要在两方面都实行民主原则——进行投资和分配决定时也要给予人们发言权，就像在更直接的政治决策中人们理论上拥有的发言权一样。积累的民主化将阻止权力拥有者的所有非代表性团体为了满足自身扩充的私欲，滥用民主从而扭曲民主进程。归根结底，民众的洞见将决定集权主义和民主究竟谁会主宰我们的政局。[1]

六 奥菲：福利国家的政策模式

德国的克劳斯·奥菲（Claus Offe，1940— ）也是法兰克福派的学者，他对福利国家的公共政策模式作了分析。

（一） 福利国家的不可逆转性

奥菲认为，第二次世界大战以来，福利国家已成为发达资本主义民主国家的主要和平原则。这一原则主要由以下两个方面组成。首先，风险是市场社会的典型特征，公民将遭受风险之苦并由此产生特定需要，而国家则负有为他们提供援助和支持（不管是用钱还是用物）的明确义务，并且这种援助是作为公民的合法权利而提供的。其次，福利国家建立在正式承认工会作用的基础上，包括集体谈判和公共政策制定等方面的作用。福利国家这些结构性要素被认为具有限制和减少阶级冲突、平衡不对称的劳资权力，并因而超越阶级斗争和阶级矛盾的作用。尽管有对福利国家的攻击，但是在某种程度上，福利国家已经成为一种不可逆转的结构，废除它与废除整个政治民主、联盟以及从方法上改变政党体系没有什么差别。福利国家大规模提供了住房补贴、公共教育、医疗服务以及广泛强制性社会保障计划，在缺乏这些方面的条件下，工业经济的运转根本是不可想象的。福利国家令人尴尬的秘密在于：尽管它对资本主义积累的影响很可能是破坏性的，然而废除福利国家所带来的影响将简直是毁灭性的。由此产生的矛盾就是：尽管资本主义不能与福利国家共存，然而资本主义又不能没有福利国家。

---

① 参见［美］艾伦·沃尔夫《合法性的限度——当代资本主义的政治矛盾》，第484—491页。

20 世纪上半叶，福利供应的政治化程度通过三种相互关联的政治发展而得到加强：代议制政府、公民权的普遍扩展以及对工会利益及其拥有的否决权的确认。公民权利变得相对"刚性"，甚至不可逆转。福利国家的紧密控制和监控并不能等同于民主权利的维护和扩展，还必须维护生活领域的民主参与权利（如工人对控制生产的权利）。①

（二）　与决策相关的政治过程

奥菲将政治过程设想为是由三个层面所组成的，或者说由三个累积性冲突舞台组成。

（1）正式政治层面。第一个也是最为明显的舞台，是国家机构内部的决策制定舞台，其演员是为选举胜利或稀缺资源而激烈竞争的政治精英，他们决定社会政策方案、立法和预算。这是最为表面化、最为明显的政治层面，它经常为媒体所公开，而且无论什么时候，都在呼吁公民去履行其政治功能，如履行作为选民的功能。

（2）社会权力矩阵。政治精英赖以决策的可能空间是由社会力量所决定的，这是一个更不可见的层次，它形塑和改变政治精英对于现实的感觉和观点。例如，对于决策所能采取的方案以及每一种方案预期将要导致的结果。政治议程、问题的相对优先性及其解决都是在这一层面得到决定的。这一层面存在着一个社会权力矩阵，根据这一矩阵，社会阶级、集体行动者以及其他社会阶层就比其他社会组织拥有更多的机会来形塑和再形塑政治现实、开启或关闭政治议程。

（3）社会权力分配格局的变更。存在于第二个政治层面之下的是第三个层面，在这一层面，矩阵内部发生着变化，权力是通过竞争而获取的，因而也是不断变化和再分配的，社会权力再分配的斗争就发生在这第三个层面，这是政治的最根本层面。

政治过程的三个层面是联系在一起的，它们不是以一种等级的方式，而是以循环的方式彼此相连。民主政治既可以看作是由社会权力所决定，同时也是社会权力的一个潜在决定因素。②

---

① 参见［德］克劳斯·奥菲《福利国家的矛盾》，郭忠华等译，吉林人民出版社 2006 年 5 月版，第 1、6—7、225、255 页。

② 同上书，第 13—15 页。

（三） 福利国家面临的政策模式危机

奥菲指出福利国家的政策模式，面临一系列的问题，并已经出现了与政策模式有关的危机。

（1） 作为桥梁的民主政治可能坍塌。民主政治是国家与公民之间的桥梁。这一桥梁的作用是双重的。从国家宪法或宪法实践所准予进入这一桥梁的个体角度看，这座桥梁给他们提供了进行利益表达、利益冲突、缔结联盟、赢得多数以及最终决定公共政策的机会。从市民社会内部存在的利益冲突的角度来看，这座桥梁是进行"民主阶级斗争"的舞台。如果我们从桥梁的另一端来看待同一过程，例如从作为公共权力制度化秩序的国家角度来看，政治就是解决争端，使最高公共权威得到广泛的承认。这种政治体制既是冲突的制造者，也是冲突的解决者。冲突只能在政治体制的范围内进行，它保证这种冲突不会成为永久和普遍的现象，以选举运动为例，因为它只是短期和不经常的现象，因此它们有时也可以非常激烈。只有在特定政治权利的行使不至于损害其他公民政治权利的条件下，它才可以被授予某些公民。因此，自由民主国家的任何政治体制，或者说国家与公民个体间的任何联系桥梁，都存在一种暂停规则，这种规则把冲突限定在它所引起的范围之内。资本主义民主的政治结构将会出现两种相互关联的发展。其一，如果政党制度、选举制度和代议制政府等民主制度所具有的表达政治冲突的能力被降低，那么，就很可能发展起其他冲突的渠道，并吸收人们的政治能量。其二，如果那些制度同样没能把冲突降低到一个可以控制的限度，并因而形成一种可以管理的条件的话，我们可以预期，政府将越来越依赖于来源于民主政治过程以外的其他运作标准和准则。资本主义与民主持续相容的历史事实是两个调解性原则的出现并逐步发展的结果：大众性政党和政党竞争，凯恩斯主义福利国家。[①]

（2） 缺乏民主性的基本决策模式。国家政策的决策制定模式偏离了议会对制定者的控制，偏离了政党对制定者的控制，也偏离了韦伯主义的理想，即高级执行官根据其有责任心的见解来领导整个官僚机构。经常出现的情况是，关键政治问题的决策等形成于代表之间高度非正式交涉，这些代表来自公共部门和私人部门的战略团体。咨询、交涉、互通信息以及对

---

① 参见 ［德］ 克劳斯·奥菲《福利国家的矛盾》，第 29—32、160 页。

特定政策可能遇到抵制或得到支持而进行的评估技术，等等，在公共政策制定过程中都假定具有其相应的作用，而且绝不限于补充性的作用。除了高度非正式的特征外，这种公共政策制定模式还有其他两方面的特征：一方面是强烈的功利性表现，另一方面是缺乏民主合法性。这种决策模式的参与者也有种种理由使他们之间交换的各种精细的建议、信息和威胁等，尽可能远离普通大众的眼睛或远离他们所代表的选区。通过这种决策模式，重大国家政策的一致性因而不是来自民主制度所正式提供的民主过程，而是来自功利团体的代表之间的协商。这种一致性是对民主机制的置换。①

（3）可怀疑的专家角色。科学家对决策过程的介入，是为这种超议会的决策制定模式提供某些合法性和可接受性的熟悉方法。这种情况尽管可部分归因于问题的复杂性和决策者对专家意见的依赖，但以下问题依然悬而未决：上述顾虑难道就是科学家必须参与这种新合作主义利益调解模式的唯一理由吗？还是另外还履行了抵制"非专家"提出其潜在要求的功能呢？因为一旦某一问题被制度性地界定为需要科学的意见和专门的知识，合法参与者的范围也就被极大地缩小了。这种决策机制已经遭到了工会的强烈反对，因为他们感到，对他们意见的排斥正是决策制定者和经济政策专家之间所要达到的真正目的和功能。通过置换由民主程序所产生的一致性，而替之以其他冲突解决方法，政治精英回避了政治的"官方"制度，而不断寻求非政治化的决策制定模式。②

（4）公民的变化。随着统治精英绕过政治制度的民主链条而转向其他冲突解决机制，公民个体也出现了同样的情况。在大选中，尽管绝大多数公民的确参加了投票，但这种行为的本质似乎更多是形式主义的，而非目的性的。政治离公民越来越远，而政策则离公民越来越近。政策离公民个体越来越近的涵义是：所有古典"生产要素"（如资本、劳动和土地等）都不再是既定的了，而是被特定国家政策所发展、塑造、分配和指派，所有这些政策都与国家对自然和人类的干预有关，包括对后者心理方面的干预。并非成就水平在下降，而是要求水平在上升，使社会政策持续置于选民的"现实检测"当中。③

---

① 参见［德］克劳斯·奥菲《福利国家的矛盾》，第32—33页。
② 同上书，第33—34页。
③ 同上书，第34—35、39—41、112—116、144页。

（5）全方位政党。在吸引和吸收人们的政治能量方面，政党越来越趋于失败的原因是多样的，原因之一是"全方位政党"战略的过度扩张，这一战略试图赢取来自各方面的选票，从而否认其方略和政治的特定阶级基础。政治社会学家已经表明，一个政党越接近于全方位政党模式，它试图赢得选民支持的范围也就越大，政党赖以录用其领袖、议员和政府组成人员的社会背景也就越小。执政党与执政官的关系已经发生某种倒置，尽管政党被期待成为指导和控制政府的工具，但它们似乎越来越以相反的方式产生作用，即它们只是作为公共关系机构而服务于名义上为它们所"控制"的特定政府。对于某些选区的利益、需要和关注，政党必须能够有选择性地忽视它们，只有这样它才能够回避全体选民与这些选区选民之间形成的冲突，也才能获得议会的多数。换句话说，只有阶级性政党或者高度同质群体的政党才能对其选民或成员高度负责。一方面，"世界观"体系或"阶级"政党体系要维护公众利益的物质规定性，不愿屈从于民主竞争程序，寻求凌驾于国家之上。而另一方面，寻求"选票最大化"和"全方位"的政党能够而且必须拒绝政纲的前后一致性，否认公众利益是个独立的概念，以便在现代大众民主社会的无尽选举战中取得胜利，维护大多数人的利益。人民的意愿一旦通过努力进入政府的竞争性政党表现出来，所表达的东西就不再是人民的意愿，而变成一种人为的形式和驱使进行政党竞争的力量。这种力量反过来又产生三种主要影响：第一，政党意识形态的非激进化；第二，竞争驱使成熟的竞争性政党发展了其高度官僚化的、高度集权的组织形式，导致政党成员的非活跃化；第三，政党的支持者在结构和文化上越来越具有"异质性"，消解了集体认同感。①

（6）可管理性危机和参与危机。如果说可管理性危机是通常所说的新合作主义所反映的话，这种新合作主义表现为政治精英对超议会、非公开、非正式和合法性差等政策制定形式的依赖。那么，参与危机就是对公民相应地从冲突表达的官方渠道中撤退的反映。作为这两种过程的结果，具有两方面涵义的传统政治，即作为就实质性问题进行斗争的政治和作为冲突解决的制度性体制的政治，已经退化为一种非正式的、互不连贯的斗争和决策模式。②

---

① 参见［德］克劳斯·奥菲《福利国家的矛盾》，第35—36、144—145、162—165 页。
② 同上书，第35—36 页。

（四）政策合法性

奥菲指出，任何权威要获得合法性，都必须以承担相应的政治义务为前提，不论这种义务是要达到何种目的。决定政治权威合法性的唯一标准在于它是否完成了普遍和正式规则（如选举规则）的要求。这种法理原则赋予政治权力以合法性，而不论这种权力是何种要素所组成。这种控制通往政治权威并使之承载合法性负担的选举原则朝两个方向运作，它们是统治者与被统治者之间方向的结合。在现代民主政体中，这些正式原则迫使（未来）官员通过大选的检验，使之在掌权期间遵守宪法原则，而且一旦反对党精英赢得了选举胜利，它就必须马上辞职。同时，民主政体的宪法原则也约束了公民的行为，使之服从政府的权威。

如果情况的确如此，现在的问题是：在何种条件下这种合法性规则可以获得普遍接受？在何种条件下它们又不被普遍接受？我们对民主政府的偏好也不是由于其规则本身，而是预期这一政府形式将促进大众和个人的福利，并带来其他可欲的结果。政府产生这些结果的实际能力——或至少创造能够达到这些结果的表象——也相应可看作是这些合法性规则作为形式规则而被接受的重要决定性因素。合法性问题从而可以被看作是内容与形式之间的辩证统一。

在合法性与效率之间只存在一个总体平衡点。如果具备下列条件，就可以达到两者间和谐的平衡。（1）对宪政民主政体赖以维系的合法性原则的接受，通过政府政策和措施所产生的物质结果而得到强化。（2）政策和措施的"效率"仅仅是对资本主义国家的效率而言的，也即在为所有公民及其总体需要提供、恢复和维持商品关系方面，国家的成功程度。

许诺与感觉、国家政策的内容与形式之间产生的越来越明显的冲突，将使政治权力赖以维系的合法性原则越来越难以为社会所接受，这也是合法性与效率这一二分概念的基本假说。这种结构导致"好"的政策制定标准出现双重性和不连贯性。在这种标准下，政策从两个向度得到衡量：一是通过它们所创造出来的劳动力与资本之间的接换率得到衡量；二是通过满足人们需要的许诺得到衡量。这种双重性使政治系统越来越难以为其民主政府的合法性原则赢得支持和接受。[①]

---

① 参见［德］克劳斯·奥菲《福利国家的矛盾》，第127—141页。

（五）　基本政策原则和策略

奥菲对大众政治参与与自由经济是否对立，既有"是"的回答：未经制度性调解的社会和政治冲突在不断增多，它们无法通过政党或其代表途径而得到疏解，而其根源也无法通过国家的社会和经济政策而得到有效的消除；也有"不是"的回答：现代政治冲突模式完全不同于两极化的"阶级冲突"，在竞争性政党民主和凯恩斯主义福利国家无可匹敌的情况下，可以发生难以想象的变化。① 奥菲还提出了一些基本的政策原则和策略。

第一，国家政策手段。那些旨在重组、维持和普及市场交换关系等总体目标的政策，依赖于政治手段所产生的特定结果。这些政治调节手段可以归纳为如下类型。（1）财政刺激等调节措施。（2）名目繁多的公共建设投资。（3）各种共同决策、共同投资方案的引入。尽管国家政策必须组织因私人生产所导致的功能失调这一后果，但它又不能侵犯私人生产的首要地位。如果国家政策想要充分有效，它又被迫依赖于这样一些手段，要么违反处于支配地位的资本关系，要么破坏政府管理自身的功能性要求——合法性和行政能力。②

第二，社会政策的改革。社会政策的发展不能完全从需要、利益和要求的角度得到解释，"要求"转为"政策"的过程总是以政治体系为媒介，并通过它折射出来。政治体系决定了"需要"能否会被当作值得处理的议题。着重国家政策的改革并不"服务于"特定社会集团或阶级的需要，而是对福利国家机构的内部结构性问题作出反应。对社会政策所进行的任何社会学研究，都不能看作是"政策设计"和"政策产出"的发展，而应看作是对社会政策的执行条件进行卓越的解释性描述。国家社会政策"塑造社会"的功能被限制在对主题、时间和冲突模式等的界定上，因此，被限制在社会权力过程形成的政治制度框架内，而不是结果上。如果公民和政治精英在竞争中仅追求自己的利益，民主国家会堕落成事务国家，决策就不能为大多数人所接受，政府也会失去作用。③

---

① 参见［德］克劳斯·奥菲《福利国家的矛盾》，第180页。
② 同上书，第23、68页。
③ 同上书，第96—121页。

第三，保护私人组织发展。不存在独立于商品交换之外具有"内在"标准的"好"政策，一项明显无助于促进私人组织发展商品形式的政策不仅在政策制定者看来是一种失败，而且这种政策的预算基础也将消失。政策分析及其实际建议领域已形成一种重要的趋势，即以一种明确的方式与现代政策设计偶合，也就是削减对某些有"需要"人群进行物资施舍和提供服务的慈善性福利国家措施，替之以期望通过出卖其劳动力来满足自身需要的措施。①

第四，消费政策的界限。国家的立法和司法权力，以及公共政策的管理机构，也通过多种途径对消费者的福利构成积极影响。但国家政策容易陷入一种结构性困境，其消费政策不能"太过"或"不及"。三伙各自独立的社会行动者参与了作为政治过程的消费政策：即供应商、国家和（有组织的）消费者。鉴于对基于整合战略基础上的消费政策存在诸多反对之声，进一步发展和维护生产和消费领域中"自主"成分，能为消除这些反对之声起到重要的作用。②

第五，政策变革的重点。政治权力中心越来越明显地从国家官方制度（政党、议会、总统制或官僚制的政策制定形式）中隐退，并进入团体共存的政治范围。这一事实似乎壮大了社会主义变革中非国家战略的杠杆作用。③

将新马克思主义学者的论点看作与新自由主义学者有所不同的另一种"决策民主政策范式"的流派，除了他们的前提相同以外，还有一个重要的因素，就是这些学者或多或少地接受了新自由主义学者的论点，尤其是伊斯顿的政治系统理论，对哈贝马斯和奥菲等人都有重要的影响。当然，新马克思主义学者也显示出了与新自由主义学者的几个重要的不同：一是更多地强调公民的直接政策参与并强烈要求建立保障公民政策意见表达的制度；二是更强调公共领域对政策过程的重要作用；三是更关注福利国家的走向，甚至将福利国家的命运与民主的命运联系在了一起。

---

① 参见［德］克劳斯·奥菲《福利国家的矛盾》，第133—134页。
② 同上书，第184—200页。
③ 同上书，第213页。

第六章 保守主义、实用主义等的政策视角

20 世纪下半叶，保守主义、无政府主义、共和主义、实用主义和后现代主义的学者，也就政策与民主的关系等问题提出了一些看法，对一些政策范式作了重要的补充。

一 保守主义的论点

保守主义的学者，重在对一些民主理论和政策范式的批判，可以列出卡尔·施米特和麦金太尔的主要论点。

（一）卡尔·施米特：议会政策功能的退化

德国的保守主义学者卡尔·施米特（Carl Schmitt，1888—1985 年）不仅质疑"代议制民主政策范式"，还明确提出了对"直接民主政策范式"的否定意见。

卡尔·施米特指出，今天人们可以分辨出三种危机：民主制的危机、现代国家的危机、议会制的危机。议会体系和议会制度的危机，其实来自现代大众民主的环境，这首先导致了民主制本身的危机，因为民主制所必需的实质性平等和同质性问题，不可能通过人人普遍平等而得到解决，它也导致了议会制的危机。现代国家的危机源于这样一个事实：一种大众的——所有人的民主制根本就不能成其为一种国家形式，遑论成其为一个民主制国家。①

公开性和辩论是两条原则，宪政思想和议会制都取决于这两条原则。

---

① 参见［德］卡尔·施米特《政治的浪漫派》，冯克利、刘锋译，世纪出版集团、上海人民出版社 2004 年 8 月第 1 版，2005 年 6 月第 2 次印刷本，第 169—171 页。

如今，议会与政党的政治生活现实和公众信念，已经远离了这些信念。决定着人类命运的重大政治和经济决策，今天已经不是来自公开辩论和反驳中取得平衡的意见。这种决策不再是议会辩论的产物。人民代表参与政府——议会制政府——已经被证明是消灭权力分立，从而也消灭过去的议会观最有效的手段。今天的情况是，在实践中不可能不跟委员会、跟越来越小的委员会合作。于是，议会的全体会议便逐渐脱离了自己的目标（即脱离了自己的公开性），其后果必然是变成一种纯粹的门面。这样一来议会制就放弃了自己的精神基础，言论、集会和出版自由、公众集会和议员免责权以及各种特权组成的整个体系，便失去了自身的理据。狭小而封闭的政党或政党派系的委员会关起门来做出决策，大资本家利益集团的代表在极小的委员会里取得的一致，比千百万人民的命运，甚至可能比任何政治决策更重要。面对这样的现实，相信辩论的公众的人肯定会大失所望。只有极少数人还认为，能够通过报纸文章、示威演说和议会辩论获得公正的法律和正确的政策。①

卡尔·施米特认为，每个成年人应当在政治上同其他所有人平等，这是一种自由主义而非民主制的观点，它用所有人的民主取代了建立在实质平等和同质性之上的过去的民主。这种所有人的民主今天不存在于世界的任何地方。②

卡尔·施米特还指出，直接民主制是一种意愿，而非一种理的表达形式，它要求的是正当性而非合法性。依靠直接民主的全民选举的正当性的，不仅仅是同议会保持均势的民国总统，就连议会自身也不再拥有以特殊资格与众不同、制定特殊意义的法律的国民大会的尊严。因为，选举变成了一个全民直接民主的过程，不再是挑选和提拔精英并建立一个独立的代表制意义上的选择了。在通向全国直接民主的同样方向上，还造成了这样的结果：解散议会设置了一个正常过程，这个过程获得了"向人民呼吁"的意义，因而又获得了全民直接民主的意义和功能。在这种情况下，当时的议会及其当时的多数只不过是一个全民直接民主的中间连通器。全民直接民主的意志表达的意义不是规范化，而是通过一种意志做出的决断——如"全民公决"这个词恰如其分地表达的那样。全民直接民主只

---

① 参见［德］卡尔·施米特《政治的浪漫派》，第159—163、173、199—200 页。
② 同上书，第166—168 页。

能偶然为之，被大量引用的（每日的全民直接民主），在现实中几乎是不会组织的。人民只能说赞同或反对，人民不能建议、协商或者讨论；人民不能统治、不能管理；人民也不能制定规范，只能用自己的赞同来批准摆在自己面前的规范化草案。尤其人民不能提问题，只能用赞同或反对来回答对自己提出的问题。把全民直接民主正当性的工具看作比其他更无害，绝对是一个危险的失误。①

（二）麦金太尔：没有道德共识的政策

美国的保守主义学者麦金太尔（Alasdair MacIntyre，1929—　）则认为，西方社会缺乏政策的道德共识：在我们的社会与政治秩序的实际环境下，人们对各种政策和政治家们的看法都会有分歧。即使在这样的共同体里，参与公共讨论的需要，也迫使人们在寻求所有人都可以运用和诉诸的共同的概念与准则的过程中，分享了这种文化杂烩。我们的社会不可能达成道德上的共识。现代政治是借助其他手段而得以展开的内战。在任何社会里，如果其政府并不体现或代表公民的道德共同体，而是一系列制度安排，以便将一个科层化了的统一体置于一个缺乏真正道德共识的社会之上，那么政治责任的性质就变得全然模糊不清了。我的论证绝没有提供——更不用说隐含——任何充分的理由来否认某些形式的政府是必要的、合法的；我的论证所要表明的是，现代国家并不是这种形式的政府。美德传统包含了对现代政治秩序的一种拒斥。这并不意味着，只有在政府中并通过政府来完成的那些仍待完成的任务并不太多。每一项特殊的使命、每一项特殊的责任都必须靠其自身的功过来得到评价。②

二　无政府主义的论点

美国的无政府主义学者罗伯特·沃尔夫（Robert Paul Wolff，1933—　）指出，第二次世界大战以来，政府日益与那些可称为民意的东西相分离。各种问题的复杂性、专门化知识的必要性以及最重要、涉及国家安全的一

---

① 参见［德］卡尔·施米特《政治的概念》，刘宗坤等译，世纪出版集团、上海人民出版社 2004 年 8 月版，第 232—235、252—254 页。

② 参见［美］麦金太尔《追寻美德：伦理理论研究》，宋继杰译，译林出版社 2003 年 12 月版，第 311—325 页。

切事务的保密性，所有这些因素在共同削弱民选官员的代议功能。在这些重大决策的任何一种中，决定官方政策的真实理由与告知公众的解释之间都不存在哪怕是最微弱的关联。①

罗伯特·沃尔夫认为，所有不管什么样的代议制制度，都是对自律的自治这一理想的让步。既能实现集体自治又能保持个人自律的唯一办法就是实行全体一致的直接民主制。很少有政治理论家确实真心诚意地相信民主，大多数公共事务评论者都宁愿信任由职业政治家与政策专家组成的精英阶层。②

受全体一致规则支配的直接民主制，就是在一个政治共同体中，每人都对每一个问题投票。根据全体一致规则，单单一张否决票就可以击败任何动议，所以在重要问题上，最微弱的异议将使整个社会的活动停止。在什么情况下，全体一致的直接民主制才能真正运转较长一段时间，而不只是得出一连串否定的决议呢？我认为答案就是，有两种实用的全体一致的直接民主制。首先，一个共同体如果是那些受某种极具吸引力的宗教的或世俗的理想所激励的人们组成，它可能发现对共同体的目标及其实现手段能够形成完全一致意见。其次，一个由理性地自利的个人所组成的共同体可能发现，只有通过维持全体一致的状态，他们才能收获合作的果实。③

出于两方面的理由，全体一致的直接民主制具有非常重要的理论意义。（1）对于自律与权威之间的冲突这一难题来说，它的确是一种真正的解决办法。（2）直接民主制是许多传统民主理论背后隐藏着的一种（通常未明示的）理想。全体一致明显被看作是一种其合法性显而易见的决策方法，其他决策形式是作为对这种理想的让步被提出来的。④

罗伯特·沃尔夫认为可以依托电视系统建立即时直接民主制，被人称为"电视民主"；进入计算机时代之后，直接民主或者建立在公民投票基础上的民主在技术上的障碍业已克服。利用"即时直接民主制"管理其事务的政治共同体，跟我们当今任何所谓的民主国家的做法比起来，显然

---

① 参见［美］罗伯特·沃尔夫《为无政府主义申辩》，毛兴贵译，凤凰出版传媒集团、江苏人民出版社 2006 年 2 月版，第 27—29 页。

② 同上书，"1998 年版前言"，第 19 页。

③ 同上书，第 20—23 页。

④ 同上书，第 20—25 页。

要更为接近于实现真正民主的理想。①

三　共和主义、精英主义、联邦主义等论点

20世纪下半叶研究美国政治的学者，分别从共和主义、精英主义、联邦主义等理论视角，探讨了与政策有关的民主问题。尽管这样的研究主要以美国为分析对象，但是也涉及了一些与他国的比较，并且提出了一些具有普遍性意义的见解。

（一）桑德尔：共和主义的政策观

强调共和主义理论的迈克尔·桑德尔（Michael J. Sandel, 1953—　）指出，我们的公共生活充斥着不满。美国人认为他们在如何被统治的问题上没有多少发言权，也不相信政府是在做正当的事。对于民主的不满有两个核心问题，一方面是如下的担心，无论是从个人还是从集体来说，我们正在失去对统治我们生活的力量的控制；另一方面则是如下的感觉，从家庭到邻里到国家，我们周遭共同体的道德基础正在瓦解。这两方面的担心，即自治的丧失和共同体的侵蚀一起界定了这个时代的焦虑。② 围绕这两个核心问题，桑德尔讨论了与政策有关的共享自治、共和主义的政策诉求等问题。

1. 共享自治

桑德尔指出，共和主义理论的核心是这样一种看法：自由取决于共享自治。这一看法本身与自由主义的自由并非不相容。参与政治可以是人们选择追求自己目标的一种方式。然而，根据共和主义的政治理论，共享自治有更多的东西：它意味着与公民伙伴就共同善展开协商，并致力于塑造共同体的命运。而就共同善展开充分协商，不仅需要选择自己目标的能力以及对他人做同样事情的权利的尊重，而且还需要关于公共事务的知识、归属感、对集体的关心和对与自己命运休戚与共之共同体的道德联系。因此，分享自治要求公民拥有或者逐步获得某些品质或公民德行。而这就意

---

① 参见［美］罗伯特·沃尔夫《为无政府主义申辩》，"1998年版前言"，第25页；正文，第32—35页。

② 参见［美］迈克尔·桑德尔《民主的不满：美国在寻求一种公共哲学》，曾纪茂译，凤凰出版传媒集团、江苏人民出版社2008年4月版，第3—4、343页。

味着共和主义的政治不能对其公民所赞同的价值与目的保持中立，共和主义的自由观要求一种塑造性政治，即在公民中培养自治所需之品质的政治。①

　　按照共和主义的观点，自由被理解为自治的一个结果。我之所以是自由的，是因为我是一个掌握自己命运的政治共同体的成员，并且参与了支配其事务的决策。自由主义首先问政府如何对待其人民，而共和主义首先问公民如何能够自我统治，它寻求的政治形式与社会条件是那些能够促进自治之有意义实践的形式和条件。自治要求一种展现在多重环境中的政治，从邻里到民族到作为整体的世界。这样的自治要求公民能够以多重处境中的自我来思考和行动。我们时代特有的公民德行是，有能力在加诸我们身上时而重叠时而冲突的义务之中找到出路，有能力与多重忠诚引发的紧张一起生活。②

　　认为政治参与和公民美德之所以重要仅仅是因为它们能够维护一种政制，它让我们得以追求各自的私人目的，这种思想不可能是稳定而可靠的。除非公民有理由相信共享自治在本质上是重要的，否则他们牺牲个人利益以维护共同善的意愿就可能受到政治参与的成本和收益之工具性算计的侵蚀。③

　　2. 民主过程可能产生与中立性不一致的政策

　　桑德尔指出，民主过程很适合于约束市场经济。像市场一样，民主过程聚合了人民的偏好，却没有对这些偏好作出判断，也没有评估这些偏好的内在优点或价值。并且与市场不同，民主过程反映了最初平等的状况。至少在理想上，不会让有助于不平等的市场权力的那些偶然性来削弱民主。可是，在实践中，民主过程至少可能以两种方式侵犯个人权利。（1）民主过程可能未能充分包容，因此未能对所有人的利益与偏好给予同等的分量。（2）甚至在所有人都同等接近民主过程并且每个人的偏好具有同等分量的地方，有些人可能赞成本身就与平等尊重理想不一致的偏好。换句话说，有些人赞成不宽容或者偏见的偏好。由此民主过程可能产生与中立性不一致的政策——假定了某些类型的人或某些类型的生活方式

---

①　参见［美］迈克尔·桑德尔《民主的不满：美国在寻求一种公共哲学》，第6、140页。
②　同上书，第29—31、408页。
③　同上书，第422—423页。

本质上不如其他类型有价值的政策。①

3. 共和主义的政策诉求

桑德尔认为，在当代美国政治中，我们多数的经济争论围绕着两项考虑：繁荣与公平。无论人们可能偏爱什么样的税收政策、预算提案或管制方案，他们通常以这将有助于经济增长或改善收入分配来辩解；他们声称，他们的政策会扩大大饼的规模，或者更公平地分配这块大饼，或者两者都能做到。美国人也处理了一个不同的问题，即什么样的经济安排最适合于自治。与繁荣和公平一起，经济政策的公民后果在美国政治话语中经常占有突出的地位。②

美国政治要想让公民路线的自由获得新生，就必须找到一种方式来探讨：什么样的经济安排有利于自治，以及一个多元社会的公共生活如何在公民中培养公民参与所需要的扩展性自我理解。这就必须以与我们时代相关的方式复兴公民身份的政治经济学。主导性的政治议程不能仅仅关注经济增长与分配正义，留给公民考量的空间很小。人民构想自己认同的方式与经济生活实际组织起来的方式之间的不匹配，引起了对自治前景的担心。对自治的威胁有两种形式：一是由巨型公司聚集起来的权力；二是从共和国的第一个世纪以来就统治多数美国人生活的权威与共同体的传统形式遭到侵蚀。③

大体说来，共同体的侵蚀和对自治的威胁在世纪之交引起了进步主义改革者的两种反应——一种是程序性的，另一种是塑造性的。第一种通过把决策转交给职业经理人、行政人员还有专家来尽力让政府较少地依靠人民的品德；一般说来，进步主义者寻求社会科学与科层管理技术来容纳和调整现代社会生活相互冲突的要求，把治理从政治中分离出来，并规制相互冲突的利益。但是，即使在他们力图减少政府对人民品德的需要时，进步主义者也依然保留着共和主义传统的塑造性抱负，并寻找公民的道德与公民品质的新途径。进步主义时代的政治争论集中在两种反应上：有些人试图分散经济权力，让经济权力顺从于民主控制来保持自治；另一些人则认为经济集中不能倒转，而试图扩大全国性民主机构的能力来控制经济权

① 参见［美］迈克尔·桑德尔《民主的不满：美国在寻求一种公共哲学》，第60页。

② 同上书，第146页。

③ 同上书，第237—239页。

力。关于什么样的经济安排有利于自治这个老问题，已不再是全国性讨论的主题了。随着凯恩斯主义财政政策的胜利，公民身份的政治经济学让位给了增长与分配正义的政治经济学。经济政策主要考虑的是国民生产的规模与自治，而不大注意自治的条件。塑造公民的抱负让位给增加繁荣成果以及分配成果这些更世俗的向往。政府不是要培养道德高尚的公民，而是要把人民的需要和欲求当作先定的，并通过尽可能充分、公正地满足这些需求和欲求来推行政策。从共和主义传统的立场看，公民身份政治经济学的让位，无疑是美国理想的退步和收缩，是自由的丧失。①

共和主义政治是一种有风险的政治，一种没有担保书的政治，它所蕴含的风险内在于塑造性计划之中。将政治共同体的命运寄托于公民的品质，无异于承认了坏的共同体塑造坏品质的可能性。在公民塑造方面，分散的权力以及多元化的场所可以降低这些危险，但不可能完全消除这些危险。②

主导的政治议程没有能力处理自治与共同体的销蚀，反映了暗含在我们公共生活中的贫乏的公民观与自由观。我们当前的困境让人重视共和主义的如下主张：即自由不能与自治及维护自治的德行分离开来，塑造性计划不能够彻底放弃。关于美国人持久公民渴望的表达采取了两种形式：一种强调自治的道德前提；另一种强调自治的经济前提。前者大部分来自右翼但不完全来自右翼，它试图在公共政策与政治话语的考虑中复兴德行、品德及道德判断。后者大部分来自左翼但不完全是来自左翼，它涉及一系列应对经济势力的努力。③

复兴公民路线自由的根据不是要走向更为一致的政治。共和主义政治的成功复兴不会消除政治争论，最好的情况是，激发政治争论，更直接地面对并努力克服我们时代对自治的障碍。④

桑德尔所强调的，显然是一种符合"直接民主政策范式"的自治型决策方式，并且这种方式不是程序性的，而是塑造性的，既需要塑造相应的制度，也需要塑造公民身份。

---

① 参见［美］迈克尔·桑德尔《民主的不满：美国在寻求一种公共哲学》，第243—244、247、305、319—320页。
② 同上书，第375页。
③ 同上书，第377—378页。
④ 同上书，第394—395页。

（二） 奥斯特罗姆：复合共和制的决策理论

文森特·奥斯特罗姆（Vincent Ostrom，1919—2012 年）认为民主意味着人民统治，但是"政府"显然不是人民。人民投票选举参与到政府中的代表，投票是一根纤细的线，几乎不能使我们相信通过选举代表实现人民统治。人民在社会治理中的作用一定远远不只是在选举中投票而已。民主社会必须总是认识到公民的统治权，除非公民可使官员负责以致其在根本法的范围内行使职权，否则民主社会不能维持对其治理体制的控制。[①] 对于构造有活力的民主社会，"一人一票，多数统治"的说法是一种不恰当的、肤浅的概括。民主社会的建设，围绕着公民在社会中的基本地位而展开。民主的生活方式的关键在于自我组织和自我治理的能力，而不是假定所谓"政府"统治。[②]

奥斯特罗姆倡导复合共和制的政治理论，就政府在决策公共事务方面应该干什么，[③] 提出了以下论点。

1. 老板统治政策模式

奥斯特罗姆指出，民主政府体制所内涵的多数投票原则为获胜者支配随后的政府决策提供了机会。在获得收益机会较高的地方，某些人就有积极性运用政治程序去支配他人。随着人口规模的扩大，诉诸选民以及游说选民要花费更多的时间和心血。美国权力分立的立宪体制意味着立法、执行和司法三个不同机关的官员都服从选举。如果可能的话，政治组织者有动机为所有立法、行政或司法机关的职位在其有关政治管辖范围提供候选人名单，获得公职；为那些在进行竞选、劝说选民、把选民送到投票站中帮助进行有组织活动的人提供公共津贴；控制选任的公共官员的决策，以作为有组织的提名候选人活动组成部分；从决策受益者那里取得资助。成功的组织者变成了一个"老板"，他控制着其候选人赢得选举的各种公职，他能够控制政府的决策。老板管理着多个权力中心，好像他就是充分

---

① 参见［美］文森特·奥斯特罗姆《美国联邦主义》，王建勋译，上海三联书店 2003 年 6 月版，2013 年 11 月第 2 次印刷本，第 3、111、135 页。

② 参见［美］文森特·奥斯特罗姆《民主的意义及民主制度的脆弱性——回应托克维尔的挑战》，李梅译，陕西出版集团、陕西人民出版社 2011 年 1 月版，第 2—3、92 页。

③ 参见［美］文森特·奥斯特罗姆《复合共和制的政治理论》，毛寿龙译，上海三联书店 1999 年 6 月版，第 27 页。

整合的命令体制。老板统治居于支配地位，对于相互制衡的三权分立的立宪原则提出了根本性的挑战。隐秘性有利于老板统治，尽可能使自己少受公众监督，这是他的利益所在。技术变化也有助于老板统治的出现。美国的参议院成了老板的俱乐部。[1]

在有关公共事务的对话中，观念的作用会遭遇选择性的偏见，其中动人的概论、口号、醒目的言词被用来讨好投票者，然后，这样的一系列观念被用来构造统治联盟，宣称拥有众命去制定公共政策。这里存在着欺骗和自我欺骗的强大动机。[2]

2. 决策规则

复合共和制政治理论的基础是这一假定，政治约束的原则可以被用来使这些可能性最小化，即某些人，尤其是某一多数派，在决策中占支配地位并剥削他人，牟取先发制人的优势。这些安排允许任何人运用实践和结构多样的制度设置去表达其根本的利益。不存在占支配地位的单一结构。相反，我们假设任何决策的基础可能是错误的概念，没有适当地计算过对个人的后果是什么，对社群的结果是什么。当决策者和利益相关者有机会挑战占主导地位的假设时，有机会提出另外的构想时，有机会参与理性协商时，纠正错误之策略就有了美好的前景。大众或者民主政府体制能够得以维持，只要人民继续行使立宪选择的基本特权，并使行使政府特权的人受制于限权宪法的一般理论所包含的立宪制约和绩效标准。这是公民教育的适当基础，也是有关任何民主体制中活生生现实的重要讨论的适当基础。是否适当地履行公民特权和公职人员的特权，只有在立宪分析层次才能作出判断。当行使政府特权者不受制约时，民主就死亡了。[3] 有效政策来自于各种程序的正当审议。[4]

奥斯特罗姆对于复合共和制理论所要求的决策规则，作了十点具体的说明。

（1）决策规则是约束潜在变化的手段。它们将所有可能的行为的队列分离成子系统，其中有些可能性被限定为是不能接受或者非法的行为方

---

① 参见［美］文森特·奥斯特罗姆《复合共和制的政治理论》，第176—180页。
② 参见［美］文森特·奥斯特罗姆《民主的意义及民主制度的脆弱性——回应托克维尔的挑战》，第61页。
③ 参见［美］文森特·奥斯特罗姆《复合共和制的政治理论》，第158—159、209、221页。
④ 参见［美］文森特·奥斯特罗姆《美国联邦主义》，第16页。

式。如果人们按照一套相同的决策规则采取行动，在彼此的关系中，个人就可以以一种有序的、可以预期的方式追求自身的利益。如果缺乏这样一套共同的决策规则，一切可能行为的潜在的变化就使得任何人都不能以一种有秩序的、可预测的方式达其目的地。决策规则成了对选择加以排序以及在人们的关系中创造秩序的基础。

（2）决策规则自身只是言词。作为言词，它们不能自动地产生、运用和实施。其结果就是，社会秩序依赖于能够阐释、运用、监督、实施和改变决策规则的行动者。在任何社会，这一条件都是将政府制度与其他制度区别开来的基础。政府制度是专门的决策安排，用来阐释规则，监督对规则的遵循，裁决冲突，实施规则，改变影响人类社会中人际关系的决策规则。因而规则秩序体系总是伴随着治理体系。

（3）集体行动。如果个人要分享从社会组织中能够得到的好处，有规则的有序的发展就有赖于集体决策安排。集体行动意味着，有些人有权力阐释规则、解决冲突、实施决策、改变影响他人的法律关系，他们必然被赋予了这样一种权力。如果与服从这种统治权力的那些人的权力相比较的话，它是极端不平等的。集体行动总是隐含着在相互依赖的、有规则的、有序关系中存在着组织化的不平等，因此规则既包括治人者，也包含治于人者。

（4）处罚。一方面，对于创建和维护有序的人际关系来说，决策能力的不平等以及强加可能的处罚的能力是必要的条件。另一方面，这些必要条件显然还不是维护有序的、建设性的关系的充分条件。维护有序的社会关系所必需的处罚在纠正错误的同时，也可以用来合成错误。

（5）计算。如果以技巧、敏感性和约束力来运用政治选择的条件，它们就可以用来压缩冲突，使人们在作出决策以及迫使他人承担那些后果的实际影响之前，思考其行为的后果。简单地说，政治过程可以用来鼓励协商，减少错误的前景，加强对更一般性的、长期利益的计算。以这样一种方式，在自利的、易错的人们中通过有理性的争论，可以在正义和人的福利方面取得进步。

（6）限制。一个关键的问题就是，有规则的有序关系的原则能否被扩展，通过依靠宪政层面的选择，对那些行使统治特权的人加以限制。行使统治权力的期限和条件要服从法律的规定，宪政选择的过程是由这样的政府官员所无法企及的决策过程来作出的。只要对统治特权的行使能够维持适当的限制，就可以说公民们制定了"政治法律"。

（7）附属性概念。附属性概念的提出是根据这样一个原则，决策应当在能够应对问题情境的最小单位的语境下作出。

（8）多种决策规则。关于谁可以参与、如何组织程序、谁确定议程和控制议程、如何选择议会的代理人并使他对议会负责的许多问题都必须通过议会的规则加以解决。这种问题需要多种决策规则，而不是假定一个单一的规则，运用于不同的决策中。只有当议会规则运转良好，是议会的组成部分时，由议会进行统治才会发生。①

（9）利益。公共组织规则的另一个准则要求在决策安排中包括适当的政治利益。公共组织通过使卷入作出公共决策及控制公共事务中的各种利益内在化谋求来考虑对第三方的影响。在决定于组织内将被内在化的系列利益时，标明任何政治管辖权的边界或规模条件是十分重要的。②

（10）建立政策纠错机制。如果认为每个人都易犯错，在决策过程的组织中就可以通过开发纠错程序来减少错误的倾向。有助于纠错策略的决策过程的组织，需要参考专门化的决策规则。这些规则包括有机会挑战和争论不同观点、列出证据、对证据进行评估。如果纠错程序能够在决策安排的机构中建立起来，我们就可以将这样的程序看成是有助于学习和创造一种研究的文化的组织过程。与选择的方法论以及这种方法论在决策安排结构中被考虑在内的方式有关的问题，影响到我们对在决策过程中发生的错误倾向和纠错能力的估计。③

3. 多中心理论和自治

奥斯特罗姆指出，议会制和官僚制两种模式都被看作是处理所有政府事务的单一终极权力中心。④ 在一个因势而变情况下运作的社会中，认为政策出自多个权力中心的互动比认为它们由某个单一的最终权力中心制定更加合适。民主社会中的政府不仅仅要命令和控制，而且要提供有关各种问题解决方法的多元结构。开放公共领域的运作及其与政府决策结构联系

---

① 参见［美］文森特·奥斯特罗姆《民主的意义及民主制度的脆弱性——回应托克维尔的挑战》，第148—153、241、295 页。

② 参见［美］文森特·奥斯特罗姆《美国联邦主义》，第152—153 页。

③ 参见［美］文森特·奥斯特罗姆《民主的意义及民主制度的脆弱性——回应托克维尔的挑战》，第159—160 页。

④ 参见［美］文森特·奥斯特罗姆《复合共和制的政治理论》，第162、189 页。

的方式是一种有多重共识的社会的源泉，这种社会是一个民族在合作解决问题发展的。① "多中心政治体制"包括：（1）许多形式上相互独立的决策中心（自治单位）；（2）选择按照考虑他人的方式行动（它们在竞争性关系中相互重视对方的存在，相互签订各种各样的合约，并从事合作性的活动）；（3）通过合作、竞争、冲突和冲突解决程序（利用核心机制来解决冲突）。冲突解决不必依赖"中央机构"，解决冲突的非中央机构亦存在。② 民主是这样一种状况，人们在其中学会如何应对冲突，如何对问题情境加以研究，以便通过解决问题的自觉努力去解决冲突，在与他人的不同关系中获得共同知识、相互理解、社会责任与信任。③

多中心体制的自治特征意味着自组织能力。人们可以形成众多的能够作出集体决策的自治关系，这些决策适于不同的表达人类社会的方式。对自组织和自治能力的基本检验标准不是依赖投票表决和特殊的请求，而是依赖对于完成某项任务相关事业的组织的参与。社群愈大，民主审议中固有的寡头统治的危险亦愈大。当认为"政府""统治"时，民主就处于危险之中。当他们负责管理自己的事务，学会如何与他人和睦相处，创造采取集体决策和集体行动的条件，使那些为他人利益而行使权力者对信托关系负责时，正是人民在统治。集体的行动与集体的决策明显不同，它依赖于人们在对机会和生活中的紧急情况作出反映时的行为。我们学会自治和参与到构成美国社会的巨大的社团集合体中去，就像我们学会如何在一个开放社会中建设性地和睦相处。不是政府在统治，而是公民在统治。只有当人民学会如何以一种互补的方式协调相互间的行为时，集体决策才能转变为集体行动。④

奥斯特罗姆提出的复合共和制政治理论，核心论点是限制某些人利用决策的支配地位剥削他人；与之相关的"多中心理论"，要求形成许多形式上相互独立的决策中心（自治单位），并建立能够作出集体决策的自治关系。也就是说，在强调自治决策方面，奥斯特罗姆与桑德尔有

---

① 参见［美］文森特·奥斯特罗姆《美国联邦主义》，第16、223页。
② 参见［美］埃莉诺·奥斯特罗姆、帕克斯、惠特克《公共服务的制度建构》，毛寿龙译，上海三联书店2000年6月版，"中文版序言:，第11—12页；《美国联邦主义》，第157—167、231页。
③ 参见［美］文森特·奥斯特罗姆《民主的意义及民主制度的脆弱性——回应托克维尔的挑战》，第94页。
④ 参见［美］文森特·奥斯特罗姆《美国联邦主义》，第16、227、233、259、262、265页。

共同之处。

（三）巴特尔斯：美国的政策选择次序

拉里·巴特尔斯（Larry M. Bartels，1956—　）通过对美国政策案例的分析，就民主状态下的政策选择提出了以下论点。

1. 忽视民意的政策

巴特尔斯指出，作为优秀的民主主义者，我们倾向于认为政府政策，直接或间接，源自人民的意志。不过，对民主保持乐观的人会提出，选举绝非人民意志型构公共政策的唯一一条可能的途径。评估和解读民意在政策制定过程中的角色，首先需要对民意是什么有一定程度的清晰认识。对于特定的公共政策事务，民众会有明确的观点——或他们不会。如果民众的确拥有目标明确的政策偏好，这些偏好会与他们范围更广的政治价值观保持内在一致的合理相关——或它们不会。[①] 巴特尔斯通过研究，得出了以下结论。

第一，在把特定政策提案与其自身价值观和利益相联系方面，普通民众面对着极大的困境。平等主义冲动通常都没能转化为政策，这是因为普通民众没能掌握其平等主义价值观的寓意。既然民意的局限性是民主的政策制定必须面对的起始条件，为理解新镀金时代的政治经济学分析而进行的任何严肃的尝试，都需要与美国选民的政治心理，以及民意的真实局限性搏斗一番。公众的无知和疏忽对不平等的政治有着重要影响。[②]

第二，在较少关注政治和公共事务的人中，存在着对价值观、信念和政策偏好的严重漠视或错误拼接；在更为知情的人中，也存在着由政治原因导致的错误感知。结果，在追求其自身的政策目标上，政治精英就保有了相当大的回旋余地。[③]

第三，对于数百万低收入民众的政策偏好，选任官员会完全不作回应，使他们的政治利益服从于在任精英的意识形态奇想，或因这些奇想而遭到忽视。理论上讲，在民主政治系统内，民意限制着政治精英的意识形态奇想。然而，在实践中，选任官员却有大量的政治回旋余地。尽管

---

① 参见［美］拉里·巴特尔斯《不平等的民主：新镀金时代的政治经济学分析》，方卿译，世纪出版集团、上海人民出版社 2012 年 5 月版，第 127 页。

② 同上书，第 25、129 页。

③ 同上书，第 4 页。

"代表"的是同样的选民，参议员却常常追求着很大不同的政策。无论选举如何进行，它们都无法逼迫选举产生的官员去迎合"中间选民"的政策偏好。因而，非常真实的一点是，"谁在真正统治"这一问题的答案是：谁能成功提出要求，谁就赢得了选举。在民意分化、不稳定、混乱不堪，或简直可以说并不存在的地方，选举产生的领导人实施的独立行动的范围或许会特别大。公共官员较少依靠民众的态度，反而更多地凭借其自身的意识形态信念来确定这一领域的政策走向。精英对民意的回应的稀少性，甚至扩大到了所涉民意看上去通常都坚定不移和稳定不变的议题。①

第四，最近数十年来，技术变革、全球化、人口变化和经济与社会力量给避免更大的不平等制造了强大的压力，依靠选任官员的政治目标和优先次序选择，政治和公共政策有可能且确实能够大幅加重或减轻这些压力。当代美国的大量经济不平等，应特别归因于共和党总统的政策和优先次序选择。②

2. 民众对政策的有限作用

巴特尔斯通过对政治代表性的分析，发现政策制定过程中选民看法上所附的权重，依赖于这些选民的、与政治相关的资源和行为——首先依赖于他们的收入，其次是各种资源和行为，这些其他资源和行为均有可能对收入和政治代表性之间的关系做出调节，包括了参加投票、政治信息，以及与公共官员的接触。普通民众的观点对公共政策只有非常小的影响。作为民众，不管是富人还是穷人，其特定政策观点，对政策制定过程，都有着较之于对选任官员的信念要小的影响。如果说选民的观点的确重要，那么具有政治影响的，看来也只局限于富人和中产阶级。参议员对选区富裕选民的看法一贯有着回应，但对选区低收入选民却完全未做回应。在政策制定过程中，低收入选民一直受到彻底的漠视。数以百万计的普通民众处于收入分布的第三也即最底层，他们的看法对其选举产生的代表的行为没有明显可辨的影响。即便考虑了高收入和低收入民众在投票率、政治知识，以及与公共官员的接触上的区别，这些代表性上的差别依然存在。这些代表性上的差别尤为令人不安。这是因为，它们存在如下循环——联结

---

① 参见［美］拉里·巴特尔斯《不平等的民主：新镀金时代的政治经济学分析》，第2—3、296—297页。

② 同上书，第2—3页。

经济和政治领域的不断退步的反作用循环——的可能性：不断加剧的经济不平等，有可能造成不断加剧的、政治回应上的不平等，政治回应上的不平等转而带来了对贫穷民众的利益越来越有害的公共政策；接下来，这又会造成更大的经济不平等，如此等等。[①]

研究政治参与的学者和自由派行动主义者通常都认为，疗治政治不平等的良方，乃是教育和动员弱势群体，让他们支持特定的进步政策。然而，这一策略在政治上取得成效的可能性是非常低的。即使穷人对选任官员的日常决策只有着微不足道的直接影响，但他们——以及更富裕的意识形态盟友——却有可能有着相当大的间接影响，发挥这一影响的渠道则是改变公共政策制定中的民主党和共和党间的权力平衡。就在很大一部分公众仍然不参与政治之时，关注动向的民众已经越来越多地选择某一边，或多或少接受一贯如此的一揽子政策立场和形成对党派的忠诚，而对这些变化作出了反应。[②]

巴特尔斯的论点，在一定程度上带有响应"精英决策方式"的倾向，因为他一方面指出了民众对政策的影响有限，选举不能发挥左右政策的作用；另一方面也指出了精英决策中对民意的忽视，并且开出的药方也只是改变精英结构，即调整美国两党的权力关系。

（四）帕伦蒂：公共政策的政治经济学

迈克尔·帕伦蒂（Michael Parenti，1933—　）对民主的定义是：民主是一种真正从形式和内容两方面体现大多数人利益的政治统治形式。在这一政治体系中，决策者作决断的最终目的在于为大众谋利，而不是为掌握特权的少数人谋私。这些被大众选出的执行他们意志的代表，必须切实接受民众的监督，接受公众批评，并接受定期选举的考验，承担失职带来的被解职的风险。民主政府的权力一定要来自大众的授予，而且必须成为一个有限政府，这与专制政府形成了最本质的区别。[③]

帕伦蒂对美国政治尤其是美国民主的研究，重点强调的是公共政策的

---

①　参见［美］拉里·巴特尔斯《不平等的民主：新镀金时代的政治经济学分析》，第5、262、279—286、295—299页。

②　同上书，第298—299、304页。

③　参见［美］迈克尔·帕伦蒂《少数人的民主》（第8版），张萌译，北京大学出版社2009年11月版，第41页。

政治经济学,① 并提出了以下论点。

第一，对民主的全面理解。民主制度的效率并不体现在它能为富人提供多少便利和特权上，而是体现在它能在多大程度上代表民众（尤其是穷人）的切身利益。资本主义民主的悖论在于，它尽管贯彻了政治平等的政治理念，却在经济上加剧了贫富的不均等状态，从而在根本上销蚀了政治的民主性。一些人想当然地认为，如果能够自由表达自己的意见，这就是最大的民主。可是即便完全实现了言论自由，它也不是民主的全部，顶多只是其中的一项必要条件。民主尽管大部分体现在理念上，但其核心却在于对当权者的监督和规制，离开了这一点，所有的民主都是空谈。选举制度也不见得是民主的最完美体现。衡量政治制度是否民主的标准，不仅仅在于它的程序是否正义公平，更在于它是否为民众带来切实的政治和经济利益，是否真正实现了社会正义和公平。②

第二，对政治的理解。政治绝不仅仅是选举运动和政府行为。让像廉租房或医疗保健这样的事情停留在私有市场中的决策，也带有高度的政治性。政治并非仅仅是政治家所做的那些事情，它是公共领域中冲突的利益群体相互斗争的过程。③

第三，非中立的公共政策。政府的实质更多地代表了特权阶层的利益而不是大众阶层的利益。政治制度的运作，包括政府的不同部门，以及会影响到公共政策的政党、法律、游说团体和私人利益群体。我所说的公共政策是由政府作出的决策。政策决定极少会是中立的。它们通常都会有益于一些利益群体而不是另一些利益群体，涉及极少会在所有群体或阶层之间平等分配的社会成本。编写预算、通过法案、当局计划纲要，都是政策决策，而所有的决策都不可能在中立的情感下去执行。④

第四，美国的精英决策体制。公共政策的主题与经济问题相关。顶层的经济精英人士经常聚在一起讨论天下大事：支持哪些候选人，追求什么样的国内国外政策，以便更好地保护他们共有的阶级利益。同样对美国决策层有深刻影响的还有各种各样的政策建议顾问团，其大多数成员都是过

---

① 参见［美］迈克尔·帕伦蒂《少数人的民主》（第 8 版），张萌译，北京大学出版社2009 年 11 月版，"前言"，第 1—2 页。

② 同上书，第 42—43 页。

③ 同上书，第 2—3 页。

④ 同上书，第 2 页。

去的政界要人和现今的商业大贾。正因精英阶层不断向政坛输送中意的人才占据要职，使得政府往往不折不扣地执行这些机构的政策建议。政府大部分政策都是在为大企业代言，其机会成本则总是让大众来埋单。既然对于决策者来说，经济的健康程度决定了社会健康程度和社会稳定，而大企业的健康发展又决定了经济健康程度，决策者尽全力维护大企业的利益也就名正言顺了。美国的大企业永远不会在国会吃大亏的，所以也鲜见国会有多少民主改革措施。不过有时，公众的压力和维护公共利益的呼声也会使得立法议员们偏向改良性的进步措施。美国的选举制度也并非一无是处。在这个制度中选出的代表，对选民的利益也是比较关心的。出于公共舆论的压力和维持票源的需要，决策者不可能一意孤行不折不扣执行富商大腕们的意志，政府首脑大多数时候还是能够直面选民的意见和大众的呼声的。统治阶层的决策也并不完全对大众屏蔽，他们为了更好地贯彻政策并减少阻力，往往会汲取民众意见，使其参与决策过程。他们决策的细节也大部分为报纸等媒体所报道。不过，他们这些公开的决策基本都是公共信息为主，当涉及当权阶层的核心利益时，他们会尽量减少知情者人数，杜绝媒体介入。①

　　第五，摆脱权贵操纵议会的措施。怎样才能创造一个更多地对选民和大众负责而较少受到权贵操纵的国会，帕伦蒂的建议如下。（1）需要诚实公平的选举，而不是那些哗众取宠、只会拿钱糊人嘴的伪君子。（2）整个选举制度的导向应该是唯才是举而不是唯钱是举。（3）必须严厉禁止院外活动集团以各种方式对议员进行收买和贿赂。（4）公共传媒应给予候选人相对客观公平的报道，不能谁给的钱少就贬损谁。②

（五）多姆霍夫：权力精英的政策网络

威廉·多姆霍夫（G. William Domhoff, 1936—　）对美国权力精英的政策网络进行研究，并揭示了这一网络带来的政策过程。

1. 四种权力网络

在政府决策中，企业共同体有意识、有计划地试图影响政府和普通大

---

　　①　参见［美］迈克尔·帕伦蒂《少数人的民主》（第8版），第4、180、182、232—233、254、327—330页。
　　②　同上书，第256—257页。

众采用的是四种权力网络过程。

（1）特殊利益过程。它处理的是那些范围有限和短期的政策，关注的是家庭财富、特定的公司以及特定的商业部门。它主要通过院外游说说客、公司律师以及商会来运转，主攻方向是国会的各专门委员会、执行机构的各个部门以及协调机构。

（2）政策研制过程。它涉及的是企业共同体的共同利益，它通过由基金会、智库和政策研究团体组成的政策研制网络来运转，主攻方向是白宫、国会相关的专门委员会、纽约和华盛顿出版的重要报纸和评论性杂志。

（3）候选人遴选过程。它要遴选的，是那些对特殊利益和政策研制过程中提出的议程表示赞同的候选人。它通过巨额的竞选捐款和隐蔽的政治顾问来运转，主攻方向是两大党的总统竞选，以及共和党的国会竞选。

（4）民意塑造过程。这一过程试图影响公共舆论并将一些议题从公共议程中排除出去。它通过大型公司的公共关系部门、一般性公关公司以及许多小型民意塑造组织来运转，主要方式则经常是利用政策研制过程中形成的政策立场、基本原理和报告声明，它的主攻方向是中产阶级的志愿组织、教育机构和大众传媒。①

2. 政策研制网络

经济利益和社会凝聚为政策共识的形成提供了基础，但如果没有调查研究、咨询和辩论的话，光靠这两者还不足以形成受到普遍认可的政策。企业共同体面对的问题是如此复杂，经济体本身又是如此庞大，以至于新政策不可能自然而然地从共同利益和社会凝聚中产生出来。这也就是为什么对于企业共同体来说，各种非营利组织和无党派组织是必不可少的。这些组织是政策研制过程的基础，通过它们，企业共同体清楚地表达自己的整体政策取向，并且将其转告给两个主要政党、白宫和国会。

企业共同体与上层阶级的成员通过四种基本途径参与政策研制过程：（1）他们为处在政策研制过程核心的组织提供财政支持；（2）他们为某些此类组织提供各种免费服务，如法律和审计上的服务；（3）他们出任这些组织的董事或理事，从而为其设定基本的取向，并选择合适的人选来管理组织日常的运作；（4）他们还参与政策研制网络中某些组织的日常

---

① 参见［美］多姆霍夫《谁统治美国：权利、政治和社会变迁》，吕鹏、闻翔译，译林出版社 2009 年 4 月版，第 33—34 页。

活动。

政策研制网络中最深刻、最关键的思想是在各种智库中产生的。政策讨论团体在企业共同体中发挥了几项重要的功能。（1）它们提供了一个场所，在其中企业领袖可以通过听取智库与大学研究所的专家的报告并向其请教而熟悉一般性的政策的议题。（2）它们提供了一个论坛，各种矛盾和冲突都可以被讨论。（3）它们为新的领导人提供非正式的训练平台。（4）它们提供了非正式的招募平台。除此之外，政策团体对社会其他部分还有三项功能：（1）这些团体将其成员塑造成严肃且学有专长的、能够为政府服务的形象。（2）它们向那些试图获得基金会资助、进入智库工作或担任政府机构的年轻专家和教授传递企业共同体的焦虑、目标和期望。（3）它们通过书籍、期刊、政策声明、新闻稿和发言人等方式来影响华盛顿和全美的舆论气氛。①

3. 权力精英对政策的控制

权力精英由在企业共同体和政策网络中担任领袖角色的上层阶级成员，以及企业和政策网络中的高级雇员组成。理论上，企业共同体、上层阶级和政策研制网络，在一起提供了权力精英的组织基础和社会凝聚力。上层阶级的成员可能仅仅是社交名流，虽然很富有，却不是权力运作的一部分。企业领袖可以既不属于上层阶级也不参加政策研制，而仅仅关注其在企业共同体中扮演的角色。政策专家也可能既不属于上层阶级也不是企业共同体的成员，而专注于做研究和写报告。②

美国宪法保护言论自由和结社权利，公共舆论因此可能对政府政策产生重大的影响。由于公民可以结社向选举产生的官员表达他们对特定议题的看法，因此，权力精英们担心普通民众的意见可能会催生他们不喜欢的政策，权力精英尽其所能影响公共舆论以保证对他们有利的政策占上风。在企业共同体所关心的大多数立法议题上，任何带有清晰目标的公共舆论都不太可能发出自己的声音。因此，权力精英和政治家在大部分政策问题上拥有充分的回旋余地。③

权力精英立基于他们结构性的经济权力，他们储备的专家政策意见，

---

① 参见［美］多姆霍夫《谁统治美国：权利、政治和社会变迁》，第214、227、230—231页。

② 同上书，第250—253页。

③ 同上书，第254、287页。

以及在选举领域中，他们能够就其关心的议题成功地主导联邦政府。通过关于某些特定公司或商业部门相关的特定议题，就主要议题提供新政策导向的政策研制网络，以及对执行这些政策的高层政府官员的任命等来影响政府，来自各公司、律师事务所和商会的院外活动家扮演了关键性的角色。在企业共同体为基础的、老板和高级执行官的上层阶级，就是一个支配阶级，因为他们拥有的各种分配性权力的累积效果使大多数美国人接受了他们的政策。①

4. 选举的政策局限性

选举意味着公民有可能通过支持与他们的政策取向一致的候选人来塑造公共政策。在历史上，选举的首要功能是为相互对立的权力集团而不是普通人，提供一个和平解决冲突的机制。直到选举制度被完善地建立起来以后，它才开始被看作将更多的人口吸纳进政府的途径。在稳定的权力分享协定这一背景下，选举逐渐拥有了第二个功能，选举让普通公民来帮助决定相互对立的权力集团中哪一个将会在政府中扮演主导角色。第三个功能是，由于参加到了选举联盟之中，许多国家中的公民因此能够对经济和社会议题发挥影响。第四个功能是，当极端的国内问题导致社会分裂时，选举是引入新政策的一种重要途径。所以，选举能够而且确实重要，选举使得并不富裕的公民至少能够表达点什么，而且选举为批评社会系统提供一个机会。②

无论是企业—保守派联盟还是自由派—劳工联盟，都没有让大多数美国老百姓对它们产生强烈的忠诚感。它们两个都主要由组织领导、政策专家、捐款人、政客、政治顾问以及政党活动家组成。因此，它们与普通公民对政府的忠诚形成持续的竞争关系，普通老百姓中的大多数关心的是他们日常生活中的积极方面：爱情以及对家庭的关心、职业的挑战、业余爱好或体育运动带来的乐趣等。典型的美国人对大多数政治议题几乎不关心，只是在选举时关注政党候选人，他们还会把自由派和保守派的观点搞混。许多媒体评论人错误地将其归结为普通公民的冷漠或无知，然而，这些貌似冷漠或无知的表现在实践中是讲得通的，因为日常生活中的许多必

---

① 参见［美］多姆霍夫《谁统治美国：权利、政治和社会变迁》，第 323、344—345、371 页。

② 同上书，第 289—290 页。

需品和欢乐都需要花费时间才能获得，要人们同意新的政策倡议也非易事，而且，改变政府的政策需要付出许多耐心和努力。最终结果是，虽然大多数选民不再十分关注政治，但是他们也许对有吸引力的候选人或自由派—劳工联盟提出的精彩政策仍然保持开放的态度。然而，大多数的情况是，企业—保守派联盟在竞选和政策两个领域都获得了胜利。两党制并没有培育出那种清晰表达其形象和政策的政党，这在很大程度上是因为，为了赢得中间选民，相互竞争的候选人努力模糊他们之间的差别。这使得候选人更多地强调个人特质而不是政策偏好。这甚至有可能导致两党勾结起来回避某些议题，或者避免在某些选区展开竞争。由于结构和历史原因而使得政党差异变得模糊不清时，候选人的性格特质、个人形象以及他象征性的社会议题的立场在选举体制中开始重要起来。虽然已经有足够的选举研究表明，很多选民更加关注的是影响他们日常生活福利的政策而不是候选人的个性，但实际上，个性和社会议题常常比有关就业、医疗和其他实质性议题的政策更加重要。[①]

（六）　乔姆斯基：失败国家的政策

诺姆·乔姆斯基（Noam Chomsky，1928—　　）认为一国的决策层让该国的公众意愿对其公共政策的形成起了多大的作用，是确认民主社会的一条独特标准。美国出现了公众意愿与公共政策的严重错位，由于这种错位，我们有理由担心美国的整个体制正面临实实在在的麻烦——它正在一步一步地摧毁美国在整个历史进程中都信奉的价值观：平等、自由和有意义的民主。[②] 在乔姆斯基看来，除了美国在他国推销民主的一系列失败以外，公众意愿与公共政策的错位包括以下表现。

第一，大多数美国公民都认为公众意愿对政府决策的影响很小，很少有人相信国会能尊重"大多数美国人会作出的决定"。在一个从毫无民主直至完全民主的等级序列表中，美国公民将他们的政府置于英国、瑞典、加拿大及其他国家的政府之后。[③]

---

① 参见［美］多姆霍夫《谁统治美国：权利、政治和社会变迁》，第9—10、293、306—307页。

② 参见［美］诺姆·乔姆斯基《失败的国家：滥用权力和践踏民主》，白璐译，世纪出版集团、上海译文出版社2009年1月版，"序言"，第1页；正文，第289页。

③ 同上书，第171页。

　　第二，卡罗瑟斯发现有一条"清晰的轨迹"贯穿了冷战后的所有美国政府：当海外的民主十分符合美国的安全和经济利益时，美国就会培育它。而只要民主同其他重要的利益发生冲突时，就得降低它的位置，甚至抛弃它。美国国内的民主政策也大体相同。看来，一般的改革是不足以改变现状的，要想带来有意义的民主，必须对全社会进行根本性的变革。①

　　第三，保守的集权主义者手握的政治权力较小，他们是一群尽心尽力的斗士，其始终如一充满激情的程度已经到了滑稽的地步。他们的政策都是为富人阶层服务的，而且通常只针对富人中的一小部分，对于底层人民和后代则置之不理或损害其利益。他们还极力运用现有的机会把自己的政策转化为制度，这样就使重建一个人道和民主的社会变得障碍重重。当领导层全力为权贵牟取短期利益并谋求全球统治地位时，向民众灌输拯救世界的邪念是很自然的事。不容忽视的是，目前美国的政策正被这样的信念牵引着。政策的目标和实施的方案也一次又一次地遭到公众的反对。在这种情形下，向大众施加影响就是必需的，使用的正是在这个以企业为主导的社会里，各产业影响消费者的态度和思想的手段。②

　　第四，2004年大选的结果在美国是几家欢乐几家愁，很多人担心美国会成为一个"分化的国家"。这种选举结果会反映到政策制定中，催生出对国内广大民众有害，以及威胁到全世界和未来社会的政策。用维布伦的话说，只要选举仍被操纵在少数人手中，绕开公共事务并排斥下层人民，那上面的问题就无足轻重了，被选上的领导层就能随心所欲地为富人服务了，事实的确如此。不管是谁当选，我们都无法从选举结果中对这个国家的情况和公众所关心的问题有丝毫的了解。国会的选举在这一点上表现得更为明显。2000年大选中，选民对"重要问题的知情"，也就是对候选人立场的了解创历史新低，不过在2004年大选中这一指标可能更低。不论是在公共关系行业创造的商业市场上，还是在它们操纵的民主选举中，它们的第一要务就是精心制造出一些同现实只有一点微弱联系的幻象来迷惑公众。难怪选民们不答应他们的这种行径。多数选民认为，只要领导人们能多关心一点公众的意见或民意测验的结果，这个国家就会变得更好。然而有那些被精心创造出来破坏市场规则的手段作梗，"消费者的选

---

① 参见［美］诺姆·乔姆斯基《失败的国家：滥用权力和践踏民主》，第187、256—259页。
② 同上书，第265、298—299页。

择"就无法进入政治论坛，公众的呼声就可以被抛在脑后。①

第五，社会不是许多孤立个体的简单相加，而是有机融合起来形成公众观点和公共政策的群体。幸运的是，美国还是一个相当自由的社会，所以对于它的公民来说获取信息是可能的；但不幸的是，他们得靠自己去调查收集，因为从媒体中根本得不到所需的信息。公众对政府支出的意见同一些对民众观点研究的结果十分吻合，这些发现揭露了美国公众观点与公共政策的分离。要获得权利始终要求我们每人都亲身去创造，或再创造有效民主文化的根基，使公众能在政治和重要经济领域的决策中发挥一定的作用，而目前公众在这两个领域中基本上都没有什么发言权。②

（七）西瑟：注重政策的现代政治学

西瑟（James W. Ceaser）通过对美国自由民主政体的研究，对现代政治学的政策研究走向提出了一些看法。

1. 传统政治学对政策的忽视

传统政治学并不认真地把政策当一回事。它在界定政体时，没有首先看一下它的一些具体的政策，而正是政策和执行的总和才能最好地界定任何一个政体。执行是被当作政体的一整套一般趋向来分析的。人们通常在三个层面上讨论这些倾向。（1）公正原则，例如民主政体倾向于分配的平等标准，而贵族政体则倾向于一种不平等的标准。（2）决策能力，例如民主政体中的政策常常是变化不定的，不稳定的，而贵族政体中的政策目标则是独断的和一成不变的。（3）外交政策取向，例如法西斯政体倾向于扩张，而传统的专制君主政体则偏向于谨慎。不过，这些只是一般的倾向而已，并不决定每一个政体和每一个输出。当我们观察一些具体的政体时，某一政府执行的政策并不一直受其一般形式的制约，这些政策可能与规范大不相同。此外，政策是由一些个体制定的，它们从来不是由整体的结构决定的。

相应的，传统政治学不将政体等同于它的政策。政体指的是一种比具体的政策更为深层的结构，这一结构产生了一般的政策原则，但并不产生

---

① 参见［美］诺姆·乔姆斯基《失败的国家：滥用权力和践踏民主》，第269—271、277、281、285、317页。

② 同上书，第288、297、333—334页。

某一政策。政体本身并不随政策的变化（包括那些与自身倾向相异的政策）而变化。因此顺理成章的是，必须有两个层次上的分析。一个是分析政府的形式，另一个是分析政策。在政府形式产生政策倾向，以及与政体相异的政策能促成政府形式这一双重意义上，这两个层次是互相联系的。不过，在任何政体中，每一层次的运作都带有某种自主性。不认识这两个层次之间的区别并分别加以对待，就会产生两种不同的错误。一是过分强调政体的重要性，以为每一主要的政策必须反映它的原则或逻辑。另一错误是过低估计政体的影响力，把一些直接的政策当作政治分析的唯一真实的因素。①

2. 公共舆论的形成

在民主国家，公共舆论不能避免一种主要的道德和政治权力。但是，在决定谁、何种因素形成公共舆论，以及公共舆论的准确范围方面有大量的选择余地。在谁形成公共舆论方面有两种基本的可能：或是由向公众头脑灌输其思想的知识分子形成，或是由人民的利益和感情形成。公共舆论的这两个来源可能是民主的，但它们之间的差异显然多于共同点。知识分子形成的舆论要求平等和统一，他们以系统的语言提出这些要求并为行动制定了明确的计划。来自人民的舆论不免粗俗，但它反映了对物质满足和某些平等的毫不做作的愿望。

知识分子的舆论倾向于僵化和教条，而来自社会底层的舆论则更顺从于政治经验作出的修正，以及政治领袖的暗示。它在社会中留下了更多的空间来贯彻有助于自由民主的思想习惯，并提高公民就其力所能及的事进行推理的能力。②

3. 当代的挑战

西瑟认为，现代社会形成的思想习惯，出现了五个方面的变化，挑战传统的政治格局。

第一，知识分子的思想极大地增加了它在美国社会的影响。知识分子日益增长的影响力（不仅在美国，而且在所有发达国家）已经成了近来分析社会学家称之的"后工业社会"的一个主题。但美国的政治文化中

---

① 参见［美］西瑟《自由民主与政治学》，竺乾威译，上海人民出版社 1998 年 12 月版，第 116—118 页。

② 同上书，第 190 页。

仍存在着大量反对演绎思考的直接影响的东西，并支撑了这样一种偏见：当知识分子老老实实地蜷缩在自己的一些学报和学术圈里时，他们对社会的伤害最少。社会科学界的知识分子被迫承认他们珍视的许多解决社会问题的灵丹妙药已经失灵。

第二，地方报纸就其与全国性报纸，特别是一些主要的电视网的关系而言，其影响已经式微。结果便是资源的集中，公众从中得到的大多是它的政治信息。电视新闻记者和为全国性大报写稿的作家今天在社会上享有极高的地位，并被广泛认为是专家。减少集中的新闻机构对公共舆论的影响，这一战略对于保护自由民主的思想习惯来说仍然是重要的，目标依然是保留一个阻止知识分子直接影响的自上而下的舆论的形成。

第三，法学思想丧失了它的独立性。为了增进自由民主的思想习惯，政治学相应地需要考虑一种不同的对法律精神的态度。

第四，权力高度集中，许多以前由地方通过政治手段来解决的事情现在则由更高的层次来决定，而且常常由行政机构或司法机构来决定。集权的决策机构的权力膨胀，来自法院运用了对宪法权利的新的解释。

第五，今天的一个明显危险是自由民主政体将丧失它的精神。①

4. 分权制决策体系的特征

西瑟指出，在美国的体制下，必须以分权建立决策结构，尽管这样的结构是以丧失一个极活跃的、一致的决策系统作为代价。从最充分的意义上说，决策不仅包括立法与执行（行政）的任务，也包括在所有事情上的计划、创制和动员支持。建立一个有效的决策过程一直是宪法批评者关心的一个主要问题，他们抱怨美国没有"政府"。

宪法本身没有通过涉及决策本身来界定政府。决策过程所包括的工作——如计划、创制、动员支持、立法以及执行——只有后两者包含在分权学说内，或由宪法详细规定。其他一些工作既未被宪法明确加以界定，也未单独地分配给某一机构。对宪法勾画的决策功能而言，并不存在一种单一的模式，而是存在着一些宪法限制，决策模式必须在这些限制中加以建构。宪法对于决策过程的准确的特征和结构未加界定，而把它留给了低于宪法一级的安排去决定。为什么建国者没有在宪法中对决策过程模式作一描述，可能的解释有五种：（1）他们不理解决策功能；（2）在不作决

---

① 参见［美］西瑟《自由民主与政治学》，第195—202页。

定时，如何行使和决定这一功能，对此有争论；（3）他们不认为决策功能像我们今天认为的那样重要，因为他们设想联邦政府作用有限；（4）他们不认为根本大法能确定决策过程的准确特征；（5）他们认为最好让决策过程的准确特征随时间和状况而改变。

分权体制的第一个特征是决策权分散在一些不同的机构中。大多数决策不是一种零和游戏。决策权存在于一个以上的机构，这使得每一个机构去创制一些其他机构最初会忽略或反对的政策。一旦一个机构开始处理一个问题，其他机构会被迫提及它。在现代政策过程中，我们不仅以野心制约野心，而且也以野心刺激野心。美国体制的决策结构，其缺陷不在于老是出现僵局，而在于有时决策太多。

分权体制的第二个特征是它计算公众利益的特殊方法。尽管所有的机构因它们代表人民而声称拥有合法性，但总统则传播这一思想：他们为整个国家说话，而国会则常常代表了国家的一些不同部分和压力集团的利益。正是在这两种观点——一般性（常常显得太模糊）和特殊性（常常又显得太琐碎）的对话中，决策体制力图去发现公共利益。

分权体制的第三个特征是它对公民思考国家优先问题的方式的影响。美国人已经学会自在地容忍这一思想：在任何时候都不存在对决策事务的托管。

分权体制的第四个特征是美国体制对国家政治文化的影响。制度安排不仅对于它们如何影响决策，而且对于如何影响人们对政治世界的思考方式来说都是重要的。美国已经不受大量有纲领的意识形态的影响，因为分权体制有助于阻止一般政治思想传播的思考。

分权体制的最后一个特征与行政实践有关。宪法禁止国会议员同时在行政部门任职。在分权体制中，所有行政机构为两个主人服务。虽然这给了它们一些活动的余地，但这也使它们面临更多的政治控制。①

1982年以来，决策结构中的支离破碎变得显而易见，相应的改革不单单是分权，而是由四个"至上"产生的。（1）改革至上。改革者喜欢诸如大众决策取代代表大会决策、代表大会的思考面对公众检查之类的措施，并且一个重要的变革是决策结构的非制度化；产生可预见的某一类行为的程序被取消，以利于一些产生短期或瞬间影响的程序。（2）集体至

---

① 参见［美］西瑟《自由民主与政治学》，第209—230页。

上。越来越多的人依赖于联邦政府来获得其生活或福利。管理被有纲领的决策等同了起来，被理解为一种分割一些全面的计划以对付美国社会的一些主要问题（从住房到家庭）的活动。联邦政府的这一新作用给它带来了以前从未有过的责任。解决伴随集体至上而产生的问题，其出路与其说在于变革制度，不如说在于变革集体至上的公共哲学。（3）辉格党至上。以往总统职位的支持者现在变成了议会制制度的提倡者，在这一新变化中，国会作为国内政策的一种创制力量将取代总统；在外交政策上，国会将与总统平起平坐。（4）司法至上。司法系统（不管是好是坏）就其执行司法责任的结果来看，不仅偶然已经成了一个决策机构，而且也成立一个故意如此设计的机构。①

（八）彼得森：联邦主义的政策走向

保罗·彼得森（Paul Peterson）对美国的联邦主义进行分析，重点说明了联邦主义的基本政策走向。

彼得森创立了两种对立的联邦主义理论。一是功能理论，它认为各级政府的势力范围都不同，并且预言各级政府都具有扩大自己优势领域同时缩小劣势领域的趋势。二是立法理论，它认为现代联邦制度受到制定法律的立法者的政治需要的影响，各级政府的立法者都将为了追求自身功绩而为政府利益服务，如果可能的话，他们会将本级政府的负担转移到联邦体制内的其他级别政府。②

功能理论认为一个国家的政府主要有两个主要经济目标：发展和再分配。联邦政府应该对再分配任务承担主要责任，州和地方政府则对发展负主要责任。

大部分地方政府在制定和实施经济发展政策方面都具有一定的能力。由地方政府来提供公共基础服务，也有利于搜集如何以最佳形式提供公共服务的信息。每一个市或县都是一个政策"试验田"，如果成功了，可以将这种政策在其他地方政府推广；如果失败了，这样的政策大可以废弃。即便不是处于财政不平等方面的考虑，发展性政策也不可能是地方特权。

---

① 参见［美］西瑟《自由民主与政治学》，第236—240页。
② 参见［美］保罗·彼得森《联邦主义的代价》，段晓雁译，北京大学出版社2011年9月版，第14页。

许多发展性政策只有在较大的区域范围内才能得到很好的协调。尽管总的发展任务必须由上级政府来承担，但是总的说来，联邦政府是非常低效的发展政策制定者。联邦政府获得关于政策选择有效性的市场信息的能力非常有限，为发展提供的基础设施趋于单一。虽然许多发展政策会在州和地方政府实施，但是有些政策必须在全国范围内实施，因此只有联邦政府才能有效实施，政策统一的好处可能远远大于低效政府决策这一事实带来的坏处。

如果联邦政府堪称最无效的发展政策制定者，那么它是最有能力解决再分配问题的代理人。州政府处理再分配问题的能力比联邦政府逊色得多，但是要强于地方政府。①

在立法理论中，总统对政策制定的影响要比在功能理论中小得多。立法理论认为，通常而言，相比国会议员（以及州议会议员）的偏好而言，总统（以及州长）的偏好对国内公共政策的影响要小得多。选民们都很关注联邦政策在其选区的实施，然而总统更多关心的则是政策在全国实施的整体效果，而不是政策在各区实施的结果。在总统和国会就政策资源分配进行讨价还价的过程中，立法理论认为国会占上风。②

在制定政策建议的时候，首要的规则就是努力做到避免造成伤害。联邦体制中的许多内容都值得尊重，联邦体制所选择的路径基本上是合理的。问题并不是要全面检讨或改变体制正在发展的方向，这种体制只是需要发展和调整。第二条原则是要认清阻碍变革的政治现实，尽管这些变革可能是合意的，这种政治现实要求国家为现存的联邦体制付出一定的代价。在联邦体制内可能和应该改变的事：一是联邦政府应该继续更多地承担为再分配性政策提供财政援助和制定标准的责任；二是福利政策需要在国家范围内统一实施；三是联邦政府应该继续减少为州和地方政府所提供的发展性拨款；四是尽可能地让私营部门承担更多为大城市提供公共服务的职能。③

（九）桑斯坦：规制的改革走向

凯斯·桑斯坦（Cass R. Sunstein，1954—　）认为规制有三个作用。

---

① 参见［美］保罗·彼得森《联邦主义的代价》，第15—35页。
② 同上书，第36—37页。
③ 同上书，第164—165、168—171页。

（1）规制常常可以解决在众多个体相互交往的过程中满足个人愿望所遇到的难题。（2）规制有时能够保证集体目标和抱负的实现。（3）规制有时还是对如下事实的回应：私人偏好和信念并非固定不变，而是随可得机会和信息以及当前的情势而不断地加以调适。①

对集体主义的全面抨击和放松规制运动，尽管通常而言是有益的，但有时候却危及了有益的规制方案，同时也挫败了那些利大于弊的政府创议。如果不分青红皂白地抛弃或拒绝实施所有的公共方案，就会存在一种严重的风险：对市场通常优势的激赏将导向极其不幸的方向。②

人们作为政治参与者所作出的选择跟其作为消费者的选择是完全不同的，因此民主要求对市场进行干预。事实上它有时候会导致如下观点：市场秩序是不民主的，而通过政治过程作出的选择才是构筑社会秩序的更好依据。这种一概而论显然是过于宽泛的，因为政治过程具有诸多弊端，而市场秩序在很多领域中都有优势。但是，像有些人那样暗示说市场永远都能够比政治更可靠地反映个人选择，或者说政治选择之所以不同于消费选择仅仅是因为糊涂，即投票者没有意识到他们必须最终为自己所支持的方案埋单，也是错误的。政治选择和消费选择的不同或许可以通过如下事实得到解释：政治行为反映了政治语境所特有的众多影响。这些影响包括四种密切相关的现象。（1）公民试图在政治行为中而不是在私人消费中实现个人和集体抱负。（2）当以政治主体的身份出现时，人们可能会尽力满足利他或关怀他人的愿望。（3）政治决定有可能实现了可以被称作元偏好或次位偏好的偏好。（4）人们会通过规制在事前承诺从事一项自认为符合公共利益的事情。③

从美国的情况看，制定法特别容易具有以下弊端而导致失灵。（1）无论是立法阶段还是在实施阶段，社会性和经济性规制都受到集体行动难题的影响。（2）为了实现公益性再分配而设计的制定法，常常会因为拙劣的设计和实施失灵而产生适得其反的或不充分的分配效果。（3）与纯粹利益集团转移没多大差别的制定法特别容易发生过度扩张的问题。（4）为了减少或消除弱势群体社会隶属而设计的制定法常常会因

---

① 参见［美］凯斯·桑斯坦《权利革命之后：重塑规制国》，钟瑞华译，中国人民大学出版社 2008 年 11 月第 1 版，2009 年 1 月第 2 次印刷本，第 2—3 页。
② 同上书，第 11 页。
③ 同上书，第 62—64 页。

为实施不充分遭遇被扭曲的再分配和失灵厄运。（5）旨在保护抱负或非商品价值等的制定法，很容易沾染上不充分的实施以及不民主的过程和结果等弊端。（6）对短期公众呼吁加以回应的制定法通常会犯的毛病是错误诊断和协调失灵。（7）规制法相当普遍地因政治问责或政治审议的缺位、时过境迁或落伍过时、对体系化效应的误解以及缺少协调而失灵，而且将各种各样的规制政策整合成一个整体性政策也殊非易事。①

规制改革可以采取以下策略。（1）要灵活的激励制度、披露策略和绩效标准，而不要僵硬的命令——控制型规制、技术要求和设计标准。（2）要持续不断地关注各种规制策略的实际优缺点，包括有可能的负面效应。（3）要全面抛弃建立在个人权利之上的规制观念，并以管理和减少社会风险的观念取而代之。（4）要由总统对规制过程进行协调，包括对执行性机构以及独立行政机构的协调；这样的措施不仅可以增强一致性并从而提高系统理性，而且也同样可以促进民主问责；通过独立行政机构设置，我们就有可能在致癌物质规制和残障者政策等领域采取一以贯之的政策。（5）要在白宫或国会设立一个办公室，由其负责协调规制机构的长期规划。（6）要复活制衡制——以立法机关更具体地规定规制目标和作出取舍决定的形式。（7）要更多地依赖联邦制和权力下放，以取代已经发展成为联邦规制特点的、无效率的且常常不公正的整齐划一。②

西瑟提出的分权的政策体制，彼得森对联邦主义两种功能的解释，以及桑斯坦强调的总统对规制的协调，都可以视为对"防止专制政策范式"的重要补充。

四　实用主义的论点

实用主义的学者杜威，强调的是民主是一种共同生活模式，需要的是表达自己意见的机会；莫里斯也明确提出了建立"开放自我的开放社会"的要求。

（一）杜威：作为私人生活方式的民主
实用主义创始人之一的约翰·杜威（John Dewey，1859—1952 年）

---

① 参见［美］凯斯·桑斯坦《权利革命之后：重塑规制国》，第 115—119 页。
② 同上书，第 121—122、258 页。

认为民主是一种私人的、个人的生活方式，只有通过在个人心中创造出一些私人的态度，才能对付民主的那些在目前颇有势力的敌人。关于人与人之间相互平等这样一种民主信念，就是相信每一个人无论他的个人才能的数量或范围如何，都在发挥自己所拥有的才能方面拥有与他人同等的机会。由于相信把分歧意见表达出来，这不仅是对方的权利，而且是一种使自己的生活经验丰富起来的手段，因此要给予分歧双方一个表达自己意见的机会，这一点是民主的个人生活方式所固有的。民主是唯一的这样一种生活方式，它全心全意地把经验过程看作是目的和手段，因此民主的任务就永远是要创造一种更加自由、更加合乎人性的经验，所有的人都分享这种经验，都对这种经验作出自己的贡献。[1]

杜威重视民主与教育的关系，指出民主社会热心致力教育的表面解释是一个仰赖民众投票的政府若要成功，必须投票的那些被治理人都是受过教育的。另外还有一个比较深层的解释，民主并不只是一种生活形态，主要乃是一种共同生活的模式，一种协同沟通的经验。本来是空间距离相隔的人们，因为参与共同的兴趣利益而彼此行为互相参照，自己的行为因考虑到他人行为而有要点和方向，这等于打破原来的阶级、种族和国家领土之间的屏障，使人们能够看到他人行为的重要性。[2]

（二）　莫里斯：开放自我的开放社会

查尔斯·威廉·莫里斯（Charles William Morris，1901—1970 年）故意回避"民主"一词，因为"民主"已变成一个强烈的评价字眼，所指定的意思是不明确的。如果有所指地使用"民主"一词，它就是"开放自我的开放社会"的同义语，但是有了这个更确切的片语，就能够废掉"民主"一词。[3]

莫里斯认为杜威和米德对民主的看法既不同于自由放任政策的拥护者，也不同于"极权主义"政治制度的拥护者，对个人和社会之间完全

---

① 参见［美］约翰·杜威《杜威文选》，涂纪亮编、译，社会科学文献出版社 2006 年 12 月版，第 413—418 页。

② 参见［美］约翰·杜威《民主与教育》，薛绚译，译林出版社 2012 年 11 月版，第 78—79 页。

③ 参见［美］查尔斯·威廉·莫里斯《莫里斯文选》，涂纪亮编，涂纪亮等译，社会科学文献出版社 2009 年 1 月版，第 325—326 页。

相互依赖的认识，是实用主义思潮最为重要的成就之一。①

莫里斯要求以"开放自我的开放社会"来替代"封闭自我的封闭社会"，指出开放自我的开放社会承认并尊重多样性，追求"差别的平等权利"。保卫不同的人的共同权利，政教分离，这样就没有一种人格理想可能作为一项公民权条件而强加给任何人。一种在立法、行政和司法机关之间制衡的制度，就是立意要防止政权落到任何一个政府机构手里。而权利条例的制定是为了保护个人不受到政府行动的侵犯。多样化的社会是用好几条腿走路的，我们的联邦社会是我们的联邦自我在社会规模上相类似的东西。每个自我都以同样方式前进，每个自我都在它多样而有活力的整体中寻求并找到它的统一。②

五　后现代主义的政策论点

主张后现代主义的西方学者，大多具有较强的批判性，并且倾向于以"对话"为代表的民主形式，可以列举一些有代表性的论点。

（一）利奥塔：后现代政策

法国的后现代学者利奥塔（Jean-Francoic Lyotard，1924—　）认为后现代政策都是些管理策略，③并提出了以下论点。

第一，在制度下，更在后现代制度下，权威是受争论的问题。可以这样说，权威向来只是归于并让与个人或团体的，个人或团体只在一段有限的时间内占据着权威场所。这个场所原则上是空闲着的。权威是由一个契约确定的，虽然权威的话起最终决定性作用，并且戒律是用这种话表达出来的。这就是民主政体的悖论，以致涉及共同体的最迫切要求，"基础"和诸决议都产生于共同体的一个决议。④

第二，对人权、对公开权利的呼吁应当使其合法化并把它涵盖进去。利奥塔对自由民主、"先进社会"是这样看的：在那些社会里，人权在可

---

① 参见［美］查尔斯·威廉·莫里斯《莫里斯文选》，涂纪亮编，涂纪亮等译，第 230 页。

② 同上书，第 320—321、326—327 页。

③ 参见［法］利奥塔：《后现代道德》，莫伟民等译，学林出版社 2000 年 12 月第 1 版，2005 年 3 月第 3 次印刷本，第 129 页。

④ 同上书，第 51—52 页。

能范围内得到完全承认和尊重，总之一直被提醒和捍卫。任何人都有权行使他了解情况、高谈阔论的权利，每个人都应当能够发表高见（应当行使这项权利）。有各种机构保证我们守住自己的门槛，或者热情地跨出去准备听、说、讨论、反对、自圆其说，通过调查、访问、测试、"圆桌会议"、"连续报道"、"纪实报道"，我们发觉自己在传媒渲染下成了忙于履行行使权利这项义务的人。然而，我们在忙于合理合法地在共同体中与他者进行交往的同时，逐渐忽视了倾听这个"他者"的责任，也丢弃了它所要求的第二生存方式。①

第三，实行自由民主政策还是需要基本的对话的，这并不是什么新鲜事。如果人们承认没有什么能替代自由民主——利奥塔认为今后就是这种情况，利奥塔甚至看不出有什么理由反对对话。②

第四，启蒙运动认定的理想境界是一个由平等而有学识的公民组成的集体，大家都自由地讨论公共事务，协商该作出什么样的决策。今天的人道主义是一种实用主义，不仅公事公办、不近人情，更是讲求功利、过分实际，事物有用性都是通过推断出的个人需要和制度的需要两方面计算出来的。③

（二）鲍曼：后参与时代的困境

英国的后现代主义思想家齐格蒙·鲍曼（Zygmunt Bauman，1925—　）就后参与时代的困境，提出了以下观点。

（1）制度的不可靠性。现行政治制度的本意，就是要帮助人们摆脱这种不可靠的感觉，而事实上却无能为力。在一个迅速全球化的世界中，大部分的权力及其核心部分脱离了政治，政治制度很难提供可靠性和确定性。④

（2）受限制的自由。倘若是民主政治的政治技艺，那就是将限制公民自由的藩篱拆除；不过，它自己也要设立藩篱：让公民获得自由，为的就是让他们能够个别地或集体地为他们自身设立藩篱。第二个方面已经全

---

① 参见［法］利奥塔《后现代道德》，第76—79页。
② 同上书，第86页。
③ 同上书，第130—131页。
④ 参见［英］齐格蒙·鲍曼《寻找政治》，洪涛、周顺、郭台辉译，世纪出版集团、上海人民出版社2007年8月版，"导论"，第5页。

然不为人所知。所有限制都是禁止。任何自我设限的尝试都被当作通往集中营的第一步。如在需求方面，要么选择市场独裁，要么选择政府独裁，别无他途；如在公民权方面，除了消费主义，没有别的东西。个体自由只能是集体活动之结果（其安全和保障只能是集体性的）。成为一个个体并不必然意味着自由。有待提供的个体这一形式在晚期现代社会或后现代社会中乃是最普遍的，这也就是私人化的个体性，它们都意味着本质上的不自由。正如"市场上的看不见的手"无法产生富足的生存状况，"民主的看不见的手"要在一个正义社会中产生出可靠的个体，这一前景亦远未有一个可以预告的结论。除非个体自由地建立起一个促进并保障其自由的社会，除非他们共同建立起一个有能力达到该目标的代行机构，否则个体就不可能获得自由。①

（3）共同体的变化。抗议运动领导人意图在公共空间长久占据一席之地，并以管理空间的方式来要求永远获得话语权。尽管任何一位经验丰富的政治家都清楚，"运动的大联合"、"把各种微弱的声音联合起来"既难实行又罕有可能，但在无论哪一个目前掌管公共空间的政治家看来，这种意图无疑不是好兆。公共空间的管理者的确在认真关注这些微弱的声音，亦即愿意采取某种措施，铲除产生这些微弱呼声的根源。那些缺乏共同体归属感的担惊受怕的孤独者们将继续寻找一个没有恐惧的共同体，而在冷漠的公共空间中，主政者也会继续对此作出承诺。但障碍在于，孤独者们渴望营建的、公共空间的主政者们能够真正地、负责任地提供的共同体，只能是由恐惧、猜疑和仇恨构成的。曾经是营建共同体的主要成分的友爱和团结，对这一目标而言，已变得太脆弱、太不牢靠、太贫乏了。②

（4）政治冷漠。随着现存政治制度不再能够减缓资本的流通速度，权力正逐渐从政治中转移——这种情况可以同时解释何以政治冷漠在日益增长；除了对众目睽睽之下的高层人士的绘声绘色的丑闻，选民对所有"政治"事务都越来越不关心；对来自政府大楼的救助的希望日益渺茫，不管谁掌权，都一样。在政府大楼中所做或可能做的事，对在日常生活中打拼的个体而言，

---

① 参见［英］齐格蒙・鲍曼《寻找政治》，"导论"，第4、6页；正文，第55—63、96—97页。

② 同上书，第4—6页。

越来越没有意义。公民对政治的无兴趣与冷漠，国家撤回了推动公共之善的义务，都是市民社会的令人不快而又正当的产物。一旦国家承认市场法则的法律优先性和优越性，公民就变成了消费者，而消费者"要求愈来愈多的保护，同时愈来愈不需要参与"到国家管理中去，总的后果就是当前出现在各个方面的"普遍失序及排斥规则的动荡时局"。①

（5）怀疑公共舆论。为了逃避不可靠性，人们不再运用与公共舆论保持一致这一古老策略，原因是人们已经无法指望公共舆论在公开之后就会坚定不移，而且，在公共舆论被说出的时刻，对它的判断，不可能是唯一的，不可能没有质疑和争论。②

（6）政治的逻辑。主权不再像过去那样，它曾立足于经济、军事、文化的自足性，并在此基础上获得近乎专制的权力，而如今，这些"足"逐个地，最后全部断掉了。国家权力甚至连作出一副有能力且愿意去保障在其管辖范围之内的共同体安全的样子都没有；政治家们，不管何种政治色彩，都明确表示，鉴于竞争、效率与易变性的严酷要求，"我们再也担负不起"集体安全网络了。不确定性与不可靠性背后的形成机制，大体而言是全球性的，超出现存政治构架的权限，尤其超出选举产生的国家权力。政治一如从前，在本质上看还是一种地区事务。既然政治语言是唯一可用来谈论如何治愈共同之苦恼与忧虑的方法及用药的语言，那么，政治阶级中就会有一种自然趋势，从其所在地附近的日常经验中寻求其解释与疗法。因而，容易理解政治精英中的这样一种倾向：将焦虑（即不确定性与不可靠性的个体体验）的深层根源，转移到大众所关注（已经是误置）的安全威胁。这种转移所具有的政治（亦即选举上的）吸引力，有其具相当说服力的实用主义理由。③

（7）集体解决方式的缺乏。"公共"自身之独立内涵业已被掏空，"公共问题"无异于"私事"，公共问题决不大于"其各项之和"。在公共援助所提供的众多项目中，最明显的就是完全缺乏集体用来"处理/解决"个体问题的集体方式。作为个体聚合的公众，所能做的只是鼓掌或吹口哨，赞扬和责骂，羡慕或嘲弄，怂恿或阻挠，纠缠或唠叨，煽风点火

---

① 参见［英］齐格蒙·鲍曼《寻找政治》，第11、144—147页。
② 同上书，第15页。
③ 同上书，第30—31、40—41页。

或泼冷水，他们绝不可能承诺去做个体自身无法做的事：即替满腹牢骚的个体（"倾听/评论"的公众，就其自身而言，仅仅是个体行动者之集合，而非一种机制）解决问题，为他们担当责任。①

（8）议程选择。个人选择在任何情况下都受两套约束的限制。一套约束取决于选择议程，另一套约束取决于选择法则。立法是设定选择议程的主要工具，教育是设定选择法则的主要现代工具。现今的政治制度正置身于这样一种过程之中，或明或暗地放弃（至少在削弱）其在议程与规则之设立中的作用。但这并不意味着个体选择的自由在扩展。这不过意味着设定议程与法则的功能，越来越从政治（亦即选举的以及从原则上能控制的）制度那里割让给了各种势力。国家的隐退或自我约束有其最突出的效果：选择者在更大程度上受到本质上非政治势力之强制（议程设定）与灌输（法则设定）的影响，主要是与金融、商品市场有关的各种势力的影响。所有现存的政治的（亦即选举的、代议的）制度至今仍彻头彻尾地属于地方性，其实质是依附于土地。政治国家的设立议程的传统功能，如今更狭隘地集中在对某些社会群体的"直接统治"上之。至于其他民众有相当广泛的选择范围，他们的选择被宣称（明确或隐含地）在政治上"不起作用"，亦即政治当局根本不予关注。在形成选择的议程的时候，个体并没有更大的发言权，在对选择的法则进行谈判时，个体也没有更多的筹码。它不过是将个体从政治公民转变为市场消费者。②

（9）后参与时代。我们正在进入一个"后参与"时代。资本与知识都从地方性限制中解放出来。今天，建立权力与文化权力的拥有者已无需画地为牢，他们完全切断了与"民众"的联系，而民众依然是地方性的。权力持有者占据了电脑空间，与其他人相隔离，相对于依然被牢牢控制的其他人，他们没有任何约束。精英之自我建构和自我再生产与地方毫无关系。精英与地方性民众之间的彼此参与，不过是历史进程中的一段小小插曲。③

（10）批判性的反思。批判性的反思是一切真正的政治的基础，这种真正的政治有别于哪种仅仅是"政治的"活动，亦即仅仅是与权力的操

---

① 参见［英］齐格蒙·鲍曼《寻找政治》，第56—58页。
② 同上书，第63—69页。
③ 同上书，第113—114页。

作有关的活动。政治是在效用的、实践的层面，力图使以事实有效性自恃的制度服从于对权利的有效性的检验。民主是批判性反思之所在，通过这种反思以获得独特的认同。整体而言，在大多数的日常相遇中，在绝大多数的共处状态中，我们通常能够达成彼此之理解。这种无需求助于已经具备的意义共享与一致的阐释就能达到有效沟通的共同能力，赋予普遍主义以可能性。普遍性不多不少恰恰意味着跨种类的交流并达致相互理解的能力，其意义在于"懂得如何做下去"。这种普遍性超越了主权或半主权的共同体的限制，它正是共和超越主权或半主权国家之限制的必要条件。①

（11）公民权利。那些"完全放弃集体主义观念"的个人也放弃了他们的公民身份。社会权利的撤销往往紧跟着就是许多人放弃或滥用他们的政治权利。单个的公民正在变成或正在被变成单个的消费者，他可能非常乐意"用脚投票"。基本的转移是从获得关心的权利到作为一种回报的社会权利的转移。在社会结构转型上，已从一个能产生对马歇尔"权利逻辑"几乎普遍支持的社会转向攻击这种支持的社会，如果不是在理论上的话也是在实践中导致了否定对于社会权利的普遍权利，这些社会权利不仅包括生存的权利，而且还包括获得社会尊重和人的尊严的权利。如果没有团结，没有制度化的、受法律保护并由权威推动的团结，社会权利就几乎没有机会存在。除非续之以有效的社会权利，对于一个民族的大部分人来说，政治权利和个人权利将被证明最多是一场梦。②

（三）罗蒂：公民集会是公共政策的源泉

罗蒂（Richard Rorty，1931—2007 年）是后现代主义非基础主义政治思想的重要代表，在政策问题上提出了以下观点。

（1）公共政策的源泉。在自由民主社会里，公民集会既是公共舆论的源泉，也是公共政策的源泉，所以是决定公共政策的最合乎理性的方式。通往更合乎理性制度的过程是通往更多人民利益将得到考虑的社会的过程，因为更多人民参与了什么需要应当被满足的决策。所以，更民主的

---

① 参见［英］齐格蒙·鲍曼《寻找政治》，第 74—75、179—190 页。

② 参见［英］齐格蒙·鲍曼《免于国家干预的自由、在国家中的自由和通过国家获得的自由：重探马歇尔的权利三维体》，载［英］马歇尔、吉登斯等《公民身份与社会阶级》，郭忠华、刘训练编，江苏人民出版社 2008 年 9 月版，第 320—336 页（第 325—326、329、332—333 页）。

社会理所当然地说更合乎理性的社会。①

（2）理性的对话。对我们"后现代主义者"来说，理性在对话的意义上得到了理解。我们把理性仅仅当作就各种事情展开讨论，倾听另一方意见，尝试达成和平共识的意愿的另一个名称。对我们来说，成为理性的，也就是成为可以对话的，而不是成为愿意服从的。②

（3）程序共和制度。程序共和制度是这样一种政治体制，在其中，尽可能不把对实质性道德问题的解答——正如尽可能不把造成人行为善的观点——融入政治制度之中。我采取的实用主义的最低纲领的自由主义是这样一个立场：想办法教育公民养成一种尽可能不具有这些强制性兴趣、信念、欲望的公德，想办法使他们对民主共识的重视超过对任何其他事情的重视。通过鼓励他们宽容地对待他们以前认为是无法妥协的事情，想办法使他们尽可能不倾向于迁移或搞分离。程序共和制度设法向其公民灌输妥协和宽容的德性，教育他们抛弃有可能妨碍妥协和宽容的其他德性（如武士的德性或修女的德性）。我们最低纲领的自由主义者认为，请求哲学家指出多大的淡化是过于淡化和多大的灵活是过于灵活是没有意义的，因为那些问题是实践问题，民主制度就达成妥协的原则作出政治决定。③ 一个自由民主的最确当基础就是，它的公民都坚信，如果每一个新隐喻都得到重视，如果没有一个信念或愿望被尊崇以至任何危及它的隐喻必然被拒绝，那么，对每一个人来说，事情就会变得更好。这样一种确信也就等于拒绝了认为我们西方民主社会事先就知道我们需要什么样的主张。④

（4）福利国家。除了那些在富裕的民主国家成功的、通常的社会民主主义的福利措施以外，老左派确实也无所贡献，但这样的措施在非常穷的国家则恐怕永远也不可行。福利国家在欧洲比在美国发展得好，而且世俗主义在西欧比在美国更先进。我认为世俗文化的发展对于社会进步而言十分重要。⑤ 在美国，建设一个无阶级社会的希望体现在两个方案之中。

---

① 参见［美］罗蒂《后形而上学希望》，张国清译，上海译文出版社 2009 年 1 月版，"作者序"，第 4 页。

② 同上书，第 113—114 页。

③ 同上书，第 263—267 页。

④ 参见［美］罗蒂《后哲学文化》，黄勇译，上海译文出版社 2009 年 1 月版，第 56 页。

⑤ 同上书，第 266 页。

第一个方案是大家熟悉的马克思主义无产阶级革命的方案。第二个方案是第二次世界大战即将结束时主导着大多数西方知识分子头脑的方案。这些知识分子认为，和平和技术进步将使得以前做梦也想不到的在自由市场框架内的经济繁荣成为可能。他们认为，这些繁荣将导致成功的政治改革，最终导致在世界每一个地方的真正的民主制度。繁荣导致在所有民主国家建立福利国家成为可能。这些福利国家的制度将保证将来几代人的机会平等。今天的知识分子和官员都已经不太相信这两个方案中的任何一个。[1]

（5）政治冷淡。与浮夸年代人们产生的对政治的不再沉迷的态度相比，它具有一些相同平常的原因：自我封闭寡头政治的产生，在人口底层经济无保障感的日益增长，公选出来的官员在收受贿赂方面表现出来的日益无耻。罗蒂特别指出：不清楚我们在下一个世纪里能否看到我们对曾经赋予我们进步党时代以及后来的公民权利运动的政治重新恢复起信心。[2]

（6）富人民主。现在请考虑如下貌似有理的假说：只有在受到局部能够实现但总体上不可能的某种经济富裕支持的情况下，民主制度和自由才有希望得到实施。假如这个假说是正确的，那么第一世界的民主和自由将无法存活于劳务市场的彻底全球化之中。所以，富人民主面对着一个选择，永久化他们自己的民主制度和传统，公正地对待第三世界。[3]

（7）全球化与核心政治问题。马克思主义者在一件事情上是正确的：核心政治问题是富人和穷人的关系问题。对于非马克思主义者来说，核心政治问题已经变成了这样一些问题：在一个民主社会里，工人阶级怎样才能使用投票权既防止资本家加深工人阶级的苦难，又仍然鼓励企业的冒险精神？国家怎样才能成为一个起着抵消作用的权力，既防止所有富人联合起来形成经济寡头政治，又不致产生官僚政治的停顿？政治秩序如何既优先于经济秩序，又为经济增长留下一定的余地？而全球化的核心事实是，一个国家的公民经济状况已经不受那个国家的法律的控制。我们现在有了一个全球上层阶级，他们作出了所有重大的经济决定，并且他们作出的决定完全独立于任何一个特定国家的立法机关，完全不考虑任何一个特定国家的选民意志。我们能够做的社会上最有用的事情莫过于引导我们相关国

---

① 参见［美］罗蒂《后形而上学希望》，第326—327页。
② 同上书，第272页。
③ 同上书，第275页。

家受过教育的公民继续关注对于一个全球政治体制的需要，它能够发展出对抗上层富人力量的某种力量。[①]

（四）萨义德：知识分子在政策中的作用

爱德华・萨义德（Edward W. Said, 1935—2003 年）专门讨论了知识分子在政策中应该起的作用，并且强调他重点关注的是不负责规划、制定政策的知识分子，而不是负有政治责任的知识分子，也就是负责规划、制定政策的知识分子的角色。[②]

萨义德认为，重要的是知识分子作为代表性的人物，在公开场合代表某种立场，不畏各种艰难险阻地向他的公众作清楚有力的表述。这并不总是要成为政府政策的批评者，而是要把知识分子的职责想成是时时维持着警觉状态，永远不让似是而非的事物或者约定俗成的观念带着走。近来有许多关于"政治正确性"的讨论，真相是反对政治正确性运动的人士，主要是各式各样的保守分子和其他提倡家庭价值的人，他们的运动完全忽略了在涉及军事、国家安全、外交和经济政策时惊人的一致性和政治正确性。[③]

有些知识分子接近决策层次，并能掌管是否给予工作、奖励、晋升的大权，这些知识分子更专一、持久地留意不符行规的个人，这当然是可以理解的。处于那种专业位置，主要是服侍权势并从中获得奖赏，是根本无法运用批判和相当独立的分析与批判精神的。严格说来知识分子不是公务员或雇员，不应完全听命于政府、集团，甚或志同道合的专业人士所组成的行会的政策目标。[④]

独立、自主的知识分子，不依赖、因而不受制于他或她所附属的机构的知识分子，是不是或可不可能存在，这个问题的答案显然影响我们期盼于知识分子对我们的发言：我们听到或读到的是独立的看法，还是代表一个政府、一个有组织的政治理念、一个游说团体。其实，知识分子既不该是没有争议的、安全的角色，以致只是成为友善的技术人员；也不该试着

---

① 参见［美］罗蒂《后形而上学希望》，第 329—330 页。
② 参见［美］爱德华・萨义德《知识分子论》，单德兴译，生活・读书・新知三联书店 2002 年 4 月第 1 版，2009 年 11 月第 4 次印刷本，第 104 页。
③ 同上书，第 17、26、68—69 页。
④ 同上书，第 74—75 页。

成为专职的先知。今天的知识分子应该是个业余者。（1）业余意味着选择公共空间。（2）直接接受酬劳来传达知识和在大学公开演讲，或应邀向不对外开放的官员小圈子讲话，三者很不同，应乐于在大学演讲，而拒绝其他方式的邀请。（3）不能因为知识分子的专业资格，把自己排除于公共政策之外。（4）没有人能对所有议题一直不断发言，但是知识分子有特别的责任要向自己社会构成的和被授权的权势发言，因为这些权势必须向该社会的公民交代。在我们这样高度说理的大众社会中，说真话的目标主要是规划一个更好的事物状态。对权势说真话是小心衡量不同的选择，择取正确的方式，然后明智地代表它，使其能实现最大的善并导致正确的改变。（5）最该指责的是知识分子的逃避，所谓逃避就是不愿意显得过分政治化，害怕看来具有争议性，需要老板或权威的允许。（6）在介入的模式上，知识分子并不是登上高山或讲坛，然后从高处慷慨陈词；知识分子显然是要在最能被听到的地方发表自己的意见，而且要能影响正在进行的实际过程。[①]

　　从本章引述的不同流派学者的观点，可以看出一些重要的倾向：保守主义主要表现为对"直接民主政策范式"和"代议制民主政策范式"的否定或质疑；无政府主义则表现出了对建立直接民主制的热衷；共和主义重点关注的是与"自治"决策相关的问题；精英主义重视的是改变精英结构的不同方法；实用主义看重的是政策过程中的意见表达；后现代主义则更倾向于以"对话"为代表的民主决策形式。这样的倾向是从我们列举出来的论点中归纳出来的，不一定能准确地代表各流派的重要主张，但是作出这样的归纳，确实有助于我们厘清一些基本的线索。

---

　　① 参见［美］爱德华·萨义德《知识分子论》，第60—62、71、74—76、83—86页。

第七章　不同民主理论的政策表述

20 世纪下半叶，西方政治学者还提出了"参与民主"、"自治民主"、"协商民主"等理论，这些理论都涉及了政策问题，并主要是对"直接民主政策范式"作出了新的解读或发展。

一　"参与民主"理论：侧重政策参与

20 世纪中叶以来一些西方学者对"参与民主"理论的发展，侧重点大多在于民众的政策参与，可以列举一些有代表性的论点。

（一）巴伯：强调政策参与的强势民主

本杰明·巴伯（Benjiamin R. Barber，1939—　 ）将自由主义民主称为"弱势民主"，提出了与之不同的"强势民主"概念：强势民主是参与型民主的一种独特的现代模式，它依赖于一种自治的公民共同体的理念，使公民联合起来的不是同质的利益而是公民教育，使其公民的共同目的和互助行动成为可能的不是他们的利他主义和其他美好的性格，而是他们的公民态度和参与制度。强势民主是与冲突的政治、多元主义社会以及公私行动领域划分相一致的——事实上，它依赖于它们。强势民主预想的政治不是一种生活方式而是一种生存方式。强势民主政治概念的核心是强调改革。① 需要注意的是，巴伯强调的"参与型民主"，重点是政策的参与。"强势民主被界定为参与模式中的政治：从字面上讲，它是公民的自治政府而不是冒用公民名义的代议制政府，在这里，积极的公民进行直接的自

---

① 参见［美］本杰明·巴伯《强势民主》，彭斌、吴润洲译，吉林人民出版社 2006 年 5 月版，第 145—148 页。

我管理，他们并不必要在每个层次和每个事件上进行具体管理，但是，在作出基本决策和进行重大权力部署的时候他们必须经常充分地和详尽地参与。自治政府是通过一系列制度展开工作，这些制度的设计要促进对议程设置、审议、立法和政策执行的不间断的公民参与"。① 对于政策参与所涉及的参与条件、参与功能、参与制度等，巴伯提出了一套系统性的看法。

1. 影响参与的政治条件界定

巴伯就参与所需要的行动、公共性等主要政治条件，作出了强势民主的理论回应。

（1）行动。在强势民主中，政治是公民的行动，而不是为公民们做出行动。行动是其首要美德，而参与、委托、义务和服务——共同审议、共同决策和共同工作——则是其特征。如果共同决策是对共同讨论的检验，那么共同行动（工作）就是对共同决策的检验。

（2）公共性。强势民主创造了一种能够合理地进行公共审议和公共决策的能力。强势民主理论并没有将共同体置于优先位置，它不过是将共同体的创造作为参与模式的政治活动的首要任务。

（3）必要性。强势民主不仅将行为和责任置于政治活动的中心，而且它将它们理解为人们在面对冲突时需要行动的绝对必要的保证。

（4）选择。作为政治模式的参与明显地预设了能够做出有意义的和自主选择的公民。没有自主的同意不是同意。参与强化了意志，因为参与者直接使得选择具有审慎的头脑和选择性的意志。

（5）合理性。合理性并不是政治的抽象的前提条件，而是强势民主政治本身所产生的一种态度。

（6）冲突。强势民主发展出一种通过公民参与、公共审议和公民教育将冲突转化为合作的政治。参与型政治通过将公共争议和利益冲突置于一个无穷无尽的审议、决策和行动的过程来解决它们。公共目的完全是通过一种公共参与的行动铸造的。

（7）独立理据的缺乏。缺乏共同讨论的政策总是变得缺乏判断，并且不能成为强势民主政治的基础。没有持续的讨论就不存在强势民主的合法性。投票是表达个人偏好的静态行为，而参与则是一种要求参与者改变

---

① 参见［美］本杰明·巴伯《强势民主》，第180—181页。

他们看待世界的方式的具有想象力的动态行为。在强势民主模式中，通过要求参与者依据不可避免的他者，也就是公众，来重新审视他们的价值和利益，判断评价激活了参与者的想象力。至关重要的不在于纯粹的和简单的同意，而在于参与分享的公民的能动的同意，这些公民通过对他人价值的认同和移情的过程富有想象力地将他们自己的各种价值重构为政治规范。①

2. 对参与者的要求

对于强势民主下政策过程的参与者，巴伯提出了一些具体的要求。

第一，认真对待公民身份。实现公民身份的承诺的方式就是使得公民身份不仅仅意味着纳税和选举。强势民主激励着我们自己认真对待公民身份。我们不仅仅是选民，当然也不能仅仅把自己看作是政府的顾客或者保卫者。公民是管理者，也是自治者、共治者与自己命运的主宰者。监督者、选民、委托人——这些都是对民主状态中的公民的不充分定义。有效的独裁政治要求伟大的独裁者，而有效的民主则要求伟大的公民。公民并不是与生俱来的，而是在自由的国家中实施公民教育和政治参与的结果。民主既不是多数人的统治，也不是代表的统治，它是公民的自治。如果没有公民，那么就只会有精英政治或者大众政治。强势民主将民主过程自身置于界定公民身份的中心位置：公民是结合在一起的邻里，他们既不是通过血缘也不是通过契约结合起来，而是通过共同关注和共同参与联系起来的，这些共同关注和共同参与是为了寻求解决各种共同冲突的共同方案。②

第二，注重公民教育。"给我自由"是"给我公民身份"的必要前奏，而"给我公民身份"则是先于"给我民主"的呼声。即使现实社会所采取的自由逻辑是运用其他的方式，但是它也是建立在公民身份基础上并依赖于民主的。因为权利是建立在公民身份的产物而不是其条件，所以，把关于权利的华丽言辞与享有公民教育、公民身份和建立公民社会的基本策略联系起来可能是很明智的。当我们考虑新兴社会的民主的时候，在构建一种只有通过拥有公民能力的全体公民才能真正发挥作用的组织严密的制度之前，确立起教育机制和公民的社会地位对于正在形成的公民身

① 参见［美］本杰明·巴伯《强势民主》，第149—165、181、242页。
② 同上书，"1990年版序言"，第7—9页；正文，第244、260页。

份是极其重要的。只有通过理解公民身份的价值才能帮助世界上部分国家与地区稳固持久地建立起新型的民主。参与的首要功能是进行判断力的教育，公民是学会怎样作出各种公共判断并且能够运用各种术语来评价各种善的个体。对公民有利的教育至少具有三种适当的形式：正式的教育、私人领域的社会行动以及政治参与本身。①

第三，自由的选择者。乌合之众不是选民，暴民不是公民群体。只有自由的选择者才能算作政治行动者。"群众"看起来也不能算作公民——即使他们能够"投票表决"的时候也不能算作公民。强势民主设置了一套自我调节的政治，其内部的惯性机制限制了极端的群众的激情。②

第四，参与的普遍性。强势民主是业余者的政治，它要求每个人能够在没有专业技能中介的情况下不得不去面对他人。每个公民成为其自身的政治家是有必要的。当个人要么被政客代表要么被作为一个整体符号被代表的时候，我们仍然是一个抽象的概念。只有个人将他们自己界定为公民，并且聚合起来直接解决冲突、达到目的或执行政策时，这个概念才能获得一种具体感和纯粹的真实。③

3. 讨论的九大功能

巴伯强调，强势民主的核心就是讨论，并对强势民主"讨论"的九大功能作了具体的解释。

（1）利益表达，讨价还价与交换。"搭便车"只能存在于弱势民主中，在那里义务是讨价还价的临时结果。公民们不会也不能够无票乘车，因为他们懂得他们的自由是参与制定和执行公共决策的结果。

（2）劝说。即使对劝说的最狭义的界定都使得政体超越了仅仅是完全私人利益表达的讨论，同时成为一种与更强的民主形式联结起来的环节。

（3）议程设置。在真正的民主中，议程设置不能先于讨论、审议和决策，而是应当作为讨论自身固定不变的功能。将议程设置移交给精英或某些假想的"自然"过程就是对权利和责任的放弃。强势民主的讨论将议程置于政治的中心，而不是政治的起点。议程设置绝不仅仅是民主的开

① 参见［美］本杰明·巴伯《强势民主》，"20周年纪念版序言"，第8—9页；正文，第187、274—278页。

② 同上书，第154—155、189页。

③ 同上书，第182—183页。

端，它是民主普遍的和界定性的功能之一。

（4）探索相关联系。强势民主的讨论变成了一种媒介。在审议（公开讨论各种选择）、讨价还价（交换利益）和决策制定（选择目标）中，讨论的各种功能被更复杂、更开放式的对话艺术所补充。通过对话来探索相互关系是讨论的一大功能。

（5）亲密关系与情感，对话能使我们相互认识甚至彼此理解。草根政治和参与式民主所需要的关于亲密关系和情感的优雅的语言并不比立法机关和法院少。投票的公共仪式具有一种亲密关系的效果，这对作为决策自身的民主而言是很重要的。在强势民主中，情感和效果是连体兄弟。讨论的情感和亲密关系的功能并不局限于仪式性的共同体构建或富有感情的演说的非认知方面，每种讨论都能够强化移情。政治是以谈话方式接触陌生人的艺术，政治也是一种以人造的亲密关系激励他们的艺术。

（6）维持自主。讨论是我们借以重新检验并重新持有我们信念的首要机制，这意味着没有将讨论制度化的民主将会使自主的公民消亡。只有合法的和自主性的措施，才能使价值能够经受起重新拥有的检验。

（7）见证与自我表达。一种健康的民主共同体会为人们表达不信任、异议或者是完全反对留下空间，甚至在那些明显处于少数派地位的持异议者注定要失败的情形下也是如此。在强势民主中，持不同政见者并不在意这次的决策，因为它已经作出了；但是，需要证明其他观点的正确性（因而也就是要将其他的问题放进公共议程中）。

（8）重新表述与重新概念化。各种条件和价值的重新表述使得其自身成为讨论的其他功能的一部分。语言的发展采用了很多和民主政治相关的形式，同时涉及重新表述与重新概念化的形式。我们可以用三个标题方便地总结这些形式：阐明未表述出来的过去、挑战当前的典型范例和展望尚未发生的未来。

（9）共同体建构。讨论是我们创造那种能够创造其未来的共同体的终极动力，同时尽管讨论是有助于建立共同体的条件，然而它也是由共同体培育的。①

---

① 参见［美］本杰明·巴伯《强势民主》，第210—230页。

4. 注重意志而不是选择的政策模式

巴伯指出，在所有与西方民主政府相联系的制度安排中，投票是处于中心地位的，因而许多社会科学家将投票解释为选择的缩影。对于这些思想家而言，讨论不外乎是对选择行为进行审议的开端。一方面，代议制对于选择而言起着决定性的作用，因为通过代议制的方式，人们可以计算选票，可以对各种态度进行量化处理，同时也可以将权力委托给代表行使。另一方面，审议过程则既不能进行量化又不能通过代表来行使。那些将民主等同于通过选择或者投票的方式制定决策的人，看到了行动的紧迫性。然而，如果将民主局限于在不同的偏好之间进行选择，如果将有效的决策制定看作民主唯一需要采取的措施，那么它所注意到的只是最弱意义上的民主特征。弱势民主不过是民主决策的一般形式，它为了选举代表将决策还原为投票，同时它还依赖于多数主义和对抗性政治（单名选区制、两党体制、政党提名大会体制）的制度。投票行为是民主精神最弱的而不是最强的表达方式，多数规则腐蚀了而不是促进了政治判断。

强势民主是以意志而不是以选择为依据，以判断而不是以偏好为依据。强势民主将决策理解为人具有作为创造者的一面，所以它关注公共意志，通过形成某种共同意志来选择某个共同的世界。在这里，合法性并不是使得道德高尚者获得利益而是裁决公益，问题不是"我想要"和"你想要"之间的竞争，而是"我想要"与"我们愿意"之间的竞争。在强势民主的决策程序中，"我们愿意"也就宣布某种已经获得共同的承认。

对四种自由主义民主理论困境与悖论的审视，可能有助于厘清强势民主的公民身份的性质。

（1）不可通约性与排序。虽然人类的各种偏好是不可通约的，但是它必须被表达、选择和排序，因而也可以进行比较和评估。将决策制定还原为投票的问题是将信息最小化，也是将各种过度选项的悖论最大化。投票使我们陷入了理性的困境。讨论使我们能够检查等级序列、可通约的规则以及时间与空间效果，它允许我们获得作为个人或作为共同体真正需要的东西。

（2）寡头统治铁律。让政治更趋向于代议制的努力只会产生一种更加精英主义的零碎的、无效率的系统（这就是所谓的寡头统治铁律）。在弱势民主运作的领域中进行民主化的尝试只会在人民主权的帷幕下掩盖寡头操纵，同时会进一步促进精英与大众的两极化。虽然比例代表制可能在对抗性体制中增加特殊利益集团和单一问题政治集团的代表数目，但是它只能是促使公民群体的分裂，进一步阻碍公共观察的努力。

（3）强烈程度与投票。选民进行投票时是平等的（一人一票），但是他们关于投票问题情感的强烈程度显然是不一样的。在代议制民主中，制定政策就意味着计票；而对于强势民主而言，关注于参与和讨论使得说服和委托这些定性策略具有更多的机会。一个能够倾听的公民群体总比一个投票的特殊利益集团更有可能听见不能通过计票来衡量的鼓舞人心和富有想象力的呼声。将公民群体划分为多数派与少数派是代议制民主不可避免的特征，也是其实际机能的例证。但是这种划分却是对强势民主的阻碍。在任何可能的场合中，强势民主主义者都会尝试去延迟还未达成一致的决策。对我们而言，接受政治判断比勉强承认在票数上压过我们的多数更少令人疏远。

（4）多元主义与公民的碎片化。任何个人的角色和利益的多元化都削弱并私化了公民身份，而且剥夺了其有序的（最高）职责。各种强势民主的政治过程想要增强"公民"的作用，也就是重新建立起"公民"角色凌驾于其他角色之上的主权。①

巴伯还设计了强势民主制度化的具体内容。一是强势民主讨论的制度化：（1）邻里集会；（2）电视镇民会议和公民通讯合作组织；（3）公民教育和平等获取信息；（4）参与性的地方公民群体。二是强势民主决策制定的制度化：（1）国家的创制权和公民复决程序；（2）电子投票；（3）抽签选举；（4）公共选择的票券与市场方法。三是强势民主行动制度化：（1）国家公民身份和共同行动，普遍的公民服务、相关训练和就业机会；（2）邻里公民身份和共同行动；（3）职场中的民主；（4）新的公民建筑和公共空间建筑：重建作为公共领域的邻里关系。②

（二）卡尔·科恩：民主是一种决策参与的社会管理体制

美国学者卡尔·科恩（Carl Cohen，1931—　）对民主的定义是：民主是一种社会管理体制，在该体制中社会成员大体上能直接或间接地参与或可以参与影响全体成员的决策。③ 科恩尽管没有将自己的民主理论称为

---

① 参见［美］本杰明·巴伯《强势民主》，第230—241页。
② 同上书，第311—344页。
③ 参见［美］卡尔·科恩《论民主》，聂崇信、朱秀贤译，商务印书馆2007年7月版，第10页。

"参与民主论"，但核心内容确实是围绕参与尤其是政策参与展开的。

科恩强调民主决定于参与——即受政策影响的社会成员参与决策。民主的广度是数量问题，决定于受政策影响的社会成员中实际或可能参与决策的比率。民主的深度则是由参与者参与时是否充分，是由参与的性质决定的。民主的有效范围是由两个因素确定的：（1）全社会实际参与决定的问题有多少，有多大重要性；（2）社会成员如果愿意的话，通过间接控制的正常体制在影响或改变决定方面能起多大作用。衡量民主的范围时，可以分为两级，第一级是最高权力范围，第二级是有效权力范围。在最高权力范围，既可以采用代表制的办法，也可以不采用代表制办法，而通过民间途径以处理某些领域的复杂事务。①

科恩从不同方面论证了民主的合理性，有几个方面与政策问题有密切的关系。

第一，民主与明智政策。所有政体中，民主最可能产生从长远来说是明智的政策。这一论点表明了对普通人的能力具有信心，它相信这些人处理共同事务时协调的行动，在民主条件能得到适当满足的情况下，可以产生最符合所在社会长远利益的指导性决策。犯错误是民主所不可避免的，但民主主义者认为指导性的决定，凡由受决定影响的人普遍参与而后作出的，经过一段时间以后，可以证明民主体制是对的。政策是否明智，最终要依据所有社会成员的利益来判断，只有社会成员自己最适合于探求明智的政策。

第二，民主与普及的公正。所有政体之中，民主是最可能保证社会各成员及各阶层获得公正待遇的。民主过程的本质就是参与决策，民主社会中任何成员都不能保证他在参与的争执中一定稳占上风，但可以肯定（如果是真正的民主）他能公正地享有一份决策权。他可能在表决中失败，但意见还是提出来的。如果他代表相当数量的社会成员的利益，他这一派或党联合起来的声音，即使不是控制，也会影响最后决定的形成。除这种比较性的优点外，民主还具有明确的争取公正决定的倾向，因为所有参与者的利益都必须给予一定的考虑。民主是一回事，公正是另一回事，但较之任何其他途径，我们更有可能通过前者取得后者。

第三，民主与和平解决争端。与任何其他政体相比，民主更有可能消

---

①　参见［美］卡尔·科恩《论民主》，第12—31页。

除以暴力手段解决社会内部争端的必要性，这一作用直接来自民主政府的特性。（1）一致同意通过某种参与的体制处理社会事务时，所有参与者均承担服从决议的义务，即使这些决议某些人并不满意。（2）民主不仅通过发挥参与者承担某种义务来鼓励和平解决争端，而且创造一种使诉诸暴力以达到目的成为不必要的和战略上不明智的局面。（3）民主鼓励和平解决争端，因为民主从来不会作出任何决定使少数派有正当理由诉诸暴力。（4）所有政治社会，每隔一定时期都会面临急剧而重大的变革，在实行民主的社会中，这种变革较少可能产生暴力的反应。

第四，民主与忠诚。在民主国家中政府是我的政府——不只是按一般意义而言，它管理我，而是有更深一层的意义，即我是它不可分割的一部分。而我之所以是它必不可少的一部分，是因为民主的实质要求我和所有公民一样有同样权利参与社会的指导性决策。因此，民主可以赢得其公民自然的而且合乎理性的忠诚。

第五，民主促进才智的发展。如最终要由公民自己来决定政策，他们应受的教育必然会更有可能超越技术性范围而扩及评价政策的问题。由于评价政策是普遍的责任，着重教育必然会更有可能得到鼓励在多数人中推广。参与过程本身也使他们获得其他途径所难以获得的某种智力上的发展。民主的参与，尤其是积极的参与，而且社会不大时，可以作为培养公益精神的学校，提高公民公共与私人两种生活的道德水平。①

（三）佩特曼：平等参与决策的参与民主

卡罗尔·佩特曼（Carole Pateman，1940—　）认为参与必须是一种在一些事情中的参与过程，即决策活动中的参与，并强调这是"参与民主理论"的定义。"参与"指在决策过程中的（平等）参加，"政治平等"指在决定决策结果方面的权力平等。②

在佩特曼看来，参与民主理论集中围绕着主张个人和他们所处的制度无法割裂开来的观点而建构起来。全国层次上代议制度的存在不是民主的充分条件，因为要实现所有人最大程度的参与，民主的"社会化"或

---

① 参见［美］卡尔·科恩《论民主》，第212—244页。

② 参见［美］卡罗尔·佩特曼《参与和民主理论》，陈尧译，世纪出版集团、上海人民出版社 2006 年 6 月版，第 39、65 页。

"社会训练"必须在其他领域中进行，以使人们形成必要的个人态度和心理品质。这一过程可以通过参与活动本身而进行。因此，参与民主理论中参与的主要功能是教育功能，最广义的教育功能，包括心理方面和民主技能、程序的获得。个人的参与越是深入，他们就越具有参与能力。关于参与相对次要的假设认为，参与具有整合性的功能，参与有助于人们接受集体决策。人们也许可以将参与模式概括为最大程度地输入（参与），而输出不仅包括政策（决定），也包括每个人的社会能力和政治能力的发展，因此存在着从输出到输入的"反馈"。①

参与民主理论主张通过在非政府的权威结构的参与过程中进行民主的教育。个人的（与政治相关的）态度很大程度上取决于他的工作环境中的权威结构，尤其是政治效能感的发展好像取决于人们的工作环境是否提供了他们在决策过程中的参与机会。参与民主理论要求建立一个民主政府的必要条件必须是建立一个参与的社会，这一要求并不是不现实的。②

佩特曼认为应该从两个方面来认识大规模工业社会中参与民主理论的意义。首先，只有当个人在当前的社会中有机会直接参与决策过程和选择代表，他才有希望控制自己的生活前景以及自己周围环境的发展。当然，在工作场所中作出的决策与在议会或内阁中作出的决策不一样，但普通公民对全国性事务的所有决策，就像对自己周围事务的决策一样感兴趣，这是值得怀疑的。其次，重要的是在其他领域中的参与机会意味着现实发生了一定的变化，即所有政治活动的环境发生了变化。参与民主理论认为，在其他领域中进行的参与活动将使个人能够更好地理解公共领域与私人领域之间的关系。普通人也许对自己周围的事情更感兴趣，如果存在一个参与性社会，个人能够更好地评价国会议员的行为；如果有机会，他将更有能力作出全国性的决策，也更有能力评价国会议员在关于他们自己的生活和周围环境的事务方面所作出的决策的效果。在一个参与性社会中，个人投票的意义将有所不同，作为私人个体，他将享有各种机会成为一个有教养的公民。③

（四）博格斯：政治使全体人民参与决策

卡尔·博格斯（Carl Boggs，1945—　　）认为政治使全体人民参与公

---

① 参见［美］卡罗尔·佩特曼《参与和民主理论》，第39—40页。
② 同上书，第44、51、92页。
③ 同上书，第102—103页。

共生活重要事务，作出决策，以及影响决定他们生活的问题的能力扩大成为必要，它意味着民众在政治共同体中实现真正的、积极的公民权的全部努力，并且使普通人进入精英统治、官僚机构，以及各种社会等级的极权的、压制性领域。虽然政治一直是精英的领域，但在公民权时代，对广大民众来说，它现在必将成为越来越普遍的现实，在很大程度上，这是因为普遍的投票权、宪法保证，以及开放的、动态的市民社会的发展。政治将因此经历一个新的民主化阶段，民众决策的范围也逐渐扩大。①

博格斯指出，在美国的历史上，人们曾以富有公开辩论、公民权、民主参与和公众参与政府决策这些美德而自豪。到 20 世纪 90 年代，美国社会已日益非政治化，日益缺乏公民参与精神和公众责任感，出现了"危机中的危机"；选举越来越失去其应有的意义，越来越多的公民因为厌恶政治和悲观主义而疏离政治参与。尽管人们能更方便地利用教育设施和技术手段，但大多数人似乎对在既有公共领域内寻求解决社会问题的办法已失去了信心。可以想象，他们的这种状况是对极端腐化的政治体制的反应。在这种体制里两党之间的分野比以前更小，公民权也急剧衰落——像投票率的降低、普通公民中政治效能意识的崩溃，以及对社会和政治领域的日益漠然（或无知）所反映的那样。②

在巨大的美国民主神话中掩盖的这种政治体制，与其说是对公民首创精神的反应，不如说是对财富和权势的反应。尽管存在着自由民主的必要程序，但最重要的决策领域（金融、公司议事日程、投资政策、外交和军事政策）仍然是经济、政治和军事决策者独有的势力范围，他们通过诉诸"精英的必然"这种确立已久的理念，努力使其统治合法化。通过承担许多政治决策功能，公司网络控制着国家机器，拥有和掌握着大众传媒，决定着教育和医疗的发展。在很大程度上，是这些精英控制着国家，而不是国家控制着精英。③

非政治化的公共领域使民主参与变成了一种幻想。非政治化的公共领域一般来说具有五个特征：（1）明确地逃避政治领域；（2）公民权和民主参与价值的衰落；（3）公共话语的萎缩和独立思想的腐蚀；（4）通过

---

① 参见［美］卡尔·博格斯《政治的终结》，陈家刚译，社会科学文献出版社 2001 年 12 月版，第 119—120 页。

② 同上书，"前言"，第 1—2 页；正文，第 1、4—5 页。

③ 同上书，第 58—61、84—85 页。

权术或社会治理实现社会变革的能力的削弱；（5）缺乏对什么是独一无二的公共领域，竞争的个人和地方性要求之间相互影响中形成的普遍利益的社会理解。一个完全非政治化的公共领域有助于公司的统治，在这种公共领域中，华丽的奇观和声色犬马取代了严肃的政治讨论，取代了真正的民众参与，而这种参与可以为更大程度的自治开辟道路。公共领域的终结及其对社会政策的影响，已经成了当代生活不争的事实。显而易见和容易度量的非政治化标志之一就是急剧消逝的投票参与。对公民来说，几乎没有令人信服的理由来说明有必要借助于投票箱表达自己的政治观点。政治冷漠另一个同样发人深思的标志，是对社会和政治问题的知识（和兴趣）的急剧下降——更普遍的公民责任意识淡漠的一部分。当公共话语和行为的政治影响已经缩小时，公民权、授权、民主——这些人们长期渴望的价值表现出一种虚幻的特征。①

博格斯认为，"公共领域"的概念包含着那些话语和行为模式，与我们已经界定的政治，即国家权力的运作、治理、公民参与、公民社会意识存在着某种联系。如果没有一个开放的、充满活力的公共领域，对任何类似真正的民主的认知都是不可能的。公民权具有了新的意义，它包括更广泛的参与和对政府决策机构的民主支持。在追求终极目标的过程中，政治文化会影响到人民对政府的期望，被认为最突出的问题，以及什么是合法的参与模式等。民主化的公共领域为社会运动与变革性政治、公民话语与参与的公民、解放观念与新出现的自治形式之间的重要联系留有余地。只有通过公共领域内普遍的公民参与，市民社会和国家内的民主变革，我们才能够想象那种需要维持"普遍的公民权"和面对主要社会问题的政治复兴。②

尽管倡导民主参与，博格斯对计算机网络发展带来的参与持的是基本否定态度：因为网络使信息流动民主化，现在更多的人有条件去表达自己的看法，批评权力结构，甚至渴望在开放的电子社区"发表"他们的观点。毫无疑问，技术远非一个简单的中立性工具，它总是受更大的社会力量更广的社会过程所决定。出现在电脑空间中的"公民权"，不管多么开放和普遍地获得中介，都可能会缺少社会具体感和直觉性，而长期以来，

---

① 参见［美］卡尔·博格斯《政治的终结》，第 15、22、29、38—39、49 页。
② 同上书，第 132、136—138、140、327 页。

它们被奉为民主参与和决策的先决条件。由现代技术民主化的支配地位（及宏大要求）所提出的关键问题是：在公共参与面对如此多的结构和意识形态障碍，公共领域被如此贬损，巨大的社会挑战被忽略或淡化，实际上整个技术议事日程变得如此商品化的背景中，民主价值意味着什么？如果现存模式保持不变，那么，电脑空间的信息乌托邦成为另一个相互作用但非政治化的领域，其中，选择和辩论与日常的消费者决定，与一系列个人的、与职业相关的、仅仅是随意的电子联系毫无二致。①

（五）塞特拉：公民投票的政策作用

塞特拉（Maija Setela）以"公民投票"指称公民对政策议题进行投票的所有制度，而不管各种形式的公民投票在动机及功能上的差异。②

塞特拉指出，在历史的经验上，公民投票具有双重的轨迹。确实有一些稳定的民主政体成功地运作了直接民主，但威权统治者操纵并滥用公民投票的例子也不少。民主政府所推动公民投票背后的政治考量又经常是如此地明显，而使此制度备受讥讽。此外，公民投票似乎代表民主的纯粹多数决形式，因而被认为会对少数构成了威胁。另一方面，公民投票被视为是增加公民参与及审视公共议题的一个绝佳方法。由于公民投票及其他直接民主的形式，促进了人民参与决策的管道，因此有助于社会迈向更民主的路途。

威权政府主导公民投票的结果，几乎毫无例外都是支持政府政策。有几种方法可以制造出上述的结果：（1）只给一个选项；（2）不进行秘密投票；（3）迫害异议分子；（4）直接作票。但是，我们不能因少数独裁国家会实施不公正的公民投票，而反对所有的公民投票。重要的问题是，何种公民投票和选举是公平的？以及在哪些国家确实提升了民主的价值。

现代资讯科技的发展，已使全国性甚至国际性直接民主的观念变得更合乎实际。就技术而言，透过互动式的大众媒介，几乎可在每个立法会期都进行公民投票，以选民针对数个政策选项的讯息来记录其政策偏好，再透过多数决或立场累计法，依此偏好作成决策。虽然就技术而言，民治的

---

① 参见［美］卡尔·博格斯《政治的终结》，第343—349页。
② 参见［芬兰］塞特拉《公民投票与民主政府》，廖揆祥、陈永方、邓若玲译，韦伯文化事业出版社2003年1月版，第4页。

理想境界几已达成，但仅有极少数国家有意愿大规模地采行它。事实上，对许多人而言，这种政府听来像个梦魇，因为它会导致矛盾的集体决策，个人意见可能会草率形成且容易被操纵。①

不必狭隘地以某些决策方法来理解民主，却可借由决策过程期望提升的某些附带价值来辨识。争取权力、掌权者应负之责任及制度上的制衡是自由民主理论的基本要素。在自由理论中，并不视民主过程本身为一种价值，但却希望它能引起诸如极大化个人自由和福利等其他价值。民主的价值在其结果中：也就是某种程度而言，一个依公众期望而行事之受节制的政府。另一方面，在民主参与理论中，民主过程中的参与本身则被视为一种价值，同时也强调民主过程之"投入"，例如公众协商与参与的重要性，认为此可形成更深思熟虑且更合理之公众意见，同时也期待民主过程在某些方面有更好的"产出"。②

各种形式之公民投票的功能和不同的民主理论间有关联。以公民创制为基础的公民投票，被认为是人民自治及参与民主的一种方法。而控制立法的公民投票则被视为对国会多数的制衡，因此在性质上属较自由主义式或者"麦迪逊主义式的"。道德和政治的真实性只能在互为主观的过程中定义，这种观念是支持参与式民主概念的有利论点。参与式理论的伟大目标单靠一些制度的设计是不可能达到的，所需要的是：愿意使用这些机会的公民。参与文化的发展以及制度是相互影响的。无论如何，有一些外在的因素可以解释参与式民主的成功，例如政治单位的规模，小规模的政治单位会使得参与的效果显而易见，而且也会增进社区的感情。如同一些早期的发展民主理论所假设的，参与式理论的想法只能在相当平等的社会中实现。③

二　"自治民主"理论：重视集体决策

倡导"自治民主"或"民主自治"理论的西方学者，尽管力图与各种"参与民主"理论有所区别，但是所涉及的，也主要是"直接民主政

---

① 参见［芬兰］塞特拉《公民投票与民主政府》，第1—3页。
② 同上书，第6—7页。
③ 同上书，第9页。

策范式"下的公民政策参与问题。

(一) 赫尔德：集体决策的"自治民主"

英国学者戴维·赫尔德（David Held，1951—　）认为民主并不以不同价值的一致为先决条件，它只是为把价值相互联系起来并把解决价值冲突放到公共过程之中提供一种方法。自治原则的实现将需要建立一种集体深思的决策制度，这个制度允许公民参与对他们有重要影响的形形色色的政治事务。赫尔德开发了一种"自治民主"的模式，强调民主自治试图通过给人们创造机会，塑造他们的"作为公民的能力"。①

1. 自治民主及其政策过程

赫尔德指出，民主要想繁荣，就必须被重新设想为一个双重的现象。一方面，它牵涉到国家权力的改造；另一方面，它牵涉到公民社会的重新建构。只有认识到一个双重民主化过程的必然性，自治原则才能得以确定。所谓双重民主化过程，必须接受以下原理和观念：（1）国家和公民社会的划分必然是民主生活的核心特征；（2）决策权力必须不受资本和其他资源的私人流动所施加的不合法的限制。②

赫尔德为"民主自治"列出的基本条件如下。（1）人们可以获取公开和免费的信息，以确保在公共事物中采取信息充分的决定。（2）充分利用"协商民意调查"带"选民反馈"的协商民主的机制和程序，以促进有见识的参与过程。（3）政府经过与公共和私人机构协商设定对经济的总体调整目标，但对商品和劳务实行充分的市场管理；（4）通过管理上有活力的市政机关确立管理劳动力、福利、卫生和环保的规则。（5）将公共和私人生活中的不负责任的权力中心减到最少。（6）维持易于进行组织形式试验的制度框架。③

赫尔德还就民主自治的政策过程，提出了以下看法。

第一，宪法和权利法案应该将自治原则视为神圣原则，明确规定与国家决策过程相关的各项平等权利。这不仅包括平等的投票权，而且还包括享受有效参与、深入了解和领会政治议程的权利。

---

① 参见［英］戴维·赫尔德《民主的模式》，燕继荣等译，中央编译出版社 2008 年 12 月第 3 版，第 296—297、307、318 页。
② 同上书，第 312 页。
③ 同上书，第 317 页。

第二，鉴于公民社会自治包含着破坏有效的集体决策的因素，所以，必须对之予以关注。一个民主的国家和一个民主的公民社会与那些强有力的社会关系和组织都是不相容的。

第三，全体公民都有权参与和协商公共事务。公民可以做出判断，在某些情况下，广泛的参与是不必要的。在许多情况下，公民有必须接受民主决定的义务，除非能证明这些决定损害了他们的利益。

第四，政治参与的原则可应用于一系列广泛的领域，但并不一定适用于"私密的领域"。

第五，为解决公共政策谁参与协商、谁统治的问题，可以将不同的民主类型看作一个从地方到全国的连续集，地方民主以直接的参与过程为标志，而人口众多的广大区域则越来越多地使用代议制。相对于高度分化的社会、经济和政治环境，直接参与民主制的可能性在社区和工区无疑会大大增加。

第六，政策所涉及的许多实际问题需要详细地思考，必须开发一些新型的社会经济政策和实施这些政策的新方法。

第七，民主自治是有限自治，民主自治模式明确设想，在政府中存在着集中化决策。民主自治并不铲除所有权威，也不铲除那些提供熟练的、可靠的行政管理的机构。

第八，在政治决策者和政治决策的接受者之间存在着一种"均衡"和"对等"的关系：（1）在参加投票的公民和他们原则上所能使之承担责任的决策者之间存在着均衡和对等的关系；（2）在决策的"输出"（种种决策和政策等）和他们的选民之间存在着均衡和对等的关系。①

2. 全球化下的民主

赫尔德亦特别指出，全球化与现代民族国家不断变化的关系可以表现为五个分离，它们尤其提出了关于民主政治共同体发展特性的重要问题。

第一，民族集体自决——它限定和决定了共同体的命运——的观念不再仅仅局限在民族国家的边界内。就其活动和效力而言，很多最根本的、能够决定政治利益和政治结果性质的经济、社会、文化和环境力量与过程现在已经超越了第一政体的范围。

第二，我们不能再把有效政治权力的核心等同于国家政府和民族国

---

① 参见［英］戴维·赫尔德《民主的模式》，第314—327页。

家：民族国家和国家政府都被限制在由区域和全球范围内的政治权力所形成的复杂网络中。换言之，政治权力在从区域到全球的不同层级上被不同力量和机构所分享和协商。有效政府、自治政府和领土范围之间的联系被打破。

第三，虽然许多国家的权力是高度集中的，但它们经常体现和包含在不断变化的新政治权威形式中。一种新的政府和治理形式正浮出水面，它用不可分割的、领土上排他的公共权力形式取代了国家权力的传统概念。

第四，公共物品的培育和强化越来越要求协调多边行动。由于政治权威的分散和多层治理的增长，国家政治的背景已经发生了变化。

第五，国内事务与外交事务、国内政治问题和国外问题的区别已不再被明确划分。几乎在政策的所有主要方面，处于区域和全球流动过程之中的国家共同体都卷入了密集的跨国协调和规制之中。①

赫尔德还指出，民主预设了一个非强制性的政治过程，在这一进程当中人们能够追求和谈判相互联通、相互依赖和差异的条款。在民主的思维当中，"共识"构成了集体协议和治理的基础；为了使人民得到自由和平等，一定存在在公共生活的治理决策上达成共识的机制。在民主理论当中，全包容原则经常被视为澄清根本标准的概念手段，这些标准是为那些应当参与特定决策领域的人和那些应当向特定人群负责的人，划定适当边界并解释原因。简单来说，它说明那些明显受到公共决策、问题或程序影响的人，应当拥有平等的机会直接或间接地通过被选举的代表去影响和制定政策。受公共决策影响的人应当在决策的制定中拥有发言权。有些人的寿命和生活机会被强大的实体所决定，当民主最接近并包括这些人的时候，民主就得到了最好的定位，从而使利益相关者和决策制定者的范围更加接近。

赫尔德认为多层次的公民身份、多层次的民主即"世界主义民主"的议程和长远制度应包括以下内容：（1）多层次的治理和扩散的权威；（2）从地方到全球的民主论坛网络；（3）加强主要政府间功能组织的透明度、责任感和有效性，在明显需要更大的公共协调和管理能力的地方建

---

① 参见［英］戴维·赫尔德《世界主义：观念、现实与不足》，载［英］戴维·赫尔德、［美］詹姆斯·罗西瑙等《国将不国：西方著名学者论全球化与国家主权》，俞可平等译，江西人民出版社 2004 年 1 月版，第 312—341 页（第 10 章）。

立此类新实体；（4）增强非国家行为体的透明度、责任感和发言权；（5）采用多种形式的机制来了解公众偏好、检验其凝聚力并获取公众意见的信息；（6）建立有效的、负责的地区和全球的警察和军事力量，以作为捍卫国际人道主义或世界主义法律的强制力量的最后手段。①

（二）夏皮罗：集体自治的决策问题

美国学者夏皮罗（Ian Shapiro，1959— ）认为民主政治有两个重要的向度，一个是集体自治，另一个是制度化的反对党。② 围绕这两个向度（尤其是前一个向度），夏皮罗提出了与政策过程有关的几个论点。

（1）人民的统治。一直以来，民主的最重要的原则是，当影响到他们的集体生活和利益的事态发生时，人民有权自己统治自己。③

（2）控制权力。在政治中诚信是合法性的一个组成部分。揭露腐败和欺诈行为的机制也必须成为任何合法的政治体制的一个组成部分。民主比现行其他政治体制要好，就是因为它将这种机制制度化，鼓励有政治抱负的人把阳光引入黑暗的角落里，揭露彼此的错误和虚伪。因此，民主是医治政治权力垄断的一剂良药，而绝不是使得医疗变得多余的根治之法。④

（3）竞争的政策意义。民主不能简约成竞争，它常常还包括其他内容，如众人皆知的参与政治议程设置的权利和公共审议法令，但是权力竞争是民主不可或缺的。真正的政治竞争中要求一定要有反对党存在，他们批评政府，并为选民们提供（与执政党不同的）潜在的其他政策方向。制度化的政治竞争理想不应该和审议协商的概念混淆。政治竞争有意义，不仅是指那些追逐权力的人提供了不同选择方向，还必然包括来自公众选民的不同政策要求，选民们可以批判地思考这些选择，并评估政治论证是否充分。更重要的是每一次竞争或决策机制都让人觉得是公平的，而不是

---

① 参见［英］戴维·赫尔德《重构全球治理：未来其实或者改革》，载赫尔德、安东尼·麦克格鲁主编《全球化理论——研究路径与理论论争》，王生才译，社会科学文献出版社2009年5月版，第283—308页（第12章）。

② 参见［美］夏皮罗《民主理想的构成要素》，载［加］布来顿、［法］赛蒙、［意］卡罗地、［加］温特伯《理解民主——经济的与政治的视角》，毛丹等译，学林出版社2000年12月版，第227—272页（第11章）。

③ 参见［美］夏皮罗《政治的道德基础》，姚建华、宋国友译，上海三联书店2006年6月版，第227页。

④ 同上书，第238、274页。

每一天可能有一个不同的结果。①

(4) 多数人统治的决策机制。我们应该区分两种不同的说法，多数人统治产生威胁个人权利的结果和多数人统治产生非理性的后果。在很多情况下，多数人统治作为一种决策机制的好处，一是能促进观念竞争，二是多数人统治有利于政治稳定。表决循环实际上很少存在，这一事实意味着政府政策并不会永远被反置。②

(5) 决策权利。民主被认为是合理的，因为人们应该在涉及他们的一些决策中有权表达自己的意愿。利益相关性这个原因性的原则暗示，理论上决策规则应该根据权力关系的结构而不是成员资格或是公民资格的状况而定：如果你受到某项决策结果的影响，你就应该有权发表自己的意见。这个观点为世界上公民权分配的道德随意性的潜在回应提供了依据：要么公民权的分配应该朝着更接近权力结构现状的方向改善，要么决策过程的参与权利最好应该从公民权中分离出来，而与权力关系相一致。③

(6) 改造决策过程。在决策过程中，允许那些基本利益遭受极大威胁的人参与，我们的目标应该是改造决策过程，以使其更好地体现利益相关人群的参与。除了不同公民群体对应不同类型的决策之外，这个方法也让人想到非公民应该经常在一些特定的议题上参与表决，以改变许多国家中剥夺外来工人和其他长期非公民居民的公民权的状况。④

(三) 卡斯腾、贝克曼：小型政府和社区决策

法兰克·卡斯腾 (Frank Karsten) 和卡洛·贝克曼 (Karel Beckman) 指出，民主制度在定义上必然是一个集体主义社会，背地里它就是社会主义制度，基本概念就是所有社会上的实体组织、经济组织和社交组织的重大决策都要集体地（即由人民）作决定。人民于是授权他们的代表在议会——换句话说，即政府——去帮他们作决定。即是说，在民主体制下整个社会的设计就是由政府掌控。⑤

---

① 参见［美］夏皮罗《政治的道德基础》，第238—243、251页。

② 同上书，第249—254页。

③ 同上书，第263页。

④ 同上书，第267页。

⑤ 参见［荷兰］法兰克·卡斯腾、卡洛·贝克曼《民主以外——关于民主的十三个问题》，王弼译，商务印书馆（香港）有限公司2015年7月版，第22页。

卡斯腾和贝克曼认为人民对民主的迷信深入骨髓，对大部分人来讲民主就是政治正确和道德的同义词。民主代表自由（因为每个人的可投票）、平等（每票均等）、公平（每个人是平等的）、团结（我们一同决定）、和平（民主国家从不发动不义之战）循这思路走下去，民主以外的选择就唯有独裁，而独裁当然代表一切坏东西：不自由、不平等、战争、不公义。对于民主，有十三种神话。（1）每一票都计算在内。（2）人民当家做主。（3）"大多数人"就是对的。（4）民主没有预设的政治立场。（5）民主带来繁荣。（6）靠民主公平分配财富和扶贫。（7）民主是和谐社会所必须的。（8）民主制度是维系社会所不能或缺的。（9）民主等同自由和宽容。（10）民主促进和平和打击贪腐。（11）民主令人民各得其所。（12）我们都是民主派。（13）没有（更好的）选择。①

与多数人想要的"更多的民主"不同，卡斯腾和贝克曼强调的是更少民主、裁减政府规模、更多个人自由：西方世界需要一个新的理想模式，这个理想模式要把社会活力、个人自由与社会和结合起来。首要做的事是减少政府的各种干涉，人们需要重新掌管自己的生活和劳动成果。互联网的普及，结束了统治精英在传统媒体的垄断。现在，每个人都可以发布新闻消息，向世人发放自己的想法或开始在互联网上销售产品。事实上，相对我们目前所拥有的民主制度，科技本身才是真正使人民自己做主的力量。目前民主制度赋予多数人统治少数人的权力，而科技则倾向提高个人自主的能力。科技促使权力下放于人民，减少作为中间人的政府官僚，在通讯、金融、教育、媒体和贸易方面的干预。大型的民主民族国家要让位给小型政府，让人民自己选择如何塑造他们的社会，凡事尽可能在社区层面最低的行政级别决策。自由和充权的道路将继续，但不会透过大型的民主政府达成，而是通过权力下放和人民自己的设计，组织起更小的行政单位达成的。②

三　"协商民主"理论

主张"协商民主"或"商议民主"、"审议民主"的学者，大多主张

---

① 参见〔荷兰〕法兰克·卡斯腾、卡洛·贝克曼《民主以外——关于民主的十三个问题》，第20、26—94页。

② 同上书，第107—108、112—128页。

这种民主带来的决策范式，既可以使用于直接民主的场合，也可以使用于间接民主的场合。

（一）毕塞特：合理的政策协商

约瑟夫·毕塞特（Joseph M. Bessette）指出，协商民主理论截然不同于对宪法的"贵族的"或"精英的"解释，但它还明显区别于其他基本的民主解释，我们可以将其看作对这些其他解释中两种宽泛趋势的矫正。

一种趋势是，轻视治理制度中协商的作用，将制宪者的设计解释为公民和领导者对个人利益的追求，这种追求几乎可以自动地促进形成更大范围的公共利益。合理的公共政策需要的不仅仅是对个人野心的追求，它还需要能够就"共同体长久和总体利益"形成集体协商、具有广博知识和丰富经验的领导者。在很大程度上，这一点已经被当代多元主义论者所忽略了，他们虽然发现这种体制基本上是民主的，但将政策分歧的结果仅仅归因于特殊利益支持者之间的相互支持和妥协。

在那些赞成宪法的基本民主性质的人当中，另一种趋势是使民主原则变成人民选择领导人的权利，它大大低估了政策问题必然会在国家权力竞争中发挥的作用。某种程度的政策讨论不仅可能发生在竞选之中，而且对于确保那些受命掌握权力的人与公民共享这些基本价值、倾向和态度也是必要的。只要候选人不是被迫就特殊政策建议作出承诺，那么，通过竞选活动，政策讨论就不会阻碍随后就立法政策细节进行的协商。

合理的协商既需要广博的知识，也需要促进就共同目标进行的集体理性思考。即使国会还远不是完善的协商制度，但它更接近于合理协商的条件，而不可能像人们期望的那样，出现在亿万民众的大会上关于大多数立法竞争之中。①

（二）古特曼、汤普森：彼此接受的决策

美国学者阿米·古特曼（Amy Gutmann，1949—　）、丹尼斯·汤普森（Dennis Thompson，1940—　）对"商议民主"的定义是：当公民或

---

① 参见［美］约瑟夫·毕塞特《协商民主：共和政府的多数原则》，载陈家刚主编《协商民主与政治发展》，社会科学文献出版社 2011 年 5 月版，第 35—50 页（第 1 章）。

他们的代表存在道德上的分歧时，他们应当继续一起讲道理，以便达成彼此都能接受的决策。① 在这样的基本定义下，古特曼和汤普森阐释了"商议民主"用于公共政策的一些基本原则。

第一，适用性原则。有关政策的集体判断的道德权威部分地依赖于公民集体地达致那些判断的程序的道德性质。商议是公民集体地解决他们不但与政策有关，而且与采纳政策的程序有关的道德分歧的最恰当方式。商议不但是达到目的的手段，而且是确定为了追求我们共同的目的，道德上要求什么样的手段的一种手段。商议民主并不要求一种对于公共政策甚或对于宪法性法律的一致同意，处于它的中心的是一种对于各种设置政治讨论条件的原则的评价。商议民主观念由三个指导着政治进程的原则——互惠性、公共性和问责制——和另外三个指导着政治内容的原则——基本自由、基本机会和机会公平——构成。这种观念会促进在公共论坛中进行更为广泛的有关公共政策的是非曲直的道德论证，这些论证的目的是要达成暂时的道德协议并保持公民之间的相互尊重。互惠性、公共性和问责制这三个原则构成了一个寻求商议性协议的过程——这种政策上的协议对于受这些政策约束的公民来说，能够暂时是正当的。负有责任的行为者公开地努力寻找其他受到激发来寻求商议性协议的人也能够接受的理由。当公民和负有责任的官员产生分歧并且同时也认识到他们正在寻求商议性协议时，他们彼此之间会愿意带着实现暂时性正当政策的目的而继续进行辩论，而且他们所有人都能够彼此承认对方正在这样做。商议不应该被限定在立宪会议、最高法院的判决意见或他们的理论分析中，它应该扩展到整个政治过程——扩展到我们所谓中层民主地带。中层民主的商议论坛不仅包括立法会议、法庭审理和政府所有层次上的行政听证会，也包括各种草根组织、职业联盟、股东大会、医院和其他类似机构中的市民委员会。②

第二，合法性原则。学术讨论不必以证明一项实际政策的合法性为目标，而商议必须以此为目标。商议民主要求公民和官员通过给出能够被那

---

① 参见［美］阿米·古特曼、丹尼斯·汤普森《民主与分歧》，杨立峰、葛水林、应奇译，东方出版社 2007 年 5 月版，第 3 页；参见两位作者的论文《超越程序的协商民主》，载［美］詹姆斯·菲什金、［英］彼得·拉斯莱特主编《协商民主论争》，张晓敏译，中央编译出版社 2009 年 4 月版，第 33—56 页（第 2 章）。

② 参见［美］阿米·古特曼、丹尼斯·汤普森《民主与分歧》，第 4、11、14、38、100、377—378 页。

些受到公共政策限制的人们接受的理由来证明这种政策的正当性。政治决策是具有集体性约束力的，因此应该尽可能公正地对待每一个受到约束的人。①

第三，互惠性原则。互惠性原则是面对分歧时一种相互依存方式。互惠性是首要原则，因为它形塑公共性和问责制的意义。在公民互惠地推理时，他们为他们自己的目标追求公平的社会合作条件，他们努力找到彼此可接受的方法来解决道德分歧。与以公平或审慎为基础的观点——它们偏爱的是政治利益之间的讨价还价策略——相比，互惠性原则是民主政治更为恰当的基础。互惠性的基础是人们为了他们自己而寻求社会合作的公平条件的能力。互惠性设置的标准是，所给出的理由必须在这个意义上是彼此可以接受的，即它们能够被每一个公民在平等有利的情况下接受（甚至能够被那些不同意这些理由所意欲证明的结论的公民接受）。商议性互惠表达了两个相互联系的要求，一个主要是道德的，另一个主要的是经验的。商议民主为讨价还价留出了充裕的空间，只要一场政治争议中的各方把道德互惠性原则接受为他们行动理由的一个限制条件，讨价还价就是一种解决冲突的商议性合法方式。②

第四，公共性原则。公民和官员为了证明各种政治行动的正当性而给出的各种理由，和评价这些理由所必需的信息，都应该公之于众。这种公共性原则，是商议民主的一项基本原则。公民和官员给出的理由应当是公共的，这种公共性既是部分地用来保证这些理由是互惠的，也部分地是为了实现政府公开性的独立道德价值。在政府中实行公共性原则最有力的依据之一是它促进了民主商议。具体来讲，它鼓励官员为他们的决定和政策做出解释，并且鼓励他们回应公民对那些解释提出的挑战。对于公共性原则最有力的挑战之一来自这一主张——有时保密性自身要比公共性更支持商议，我们把这种功效的秘密称作"商议性秘密"。公共性的主要贡献并不是使政治变得具有公益精神，而只是把政治公开以便公民能够一起决定他们需要何种政治。③

第五，问责制原则。商议性问责制使得民主变得更具有正当性。在商

① 参见［美］阿米·古特曼、丹尼斯·汤普森《民主与分歧》，第3、12、60页。
② 同上书，第2、7、12、60、63、78页。
③ 同上书，第7、107、125、137页。

议论坛中，每个人都是对所有人负责的。政治代议制是商议民主一个必要的和可欲的程序。代议制向普遍问责制提出了两个挑战，一个与谁给出理由有关，另一个与应该向谁给出理由有关。要满足民主问责制的要求，代表们必须不但考虑他们选举上选民的要求，而且要考虑我们称之为他们道德上选民的要求，后者不但包括其他国家的公民，而且包括未来世代的成员。①

第六，自由和机会原则。商议民主要求超越功利主义，确保功利主义和与它结盟的政策分析家处于商议民主的牢固控制之下。一个关于机会的商议观是由指导机会的两个原则组成的。第一个基本原则我们称为基本机会原则，强迫政府保证所有公民都能得到他们需要的资源，过一种体面的生活和享受我们社会的其他（非基本的）机会。第二个原则我们称为公平机会原则，它指导着对于具有重要价值的善的分配，社会对于在个体间公平分配这些善具有合法的兴趣。自由和机会原则所要求的东西在两个方面依赖于商议。首先，原则本身的内容部分是通过政治过程中的道德讨论形成的。其次，那些对于自由和机会原则的限制本身——特别是有限的资源——比通常所认为的要更不固定。公民和官员必须在一个由商议条件支配的过程中解释和运用基本自由、基本机会和公平机会原则。公民对民主决策中实施的商议程度越高，他们对自己所制定的民主政策也越信任。在商议民主中，授予权能是一个关键目标。如果公民应该有效地参与商议，他们必须享有包括充分的收入和体面的职业在内的这些基本机会，要不然他们就不会有社会和经济资源履行其作为民主公民的义务。通过参与进行的授予权能是从互惠的观点看所有公民在商议民主中都能够接受的一个基本机会。证明一种优先雇佣政策或某种非歧视政策的正当性，需要对被该政策置于最不利地位的公民说明理由——说服他们即使真的不同意也要遵守政策。在思考这些理由的过程中，全体公民能逐渐更好地理解公平机会的道德意义与政策内涵。②

第七，相互辩护原则。相互辩护表示一种广泛共享的道德理想：即使公民和他们的代表持续地存在分歧，他们也应当按每个人都能合理接受的

---

① 参见［美］阿米·古特曼、丹尼斯·汤普森《民主与分歧》，第 7、145—146、177—178 页。

② 同上书，第 214、236—237、243—244、248—249、324—328、371 页。

方式为政治决策提供辩护。在任何政治体制中，如果决策是在一种公民按照公共精神的理由行动的过程中，而不是公民进行自利交易的过程中做出的，那么我们就有可能是更为明达和更为合法的。①

第八，相互尊重原则。当公民在民主政治中进行商议时，他们把他们的地位表达并尊重为政治平等者，甚至当他们继续对重要的公共政策问题保持分歧时也是如此。相互尊重是另一个广泛适用的理想，它既是商议政治的一种基本价值，也是它的一个产物。如果有约束力的决策是在公民——不管他们的社会或政治地位如何——把彼此当作寻求共同善的平等者的过程中，而不是公民利用他们高人一等的权力和财富赢得私人利益的过程中作出的，那么它们就是更能够得到辩护的。当公民相互为决策辩护时，他们应当努力去找到把与对手的分歧最小化的理由，并寻求在对之有更大一致性的相关政策上进行合作的方式。相互尊重不仅要求公民正直，还要求公民雅量。当民主公民就公共政策在道义上产生分歧时，可能时就寻求道德一致，而不可能时，就维持相互尊重。②

第九，案例原则。商议原则在一种更为具体的意义上依赖于语境，它们是通过对实际案例的反思得到发展和辩护的。一种恰当的商议民主观念必须注意公民和官员在政治讨论中所使用的或能够使用的实际论证。③

（三）博曼：公共协商过程使得决策更理性和公平

詹姆斯·博曼（James Bohman）指出，民主意味着某种形式的公共协商。如果决策不是强加给公民的话，他们之间的协商肯定是必不可少的。毕竟，同意是民主的主要特征，公民们给自己制定法律，不但使得法律具有合法性，而且给公民们提供了他们有义务遵从的理由。根据多数协商民主的支持者的说法，当政策通过公共商讨和辩论的途径制定出来，且参与其中的公民和公民代表超越了单纯的自利和有局限的观点，反映的是公共利益和共同利益的时候，政治决策才是合法的。在公民（及其代表）做出决策之前，要在公共论坛中检验他们的利益与理性。协商过程促使公民通过诉诸公共利益，或者以在公共辩论中"所有人都能接受"的理性话

---

① 参见［美］阿米·古特曼、丹尼斯·汤普森《民主与分歧》，"中文版序言"，第 1 页。
② 同上书，"中文版序言"，第 1—2 页；正文，第 16、86—98、376 页。
③ 同上书，第 5 页。

语，来证明他们的决定和决策的正当性。不管这种民主观念的精确表述为何，它预设的都是这样一种思考，即公共协商的过程怎样使得决策理由更理性，结果更公平。① 协商民主的魅力就在于它清晰地允诺超越自由主义的局限以重新把握民主理想的夙愿，即政府应该代表由公民的公共推理而得出"人民的意愿"。广义地讲，协商民主因此相信自由而平等的公民的公共协商是合法的政策决策和公民自治的核心组成部分。②

博曼强调的是协商民主的实用性，提出了具有操作意义的一些论点。

第一，协商民主促进"激进"民主发展。作为一种具有潜在影响力的改革和政治理想计划，协商民主延续着"激进"民主的传统。不过，它延续的方式是通过强调公共讨论、推理和判断来调和激进的包容性的人民参与观点。公共协商利用自由、开放的公共领域表现出的交往自由使民主成为一个连续的、富有创造性的过程。③

第二，协商民主提升公共政策理性质量。公民们试图说服其他人采用特定政策，这些政策是以在相互交换意见的协商对话过程中涌现出来的公共理性为基础的。协商的质量在决定结果或决策的合理性上所起的作用很关键，利害相关者聚在一起讨论所带来的启发，能使公民们更好地理解决策及其影响。一个合法的政治制度应当鼓励协商，从而增加达成正确的（或有效的、公平的或真正的）决策机会。正是协商民主所具有的提升公共决策理性质量的前景，而又不以损害平等为代价，使得它比其竞争者更具吸引力。④

第三，交换理性的对话过程。公共协商的两个主要特征，一是协商是一个话语过程，二是协商具有公共性。"公共性"指的不仅仅是公民协商的方式，还是他们在协商中所给出的理性类型。"公众"不但意味的是公民体，而且还意味的是原则上对每个人都开放的决策、商讨以及信息收集的重叠领域的存在。理性的公共性特征靠的是它的意向听众。公民们在所有其他的必须在政治上被平等看待的公民（听众）面前共同协商。这些

① 参见［美］詹姆斯·博曼《公共协商：多元主义、复杂性与民主》，黄相怀译，中央编译出版社 2006 年 9 月版，第 4—5 页。

② 参见［美］詹姆斯·博曼《协商民主时代的来临》，载《协商民主与政治发展》，第 51—82 页（第 2 章）。

③ 参见［美］詹姆斯·博曼《公共协商：多元主义、复杂性与民主》，"中文版序"，第 1、4 页。

④ 同上书，第 6、14 页。

听众给具有公共性的理性设置了某些限制，它们必须以这样的方式进行交流：即其他任何公民都能站在自己的立场上理解它们、接受它们、自由地对它们作出反应。以这样的方式形成的理性更可能产生每个人在特定的意义上——即使没有全体一致，公民们也能有效地同意继续进行协商与合作——都认为具有合法性的决策。交换理性的对话性过程，目的是解决那些只有通过人际间的协作与合作才能解决的问题情形。公共协商有五种类型的对话性机制。（1）反思均衡模式。（2）交流个体或集体的不同的历史经验。（3）把给定的规范或原则用到特定的情形中。（4）表述。（5）交流中的视角采取和角色承担能力。①

第四，协商不平等的矫正。矫正多种形式的不平等需要能够促进参与社会生活的公共政策。在协商民主中，矫正不平等需要保存使协商具有合作性且公共理性更有说服力的民主特征。在其制度已经具有最低限度民主性的社会中，有两种策略可以保存一个自由而开放的公共领域。第一个策略是为协商创造新的公共空间。第二个策略是制度性的，团体利用制度中权力创造并强化公共协商必需之条件，具体地说，制度能保证可提供政治平等的程序和协商条件得到满足，如投票权立法、竞选经费改革、对公共事务谈论的管制中所体现的那样。协商安排要求具有对公共输入开放议程的制度机制。公共议程必须通过协商的方式被逐渐地和公共地缩小，这样的话就不会有普遍化的利益不经过政党的考虑和尊重而被排除出去。②

第五，公民参与能力。公民们要想有效地参与公共协商与对话，许多"自主能力"也是不可少的，包括理解力、想象力、评估力、欲求力、讲述力，以及对修辞和辩论的运用能力，等等。③

第六，微观公共领域的协商民主。利用授权协商和决策的"微观公共领域"，提供了超越内部咨询和外部争论困境的策略。这种困境是现存国际制度中公民社会活动的结构性特征，而这些制度的合法性基础有赖于专家权威和知识。微观公共领域力图包括所有的利益相关者或者召集公民团体做出决策而不是依靠现存的代议形式。民主性的公共领域不是一个结构，而是一个过程，这是一个涌现出的集体行动者以符合平等、非专制和

---

① 参见［美］詹姆斯·博曼《公共协商：多元主义、复杂性与民主》，第16、23—25、53—59页。

② 同上书，第113—127页。

③ 同上书，第6、27页。

公共性要求的方式诉诸其他公民的过程。有时候这样的过程可能产生新的公众，这些公众与民主制度的互动方式能够改变公众形成协商多数的方式。[①]

（四）钱伯斯：政策协商的目标

西蒙·钱伯斯（Simone Chambers）指出，协商民主比起聚合民主或现实主义模式，它在应对多元主义方面是一个更公正、确实更民主的方法。以对话为中心的民主理论代替了以投票为中心的民主理论。以投票为中心的观点将民主视作竞技场，在其中固定的偏爱和利益通过公平的聚合机制来竞争。相反，协商民主关注优于投票的各种意见及意志形成的交往过程。责任取代了同意成为合法性的概念核心。一个合法的政治秩序对于所有那些生活于其法律之下的人都是正当的。因此，责任主要应该从对某事物"给予解释"方面来理解，既公开阐明、解释公共政策，最重要的是证明其合理性。同意（当然还有投票）并不会消逝。协商民主通常并不被认为是代议制民主的替代品，而只是丰富和扩展了代议制民主。

我们可以说协商是指向产生合理的、充分知情的观点的辩论和讨论，在其过程中参与者愿意根据讨论、新的信息以及由高级参与者提出的要求来修正偏好。虽然共识不需要成为协商的最终目标，并预想参与者会追求其利益，但在协商成果的合法性中一个总体的利益（被理解为对所有受到影响的人而言是正当的）是协商的特征。协商民主理论家对下面这些问题很有兴趣：协商怎样或可能怎样形成偏好、节制自我利益、授权边缘人员、调和差异、促进融合与团结、加强认同、合理的意见与政策以及尽可能达成共识。

一般而言，协商的政策研究可分为两个并非完全不同的领域。第一个领域涉及一个程序性办法，并且为了选择和发展政策而集中于设计协商场所。第二个领域涉及利用一个协商模式去生成实质性的公共政策成果。从程序上看，重点公共政策涉及的全部范围包括从讨论小型邻里的倡议到宏大国家包罗万象的会话。但重要的是要记住，程序是设计用来加强和促进协商的，而不是一个公平的决定规则。决定需要被采纳，公平的决策规则

---

① 参见［美］詹姆斯·博曼《公共协商：多元主义、复杂性与民主》，"中文版序"，第6页；正文，第197页。

适得其所，但是，一个协商办法侧重于先于决定的谈话质量方面而不是一个数学决策规则。在设计与计划协商论坛过程中，学者们大脑中一般有四个目标：通过责任和参与来增加合法性；通过合作来鼓励有关政策问题的具有公共精神的观点；通过包容与礼貌来促进协商各方之间的相互尊重；通过通报情况和实质性辩论来加强决策（意见）的质量。[①]

（五）菲什金等：平等与协商的调和

詹姆斯·菲什金（James S. Fishkin，1948—　）指出，民主赋予"我们人民"说话的权利，民主应为"人民"提供思考的基础，使之能作出相应的决定。协商民主是政治平等与审慎协商相结合的形式。[②] 詹姆斯·菲什金和罗伯特·拉斯金（Robert C. Luskin）还强调，民主改革一直渴望实现价值显然相反的政治平等和协商之间的调和。政治平等意味着平等地考虑每一个人的偏好，这里"每一个人"指的是相关的人口或者大众，"平等地考虑"意味着平等计算的过程，以便每个人都有相同的"投票权力"。协商的根源是"权衡"，包括讨论、审慎的考虑或者两者兼有。我们把协商视为通过讨论加以权衡相互竞争的考虑。（1）知情的（和告知的）。论证应该是被适当的和相当准确的事实主张所支持。（2）平衡的。论证应该是有相反的论证。（3）有责任心的。参与者应该有礼貌和尊敬对方，愿意真情诉说和用心倾听。（4）实质的。论证应该是真诚地考虑其价值，而不是考虑怎样提出的或谁提出的。（5）广泛的。分布在不同人群的所有观点都将得到注意。政治精英中的大量讨论属于装腔作势或者讨价还价，而不是协商。从理论上说，可能恰恰是大部分公众具有更高的进行实际协商的可能性。[③]

菲什金认为，在现代社会中，大众意见具有以下局限。（1）在大众社会中，激励市民获得充分的信息是很困难的。在大多数政治和政策问题上，信息的流通性都很低。（2）公众的"意见"经常比民意调查所反映

---

① 参见［加］西蒙·钱伯斯《协商民主理论》，载《协商民主与政治发展》，第83—107页（第3章）。

② 参见［美］詹姆斯·菲什金《倾听民意：协商民主与公众咨询》，孙涛、何建宇译，中国社会科学出版社2015年6月版，第1、14、213页。

③ 参见［美］詹姆斯·菲什金、罗伯特·拉斯金《民主理想的实验：协商民意测验与舆论》，载《协商民主与政治发展》，第313—331页（第11章）。

的要少。（3）即使人民讨论政治或政策，他们大多时候也只与具有相似背景、社会地位和观点的人进行讨论。（4）在大众社会中容易被操控。分散的和不知情的公众，较之于经深入思考和讨论而获得明确观点的公众，更容易被操控。引入"协商式民意调查"后，可以达到以下效果：一是参与者的政策态度有明显变化；二是投票意向可能改变；三是参与者能够掌握更充分的信息；四是参与者的政治效能感有所提高；五是可以增强"集体一致性"或共识；六是对"公共对话"产生重要影响；七是对公共政策的改变发挥作用。[①]

（六）乔舒亚·科恩：公共推理与协商支配的社团

乔舒亚·科恩（Joshua Cohen，1951—　）认为，关于民主的、政治合法性的基本观点是，对行使国家权力的授权必须源自受该权力支配的社会成员的集体决策。根据对集体决议基本观念的解释区分为"聚合的"和"协商的"两种民主观念，两种观念都牵涉到各种作出具有约束力的集体决议的制度，每一种观念都阐释了这些制度将把受集体决议约束的人们视为是平等的这一根本理想。根据聚合的民主观念，决议只有在如下情况才是集体性的：它们产生于具有约束力的集体选择的安排，这种安排会平等地考虑受该决议约束的每个人的利益。根据协商的观念，一项决议则只有在如下情况下才是集体性的：它形成于具有约束力的集体选择的安排，这种安排确立了受该决议支配的平等个人之间进行自由的公共推理的条件。这样，在协商的观念中，公民将彼此视为平等的不是依靠平等地考虑各种利益——也许某些利益应该通过具有约束力的集体选择的安排而被忽视，而是依靠赋予他们行使集体权力的合法性，这种集体权力是根据能够被所有人承认为理由的各种考虑所形成的。

根据协商的观点，民主并不专门是一种政治形式，它是一种社会和制度安排的框架。（1）它通过为表达意见、形成联合以及参与提供有利条件而促进了平等公民之间的自由推理，同时保证公民在讨论中被视为自由和平等的；（2）它使授权行使公共权力——以及行使权力本身——受约束于这种公共推理，其手段是通过定期的竞争性选举、公开性环境、立法

---

① 参见［美］詹姆斯·菲什金《倾听民意：协商民主与公众咨询》，第2—5、110—112、144—174页。

监督等等来建立一个保证政治权力对公共推理作出回应并对其负责的框架。

一种协商的民主观念将公共推理置于政治合法性的核心。之所以是"政治推理"而非"公共讨论"，是因为一种协商观念仅依靠强调讨论（而不是讨价还价或投票）是集体决议的方法，是无法使自己凸显出来的。在任何民主观点看来——事实上在任何关于明智的政治决策的观点看来，讨论都是重要的，只是因为在私人信息的分布不对称的背景下，它在集中这些信息方面发挥着必不可少的作用。根据对民主的协商性的解释，民主是一个由各种社会和政治安排构成的体系，该体系在制度上使权力的行使受制于平等公民之间的自由推理。这种通过公共推理达成合法性的观念能够被体现在理想化的政治协商程序中，能够被建构以描述那些出现在协商理想中的自由、平等和理性的概念。

在一种理想的协商程序中，各参与者是自由的，并且将彼此也视为自由的。各参与者在形式上和实质上都将彼此视为是平等的。他们在形式上是平等的，是因为支配理想程序的各种规则不会挑选出某些个人使其享受特殊的利益或使其遭遇不利。而且，每一个具备协商能力的人被承认在协商过程中的每一个阶段都享有平等的地位。这就是说，每一个人都可以为议程提出议题，可以就议程上的议题提出解决方案，可以给出理由来支持或者批评所提出的解决方案，而每个人在决议中都拥有平等的发言权。各参与者在实质上是平等的，是因为现有的权力和资源分配并没有决定他们参与协商的机会，这种分配在他们的协商中也不具有权威作用。

协商概念为民主制度的政治合法性描述了一种有效的理性模式，具有以下优点。（1）协商概念为基本的民主观念提供了一种比聚合概念更有说服力的描述。（2）协商民主为政治自治作出准备，在没有否认共同的政治生活具有强制性的一面的情况下，它要求那些受集体决议支配并被期待着根据这些决议来支配自己行为的所有人必须认为这些决议的依据是可接受的，即使他们在这些决议的细节方面存在意见不一致。（3）协商民主与政治共同体联系起来，这是因为必须存在支持行使政治权力的共有理由这一要求本身描述了那种完整而平等的成员资格，这种成员资格是为授权行使这种权力负责的主权实体中的所有人所具备的，并且这一要求确立了该实体的公有理性和意志。（4）民主的协商概念提出的阐释说明了在民主制度中作出的决议在何时具有政治合法性，以及为了作出合法决议该如何形成论证的机制和形式。①

乔舒亚·科恩认为那些没有解决政策问题的表达形式可能正好关系到公民引入公共协商中的利益、目标和理想的形成，因此协商概念支持保护整个表达范围，而不管表达的内容是什么。他还特别强调协商民主意味着一种事务受其成员的公共协商支配的社团，并指出正式的协商民主概念，具有五个方面的特征。

第一，协商民主是一个正在形成的、独立的社团，其成员希望它延伸到不确定的未来。

第二，社团的成员都认为，恰当的社团条件为他们的协商提供了框架，或者是其协商的结果：即他们共同承诺，在那些使协商成为可能的制度中，根据他们借助协商而达成的规范来协调自身的行为。对他们来说，平等公民之间的自由协商是合法性的基础。

第三，协商民主是一个多元的社团。其成员关于自身生活的行为具有各种不同的偏好、信念和理想。在共同承诺依靠协商解决集体选择问题的同时，他们还具有存在诸多差异的目标。他们认为，某些特殊的偏好、信念或理想并不是强制性的。

第四，他们更喜欢明显体现着协商与结果之间联系的制度，而不是那些无法清晰表现这些关系的制度。

第五，社团成员认为彼此都具有协商的能力，即进入公开交换理性并根据这些公开推理结果行动所需要的能力。②

（七）米勒：公开讨论的决策过程

戴维·米勒（David Miller）认为，当决策是通过公开讨论而达成，其中所有参与者都能自由发表意见并且愿意平等地听取和考虑不同的意见，这个民主体制就是协商性质的。这样做的结果是，所达成的决定不是

---

① 参见［美］乔舒亚·科恩《民主与自由》，载［美］约·埃尔斯特（Jon Elster）主编《协商民主：挑战与反思》，周艳辉译，中央编译出版社 2009 年 4 月版，第 184—229 页（第 8章）。

② 参见［美］乔舒亚·科恩《协商与民主合法性》、《协商民主中的程序与实质》，载［美］詹姆斯·博曼、威廉·雷吉主编《协商民主：论理性与政治》，陈家刚等译，中央编译出版社 2006 年 9 月版，第 50—67 页（第 3 章）、第 304—323 页（第 13 章）。

简单地反映参与者的重要利益和观点，而是反映了考虑各方观点后做出的判断及解决分歧时应该使用的规则和程序。因此理想的民主应至少满足以下三个条件：它具有包容性，意指所有相关的政治共同体成员在平等的基础上参与决策；它是理性的，意指达成的协议是由协商过程中提出的理由决定，或在无共识情况下由解决争端的程序决定；它具有合法性，意指尽管他或她本人并不信服那些支持论点的观点，但每个参与者都能理解最后结果是如何达成及达成的原因。①

米勒指出，协商理念基于这样一个前提，即不同的政治偏好将会发生冲突，而民主制度的功能就是解决这种冲突，但是它认为这一过程是通过对相关议题的公开的和非强迫性的讨论而进行的，旨在达成一种一致的判断。作出决策的过程，同时也是一个如何将最初的不同偏好在考虑和采纳别人的各种观点后加以整合的过程。也就是说，达成协议的需要迫使每一个参与者在普遍原则和政策考虑的要求下，提出别人可以接受的建议。协商的观点依靠的是一个人受理性观点支配的能力和将不同于整体公平和集体性的共同利益的特殊利益和观点搁置在一边的能力。

从协商的观念来看，目的在于达成协议，可以通过不同方式达成协议。一种方式是让参与者达成一个实质性标准，让他们都同意这一标准可以恰当地解决问题。另一种方式是达成一个程序，对由特定的提出要求者提出的观点的价值进行抽象后，形成这一程序。在这两种情况下，其结果都是要达成一个各方都觉得合理的决定，但是这并不必然要求决定反映任何公平或正义的卓越标准。协商观念的重点在于，通过公开讨论使所有的观点都被听到，这一方式可以使结果具有合法性，从而可以将这一结果看作是对之前进行的讨论的反映，而不是将协商看作一个寻找正确答案的探索程序。

尽管完全一致是讨论想达到的理想状态，但是认为每一个协商的事例都能达到一致同意也是不现实的，投票仍将进行，并且，只要进行投票，那么潜在地就可能出现社会选择问题。由于公开的辩论过程将会消除那些狭隘的、关注自我利益的意愿，所以偏好也不是那么不道德。参与政治辩

---

① 参见［美］戴维·米勒《协商民主不利于弱势群体》，载［南非］登特里维斯主编《作为公共协商的民主：新的视角》，王英津译，中央编译出版社 2006 年 9 月版，第 139—159 页（第 8 章）。

论的话，我们必须提出所有参与者能够潜在地接受的条件，"这对我有益"这样的观点不包括在内。标准的社会选择理论引导我们为聚合偏好挑选一种机制，不论那些偏好的内容是怎样的。协商民主则恰恰是因为在协商过程中出现的人们的偏好内容，使它能够在理论上选出最适合当前事例的决策程序。为了协商民主良好运行，人们必须实行一种民主自制：他们必须认识到达成的决定应当是真正的民主的决定，而不是他们自己支持的决定。这反过来要依靠协商团体内存在的信任水平：人们将会以一种民主精神行事，如果他们相信其他人也可以做到的话。讨论本身就是参与者之间建立信任的一个好方式。

认为协商理念要求我们将现代民族国家的公民看作一个单一的协商体，这种认识是错误的。尽管每个公民都有机会以某种方式参与集体决策是民主的一个必要条件，但是这一条件可以通过一种高度多元主义的系统得以满足。多元主义可以通过以下两种方式中的任何一种或两种同时发挥作用：决定可以分配给最适于作出决定的或受决定影响的分选区；或者，较低层次的协商团体可以作为较高层次的团体的供应者，为他们提供代表们相互传达的观点和裁决。因此，我们可以设想，在城镇层次的初级大会上决定地方事务，同时由他们的议会代表对国家层面的问题进行辩论：议会代表不会受到结果的约束，因为他们本身会参与到协商过程中，在这一过程中会出现新的观点；此外，他们的部分工作是将地方大会的意见传达给国家机关。

对公民来说，即使是直接参与地方层面的协商也会造成组织方面的显著问题。如果我们认真考虑社会选择，我们能够努力将民主实践向协商理念的方向转变，鼓励人们不仅要表达他们的政治观点（通过民意测验、公民投票等诸如此类的方法），而且要通过公共环境中的辩论，形成政治观点。①

（八）埃尔斯特：公民对政策的控制

约·埃尔斯特（Jon Elster，1940—　）对协商民主论者的"协商民主"定义作了以下归纳：所有人都同意该观念涉及集体决策，而所有将

---

① 参见［美］戴维·米勒《协商民主和社会选择》，载［美］詹姆斯·菲什金、［英］彼得·拉斯莱特主编《协商民主论争》，第195—213页（第9章）。

受到这一决策影响的人或其代表都参与了该集体决策，这是其民主的部分。同样，所有人还同意该观念涉及经由争论进行的决策，这些争论既来自参与者，又面向参与者，而这些参与者具备了理性和公正这样的品德，这是其协商的部分。①

埃尔斯特本人以最低限度的意义来理解"民主"：民主就是公民对领袖或政策的一种有效的、正式的控制。"有效的"是指拒绝那种例行公事式的参与形式。"正式的"是指拒绝将叛乱作为一种控制手段。民主的存在并不取决于这种控制是事前的还是事后的，是直接的还是代议制的，是一步性的还是两步性的，是分权的还是集中的，也不依赖于它是建立在狭隘还是广泛的选民基础之上。

埃尔斯特认为制宪会议可能在两个方面与协商民主有关。一方面，民主选举的代表之间的协商可能是批准宪法的过程的一部分。另一方面，促进民主协商也是宪法缔造者的目标之一。埃尔斯特感兴趣的是既是协商的又是民主的制宪会议，它们多少在两方面可以是民主的：一是代表的选举方式；一是内部决策的程序。代表选举方式中的民主不仅依赖于选举权的范围，而且还取决于选举体制的选择。制宪会议内部功能上的民主明显取决于决策是否以个人或超个人的群体作为投票单位。由个人参加的会议将其任务确定为协商而不是单纯建立在暴力基础上的讨价还价，单单这一事实会对各种可能提出的建立和论证产生非常强大的影响。协商背景能够超越参与者的动机而影响结果。因为存在有力反对赤裸裸地诉诸利益或偏见的规范，所以发言者必须根据公共利益来证明其建议的正当性。一般而言，听众的作用是用理性的语言取代利益的语言，用带有感情的动机代替不偏不倚的动机。公众的存在使代表极难表现出自己纯粹受个人利益的驱动。②

埃尔斯特还讨论了市场与论坛的关系，指出论坛应该在其功能模式上区别于市场，而与最终解决经济问题的决策相关，甚至高层的政治决策也关心那些直接与经济问题相关的较低层级规则。③

---

①　参见［美］约·埃尔斯特主编《协商民主：挑战与反思》，"导言"，第9—10页。

②　参见［美］约·埃尔斯特《协商与制宪》，载《协商民主：挑战与反思》，第97—120页（第4章）。

③　参见［美］约·埃尔斯特《市场与论坛：政治理论的三种形态》，载［美］詹姆斯·博曼、威廉·雷吉主编《协商民主：论理性与政治》，第3—26页（第1章）。

埃尔斯特对"宪政"与民主的关系也提出了自己的看法：宪政指的是对多数派决策的一些限制，更具体地说，指的是那些在某种意义上自我施加的限制。这种限制可以采取多种形式，它们可以是程序上的，也可以是实质性的。宪法有两个（相互重叠的）功能：一是保护个人权利；一是为如果多数派当政便会实施的某些政治变革设置障碍。任何一个政府都想无拘无束，都想拥有广泛的裁量权，因为政府倾向于过高地估计其政策产生预期效果的确定性。公开性和由那些受行政决策影响最大的人参与行政决策，这些程序性原则是民主的价值，而不是从宪政思想中推导出来的。对政府行为的宪法约束在某种程度上正被民主监控所取代，同样地，对多数决定规则的实质性的宪法约束，已为程序性控制所取代。如果法律是由按适当方式选出的国会制定，并通过适当的参与程序加以执行，那么，对宪法约束的需求就可能显得不那么迫切了。[①]

（九）费伦：作为讨论的协商

詹姆斯·费伦（James Fearon，1963—　）主要关注的是作出政治决策之前的讨论具有什么意义或价值，并提出了支持讨论的六个主要原因或理由。

（1）揭示私人信息。如果投票程序不能使私人信息的揭示像自由讨论做到的那样细致，如果个人对于可能结果的偏好不是存在如此分歧，以至于使得讨论没有信息性和价值的话，那么，希望作此集体决策的群体可能更想进行讨论而不仅仅是投票。

（2）减少或克服有限的理性带来的影响。一个群体想就某些事情进行讨论而不是简单地进行投票，其原因之一就是想减少有限理性的影响，讨论可以实现这个目标，即使该群体中存在着众所周知的利益冲突。尽管在有些例子里，投票体制是一种获得私人信息的有效方式，但是它很可能不是克服有限理性的好方法。

（3）推动或鼓励一种为需求或要求进行正当性辩护的特殊模式。投票之前进行公开讨论的好处之一是，参与者可能因为害怕表现出自私而不愿意提出或支持纯粹自利的提案。只要相关的人还持有那种不想表现出自

---

① 参见〔美〕约·埃尔斯特、〔挪〕斯莱格斯塔德编《宪政与民主——理性与社会变迁研究》，潘勤、谢鹏程译，生活·读书·新知三联书店 1998 年 12 月版，"导言"，第 1—7 页。

私或自利的动机，或者受到这方面的激励，那么，支持进行公开讨论而不是遵循更机械的投票程序的理由将会鼓励人们提出具有公共精神的理由和建议，它们将促进所有人的利益。

（4）有助于产生在该群体看来是合法的最终决议，以便加强该群体的团结或促进该决议的有效实施。如果讨论总的来说会促进意见一致，那么它会比简单投票更合意，因为它有利于决策的实施和可能更广泛的社会团结。在人们将公正程序与拥有发表意见的机会联系在一起的文化或社会下，讨论因为同样的理由而是合意的。

（5）提高参与者的道德素养和知识水平。如果我们不期待讨论对集体选择的质量产生任何积极的影响，那么，纯粹为了在道德和知识上改善我们自身而进行讨论将是非常奇怪的。这往往会使讨论或协商变成一种特殊的文字游戏：或者我们为了自己的利益而被一些聪明的政治哲学家所欺骗，为了作出好的决议，他们让我们去进行协商，真正的目的是提高道德；或者我们在协商的真正目的方面沉迷于集体性自我欺骗，假装协商是为了产生更好的政策。政治理论中关于协商民主的某些研究已经强调如下相关的理由：一是积极参与协商将使人变成更好的公民，以及也许是更好的人；二是更广泛的公共协商将增强人们对共同体和共同命运的意识。这两个理由各自都是存在弱点或是不完整的。

（6）做"正确的事情"而不受讨论结果的约束。为讨论的正当性进行辩护的一个完全不同的路径，就是论证该程序本身就是好的或正确的，它不受任何所期望的结果的约束。即使我们预料讨论可能产生负面的结果，但我们仍旧想要讨论，因为这只是所要做的道德上正确的事情，或者因为没有其他过程能够产生政治上合法的决议。[1]

（十）本哈比：协商式的民主模式

塞拉·本哈比（Seyla Benhabib，1950— ）将民主理解为一种组织模式，它针对的是社会的主要机构中权力的集体运用和公共运用，它建立在这样的原则之上：事关集体福祉的决策可以看作是由自由而理智的协商程序产生的，而协商是在道德和政治上平等的公民之间进行的。

---

① 参见［美］詹姆斯·费伦《作为讨论的协商》，载［美］约·埃尔斯特主编《协商民主：挑战与反思》，第45—67页（第2章）。

　　本哈比倡导的是一种"协商的民主模式"。在协商式的民主模式看来，合法性和合理性是一个政体集体决策过程的必要条件，政治制度的安排必须使公共利益的考量均出自于自由而平等的公民所进行的合理而公平的集体的协商过程。

　　话语伦理模式为协商民主模式的有效性诉求提供了最普遍的原则和道德直觉。这一模式的基本思想是，只有当各项规范得到受其影响的所有人的同意时，这些规范才能说是有效的。而且，这种同意是协商的结果。协商又具有如下特征：（1）协商的参与是基于平等和对称性原则，所有人都有发起话题、质疑、询问和辩论的同等机会；（2）所有人都有权质疑协商的主题；（3）所有人都有权对对话程序的原则及其运用或执行方式提出反思性论证。这种特殊的论证情形被称为"实践话语"，其程序特征并没有自动地转化到宏观制度层次的能力，也没有这个必要。民主理论和一般的道德理论不同，它必须关注制度的规范及其实践可能性的问题。尽管如此，话语模式的程序性约束可以担当起检验标准的重任，对成员标准、议题设置规则和制度内及制度间公共讨论之结构性规范进行评估。

　　在协商模式看来，是协商的程序产生了合法性，并保证了某种程度的实践理性。这种协商式的民主模式是程序性的，因为它首先强调的就是制度化的程序和实践，并将其置于最重要的位置，旨在借此达成对所有人都有约束力的决策。这种民主概念有三个要点值得注意。（1）在价值多元的社会中，我们不能在各种实质性的信念层次上寻求共识，而只能到追求达成或修改信念的程序、过程和实践中去找，程序主义对于实质层次上持续存在的价值冲突是一个合理的答案。（2）协商民主模式的基点不仅仅是价值冲突，它同样也基于社会生活中的利益冲突。程序主义的民主模式允许在各方都可以接受的社会条件下表达利益上的冲突。（3）现代社会不可能按照公民大会集体协商的想象来组织其社会生活。程序主义的协商民主模式并不需要借助普通的公民大会集体协商的想象，其原因在于这种模式程序规范赋予多元的联合以优先地位，在这种多元的联合中，所有将受政策影响的人都有权表达自己的观点。从政党、公民倡议到社会运动、自愿团体，一直到各种增强自我意识的团体都囊括在这种多元的联合之中。正是通过多元化的组织、网络和联合形式之间的交互作用，一种匿名的"公共对话"浮现出来。这种相互交织、互相重叠的协商、论辩和论证的网络和联合才是协商民主模式的核心。普通的公民大会集体协商的想象属于早期的民主理论。今天，我们的民主模式需以松散的联合、多元视点的意见形成和传播为媒介，在这种自发的自由沟通中多元的意见相互激荡。

协商民主模式最主要的制度特征是它是由众多公共领域和公共对话组成的一个多样化的、匿名的、异质的对话网络。和其他社会生活领域一样，以公共协商为核心的协商民主模式可以激发、增生出不同的制度设计。①

（十一）德雷泽克：话语民主

约翰·德雷泽克（John S. Dryzek，1953—　　）明确提出了"话语民主"的概念，并将其与"协商民主"等同地使用。按照德雷泽克的解释，"协商民主"（deliberative democracy）的路径强调的是政治领袖意识中的协商。"话语民主"（discursive democracy）强调的是交往。②

德雷泽克对"话语民主"的定义，包括以下要点。（1）民主的本质是协商，而不是投票、利益聚合与宪法权利，甚或自治。（2）公共领域是一个必不可少的政治活动空间，在这里，人们围绕公共事务进行交往，并且这种交往是指向公共政策的。（3）这种交往本身并不涉及国家权力或者公共权威的正式运用；这种交往可能发生在各个层级上，既可以发生在地方层级，也可以发生在国家层级，还可以发生在国际层级上。（4）话语民主并不是一种民主模式，因为它没有给出一个详细而确定的制度体系；相反，我们最好把话语民主看作一种民主化策略。（5）话语民主应该是多元的，它意味着有必要在不消除差异的情况下进行交往；话语民主应该是反思性的，它质疑既有传统（包括协商民主本身的传统）；话语民主应该是超越国家的，它有能力超越国家，进入没有宪政框架的情景；话语民主应该是生态的，它与非人类的自然的交往是开放的；话语民主应该是动态的，它对民主化的约束和机会是不断变化的。③

---

① 参见［美］塞拉·本哈比《走向协商模式的民主合法性》，载［美］塞拉·本哈比主编《民主与差异：挑战政治的边界》，黄相怀、严海兵等译，中央编译出版社 2009 年 4 月版，第71—95 页（第 4 章）。

② 参见［澳大利亚］约翰·德雷泽克《协商民主及其超越：自由与批判的视角》，丁开杰等译，中央编译出版社 2006 年 9 月版，"中文版序"，第 1—2 页；"前言"，第 2—3 页。

③ 同上书，"中文版序"，第 1—2 页；"前言"，第 1—4 页。

德雷泽克指出，民主的合法性取决于所有参与决策的个体之间进行真正协商的能力，正是在这个意义上，我们说协商民主本身是作为一种理论而出现的（即使它不是作为一种理论而结束的）。民主化在极大程度上（尽管并非绝对地）是社会政治生活中的不同团体的积极认知和包容过程，公民社会可以成为推进民主化进程的大本营。国际公民社会所扮演的角色是关键的，特殊的网络形式在建立对政治观点的措辞和国际体系当中的治理运作上进行协商式的民主控制上，可以起到关键作用。[①]

德雷泽克对协商民主论者内部争论的一些问题，提出了自己的简单看法。

第一，对理性讨论的强调是否对消除合理的异议会形成一个抑制性的甚至可能是麻痹性的力量？话语民主能够将差异性和超越理性的不同交往形式融合在一起，强调话语竞争仍是协商民主思想的核心，它允许来自异议和来自边缘的声音。

第二，有没有一些首先应该被排除的交往类型（如种族主义或宗教的）？协商民主并不是排斥性的绅士俱乐部。

第三，在得到论坛认可之前，一些特殊的程序价值（比如公正、礼貌或者互惠）是协商民主者必须具备的吗？协商实践是学会礼貌和互惠的唯一方式。同样，协商民主在这里也不是排斥性的绅士俱乐部。

第四，不允许有更多特殊的和有偏见的利益吗？局部利益也是合法的，消除局部利益不应该是一个有争议的话题。我们应该依靠协商的内在机制来在个人利益和公共利益、局部利益以及整体利益之间取得一个合适而且接受的平衡关系。

第五，协商是否可以和讨价还价并存？许多集体选择过程是由讨价还价开始的，讨价还价的本质是一种策略行为。应对讨价还价问题的一个简单方式是做出以下定义：协商要求参与者愿意反思和改变他们的偏好和观念。即使参与者之间存在不信任，从而意味着讨价还价在决定集体结果中是决定性的，协商也仍然可能是有用的，它能促使参与者增加参与的维度以及选择，从而提高进行稳定而非武断性讨价还价的可能性。

第六，协商应该导向共识，抑或它仅仅是票决的一个序曲？从定义上

---

① 参见［澳大利亚］约翰·德雷泽克《协商民主及其超越：自由与批判的视角》，第 77、95、106—107、130 页。

看，达成共识是指不仅对行为过程达成统一的意见，而且对行为的原因也达成统一的意见。在此意义上，达成共识不仅符合罗尔斯式的公共理性，而且符合哈贝马斯提出的理想的演说情景，它们是当今协商民主思想的两大来源。

第七，协商的合适归宿是既有的自由民主代议制，还是应该向更广的社会层面推进协商？协商可以发生在代议制及法律体系中，但是它并不是进行协商的唯一场所。协商最重要的替代场所是公民社会或公共领域。这种对公民社会的强调并没有把协商民主置于一个无力的境地，因为协商同公共领域的话语竞争联系在一起，从而有由此而产生的公共舆论可以转换为行政权力。大量的公共舆论转达机制是可以获得的，包括话语机制。选举并不是唯一一种将公共舆论转达给国家的方式，或者甚至不能说是最重要的方式。

第八，协商是否应该受到事先就排除协商的特殊结果的那些宪政规范的制约？自由宪政主义协商民主论者通过三种方式来解决民主和宪政主义之间长期存在的紧张关系。（1）协商原则可以用来证明自由权利的正当性。（2）宪法可以被设计来保护协商领域等。（3）制宪本身就是一个协商过程。特别是，协商民主能够对所有参与讨论的个体利益作出反应，从而使参与者进行权利保护的需要少得多。将协商扩展到包含各种交往形式，有助于保护少数派免受多数派的侵害。

第九，政治平等是协商理念的核心吗？政治平等是假定所有参与政治过程的行动者都有平等机会影响结果。任何对这一理念的偏离都违背了协商民主的关键原则之一。如果我们将协商运用到各种交往中而不是仅仅局限于讨论中，那么唯一的权力应该是"最好的交往，最少的强制"。个人之间的协商能力从来不会是完全平等的，作为一个话语竞争，话语民主甚至可能需要一定程度的不平等，因为这些不平等有利于争论。

第十，协商是否是更有效解决社会问题的决定性手段？话语民主在当今有助于解决复杂社会问题的政治手段中可能是最有效的一个，因为它提供了将作为复杂性特征而存在的各种不同观点连成一体的手段。认识论观点的正当性依赖于协商民主区分好坏观点的能力，而不是取决于协商民主使所有理性发挥作用的能力。任何把协商和解决集体问题联系在一起的做法，都需要有这种认识维度。

第十一，我们应该努力使所有决定都服从于广泛的协商，还是仅仅服从于一些特别重要的协商。协商需要花费时间和精力，纯粹经济的原因就表明，并不是所有公共或个人的决定都要协商。协商最适合用在那些重要、难以处理或者既重要又难以处理的决定上。民主理论家没有多少必要专门在需要协商解决问题之前准确地称述一个决定如何重要或者如何难以处理。在公共领域里，决定本身是由行动者来作出的。如果有足够多的行动者认为一个问题需要关注，那么这个问题也就有充分的理由被提到协商日程上来。

第十二，是否应该将协商限制在预先规定的社会成员内部，协商在跨越社区界限后能否有效地进行？如果民主在超越共同体边界的问题上保持沉默，那么，民主就被排除在当今世界的许多主要问题之外。①

（十二）艾丽丝·马里恩·扬：交往民主

艾丽丝·马里恩·扬（Iris Marion Young，1949—2006 年）希望对协商民主理论进行一些修正，并提出了"交往民主"的概念。这样的变化出于两点原因：一是在民主讨论中，文化、社会视角或排他主义承诺上的差异都应该被视为达成理解的资源，而不是必须予以消除的分歧；二是需要对民主沟通概念进行扩充，除了论证之外，礼节、修辞和叙事都应该是对政治讨论有所裨益的交往形式。

不同于以利益为基础的民主观，交往民主强调，当人们与他人就观点和经验进行交流时，他们的政治观点常常发生改变。在就集体行动或公共政策进行公共讨论的过程中，如果人们只说他们要什么，而不诉诸正义和正当性时，他们就不会受到认真的对待。相反，他们必须声称自己提出的建议是正义的、有根据的、其他人可以接受的，以此来吸引他人的注意。这一过程促使个人的初始偏好从主观的欲望转向客观的要求，偏好的内容也会随之发生改变，即通过诉诸于权利或正当性使自己的主张适合于公开地陈述。通过倾听和了解他人的观点，人们对于如何解决集体问题的观点有时也会改变。严重的相互依赖、郑重其事的平等尊重和程序上的共识这三个条件，都是交往民主所必需的一致性。在这种最低程度的一致性条件（这也是交往民主的特征）下，如果将社会地位及身份上的差异视为公共理性的资源而非其必须予以消除的分歧，我们就会对民主讨论的过程有更

---

① 参见［澳大利亚］约翰·德雷泽克《协商民主及其超越：自由与批判的视角》，"前言"，第6—7页；正文，第157—165页。

为丰富的理解。①

（十三）古丁：政策的"内在思考"

罗伯特·古丁（Robert Goodin，1950—　）认为协商是就赞成或反对一个行动方向进行权衡，在这一意义上，它可以产生于并且必须最终产生于每个人的头脑之中。协商民主论者面临的挑战在于，在大社会中想要安排面对面的讨论是不可能的。古丁建议将关注点从"外在集体"转到"内在思考"，将协商民主的大量工作转换到每个人的头脑之中，从而减轻大众社会中协商民主的负担。也就是说，协商并不是使人们"通过对话在场"，而是使人们以协商者的思想"通过想象在场"。

如果社会还没有小到足以让所有相关的公众都参与到真正的对话交流中来，内在思考对话就可能有利于了解外在的集体对话。至少这一办法与协商民主论者为了克服大规模社会的时间、人数、距离上的限制而提出的其他建议一样有用。并且，正是因为它不要求人们代表自己说话，内在思考的协商可能比外在集体的协商更好地代表那些不善交流或交流有障碍的人。

内在思考协商不是对外在集体决策程序的替代，而是对之的输入。就像在一个小型会议上，通过无限制的讨论并最终进行非协商的表决，协商民主的必要条件可以达到。同样地，在大规模的大众社会里，通过广泛的内在思考协商，并最终进行非协商的投票，协商民主的必要条件也可以达到。并且，内在思考越具民主协商性，那么在大规模的大众社会中存在的，外在集体决策过程不具有直接协商民主性这一问题，就越是变得不重要了。②

（十四）里布：公众部门决策

伊森·里布（Erhan J. Leib）对协商民主观念的解读，包括五个方

---

① 参见［美］艾丽丝·马里恩·扬《交往与他者：超越协商民主》，载［美］塞拉·本哈比主编《民主与差异：挑战政治的边界》，第116—131页（第6章）；《作为民主交往资源的差异》，载［美］詹姆斯·博曼、威廉·雷吉主编《协商民主：论理性与政治》，第284—303页（第12章）。

② 参见［美］罗伯特·古丁《内在的民主协商》，载［美］詹姆斯·菲什金、［英］彼得·拉斯莱特主编《协商民主论争》，第57—83页（第3章）。

面。（1）它强调人民主权是其价值追求所欲达到的理念。作为一种期望，人民主权通常认为，每个公民在一些现实的、具体的方式上应该是他/她自己法律的创造者。（2）公民自身必须积极参与到政治意志的形成过程中，从而使政府行使的强制权得到合法化。但是，为能达到代表所有公民的充分代表性，大众协商制度中的参与必须是强制性的。（3）提倡将公民、选举的代表、利益集团的领导以及法官吸纳进去，公民直接参与法律制定能够克服一些立法上的缺陷。（4）面对面的、互动式的协商应该优先于远程民主。（5）协商民主观并不具有共识导向，也不希冀从政治问题中寻求"真实"或者"正确"的答案。相反，它注重辩论、讨论和对话，并努力在通过投票（当然，这是非协商的）来形成偏好聚合之前促成一场完全的、公正的就问题而展开的讨论，它拒绝对任何来自大众的观点进行限制与审查，因为它认为任何观点都应该畅通无阻地传播。①

　　作为一个民主工程，期望建立一种让普通公众参与其核心政策的混合政体（即通过政府、精英以及普通公众共同协商来作决定）的努力是很值得考虑的。这种三方机制的观念强调了如何将公众需求纳入国家政策并因此可以阻碍贵族制以及介于国家与不同利益集团之间的双重联盟体制的建立。就此而言，重要的是探讨一下如何通过社会运动和制度创新的互动来建立一种民主机制。也就是说，我们要研究的是普通公民如何通过社会运动和公共讨论的方式，来促进全社会不同阶层就有关政策展开对话的可能。②

　　里布提出了建立"第四部门"既"公众部门"的构想：在行政、立法、司法三权之外，人民需要另外一种更清楚反映其心声的权力，我们称这样一种权力部门为公众部门，因为它旨在更具体地展现我们对人民主权的认识。在实践中，这一权力部门应取代公民创制和复决，它建立的制度应解决公民创制和复决等形式的直接民主所存在的缺陷。公众部门由525名分层随机抽样挑选的具有选举资格——尽管不一定要进行选民登记——的选民组成，这些人被分为15人左右的小组进行辩论。在全体会议中，公众部门以这些临时组成的小型公民陪审团进行他们的"要价"。在协商

---

　　① 参见［美］伊森·里布《美国民主的未来：一个设立公众部门的方案》，朱昔群、李定文、余艳红译，中央编译出版社2009年4月版，"中文版序言"，第1—2页。
　　② 同上书，"中文版序言"，第4页。

会议上就政治性政策进行辩论。公众部门的管辖权限取决于所要讨论的政策问题。地方和联邦的问题都可以由随机抽选的公民代表来解决，虽然它们之间有一些细微的不同，但它们的问题都可以通过相似的程序进行"协商"解决。在全国性的会议中，最好有几个地区性的会议。在地区性会议中总的选票是集中的，而不是加权的———一人一票。甚至大州也可以就一州范围内的民众行动要求地区性的公民随机抽样。必须要有一个更高的标准才能把某项议题提交政策陪审团。要有百分之十的相关投票人员同意把某项建议提上协商日程（而不是同意建议本身），同时，需要按照某种平衡原则获得来自全州或全国范围不同地区发起该项建议者的签名。这样的政府第四部门要求有一个新的管理、组织和筹备协商陪审团程序的管理机构，如"宪法修正案公民委员会"。管理机构的作用应该是程序性的而不是实体性的，此类委员会稍作调整就可以适用于各级政府。通过随机抽样挑选的协商人员，每个协商者进行秘密投票，但是协商应该保持公开，协商情况应该被记录并形成公文，不仅报告最后的投票情况，而且记载协商会议的全过程。所有的协商会议都将就二元选择问题（赞成/反对）进行表决，每种情况都需要运用绝对多数原则。[1]

里布还就"公众部门"或"大众机构"提出了八种设计理念：（1）宪法；（2）权力分立；（3）政治文化；（4）陪审团制度；（5）公民社会；（6）民意；（7）协商过程的精英管理；（8）达成共识。[2]

（十五）曼宁：协商与决策合法性

伯纳德·曼宁（Bernard Manin，1951—　）指出，合法性的来源不是业已决定的个人意志，而是意志的形成过程，即协商本身。从特征上讲，因为政治决策要施于众人，所以，作为合法性的基本条件，寻求众人的协商，或者更准确地说，寻求众人参与协商的权利，是合法性最主要的条件。一个合法的决策不代表众意，但它源自众人的协商。它是每个人的意志形成的过程，这个过程将其合法性归结于结果，而不是已经形成的意志的总和。协商的原则既是个人主义的，也是民主的。它意味着，所有的人都参与协商，而且在这个意义上作出的决策可以合理地认为是来自人民

---

① 参见［美］伊森·里布《美国民主的未来：一个设立公众部门的方案》，第15—34页。
② 同上书，"中文版序言"，第2—4页。

（民主原则）。这种决策还来自个人的自由：那些个人一起协商，通过协商形成他们的意见，在这一过程即将结束时，每个人自由地作出这种或那种选择（个人主义的或自由的原则）。协商的过程存在着两个维度，它同时既是集体，也是个人的。协商倾向于增加信息，并突出个人的偏好。它有助于他们发现已经提出的解决方案，以及认识到自己早先未能理解的自己的目标。但是，协商不只是一个发现的过程，参与各方都不会满足于提出各种相互冲突的主题，他们还试图说服他人。他们认为，辩论是连续地提出各种主张，目标在于促进或强化倾听者的认同。在这个意义上，它是一个争议和理性化的过程。社会需要保留部分最后决策的权力，即使它不会连续地到处干涉。因此，除非我们相信这种决策权可能会通过某种形式形成，只要它在某种程度上发挥决策功能，我们就必须发现最可能做出这些合理决策的程序。某些行为主张必须禁止多数原则，例如，它不应该排斥任何人投票和参与协商的权利，它也不应该压制有效行使这种权利所必需的基本自由：良知的自由、言论与出版自由和结社的自由。对于政治决策理论来说，全体一致不是一种充分必要条件。我们有理由肯定，作为合法性基础的不是他们业已确定的意志，而是他们决定他们意志的过程，这就是协商的过程。因为在现代社会中，合法性关心的问题均来自自由的个人。[1]

（十六）莱文等：协商民主关注的重要问题

彼得·莱文（Peter Levine）、阿休·冯（Archon Fung）、约翰·盖斯特尔（John Gastil）指出，虽然协商具有极其重要的价值，并有改善当代民主的希望，但它也有四个重要的局限。（1）公共协议难以捉摸的性质。协商并不经常生成一个全面的共识，特别是在较大的公共机构里。尽管人们在协商进程中经常改变他们的意见并开始更好地理解彼此的需要、价值观和信仰，但是他们很少达成全面的一致。由于在几乎所有的对话中分歧都执著地存在，如果没有一些诸如投票之类的方法，一个群体就无法作出决定，而这些方法又提前关闭了进一步协商的大门。（2）组织化的挑战。良好的公共协商不是自我生成的。为了实现高质量的协商，必须有人来组

---

[1]　参见［法］伯纳德·曼宁《论合法性与政治协商》，载《协商民主与政治发展》，第111—141页（第4章）。

织一个话语进程、选择一个主题、征召参与者、准备背景材料或邀请发言人、提供主持人、查你从事这些事情所必须的资金。更大的危险是协商根本没有足够的组织。（3）规模的挑战。要在政治上和社会上变得有意义，从直接或间接地包含更多参与者的意义上讲，公共协商必须"向外"和"向上"拓展规模。（4）对公共政策的影响。即使是高质量的公共协商也并不会自动导致社会或政治的变化。大多数公共协商也并不直接改变公众的决定和行动。到目前为止，大多数公共协商都降低了支持参与者的风险，尤其是在美国。在某些情况下，没有任何认真的、改变公共政策以使之匹配于市民对话的努力。在其他情况下，协商对于公共政策确实有直接的影响。

2003 年协商民主联合会召开会议制定的研究议程，确定最优先研究的问题是：（1）如何设计与建构协商进程与结果的影响质量（标准）；（2）协商在什么条件下影响着公共政策；（3）除了政策上的变化外，还有什么其他的重要协商成果，这些成果是可以衡量的吗，如果可以的话，如何去测量；（4）我们应该如何衡量协商的质量；（5）协商与宣传/公众参与之间是什么关系；（6）协商民主运动能够从其他的社会运动中学到什么；（7）在协商过程中什么是公众的利益；（8）协商的规模怎样才能够得到增加，协商规模怎样才能够得以制度化。[①]

"参与民主"、"自治民主"和"协商民主"三种民主理论，共性是都主张公民的直接政策参与，并且都认为这样的参与可以在不同的层级实现，不同的是各自所强调的方式。"参与民主"最看重的是"讨论"方式，"自治民主"主要关注的公民社会的自治或"集体自治"中的参与，"协商民主"则希望采用更多元的参与方式，不仅仅是讨论，还有对推理、交往以及"话语民主"等方式的注重。

---

① 参见［美］彼得·莱文、阿休·冯、约翰·盖斯特尔《公共协商的未来》，载《协商民主与政治发展》，第 369—391 页（第 14 章）。

第八章　行政学视域的政策
与民主关系问题

20 世纪前叶，韦伯和威尔逊、古德诺分别提出的"官僚决策的政策范式"和"行政民主政策范式"，对后来的行政学发展产生了重要的影响，行政学家既有对这两种范式的继承或批评，也有一些重要的补充和发展。

一　民主行政理论与公共政策

20 世纪中、后期出现的民主行政理论，以质疑或否定"政治—行政"二分法为特征，对"行政民主政策范式"给予了一种新的表述。

（一）弗雷德里克：民主与政策责任

美国学者卡尔·弗雷德里克（Carl J. Friedrich，1901—1984 年）认为即使在最好的安排下，行政活动中的大量不负责任的行为也是难以避免的。一旦考虑到选民和立法机构，除非通过详尽的技术清楚地阐明公共政策许多不同阶段的活动及其目的，委托人不可能有效地确保公共事务行为是负责任的；正是在这一点上，政策抉择的决定性影响就变得明显。他讨论了公共政策与行政责任的关系，并提出了以下论点。

第一，否定政治、行政二分法。长期以来，人们习惯在政策制定和政策执行之间作出区分。这种区分导致的结果是大量的混淆和争执。一个原本足够复杂的问题——公共政策是如何被采用，如何被执行——被一个巨大的意识形态的上层建筑弄得无所适从。公共政策制定和执行的具体模式表明，政治与行政并不是两个相互排斥的区间，或者是绝对的区分，而是同一个过程的彼此紧密联系的两个部分。公共政策是一个连续的过程，其制定与执行是密不可分的。公共政策被执行之时，也是其形成之时；反过来也一样，当其形成之时，也是其被执行之时。政治与行政在政策的制定与执行过程中扮演着连续的角色，尽管可能在政策的制定中政治的意味多一些，在政策的执行中行政的意味多一些。同样的问题可以从另外一个角度来思考。所谓的政策，就其通常的含义而言，是关于在既定的情境中去做什么或不做什么的决定。我们这个时代的特征是将绝大多数立法都看作政策制定。因此，宽泛意义上的政策制定不能被看作行政的一部分。尽管在一般意义上这些命题是正确的，但是它们模糊了两个重要的事实：（1）许多政策并不是由立法者或独裁者大笔一挥签署而成的，而是经过漫长的时间演变而成的；（2）行政官员在这一政策演变过程中持续地扮演了重要的参与者。

第二，行政责任（政策责任）具有双重标准。某项政策没有适当地考虑到关于技术问题或人类知识的现存总量，那么我们有权称之为不负责任的；某项政策没有适当地考虑到社群特别是考虑到大多数人的现有偏好，我们同样有权称之为不负责任的。负责任的行政管理者要对如下两种主导性因素负责：技术知识和公众情感。除了那些能够根据相关的科学知识对政策进行判断的技术专家之外，没有谁能够有效地实现迫切的技术需要。一个经常忽视自然法则的公共政策注定是要失败的，不管这一政策受到受欢迎的演说者、狂热的党羽或聪明的野心家们的鼓吹。

第三，关注政策的政治责任。技术责任并不足以保证一项公共政策是健康的、积极的，而在一个民主政府中，为了作出真正负责任的政策，政治责任也是必需的。真正负责任的制度保护措施只代表着一个近似值，而且不是一个特别接近的近似值，一个原因在于政党的侵入，另一个原因在于公众在试图把握政策时所遭遇的重大困难。

第四，注重公民的政策参与。只需意识到代议机构能够终止一项政策向前发展，或意识到公共媒体的一行字能够使得行政官员失去启动一项他们希望开展的活动的机会，就会使得行政官员对于公众和议会或者国会的预期反应变得敏锐和感兴趣。政治的影响通过这样的预期而最有效地发挥作用，而不是通过政策被采用之后的推倒重来发挥作用。对于指引行政官员以一种负责任的方式制定公共政策，普通民众的观点和反映变得越来越重要。各种可讨论的观念、事实和批评的摄入，正在成为影响公共政策的一个有力的因素。执行命令的观念现在要让位于使得政策有效的观念。对现代政府的绝大多数政策来说，为了保障它们的实施，在民主条件下，需要的是合作而不是强力。

第五，政策中的顾客至上主义。有一种值得称赞的倾向，"顾客总是对的"。如果有摩擦发展的话，或者政策有缺陷，或者执行政策的方法有缺陷。许多要求重要的联邦机构的信息服务回答的问题都没有答案，这些问题要么是提出了没有被预期到的政策议题，要么至少是政策议题没有被有关行政官员解决，要么是返回到国会寻求解决方案。

第六，民主政府的正确政策。通过会聚许多不同利益和观点，民主政府就可以继续提供一个最近似于达成"正确"结果的政策制定过程。正确的政策是这样的：它们对于大多数社群来讲是正确的，同时也不违背"客观的"科学准则。只有这样，公共政策才能有益于人民所希望的幸福。[①]

（二）沃尔多：民主行政理论的提出

德怀特·沃尔多（Dwight Waldo，1913—2000 年）指出，如果行政真是"现代政府的核心"，那么 20 世纪的民主理论必须包含行政在内。沃尔多认为民主行政只是将来的和潜在的民主，并提出了以下论点。

（1）民主的中心含义存在于一种伦理准则、一套价值体系中，自由、平等、博爱构成了民主"真实"内容的绝大部分，如果没有上述概念，那么当代民主的全部装备，如代表大会、公民权利、普选权、司法独立等，就是毫无意义的。

（2）近年来的各种变化为民主理论的主要发展扫清了障碍，奠定了基础。首先，一个年代以前被普遍认可的教条——即政治与行政是彼此不同或几乎不同的范畴——已经完全崩溃了，或者遭到了拒绝。其次，将效率看作行政研究的中心概念的做法，不断地遭受批评。最后，尽管"整合原则"对于超过一代人来说是可以同时获得效率与民主的现成处方，现在也受到了越来越多的批评、修正和抛弃。

（3）对于民主行政（democratic administration）理论的发展来说，最大的障碍并不在于对于效率的过分强调，而在于关于人类组织的"权威主义"观念的力量上。像所有民主政治理论一样，民主行政理论的中心

---

① 参见［美］卡尔·弗雷德里克《公共政策与行政责任的本质》，载颜昌武、马骏编译《公共行政学百年争论》，中国人民大学出版社 2010 年 1 月版，2012 年 4 月第 2 次印刷本，第 3—12 页。

问题，就是如何去调和对民主的渴望与对权威的要求。在一个民主社会里，只有民主本身才是唯一能使权力合法化的东西。

（4）沃尔多不认为民主意味着"参与"：我承认我不知道行政中的民主可以确切地意指什么，我所说的是让我们去发掘它。①

伊兰·维戈达（Eran Vigoda）认为行政民主的迷失会导致公民对政府的疏远、不满、怀疑以及持续的嘲讽。从现实看，这种趋势有扩大的趋向，只有社会各类成员实现高度合作才有可能抵制离心力量的蔓延。新一代公共行政需要一种不同以往的精神，这或许是社群主义、宪政主义和活动主义相结合而成的新精神。从回应走向多方合作将会成为公共治理最为现实的未来发展前景。②

（三）汤普森等：行政伦理中的政策责任

特里·库伯（Terry L. Cooper）认为行政伦理涉及政体价值、公民权理论、社会公平、德性、公共利益五大问题，并强调公共利益在一种规范的行政伦理建构中有一席之地，它可以作为我们的道德指南，确立我们基本的义务取向。在每一个行政和政策决策前，通过提出一个重要问题传达出一种象征性目的："你是真正代表广泛的共享利益还是有限的特殊利益行动？"公共利益的概念是最为有用的，它在提醒我们作为公共管理者，我们的道德义务是针对前者而不是后者。③

丹尼斯·汤普森（Dennis F. Thompson）认为有两种论点构成行政伦理学成立的障碍。第一种是"中立伦理"，宣称行政管理者应该是中立的，他们遵守的不是自身的道德原则，而是组织的决定和政策。第二种是"结构伦理"，宣称不是行政管理者，而是组织应该对其决定的政策负责。

"中立伦理"压制了个体的道德判断，提前排除了道德上接受组织内部反对决策（至少是组织的"最后决策"）的可能性。但是，问题是我们

---

① 参见［美］德怀特·沃尔多《民主行政理论的发展》，载《公共行政学百年争论》，第59—82、90—94 页。

② 参见［以］伊兰·维戈达《从回应走向合作：治理、公民和下一代公共行政》（2002），载王巍、牛美丽编译《公民参与》，中国人民大学出版社 2009 年 10 月版，第 69—91 页。

③ 参见［美］特里·库伯《行政伦理中的大问题：需要集中与共同的努力》，载罗蔚、周霞编译《公共行政学中的伦理话语》，中国人民大学出版社 2011 年 4 月版，第 137—158 页。

怎样允许官员有机会表示不同意，而不损坏组织实现目标的能力。如果组织正在追求民主共和设定的目标，那组织内个体的不同意会搅乱民主过程。首先，我们必须坚持，那些不同意者要仔细考虑他们对质疑政策不同意的基础。不同意是道德的或仅仅是政治的，是一个不可靠的区分，因为几乎所有重要的政治决策都有道德维度。不同意者必须考虑他们所反对的政策是一时的决策还是一种持续的模式，组织正在追求的其他政策价值是否会超过政策的错误性。而且，不同意见者必须审视他自身涉入的程度与自身的角色：他们如何对政策负责，他们的反对对政策与其他组织的政策有何影响，政策在什么程度上违背了他们负有义务的群体伦理。这些考虑不仅决定官员反对组织政策是否合理，而且也有助于表现官员使用什么方法不同意是合理的。从最极端到最温和，有四种类型的不同意：（1）官员在组织内反抗表示不同意；（2）官员知道其上级意愿但是他反对，他在组织外表达其反对意见，然而同时他也会令人满意地执行其工作；（3）公开阻碍政策；（4）偷偷地阻碍，未经许可的揭露——泄密是最显著的例子。

民主制中公民带着改变法律或政策的目的违反法律时，可能被认为是合理的，但仅仅只有几种方式和在几种情况下，公民必须：（1）公开地行动；（2）承诺不使用暴力；（3）诉诸其他公民共享的原则；（4）挑战大量不公平；（5）在违反法律前已经穷尽所有正规反对渠道；（6）连同其他公民计划安排好不服从，以至于不会有损民主过程的稳定性。官员不服从与公民不服从不能以一种总体方式进行类比。考虑到不服从与其他不同意的形式，最重要的任务是发展一个标准，能有助于决定在不同状态下每种不服从的合理性。中立伦理使这样的任务成为不必要的，但是行政中立自身既不可能也不令人满意。

如果接受"结构伦理"的论点，将会使许多与道德有牵连的官员脱离负罪感。没有个人责任感，官员们就会更少在道德关怀方面行动，并且公民们会用更少的道德效果来挑战官员们。这样，民主职责可能被损坏。即使某角色受到法律的全面规定，规定官员可以做什么，我们也不能完全取消个体责任。官员会因为某个具体决策逃避责任，但他们不能因为寻求改变角色规定和产生决策的结构而逃避责任，他们也不能因为批评那些规定而逃避责任。批评一个人过去与目前的业绩，批评产生业绩的结构，可能成为公共生活中道德责任最后的避难所。①

凯瑟琳·登哈特（Kathryn G. Denhardt）以"政治视角"讨论行政伦理问题，认为直接承认公共行政既是政治的，又是行政的，那么仅从传统视角进入伦理学是没理由的。政治视角的取向指向拥护影响和回应政策的方向，这一视角与民主理念的实现是相联系的。官僚理念和民主理念不应当被认为是分离的和相互竞争的两方面，而应被看作同一信念制度的构成部分，它们使整个政治制度合法化。行政管理者不能单独依靠官僚规则和程序使其权威运作合法化，他们必须按照民主理念和原则来判断角色所从事的事务。行政管理者也不能单独依赖民主理念来使其决策合法化，他们必须关注民主理念是否以一种由更大信念制度所确立的与权力运作规范相一致的方式得到贯彻执行。

采用公共行政中的"政治伦理"，将基本上重新定义公共管理者与政治过程之间的关系，这将确立行政管理者作为合法性的权威，使他在追求民主理念中运用政治判断。通过抛弃政治中立的观点（对他们要负责实施的政策和价值，行政管理者不是中立的），这种伦理是民主和官僚理念的基本要素，但我们要清楚理解他们所能扮演的政治角色的准确本质。这种角色在宪法上是从属性的，并且要阻止他们卷入党派选举，但允许卷入政治争论和决策。因此，公共行政的政治伦理认为卷入政治环境是合理的，只要卷入的目的是追求民主理念，而且在大体上违背官僚理念，并不会损害公共信任以及政治信念制度。

凯瑟琳·登哈特认为，如果公共行政管理者内化了构成官僚理念与民主理念基础的信念制度，并且如果能正确地将公共行政职业者的社会化和培训定位为有德性的政治判断，那么行政管理者也许能运用在政治过程中会推进伦理与德性的领导权。②

二　新公共行政的政策愿景

20 世纪 60 年代晚期出现的新公共行政理论，提出了发展公共行政学

---

① 参见［美］丹尼斯·汤普森《行政伦理学的可能性》，载《公共行政学中的伦理话语》，第 41—52 页。

② 参见［美］凯瑟琳·登哈特《管理理念：政治视角中的伦理分析》，载《公共行政学中的伦理话语》，第 69—79 页。

的一些主张，这些主张在一定程度上反映出了支持新公共行政理论的学者的政策思维和政策愿景，可以列出美国学者弗里德里克森（H. George Frederickson，1934— ）的具有代表性的论点。

第一，新公共行政注重社会公平。社会公平强调的是政府提供平等的服务；侧重公共管理者在决策和方案执行上的责任；着重公共管理的变迁；鼓吹回应公民的需求优先于组织的需求。我们必须认知到重要的公共决策常富有高度的伦理色彩。足以适用于公民个人的和社会关系的伦理及道德标准，并不适合于行政人员的公共决策。行政人员所面临的决策问题，很少在伦理内容和结果上是非黑即白的单纯问题，经常亦不存在着所谓的"最佳方法"，而是寻求在有限资源的情况下达成最佳成果并且尽力消除负面影响的决定。①

第二，新公共行政强调平等。公共行政学的基本课题之一是对待公民应一视同仁。公共行政是为提供公共服务而存在，然而，公民也不能存有期待一个周到的公共服务而不付出任何代价的念头。②

第三，新公共行政不同意政策——行政的二分法。行政人员无疑地同时执行和制定政策，政策——行政连续体在经验上的正确性远胜于仅乞求于理论上的琐碎问题。行政人员不再是中立的，他们应把优良管理与社会公平内化为恒久的价值、终极的目标或是立足的基石。行政人员不是也不应是"中立"的机器人，以致执行公共政策时缺乏任何的参与。他们的工作不是裁判员或仲裁者的角色，他们应该是参与者。这样的公务人员绝非在窃取全民主权，他们反而能将主权向所有公民作最彻底的表达。③

第四，新公共行政倡导变革。新公共行政寻找的是一种可变革的结构，因此自然倾向于试验或倡议一种修正的官僚组织形式。分权、授权、终结、方案、契约、评估、组织发展、责任扩大化、面对面接触以及服务对象的投入等，在本质上都表现了反官僚的观念，充分体现出新公共行政的特质。此等观念系设计来强化官僚体制变革的潜能，以便进一步达成政策变革、促进社会公平的可能性。以分权为例，新公共行政要求的是管理

---

① 参见［美］弗里德里克森《新公共行政学》，曾冠球、许世雨译，智胜文化事业有限公司 2007 年 1 月版，第 7—8、43 页。

② 参见［美］弗里德里克森《新公共行政学》，第 8—9 页。

③ 同上书，第 9—10、138—139 页。

者的任务是确定组织内部作成的政策是否可以畅通无阻，以小型分权的层级节制加上大型方案，不发展组织，而是把组织分化成数个由蜕变后的人员所组成的自主单位。①

　　第五，新公共行政注重行政部门的政策制定和政策倡议。政府行政部门所具有的政策制定权，已逐渐得到认可。除此之外，政治管道和代表性的新兴形式，目前正在政府的行政部门形成当中。而这类管道和代表性很可能和立法的管道或代表性一样，对于重要政策的决定甚为关键。新公共行政不仅是尽可能更有效且经济的执行法规命令，同时也试图影响并执行与改善众人生活品质有关的政策。倘若行政机关是基本的政策战场，则部分公务人员为政策作直率的倡议亦无可厚非。政策倡议和管理一样有悠久的历史。②

　　第六，新公共行政受后行为主义影响。后行为主义者尝试以科学技术来协助政策选择和行政模式的分析、试验及评估。后行为主义和其前辈相较之下，减少了"一般性"而多了"公共性"，减少了"描述性"而多了"规范性"，减少了"制度取向"而多了"服务对象的感受取向"。③

　　第七，新公共行政关注政策参与的重要性。新公共行政的某些倡议，系强调内部参与的重要，公务人员对于影响其工作的政策，有涉入意见和发挥影响力的空间，经验上显示对其有正面的效应。倘若行政人员未经常与民选官员和立法机关保持直接和例行的互动，则欲了解公民需求无异于缘木求鱼。长久以来，开放与完全参与的决策过程为良善管理的圭臬。新公共行政的其他倡议则强调政策制定过程中的公民参与，公民参与、邻里自治、分权及民主的工作环境都是新公共行政的标准课题。未来的代表形式将有更多的公民和选民涉入其中，如此不但可以影响政策，也能够对部分公共议程加以调适。未来对于管理者——员工和管理者——公民之间的关系，不再是假定民主体系的维持止于投票箱；事实上，这个假定恰好相反——公共行政人员的工作始于投票箱。④

---

　　①　参见［美］弗里德里克森《新公共行政学》，第10—12、111页。
　　②　同上书，第12—13页。
　　③　同上书，第14页。
　　④　同上书，第15、40—41、54—55、66、78—83页。

三　新公共管理倡导的政策过程

20 世纪 80 年代兴起的新公共管理理论，产生了不同以往的政策视角和政策过程，可以列举一些具有代表性的论点。

（一）奥斯本、盖布勒：改革政府与改变政策过程

美国学者戴维·奥斯本（David Osborne，1964—　）、特德·盖布勒（Ted Gaebler）明确提出了"改革政府"的理念，并且强调"我们并没有把政府视作一种不得不忍受的邪恶"，"政府是我们用来作出公共决策的一种机制"，政府向我们大家提供有益服务的方式，政府是我们解决共同问题的方式，我们通过政府采取集体行动。① 奥斯本和盖布勒倡导的改革政府，主要目的不是批评政府，而是重新改造政府，将政府塑造为能够不断地以新方式运用其资源来提高效率和效能的"企业化政府"。② 他们提出的再造政府十条原则，几乎每条原则都涉及政策问题。

第一，起催化作用的政府：掌舵而不是划桨。企业化的政府开始转向一种把政策制定（掌舵）同服务（划桨）分开的体制，包括以下论点。（1）很少美国人会真的要求政府像一个企业那样行事——因为私人利润而关起门来迅速作出决策。如果它真的这么干，民主将首先受到损害。但是大多数美国人要求政府减少官僚主义。（2）制定全面战略的唯一实现途径是把掌舵与划桨分开，这样政策制定者才可以确定一个全面的战略，并且使用许多不同的划船壮丁来执行战略。（3）政府机构需要有灵活性来对复杂的迅速变化的情况作出反应。如果政策制定者只用一种方法，即由自己的官僚机构来提供服务，要做到这一点便很困难。一旦政策制定者改变策略时，这些垄断的服务提供者立刻成了问题。企业化的政府越来越多地把划桨和掌舵分开，公共服务的提供者同决策管理部门分开，而且"政府自己提供服务"只是"可供选择的手段之一"。（4）让决策管理者货比三家自由推选最有能力和效率的服务提供者，使他们花同样的钱能够

---

① 参见［美］戴维·奥斯本、特德·盖布勒《改革政府：企业家精神如何改革着公共部门》，周敦仁等译，上海世纪出版股份有限公司、上海译文出版社 2006 年 11 月版，2013 年 7 月第 10 次印刷本，前言，第 3 页。

② 同上书，前言，第 4—7 页。

得到更大的效益,使他们充分利用服务提供者之间的竞争,使他们保持最大限度的灵活性对变化中的情况作出反应,而且有助于他们坚持要求高质量工作表现的责任制。他们可以让所有利害攸关的人都参与政策制定的过程中,保证一切观点得到听取,一切可以采取有意义行动的人和组织都受到鼓励,加入解决问题的行列中去。(5)传统的政府忙于划桨而忘了掌舵。那些把掌舵决策转变为划桨执行的政府,只有少量第一线干活的人,更多的是决策者、催化促进者和牵线搭桥者。(6)当政府把决策同服务分开时,通常发现政府并不真正具备决策的能力。当政府要接受扮演更明确的催化剂的角色时,它们常常被迫研究建立能发挥掌舵作用的组织机构。掌舵型组织制定政策,给(公、私)执行机构提供资金,并评估它们的业绩,但是很少自己去发挥执行机构的作用。(7)讨论政府的作用,私有化实际上是一个错误的出发点。我们可以把个别的掌舵职能加以私有化,但是不能把治理的全过程都私有化。如果这样做,我们就会失去作出集体共同决定的机制,就没有为市场制定规章条文的途径,就会失去强制执行行为规范的手段。(8)多掌舵少划桨的政府,是力量更强大的政府。那些集中精力积极掌舵的政府决定其社区、州和国家的发展前途,他们进行更多的决策。[①]

第二,社区拥有的政府:授权而不是服务。奥斯本和盖布勒希望通过参与式民主给公民授权,指出今天的环境要求各种体制机构不是简单地替公民们服务,而且要把权力赋予公民。为了改变普遍的"庇护现象",在美国公共生活中的每一个方面都出现了同样的社区所有权和授权的主题,各级政府开始把所有权和管理权从官僚和专业人士手中夺回来交给社区。政府组织可以创造一整套各种各样的机会,不同的社区只要作好准备就可以来利用。当政府把所有权和控制交给社区时,它们的责任并不因此而结束。政府也许不再直接提供服务,但是仍然对保证满足居民需要负有责任。所有权的最终形式并不只是在解决问题或提供服务方面的所有权,而是政府的所有权。在理论上,我们的代议制民主体制给我们以政府的所有权。在现实中,几乎没有美国人感觉到他们"拥有"或者"控制"自己的政府。美国人确实渴望的是对直接影响他们生活的事物有更多的控制,

---

① 参见〔美〕戴维·奥斯本、特德·盖布勒《改革政府:企业家精神如何改革着公共部门》,序,第13页;正文,第1—20页。

正是在这些领域里美国政府内的参与式民主真正可以实现。①

第三，竞争性政府：把竞争机制注入提供服务中去。要使竞争发生作用，就必须对竞争仔细地加以组织和管理。仔细组织的竞争可以比由公营垄断组织提供服务产生更加公平合理的结果。在这一原则下，他们提出了两个值得注意的论点。一是政策机构之间的竞争——或称地盘间的争夺，只能使政府更加难以发挥指导性的作用。二是政府不给同它做大笔生意的企业以游说或提供竞选捐款的权利是明智之举。如果一家公司希望同公共部门做生意，它只需同意放弃作出任何努力去影响有关方面的公共政策。②

第四，有使命感的政府：改变照章办事的组织。我们接受规章和繁文缛节以防止发生坏事，但是同样这些规章会妨碍出现好事，它们会使政府的办事效率慢得像蜗牛一样。照章办事的政府有可能防止某种腐败，但要以巨大的浪费作为代价。要建立有使命感的政府，首要的任务是要清除多年积累的规章和过时的陋习的重负。应该进行三方面的改革。一是建立有使命感的预算制度，以放宽政策分类的范围进行预算编制；使议员们避免在微观管理的问题上作决定，使他们把精力集中于他们当选后要解决的大问题上。二是改变照章办事的人事制度，以 21 世纪的人事制度去取代为19 世纪设计的文官制度。三是建立有使命感的组织，围绕使命而不是围绕分管范围重新进行组织。③

第五，讲究效果的政府：按效果而不是按投入拨款。政策可能出现与主要目标相反的结果，由于拨款的计算方式重视投入而忽视结果，产生了同本来意图相反的效果。大多数的决策者在通常的政治程序中，从来不花费很多的时间去讨论希望花钱得到怎样的效果。绝大多数的议员和行政长官不知道他们资助的哪些计划成功，哪些失败。奖励成功或许是一种常识，但着重常识并没有使奖励成功得到普遍实行，我们通常奖励失败。现代的预算制度必须是按使命作预算的，必须是分权的和讲究效果的。④

第六，受顾客驱使的政府：满足顾客的需要，不是官僚政治的需要。

---

　①　参见［美］戴维·奥斯本、特德·盖布勒《改革政府：企业家精神如何改革着公共部门》，序，第 18 页；正文，第 21—42 页。

　②　同上书，第 43—69 页。

　③　同上书，第 70—95 页。

　④　同上书，第 96—118 页。

官僚政治的、无反应的、对所有人都千篇一律对待的政府是维持不下去的。民主政府是为它们的公民服务而存在的。在政府里几乎从来没有人使用顾客这个词，大多数公共组织甚至不知道谁是它们的顾客。传统的公共制度都是旨在便利管理人员和服务提供者，不是便利顾客的。公共服务机构从议院、市议会和民选的其他委员会得到它们的大部分资金。公共管理人要使其满意的顾客都是行政部门和立法机关——因为那是他们获得资金的地方。而民选的官员又受到选民的驱使——在大部分场合，受到组织的利益集团的驱使。在惯于挑选的顾客遇到提供统一服务的公共机构时，他们只能往别处去了。为了应付这些巨大的变化，有企业家精神的政府已经开始转变它们自己。它们通过顾客调查、重点群体调查和各种各样的其他方法，开始仔细听取顾客的意见，它们已开始向顾客提供选择，它为顾客建立后果负责机制。使公益服务提供者对它们顾客需要作出灵敏反应的最好办法，是把资源放在顾客手里让他们挑选。只要把我们的公共制度看成是一种基础结构，透明化概念就会变得明确起来。①

第七，有事业心的政府：有收益而不浪费。通过开发项目来获利，是有企业家精神的政府所采用的更积极进取的方法之一，这也比其他许多可供选择的解决办法有较大风险。一个有事业心的政府把其补助公之于众，依仗公众的压力来废除补助，然后想办法从有关服务来赚钱。②

第八，有预见的政府：预防而不是治疗。传统的官僚政府专注于提供服务以与问题作斗争。官僚政治的模式使政府全神贯注于提供服务——划船，而集中其主要精力于划船的组织就很少花精力去掌舵了。有预见的政府做两件根本性的事情。它们使用少量钱预防，而不是花大量钱治疗；它们在作出决定时，尽一切可能考虑未来。在利益集团不断迫使政府领导人作出短期决定的政治环境中，上述两件事没有一件是容易做到的。尽管是这样的政治环境，还是有办法使预见渗入决策过程。我们必须改变驱使着决策者的刺激动因，有事业心的政府试图用几种办法来这样做，如改变预算制度，改变会计制度，建立区域性政府，并改革选举制度。在最近20年中，有预见的政治程序变得越来越普通。在一个政治环境中最简单的方

---

① 参见［美］戴维·奥斯本、特德·盖布勒《改革政府：企业家精神如何改革着公共部门》，第119—141页。

② 同上书，第142—161页。

法是未来委员会。战略规划并不保证决定都将是正确的，只保证计划的制订是有预见的。也许最有效的努力不在于改变选举制度，而在于建立强有力的未来选举者集团。它们的举动像是长期议事日程的管理者，它们集中注意力于出现在远方的较大问题，为前瞻性思考建立论坛。它们像政治活动家和院外活动集团那样活动，把议事日程转换为政府政策。①

第九，分权的政府：从等级制度到参与和协作。奥斯本和盖布勒引用了阿尔文·托夫勒《前瞻性的民主政治》的观点：加快决策的压力猛烈地冲击着日渐增加的环境问题的复杂性和不熟悉，对此必须作出决策。一种办法是设法进一步加强政府这个中心；还有一种办法是通过群策群力，让"下面"或是允许"外围"作出更多的决定。奥斯本和盖布勒赞同的是后一种办法，指出富有企业家思想的领袖们在政府机构之间分散权力——把作出决定的权力从首都推向下面的州政府，进而推向地方政府。处理问题的责任应该尽可能地交给最基层的政府。民意测验表明，一个政府与其公民的关系愈密切，公民也就愈信任政府。关系愈密切，政府官员就可能更负责任并更有可能逐项提出解决问题的方法，而不是炮制一张包治百病的药方。联邦政府仍旧有责任提供资金，制定全面的政策框架，包括超越州和地方政府能力所及范围的政策、需要对财源最匮乏地区投资的扶贫政策、社会保障和事业补偿之类的社会保险计划、有些投资成本很大以致需要大量增加税收的政策。应该通过参与管理，分散公共机构的权力。应该让每一个人都知道自己在决策过程中都有他们的代表参加，而且每一个人都有直接"通向上头的渠道"可以表达自己的关心和愿望。哪里有参与管理的组织哪里就有协同配合的工作方式。②

第十，以市场为导向的政府：通过市场力量进行变革。美国各级政府总是运用市场机制在一定程度上达到它们的目的。但是当面临一个问题时，在政府中任职的大多数人出于本能，想到的总是行政性的计划，他们相信自己的职业是"管事"而不是组织市场。规范市场同建立行政管理的官僚机构提供服务事业是恰好相反的，它是第三种方式，既不同于自由派所主张的行政管理计划，也不同于保守派所要求的政府置身于市场之外

---

①　参见［美］戴维·奥斯本、特德·盖布勒《改革政府：企业家精神如何改革着公共部门》，第162—185页。

②　同上书，第186—209页。

的做法。这是一种运用政府力量来影响私人作出决定以达到集体目标的方法，是一种典型的企业化治理的方法，没有官僚主义统治的有活力的政府。政府因计划而遇到的麻烦：一是计划受选民而不是顾客的推动；二是计划受政治而不是政策的推动；三是计划创造了"地盘"，政府机构不惜代价全力保卫；四是计划倾向于创造分裂的服务系统；五是计划不是自我改正的，由于市场涉及数以百万计的独立的决策，而每一个市场参与者经常在评估他们的决策，因而市场在改正错误方面是相当迅速的；六是计划难得寿终正寝；七是计划很难达到为取得重大影响所必须的规模；八是计划通常运用命令而不是奖励手段，当命令无法行使（维护公共利益政策常常如此）的情况下，奖励刺激的方法往往更为有效。为了使市场机制更有效和更有用，我们需要家庭、街坊和社区的热情和关切。当企业化的政府脱离行政性的官僚机构时，它既需要市场也需要社区。①

（二）简·莱恩：契约主义的政策走向

英国学者简·莱恩（Jan-Erik Lane，1946——　）认为公共管理与公共政策、政策制定和政策执行以及公共行政密切关联，但是这些概念并不相互交叉，政策制定和管理之间存在基本的区别，但在理论上明确区分不同的管理行为，区分公共部门的政策和管理，是不可能的。公共管理既涉及政策制定过程中的目标决策，也关注管理过程中制度对资源运用的约束。公共管理理论将目标、手段和原则这三个要素整合起来，来构建公共部门的分析模型。莱恩还强调公共治理理论是关于政府运作方式的一系列理论，它不仅仅是分析政府政治决策方式的一个理论框架，政府提供社会服务方式的研究也是公共治理理论的重要内容。② 莱恩认为契约主义是新公共管理的核心观念，由此所涉及的政策理念，有以下重要内容。

（1）以契约主义为核心。新公共管理首先是契约主义，但是它既没有取代研究公共部门治理的其他主要途径，也不能涵盖公共部门治理理论，如契约主义这一概念就无法概括政策科学和公共行政的许多内容。公共管理是一种有关如何与经理人签订和执行有效契约的理论。新公共管理

---

① 参见［美］戴维·奥斯本、特德·盖布勒《改革政府：企业家精神如何改革着公共部门》，第210—233页。

② 参见［英］简·莱恩《新公共管理》，赵成根等译，中国青年出版社2004年1月版，第2—4页。

所关注的是经理人和真正的契约，这使得它与公共行政、公共政策和政策执行都不同。为了有效地提供公共物品和服务，新公共管理赋予公共经理人诸多的自由裁量权，并把契约制作为有效提供物品和服务的机制。在新公共管理体制下，政府既是一个签约者、所有者，也是一个仲裁者。真正的契约蕴含着明确的互惠允诺，必须在短时期内予以兑现。合同中所规定的权利和责任的实现，以对履约失败的处罚威胁为前提。以真正的契约为手段的新公共管理，应该看成是解决传统的治理模式内在困难的一种尝试。新公共管理的主要困难是契约制并不一定导致资源配置过程中的帕累托最优结果。①

（2）信奉管理主义。公共行政和公共政策途径特别强调合法性和公开性，新公共管理特别信奉管理主义。当政策和公民权利包含在契约中的时候，契约的公共性就可能受到损害或者受到限制。在公共行政中主要运用公法来进行管理，在新公共管理中则全部是通过私法合同来进行管理。合同并不能完全取代行政法。绝不应该夸大合同或私法在政府中运用的范围，在未来的公共部门中仍然会有公法，公法所满足的是一个宪政民主国家的最基本的需求。②

（3）以合同保证政策效率。新公共管理主要关注的是效率。在公共行政途径中，政府决定做什么，然后授权官僚与专业人员去贯彻执行。在公共政策途径中，政府集权制定的政策，要么依靠自上而下的政策执行模式，依靠严格的监控来执行政策（掌舵）；要么依靠自下而上的政策执行模式，依靠下级自主性的发挥来执行政策（自由裁量）。而新公共管理则认为，借助于理性决策者之间的自愿性的合同，自然就可以达到服务提供过程的高效率。在合同制国家中，主要有两种人与服务的提供者签订合同：政治家和他们下属的管理者，尤其是首席执行官。合同制意味着配置和技术效率的提高。新公共管理运用了一种完全不同于公共行政或公共政策的协调机制，为了调整委托人和代理人之间的互动关系，新公共管理使用了短期契约。新公共管理坚持自己的效率理论，因为在一个放松管制的经济中，在政府干预程度最低，所有的市场参与者都按照同一种制度规则进行竞争的情况下，通过合同制，自然就会产生效率。作为提供公共服务

①　参见［英］简·莱恩《新公共管理》，第4、196、224—228、237页。
②　同上书，第14—15、169、206—211、218—219页。

的一般模式，理想形态的公共部门合同制，将不仅取代官僚制组织，同时也取代了相当一大部分公共政策。在新公共管理影响下的决策的变化，以及相应的政策后果的变化，是值得研究的。通过这一研究，可能显示纯粹的新公共管理模式是如何以不同的方式转化为政策，以及新公共管理的后果如何受到一个国家国情的影响。①

（4）赞同政治与行政二分法。新公共管理对政治和行政两分法抱持了赞成的态度。政治和管理之间的区分，是由于交易成本的缘故。政府所必须做的是指导首席执行官去实现政府希望在提供公共服务过程中实现的目标，并向首席执行官支付工作报酬，其他的则是管理者的任务。这等于是对政治和合同制进行区分。②

（5）偏重于福利社会而不是福利国家。世界上的发达社会所面临的基本政治选择，就是在福利社会和福利国家之间进行选择。福利社会一直积极地从事公共部门改革，尤其是与新公共管理相关的途径。③

（6）新公共管理对民主政治的影响。有人已经提出，新公共管理的推行，能实现提高生产率和效能的经济目标，但一般说来，它对民主及其价值会产生消极的影响。新公共管理的推行降低了政治家的治理能力，这是有关新公共管理的政治后果的基本观点。有明显的证据表明，管理者被赋予新的重要的角色，其地位得到强化。但是，面对一群首席执行官，政治家设计出了新的管理工具，新公共管理似乎强化了政治家驾驭和改变公共部门的能力。④

（三）弗林：公共部门的政策走向

英国学者诺曼·弗林（Norman Flynn）以英国的新公共管理运动为背景，对公共部门管理进行分析，涉及了一些与政策有关的议题。

弗林指出，政治不仅在政策上、而且在管理上也影响着公营部门。政策与管理之间的界限经常是模糊不清的。管理的概念既不是技术性的，也不是价值中立的。政策与执行之间的区别同样是不清楚的，当政治家认为

---

① 参见［英］简·莱恩《新公共管理》，第 16、74、164—165、204—205、233—237、247、257 页。

② 同上书，第 29、248 页。

③ 同上书，第 127 页。

④ 同上书，第 143—144、164—165 页。

某一政策错了时，他可能会将失败归咎于执行，而不是政策本身。在实践中，政策与执行的分离是令管理者和政客都感到棘手的事情。令管理者在政策领域难以运作的原因是制定政策的过程本身就高度的分散，各部门和其中的政策局只管一小部分政策。如此分散令政策不一致甚至矛盾。政策和程序的中央化使得专家的自由度减少而管理者的影响力上升。大体上，政府期望管理者执行政府政策，如果政策的改变包括竞争性的行为，管理者必须实行这样的政策并持有政策所体现的价值观。管理者的价值观或许会因为政府强令执行的政策而改变。创建行政机构的一个目的以及在服务中合同的运用，都是为了阐明政策与执行之间的区别。政策的目的是为了界定问题及其解决办法，而管理关注服务。在实践中，这种区分并不是绝对的。政策在执行过程中得以修正，不仅管理过程需要考虑服务消费者的反应，就是政策的制定过程也需要考虑之。如果不允许提供或使用服务的人参与政策制定过程，那么这些政策将缺乏灵敏性和灵活性。①

　　弗林认为社会政策的改变对管理的影响，有六个方面的主题。（1）从平等对待到对不同人的区别对待。（2）从提供的普遍服务到有选择性的、更理性的服务。（3）促进公营、私营和志愿性组织提供的"混合型经济的服务"。（4）增加服务的使用者的选择。（5）形成更强有力的中央政策控制。（6）允许实行更多的地方管理自治和权责，或在资助政府实现绩效和进行竞争方面作出改变。②

　　弗林也讨论了民主问题，主要涉及以下几个方面的问题。

　　一是对于合同制如何承担公共责任和民主功能，人们的争论在于，合同使责任变窄，超越了选举出来的代表的影响；当合同回避代表与服务享受者的接触，将代表排除出去时，民选代表参与对服务提供的监督时发生的学习过程就被丧失了。

　　二是民主决策，不管是在地方行政机构层面上的，还是在议会立法层面的，都并非通过与个人或公民群体协商来进行的。什么该协商与什么不该协商的界限并不总是清晰的、固定不变的。

　　三是管理中的一项更为艰难的任务就是根据政治进程作出关于提供什

---

　　①　参见［英］诺曼·弗林《公共部门管理》，曾锡环、钟杏云、刘淳译，中国青年出版社2004年1月版，第3、40、71、103—106、123、249—250页。

　　②　同上书，第7、71—73页。

么服务以及为谁提供服务的重大决策。

四是在政治家、公民和消费者之间应该有适度控制的边界。公共服务之中的关系至少包含了三个参与者，政治家作为选民的代表，为资金投票，决定提供什么样的服务以及决定服务方式的本质和形式。与此同时，在服务对象和服务者之间还有一层直接的关系，它可自身改变服务的本质，这可能在政治家与管理者的决策之间产生不协调。

五是如果公共部门的工作人员——包括管理者和专家——不是简单地服从命令，那么他们就需要合法性的可选择来源。如果他们制定决策的合法性受到政治家的挑战，他们需要的是要么坚定自己的专家意见，要么是坚定关于什么才是"正确"的一套信念。开支计划、竞争机制、顾客导向、绩效管理、人事管理以及组织结构等方面的安排，都是采取一种基于低度信任和高度控制的方法。高度信任和通过共享的价值观进行管理以及由此形成的高度自决权，还不常见。如果在公共管理中，能够多一份尊重和合作，少一份不信任和顾虑，那么公共服务机构将会为经济的健康发展和社会生活水平的提高作出更有价值的贡献。[①]

（四）林登：无缝隙政府的政策运行方式

拉塞尔·M. 林登（Russell M. Linden）认为在一个民主国家，我们的政府就是我们自己；当一个民主国家里的人民不再信任他们的政府，他们就会丧失自我管理的信心，这将为那些蠢蠢欲动的独裁者创造机会。他提出了无缝隙政府和公共组织商业流程再造的理念，[②] 并在这样的理念下对政策的运行方式作了解释。

第一，无缝隙组织要求的决策过程。无缝隙组织是指可以用流动的、灵活的、完整的、透明的、连贯的词语来形容的组织。无缝隙组织的顾客与服务提供者直接接触，以一种整体的而不是各自为政的方式提供服务。无缝隙组织要求建立自我管理的团队、职能交叉的团队、一次到位的服务、伙伴关系并侧重于社区政策，强调为顾客提供服务的速度。无缝隙组织要求的决策过程是：从政策或政策变动的需求，到了解最终用户的需求

---

① 参见〔英〕诺曼·弗林《公共部门管理》，第144、168—169、173、181页。

② 参见〔美〕拉塞尔·M. 林登《无缝隙政府：公共部门再造指南》，汪大海、吴群芳等译，中国人民大学出版社2013年1月第2版，前言，第1—3页。

及其重要程度，到备择政策的研究，到明确各种政策的利弊，到建议政策的提出，再到决策。[1]

第二，政府部门再造在政策方面的要求。行不通的是导航、自上而下和游说兜售的政策导向。可行的办法是有意义的混乱、控制、参与和阶段性实施的政策原则。人们在决定要不要支持某项决策的时候需要时间、空间、含蓄性以及与信赖的人进行讨论。我们希望积极参与，而不是被动地接受。我们希望与自己相近的人进行交流，我们想要听到问题争论的各个方面，而不是精心挑选出来让我们接受的部分。有意义的混乱意味着人们有时间和空间与别人交流对新方法的看法，在这个时候非正式组织的领导比正式组织的领导对大家的想法有更大的影响，这意味着需要让非正式组织的领导（包括工会代表等）等参与决定再造的讨论。我们要用灵活机动的过程小组来取代僵化的职能部门，我们必须创造新的机制来支持这些小组，我们必须创造一种基本结构支持这些新的机制。[2]

第三，引入责任的弹性，围绕结果进行组织。我们需要改变选举上台的官员在行使监督职能时微观管理的角色，民选官员必须停止对工作人员事无巨细的管理。如果民选官员（他们中的大部分人从来没有管理经验）告诉工作人员该如何做他们的工作，他们就不能为最后的结果负责，就像工作人员在贯彻执行的时候若擅自改变政策，民选官员也无法完成自己决策的任务一样。当你着手建立条块分割的体系迫使工作人员面对多重控制时，这个体系赋予民选官员很大的影响具体行政管理活动的权力，再加上民选官员事无巨细的控制可以得到政治上的回报，那么改革还有希望吗？我相信是有的，这种希望以民选官员和行政机构之间一种新的契约形式出现，这种契约建立在第一个改造原则的基础上：围绕结果的组织。[3]

四　新公共服务：民主的政策观

倡导新公共服务理论的罗伯特·B. 登哈特（Robert B. Denhardt，1942—　）和珍妮特·V. 登哈特（Jannet V. Denhardt）认为新公共服务

---

[1]　参见［美］拉塞尔·M. 林登《无缝隙政府：公共部门再造指南》，第3—11、42页。

[2]　同上书，第150—152、161页。

[3]　同上书，第161—166页。

是关于公共行政在将公共服务、民主治理和公民参与置于中心地位的治理系统中所扮演角色的一系列思想和理论,"新公共服务是一场基于公共利益、民主治理过程的理想和重新恢复的公民参与的运动"。他们强调"政府不应该像企业那样运作,它应该像一个民主政体那样运作";"公务员(通常)不是提供顾客服务,而是提供民主";"他们正在学习政策制定和执行的新方法,认识和承认他们所面对挑战的复杂性,并且重新恢复对其公务员和公民的善待和尊重"。① 新公共服务理论提出的七个重要论点,构成了相互关联的民主的政策观念。

第一,服务于公民,而不是服务于顾客。新公共服务始于公共服务的概念,而公共服务的概念又是与民主公民权的责任互相盘绕的。当今的政治参与普遍处于低落的状态,至少当我们根据诸如投票选举或出席会议这样的正式参与进行测量时,情况是这样。积极的公民权还可能会因政府的职业化及其对"专家"的日益依赖而受到阻碍,由于专家的意见日益被奉为解决现代政府所面临问题的必要手段,所以普通公民的意见便大大地贬值。基于三个原因,民主包含着公民以一种符合根本民主价值观的方式来实施统治。一是只有通过积极的参与才能够最有可能达到最佳的政治结果,这种最佳的政治结果不仅反映了公民作为一个整体的广泛判断或特定群体经过深思熟虑的判断而且也符合民主的规范。二是通过参与可以实现"获得满足最大多数公民利益所需求的规则和决策"的民主目标;通过对公民事务的广泛参与,公民们能够帮助确保个人利益和集体利益不断得到政府官员的倾听和关注。三是民主参与可以增强政府的合法性,参与决策的人们更有可能支持那些制定与执行那些决策的机构。民主公民权的理想自早期就已经意味着公民为了促进社区的改善而应该承担的某种责任或义务。政府为公民提供的服务质量应通过便利、保障、可靠性、个人关注、解决问题的途径、公正、财政责任、公民影响八个标准进行测量。从根本上说,在公共服务中,提供服务是拓宽公共参与和扩大民主权的第一步。②

第二,追求公共利益。新公共服务的核心原则之一就是重新确定公共

---

① 参见[美]珍妮特·V. 登哈特、罗伯特·B. 登哈特《新公共服务:服务,而不是掌舵》,丁煌译,中国人民大学出版社 2010 年 8 月版,前言,第 10—11 页;正文,第 1、17 页。

② 同上书,第 32、35—36、44—46 页。

利益在政府服务中的中心地位。明确地表达和实现公共利益是政府存在的主要理由之一。公共利益是就共同利益进行对话的结果，而不是个人利益的聚合。公务员对于帮助公民明确地表达公共利益具有一种极为重要的作用，反过来，共同的价值和集体的公民利益也应该指导公共官员的决策和行为。这并不是说，政治过程的结果就是错了，或者说，公共行政人员应该用他们不同意的政策来取得他们自己的判断。相反，公务员必须努力保证公民在治理的每一个阶段——而不仅仅是在选举政治中——获得发言权。公务员具有一种独一无二的接触公民和为公共对话创建平台的重要职责。追求公共利益并不意味政府的决策者将会以某种方式制定出所有公民都会同意的政策。公共利益最好被视为社区对话和参与的一个过程，这个过程既可以使人们了解政策制定的情况，又可以培育公民意识。①

第三，重视公民权胜过重视企业家精神。在许多领域，把公共政策视为政府决策过程的结果已经不再有意义。政府其实只是一个博弈参与者——而且在多数情况下是一个很重要的博弈参与者。作为引导社会的政策，当今的公共政策是一系列涉及多种团体和多重利益的复杂互动的结果，这些团体最终以一种巧妙的并且不可预见的方式联合在一起，政府不再充当"主管"。公共政策的产生和执行都直接地涉及许多团体和利益集团。政府从控制者的角色转变为议程创立者的角色。当我们目睹政策责任在社会中的分裂时，我们也必须认识到传统的政府控制机制已经不再切实可行。"政府"这个词通常用来指称政府以及正式负责制定政策和提供服务的那些公共组织和机构。"治理"则是一个更加宽泛的概念，可以被界定为决定权力在社会中的行使——其中包括就公民所关心的问题作出决策的方式以及公民在公共决策中获得发言权的方式——的传统、机构和过程。使公民参与政策制定过程有一些更加实用的理由：（1）更多的参与能够有助于满足公民对其声音受关注以及其需要和利益得到满足和追求的期望；（2）随着政府对更加广泛的信息来源、创造力来源以及解决方案来源的开发，更多的参与能够改进公共政策的质量；（3）随着参与同结果更加利害相关，对政策过程的更多参与便有助于政策的执行；（4）更多的参与可以回应对增加政府透明度和强

---

① 参见［美］珍妮特·V. 登哈特、罗伯特·B. 登哈特《新公共服务：服务，而不是掌舵》，第32、47、57—59页。

化政府责任的要求；（5）更多参与有可能会增加对政府的公共信任度；（6）更多的参与能够有助于迎接一个正在出现的信息社会的挑战；（7）更多的参与能够为一些新型合作关系的产生创造可能性；（8）更多的参与能够使民众更加见多识广；（9）在一个民主政体中，需要做的正确事情恰恰是更多的参与。①

第四，思考要有战略性，行动要具有民主性（democratic character）。满足公共需要的政策和项目可以通过集体努力和合作过程得到最有效并且最负责的实施。人们必须逐渐认识到，无论是在政策形成的过程中，还是在政策执行的过程中，政府都是开放的并且是可以接近的。按照新公共服务的观点，执行的主要焦点是公民参与社区建设。公民参与被视为民主政体中政策执行恰当且必要的组成部分。由于政策执行中有并且必须有自由裁量权的行使，所以那种裁量权应该通过公民参与来为人们所知晓。在新公共服务中，公民和行政官员共同承担责任并且一起为执行项目而工作。执行政策的唯一办法就是为修改自利个体的选择而进行激励或抑制。②

第五，承认责任并不简单。新公共服务中的责任表明要将公务员的角色重新界定为公共利益的引导者、服务员和使者，而不是视为企业家。法律原则、宪政原则以及民主原则是负责任的无可辩驳的核心内容，新公共服务强调要提高公民权的重要地位和中心地位并且把公众视为负责任的公共行政的基础，责任被广泛地界定为包含了一系列专业责任、法律责任、政治责任和民主责任。责任机制在民主政策中的最终目的在于确保政府对公民偏好和需要的回应。这种责任可以通过承认并关注那些能够并且应该影响行政官员行动的多种冲突性规范和因素的公共服务来得到最好的实现。以一种负责并且是对民众负责的方式来平衡这些因素的关键在于公民参与、授权以及对话。公共行政官员可能扮演的角色有促进者、改革者、利益代理人、公共关系专家、危机管理者、经纪人、分析员、倡导者，以及最重要的是，公共利益的道德领袖和服务员。③

第六，服务，而不是掌舵。领导正在以许多方式发生着变化。一是在当今的世界，越来越多的人将希望参与到影响他们的决策的制定过程中。

①　参见［美］珍妮特·V.登哈特、罗伯特·B.登哈特《新公共服务：服务，而不是掌舵》，第61—65、70—71页。

②　同上书，第75、83—85页。

③　同上书，第95—99页。

二是领导正日益被视为不是层级制官僚的机构中的一个职位，而是整个组织中（并且延伸到组织之外）出现的一种过程。三是领导不只是涉及正确地做事，它还涉及做正确的事情；通过这种领导过程，人们共同努力就他们希望朝向的方向而作出选择，他们就自己的未来作出基本的决策。对公共领导的重新概念化被不同地描述为"基于价值观的领导"、"共同领导"和"催生化领导"。

"基于价值观的领导"以罗纳德·海费茨（Ronald Heifetz）的论点为代表，他为领导者帮助人们学会识别提出了几个实际的经验：（1）识别适应性挑战；（2）把危难的程度保持在一种可以开展适应性工作的可承受的范围内；（3）把注意力集中放在日益成熟的问题而不是放在减少压力的娱乐上；（4）把工作返还给人民，但是要以一种他们能够承受的速度返还；（5）保护没有权威的领导的发言权。

在"共同领导"方面，布莱森和克罗斯比（Bryson & Crosby）提出了有效解决公共问题的几个关键步骤：（1）达成一个初步的行动协议；（2）提出一个指导行动的有效的问题定义；（3）在论坛上寻找解决方案；（4）拟定一个能够在竞技场上取胜的政策建议；（5）采纳公共政策解决方案；（6）执行新的政策和计划；（7）对政策和项目进行重新评估。

杰弗里·卢克（Jeffrey Luke）认为"催生化领导"包含四项具体的工作任务：（1）通过把该问题提上公共议程和政策议程来集中注意力；（2）通过把处理该问题所需要的不同人员、机构和利益集团召集起来使人们参与这种活动；（3）促成多种行动战略和行动选择；（4）通过恰当的制度化以及迅速的信息化共享和反馈来管理这些相互联系进而继续行动和保持势头。[1]

第七，重视人，而不只是重视生产率。在公共组织中，我们需要以一种符合民主理想、信任和尊重的方式相互对待以及对待公民。从新公共服务的观点来看，参与和包容的方法是建立公民意识、责任意识和信任的最好办法。[2] 公共组织应采取同民主程序相一致的行动并寻求民主的结果。民主行政（democratic administration）理论这个在公共行政理论中几乎被

---

① 参见［美］珍妮特·V. 登哈特、罗伯特·B. 登哈特《新公共服务：服务，而不是掌舵》，第101—111页。

② 同上书，第120—121页。

忽略的对称物现在必须被放在首要位置。既然公共组织牵涉到对社会价值的表达，所以在决策过程中必须给予组织成员更多的参与机会。于是，公共组织就必然要强调决策过程中广泛沟通和参与的必要性。于是，公共组织的成员在有效率的工作之外，还承担了一个特殊的责任，也就是提高政策过程中的民主化程度。在一个公共领域成为各个利益集团竞争场所的时代，利益集团内部的民主化（包括公共官僚机构在内）为实践民主过程的承诺提供了一条可能的途径。按照平等和参与的民主过程采取行动对管理者来说是很难的，尤其是涉及一些人际间的紧张关系等问题。民主的行政方法会让人在向他人开放的同时暴露自己的弱点。采取民主的方法，一个人必须有高度的个人安全感，并对个人的立场和自身状况有充分的了解，他需要有一种非常个人化的理论。①

五　新官僚体制研究

对新官僚体制和政府治理模式的研究，在行政学中已经成为一个重要的流派，这一流派的学者对韦伯提出的"官僚决策范式"有重要的补充和发展。

（一）詹姆斯·威尔逊：官僚机构的政策化

詹姆斯·Q. 威尔逊（James Q. Wilson，1932—2012 年）认为美国的分散权力和鼓励干预的宪法体系，产生了两个截然相反的官僚体制机制效果：更加友好和更负责任感的公民服务机构，以及更加刻板和更有敌对情绪的公民管制机构。他主张拓展责任感，即提高政策执行者对主管贯彻该政策的高级官员的敏感性，② 并就官僚机构的政策发展提出了一些重要的看法。

第一，看待政府机构的不同方式。看待政府机构有两种方式：一种方式是自上而下；另一种方式是自下而上。绝大多数书籍和几乎所有当选的官员都倾向于选择第一种方式来分析问题，将注意力集中在机构高层官员

① 参见［美］罗伯特·B. 登哈特《公共组织理论》（第三版），扶松茂、丁力译，中国人民大学出版社 2003 年 5 月版，2004 年 3 月第 2 次印刷本，第 175、190、219、221 页。

② 参见［美］詹姆斯·Q. 威尔逊《官僚机构：政府机构的作为及其原因》，孙艳等译，生活·读书·新知三联书店 2006 年 3 月版，2006 年 8 月第 2 次印刷本，新版序言，第 1—7 页。

的身份、信仰和决策上，往往会导致我们看不到政府机构在做什么，也无法了解它们做事的方式与实现目标或满足大众之间有何关联。自下而上的视角是一个很有效的修正，但是这种观点若是使用过度的话，会使我们对由总统、政府官员、市长、立法机构和法庭所制定的重要政策和采取的结构选择缺乏判断力。官员采取行动的自由受到其行政上级决策的重大限制，有时候甚至完全受后者支配。①

第二，官僚机构的政策特征。官僚机构具有以下基本的政策特征。（1）一个政策制定机构的成型期对该组织的行为具有极其重要的意义。②（2）组织化的利益对机构行为的影响作用至少取决于四个因素：立法机构所需要和希望的影响作用的程度，机构成员拥有的自主决断权的大小，机构环境中各种利益的对比情况，以及理想的行为和客户动机之间的关系。该机构政策的成本和利益的分配方式也许会形成一个包括客户、创制者、利益集团的环境，也许形成的环境中什么力量也没有。③（3）从事汇报工作的外交人员很清楚，书面材料就是政策，要受到很仔细并且往往是不利的审查，这对于他们来说是一个最主要的制约因素。④（4）对很多政治主管人员来说，影响政策的机会是承担一份政府工作的主要动力。政治主管人员可以改变政策，他们不需要成为他们机构的俘虏，也不需要成为国会监督的工具。成功的决策者是这样一些人，他们努力设法将其希望机构做什么的清晰的憧憬同有效地传达其憧憬并激发关键的公务员去实施的能力结合起来。⑤（5）很多政治主管人员都没有全神贯注于增加或者削减预算，或者进行改变使命的决策。相反，像大多数私营的主管人员一样，他们寻求通过与各种内部和外部的支持者谈判来减少压力和不确定性，维持他们的组织，提高组织健康，以及应付一些批评问题。主管人员很少把能量发挥在行政管理上，因为他们不愿意根据其机构是否运转良好来判断其政绩，而更愿意根据他们所认同的政策是成功还是失败来判断。⑥（6）如果高一级的权威机构得到关于决策的信息，那么更高一级的权

---

① 参见［美］詹姆斯·Q. 威尔逊《官僚机构：政府机构的作为及其原因》，第16—17页。
② 同上书，第90—91页。
③ 同上书，第119页。
④ 同上书，第57页。
⑤ 同上书，第276—277、287页。
⑥ 同上书，第291—293页。

威机构就会收到要求其作决策的信息；如果高一级的权威机构能够倾听意见，那么更高一级的权威机构就会被告知他想听到什么。①（7）自由主义者和保守主义者都害怕官僚们的态度左右他们制定和推行政策的方式。②

　　第三，国会对官僚机构的政策控制。政治家不会因为谴责官僚体制而丢失选票。以双方同意的方式（即灵活、非惩罚性或妥协）执行它们行政政策的国家往往实行议会制；以对抗方式（即严格、惩罚或照章办事）执行政策的国家实行总统制。对于国会的控制有三种说法。一是国会控制着某个部门主要的日常活动，国会是"长官"，行政部门是执行者。二是当国会得知某个行政部门由于行政疏漏或某种授权犯了错误，国会有能力和意愿干涉。三是国会创制并维持一种机制，政府部门在其中运行。国会几乎从来不是可以对其"代理人"（官僚机构）颐指气使的"长官"。没有哪个行政部门会自由到忽视国会的意见。官僚体制不能逃避政治控制，也不能长期地保持一种观点，即某一"行政"领域可免受"政治"的影响。国会由于对行政机构事无巨细地管理而受到普遍的批评。由于国会有权批准计划、拨款、确认当选总统和进行调查，国会可以将任何官僚机构的决策变成一项政策选择。这种微观管理的形式已经发生了变化，今天与过去相比，国会在一定程度上不大可能作出具体管理的决定，更大的可能是对这些决定如何作出施加限制性影响。国会的微观管理逐渐变为制定具体详细的规则。国会对官僚机构施加影响更多的是被国内利益集团的要求所推动，至少不低于被所在地区选民要求的推动。地理分布上的代表性体现在提出发展当地利益的要求和参与政治分肥的立法，全国范围内的代表性体现在制定规则。一些总统试图通过改变程序来改变政策。在理论上，建议加强总统制定政策和保证下属负责的权力，与建议加强部门长官以最少限度管理其部门的能力间不存在冲突。在政治现实中，两套建议间有着深刻的冲突。国会不会容忍给予部门长官独立的权力重组他们的部门、选择他们自己的人员或获得和处置资产。总统加强制定行政政策能力的要求得以实现，但是部门长官既没有加强直接对总统负责的地位，也没有获得

---

① 参见［美］詹姆斯·Q. 威尔逊《官僚机构：政府机构的作为及其原因》，第 310 页。
② 同上书，第 68 页。

管理本部门的手段。①

　　第四，法院对官僚机构政策的控制。"政策"是一系列行动，由政府的"政治"部门、总统和国会决定，并且只要它不违反宪法和法律赋予个人的明确的权利，政策就几乎可以按照总统和国会的意愿来决定。政策必须包括自主决定权，即在众多行动路线中选择一个的权力。自主决定权足以将任何法院干涉拒之门外。如果门没有关上，所有人都将会在法官面前为每一个政策问题而争论不休；而且，如果法院变得太多管闲事，许多法官担心他们会被指责为违背民主的原则。很明显，司法干涉经常决定了行政部门采纳的政策。为了改变政策，人们走进法庭，法官作出判决。但是人们往往不了解，在法院的干涉下被采纳的政策并不总是最好的政策。所有政治行动都会出现并非出于初衷的结果，法官实践的政治行动也不例外。②

　　第五，政治参与的重新分配。对于那些与公共政策没有多少利害关系的人，要组织和领导他们的政治关切往往十分困难。民众要么不知道他们在一项政策中的利害得失，要么就倾向于"搭便车"。美国政治生活中的一项重大转变发生在20世纪中叶：政治资源重新分配，而同时经济资源没有进行同等程度的再分配。由于参政渠道数目成倍增加，而且特权集团独自享有的进入渠道数目减少，对政府的参与变得更为广泛。但这并不意味着可以更容易地改变政府的政策，而是意味着可以听到更多的声音，结果有时陷入无尽的争吵而难以作出决策。这种变化主要是那些认为过去的参政限制过于严格的政治精英们的策划结果。除了那些行动最为迟缓的机构外，其他所有机构都因为这种减少特权参与、增加竞争参与的措施而有了一定程度的争论和评议。在这种环境下，一个机构面对单一的信息和动机来源的情况越来越少了。③

　　第六，官僚机构发展的建议。詹姆斯·Q. 威尔逊为官僚机构的发展提出了五点建议。（1）管理者应当理解他们的组织的文化。（2）与你的政治长官进行谈判，就以下两件事达成某些一致：那些你的机构必须遵守的实质性约束和那些表面性约束。（3）使授权的分布与你的组织对所执

---

　　①　参见［美］詹姆斯·Q. 威尔逊《官僚机构：政府机构的作为及其原因》，第319—329、355—357、401—405页。

　　②　同上书，第378、387、392、397页。

　　③　同上书，第112—115页。

行任务的资源控制相匹配，总体而言，处于最基层的级别应被给予更多的授权。（4）依据结果来衡量组织的价值。（5）只有在一个"小政府"之下时才可能见到较少的官僚习气。如果某个机构试图拥有使命感，如果各种限制能被最小化，如果权威可以分散化，如果官员的考核取决于他们制造的"产出"而不是他们消耗的"投入"，那么立法者、法官和游说人士将不得不逆其自身利益而行。他们将不得不对具有影响力的议员选举人说"不"，放弃拓展他们自己声望的机会，并郑重接受任务去评判一个新计划的组织可行性和政治大众性。很难想象这一切会发生，原因之一是政客和法官不会推动，原因之二是一个民主政府总有明确目标去承担——即使这个目标不可能有效达成。公民们在抱怨"官僚习气"时最易犯下的大错是，总以为他们的挫折仅仅来自管理问题，实际上不是，它们本来自治理问题。[1]

（二）比瑟姆："民主或科层制的对立"是一种误解

比瑟姆（David Beetham）明确指出，"民主或科层制"的对立是一种误解，事实上，民主制通过要求扩大政治范围这一压力和对少数人加以强制这一做法，助长了科层制的强行介入。[2] 比瑟姆就科层制的政策过程及其与民主的关系，提出了以下看法。

第一，把行政看作政策实施工具的概念需要修正。对作为行政和政策实施工具的科层组织的分析，必须通过分析科层组织对政策内容的影响才能完成。将"科层政策"的三种解释模式——不同科层利益之间的妥协、行政结构强加的种种限制、共同文化假设的趋势的共同产物——叠加在一起，可以有一种强有力的论点，即政策的内容，而不仅仅是政策的实施，受到行政管理体制性质的系统影响。这一论点最有力之处在于，它认为在科层组织内部，手段与目的之间的关系颠倒了，行政手段的性质决定了政策目标或目的。显然，这种方法忽视了具有自身优先权的当选政治家。把政治家和行政人员之间的通常关系看作是一种前者使后者接受政策观念，而后者则试图回避或阻挠政策观念的关系，这是错误的。这更像是这样一

---

① 参见［美］詹姆斯·Q. 威尔逊《官僚机构：政府机构的作为及其原因》，第499—510 页。
② 参见［英］比瑟姆《科层制》，郑乐平译，桂冠图书股份有限公司1991 年4 月版，1997年9 月第2 次印刷本，第96 页。

个问题，即政治家将他（或她）自己的信号输入了不断运转的政策过程，这种输入信号可以决定哪一个相互竞争的派别占上风，或者它们之间最终达成的妥协的严格平衡。如果我们打算充分理解科层制，那么正是在科层制如下两种功能——即对政策形成的影响和把政策转变为组织"第一线"可以操作的指令——之间的复杂的相互作用中，才会找到这种理解。[①]

第二，推动科层制朝反民主方面发展的种种压力，并非自发地来自行政体制内部，而是那些需要该体制完成的任务所带来的结果。科层制行政管理本质上并不是反民主的，只是当它借助保密措施来维护其组织能力时，这些组织能力才变得反民主了。[②]

第三，没有任何理由认为科层行政的要求与民主秩序具有内在的矛盾。把民主的基本原则规定为社团所有成员都享有参与决定社团的规则和政策的平等权利，以及界定这一原则所包含的种种自由：思想、言论、结社和集会等，这是一个比较简单的问题。远为棘手的是，确定民主实际上能够在何种条件下，以没有自相矛盾的方式得到实现的程度。由此不可避免地触及了那些初看起来与科层制无关的民主问题。（1）尽管有种种差异，对公民权的平等性仍会保持基本一致的看法，并会通过公开的讨论、谈判和协商，而不是通过强制来解决分歧。（2）社会上有两种相互关联的特征，一是经济企业会得到民主的管理，二是会从几乎仅仅于作为个人自由的自主权，转向强调作为参与集体生活决策的自主权。但无论在哪种类型的社会中，都没有在民主方面不承担责任的权力结构。（3）民主的性质在两个特殊的方面有所不同，即代议制和行政管理的专业化。一方面需要通过代表大会制度使政策分歧可以得到集中和协商，从而将一个大社会所具有的错综复杂的不同观点加以简化和明朗化。另一方面，科层的责任在于确保代表所提供的咨询和贯彻政策法律这些专业服务的质量。科层之被选定，不是根据他们的代表性选举出来的，而是根据他们的专业和技术能力加以任命的。他们对政策的关注首先是它的可行性，即它能否以及如何被贯彻，而不是它的可接受性。然而，他们对政策本身不负任何责任，他们的责任是服从，即将代表作出的决定或决议作为自己的指令加以采纳。当代世界的民主政治的困难之一在于目的和手段之间的明确区

---

① 参见［英］比瑟姆《科层制》，郑乐平译，第45—52页。
② 同上书，第107—114页。

分——代表与科层的责任区分就是以此为基础的——在实践中往往被打乱了。公民将他们对法律和政策的批准权交予代表，以及实际上由专业行政管理人员在政策的制定和实施中行使代表的作用，这种做法造成了自主权的渐趋衰微。不过，民主原则本身为克服这些问题提供了一系列的方法，如对技术问题和政策目标进行公开讨论；有关利益集团有节制地公开介入政策探讨；地方代表和消费代表介入公益服务的供应，以及公民在多种制度内行使民主权利。（4）通过把政策问题描绘为实用性的技术问题，可以作为一种取消围绕"效率"展开争论的手段。民主秩序的特征之一，在于它使种种相互竞争的权利要求能够暴露，从而通过讨论和协商，而不是在效率这种技术上的借口下以强制手段来解决这种纷争。①

第四，对"民主公民"的要求。"民主公民"（democratic citizen）是任何宗奉平等的民主权利，通过公开讨论和协商来消除差异的人，以及接受这些宗奉所要求的实践的人。民主公民的立场是一种批判的立场，尤其是对那些依靠故意隐瞒或歪曲真相和压制他人权利来行使其权力的权势人物来说，更是如此。作为民主公民，如果我们想要扩大民主实践本身的范围，那么我们既需要理解科层制能力的价值，又需要理解科层制能力的局限。②

（三）彼得斯：官僚政治中的政策博弈

盖伊·彼得斯（B. Guy Peters）指出，治理涉及公众和私人之间，以及他们对秩序和自由的需要之间进行平衡。治理还寻求其他平衡，其中尤其重要的是寻求政府与公共政策的控制和政府科层机构在决策作用中的平衡。一方面，制度化的民主程序表现为对政策实行直接的党派控制。另一方面，决策所需要的专门知识集中于科层人员手中。一个有效能的民主政权的政治领袖必须在维护自己的政治承诺的同时，找到利用科层人员专业知识的途径。③彼得斯对官僚政治涉及的政策问题，提出了以下看法。

---

① 参见［英］比瑟姆《科层制》，第97—106页。
② 同上书，第116—117页。
③ 参见［美］盖伊·彼得斯《巩固民主过程中的公务员》，载中国社会科学杂志社编《民主的再思考》，社会科学文献出版社2000年12月版，第332—352页。

1. 不同治理模式的政策特征

彼得斯对行政学界倡导的传统公共行政、市场式政府、参与式国家、弹性化政府、解制式政府的治理模式作了比较和分析，指出今天的政府在治理上的作为不如过去的政府，部分政府的政策自主权已经逐渐被政府以外的机制所取代；但是现代的公职人员仍须致力于集体决策，并确保这些决策能够反映人民的利益；民主国家所进行的很多改革都非常重视政策制定的程序以及政策的实际内容。治理模式应该变得更为"理性"，从而使政府能够不断地制定出有效的政策，以保持社会经济的持续进步。① 彼得斯讨论的五种模式，都涉及了"政策制定"问题。

传统公共行政的六个重要概念都受到了挑战。（1）设想一个政治中立的公务员制度，这个概念与"政治—行政两分法"和"权限中立"等概念相关联。尽管在人们的观念中都提倡建立政治中立的公务员制度，但是在当代大多数政府中，公务员确实参与政策的制定，政府官员也越来越多地凭借着政策的执行参与公共政策的制定。问题的关键在于，在既承认公务员参与政策制定的现实和优点，同时又须维护民主责任的要求的情况下，应该如何构建政府。（2）层级管理的治理模式，这样的模式只有在感受到低层员工和顾客的真正压力时才会允许他们参与决策过程。（3）政府组织的永久性和稳定性，正面临挑战，几乎所有的政府组织及其工作人员都面临着机构精简等压力，永久性和稳定性也导致了决策过程的僵化，并使政策协调变得更难进行。（4）制度化的公务员制度面对的难题是，随着市场机制被越来越多地用于测试个人和政策的价值，在政府部门和公务员系统内部实际的绩效越来越难以清楚地测量出来。（5）内部管制抑制了创造力的发挥，而且在与人民打交道的过程中带来很多问题。（6）尽可能做到结果平等，不仅面临服务如何平等的问题，也面临权利相等的公民受到政府不同对待的问题。②

市场式政府相信市场作为分配社会资源的机制的效率。由于官僚机关可以通过其对政府议事日程的影响获得某些权力，尤其是通过颁布第二法律（行政法规）对政策议程的某一方面实施实质性的控制，并且比例代

① 参见［美］盖伊·彼得斯《政府未来的治理模式》，吴爱明、夏宏图译，中国人民大学出版社 2001 年 11 月版，第 1—3、135 页。

② 同上书，第 4—15 页。

表制减少了立法机关成员"塑造机关"的动机，市场式政府为破除官僚的政策垄断，一方面提倡将官僚体制的职能分散到多个"企业型的"机关，这些机关被授权独立自主地制定政策；另一方面提倡市场模式的实际工作者期望拥有这些拥有半自主权的组织遵守上级部门制定的政策和意识形态方面的命令；权力分散有时候也意味着向地方政府分散权力，即赋予地方政府更多的决策权力。被迫遵守通行的政策信条实际上就是试图使公务员制度和政策制定政治化。将决策权完全分散给更多拥有自主权的组织，就会使高级官员或政治家们有效协调政策的机会相对减少。权力分散在某种程度上意味着权力集中。授予许多独立组织以决策自主权，并不说明以前由部委进行的协调工作就可以免除。实际上，现在唯一保留下来的协调中心是在政府的高层，即协调工作或由中央机关或由内阁或首相来进行。从一个更为理性的角度看，公民角色的改变也是一个问题。市场模式倾向于将政府方案的受益者以及更广大的民众取名为消费者或顾客。这种界定既是授权给公众，同时也可以说是贬低了公众的身份。政府应该关心更多的事情，而不应只关心买和卖。如果治理退化成一种十足的经济行为，那么在政治理论中公民就变成了微不足道的人物。市场模式还强调通过代币券的方法来扩大公民的选择权。根据这种"政策市场"的观点，能动的因素显得不足，政策选择不是由人所构成的机关而是由客观的力量在作出的。再者，政策市场所提供的选择权往往只限于某一方案的执行，而不是针对某一方案的提出，针对方案提出的选择权才是更为基本的选择权。①

　　参与式国家（或授权式国家）所倡导的用以证实其思想的政治意识形态是反对市场的，并致力于寻求一个政治性更强、更民主、更集体性的机制来向政府传达信号。参与模式的支持者认为，参与不可能导致出现共同利益，但它的优势在于在民主国家，它可以根据需要决定由哪些人参与。参与式政府最简单的形式是公民投票，就是让公民通过直接投票的方式来决定政策议题所要采用的方法。虽然这种方式企图达到集思广益的效果，但公民投票只允许公众对政治家们所设定的选项上选择"是"或"否"。参与模式倡导的是四种机制。（1）如果公民和员工认为政府服务不佳或制度运作不当，他们有权申诉。（2）增强员工独立决策和影响组

① 参见［美］盖伊·彼得斯《政府未来的治理模式》，第25—58页。

织政策方向的能力。（3）公共政策应该让有政策影响力的公众通过对话过程来作出。（4）构建公民能够投入政策选择及服务的政治过程。在政策过程中，参与式治理方法显然更倾向于由下而上。由于参与方法关注的是低级员工，因此它忽略了高层官员的参与，而这些人在政策制定中处于决策层的位置。虽然协商与对话可以在组织中产生较好的氛围，但最后可能会在制定政策的组织间产生矛盾，进而造成决策的偏差。如果员工与顾客能通过像全面质量管理这样的方式来参与组织政策的制定，那么他们的决策将更有理论和实践意义。也就是说，凭借因参与的管理方法所建构的开放性政治过程的优势，使决策成为组织的集体共识。①

弹性化政府是指政府有应变能力，能够有效回应新的挑战。更准确的理解认为，弹性化是指政府及其机构有能力根据环境的变化制定相应的政策，而不是用固定的方式回应新的挑战。弹性治理也有较高的合法性，能对政策结果施加更多的影响。由于政策的实际改变，公共政策国际环境的变化，以及社会中对政策多元互动的觉醒，协调问题已较过去数十年更显重要。弹性方法的基本设想是在政府内部采用可选择性的结构机制，以取代那些自认为拥有政策领域永久权利的传统部门和机构。该方法强调弹性，主张不断撤销现有组织。不断撤销现有组织可以避免因组织僵化所造成的困扰，能够快速地对不断变化的社会和经济情况作出反应。弹性方法的提倡者企图建立"摧毁组织"的原则，而不是根据评估结果对既有的组织进行改头换面。强调政府组织的脆弱性会减弱政府权力的传统来源并降低对现行政策的承诺。如果永久性确实是个问题，那么非永久性就可能成为一种趋势，而且在政策方面可能渐趋可行。将弹性化政府制度化会使实验方法的采用更受政治家们的欢迎。政策的连续性虽然是一件好事，但是要确定协调和连贯性的优先顺序却很困难。由于对政策的外在影响充满了变动性，所以公共利益不仅要由更具弹性化的单个的提供服务的组织来保障，而且需要有超级结构来监督这些组织。弹性化和权利保护可能互不相容，例如社会福利的提供，所以政策制定者和行政机构必须谨慎地让政策与受惠者互相配合。②

解制型政府的基本设想是，如果取消一些限制和制约，政府机构就可

---

① 参见［美］盖伊·彼得斯《政府未来的治理模式》，第59—86页。
② 同上书，第87—108页。

以将目前的工作处理得更有效率，而且还可能从事新的创造性工作。强加于官僚体制的规则与限制是非常糟糕的选举政治。解制模式的管理包括两个截然不同的方面：一方面强调传统的政府结构和管理形式并不像当代一些评论家所批评的那样糟糕，层级节制式的管理不仅是可以接受的，而且是可取的；另一方面强调如果政府的创造力要想得到真正发挥，那么组织中各个层级都应该参与，而不仅仅是高级管理者的参与而已。尽管在解制后一些未被彻底解体的中央机关变成非主流的机构，但却有其他一些组织成为实施治理的中心机构。如果人们期望维持责任民主体制，那么采取一些手段促使组织承担起责任来就必要。就某种程度来讲，中央机关可以通过在政策执行前或在政策制定阶段把自己的观点置于政策之上，从而操纵着对政策的评估。但这种情况在解制式政府中是不允许的，因此在政策生效后进行评估和控制就成为加强责任的关键手段。这样，如果政府能够裁减中央控制机关，那么它们必须增加中央评估机关。解制模式认为应该赋予官僚组织更强的决策角色。其逻辑思路是，既然这些组织是思想和专业知识的总汇之处，那么就应该允许它们有更多的决策权。官僚体制用以指导决策的政策标准，必须能为实现政治领导者的目标服务；但是，如果缺乏职业公务员的积极参与，则难以制定出成功的政策。与市场模式一样，解制模式使协调和政策连贯一致更加困难。假如赋予政策倡导者和管理者更多的制定和执行全组织的政策的权力，那么解制模式或许可以使每一个组织内部的政策更加协调一致，但是这种内部对内部的协调一致的追求，可能会使各个组织各自为政的情形更加严重。解制的结果势必导致对公共部门的事后控制的措施。在不采用事前控制的解制模式下，公务员将对所作的决策承担责任，对他们来讲，更多的自由意味着更多的个人责任。解制的最终结果可能是，导致出现推卸责任和其他熟悉的官僚病症，而不是产生精干、高效的组织。[①]

2. 政治与行政二分的误区

彼得斯指出，对行政官来说，区分政治与行政容许他们致力于政治（组织的而非党派的）事业，而不必对行为后果承担政治责任。而且，他们可以致力于政策制定——假设采用了技术的和法律的标准进行决策——而无须受到政治主体的干涉。否则，这些政治主体发现自己能够从政治和

---

① 参见［美］盖伊·彼得斯《政府未来的治理模式》，第109—132页。

意识形态上影响政策，必然会对行政官提出修改政策的要求。由此，行政官的行为可能被政治家、公众甚至他们自己视为仅仅是将理性的、法律的、技术的标准简单适用于政策问题。这种明显的专业区分可能促使公众难以接受的决策显得令人愉快些。区分政治与行政也为政治家保留了他们可能缺乏的一部分空间。实际上，区分两种制度性选择，有助于现代政府的很多困难的决策，组成政府的个人将不必在接下来的选举中面对公众。由此，政治家可以制定或影响那些由"非政治的"、不用承担公众责任的机构宣布的重要政策。在公共生活中政治和技术性决策可以分离的观念，允许政治改革者使许多重要的公众决策尽可能脱离"政治"的领域。这样做导致很多政府功能从党派政治的控制转移到独立机构、官僚和政治统治精英。这种人为区分政治与行政的功能，并没有使决策脱离政治影响。

区分行政官政治行为的几个基本维度是有帮助的。第一个维度被称为"内部—外部"，或者可能更恰当地称为"政策—维持"。在这个维度的一端，机构内的政治行为尝试从压力集团、党派、政治的执行者以及其他资源中吸收各种不同的输入，形成一项政策。在这个连续谱的另一端，政治行为致力于组织的维持和发展。在现实生活中，两类政治形式很少截然不同，而且每一类政治形式都有助于成功地实现另一类政治形式的目标。第二个维度是官方的或者是正式的，行政官既与其他政府官员（立法者、政治执行者、其他行政官、中央政府以下层级的代表）互动，也与非官方政治主体（主要是压力集团的代理人）互动，这些互动同样无法清晰地加以区分。行政必须努力采取各种不同性质的政治行为，既要维护组织的自主性，也要对公共政策产生影响。①

3. 官僚在政策中的作用日趋强化而不是弱化

宪法中很少提到公共行政，政治体制设计也很少将其纳入考虑范围，但是它已经成为政府决策制定的中心。随着政府的增长，公共官僚也成为公共政策制定和执行中越来越重要的一种机制。政策形成在定量和定性方面的趋势让我们认识到，要了解当代政治体系中的政策就要了解公共管理官僚。

20 世纪末的政府都是大政府，基于四个原因，公共官僚权力稳定上

---

① 参见［美］盖伊·彼得斯《官僚政治》（第 5 版），聂露、李姿姿译，中国人民大学出版社 2006 年 7 月版，第 188—191、217 页。

升。（1）公众关心的问题的数量增多。（2）公众关心的问题质量提高，要求政府去管理的事情越来越多的是具有较强技术性的问题，公共官僚作为公共部门中高技术含量的主要部门逐渐成为决策的前沿。（3）立法和行政未能适应政策制定环境的变化。立法部门面临的问题，一是政府所关注问题的质量和数量上的增长导致了立法权的萎缩，立法机构通常决定政策的大纲，大量的细节需要行政部门去补充。二是立法机构的委员会等很难集中于一个政策领域。三是立法机构具有不稳定性（任期短于官僚机构）和立法行为不确定性的特性；立法委员安全的途径是在不得不投票的时候才投票，把主要精力放在选民服务上。政治行政人员很难将自己的意愿施加到行政部门去，主要有四个原因。一是缺少理解必须制定的政策的相关技术，政策领域的知识不一定是内阁任命的前提条件。二是缺少理解和管理这些政策所要求的时间；政治行政人员必须花时间与公众接触，结果是可用于思考政策问题的时间被消耗了。三是政治行政人员在人数上不占优势。四是文官是否愿意接受上级的指令，以及是否能够执行带有党派偏向的决定，是实行有效政治控制的一个制约因素；一个对政策持不同意见或者完全中立的文官，和一个赞同政策的人不可能有同样的热情和动力。（4）公共官僚自身的性质，通过控制信息、政策提案和有关可行性知识的能力，官僚即便不是决定政策，也绝对有能力影响政策，需要一个非同寻常的政治家才能克服部门内的这种控制。①

4. 官僚政治下的政策标准

为了统治，拥有政策理念的个人必须有能力通过现存政府机构执行其理念，官僚政府在其政策过程中需要满足以下标准。

（1）组织的工作规则必须体现政策意图。"软性"政策意图指现存程序自身就是一系列官僚偏爱的、通常是沿袭下来的观念；"硬性"政策意图指官僚不仅对维持机构现存的政策感兴趣，还必须对强加一套新的政策优先性感兴趣。

（2）达到目标的途径"不是不可行的"。如果政治家全面地考察拥有政策观念的人，必然会认为官僚精通常规和技术。因此，他们将不再怀疑官僚能够提供可行的途径执行任务。官僚通过界定什么可行，往往能够不仅技术性的而且政策性的塑造政策。

---

① 参见［美］盖伊·彼得斯《官僚政治》（第5版），第13—23页。

（3）在资源分配上存在竞争。统治的一个标准常常与民主相关，党派政府就是竞争者获得政府的斗争。党派竞争的资本是选票，官僚竞争的资本是金钱。正如在党派竞争的预设中，允许选民选择不同的政府和政策，官僚的竞争允许政治的和行政的个人更为直接地选择不同的政策，这种竞争常常不受到选举官员的直接控制。

（4）组织应该具有足够的可量化的力量。官员必须占据最重要的决策位置，并且，他们必须有足够的人数能够使政策有效。官僚机构显然能够满足这个标准的量的要求，不能满足这个标准的质的要求，政治家一向被认为处于最重要的决策位置，而官僚仅仅处于执行决策位置。但是，存在三个要素符合传统的预设。首先，官僚实质性地影响那些对决策至关重要的信息和技术。其次，在界定政策时政策执行更具分量。再次，官僚在权力和政策斗争中保留了一个主要的优势——那就是数量巨大。

（5）拥有管理能力。政策既必须从上层传达下来，又必须从下层体现出来，这促使官僚位于公共部门和私有部门的联结之处，使得他们的工作更加困难。

（6）政策执行的高度优先性。一个政府"真正的"政策是执行的政策，而非议员、政治执行者和其他人所说的政策。在现代政治体系中执行是一个核心问题。执行故障代表了政治体系把政治理念转化为有效行动时的根本失败。执行考虑支配着真正的政策考虑，政府将做它们认为它们所能做的而非它们应该做甚至是想做的。政党提供的是"没有管理的共识"政府，官僚提供的是"没有共识的管理"政府。①

（7）行政结构中的政策分权。在四种组织结构中，需要解决不同的政策分权问题。一是按服务地域组织的结构，在集权与分权问题上有两种不同的解决方法。方法之一是中央政府试图控制和监督全国的政策执行。方法之二是放松管制，主要是指各种行政授权和联邦主义的制度安排，这样的行政分权体系提出了许多有关政策责任的问题，以及是否可以对政策和行政进行公共控制。尽管中央集权可能不够灵活和易于独裁，但至少政策的责任总是明晰的。二是按过程自治的机构，可以建立相互竞争的政策和多个中心，但它是难以控制的。三是按"客户"组织的机构，可能会产生民主责任的问题并难以代表公共利益。四是按目标组织的机构，经常

---

① 参见［美］盖伊·彼得斯《官僚政治》（第5版），第229—243页。

成为政策的支持者和竞争性组织间的仲裁者，而不是组织间稀缺资源的分配者。①

5. 官僚与政治家的政策博弈

官僚所具有的资源，一是信息和专业技术，在特定的问题领域的决策上，他们比那些相对无知的政治执行者和立法机关可能（在技术上）做得更好，官僚所处的位置至少能够含蓄地用政策信息交换对政策的影响力。二是决策的权力，官僚机构几乎没有与自由讨论相关的程序规则，例如选举或类似的程序，在很多问题上他们相比立法机关更加行动迅速，官僚机构在决策时也不必对来自选民的政治压力过于敏感。三是官僚机构也拥有自己的政治支持者，官僚有正式地脱离党派政治的优势，公务员无须通过代表选举，不用面临选区的压力或者与政党保持一致；党派与官僚专家公平地携手前进，形成了一个强有力的观点，即基于技术的官僚决策将比那些政治机构采取的政策更为优越。四是官僚有持久和稳定的优势。政治机构所具有的资源，首先是合法性，其次是钱袋的权力，再次是在政策领域寻求决策的空间。通过任何一种手段——调查、公开、选举竞争、演讲和辩论——政治机构能促使"公众"与官僚作战。

官僚的策略，一是控制计划，计划把决策从负有政治责任的官员手中转移到了官僚精英那里，这种转移在大多数公众舆论看来是不民主的。二是制作预算，项目预算比传统的政策项目预算要求更多的官僚活动机构的信息，要求官僚机构的内部控制非中央集权化，并且很少有政治机构投入时间和资金对官僚机构进行项目评估。三是争取议会授权，或者在制定政策时采用顾问机构或者委员会的形式。合法性或许能够通过效率获得，如果大多数官僚决策能够产生公众认为有价值的结果，那么官僚机构将会被认为是合适的决策者。它们可能缺乏正式的合法性，但在拥有运行合法性方面，它们可能成为集体分配价值的适当选择。②

6. 官僚决策中的民主问题

彼得斯从以下几个方面讨论了官僚决策与民主的关系问题。

（1）立法机关对官僚政策的控制。随着政策制定权转移给官僚和政治执行者，立法机关的角色也逐渐转化为监督者；这种情况部分由于选民

---

① 参见［美］盖伊·彼得斯《官僚政治》（第5版），第35—37、52—70、89、101页。
② 同上书，第244—262、321、327—335、351、397—398页。

的不断关注，选举代表将民意转化为了行动；行政执行任务的绝对数量，也意味着需要立法机关进行监督。立法机关的监督措施包括部长责任、基金、调查、选区服务、审查第二法律、事后审计等。

（2）对官僚政策的公众控制。公共控制的问题更为困难，这有两个可能的解释。一是公众有能力通过某些还不确定的方式使官僚了解他们的偏好，并使官僚的决策符合他们明确的偏好。普通的公众在与官僚打交道时，与精英相比处境更加困难。二是当特定的行政行为侵犯个人权利时——经济的或公民的——公民有能力通过行政诉讼获得救助。这是一种现实的控制，为此建立了许多程序性设置，也遇到了各种成功和失败。

（3）政策公开的作用。讨论政府政策公开，通常是在政策达成后公众获得信息的途径的意义上。对于了解政府做了什么决策、谁做的以及为什么，政策公开很重要，但是它无助于改变政策制定的实际方式。政府决策公开的一个信条是，那些非常明确影响公民的决策，例如土地使用的决定等，应该在实施前服从公众的意见。

（4）扩大政策参与途径。政府公开意味着制定政策时对公众开放决策过程，这可以用很多方式来完成，一个最基本的方法是公众听证。除了在公众听证中公民和政府的直接联系外，公民参与决策还有别的途径。

（5）协商民主。协商民主的观念虽然主要是一种政治理念，不太涉及实际的行政，但是它反映了向更加公开的政府的努力。公开的听证和与公众相关的传统措施大多数是一次性的行为，由公众回应待决定的议程。协商民主则希望更加持续地与公众发生关联，允许公众在讨论的议题上有一定的发言权。由于缺乏为工作而努力以及代表选民的需求，官僚机构可能比立法机关更欢迎这些活动。

（6）集体行动的民主前景。我们期望公众更多地关注和参与公共事务，因为官僚机构的效率最终决定于人们是否愿意不断提出要求和采用有用的机制，政府责任只能来自负责任的官员和公民的相互作用。新世纪的公共管理需要无比地坚信生活质量能通过集体行动来得以提高。①

7. 政治文化对公共政策的影响

"政策模式"的概念已经成功地被用来解释国家在政策制定过程中的区别，政策部门和国家也呈现出独特的文化特征，这些文化特征可以

---

① 参见［美］盖伊·彼得斯《官僚政治》（第5版），第262页。

影响政策选择。彼得斯就派伊提出的政治文化的四个维度作了进一步的解释。

（1）等级和平等，涉及行政职位的招募方式是什么、等级化权威的作用、公众和组织的关系等问题。公共行政官，哪怕是组织层级中的低层官员，才是真正的公共政策制定者。公共职业和私人职业之间的流动——特别是决策职位——被认为体现了社会和政治体制之间的两种不同关系。一方面，通常认为上述流动反映了政府价值结构和社会价值结构之间的良性协调，有利于保证管理体制的代表性，甚至能够促使"标准的"公民对公共政策施加影响。另一方面，部门之间的流动也被认为反映了官僚对社会的殖民，或者反过来说，社会某种既得利益的代表对公共服务的殖民。

（2）自由和强制，民主社会的稳定依赖于规则执行者和公众之间的价值共识。人们教育水平的提高以及他们对自己参与政治决策能力的自信的增强，可能导致后工业社会的冲突增加。一种情况就是，将有足够多的人有充足的能力对政策和行政施加实实在在的影响。如果悲观一点假设，对技术要求的增长将超过公众能力的增长，因此公众产生对政治体系的疏离感。根据不同的政策事件，两种假设都可能出现。官僚和技术社会里的公众参与将是后工业社会依然存在的问题，尽管技术要求高得让人望而却步，使有效的参与变得很难，但制度变化和公众对参与机会的认识将继续促进大众参与。民主社会里技术和精英控制决策的危险并没有得到充分认识，但是也没有简单的解决办法。一个方法是电子民主，公众可以通过大量的电子投票获得参与决策的机会。一些批评家认为这种简单的参与是不够的，因为提交讨论的问题首先在公众参与之前就已经作出了决定。这些人主张更细致的民主，即公众可以参与决策过程，并有机会对社会问题进行思考和讨论。对细致民主的批评者反过来提出了这一方法的可行性问题。

（3）忠诚和义务，公众对国家忠诚的降低使权力集中于官僚，在大部分冲突中，墨守成规或强加决定都会限制立法和行政决策的有效性，在这种情况下，公共官僚可能是唯一有效的决策机构。

（4）信任和不信任，当代公共行政决策权力的增长不完全取决于随机的和非理性的力量，相反，它至少部分反映了这些国家的政治文化模式。政治信任，或者对应的政治犬儒主义，意味着政治家在做决策时应该将公众的要求考虑进去。①

六　公民政策参与的行政理论视角

一些行政学家以行政学理论的视角集中阐释公民参与尤其是公民的政策参与的作用，对政策与民主关系的解读，起了另辟蹊径的作用。

（一）博克斯：公民治理中的政策参与

理查德·博克斯（Richard C. Box）希望超越管理主义观点，从社区和公民的角度考虑如何创立和形成那些为公共行政管理行动设定边界的公共政策，② 提出了系统的公民政策参与思路。

第一，博克斯将"治理"与政策联系在了一起，强调治理包含着参与社区公共政策制定和执行的公民、选任代议者和公共服务职业者的全部活动。他要创建的，就是一个关于地方政府结构和政策制定的模型，这个模型强调在效率、理性的公共服务与允许公民参与社区治理的开放的、民主的过程之间达成有机的平衡。实施公民治理模式（政策执行）有五个步骤：（1）使结构正式化；（2）培训工作人员；（3）培训委员会成员；（4）解决问题；（5）进行中期修改。③

第二，博克斯指出了社区治理的四个原则。（1）规模原则。许多公共政策问题在国家或州级政府组织那里能够得到最好的解决。然而，作为一个基本原则，将公共政策制定与执行过程尽可能放在贴近那些被政策影响的民众的位置上，应是更好的选择。这样既可以保证公民直接参与，创造富有意义的公民自主治理，同时也可以保证政府的公共项目更富有弹性，能够回应变化，即时、理性地达成项目创立的目的。将公共政策过程尽量保留在"最小的"层次上，意味着确定某一层次的政府是解决一项公共政策问题的最佳组织时，遵循的规模原则规定了自下而上而不是自上而下的选择过程。（2）民主原则。能否保证公共政策制定获得"最好的"结果，取决于公民是否能获得信息，并能对公共

---

① 参见［美］盖伊·彼得斯《官僚政治》（第 5 版），第 35—37、52—70、89、101 页。

② 参见［美］理查德·博克斯《公民治理：引领 21 世纪的美国社区》（中文修订本），孙柏瑛等译，中国人民大学出版社 2013 年 1 月第 2 版，第 17 页。

③ 同上书，第 1—2、104—105 页。

政策问题进行自由而公开的讨论，而不是依赖于精英集团的偏好或者局限于选任代议者的审慎决断。这一原则寄托了人们道德的或伦理的期待，即在社区生活中应赋予公民拥有更多选择和决定其社区未来的机会。（3）责任原则。社区居民是他们自己社区的"所有者"，所以他们应该作出必要的决定以确定应该提供什么样的公共服务以及如何运营这些公共服务。（4）理性原则。在制定公共政策和公共项目的决定过程中，公民、选任代议者和公共服务职业者应该努力地理解和清晰地表达他们作出选择凭借的价值、假定和理由。理性观念是要人们认识到，公共政策是一项重要的事业，它需要时间、审慎的思考，需要公民有表达自己意见及使自己的意见被听取的机会，以及尊重他人观点的态度。①

第三，博克斯认为组织结构的实践历程一直在两个相反的价值之间徘徊：一方是"公共回应性价值"（包括分割的治理体系、政策制定过程中开放公民参与、组织由选任官员领导等）；另一方是"行政理性价值"（包括集权化的科学性—目的性体系、公民作为旁观者和服务的消费者、专家式决策等）。一个试图阻止公民自主决定的地方政府，其结构往往具有下列特征：采用会议或听证方式只用于告知公民正在发生什么，或给公民一个表达意见的机会，但绝少赋予公民拥有真正富有意义的参与决策的机会；公民大会的时间不便利公民，会议议程和程序冗长繁琐；决策程序过于专业化，使得被选出来参与的代表几乎无法表达自己的独立想法，从而不得不听从那些全职工作人员的意见；使用复杂的官僚体系，其规则众多，对公民所作的解释却少之又少。"社区的政策导向"关注的是公民参与的可进入性及其过程，涉及四类问题：（1）可进入性、开放性治理制度还是排他性、封闭性的治理制度；（2）作为市场的社区还是作为生活场所的社区；（3）期望作用巨大的政府还是期望作用有限的政府；（4）接受公共职业主义还是抵制公共职业主义。这四组相反的价值有助于我们理解公民、代议者和职业者可以获得的行动选择范围，这些价值观往往在政策过程和政策结果中起支配作用。这些政策导向存在很多潜在的组合，不同的组合对于个人生活和社区的未

---

① 参见［美］理查德·博克斯《公民治理：引领21世纪的美国社区》（中文修订本），第13—14、93—96页。

来都有巨大的影响。①

第四，博克斯将公民分为"积极参与者"（积极参与到各种各样社区事务和社区组织中的公民）、"看门人"（这些人想要参与社区事务，但他们往往只参与少数直接关系他们自身的关键议题）、"搭便车者"（指那些很少关心社区事务的人，他们让别人来行使公民资格的职责）。并不是每个人每时每刻都会参与公共事务，很多人往往选择旁观，要么完全不参与，要么偶尔对其他社区居民提点批评意见。即便如此，还是有许多公民在决定重大变化的关键时刻选择参与。社区的每一个成员对怎样管理社区都有发言权，这种发言权由两个方面来平衡，其一是必须保证其他成员拥有平等的自由权，其二是必须保证社区成员能够进入社区决策过程。为了保证关于政策议题决策的高质量，公民必须能够拥有获取信息的途径，并且参与审慎的、深思熟虑的决策，这个过程是公开的，公民是受到欢迎和充分知情的，在这里每一个人的贡献都有价值，而不管其身份或地位如何。②

第五，博克斯指出代表公众意愿与将公众意愿转变为公共政策二者之间存在重要的差异，使代议制存在失败的潜在威胁。他不赞同"强势民主"论者以直接民主弱化甚至取代代议制的思路，而是提出了发展"社区代议制"的思路，建议管理当局不再作为社区利益政策的核心决策者，而是将界定、讨论政策和执行政策的基本责任委托给作为公民代表机构的"社区协调委员会"。在这样的治理体系中，决策在"最低"层次作出（规模原则），有可能为公民参与提供充分的机会（民主原则），民选代议者更侧重于协调和联合共同行动并始终关注最广泛的民众利益（责任原则），管理当局的角色转换以及与民众关系的改善能够促使他们作出更理性的决策（理性原则）。③ 博克斯还提出了"代表优先"和"行政效率"的替代选择方式。"代表优先"假定选举产生的官员应当是主要或唯一的决策者，替代选择是分权的、以市民为基础的决策实践，使选举出来的代表和行政首长具有完全不同的角色；对这些实践的吸纳可以被说成是"同等的代表"，在这一情形中，当选官员创造了分权化的治理过程并监

---

① 参见［美］理查德·博克斯《公民治理：引领21世纪的美国社区》（中文修订本），第25—26、39—41、56—57、97—98 页。

② 同上书，第47、52、98—99 页。

③ 同上书，第67—76、99—100 页。

督它们的执行，这要求人们宽容，甚至期待分歧、争论和这样的可能性：政策的结果不再是精英们本来在封闭的、较少风险的背景下所偏爱的事物。"行政效率"假定成本——效率的执行是公共行政的主旨，替代选择是将控制的天平从政治和经济精英转向更广泛的全体市民，因为市民拥有除了投票之外的参与到他们的政府之中的权利。①

第六，博克斯不同意政策制定与执行的二分论，并认为把中立性或合法性的目标作为公共服务角色的首要导向已经不再有什么意义。博克斯把公共服务职业者分为三类。一类是"执行者"角色，他们避免在政策形成过程中进行有实质影响的参与。另一类是"控制者"角色，包括了那些试图对政策过程结果产生影响的职业者。在这两类之间的是"帮助者"角色，通过为代议者解释公众意愿，向公民和代议者提供组织和技术的专业知识，以及对政策制定和执行进行监控，以保证公民有机会参与等方式，在政策制定和执行过程中发挥积极作用。"帮助者"角色是公民治理的核心特征，因为帮助者不会追逐更大的权力、自制和认同，相反他们会把相关知识和由此产生的决策权力，让渡给那些将受到这些决策影响的人们。他们与公民的沟通成为治理制度的本质，这包括提供可行性的政策选择，帮助公民通过增加话语权来达成政策结果，而这种结果不仅为大多数人所接受，同时也尊重了弱势人群的利益。②

第七，博克斯还从"反行政"的视角讨论了公民的政策参与问题，指出反行政要求管理者把每个人看作个体而非一个种类，避免用一种固定的、总体的视角来制定政策和规划，并鼓励公民参与治理。在这个层面上，反行政将仅仅作为另一种管理工具，一种考虑机构管理的不同方式。反行政提供了一种与流行模式相对照的观点：民主进步的历史是一部部分公民偶尔声称他们反对由少数人制定的统治政策的历史。在"积极参与的公民集体是好的"这个观念背后，可能有"政府行为应当由最多的、可行的公民形成"这一关于民主的规范式假设。另一个假设可能是，当公众没有积极地监控政府时，有影响力的人们和集团将会作出与部分或所有公众利益相悖的决定。前一个假设与实际的公民行为相反，后一个假设

---

① 参见［美］理查德·博克斯《代表优先与行政效率的替代选择》，载戴黍、牛美丽等编译《公共行政学中的批判理论》，中国人民大学出版社 2008 年 12 月版，第 85—101 页。

② 参见［美］理查德·博克斯《公民治理：引领 21 世纪的美国社区》（中文修订本），第 82—92、100—101 页。

则把公民摆在一个防御的状态。如果他们没有连续的参与（就像我们认为好公民应当做的那样）并使他们的偏好成为公共决策的一部分，他们的选择会是：在发生他们不赞成的事情时，对相关的公共行为和意见加以监控；认可其他人所做的，尽管会引起他们的担忧，或者，通过移到另一个社区而得以退出。大部分人并不直接参与公共管理，在这样的背景下，私人生活和反行政之间存在着清楚的关系。如果我们相信人们应当被允许拥有免于公共部门不当干涉的私人生活，而且如果不能总是期望选举出的官员和参与的公民为大部分人的利益服务，那么留给我们的就是作为公民和政府之间缓冲器的公共行政了。对于充当选举代表和公民之间缓冲器的公共管理者来说，存在着严重的障碍。一个障碍是，政治领袖可能把这一缓冲器的角色视为威胁，从而采取可能危及管理者的防御措施。另一个障碍是，很多管理者没有确定他们作为公民导向的角色，却反而以为要向他们的职业或向选举的或组织的领导效忠。第三个障碍是很难确定的公民利益，因为它们经常是多元的、多变的并且是相冲突的。反行政的一个尺度是这样一种程度，人们能够在不必畏惧公共部门的管理行为损害其生活质量的前提下过私人生活。如果公共政策和行为是以未知的公民为导向，而不是以少数有动机、知识和时间来直接参与精心制定社区中公共部门角色的人为导向，那么不考虑这些生活怎样与众不同也会更容易。①

（二）"组织民主"与"社区治理"的诉求

一些公共行政学的学者关注的是行政管理和政策过程可能涉及的公共组织尤其是社团和社区的问题，并且提出了一些值得注意的概念和论点。

迈克尔·哈曼（Michael M. Harman）提出了"组织民主"的概念，认为社会公平的观念要求组织民主（或参与性管理）的公众义务必须是毫不含糊的。他强调公共行政不可避免是政治的，组织民主以非常不同于官僚形式的组织形式以及组织成员间的平等地位，并非小心地在一个临时基础上或出于仁慈之心而得到推进，而是被看作从罗尔斯的亚里士多德主义原则中生长出来的。虽然公共组织被创造出来是为了普遍利益或特定的

---

① 参见［美］理查德·博克斯《私人生活与反行政》，载《公共行政学中的批判理论》，第 69—84 页。

主顾服务的，它们服务的平等自由的正义目的也是组织成员确认彼此是平等而自主的理性的手段。①

温蒂斯（Curtis Ventriss）关注的是社团和公共学习在政策过程中的作用。他指出公共行政必须注意四个相互依存的条件。（1）公共行政发生在扩张和拥挤的政策环境中，其中，每一件事都依赖于另外一件事，并且权力被多元的公众和公共行为者所分配和共享。（2）任何政府司法权或者政策行为者单方面有效行动的能力，最终被大大地降低了。（3）公共管理者日益依赖于某个人视野之外的其他个人或组织。（4）政策选择和公共行为的后果经常是广泛的、延迟的，并且有超出通常外部性的间接或者隐蔽的成本；可欲的和不可欲的后果很难分开，而且重要的和通常很关键的政策选择的第二和第三序列的影响可能会不被注意到。温蒂斯强调公共行政的实践必须要被扩大到作为个人和国家之中介的公民的和志愿的社团，这些社团因此可能会被转变为公民参与和责任的活的民主实验室。作为培育公民权的潜在教育工具，这些公民社团可以作为至关重要的公共论坛（在公共管理者的支持下），以促进与公共事务的相关特征和政治实体同公众相互依存含义的批判性讨论。官员的未来公共职责包括了在相互依存和复杂的条件之下增强公众对政策的理解。增进公共参与的公共服务，是一个逐渐认知以下命题的过程，即由于社会问题是共通的，所以问题的解决方案也是共通的。公共学习包括通过促进公众与官员之间政治上的教育互动增加公众的能力和知识。如果公共学习的需要被严肃地对待，那么为公共对话和辩论所设计的一种新的公共语言就显得异常重要。②

弗兰克·贝内斯特（Frank Benest）强调的是社区的作用，认为政府应该与人民携手解决问题，地方政府领导者应当关注社区的发展问题，并要求人们履行作为公民的义务。真正的社区是由以下互相关联的因素构成的：归属感、归根意识和传统感、地域感、认同感、包容性、付出和收获、多样化的贡献、自我管理、面对面的交流、通过社区进行学习。在社区开展的社会活动，应包括公共建造工程、发展调解机构、发展邻里组

---

① 参见〔美〕迈克尔·哈曼《社会公平和组织人：动机和组织民主》，载《公共行政学中的伦理话语》，第16—26页。

② 参见〔美〕温蒂斯《朝向公共行政的公共哲学：公众的公民视角》，载《公共行政学中的伦理话语》，第27—40页。

织、以重要的社会问题为中心组建机构、使邻里组织开展自我服务、重建代际关系、庆祝活动等。公民拥有权利的同时也意味着应当履行相应的义务。公民有关心社会公众事务的责任，也有与其他公民、地方政府合作解决公共问题的责任。当人们质问"政府应当为我们做什么"的时候，政府领导者应当强烈反问"作为生活利益的共同体，我们大家又应该做什么"。①

（三）公民政策参与的作用

一些公共行政学的学者专门研究了公民的政策参与问题，并就政策参与和民主的关系作出了不同的解释。

勒妮·欧文（Renee A. Irwin）和约翰·斯坦斯伯里（John Stansbury）认为应从"公民如何参与政策"回归到"公民是否应该参与政府决策"的思考课题。他们不仅指出了公民参与政策的优点（见表 8 - 1），也指出公民参与政府决策的缺点（见表 8 - 2），还指出了政策参与的有利条件和不利条件（见表 8 - 3）。

表 8 - 1　　　　　　　　　　公民参与政府决策的优点

	参与者的收益	政府的收益
决策过程	教育（与政府代表开展互动学习） 游说和启发政府政策 获取成为积极公民所必备的参与技巧	教育（与公民开展互动学习） 说服公民，建立相互间的信任，缓和与公民间的紧张对抗关系，建立策略性联盟 获取政策的合法性
决策效果	打破僵局，实现满意的决策效果 控制政策过程 更好的政策和更好的执行效果	打破僵局，实现满意的决策效果 避免诉讼 更好的政策和更好的执行效果

---

① 参见［美］弗兰克·贝内斯特《重建公民间联系：地方政府的角色是什么》，载《公民参与》，第 1—11 页。

表 8 - 2　　　　　　　　　　公民参与政府决策的缺点

	参与者的损失	政府的损失
决策过程	浪费时间（甚至是枯燥的） 如果决策被忽视，过程将会是毫无意义的	浪费时间 高成本 也许得到负面效果，引发公民对政府更多的非议和敌意
决策效果	如果决策受到持反对意见利益集团的强烈干扰，政府就有可能制定出更坏的政策	丧失决策控制权 出现政治意义上的坏政策 政策有的相应数额会降低

表 8 - 3　　　　　　　公民参与的理想条件和非理想化状态

	理想条件		非理想化状态
低成本因素	（1）公民积极参与旨在增加社区福利的公益项目 （2）主要利益相关者在地域空间上相对集中，可以更容易参加聚会 （3）公民有足够的薪金，不会因为参加会议而使实际收入下降 （4）社区同质性程度比较高，代表数目较少，小型团体决策效率较高 （5）政策议题不会要求代表在短期内迅速掌握复杂的专业技术信息	高成本因素	（1）顺从的公众不愿意卷入自以为是公务员的工作职责之中 （2）地域广阔，使得面对面的例会难以召开 （3）很多竞争性社团和经济团体要求建立庞大的参与团队 （4）低收入群体是主要的利益参与者，但由于工作和家庭生活干扰，他们无法定期参加公民会议 （5）参与者在作出最终判断之前需要掌握复杂的专业技术知识 （6）公众对协商问题没有进行过充分理解和思考，也不熟悉其他的政策备选方案
高收益因素	（1）问题陷入僵滞状态，公民参与有利于破解僵局 （2）公民对政府的敌对情绪较高，通过开展参与活动，政府机构可以在获取公民认可的基础上成功地执行政策 （3）具有影响力的社区公民愿意成为代表 （4）团体领导人在代表群体中有很高的声誉 （5）问题吸引了利益相关者的极大关注，如果不采取相关行动甚至可能出现治理危机	低收益因素	（1）公民对政府基本上不抱有对抗意识 （2）在没有公众参与的前提下，政府曾经成功执行公共政策（选举过程足够有效地引导政府决策） （3）人口规模大，少数代表很难影响大多数人 （4）不管投入多大的精力和时间，公民团体的决策依然有可能被忽视，或者说决策组织不具备应有的决策权威 （5）公民团体可能作出与政府同样的政策选择

勒妮·欧文和约翰·斯坦斯伯里认为政府应该搞清楚两个问题：一是公民是否真正乐意参与公共政策，资源是否应直接投向政策执行过程而不是公民参与的决策阶段；二是公民参与活动是否会为经济团体提供更多的机会控制公共决策。他们强调任何公共政策都旨在造福公众，特别当行政人员选择在选择最有效的执行策略时，他就更应该去考虑不同政策制定过程中的优点和缺点，并且牢记，多方的协商对话并不总是有效的方法，它同样需要付出代价。①

谢里尔·西姆瑞尔·金（Cheryl Simrell King）、凯瑟琳·费尔蒂（Kathryn M. Feltey）和布丽奇特·奥尼尔·苏赛尔（Bridget O'Neil Susel）指出公民的政策参与过程有四个要因素：（1）议题或情景；（2）行政组织的结构、制度和参与发生的过程；（3）行政人员；（4）公民。传统模式下的参与是无效和充满冲突的，参与活动在行政过程中发生得太晚，参与是在议题已经被确定、大多数决策已经敲定后发生的；在这样的模式下，公民被放置在议题的最外层，行政结构和过程位居最内层，行政人员是行政体系和公民之间的中介。真正的参与和传统参与之间存在着明显的差异，真正的参与将公民置于紧贴议题的位置，行政系统和过程则位于相对远处，行政人员仍是沟通二者的桥梁。他们还列出了两种参与在各方面的差异性，见表8－4。

表8－4　　　　　　　　　　两类性质参与活动的比较

	非真正的参与	真正的参与
互动类型	冲突	合作
参与时间	议程已被设定，决策出台之前	前期，事情确定前
行政人员的角色	专业技术人员/管理者	合作技术人员/治理者
必备的技能	专业技术、管理能力	专业技术、人际交往、交流技术等
公民角色	不平等的参与者	平等的合作伙伴
公民所需技能	无	公民知识、参与技能、交流技能
对待他人的方式	不信任	信任
行政过程	静态、黑箱、封闭	动态、透明、公开

① 参见［美］勒妮·欧文、约翰·斯坦斯伯里《公民参与决策：劳有所获吗》，载《公民参与》，第12—31页。

	非真正的参与	真正的参与
公民行为选择	反应性的	支持性的或反映性的
公民意见	单纯输入型信息	设计性建议
行政产出	决策	过程设计
决策时间	好像更短、更容易，但经常需要进行回溯决策或者基于公民的意见进行跟踪决策	好像更长、更繁冗，由于公民全程参与其中，通常不需要对决策进行重新处理，实际上比传统决策过程花费了更少的时间
政策制定	由行政人员作出，可能会在政治/行政过程中咨询公民意见	对话结果，所有人都有平等话语权且可以公平地影响政策结果

　　谢里尔·西姆瑞尔·金等人强调的是，政策参与应使各方获益，并且可以有效激发行政人员和公民对特定政策议题的兴趣和持续关注的热情。他们所倡导的是通过聚合地方参与过程中人民的意愿、呼声和三方改革路径（授权和教育社区成员、重新培训行政人员、优化行政体制和过程）来实现真正的公民参与。①

　　本章梳理出来的论点，尽管不能囊括西方行政学家的全部观点，但是应该包括了西方行政学主要流派的代表性观点。尽管在具体问题上不同流派的学者有不同的看法，但是西方行政学家在阐释政策与民主的关系方面，除了对"官僚决策的政策范式"和"行政民主政策范式"有重要的补充外，还显示出了一些基本的特征。

　　第一，行政学家侧重于应用民主理论，而不是发展民主理论。行政学对于民主理论最重要的贡献应该是使"民主行政理论"成为一种比较系统的民主理论，但是相应的理论构建似乎并未完成，"民主行政"还只是一个偶尔被学者提及的概念。行政学家除了从西方民主理论借用一些基本概念，也提出了一些新的民主概念，如"民主政策"、"行动的民主性"、"组织民主"等，但是与行政学的其他概念相比，新提出的与民主有关的概念显得过少，并且对这些概念都还缺乏全面的阐释，难以在学术研究中被广泛使用。

---

　　① 参见［美］谢里尔·西姆瑞尔·金、凯瑟琳·费尔蒂、布丽奇特·奥尼尔·苏赛尔《参与问题：通向公共行政中真正的公民参与》，载《公民参与》，第49—68页。

第二，从政治与行政二分，到政策制定与政策执行二分，再到强调政策制定与执行的一致性或不可分性，行政学家尽管产生过重大的分歧，但是对于公共政策在行政管理或公共行政中应扮演重要的角色，从来没有分歧。希望以民主的方式构建政策过程，也是西方行政学家的基本共识，只不过是在如何发展民主的问题上，有不同的思路（思路不同，对民主的理解也会产生较大的差异）。

第三，行政学家对政策过程的阐释，主要是以"组织"或"制度"为依托，强调的是政策所具有的"行政"特征或"体制"特征，而不是纯粹技术意义"政策模式"下的政策过程，并由此形成了与公共政策学的重大区别。由此所带来的一个基本特征是，行政学者可以列举大量的政策案例，用以说明在不同的组织体系下可能出现不同的政策过程，但是很少对政策本身作系统的分析，因为这样的分析主要是由公共政策学的学者来承担的。

第四，行政学家倡言的改革和"再造"，反映了三种趋势。第一种趋势是政府改革、政府再造或公共组织再造等，其核心内容是"再造政策过程"，即通过再造使原有的组织形态适应新的政策过程，或根据新的政策过程改造、创新既有的组织形态。第二种趋势是在制度层面维系而不是颠覆以代议制为代表的基本政策体系，尤其是在国家层面不对这样的体系提出根本性的挑战，并且强调这样的体系带有基本的民主属性（尽管存在不少的问题），问题只是如何使代议制与"政策的民主化"更好地结合。第三种趋势是改革和"再造"的重心下移，重点关注地方政府、基层政府、地方性的公共组织、基层组织乃至社区的政策过程改造；应该看到，带有"新"字样的各种理论流派（新公共行政、新公共管理、新公共服务、新官僚政治理论等），大多关注的是地方甚至是基层的变革，并且使社区成了行政学研究的一个重要聚焦点。

第五，行政学视域下的公众参与或公民参与，并非倡导公民在行政管理中的参与（在社区层面可能有一定的"管理"参与），而是竭力倡导公民的政策参与，当然这样的参与更多地表现为在基层的全面参与（既参与决策，也参与政策执行和监督等），在高层的表达性参与（公众有表达政策意图的权利和表达的途径）。更为重要的是，行政学家对行政人员（官僚、公务员、公共服务职业者等）本身的政策参与给予了极大的关注，使得"政策参与"不仅仅涉及公民参与问题，也涉及了管理组织内的人员的参与问题（尤其需要注意的是这些人如果对政策有不同意见，应该采用什么样的参与行为）。

第六，行政学家在不同的历史时段和不同形势下开出的发展"民主"的药方，尤其是"政策过程民主化"的药方，尽管有的比较保守，有的比较激进，有的过于偏重基层，有的只限于高层，显示的恰是民主发展的多样性选择和开放性的路径。正是基于对多样性的认知，才能使我们对不同理论流派行政学家的民主观有比较全面的认识。

第九章　公共选择政策范式与
组织决策的政策范式

在经济学影响下产生的公共选择理论和组织理论，自 1948 年以来已经成为政治学研究的两个重要学派，并分别提出了"公共选择政策范式"和"组织决策的政策范式"两种不同的理论范式。本章不仅要介绍公共选择理论和组织理论代表性人物的论点，还要介绍其他经济学家的政策观点。

一　公共选择政策范式

由公共选择理论提出的"公共选择政策范式"，尽管有不同的表述，但核心点是相信个人具有理性选择政策的能力。

（一）对投票行为的诠释

公共选择学派较早出现的阿罗定理和唐斯定理，都是用经济学的研究方法，对投票行为作出新的解释，而这样的投票行为，与公共政策有着密切的关系。

1. 阿罗：投票的矛盾

肯尼斯·阿罗（Kenneth Arrow，1921—　）将社会选择理论应用到政治选择方面，强调投票可视为将个别选民对候选人或其政见的偏好加总，而汇集为所谓的社会选择。① 阿罗关注"投票的矛盾"，分析了权力和责任的关系，尤其是权力、责任与选举的关系，指出对当权者的怀疑已

---

① 参见 ［美］肯尼斯·阿罗《组织的极限》，陈子白译，华夏出版社 2014 年 1 月版，第 108 页。

经深入英美等国的骨髓。实际上，已经衍化出了某种对政治权力加以控制的方法，不论是个人权力还是非个人权力：选举、普通投票、权力的分立、一定限度的司法控制，当然还有那些公民不服从和暴力反抗等由来已久的方法。尽管有了这些方法，对于政治权力表现责任的程度，仍存在着广泛的不满。政府被广泛地认为是非人格性的和遥不可及的，与普通个体离得太远。倘若民主的理想实现了，则全体选民即是一种权力；但它很可能像任何其他权力一样，是不充分的和不负责任的。然而事实上，选举作为一种实现责任的方式，有其内在的缺陷。就其本质而言，选举无法在海量的具体事务中间进行区分，而是就某种平均标准来作决定。进一步地，选举过程就必然要加以简化，即使只是为了把普通投票者的信息成本控制在合理的范围之内，从而必须大幅削减可供选择的考虑事项的数量。①

阿罗对理性选择、集体行为和组织的作用的看法是，一种情况、一个系统或一种分配，如果每个个体根据他个人的价值观觉得他更优，那它就比另外的更优。社会系统不仅能够实现有效率的分配，而且它不要求经济体的参与者有多少市场知识。他们只需要知道他们自己的需要就行了。集体行为能够扩展个人理性的范围。组织是在价格系统失效的情况下，一种实现集体行动的利益的手段。一切组织都有一个共同的特征，即它们都有集体行动的需要及通过非市场方式分配资源。政府只是大量集体性机构中的一种，它有别于其他机构，这主要是其对统治权的垄断。②

阿罗强调了信息对政策的关键性作用：各种决定，不论在哪里采用，都是所接受信息的一个函数。当信息保持不变时，任何决定都不会作出。与信息渠道及其使用相关的不确定性、不可分割性和资本强度，它们合起来暗示着：（1）一个组织的实际结构和行为可能极大地依赖随机事件，换句话说依赖历史；（2）对效率的追求可能导致刚性，对进一步的变化不做反应。要想使信息对组织有任何用处，就必须对信息作调整。用更正式的话说，必须在组织内部建立沟通渠道。在组织设计中，头等的要求是提高组织处理大量事项的能力。等到信息和信息处理成为个人资本的积累这个地步时，所需要的就是帕累托所称的"精英循环"，即决策者的吐故纳新、更新换代。在设计决策制度时，目标应该是能够尽最大可能地促进

---

① 参见［美］肯尼斯·阿罗《组织的极限》，第78—79、111—114页。
② 同上书，第6、11、13、21—22、31页。

信息的流动。①

阿罗认为要给大型组织中的权力增加责任，涉及以下五个主要问题。

第一，权力对组织的价值。为了使权力即决策的集中化起到使信息的传递和处理更经济化，需要注意由四个要点组成的一个系列：（1）联合决定优于分散的决定；（2）最优的联合决定取决于分散在社会中各个体手上的信息；（3）将所有信息一次性地传递到中心位置更有效率；（4）由处于这样的个人或办公室作出集体决定并传递，可能要比把决策据以作出的所有信息进行再传输更为便宜。在信息广泛分散和要求决策速度的情况下，战术层面的权力控制对于成功是必不可少的。可用以替代权力的另一极是合意。只有当一个组织的所有成员拥有完全相同的利益和完全相同的信息，自发的合意才是有效率的。当组织成员间的利益和信息均不相同时，达成合意的成本将上升。因而合意作为一种组织决策方式，其价值相对权力的价值将下降。

第二，认同权力的条件。仅当权力为众望所归时，权力才是可行的。一个人所以服从权力，是因为他预期其他人也会服从权力。也许重要的是让权力变得可见，从而使权力可作为一种协调信号之用。

第三，责任的价值。使权力负有责任对一个组织来说是有价值的。在有一种纠正机制潜在地运行的背景下，权力才有可能是错的。

第四，履行责任的条件。退出和罢免对于增加信息向组织决策的流动而言，都算不上是特别令人满意的机制。其实，大多数现代组织已毫无保留地认识到需要对责任作系统性地规定，如规定对更高一级在任权力的责任、对临时权力的责任、对一个只在某个有限领域里有效的特定权力的责任、对非权威性团体的责任等。

第五，权责间合理折中的可能性。责任必须有能力纠正错误，却又应该不至于破坏权力的真正价值。责任必须是间歇式的，可以采取所谓的"例外管理"的形式。在例外管理中，仅当绩效足够逊于预期，才需要对权力及其决定进行审查。权力要么是针对某种形式的按章程计划好的审查和曝光，要么是面对不定时的和起起伏伏的违抗潮，不得不负起的责任。②

---

① 参见［美］肯尼斯·阿罗《组织的极限》，第51—52、59、69—70、85—86页。

② 同上书，第73—100页。

2. 唐斯：中间选民理论的政策视角

唐斯（Anthony Downs，1930— ）使用的理性主义标准是："理性的"这一术语绝不是用于一个行为者的目的，而仅仅应用于他的手段。当我们讨论每个个人什么样的行为算是有理性的时候，我们便不再考虑他的整个人格。我们的"政治人"是选民中的普通人，是我们的民主制度模型中的"理性公民"。政治中的理性人必须能够大致预测其他公民和政府的行为。因为政府提供了社会其他部分得以建立其上的秩序框架，政治理性便具有一种较之仅仅消除政府活动中的浪费远为根本的功能，政治理性便是所有形式理性行为的先决条件。政治理性不必是以一种民主的方式实行的。政治理性不必是完美的。尽管如此，在每一个大规模社会中，一种高度的政治理性是必要的，如果这个社会要成功地解决它的问题的话。①

唐斯的模型建立在下述假设的基础上：每一个政府寻求最大化政治支持。政府存在于一个定期举行选举的民主社会中，它的首要目标是连任，而当选则是那些在野党的目标。在每次选举中，得到最多选票（虽然不一定是多数票）的政党控制整个政府直至下次选举，没有由全体选民或国会进行的中间投票。执政党在宪法规定的界限内享有不受限制的行动自由。模型试图借助于一种政治工具在个人的与社会的目的结构间建立一种实证的联系。因为每一成年公民都有一张选票，他的福利偏好在政府眼中被加以权衡。后者感兴趣的仅仅是他的选票，而不是他的福利。在这样的模型中，政府在两个条件下追求它的目标：一个允许反对党存在的民主政治结构；一种存在不同程度不确定性的环境和由理性投票者组成的选民。②

唐斯认为在一个民主制度中，选举的主要目的是挑选出一个政府，③并在此基础上阐释了与民主的政策过程有关的三个方面的问题。

第一，理性选民的政策选择。任何选民，如果他的行动使他能够在有效地挑选一个政府中发挥作用，那么他相对于选举而言就是理性的。投票人在作出决定时所考虑的利益是从政府活动中得到的效用流。理性人感兴

---

① 参见［美］唐斯《民主的经济理论》，姚洋、邢予青、赖平耀译，世纪出版集团、上海人民出版社 2005 年 9 月版，第 3—10 页。

② 同上书，第 10、15—17 页。

③ 同上书，第 6、21 页。

趣的并不是政策本身，而是他们自己的效用收入。在一个确定性世界中，选民有无热情并不影响他的意见的政治分量。投票人可能不能确定自己的观点对政府政策制定的影响程度，他们并非总能知道政府正在做什么或可能做什么事情，他们常常不了解政府行为同自己效用收入的关系。不确定性迫使理性政府把某些投票人看得比其他人重要，不确定性改变了由普选权所保证的影响力的平等性。选民收集政治信息主要出于两个原因，帮助他们决定如何投票，形成在选举之间能够影响政府政策制定的观点。投票决策是依据政府在任期中已经实施的政策作出的，是投票人对政府已经作出的事情的反应。形成观点的决策则意在影响政府在任期内的政策，它不是对政府决策的被动反应，而是它们的积极塑造者。我们可以进一步把"得到选民赞同的统治"定义为这样一种决策过程：在这个过程中，决策者在那些受到影响的人们的偏好基础上作出每一个选择，并且相对于每个人受到影响的程度权衡他的偏好。①

第二，政党的政策行为。政党是为了赢得选举而制定政策，而不是为制定政策去赢得选举。政党的所有行动都是以选票最大化为目的的，而政策仅仅被视为达到这一目的的手段。每次选举不仅是一个政府选择器，而且也是一种信号器，每一次选举都是对执政党政绩的一个事后的评判。政党会面临决策的不确定性。为了争取选票，各个政党迫于竞争的压力，在政策和意识形态上变得相对诚实和有责任心。民主制度能否产生稳定的政府，取决于大部分选民是否集中在中央，或者集中在两端而中央密度很低。在两党体制中政党的意识形态收敛于中点，这种收敛依赖于投票人的单峰分布。增加模糊性对于两党体制中的任何政党都是理性的。在联合政府下，尽管理性投票在多党体制中更为重要，但它却更困难或更缺乏效率；投票人可能把选举当作民意测验对待；多党体制中政党的意识形态和政策比在两党制下表现得更为鲜明，各个政党同时受到意识形态上分与合的压力。② 如果以自私公理作为分析的基石，民主政治中的政党可以类比为一个追求利润的经济中的企业家。为了达到它们的私人目的，它们采取任何它们认为将获得最多选票的政策。③

---

① 参见［美］唐斯《民主的经济理论》，第 21、33—35、38、45、57—62、73—74、76—87、217、233 页。

② 同上书，第 25、31、38、74、89—149 页。

③ 同上书，第 24—25、270 页。

第三，政府决策的特征。政府决策的基本原则是，政府希望使政治支持最大化，它便借助于那些损失选票最小的筹资行动来从事那种赢得选票最多的支出行动。它的政策制定不仅要考虑投票人的效用函数，而且要考虑反对党所提议的政策。政府和投票人感兴趣的都只是政府活动结构的边际变更。所谓边际变更，指的是每一届政府从它的前任那里继承下来的政府行为模式结构的局部改变。为了避免失败，政府或者在每一个问题上代表多数人的立场；或者是政府感兴趣的不是它的每一行动，而是其全部行动合在一起对投票人的效用收入产生的净影响。民主社会不可能达到帕累托最优，也很少能有选民在与政府的交往中达到边际均衡。民主政府的行动总的来说有利于低收入的选民而不是高收入选民。民主制度在经济上越有效率，政府干预自由市场的程度就越深。[1]

（二）布坎南：个人主义民主的决策理论

詹姆斯·布坎南（James M. Buchanan，1919—2013 年）明确提出了"个人主义民主"的概念，并与其他学者一起论证了"个人主义民主"与政策的关系。

1. 不同于"理想主义民主"的"个人主义民主"

詹姆斯·布坎南和戈登·塔洛克（Gordon Tullock，1922—2014 年）指出，关于理性主义民主的种种概念，都是基于以下假定：一旦全体选民都得到了充分的信息，个人利益冲突就会并且应该消失。我们并不否认这种概念的偶然的有效性，然而我们却要对这种政治过程观的普遍的或者甚至是典型的有效性提出质疑。布坎南和塔洛克不同意理想民主理论所强调的集体行动必须对所有各方有利的"正和博弈"的政治过程，以及将集体抉择解释为"零和博弈"的政治过程，[2] 并提出了以下论点。

第一，"集体决策"和与之相关的集体选择理论，强调的是以个体行为作为理性选择的核心特征，理性选择理论就是从那些在组织群体选择的过程中行动或决策的个人开始。个人是唯一有意义的决策单位，这些个人的动机是效用最大化的考虑。集体行动被视为个体在选择集体地而非个体

---

[1] 参见［美］唐斯《民主的经济理论》，第 47—51、62—67、151—182 页。

[2] 参见［美］詹姆斯·布坎南、戈登·塔洛克《同意的计算——立宪民主的逻辑基础》，陈光金译，中国社会科学出版社 2000 年 9 月版，第 3—4、26 页。

地实现目标时的行动，而政府则被视为不过是允许这样的集体行动发生的诸过程之集合或机器而已。按照个体主义的国家观，政治的或集体的行动与市场交易非常相同，两个以上的人会发现，合力完成某些共同的目标，对彼此都有好处。有代表性的或者普通的个人在参与市场活动和政治活动时，都是以同样的普遍价值尺度为基础而行动的。[①]

第二，外部成本加决策成本的最小化，是社会组织和政治组织的合适目标；外部成本与决策成本之和，可以称为"社会相互依赖成本"。成本分析的结果显示。（1）拥有一部宪法是理性的，亦即对于个人来说，选择一种以上的集体决策规则，在正常情况下，是理性的行为。（2）在讨论的任何时刻，引入那种具体的、在传统上与民主理论联系非常密切的决策规则，看起来并非有用或适当。当我们考虑到，现代民主主义理论多半是以非经济学的、非个体主义的和非实证主义的术语来阐释的，那么就可以为多数规则在现代民主主义理论研究中所获得的这种占主导地位的角色，找到一个更为可行的替代解释。（3）在群体中要求达成一致的比例与集体行动的估计经济价值之间有一种关系。这种行动越是接近于创造或取消人权与产权，个人所预期的由集体行动所导致的可能损害就越大。[②]

第三，对各种超越定期选举统治者的民主决策制度的实证辩护所必然依靠的，是有关个人主义民主的假设，而不是有关理想主义民主的假设。必须假定，个人利益是不同的，个人会借助于私人活动以及政治活动来推进这些个人利益。只有在这些假设的基础上，决策成本才能被接受为那种预防集体行动所可能造成的外部成本的过程的固有部分。在一个缺少其成员对基本价值的某种根本性的意见一致的社区中，集体地组织活动的相对成本会大得多，集体活动的范围将更加显著地被缩小。[③]

第四，集体选择的时间序列非常重要，因为它允许我们把一种经济的向度引入个人投票活动。个体选票产生各种发挥经济效应的集体决定。具有经济价值的政治选票，只能是指在采取决定性的行动时使用的选票。任何投票规则都充当一种定量配给手段，这种定量配给可能会促成一种与个人评估无关的集体"物品"配置。政治选择时间序列的引入，允许发展

---

① 参见［美］詹姆斯·布坎南、戈登·塔洛克《同意的计算——立宪民主的逻辑基础》，第 2、13、20、323 页。

② 同上书，第 45—49、86—89 页。

③ 同上书，第 107、125、327—328 页。

一种类似的市场。在各种单独的问题上交换选票的可能性，开辟了这样的前景。个人也许能够有效地——但不完全地——"卖出"他在某一个具体问题上的选票，同时作为回报而在一些涉及更为直接的利益的问题上获得其他个人的选票。道德约束有可能禁止公开买卖选票，然而，补偿是可以通过在一系列问题上进行选票交易来予以安排的。互投赞成票似乎发生在西方民主国家的许多政治抉择之中，它可能以两种独立而独特的方式发生。当对一系列连续议案中的每一个议案进行公开投票的个人数合理地少时，这种现象似乎无所不在。通常，这正是代议制议会的特征，而且还有可能存在于使用"直接民主"的小政治单位之中。在这种方式下，对于任何个别的投票者来说，所有可能的议案都可以按照他的兴趣强度来排列，投票人之间的种种通过讨价还价而达成的协议能够使各方共同受益。在任何一个给定的问题上，他都可以简单地忽略那 49% 的个体决策者。在多数表决规则的运作过程中，不存在什么内在的将产生"合意的"集体决定的东西，相反，多数表决往往会导致对公共部门的过分投入。多数表决规则也不存在博弈是正和的东西。互投赞成票还可能以第二种方式发生，我们将把这种互投赞成票称为隐含的互投赞成票。那些向投票人提供候选人或选举纲领的政治"企业家"，编织了一个复杂的政治混合体，以吸引支持。不能以理性的个体主义伦理学为基础来谴责选票交易本身，相反，可以谴责的，是处于不要求群体的全体成员一致同意的集体选择规则之下的选票交易。个人的政治选票在这两种情况下完全不同。在那种按照不足全体一致规则运行的集体选择过程中，一张选票代表着一种把外部成本强加给他人的潜在权力。而在另一种情况下，当采取行动须得全体一致同意之时，选票就不代表那种可以把外部成本强加给他人的潜在的权力，不会出现任何抵消性理由来反对允许政治选票充分而自由地出售的效率理由。①

　　第五，在那些并非很小的政治单位里，直接民主制的代价都将变得过于高昂。降低相互依赖成本的一个方法，通常就是引入代议制政府。要为代议制的"最优"度建构一种概念性的规范理论，在一个极端，我们拥有直接民主制，在这个制度中，直接参与集体选择的个人数（"代表"

---

　　① 参见［美］詹姆斯·布坎南、戈登·塔洛克《同意的计算——立宪民主的逻辑基础》，第 129—142、147、160—161、187、296—300、307 页。

数）与整个表决集团的个人数一一对应。而在另一个极端，我们有一个单独的个人，他"代表"整个集团，或者为整个集团作出选择。引入代议制需要注意四个至关重要的立宪变量。（1）选择代表的规则必须予以确定。（2）在立法会议上决定议案的规则也要制定出来。（3）必须选定代议制度，基本的组织决定将受到群体规模的影响，若其他情况不变，则群体规模越大，集体地从事的活动的集合就应当越小。（4）确定代议制的基础，地区代议制至少是西方大多数民主制国家的立法机构中的一个立法院的标准基础，它介于纯粹随机化的代议制与纯粹功能化的代议制之间。两个议院或者两院立法会议制度，是西方民主制国家的一个共同制度。简单多数表决方法在相当程度上抵消了使用两院立法的好处。对简单多数规则的偏离能够改善这种情况。例如，如果选举的办法保证，每个议院都代表着整个的人民，而不仅仅是代表每一个选区中的多数派，那么一种两院制的立法制度（其中的每一个议院都以简单多数表决），将要求由四分之三的人民赞成愿望强烈的少数派的交易，同时仍然允许那些仅仅得到简单多数票赞成的等强度议案得到通过。①

　　第六，政策过程中的个体理性是有限度的。选择者——投票者会认识到，任何计划的公共行动都存在收益与成本这两个方面。但是，无论他自己分享的收益份额还是他自己所分担的成本份额，都不可能像在可以比较的市场选择中那样容易地予以估计。由于参与群体选择的个人所不可避免的无知，这种不确定因素是必定会起作用的。容易理解，这个不确定因素限制了理性计算的范围。除了这个不确定的因素外，单独的个人还丧失了决策的责任感。如果个人很有把握地知道，不管他自己的行动如何，影响到他的那种社会或集体决策都将被作出，那么他就得到了一个更大的机会，或则有意识地完全回避作出肯定的抉择，或则还没有对其他可供选择的方案慎加考虑便作出抉择。对于全民复决的问题，许多投票者之所以参加投票，可能更多的是出于一种责任感或义务感，而不是由于对这个待决问题的任何真实兴趣的引导。挺有意思的是，这种"公民投票职责"往往被强调为有效的民主过程的一个根本特征。②

----

　　①　参见［美］詹姆斯·布坎南、戈登·塔洛克《同意的计算——立宪民主的逻辑基础》，第233—241、254、266页。

　　②　同上书，第40—42、145—146页。

　　个人主义民主（个体民主）概念的提出，引起不少的批评，布坎南又对这一概念作了进一步的说明。（1）"个人主义民主模型"与"既成权力模型"或强迫模型一样，都有解释"民主"的某种潜力。（2）除非在非常有限的范围内，我们一般不愿意让当选的政治"领导人"为我们作出决定；将最终决定权委托给专家或所谓的专家，也同我们自由社会的观念是格格不入的。（3）在某种程度上，被选出的代表在任何较大的民主国家都为选民们进行选择，然而，只要他们的选择受到选民最终愿望的制约和引导，民主模型就仍然有效。（4）有效的民主进程和有用的理论建设，并不要求每一个公民觉得他自己是连续的公民投票的参与者。个人可能而且也的确意识到了，许多复杂的政府机构超出了他控制或影响的范围。不过，他必须认识到，一些最终决策权还是取决于他及其伙伴。如果个人同国家的疏远超出了这一点，如果个人完全不再感到自己能决定政治行动的范围，有效的民主进程将不复存在。（5）分析应当适当地从"投票人—公民—纳税人—受益人"的行为，转向决策人和决策执行人的行为，前者得到利益而不付出代价，后者则仅仅在选举统治者时才付出代价和得到利益。（6）允许"民享"而不是"民有"的根本性差别可以概括为缺少一致同意的客观标准。[①]

　　2. 以"一致同意原则"为决策规则

　　布坎南和塔洛克还特别强调，个体主义宪政理论赋予一种特别的决策规则即意见普遍一致或全体一致规则以核心地位。在政治学的讨论中，许多学者似乎已经忽视了全体一致规则必定会在任何规范的民主政治理论中占有的核心地位。最多也只应把多数规则视为许多有用的权宜之一。[②]

　　澳大利亚学者布伦南（Geoffrey Brennan，1944—　）和布坎南对"一致同意原则"作了进一步的论证，提出了以下论点。（1）非选举的宪法法则，对现行民主宪政而言，与选举约束同样重要；选举过程足以约束自行其是的政府的假设是极其脆弱的。一旦认识到选举竞争的不足，便呈现出两个改革的方向：对征税和开支的权力施以直接的宪法约束，或者对于政治决策的程序或规则进行宪法变革。（2）确保一位公民不会受到政

---

　　① 参见［美］詹姆斯·布坎南《民主财政论》，穆怀朋译，商务印书馆1993年9月第1版，2002年11月第3次印刷本。第4—6页。

　　② 参见［美］詹姆斯·布坎南、戈登·塔洛克《同意的计算——立宪民主的逻辑基础》，第102—103页。

府的伤害或损害，同时确保政府对所有公民也如此一视同仁，做到这一点的一个必要条件是，全部政治决策都是按照一致同意的原则作出。只有经过普遍同意，才能揭示公民的偏好。政治行动不需要得到共同体全体成员的赞成，也可以存在着对某种法律规则的结构的一致同意。（3）从一致同意规则过渡到多数批准规则，涉及纯选举约束力的大幅度弱化。（4）财政约束实际上可以替代选举约束，在选举约束失败时它们仍然有效。（5）不同于通行的公共选择模型，我们明确作出的关键性假设是，预算支出和税收是通过立宪后期的一个民主投票过程决定的。有效设计的专款专用制度，可以限制政府剥削纳税公众的程度。（6）随着决策团体的规模从选民的一半降至公民中的一小部分，任何统一性限制的严厉程度也会随之下降。提议对现行规则进行变革，至少从理论上有可能得到"一致同意"。批评家们也许会马上指出，"一致同意"散发着荒诞乌托邦的味道。但是我们认为，这种批评等于把讨论推到了错误的道路上。维克塞尔—帕累托标准是一个标尺（维克塞尔从他的理想化的全体一致同意转向符合标准的多数程序，即符合标准的多数批准，至少要得到六分之五成员的批准；参与 70 年代讨论的一些人曾提出宪政要求，要有五分之三或三分之二的多数批准立法机构的支出法案），有关建设性的宪政改革的分析和讨论必须以它作为标准。（7）在民主制度中实行宪法革命，不但意味着把注意力局限于民主政体，还意味着这种宪政变革必须是"民主的"变革，它必须来自全体选民都可能参与的政治机制。①

　　布坎南和罗杰·康格尔顿（Roger D. Congleton，1951—　）认为普遍性原则应该被延伸到政治之中，并从对多数主义民主批评和普遍性原则构建两个方面展开了论述。

　　在多数主义民主批评方面，布坎南和罗杰·康格尔顿指出，现代民主政治并非运行良好，很少人会对这一基本诊断提出质疑。多数规则可能被作为民主政治的必要条件来接受，然而，单就多数规则而言不能为这种规则本身的表现提供表征。多数联盟一旦掌握权力，很可能会起而取消选举过程，以保证当权的永久性。不受普遍性约束的多数主义民主很可能会采

---

　　① 参见［澳］布伦南、［美］布坎南《征税权——财政宪法的分析基础》，载冯克利等译《宪政经济学》，中国社会科学出版社 2004 年 1 月版，第 4—10、21—30、182—183、185、193、236 页；［澳］布伦南、［美］布坎南《规则的理由——宪政的政治经济学》，载冯克利等译《宪政经济学》，第 31、49—50、149—169 页。

用无效率的歧视性的管制手段。在多数主义选举轮换制度下的整个一连串时段内，从集体行动中获得利益的期望也许会得到相反的结果。多数投票，在不受制约的情况下，不仅远不能产生中间或折中结果，且一定会使多数派成员与少数联盟的成员之间的区别最大化。[①]

在构建普遍主义原则方面，布坎南和罗杰·康格尔顿认为，从进入决策机构的潜在参与途径的角度所界定的"民主"，仍然在分类上有别于"非民主"。民主的限制性条件意味着每个人，不论是现实中的确实存在还是具有潜在的可能性，都在法律的制定、修改的实施以及在形成使个人、群体和组织在其框架内运作的政治行为方面具有发言权。在宪法层面的规则抉择中，全体一致标准的应用会减少分配冲突的潜在可能性。我们把理想化的多数主义程序作为我们的基准来使用（这种理想化的多数主义程序是一种政治架构，其中存在着对普遍的公民权、周期选举以及立法机构中的多数规则得以宪政上的保证）。普遍性原则的标准必须在操作层面予以界定，因为普遍性原则的最终目的是制约多数主义政治。政治制度明确了参与集体决策过程的各种方法的有效性。在不受时段性普遍性原则约束的稳定的民主体制中，面对当前中间选民的政治难题是如何预测一批又一批中间选民的意向。无论公民们是否愿意玩政治游戏，政府的合法性是决策分配的结果。坚持普遍性原则的政治体制将会更为一贯性，不会那么专横，统治成本也会少些。换句话讲，比不坚持普遍性原则的政治体制更受欢迎。[②]

3. 政治决策中的个人理性

布坎南强调个人必须以某种方式"选定"如何集体地和个人地使用资源。这并不是说个人仅仅或主要以选举过程中的投票人角色进行集体选择。个人通过他所从属的专业组织，通过他所支持的刊物，通过雇佣他的公共和私人机构，来对公共选择产生影响。集体结果产生于许多不同身份的人效用最大化。假定个人能在选择所固有的不确定的范围内准确地衡量成本和利益，如果他的行为旨在使自己的效用最大化，那么他就是"有理性的"。即使一个人走出市场，而走进投票间，他在一定程度上也是按

---

① 参见［美］詹姆斯·布坎南、罗杰·康格尔顿《原则政治，而非利益政治——通向非歧视性民主》，张定淮译，社会科学文献出版社 2004 年 3 月版，第 10、17、28、51、108、129—131 页。

② 同上书，第 4、25、29、135、153—154、181、200、218—223 页。

经济原则办事的。现实主义者考察的是实际存在的政治世界，而浪漫主义者却大谈直接的民主。在"统治"的少数作出政治决策和集体中的公民实际参与集团决策两个不同的模式中，肯定有起作用的统治阶级的因素，也肯定有民主过程和公民控制的因素。实行民主制度下的个人态度与实际非民主制度下的个人态度之间的显著区别，在于个人是否拥有潜在的选择权。在民主制度下，个人在所有时候都是一个潜在的参与者，不论他是否实际参与。因而，政治决策是间接地由个体公民作出的。一旦我们承认个人作为投票人或作为潜在投票人在民主制度下在最终决定公共经济部门的规模及其组成，我们就有义务尽力研究他们的选择。在民主政治中，有许多种获得结果的方法，还有一些导致这种变化的规则。政治和集体决策过程无法"对真理作出判断"，无法得到"正确的答案"，而仅仅是个人对各种结果的选择可以结合起来产生集体结果的一个过程。不同的规则会产生不同的结果。如果把个人适当地放在要求他们在"立宪上"进行选择的位置，他们就会在他们自己利益的引导下，表现的似乎是在促进某种非常有意义的一般利益或公共利益。在这种背景下，私人效用最大化行为和政治义务之间毫无冲突。很显然，个人对财政，对税收和利益的态度，不论是在仰赖于界限分明的精英政治模型中还是在仰赖于个人——选择的民主模型中，都是重要的问题。民主政府在财政以及非财政方面的实际操作，要求它的公民坚持所谓的"立宪态度"。只有当个人（或他们的代表）不是作为转瞬即逝的生物，而是作为整体的潜在受益人的复合概率分布而能够为自己作选择时，才能较有把握指望得到"正义"、"效率"、"公平"。不论是政治游戏还是其他游戏的规则，都必须在游戏开始之前确定，并要由游戏参加者自己确定。①

　　布坎南还指出，个人的或者若干个人的财产适于作为自由——即完全独立于政治的或者集体的决策过程——的保证。必须存在有效的宪法性限制，来有效地抑制政治对按照法律所界定的财产权利，以及对包含财产转移的自愿的契约性安排的公开侵扰。如果用任何一种关于自由和自治的实际意义的措施来解释个人的政治上的平等的话，"宪法"必须被置于"民主"一词的前面，多数人的暴政比其他形式的暴政一样真实，而且实际

---

　　①　参见［美］詹姆斯·布坎南《民主财政论》，第 13、17、130—134、178—186、190、215、227、233、296、312—313 页。

上它可能更为危险。①

4. 民主财政观

布坎南对财政尤其是税收与民主的关系作了说明：政治结构在运行时的确往往导致将财政决定明显分为两部分的制度。公共商品和服务的支出同税收水平之间存在潜在的缺口，除非消除这种缺口，否则就会从民主决策过程中产生预算赤字。然而，政治结构也包含另一些可解决潜在冲突的制度。从历史上讲，立法机构对收入决定或税收决定比对支出决定施加了更多的控制。税收被看作是对人民的必要收费，而实际上并没有把税收看作是一种"交换"过程的一部分。现代民主国家的出现，大大改变了财政过程的背景，但是只是最近才注意需要修改过时的准则。人们一直未承认，甚至现在仍未承认，归根结底，必须把税收视为向缴纳赋税的同一些人提供利益的公共商品或公共服务的"成本"。特别是在代议民主制度中，所有财政选择最终都由个人直接或间接作出，而不是由政府这一与公民完全相分离的实体作出。民主立法机构之所以会受到压力（即一方面要求减少税收，另一方面要求扩大公共支出），主要是因为政治社会中集团之间的分歧。在这里财政选择的分配方面被有意忽略了。个体公民能否更合理地通过立法过程选择公共商品和私人商品的组合，主要取决于能否在某种程度上纠正理论上及制度上所继承的错误。在实际的民主过程中，人们广泛认识到，"职能财政"（也就是为了宏观经济政策的目的而有意操纵预算）在收入和支出受议会控制的时候很难起作用，受选民财政压力较小的行政部门能够更"有效"地操作预算。税率和支出率也许能够更自由地提高或降低以促进实现宏观经济目标，而且民主决策过程的内在冲突大部分也会消失。这一变化将减少个人对决策的控制，个体公民的决定主要局限于"选择选择者"。从本质上讲，正统（财政理论）的传统是不民主的，没有表现出感情的意义，政治决策必然是在同个体公民无关的条件下作出并强迫其接受的。如果假定政治制度是切实民主的，那就必须假定个人以各种方式参与作出财政选择。当然，他们可能是相当间接地、有时几乎是无意识地参与作出财政选择。②

---

① 参见［美］詹姆斯·布坎南《财产与自由》，韩旭译，中国社会科学出版社2002年10月版，第59页。

② 参见［美］詹姆斯·布坎南《民主财政论》，第103—107、118—119、293页。

（三）公共选择理论的发展

自阿罗、唐斯和布坎南等人提出公共选择理论后，出现了一些整合与发展公共选择理论的论著，可以列举一些有代表性的论点。

1. 缪勒：公共选择理论的验证

英国学者丹尼斯·缪勒（Dennis C. Mueller，1940—　）对公共选择理论的一些重要论点进行验证，并提出了一些看法。

第一，在行为模式多样化的、人员流动性强的大社会中，即便个人知道什么行为是与公共利益一致的，也可能需要对什么是互利的行为作出正式的陈述。因此，以其正式的投票程序来决定和实施集体选择的民主，是具有一定的规模且以非人格化为特征的各种社会所必需的一种制度。[①]

第二，随着博弈者数的上升，需要民主制度以达成有效率的合作解的迫切性都会增强。随着社会规模的扩大，一种自愿提供的公共物品的供给不足的数量会扩大，因此，为了实现帕累托最优配置，就需要某种机构来协调每个人的贡献。政府常常被当作一个人，是个决策者，拥有与决定帕累托最优资源配置相关的各种信息。为了实现公共物品配置中的帕累托最优，要求集体选择过程比市场更少一些无政府主义。[②] 关于国家有两种迥异的观念。第一种观念从古典的民主国家理论那里获取思想，有三个假说：（1）政府是公共物品的提供者和外部性的消除者；（2）政府是收入和财富的再分配者；（3）利益集团是政府增长的始作俑者。第二种观念来自公共选择，也有三个假说：（1）终极权力在于民众；（2）国家存在是为了实现"人民的意愿"；（3）国家政策是众多个体投票人的偏好的反映。在某种程度上这两种观念可以都是正确的。经济自由促进了经济增长这一命题没有什么争论，关于民主对经济表现的影响能够得到的结论是极为试探性的。[③]

第三，投票规则被认为能够控制政治组织自身的行为。一致性规则是唯一能确定地导致满足帕累托最优条件的公共物品数量和税额的选举规则。这样的原则基于两个关键的假设，即博弈过程是合作的，而且还是正

---

① 参见［英］丹尼斯·缪勒《公共选择理论》（第3版），韩旭、杨春学等译，中国社会科学出版社2010年8月版，第16页。

② 同上书，第21、25、29、31、50页。

③ 同上书，第574、606—607页。

和的。对一致性规则有两种主要批评，一是摸索式地寻找契约曲线上的一个点可能需要相当长的时间，二是这种规则鼓励策略行为。如果一个只关心提供公共物品和纠正外在性的委员会把节约时间看得很重，那么它无疑可能选择简单多数通过规则作为其投票规则。快速不是多数规则具有的唯一性质。使用多数规则进行集体决策必然至少部分地把国家转变成一个再分配的国家。因为所有现代的民主在相当大的程度上都是利用多数通过规则进行集体决策的，实际上多数通过规则的运用常常被认为是一个民主政府的标志。但是委员会陷入一个投票循环之后，可能无法迅速作出决策。需求——显示规则和点投票规则要求投票者准备用真实货币或可替代的投票货币去改变委员会的结果；而在否决投票规则下，否决票不再像一致通过原则下的选票一样是免费的，每个人只能提出一个议案，也只能否决一个议案。多数通过规则的承诺让人失望，全体一致通过规则只是一种乌托邦式的想象，而其他更新更复杂的投票过程又具有强制性，相比较而言，用脚投票只利用了让人吃惊的简单的方法，就使人们按自己的喜好各自分组，从而实现了显示个人偏好的任务。当用手或用脚（的投票）都不能成为适当的表达（方式）时，别忘了还有毛主席的枪杆子理论。要在制度上分开配置效率和再分配问题，并允许公民直接决定这些问题，一种可供选择的办法是，把公民的角色限制在选举一个代理人或一组代理人，让代理人决定这些问题。①

　　第四，"选举的自相矛盾"打击了民主的规范基础。人们已经进行了很多尝试来解决这种自相矛盾。关于人们投票原因的一种假设是他们遵守社会标准，具有公民责任感。然而很多政治观察家们并不支持这种看法，很多人把政治看成是不合作的、零和的博弈过程。在一个拥有大批成员的直接民主制度下，没有人愿意收集信息或加入联盟；而在小型的代议制委员会里，却激励着成员收集不仅是自己的偏好信息，也包括那些潜在同盟成员的偏好信息。解决"投票悖论"（理性的、自私的个人都不会去投票，但是成千上万的选民确实投了票）的基本方式有三种：一是重新说明理性选民的计算，以使投票现在成为理性行为；二是放宽理性假定；三是放宽自私假定。选民不论是真心地还是策略性地投票，都是为了获得许

———————————

　　① 参见［英］丹尼斯·缪勒《公共选择理论》（第3版），第75、81—82、89、94、142、153、198、206—207、225、744—745页。

诺给他们以最大收益的那种结果。一些人通过投票而从表达他们对特定候选人的偏好中获得效用（好表达的选民假设），一些人的伦理偏好告诉她要投票（伦理选民假设）。候选人竞争模型有助于消除人们对政策空间中存在着某种均衡的疑问。候选人所花费的钱并不是真的购买选票。这种钱购买的是电视中的广告节目、标语、公告和徽章、民意测试者、游说者、顾问。这种钱购买的是全部的工具，这些工具是现代市场营销学有能力设计出来的，目的是用于影响一个人在选举日如何投票。但最终还是投票者作出的决策决定着选举的结果，这些结果的质量取决于这种选择的质量。①

第五，在有大量选民和议题的情况下，直接民主是不可能的。设计代议制政府是用来补充或替代作为代表个人偏好的直接民主。用代议民主取代直接民主，让实际决定预算和征税负担的权力从公民那里转移到了议员那里，但是增加了不得不参与挑选代表过程的负担，而且扩大了公民的监督职责。他们不仅要监督自己挑选的议员，而且要监督执行集体决策的官僚。如果公民是跨社区流动的，那么我们必须加上他们不得不居住在哪个社区的成本。"全民代议制"要求从同一份候选人清单中选择代表填充议席。"地区代议制"则要求每个地方选区选举议员到上级政府的议会。对于选举在民主过程中的作用和功能，存在着分歧。一种观点认为，选举主要是为了选择政府，而只是次要地反映公民的偏好。另一种观点认为，选举主要是从公众手中表达其对相互竞争的代表的偏好或观点的工具，而只是次要地履行选择政府的功能。这种观点为代议制政府理论提供了基础，它的根据是这样有一假定：政府寻求的是在公共政策中满足公民的偏好，否则公共政策要么不可行，要么是次优的。②

第六，选举政治具有稳定性的一个解释，至少就该过程的政策结果来判断，或许是候选人不从整个可行的政策空间中选择政纲，而是将他们的选择限制在政策空间的一个特定子集。对唐斯的"中间选民理论"，可以有两个附加修正：（1）候选人对政策具有偏好；（2）候选人能够进入和退出竞争。在多党制下，中间投票人这个关键行为者可以用"中心的"，

①　参见［英］丹尼斯·缪勒《公共选择理论》（第3版），第147—148、186、335、362、745页。

②　同上书，第231—237、252、288—289页。

或 "核心的"，或 "强有力的" 政党来替换。①

第七，政治家并非只以选票为生，他们也可能追求财富闲暇，他们的偏好可能影响到公共部门的结果，他们在决定政策方面也起着一定的作用。选举日选票的列表构成了某种政治斗争的结束以及另一种政治斗争的开始，后一种政治斗争发生在政府内部的那些人——既包括选举产生的也包括任命产生的——之间，其目的在于决定政治过程产生的实际结果。②

第八，"民主制"一词让人想到公民主权的图景。公民决定国家的政策，只有他们的偏好有价值。与此相对，"独裁制"一词意味着民主制的对立面，只有独裁者的偏好有价值。在直接民主制中，公民的集体选择据说相当接近公民主权的理想，不过就是在这里，人们也必须担心选民理性无知的问题，以及选择某些投票规则导致的循环投票。即便在代议制下，公民想要从国家那里得到的与他们所得到的一致性明显很弱。民主制与独裁制相比，最大的优势可能不在于民主制比独裁制平均起来做得更好，而在于民主制很少堕落到人们在独裁者下常常见到的那种悲惨程度。③

第九，人们可以把民主定义为一种政府体制，在这一体制中公民或选择统治自己的人，或选择政府的政策，或选择两者。在根本上是民主的政治体制的家族之中，一极是大众民主之极端形式，"多数"乃是政府决策所有领域中的决定性力量。在无限制的多数民主的相反一极的 "制宪民主"，最终主权在于人民——所有公民，它的行使只有在所有人同意它应当如何行使时才是可能的。在制宪民主中，议会是人民决定应当采取何种政府行为的代理人，行政部门则是议会的代理人，负责贯彻它的决定。制宪民主强调了一个成文宪法（理想地说是由公民清晰地撰写的宪法）的重要性。因为只有成文宪法才能被重写。公民保持其最终主权和对于他们在政府中的代理人的控制办法是随时准备换掉这些人，并重新设计政府规制。④

2. 投票理论的验证

美国学者梅尔文·希尼克（Melvin J. Hinich，1939—2010 年）、迈克

---

① 参见 ［英］丹尼斯·缪勒《公共选择理论》（第 3 版），第 259、264—266、329—330 页。
② 同上书，第 393、438—439 页。
③ 同上书，第 459—460 页。
④ 参见 ［英］丹尼斯·缪勒《制宪民主：一个解释》，载 ［加］布来顿、［法］赛蒙、［意］卡罗地、［加］温特伯编《理解民主——经济的与政治的视角》，毛丹等译，学林出版社 2000 年 12 月版，第 63—88 页。

尔·芒格（Michael C. Munger, 1958—　）以"政治学的解析理论"（公共选择理论）分析政治现象，指出民主政治是令人沮丧的、耗费时间的、不可预测的，有时甚至是荒谬的，但是却没有什么更好的选择能够取代它，因此最好是发现不同的民主政体是如何运作的。① 他们对公共选择学派的投票理论进行了多方面的验证。

现代选举的空间理论的假定是，候选人或政党的政策立场被视为"空间"中的某些有意义的点，政策空间可能只有一个议题，但也可以包含若干政策。每一项议题都与空间中的一维相关联，而"维"则是不同议题的一个有序集合。空间模型将分析分解为选民的选择、政党政策平台的选择、结果的质量三个组成部分。②

作出一项决定或者选择所需要的公民人数的集合被称为"决定性集合"。无论是将既定公民的偏好包括在决策中（公民普选权），还是决定以某种特定的方法对这些偏好加以汇总（汇总机制）都会影响决策。"社会选择"具有两个要素。一是"公共决策"，这种选择将会对公众产生重大影响，或是选择可能涉及提供"公共品"的水平；二是"集体决策"，集体决策的选择不能由一个人作出。决策的这两个方面似乎是不可分的，但它们是有区别的。选择可以是公共的，但却不是集体的。相反的情况是，选择可能是集体的，但却并非是公共的。③

几乎所有的政治行为都会至少涉及两类变化中的一类："如果偏好改变，结果可能改变，即使制度本身不变"；"如果制度改变，结果可能改变，即使偏好本身不变"。民主的方法（广泛地参与和分享权力）同民主的目的（前后一致的"人民意愿"的存在）有可能南辕北辙。④

"左—中—右"的形象化描述使得社会科学家致力于扩展能够把握空间政治竞争的模型。在实际的政策中，人们的确以"左"和"右"来标示他们的位置，这些差异与人们所期待的生活方式有关。在大众选举中，

---

① 参见［美］梅尔文·希尼克、迈克尔·芒格《解析政治学》，陆符嘉译，凤凰出版传媒集团、译林出版社 2009 年 12 月版，第 3 页。
② 同上书，第 12 页。
③ 同上书，第 109—111 页。
④ 同上书，第 26—27 页。

一旦选民将政党的名字和一系列的政策立场画了等号，政党就很难改变立场。①

在一维空间的世界中，如果单峰偏好成立，那么大多数原则的运用将使中位数位置成为稳定的政策选择。即便中位数投票人定理的其他假定都成立，如果相当数量的投票人具有非单峰偏好，那么中位数投票人就可能不存在。如果某个社会的制度创造了能够在民主的过程中将政客向中心吸引的方法，那么从规范意义上说这个过程的结果有可能是最好的。如果中心的确存在，那么它将是政治权力之所在。我们得到了我们认为是我们所希望的政府，但是，我们所得到的是否被证明就是我们所希望的政府则完全是另外一个问题。②

投票决策本身只是一系列决策过程中的最后一环，或者说公民对投票的成本和限制的反映。政治参与的真实水平被证明同有目的的自私行为并不矛盾。研究投票的规范的重要启示有三点。（1）经典空间模型认为选民弃权的两个主要原因是无差异（两个选择没有或者几乎没有差异）和偏离（两个选择都与选民理想点相去甚远）。（2）就普遍认知而论，投票似乎主要是一项消费行为，而非投资。（3）投票的收益既可能是个人的，也可能是集体的。③

大众的直接民主是罕见的，因为公民很少有机会通过公民投票来决定预算和政策。绝大多数大众民主是通过代议制实现的：选民选择他们的代表，而后者接下来决定政策问题。对于选民如何选择代表有两种理论。方向性理论将选民对政策提案的反应分割为两个组成部分：方向性（选民是支持还是反对某项政策）和强度（选民对某项政策的好恶到什么程度）。意识形态理论认为政治性竞争发生的空间所涉及的是意识形态，而非政策。这两种理论似乎都没有言及政治上的选择从何处而来。④

如果所有公民的偏好都得到同样的考虑，则没有任何确定的方法可以选择一张具有传递性的表格。阿罗悖论强调唯一能够确保传递性的集体选择机制是独裁。如果我们在社会现存的规则中坚持非独裁和帕累托标准，那么只有三个可能的选择：允许非传递性的决策规则；允许无关的备选方

---

①　参见［美］梅尔文·希尼克、迈克尔·芒格《解析政治学》，第19、25页。

②　同上书，第47—51、59—60、81、138—139、156—158、246页。

③　同上书，第159—161、164、170、179—180页。

④　同上书，第212—213、244—245页。

案影响其他备选方案成对比较的规则；允许对于被接受的偏好集合加以限制（亦即违反普遍域）。独裁有可能永远伴随我们，因为没有秩序的自由可能比没有自由的秩序更糟糕。①

3. 团体认同与政策塑造

英国学者帕特里克·敦利威（Patrick Dunleavy，1952—　）从批判公共选择理论，转向用公共选择方法重构研究方法，以民主和官僚制两个视角涉及了与政策有关的问题。

在民主方面，敦利威既引入了"团体认同"的概念，强调团体认同途径可以有效解释团体内部民主的重要地位；也注重了"塑造政策"的作用，认为理性的政党领袖有多重动机去采用偏好塑造策略，他们努力按自己喜欢的方式改变投票者偏好的分布。②

敦利威在多元主义、统合主义、集体行动逻辑和新右派观点之外，提出了更具包容性的理性选择模型，指出"团体认同"的概念把握了所需要的"更多内容"。一般地，如果理性行动者不认为自己拥有与其他人相同的兴趣，他就没有理由为了团体的集体收益而对团体行为作出贡献。团体认同（觉察到与别人共享、由某个团体代表的利益）在概念上是独立于普通主观利益的变量。团体认同也极大地影响了人们对团体规模和团体生存能力的认知。因为在自由民主的政治制度下，不断增长的团体规模通常增强了团体的生存能力，它对参与决策也有着模糊的影响。团体认同模型恢复了利益集团内部的组织结构和政治过程。在团体极为复杂的内部景象中，团体领袖只是其中的一个行动者集合。在团体的身份集合内把团体的有效性和规模最大化时，团体领袖面对着广泛的决策选择，即设计和维持团体认同，排除参与的认知障碍、接受障碍和有效性障碍，塑造身份集合，设计选择性激励，管理团体内部不完全民主的决策，在团体规模和环境与规模控制策略的矛盾景象中保持微妙的平衡。③

敦利威认为，政治偏好可以外在于政治过程本身而形成的看法，在理论和经验上都是难以成立的。关于政党的政策立场问题，投票者可以获得

---

① 参见［美］梅尔文·希尼克、迈克尔·芒格《解析政治学》，第 108、112、116、133—134 页。

② 参见［英］帕特里克·敦利威《民主、官僚制与公共选择——政治科学中的经济学阐释》，张庆东译，中国青年出版社 2004 年 1 月版，第 8—9 页。

③ 同上书，第 63—67、88—89 页。

的绝大多数"信息"都是在敌对中产生的。理性的政党领袖会在一切可能的时候采用政府权力，把投票者的观点重塑到有利的方向上来。投票者会回应政党的宣传或政策姿态的改变。[①]

在官僚制方面，敦利威认为官僚在作出官方决定时，显然会将利己主义的效用最大化。机构的总体政策是根据官员所做个人决定的组合来设定的，或者由机构与赞助机构的互动来设定。所有（政策层次的）官僚都强烈地认同他们的机构。理性官僚会集中精力来发展机构塑造策略。利益集团、政党和政府机构的领袖都面对着在可选策略中进行重大抉择。利益集团领袖受到一个基本逻辑的约束，即动员团体成员以维持比大多数其他社会机构更民主、更具委托授权性质的组织模式。政党领袖在进行策略选择时也受到下列因素的极大限制：组织内部的权力结构、政党活动家的观点、与在投票者心目中长期形象保持一致、政党执政的历史和记录等。政策层次的官僚可能从机构塑造策略中获益更多，而他们对重组过程的控制更强。[②]

法国学者皮埃尔·赛蒙（Pierre Salmon）在选择模型的基础上指出：无论选民最终将经济表现不良归咎于执政者还是自己错误的投票，不良表现仍会引起他们对现有政策和安排的不满，当这种不满到达或接近极限时，就会有极强的趋势促使政策的改变。这种情况发生于国内政策决定经济增长时，或者说是选民这样认为的。一个政府要使自己保持在民众忍受限度之内有多难，这很大程度上依赖于国外情况如何。如果我们确定一项政策的效果是不定的，而且政府是不敢冒险的，那么每个政府就都会努力采取保持增长率、使它处在不过分激起民众不满的程度之上的政策。一切有害经济增长的政策都会被剔除。在每一个国家，只有当再分配政策有利于国家经济增长，或该国增长率远高于能激起民众不满程度的极限点时，才会被采用。民主程度对经济增长的影响，要比民众对经济增长表现比较的敏感度的影响要小。行政机关比选民更能决定一项政策是否服务于长期目标，通过采用长期性政策，执政者就通过行政

---

① 参见［英］帕特里克·敦利威《民主、官僚制与公共选择——政治科学中的经济学阐释》，第 125、160—161、279 页。

② 同上书，第 194、231、279—280、283—284 页。

机关建立起了他们的声誉。[①]

从公共选择理论中归纳出来的"公共选择政策范式"，在民主视角方面，侧重于对民主理论各种流派的验证和质疑，较少有自己的民主理论建树，真正具有理论建构意义的是布坎南提出来的"个人主义民主"，但是这样的民主理论在公共选择学派内，也没有得到普遍的响应和支持。"理性行为"的研究，是公共选择学派的重要贡献，这样的贡献不仅仅表现在可以用博弈论或者各种量化模型来解释投票行为以及塑造政策选择中的"集体行为"范式，还在于以"政府失败理论"、[②]"投票悖论"等对既有公共选择过程（政策过程）的解读提出了重大的挑战。

二　组织决策的政策范式

"组织理论"主要是由经济学家倡导的一种理论，侧重于组织决策行为的研究，并在此基础上形成了以强调"有限理性"为特征的"组织决策的政策范式"。

（一）西蒙：组织决策过程中的民主问题

赫伯特·A.西蒙（Herbert A. Simon，1916—2001年）强调从组织决策的角度来理解组织，他对"组织"的定义是"一群人彼此沟通和彼此关系的模式，包括制定及实施政策的过程"。这种模式向个体成员提供大量决策信息，许多决策前提、标的和态度；它还预测其他成员目前的举动以及他们对某个体成员言行的反应，并向该成员提供一系列稳定的易于理解的预期值。对组织的科学描述，就是尽可能说明每个组织成员制定了哪些决策，以及制定每项决策时所受到的影响。[③]西蒙对组织决策理论有全面的论述，我们重点关注的只是这些论述中所涉及的政策与民主关系的论点。

---

① 参见［法］皮埃尔·赛蒙《民主政府、经济增长与收入分配》，载《理解民主——经济的与政治的视角》，第151—168页。

② 布坎南即强调公共选择提出了一种"政府失败理论"，这一理论完全比得上产生自20世纪30年代和40年代的福利经济学理论的"市场失败理论"，见《财产与自由》，第102页。

③ 参见［美］赫伯特·A.西蒙《管理行为》（第4版），詹正茂译，机械工业出版社2007年7月第2版，导言，第13—14页；正文，第15、37页。

1. 管理过程就是决策过程

"决策"工作同"执行"工作一样渗透到整个管理型组织中，事实上这两者紧密相连、缺一不可。因此一般管理理论既要包括保证决策正确制定的组织原则，又要包括保证决策有效执行的组织原则。西蒙不同意古德诺对"政策问题"和"管理问题"的二分法，并提出了两点理由。首先，出于政治原因，立法机构往往希望避免制定明确的政策，而把政策制定工作转交给行政管理机构来做。其次，行政管理者可能不是个中立顺从的人，他可能（而且往往如此）有自己一套明确的个人价值观，而且希望他的管理型组织按照其意图行事，他也可能会抵制立法机关独揽政策制定权的做法，或通过执行政策的个人方式，故意破坏立法机关的决定。①

2. 决策中的价值和事实因素

没有目的性的管理将毫无意义。只要是导向最终目标选择的决策，就称为"价值判断"；只要是包含最终目标实现的决策，就称为"事实判断"。令人遗憾的是，管理者面临的问题，并没有按价值、事实两类要素区分妥当。一方面，政府组织和政府行为的目标或终极目标通常使用一般化和模糊的"公正"、"一般福利"或"自由"等词语；另一方面，指定的目标可能只是实现更远目标的中间目标。虽然管理者可以拒绝刻意去构成综合目标体系，或对此无能为力，但他无法避免真实决策的实际效果，也就是事实上体现了目标的综合。从某种重要意义上来说，一切决策都是折中的问题。最终选择的方案，只不过是在当时的情况下可以选择的最佳行动方案而已，不可能尽善尽美地实现各种目标。最终决策将取决于不同目标的相对权重和备选方案实现每个目标的程度。决策总是可以从相对意义上来评价，就是只给定要实现的目标，就可以确定决策是否正确。如果事实问题与道德问题之间的区分能成立的话，就可以得到四个结论。（1）发明一定的程序机制，要有效地分离决策中的事实要素和道德要素，这可以加强民主机构的价值判断职能。（2）把某决策问题分配给立法机关还是管理者，取决于决策问题中包含的事实要素和道德要素的相对重要性，以及对事实问题的争论程度。（3）由于立法机关必须作出许多必要的事实判断，所以很容易获得信息和建议。（4）由于行政管理机构必须作出许多必要的价值判断，所以它必须对远远超出法律明文规定的社会价

---

① 参见〔美〕赫伯特·A. 西蒙《管理行为》，第 2、6、54—57 页。

值作出响应。虽然往往把价值判断的职能委派给行政管理者，但是必须保证在出现意见分歧时他能完全负责。① 决策者不能同时关注所有目标，不能同时关注所有备选方案，不能同时关注备选方案的所有后果。既然不是所有事情都能关注，那么理解注意力分配的方式对理解决策就十分关键了。组织注意力理论建立在两个已被证明并有很大影响力和吸引力的理念之上。第一个理念是满意，即组织强调目标，并严格区分成功（实现目标）与失败（未实现目标），而不是成功或失败的程度。第二个理念是组织更关注没有达到其目标水平的行为，而不是那些促使其实现目标的行为。②

3. 管理理性或政策理性

如果某项决策确实能在给定的情况下实现给定价值的最大化，就可以称之为"客观"理性决策；如果这只是相对于决策者对主题的实际了解而言，这项决策就是"主观"理性的。手段对目的的适应过程要是自觉进行的，就是"自觉"理性的；手段对目的的适应过程如果是个人或组织刻意进行的，就是"刻意"理性的。决策如果以组织目标为指导，就是"组织"理性的；如果以个人目标为指导，就是"个人"理性的。真实行为至少在三个方面不符合客观理性的概念。（1）按照理性的要求，行为主体必须完全了解并预期每项政策产生的结果，而实际上我们对决策结果的了解总是零零碎碎、不完整的（知识的不完备性）。（2）由于决策产生的结果未来才会发生，所以在给它们赋值时就必须用想象力来弥补缺乏真实体验的不足，但是要完整地预期价值是不可能的（预期的难题）。（3）按照理性的要求，行为主体要在所有可行的备选行为中作出选择，而在真实情况下，主体只可能想到有限的几个可行方案而已（行为的可行性范围）。③

完全理性和有限理性是有区别的。完全理性假定决策者的效用函数是全面的、一贯的，决策者了解选择的所有可能性，能够算出与每一可行办法相联系的期望效用，进而选择其中能使期望效用最大化的办法。有效理性则假定决策者必须通过搜寻才能获得选择的可行办法，对行动所能产生的结果的知识很不完备且不准确，并采取期望中满意的行动（在满足约

---

① 参见［美］赫伯特·A. 西蒙《管理行为》，第3—5、48—64页。

② 参见［美］詹姆斯·马奇、赫伯特·西蒙《组织》，邵冲译，机械工业出版社2008年3月第2版，前言，第19—20页。

③ 参见［美］赫伯特·A. 西蒙《管理行为》，第75—76、84—86页。

束的条件下达到目标）。完全理性是实质性的理性——它对应的只是实际和客观上的决策环境，只有当环境足够简单，能够被作为决策者的人充分理解的场合，完全—实质理性的方法才会有效。环境一变得复杂，大多数的实际情况都如此，要预测人的行为的话，人类的有限理性就要求我们必须了解决策的过程，有限理性（的假设）对过程理性来说是必需的。①

4. 管理过程中的决策制定

组织剥夺了个人的一部分决策自主权，而代之以组织的决策制定过程。组织代替个人制定的政策，通常包括确定组织成员的职能、职权分配、对组织成员的自主选择设置协调其他成员活动的必要限制。

古典理论缺少决策过程的三项基本要素：（1）对特定时刻制定哪些决策议程的设定过程；（2）对要关注的问题其再现模式的获取或构造过程；（3）可供决策者选择的备选行动方案的一系列产生过程。

决策的任务包括以下三步：（1）列举所有备选策略，决策前从全局的角度看待各备选方案；（2）确定执行每个策略所产生的所有结果；（3）对多个结果序列进行比较评价，使用价值系统作为从所有备选方案中选出一个最佳方案的决策准则。

不仅要注意组织决策的"横向专业化"，还要注重"纵向专业化"。（1）在存在横向专业化的条件下，纵向专业化对于协调操作人员的行动至关重要。（2）横向专业化使操作人员能在执行任务的过程中培养更多的专业操作技能，纵向专业化同样也能在决策过程中，培养出更多的专业决策技术。（3）纵向专业化让业务人员对自己的决策负责，对公共机构来说，是向立法机关负责。

通过行使职权或施加其他形式的影响，可以将决策职能集中化，制定出一个总作业计划，来协调控制所有组织成员的行动。这种协调，既可以是程序性协调，也可以是业务性协调。在合作系统中，即使所有参与者都对期望目标达成了共识，一般也不能完全自主地选择实现这些目标的策略，因为每个人要选择正确的策略，就要了解其他人所选择的策略。

要发挥决策专长的优势，就必须对决策职责进行分配，安排具备某种特定技能的人制定需要该种技能的所有决策。知识在决策制定过程中的作

---

① 参见［美］赫伯特·A. 西蒙《基于实践的微观经济学》，孙涤译，格致出版社、上海三联书店、上海人民出版社 2009 年 4 月版，第 17—20 页。

用，就是确定哪些备选方案会产生哪些结果。

对于时间在决策过程中的作用，抉择提出了两个问题：（1）如果要在给定的时间里实现某特定目的，那必须放弃哪些备选的目的；（2）如果要在给定的时间里实现某特定目的，这个任务对于在其他时间实现的目的会产生什么限制。时间要素还以另一种形式体现在决策制定中。有些决策一旦营造了新局面就无法挽回了，因为新局面又会影响到后面的决策。确定采用决策（或不采用决策）的时机本身就是决策过程的关键要素。

组织的主要功能就是强制组织成员共同遵守组织或组织权威人士制定的规章制度。下级人员的权力，受到高层管理人士制定的政策限制，坚守职责是关键。

复合决策模型有两种至关重要的管理技巧。一是许多专家在正式制定决策之前就采取计划手段，使用自己所具备的专业知识和技能对解决问题产生影响。二是审查，个人采用这种手段，对"内部"和"外部"决策前提负责。①

5. 组织影响模式

组织上层制定的决策，若不向下层传达，就无法影响操作人员的行为，由此需要关注以下几个问题。

（1）权威。虽然权威的重要职能之一，就是在出现意见分歧时，能保证决策的制定和顺利的执行，但是对权威专断性的强调可能还是过分了。无论在什么情况下，如果上级人员过分行使职权，超越了下属所谓的"接受范围"，就会导致下属不服。接受范围的大小，取决于让权威生效的保障手段或约束力。权威行使的方向既可以"向下"，也可以"向上"和"横向"。权威在组织中最重要的用途之一就是导致决策制定工作的专业化，以便在组织里最恰当的地方熟练地制定每个政策。因此，行使权威使决策制定达到熟练程度比每个操作人员制定所有决策能达到的更大。我们特别要注意权威的三种职能：一是它加强了个人对行使权威者的责任；二是它保证了决策制定过程中专门知识和专门技能的运用；三是它有助于活动的协调。

（2）沟通。沟通对决策过程具有重要的影响作用。沟通就是一个组

① 参见［美］赫伯特·A. 西蒙《管理行为》，第6—8、68—75、78—79、83、91—111、267—280页。

织成员向另一个组织成员传输政策前提的过程。没有沟通就没有组织，因为没有沟通，群体不可能影响个人的行动。组织中的沟通通常是双向过程：它既包括向决策中心（也就是负责制定决策的个人）传输命令、信息和建议，也包括把决策从决策中心传输到组织的其他部分。信息和建议在组织中的流向不只是自上而下的，还是全方位的流动。与决策有关的许多依据有稍纵即逝的特点，只有在决策时刻才能完全确定，而且只有操作人员才能确定。

（3）组织忠诚。认同的现象或组织忠诚的现象，执行着一项非常重要的管理职能。如果管理者每次面临决策时都必须根据人类所有价值去评价决策，那管理就不可能存在理性。如果他只需要按照有限的组织宗旨来考虑决策，他的任务才处于人力所及的范围。若管理者要对自己的决策负责，这种全力关注有限价值要素的做法几乎是必不可少的。广义地说，一项决策如果与一般的社会价值标准相吻合，如果从社会角度来看其后果是可取的，决策就是"正确的"。狭义地说，一项结果如果与组织给决策者制定的参考框架保持一致，决策就是"正确的"。促成组织认同的因素：一是个人对成功的兴趣；二是私营管理心理的转移；三是注意力焦点。

（4）效率准则。效率准则不关心要达到什么标的，它对于价值问题完全持中立态度。任何管理机构成员的决策都会受到一个重大的组织影响，就是要遵守"有效率"的训诫。不应把效率"原则"当作原则，而应看成定义，它是"好的"或"正确的"管理行为的一种定义。执行任务能力和正确制定决策能力的限制，影响效率水平。政府机构的"政策确定"过程，一般都不能妥善处理政府服务目标的程度问题。最常见的情况是，基本政策往往是由机构中受命进行预算评审的技术人员来决定的，立法机关没有任何评审政策的机会。之所以存在这种情况，部分原因在于普遍不承认政府目标中的相对要素。由于政策的大多数立法声明，都只阐明政府活动的目标，而不说明所要达到的适当的服务水平，所以"专家"不可能以事实为依据，来判断给某部门拨款的恰当性。因此目前的程序看来无法充分保证我们对政策决定进行民主控制。对决策中的纯评价要素来说，"正确性"准则毫无意义。民主国家承担着对这些要素进行大众控制的职责。价值与事实的区别，对于保证政策制定和政策实施之间的正确关系，具有根本重要性。关于立法和管理两方面的政府决策制定过程，我们有一个强大的改善途径，就是预算文件的编制。改进预算编制方法有两大好处：首先，它允许在政策制定和管理机构之间更加有效地进行劳动分工；其次，它能把我们的注意力集中于社会生产函数，及其在决策制定上的关键作用。

（5）培训。培训"自内而外"地影响组织成员的决策。只要相同要素在大量决策中反复出现，培训就适用于决策过程。培训有以下功能：可以向受训者提供处理决策所须的事实依据；可以向受训者提供思维的参考框架；可以向受训者传授"公认"的解决问题的方法；可以向受训者灌输制定决策所依据的价值观。[①]

（6）冲突。如果诱发的备选行动方案中有一个方案明显优于其他方案，或者优先诱发的备选方案好到足以被接受，那么简单的决策环境就形成了。在这些条件下，决策会被很快作出，而且也无须对决策进行事先的评价。另外，如果没有哪个方案明显优于其他方案，或者最好的备选方案不是"足够好"，那么决策会推迟并需要事后的评价和合理化解释。冲突有三种主要的产生方式，我们可以将其区分为不能接受、不能比较和不确定。组织对冲突的反应由四个步骤组成：问题解决、说服、谈判、"政治"，前两个过程（问题解决和说服）试图使个人决策与公共决策达成一致，我们把这两个过程称为"分析过程"。后两个过程（谈判与"政治"）与此不同，我们称为"谈判过程"。[②]

6. 组织的均衡

组织的均衡要考虑"组织目标"和"集权"等问题。"组织目标"的意思是：首先，决策通常不会只为了实现单一目标，它是与发现满足整个限制条件集合的行动方案有关的行为；其次，为了确定令人满意的行动方案，许多限制条件都与某种组织角色联系在一起，因此与这一角色扮演者的个人动机之间只有间接的联系；最后，由于任何大型组织的决策过程都存在大量分权化因素，所以不同的限制条件可以确定不同职位或不同专业单位的决策问题。对于政府机构来说，组织目标就是组织的最终控体即立法机构的个人目标，也是公民的个人目标。对政府机构来说，"顾客"

---

① 参见［美］赫伯特·A. 西蒙《管理行为》，第8—11、28、38—39、154—193、215—265 页。

② 参见［美］詹姆斯·马奇、赫伯特·西蒙《组织》，第100—117 页。

就是立法机关，是最终的控制群体。对集权化的实际分析，必须包括对组织中决策权分配状况的研究，还必须包括上级对下级决策方法影响的研究。[①]

（二）马奇：制度型国家的民主走向

詹姆斯·马奇（James G. March，1928— ）除了在与赫伯特·西蒙合著的《组织》一书中，讨论了组织理论涉及的各种问题外，还以新制度主义的视角，对有限理性和政策参与等问题作了进一步的说明。

1. 有限理性和政策参与

马奇指出，对决策最为普遍的描述是将决策行为解释为理性选择。马奇不同意纯理性选择理论的论点，他认为有限（或有界限）理性的核心观点是个体都试图理性，尽管决策者试图作出理性的决策，但他们被有限的认知能力和不完全的信息所束缚，因此，虽然他们有美好的愿望，也付出了巨大的努力，但是他们的行动却不是完全理性的。决策者似乎更倾向于选择"满意化"而不是"最大化"。他们要寻找一个"足够好"的行动，而不是寻求"最佳可能"的行动。[②]

马奇认为决策理论最好应该被称作注意力或搜寻理论，而不是选择理论。决策取决于注意力产生的环境：谁注意什么？在什么时候注意？注意力行为学更关注满意化的观点。满意化更应该是搜寻原则，而不是决策原则。满意化规定在哪些条件下开始搜寻，在哪些条件下停止搜寻，并且它能够把搜寻引导向出现失败的领域。[③]

马奇分析了多重行动者的冲突和政治，提出了以下论点。（1）以权力争夺为基础的决策论，关注的问题是谁得到了什么，什么时候得到的，如何得到的？这样的决策论对民主的标准假设是权力的平等，对个人抱负的假设是对权力的追求，对决策标准的假设是对权力的争夺，通过运用权力得到自己想要的结果。研究权力的学者采用两种模型来研究决策。权力的力量模型把决策描绘成各个参与者意愿的组合。权力的交易模型把选择视为资源交易的结果。（2）把决策描述为联盟结成的决策论，关注的是

---

① 参见［美］赫伯特·A. 西蒙《管理行为》，第 11—12、37、126、130、141—142 页。

② 参见［美］詹姆斯·马奇《决策是如何产生的》，王元歌、章爱民译，机械工业出版社 2007 年 4 月版，第 1—7、14—15 页。

③ 同上书，第 1—7、17—24 页。

如何建立伙伴关系，怎样达成协议并加以实施？讨价还价和联盟结成的理论强调了多重行动者决策理论中两个非常重要的方面。互补性是通过在政策上互投赞成票而结成联盟的重要特征。互投赞成票的联盟对单一问题参与者的情况格外具有吸引力。当代民主体制似乎尤其适合于那些努力谋求公众支持的单一问题参与者之间互投赞成票。政策上互投赞成票也是一种决策方式。从对互投赞成票所带来的利益的分析来看，互投赞成票似乎不像人们所预期的那么频繁地发生，原因很清楚，就是它们要求宽容，甚至鼓励差异。如果决策者的第一个本能是试图把他人所具有的与其自身不一样的爱好或者自我概念扭转过来，他们是不可能和他人建立互投赞成票的联盟的。以互不关心为基础组建联盟也存在寻找合伙人、组织、信任、策略性弄虚作假等问题。（3）有限理性理论关注的是在多重行动者中参与者有谁、参与的时间和地点等问题。参与模式影响到决策效率、决策结果和决策的可接受程度。在参与决策方面，三个主观因素颇具吸引力：一是特色，决策对偏好或身份来说很重要；二是效能，参与对结果有影响；三是效率，没有更好的方案能够满足偏好或实现身份。参与对以后的参与有两方面重要的影响：一方面参与很可能令人失望；另一方面参与会产生大量正面的副结果。参与也会影响对决策过程和结果的满意度。参与与决策合法性之间的关系产生了一系列管理策略，这些策略使人们产生了参与决策的幻觉，而实际上对决策没有任何真正的影响。在很多情况下，举行会议是为了为已经做出的决策"寻求意见"，或者会议举行时，各种问题距离形成有意义的解决方案还为时尚早。个人参与决策时，所发表的看法也都是在确认那些已经形成的决议的重要性。这种对参与的腐化反过来又导致人们对参与主动性的严重怀疑。经验告诉人们参与实际上是一个骗局，也是一种浪费。决策要发挥效力，就必须得到执行。三个因素使得联盟实施决策面临困难：一是决策很模糊；二是对结果很乐观；三是对支持的夸大。①

2. 新制度主义的政策视角

马奇和挪威学者约翰·P. 奥尔森（Johan P. Olsen）以新制度主义的视角，对组织决策涉及的制度基础和民主问题进行研究，指出政治是一种决策的概念至少可以追溯到柏拉图和亚里士多德。制度主义的挑战主要来

①　参见［美］詹姆斯·马奇《决策是如何产生的》，第101—125页。

自经验，对决策过程的长期观察，发现其特点与集体选择理论中的结果导向没有紧密的关系。参与者很容易并生动地回想起过程而不是只记住结果；他们对决策进行热烈的讨论，但却不关心其执行；决策相关的信息是必备的但却没有通盘考虑；权威是必要的但却没有行使。悖论是理论假设带来的，这个假设就是决策过程的主要着眼点就是决策。马奇和奥尔森认为这个假设可能是错误的。政治过程，而不是其结果，处于政治生活的中心。政策一旦被采用，就被嵌入制度当中，它们与规则、预期和承诺等结合在一起，通过对注意力和观念的影响，也能影响到政治参与者未来的探索行为。① 马奇和奥尔森还提出了一些具体的看法。

第一，政治民主依赖政治制度。政治民主不仅取决于经济和社会条件，还取决于政治制度的设计。把制度看作政治行为者，即支持了制度的连贯性和自主性。如果我们希望把制度当决策者看待，这种支持是必要的。每个人都"知道"决策与行政应该区分开来；同时，每个人都"知道"决策与行政不能分开，而且这种区分本身就不明确。如果我们可以把政治看作能够构建起进行决策的共同体和共同身份意识的机制，那么我们欢迎政治制度在构建政治利益和信仰方面所能发挥的作用。政治制度是政治生活的活力源泉，是政治认同的黏合剂。②

第二，注重规则与行为的关系。现代制度的主要作用就是以规则约束下的行为替代个人自发的行为。通过规范参与者、政策问题、解决方案的选择机会，有助于减少因开放结构和垃圾桶过程而导致的不确定性。个人品性和政治角色的意愿不再那么重要，在复杂规则中被记录下来的、被诠释的历史传统却更加重要。政治代价和收益的计算不再那么重要，对身份和恰适性的计算却更加重要。在历史惯例中延续下来的经验和模式更加重要，对未来的期望不再那么重要。这些区别对于我们理解政治和设计政治民主制度都是一种启示。③

第三，专家如何与决策者建立信任关系。纯粹的专家从事研究，纯粹

---

① 参见［美］詹姆斯·马奇、［挪威］约翰·P. 奥尔森《新制度主义：政治生活中的组织因素》，载何俊志、任军锋、朱德米编译《新制度主义政治学译文精选》，天津人民出版社2007年4月版，第19—45页。

② 参见［美］詹姆斯·马奇、［挪威］约翰·P. 奥尔森《重新发现制度：政治的组织基础》，张伟译，生活·读书·新知三联书店2011年3月版，第1—19页。

③ 同上书，第20—25、36—37、142、165页。

的政客热衷选票。把忽视政治过程和政治天真区别开来，对于专家来说是很重要的。我们也许会要求专家不能忽视政治过程，要求他们理解政治过程，认识到实践良好公共政策时政治过程的重要性。同时，我们又要求专家保持政治上的天真，尽量不把政治目的作为考量。当专家试图做到政治明智时，是牺牲了智慧，得到了圆滑。有政治野心的专家在政治圈中受到信任的机会是很小的。从社会和专业的立场来看，成功不见得比失败好。如果一个专家在政治活动中"不幸"取得成功，就会逐渐认为自己的作用不仅是做智囊，而且要对政策产生直接影响。地位改变之后，就会逐渐降低对专家建言的质量要求，这不仅会侵蚀专家个人的信誉，也会侵蚀专家咨询制度的信誉。决策者信任那些在专业领域有声望的人士。决策者信任那些价值立场和自己相接近、通常不会误导自己的智囊。智囊没有政治野心，不是先揣摩决策者对其所提建议的态度、决策者的意图或者其他人的态度才提建议。决策者信任那些将政治考虑留给他们的智囊，这样的智囊不寻求影响力，也不寻求殉道名声。①

第四，以信任文化约束领导人。政治领导人即使在民主体制下也有很大的自主性。公意不可以任意摆布，但领导者在采取行动方面确有很大空间。通过契约对主要政治领导人产生足够约束的同时，又限制了领导能力的有效发挥。替代性的思路是建立信任文化，信任无所不在并得到社会赞赏，因为这就是良好政治人物的良好品行。急功近利的政治领导人将政治文化搞得异常紧张，在有深刻社会裂痕、传统上对政治冲突缺乏规范的众多异质化社会中，这种信任文化是不可能持续存在的。②

第五，决策具有重要的象征性意义。在政治制度中要对决策进行精心安排，以保证做到三点：（1）决策是明智的，体现出了精心的计划、思考和分析；（2）决策灵敏地回应了相关者，准确地反映了他们所表达的利益；（3）政治体系处于领导团队的控制之下。政治人物要通过象征决策质量的方式来进行决策，以证明自己是最好的决策者。决策仪式带给参与者很容易接受的对社会安排的美好感觉。通过仪式试图树立的不仅是事物的道德形象，而且包括它们的必要性。对于大多数情况来说，政治决策

---

① 参见［美］詹姆斯·马奇、［挪威］约翰·P.奥尔森《重新发现制度：政治的组织基础》，第29—31页。

② 同上书，第31—33页。

的象征性结果至少和实质性结果一样重要。①

第六，注重"制度型国家"变革。对作为常规适应系统的制度的研究，强调运用六种基本视角来解释制度中的行为与变迁。（1）将行为看作是标准操作程序的应用，或者是变异和选择过程演化而来的其他规则的应用。（2）将行为看作是解决问题。（3）将行为看作是来源于经验性学习。（4）将行为看作是来源于代表多元利益的个人或团体之间的冲突。（5）将行为看作是从一个制度到另一个制度的接触性传播。（6）将行为看作是产生于行动者的意图和能力，并随着认识变动而变动。政治制度的有效性在很大程度上依赖于行政制度的有效性。行政改革的符号对政治家而言非常重要，因为它不仅是愚弄选民的工具，而且可以用来反省他们自己的信念。

制度改革要求是当前政治争论和政府政策的重要组成部分。当代的批评表现在三个方面：一是政治制度被认为是僵化的和不合格的；二是政治制度被认为是一种非常强的干涉性力量；三是对丧失国家目的和核心方向的批评。1945 年以来的公共革命使三个相关的发展凸显出来。（1）"处于国家边缘的"非政府性公共部门机构的数量增长。（2）在政府机构和组织化利益集团之间存在着大量复杂的相互渗透，公共政策的制定和公共计划的管理被转交给社团机构网络。（3）行政机构的实际运行变得更加复杂和含糊。

成功综合改革可能取决于对改革努力时间跨度的扩展和对短期波动的缓解。其政治含义是通过高层政治领导人的关注以及和重大关键政策问题的联系，来赋予制度改革较高的地位和优先权。其组织含义是，把推动制度改革作为组织本身的一项计划或政策。当制度改革以这些方式形成属于自己的政策领域时，改革问题就被视为连续的而不是偶发的。通过建立对改革负责的专门官职和角色，可以增强对改革问题的持久关注。规则控制着参与者、问题和解决方案的形成。较大的改革被分割成较小的计划性步骤，以便于政治系统进行处理。通常的趋势是，要么回避意识形态争斗，要么在无法区别分歧与认同的一般水平上讨论意识形态。一个提供重大变迁的机会是否会被利用，一定程度上取决于关键政治集团和人物的支持程

① 参见［美］詹姆斯·马奇、［挪威］约翰·P. 奥尔森《重新发现制度：政治的组织基础》，第 46—51 页。

度。只有政治制度在历史发展中明显效率低下时，彻底的公共管理改革才有可能获得成功。如果要削减和取消行政单位，凭借官方权威和政治权力可能已经足够。如果改革的目的是改变行政文化、意义概念、规范和认同，那么似乎就要在文职官员和其他直接相关者之间调动更多支持和承诺改革的必要资源。一项专注于公共官僚机构改革的积极政策，即使不是简单地对机构和项目进行增减，也可能由于缺乏适当的信息及处理此类信息的卓越专业人士而受到阻碍。

当表面平淡无奇、不会成为政治关注点的行政效率成为政治过程的核心关注点时，政体就可能被引向作为社会政治组织之基础的宪政原则问题，从而导致民主治理的道德困境。根据宪法原则，我们认为具有上述特征的政体在日常政治决策中并不遵循各种形式的多数原则。制度改革涉及的议题有：国家和政治在社会中的恰当角色，政府的伦理基础和合法性，以及公共议程适当的优先顺序。在一个日益增长的行政治理结构中，将许多有效的大众控制置于超越民选官员之上的地位。

许多国家从具有适度公共议程的自由民主国家到福利国家的转变，创造了一个可以被称为"社团交易型"国家的宪政治理模式。社团交易型国家具有一个稳定的制度化的政治过程，其特征包括：议会、意识形态型政党和大众的作用降低；将权力委托给主要由官僚和组织化利益群体参加的各种理事会和委员会，技术议题而不是意识形态议题支配着政治议程；冲突程度低；强调妥协。在社团交易型国家中，以选举获胜为基础的议会治理重要性降低，赢得选举表明在谈判桌上获得了一席之地，组织化利益集团直接全面地参与公共决策和公共管理。政治领袖不能够任意地设计或改革公共官僚制度。行政改革必须反映公共决策过程中多元异质化的利益。在社团交易型国家，国家的作用是要根据美好社会的政治偏好、规划和愿景对社会进行塑造。通过赢得公共选举，政治领袖们获得了充当社会建筑师所必需的权威、合法性和权力。公民是国家的选民或附属。官僚机构是中立性的工具，其任务是贯彻政治目标和计划。政治领袖设计行政机构，以使其更加具有效率和效能。标准的组织模式是机构的部门化，并被科层化的影响力、责任和控制所裹挟，而与其他影响隔离开来。领袖可能不关心决策所导致的社会效应，但是他们有权威和权力作出决策。

制度型国家被视为一种政治和道德秩序，以及一个永久持续的标准操作程序的集合，这些程序反映了大多数人所共享的价值、原则和信念。国家的主要任务是为了确保政治秩序和各种社会制度领域的自主性。政治领袖必须捍卫恰适性和正义统一及共同标准，其偏好是：什么在整体上最有利于社会。该标准在等级上要高于量化民主，并且不能通过多数决定进行任意改变。通过法治而不是多数治理工具或交易手段来限制政府行为。决策机构根据清晰的规则和标准来运行。大众被认为是由被体制赋予了权利和责任的公民所组成。政府机构不是中立的工具，机构自主性并非基于领袖的选择，而是基于不受干涉的共享规范，以及比量化民主、多数决定、部门责任或利益集团交易等更高级、更稳定的价值追求。一个民主政体中的制度变迁不能被政府所强加，不能被议会的多数所强加，也不能通过常规的社团交易程序得以解决。把政治改革集中于实际政策层面，会减缓政治制度层面的变革，接下来会减缓宪政层面的改革。民主政体中的行为规则进一步强化了这些变量，而我们假定这些规则在宪政和一般制度中是稳定不变的，只是在实际政策层面进行改革争论。

在整合式制度（关注不同制度如何倾向于塑造出不同的公民和不同的社会）和聚合式制度（聚合的政治过程基本上是利益、权力和交换的过程）之间寻求一种平衡，尤其是在两类制度之间恢复更加清晰的边界，于是有人提出，民选领袖应该更加关注重大决策、重大发展，为其他体制创建参照标准；行政机构应该成为民选领袖的工具，但也应该作为文化价值的捍卫者而得到强化；商业交易应该回到市场之中；组织化的利益集团应该集中于代表其成员的利益，但是不应该过多地参与公共政策的制定；职业界应该多去维护委托人的利益，而追求自己利益少点。未来的十年里，制度和理论将转而更具有整合性特征，整合式制度和聚合式制度的作用差异将更加显著。

通过政治制度形成公众舆论对于政治平等来说是必需的。但另一方面，它对于人民主权和组织化利益群体的权力都产生了威胁。如果有大量制度行为能够确保得到公众的认可，公众控制机制就失效了。极端性的例子是，政府对已经采取过的行动寻求全民公决，经验表明，这种公决对于许多政策方案来说是恰当的，但并非总是如此。①

第七，对治理有不同的解释。在美国的组织再造中，我们集中关注治

---

① 参见［美］詹姆斯·马奇、［挪威］约翰·P.奥尔森《重新发现制度：政治的组织基础》，第57、67、91、96—143、166、170页。

理的三种基本意见。第一种意见认为，多数政治领域的短期行动过程都受到所关注的问题的强烈影响，这种影响是通过选择机会、问题、解决方案和参与者以他们的同步可用性关联起来的方式实现的。把关注看作是治理中首要的稀缺资源，并不是一个新的观念，核心现实应该是对关注进行组织。第二种意见认为，政治制度的长期发展与其说是意图、计划和一致的决策的结果，还不如说是在逐渐演化的有意义的结构中，以有效的解决方案提供了一步一步适应变化的问题的结果。这里所蕴含的意思是，实现治理并非不可能，恰恰相反，与其说治理是一种工程，倒不如说它是一种园艺。第三种意见认为，治理是对生活的解释，以及对合法的价值和制度的肯定。在此，没有必要去讨论决定决策的制定、资源和符号的分配，以及意义的构建是否更为根本。但是，一种治理理论似乎不可能在缺乏上述前提的情况下能够呈现出来或改善治理现象。①

第八，政策参与面临的难题。理智辩论的能力在实践中难以维持，存在与参与有关的四个问题。（1）如何安排辩论途径，从而能够审慎地获得参与能力？对参与途径和参与内容的规则进行平衡，使其既不过于排他，也不过于开放，这显然是困难的。（2）如何使参与动机和参与能力相一致？没有理由相信，一定要考虑动机和个人价值，从而格外吸引那些贡献最具价值的人参与到政策辩论中来。（3）如何以增强而不是削弱参与能力的方式利用政策辩论过程？论辩不仅是决策过程的一个环节，也是教化过程的一个环节，有益于长远的制度能力。（4）如何设置讨论过程以产生有效共识，从而使慎思和论辩的过程有助于参与能力的提升？具有相关性、显著性和逻辑性的规则是必不可少的。有些人无助于公共利益，但拥有时间、精力和金钱资源，如何避免这些人在参与过程中贪赃舞弊？②

（三）奥尔森：集体行动中的民主

曼瑟·奥尔森（Mancur Olson，1932—1998 年）通过对"集体行动"的研究，对组织理论的决策范式作了进一步的说明。

---

① 参见［美］詹姆斯·马奇、［挪威］约翰·P. 奥尔森《重新发现制度：政治的组织基础》，第94—95 页。

② 同上书，第134 页。

1. 集体行动的特征

奥尔森以组织理论的视角分析集体行动，指出集体行动具有以下基本特征。

（1）有理性的、寻求自我利益的个人不会采取行动以实现他们共同的或集团的利益。

（2）在一个组织中个人利益和共同利益相结合的情况与竞争性市场类似。

（3）组织为获取共同物品或收益工作。一个国家首先是一个为其成员——公民——提供公共物品的组织，其他类型的组织也类似地为其成员提供集体物品。政府是依靠强制性税收来支持的。正如国家不能靠自愿捐款或在市场上出售其基本服务来维持一样，其他大型集团也不能以此为生。它们只能提供一些不同于公共物品的约束力或吸引力，尤其是大型集团采用的"选择性激励"（可以是消极惩罚，也可以是积极奖励），使个体成员帮助承担起维持组织的重担。

（4）一般说来，集体物品的供给远没有达到最优水平，对负担的分配也是十分专断的。集团越大，它提供的集体物品的数量就会越低于最优数量。集团越大，就越不可能去增进它的共同利益。在抱有共同利益的小集团中，存在着少数"剥削"多数的令人惊讶的倾向。

（5）社会压力和社会激励只有在较小的集团中才起作用。如果某一团体成员具有相对更大的一致性，试图组织集体行动的政治企业家就比较容易成功。同样，其任务是维持已经组织起来或串谋行动的政治管理者就会有动机利用教化或选择性招募的方式来提高其成员的一致性。可以获得选择性激励的那些集团比不能够获得的那些集团更可能达成集体行动。

（6）政府的基本服务只有通过强制才能被提供。当政府提供集体物品和服务时，它会限制经济自由；当它生产一般由私人企业提供的非集体物品时，它不一定限制经济自由。决定是否限制经济自由的主要是集体物品或服务的提供，而不是提供这些服务的制度其公共或私人性质以及特征。

（7）在任何社会，甚至在最为稳定、调节最为良好的集团之中，显然总会有某种具有意识形态倾向的行为。在当今的美国，许多这种行为都是以政党为中心的。美国政党的重要性常常不在于其正规的组织，而是其名称和类别。普通人并不愿意为他喜欢的政党作出重大的牺牲，因为他的政党取得胜利所提供的是一种集体物品。另一方面，"政治机器"有广泛的组织结构，但是这一类政治机器并不为集体物品工作，而是为了提高特定个人的利益而奋斗的。

（8）如果集团中的每个成员能够被迫花费更多时间寻求如何投票来扩大他的利益的话，每个集团成员的境况都会改善。在大国的国家选举中，这种典型选民的情况更为明显。对某个选民而言，花费时间研究政治问题和候选人情况以决定如何投票最符合自己的利益，从中得到的收益等于"正确"的选举结果与"错误"的选举结果能够给他带来的收益之差，乘以他那一票影响选举结果的概率。既然一个选民的一票改变选举结果的可能性非常小，典型的公民通常就会表现出对公共事物的"理性无知"。典型选民会发现，他们的收入或生存机会不会因为对公共事物或其他集体物品的热心研究而有所改善。反过来，人们对公共事物的有限知识对解释院外游说活动的效果是必需的；如果选民拥有完全的信息，当选的官员就不会受制于院外游说者的花言巧语，因为如果选民的利益得不到代表，选民迟早会知道，并在下一次选举中让该当选者落选。[1]

2. 集体行动的含义

奥尔森还进一步指出了集体行动所具有的九个重要含义。

（1）由于已经组织起来的集团会不择手段地提高自身收益，包括选择对已经组织起来的集团有利的政策，尽管这些政策对整个社会而言是没有效率的，政策的成本通常由尚未组织起来者承担，一些集团被排除在讨价还价之外，因此不存在任何一个国家，所有具有共同利益的人都可以形成对等的组织，并通过广泛的讨价还价达成最优结果。

（2）在边界不变的稳定社会中，随着时间的推移，将会出现大量的集体行动组织或集团。

（3）"小集团"的成员具有达成集体行动的不成比例的组织力量，但是在稳定的社会中，这种不成比例性会随着时间的推移而减弱，但不会

---

① 参见［美］曼瑟·奥尔森《集体行动的逻辑》，陈郁、郭宇峰、李崇新译，格致出版社、上海三联书店、上海人民出版社 1995 年 4 月第 1 版，2008 年 4 月第 4 次印刷本，第 2、8、12—13、25、28—30、38—40、71、101—105、121、189—191 页；《国家的兴衰——经济增长、滞胀和社会僵化》，李增刚译，世纪出版集团、上海人民出版社 2007 年 3 月第 1 版，2009 年 4 月第 2 次印刷本，第 17—35 页；《权力与繁荣》，苏长和、嵇飞译，世纪出版集团、上海人民出版社 2005 年 4 月第 1 版，2009 年 7 月第 3 次印刷本，第 73—75 页。

消失。

（4）特殊利益组织或联盟降低了社会效率或总收入，并且加剧了政治生活中的分歧。

（5）当无知对选民来说通常是理性策略时，利益集团或政治领袖不按照选民的利益行事就具有更大的可能性。如果政治体系只由高度共容性的组织和制度构成，就可能很少存在多种多样的声音、观点和政策，并且更少有对错误思想和政策的检查。共容性组织有动力使它们所在的社会更加繁荣，并且有动力以尽可能小的负担给其成员再分配收入，并且会禁止再分配，除非再分配的数量与再分配的社会成本相比非常大。

（6）解决集体行动成本利益冲突的问题适用于任何一种决策问题，集体行动要求有某些决策规则和议事程序。不可能存在像研究投票周期的学者所表明的一样多的不稳定，这部分是因为民主政体的典型程序规则不鼓励颠覆，并且偏向于维持现状而不是改变现状。分利联盟作出决策通常要比它们所包含的个人或企业慢得多；它们通常日程繁忙、事务众多，并且更经常采用固定价格而不是固定数量。

（7）分利联盟会减缓社会采用新技术的能力，减缓为回应不断变化的条件而对资源的再分配，并因此而降低经济增长率。

（8）分利集团一旦大到可以成功，就会成为排他性的，并且会尽力限制分散成员的收入和价值。

（9）分利集团的增多会提高管制的复杂性、政府的作用和惯例的复杂性，并且会改变社会演进的方向。①

3. 民主体制需要制衡性的决策

奥尔森指出，从任何方面看，政策处方都不是为了猎奇或革命。最好的宏观经济政策是良好的微观经济政策。当前许多国家需要的反通货膨胀政策在大多数情况下应该是稳健的、渐进的，也应该是坚决的。为降低自然失业率而制定的税收和补贴计划在许多社会可能会起重要的作用。②

奥尔森强调，在民主政治体制中，在许多关键的决策上，需要依赖制衡以及更大多数人支持的原则，因此，最低数量的多数人常常并不能自行

---

① 参见［美］曼瑟·奥尔森《国家的兴衰——经济增长、滞胀和社会僵化》，第36—71页。

② 同上书，第144、238—240页。

其是，在民主国家，常常只有更大的共容利益群体才会得人心。我们应该集中注意一个政府是否通过对选票的自由政治竞争来选择成为代议制的，而不是关注它是否赋予普遍的公民选举权这样的问题。民主的自发产生需要三个必要条件：一是不存在产生专制政治的常见的一些条件；二是不同力量之间存在的权力的大致平衡不会出现破裂，这样就使小块地方的专制统治是不可行的；三是在实施民主安排的地方一般可以免遭其周边政权的征服。不能成为专制者的领导者们的最好选择就是确立一个代议制政府，作为他们各自团体的代表者，这样彼此可以借此分享权力。没有人会事先知道选举的结果是怎么样的，然而，每个集团通过与其他集团联盟，可以确保没有一个集团能够持久连续地主导选举。选举以及领导者之间共识性的协议，与领导者的利益及每个集团成员的利益是一致的。可以导致经济成功的市场经济仅仅要求两个一般性条件：一是要求有可靠而界定清晰的个人权利；二是不存在任何形式的巧取豪夺。这两个条件最有可能在稳固的、尊重权利的民主体制中得到满足，在这些民主体制中，制度的设计使得权威机构的决策最大可能地服从于广泛的利益。虽然长久存在的民主体制在过去最终不得不遭受狭隘的特殊利益的困扰，但不能永远如此。①

（四）制度经济学的政策视角

德国学者柯武刚（Wolfgong Kasper）和史漫飞（Manfred E. Streit）从制度经济学的视角对公共政策作了分析。

首先，在对公共政策的认识上，柯武刚和史漫飞认为公共政策——在追求某些目标上对政治手段的系统应用——通常是在既定的制度约束下展开的，但它也可以靠努力改变制度的方式来实施。制度变革既可以通过明确的直接方式来实现，也可以表现为政策行动的一种副效应。因此，制度经济学家普遍关注公共政策与制度之间的互动关系。与自上而下的集权主义政策不同，在抱个人主义社会观的人看来，公共政策被视为由公民们集体选出的代理人的活动，其目的是要造就一种秩序，这种秩序能使个人有很好的机会去获取他们所希冀的事物。根据这种社会观，对公共政策的期望是，专注于维护规则（保护性政府）。个人的人类价值是评价制度和公共政策的准则。政策制定者有时会将这些价值作为明确的政策目标，甚至

---

① 参见［美］曼瑟·奥尔森《权力与繁荣》，第18—19、25—28、32—34、151—153页。

将这些目标载入宪法和政治纲领。然而，基本价值本身并不是抽象的目标，它们永远固定于个人的人类愿望之中。①

其次，柯武刚和史漫飞重点关注了政策中的"委托—代理"问题，指出人们成为代表他人的代理人是很普遍的，例如公民们选举政治家来为与自己利益有关的某些任务作决策。除了极小的群体外，集体选择必须靠代表来进行。这种代表可以是自封的，也可以是选举出来的，他们将各种个人偏好掺在一起以便作出具有可行性的决策。由代表来做集体选择需要三个基本安排。（1）必须就集体表决的规则和程序达成一致。（2）监督和强制执行必不可少，并产生相应的代理成本。（3）要规定应如何分配集体创造的效益。如果代理人得知，委托人对代理人的行为不很了解或保持"理性的无知"，那么代理人就会受诱惑而机会主义地行事。在政府中，选民对政府事务知之甚少，而且往往根本就不想知道。在这样的环境中，必须设法激励政治家和政府官员按选民的要求行事。在选举制民主国家里，从事寻租的生产者有能力求助于政治家，议员、官僚和其他政治主体有很强的动力来提供偏袒，保护委托人生产者集团，所以资本主义市场经济需要对谋求政治偏袒的竞争施加限制，这种限制应针对卖方。在绝大多数民主国家里，政治代理人都被组织于若干政党之内，这些政党为定期的选举而竞争，政治代理人将集中力量居于中间立场上的选民，许多公共福利的施舍都是旨在赢得中间阶层的选举支持，多数政治纲领都不是聚焦于多数委托人，这往往会扭曲政治行动，不利于"沉默的多数"。②

柯武刚和史漫飞还专门列出了控制政治代理人机会主义的各种方法。（1）最高领导人被确定为持续存在的、无歧视制度的保护人。（2）使统治者、当选政治家和官员受制于一般性约束规则的宪法设计。（3）在政府中建立若干自治的层次，以分解管控权力。（4）以两院制系统的权力分解抑制立法机构的代理人机会主义。（5）建立一个只对设立框架性规则负责的议院。（6）议会责成政府提供更好、更系统的信息。（7）对有些政府主体定期曝光。（8）限制政治机会主义并对当选议会实施歧视性干预的主权加以限定。（9）公民创议的全民公决。（10）撤销当选代表的

---

① 参见［德］柯武刚、史漫飞《制度经济学：社会秩序与公共政策》，韩朝华译，商务印书馆 2000 年 11 月第 1 版，2001 年 7 月第 2 次印刷本，第 38、88—89、190—191 页。

② 同上书，第 77—80、301—303、351—352、354、392、395—396 页。

职务。(11) 为公民控制提供有效手段。(12) 政区对贸易和要素流动的放开。①

再次，柯武刚和史漫飞就"秩序政策"作了说明。公共政策的自由主义模式是"秩序政策"，即公共政策的中心功能应当是支持和增强社会秩序和经济秩序。有三个判断支持着这一信念。(1) 人们的认识能力是有限的。(2) 个人的行动自由（自主权）是竞争的前提条件，竞争是人类所知道的最有力的发现过程和最有效的控制过程。(3) 人们拥有非对称信息并经不住诱惑而机会主义地行事是完全正常的。就公共政策而言，着眼于长远并在一定程度上容忍短期冲突具有实践意义，有助于避免冲突并更好地实现人们的愿望。②

三　其他经济学家的决策民主论点

除了公共选择学派和组织理论学派外，制度经济学、比较政治经济学等学科的学者，也探讨了政策与民主的关系问题，可以列举一些学者的论点。

(一) 皮尔逊：福利国家的紧缩政策

英国比较政治经济学家保罗·皮尔逊（Paul Pierson，1959—　）指出，福利国家在第二次世界大战之后变成了所有发达工业民主国家的一个内在组成部分。社会保护的允诺为西方民主国家提供了政治合法性。不断扩展的政治活动范围在国家和社会之间产生了一系列联系。与政府决策紧密相连的众多因素促进了众多团体的增长，因为这些团体力图保护他们的成员利益。当福利国家面临紧缩的政治气候时，政策变化存在两个基本的问题。一是决策者的政治目标发生了变化。在一个努力想把福利拓展到更多人群中去的政府和一个力图取消这些福利的政府之间存在着根本性的区别。前者是一个俘获政治声誉的过程，改革家们只需要克服人们对于税率零零散散的关注和组织良好的利益集团频繁施加的重压就可以了。后者则比较阴险狡诈，为了获得分散的和不确定的收益，要把具体的损失强加到

---

① 参见［德］柯武刚、史漫飞《制度经济学：社会秩序与公共政策》，第398—406页。
② 同上书，第88、380—381页。

一个集中的选民群体身上。紧缩包括了一种灵巧微妙的手腕，以把项目变化转变成一种在选举上具有吸引力的提案，或者至少要把所需的政治成本最小化。紧缩倡导者必须说服摇摆不定的同盟军，让他们相信改革的成本是可以控制住的——而实质上公众反对的呼声会让这个任务变得几乎根本不可能实现。二是政治语境的变化，最重要的变化就是福利国家自身的发展，必须不仅更深刻地把公共政策视为与其他因素相联系的变量，而且应当视为独立变量。①

福利国家的紧缩可以分为"项目性紧缩"和"制度性紧缩"。项目性紧缩是支出削减或者福利国家项目重新调整的结果。制度性紧缩则是政策变化改变了未来支出决策的情境。制度性紧缩通过改变社会环境而激励未来削减社会支出的政策变革，这些政策变革能够削弱项目支持者的政治地位，或者提高紧缩倡导者的政治地位。制度性紧缩有四组可能的变革。（1）公共舆论。行政部门可以成功地改变舆论导向，削弱公众对福利国家的依赖性。（2）停止资助福利国家。政府可以通过限制性税收向未来行政部门的流动从而停止资助福利国家。（3）政治制度。政策变化可以修正政治机构（尤其是加强中央集权，还是扩大地方分权），改变与福利国家相关的决策制定方式，从而潜在地改变政策后果。（4）利益集团。行政部门可以削弱福利国家的利益群体的力量。不管紧缩倡导者的努力如何雄心勃勃，福利国家依然大部分完好无损。拆散福利国家的努力要求付出高昂的政治代价。②

假如政府希望协调政策议案和选民意见的话，支持紧缩的政府就有可能进退两难，政策目标和选举雄心会相互攻讦。选民们回应损失和收益的不同方式之间的不平衡已经得到清晰的证明。与收益相对照，人们一般更反对损失，但是在遭遇损失的时候，他们又会甘愿冒险。对候选人持有的消极态度与一系列行为（如选民通常作出的政党选择是大力支持还是改弦易辙）的关联，要比积极态度更紧密得多。对损失和收益产生的不对称反应使紧缩倡导者面临一个难以抉择的矛盾，是推行自己喜欢的政策，还是追求自己的选举目标。一个立志实施紧缩议程的政府会

---

① 参见［英］保罗·皮尔逊《拆散福利国家——里根、撒切尔和紧缩政治学》，舒绍福译，吉林出版集团有限责任公司 2007 年 12 月版，引言，第 1、4、11—12 页。
② 同上书，第 6—9、202—228、251—253 页。

努力缓解困境，即把自己的选举安全系数增加到最大后所产生的困境。下届选举失利的危险性越小，政府就会越多地把政治资本花费到那些心仪的但是需要耗费高昂选举成本的政策之上。然而这种选择存在许多问题，在很大程度上影响政府选举地位的许多因素是人们无法掌控的。另一种选择就是通过把反对力量的动员降低到最低水平，以竭力减少紧缩行动的政治反弹。紧缩倡导者可以用三个宽泛的策略来把政治抗议降低到最低层次：模糊、分化和补偿。通过模糊消极影响，模糊消极影响与公共政策之间的联系，或者说消极影响与某人对这些政策应担负的责任之间的联系，政治家们可以很大程度上降低他们为推行紧缩议程而付出的政治代价。一种紧缩斗争的共同机制包括着这样两方面：政府要采用相互对立的措施让一个群体反对另一个群体，而项目支持者则要努力"合力对外"。给紧缩政治学的牺牲品提供一些积极的东西，将有可能减少白热化的抗议。①

传统上，研究者认为政策是政治力量的结果（因变量），但很少有人把政策看成政治力量的原因（自变量）。通过大量的经验研究，学者们开始强调"政策产生政治"这种观点了。主要的公共政策组成了重要规则，它们影响到政治和经济资源的分配，改变了替代性政治策略的成本和收益，因此也相应地改变了随之而来的政治发展。政策反馈论的核心是指政策本身必须被看作是因政治而产生的结构。在宏大的环境和各种各样的情形下，政策重构了政治。②

政策反馈有两种主要的方法。第一种方法是影响利益集团的行为。如果利益集团形塑了政策，那么政策也形塑了利益集团。公共政策不仅为利益集团的活动创造了动力，而且也可能提供了许多财力以使这些活动容易进行下去。政府政策有时能够直截了当地为利益集团创造财富。政策也可能通过增加特定团体接近决策者的机会而增强他们的力量。第二种方法从政策如何提供信息以帮助个人应对社会世界的复杂性出发。政府不仅是"权力"，他们也是难题。制定政策是一种形式上的社会集体困惑，它既需要决定，也需要认知。尽管政策学习的观点已经被大力运用到许多不同

---

① 参见［英］保罗·皮尔逊《拆散福利国家——里根、撒切尔和紧缩政治学》，第10—20页。

② 同上书，第43、54、237页。

的环境中，但是它们的解释力和运用的范围仍然值得质疑。事实上，政策对大众的影响是巨大的，然而，除非政策反馈会引起公开的政治行动，否则它就不太可能引起政治科学家们的注意。政策可能会鼓励个人调整路线而"锁定"在政策发展的特定道路上。政策反馈至关紧要，因为它决定了政策分析者和官僚们如何学习和修正过去的承诺。①

（二）加尔布雷斯：美好社会中的民主

美国经济学家约翰·肯尼迪·加尔布雷斯（John Kenneth Galbraith，1908—2006年）论述的美好社会，在政策和民主的关系方面，有以下看法。

第一，美好社会需要民主制度。现在有一种当代政治逻辑中最简洁的形式，这是一场不平等的较量：富有舒适的人有钱又有势，而且他们投票。关心社会的人和穷人在人数上占优，但是很多穷人都不投票。这就是民主，但在很大程度上是有钱人的民主。实现美好社会的一个关键步骤，是使民主制度成为真实的、包容的制度。实现美好社会的首要任务是尽可能充分表达民主意志。对于穷人而言，要得到他们所需的公共服务，提高他们必要的报酬，制定广泛的政策来减轻贫困，公共部门的候选人将倾听他们的声音，穷人将在大选中投票。美好社会的主要缺陷不在于民主制度自身，而在于这里的民主还不完善。只有当所有的人都参加投票——除去个别反常的人——美好社会才能实现其紧迫的目标。②

第二，政策讲究事实。真正起作用的是政治决策和行动。必须根据特殊情况的社会和经济价值作出决策，这不是教条的时代，而是实践检验的年代。在一个美好且有智慧的社会里，政策和行动并不服从意识形态或教条。行动必须基于主要事实，实事求是。③

第三，教育促进民主。自治，也即民主，是一件劳神费力的事。政府所面对的问题的复杂性和多样性都在增加，很可能是以几何级数而非算术级数增加，因而需要一个受过教育的公民群体通晓这些事务和决定，或者

---

① 参见［英］保罗·皮尔逊《拆散福利国家——里根、撒切尔和紧缩政治学》，第43—48、240—241页。

② 参见［美］约翰·肯尼迪·加尔布雷斯《美好社会——人类议程》，王中宝、陈志宏、李毅翻，江苏人民出版社2009年3月版，第7—8、118—122页。

③ 同上书，第11、18—19页。

是有一个在国家或其行政系统中大体能够代表他们总体的代表群体，否则人们将会听任于无知和错误的声调，而这些正是社会和政治结构本身的破坏因素。教育不仅使得民主成为可能，并且使得它成为必需。民主是人类的基本权利，但它是教育和经济发展的自然结果。受过良好教育的人不会屈从于独裁统治。①

（三）贝克：受众服务

美国学者查尔斯·埃德温·贝克（C. Edwin Baker，1947—2009 年）从不同于精英论、自由多元论、共和论的"复合民主论"的视角（呼应哈贝马斯提出的民主理论），对媒体、民主与政策的关系提出了一些看法。

民主是个基本的规范价值，值得敬重，"自由传媒"当然是民主的一个关键要件。没有自由传媒，就没有民主。这是否意味政府之手得远离传媒？假使信守民主，是否也得同样要求政府之手远离媒体？贝克对这两个问题的回答都是"不"。②

消费传媒内容的效应之一在于人们的消息经常更为灵通，以及让人们成为更为积极的（或转为消极的）选民或政治参与者。人们所珍视（或轻视）者，不仅只是响应民意之后政治决策是好是坏，也包括了生活于活跃的且成功运作的民主社会。所有因为民主治理之良善而受惠的人，就是传媒的第三者受益者（或受损害者）。言论和传媒的"监督"功能涉及两个层次，一是传媒具有揭露政府不当行为的权力，二是借由增加报道不当行为的机会，产生吓阻这些行为的作用。③

选民平等的意义可能相当容易，每个人都有权在人口大致相当的选区握有一票。为了满足人们对于传媒内容的偏好，民主理论显然会支持，至少得向平等原则多作靠拢。④ 复合民主论的假设是参与民主能够，也必须涵盖适合的领域，其间个人与群体均能寻求于营造共同的基础（也就是

---

① 参见［美］约翰·肯尼迪·加尔布雷斯《美好社会——人类议程》，王中宝、陈志宏、李毅翻，江苏人民出版社 2009 年 3 月版，第 59—61 页。

② 参见［美］查尔斯·埃德温·贝克《媒体、市场与民主》，冯建三译，世纪出版集团、上海人民出版社 2008 年 9 月版，第 4、167 页。

③ 同上书，第 61—62、67 页。

④ 同上书，第 101、107 页。

共同之善）；与此同时，这些人与群体也会想方设法提升个人的或他们所属群体的价值与利益。人们若要充分地参与民主的政治秩序，就得取得机会，让社会整体层次之下的各个群体同样拥有制度的或结构的支持，历经各自的论述政治的过程。社会之下，各群体互有冲突，这些次过程也就得内在于这些群体而进行，或为这些群体控制。复合民主论寻求的政治过程，必须同时提升公平的及党派的协商及论述，目标则是取得意见的一致。应有典章制度（包括传媒机构）协助各群体，让他们知悉自己利益身陷风险之中，也要能协助各群体动员其成员。传媒机构支持群体的内部论述和反思，借此才能让各群体自决并发展文化及廓清价值。通过代议民主的选举，公众是透露了有关自身的一些信息，但通常这些信息不完整，所有民主理论家都会寄望传媒填补这个落差。复合民主论必然恪守的关键原则，就在于追求和营造机会推进政府的支持质量，让新的、非商业形式的传媒言说能够立足。市场是会失灵的，市场若非造成传媒流于过度同质，就是使传媒流于过度多样，或者市场会让不同的同质或多样陷入堕落的境地。"传媒条款"的真正意义在于，政府有权利以其最佳的判断倡导民主需要但市场却无法提供的传媒结构。信息公开与接近的范围应该扩展得更大一些。政府决策必须以公开可得的信息为基础，借此才能制定与捍卫政策。[1]

（四）格罗斯曼、赫尔普曼：特殊利益集团对政策的影响

美国学者吉恩·格罗斯曼（Gene M. Grossman，1955— ）和以色列学者埃尔赫南·赫尔普曼（Elhanath Helpman）指出，理想的民主要求公共政策得到"一人一票"原则的指导，但在所有现实政治体制中，特殊利益集团（具有部分相似政策内容偏好的可识别选民群体）都会积极参与政策决策过程。[2] 他们利用博弈论的均衡概念等模型分析，对特殊利益集团如何影响决策作出了基本的解释。

"一人一票"的民主基本信条意味着实施"多数人的意愿"，一般希望采用普选权的社会不会实施少数人受益、多数人受损的政策。从最

---

①　参见［美］查尔斯·埃德温·贝克《媒体、市场与民主》，第 188—189、195—198、204、245—247、268、272—273 页。

②　参见［美］吉恩·格罗斯曼、［以］埃尔赫南·赫尔普曼《特殊利益政治学》，朱保华等译，上海财经大学出版社 2009 年 4 月版，第 1、53 页。

简单的直接民主的政治环境出发讨论问题，直接民主可以被理解成全体成员直接投票的政策选择。尽管直接民主应该是实际运作中最理想的政治制度，但除非只面临很少的政策抉择，否则直接民主就不可能成为可行的政治决策制度。直接民主并不是最广泛行使民主的方式，许多民主社会通过小规模政策制定集团实现民主。根据代议民主制度，公民选举其代表，并授予代表根据公民利益进行政策决定的权力。当然，存在多种代议民主制度。有时，单个决策者进行政策选择。在更多场合，代表不同地区或不同类型选民的个人群体行使政策决定的权力。根据某些国家的政治制度，立法机构具有行使制定政策或废除政策的最终决定权，也有将制定政策与废除政策的权力分别赋予立法机构与行政执行机构的政治制度。有时，政策决定权属于中央，政策的使用范围是所有公民；也存在中央只决定部分政策，而其他政策决定属于以地域为界执行其政策的地方政府。①

　　民主的理想境界是赋予所有公民偏好以相同的权重，于是就可以期望得到符合公众利益的政策，并且可以通过中位投票者或平均投票者的偏好来确定公众利益。选举过程并不保证得到成为唯一均衡的中位投票者偏好的政策，但政治竞争给予候选者和政党一定的压力，促使候选者和政党迎合公众利益。在选举政治过程中，部分投票集团发挥良好的原因有以下几个方面：部分集团成员严格执行参与投票的社会规范；部分集团成员拥有较多的相应政策问题和候选人的知识；部分集团中非党徒成员较多。②

　　特殊利益集团很自然地基于以下两个原因进行信息操纵活动。（1）特殊利益集团的成员通过从事日常活动收集有关政策问题的信息。（2）特殊利益集团可能具有研究其成员利益的积极性。游说明显地降低但不能完全消除政策制定者面临的不确定性。更重要的是，大部分情况下的信息共享同时有利于政策制定者和特殊利益集团。政策问题的维度也会影响集团可信地交流信息的能力，与只考虑单维政策参数的信息传递相比，游说者的多维政策信息传递使得政策制定者获益更多。政策制定者从游说的努力程度推知更多信息，并且能够更好地进行政策选择。③

---

　　① 参见［美］吉恩·格罗斯曼、［以］埃尔赫南·赫尔普曼《特殊利益政治学》，朱保华等译，上海财经大学出版社 2009 年 4 月版，第 31—32、39—40 页。

　　② 同上书，第 53、69 页。

　　③ 同上书，第 73—74、98、131 页。

特殊利益集团的游说对象并不只是政策制定者，该集团还展开直接面向公众的教育运动。大量选民比政治家更缺乏评价各种政策选择的细节问题的知识。由于单个选民的投票难以影响选举结果，个别选民几乎没有搜集政策信息的动机。在一定程度上，特殊利益集团能够以低成本或无成本向选民提供有关政策的信息，选民也希望获得政策问题的信息。特殊利益集团愿意提供有利于自身的政策问题的信息。通过向选民提供信息，利益集团试图采用有利于自己的方式来阐述政策问题。许多利益集团不仅通过广告媒体和大量邮寄宣传品的方式来影响社会舆论，有时还会组织一些示威抗议活动。与缺乏公众教育活动相比，教育公众允许利益集团获得更接近于其理想水平的政策。①

利益集团将自己掌握的政策提案与竞选候选人的知识作为施加政治影响的工具进行使用，讨论问题的焦点开始从信息转向资金。利益集团与政策制定者的相互作用并不涉及对交易物的明确讨论，而是通过双方希望得到认可的微妙交易来进行影响力的买卖。利益集团可以利用语言和行动表达来给予自己认可的政治家以支持。感激地接受利益集团资助的政策制定者将采取实现利益集团选民利益的行动。均衡是考虑政策制定者预期行为的双边最优反应的捐款计划集合。我们可以区分两种不同的特殊利益集团提供捐款的动机。利益集团捐款的动机可能只是为了影响政党的政策，也可能是为了提高政党赢得选举的概率。影响动机几乎作用于所有场合，但选举动机起作用却需要特殊条件。选举动机起作用的典型场合是，最多只有一个利益集团为一个特定政党提供捐款。当存在许多不同的利益集团时，每个利益集团通过捐款来影响政策结果的能力都相对很小，没有一个利益集团认为向政党提供改善政党的选举前景的捐款是值得的。遵循影响动机行事的利益集团不得不为两个政党提供捐款。利益集团提供捐款的动机是更多地奉承他们认为赢得选举的可能性更大的政党。于是，竞选前景越好的政党就越能吸引更多捐款。与此同时，通过捐款支撑的竞选支出改善政党的竞选前景。预期赢得选举的政党将会吸引捐款，使其更可能赢得选举。利益集团诱导选民喜爱的政

---

① 参见［美］吉恩·格罗斯曼、［以］埃尔赫南·赫尔普曼《特殊利益政治学》，第132、153页。

党更重视迎合利益集团的特殊利益。①

（五）阿塞莫格鲁、罗宾逊：民主是亲多数政策

达龙·阿塞莫格鲁（Daron Acemoglu，又译达隆·阿齐默鲁，1967—　）和詹姆士·罗宾逊（James A. Robinson，1960—　）认为，非民主是权贵和享有特权者的政权，相对而言，民主是更有利于多数人的政权，会制定对多数人更为有利的政策。民主被认为是一种政治平等状态，以其相对更亲多数的政策为特征。亲多数政策往往是与亲穷人政策相一致的，特别是其更强的劫富济贫倾向。②

阿塞莫格鲁和罗宾逊强调了四个研究方法的构成要素。（1）经济学的方法。（2）政治在本质上是冲突性的。大多数政策选择会产生分配性冲突——与社会应该采取的政策的冲突，每一项政策选择都会创造赢家和输家。社会（或政府）每作出一项决策或采取一种政策，都隐蔽地支持一个群体，隐蔽地用这种或那种方式解决基本的政治冲突，隐蔽地或明确地制造赢家和输家。（3）区分法定政治权力和事实政治权力是有益的。（4）将配置法定政治权力的社会、政治安排称为政治制度。最重要的政治制度是那些决定哪些人参与政治决策过程的政治制度（即民主和非民主）。③

政策和制度之间的主要区别是制度的"持久性"和制度影响未来政治权力分配的能力。政策更容易逆转，而制度则较为持久。并且，制度决定着各种团体的政治偏好是如何被加总为社会选择的。政治制度不是简单地决定再分配的程度或谁从当今政策受益，它们也发挥着调节政治权力未来分配的作用。在民主国家，公民参与政治过程，因而有比在非民主政体中更大的权力，不论是现在还是将来。在一个民主国家，多数人被允许投票和表达他们对政策的偏好，政府被认为代表全体人民的偏好。这并不意味着民主就符合某种政治平等的理想。在许多成功的民主国家都实行一人一票制，但这与理想的政治平等还差得很远。某些公民的声音更响亮，那

---

① 参见［美］吉恩·格罗斯曼、［以］埃尔赫南·赫尔普曼《特殊利益政治学》，第161、199、244—245页。

② 参见［美］达龙·阿塞莫格鲁、詹姆士·罗宾逊《政治发展的经济分析——专制和民主的经济起源》，马春文等译，上海财经大学出版社2008年12月版，第19页。

③ 同上书，第19—22页。

些具有经济势力的人可能通过非投票渠道，如游说、行贿或其他劝说方式来影响政策。我们总是在相对的意义上讨论民主中的政治平等。[①]

民主化及民主的巩固，有以下决定因素。（1）市民社会。一个组织完好的市民社会不仅对争取民主是必要的，而且对保护民主也是必要的。（2）震荡和危机。民主化更可能在经济或政治危机的状况下出现。（3）收入的来源和财富的构成。民主化在一个权贵拥有雄厚的物质资本和人力资本的更工业化社会出现的可能性要大于在一个权贵主要投资于土地的更农业性社会出现的可能性。换句话说，在权贵是工业家而不是地主时，民主更有可能。（4）政治制度。在民主中对亲多数政策施加限制的制度，可能有助于巩固民主。（5）团体间不平等的作用。团体间不平等越严重，民主化的可能性就应该越大。民主最有可能出现于中等不平等程度的社会。（6）中产阶级。中产阶级在民主的产生过程中扮演着民主过程的驾驭者角色，以及在权贵与民众的冲突之间的缓冲器角色。（7）全球化。全球化能诱发民主化，也有助于民主的巩固。[②]

（六）卡普兰：理性选民的神话

美国经济学家布赖恩·卡普兰（Bryan Caplan，1971—　）为强调"民主制度产生不良政策"的因果链条或"选民自愿选择下策"的制度缺陷，[③] 提出了以下论点。

第一，选民是非理性的。在理论上，民主是一道防御社会有害政策的堡垒，但在实践中，民主却为后者提供了安全的避风港。民主失灵的原因在于，选民比无知更糟糕，他们是非理性的，而且投票时也是如此。当人们在一些感觉良好的错误理念影响下投票时，民主就会不断地出台糟糕的政策。无处不在的非理性并不单对民主，而且会对所有的制度安排产生危害。民主具有固有的外部性，一个非理性的选民伤害的不仅仅是他自己，还会波及受非理性误导而产生的错误政策所影响的每一个人。当一个消费者对于买什么存在错误的认知时，是他自己来承担损失；而当一个选民对

---

① 参见［美］达龙·阿塞莫格鲁、詹姆士·罗宾逊《政治发展的经济分析——专制和民主的经济起源》，第17—19、156页。

② 同上书，第29—38页。

③ 参见［美］布赖恩·卡普兰《理性选民的神话——为何民主制度选择不良政策》，刘艳红译，世纪出版集团、上海人民出版社2010年10月版，序，第1页。

于政府政策持错误观念时，买单的则是全体老百姓。既然选民非理性的绝大多数成本具有外部性，即由其他人承担，为什么不放纵一把呢。如果有足够多的选民这么想，那么具有社会危害性的政策就会成为一种普遍的社会需求。表达性选民更关心的是政策听起来如何，而不关心政策的效果；理性胡闹的选民相信感觉良好的政策是有效的。专家不是非理性的解毒药，不管效果是好是坏，他们减弱了公共舆论与政策之间的联系。选民的盲目为政客、官僚机构以及媒体打开了可资利用的缺口。"如不理性你将获得糟糕的政策"这样的恐吓是一种合成的谬误。民主使选民在不承担个人成本的情况下享受到非理性观念的心理收益。这当然不是要否定心理收益的价值，但是这种权衡取舍不是社会最优的；民主过分强调了民众的心理报偿，其代价就是他们的物质生活水平。①

　　第二，民主的消极面。民主让选民自己作出选择，但只给每个人微乎其微的影响力。从个体选民的立场来说，结果如何与自己的选择并没有关系。选民缺乏决策力改变了一切。将民主政治描绘成解决社会问题的一个公共论坛的幼稚观点，忽略的不只是一些冲突和矛盾，它忽略了表象后面的实质。当选民谈论解决社会问题时，他们的主要目的是想抛开乏味的客观束缚，标榜自身的价值。卡普兰承认自己谈论的是民主的消极一面，并指出：首先，我强调选民是非理性的，但我同时接受在热衷民主的人士中颇为普遍的两个观点：选民在很大程度上是无私的，政客通常顺从公众舆论。与我们的直觉相反，这三者的结合——非理性的认知、无私的动机以及适度的回旋空间——其结果却"再糟糕不过了"。如果公众观念是明智的，那么选民的自私和政客的回旋空间将阻碍民主完全履行其承诺。但是，如果公众观念是愚蠢的，那么自私和回旋反而会阻止民主给大家带来全面威胁。自私与回旋更像是水而非毒药，它们不具有与生俱来的伤害性，而是对其发挥影响的系统属性起稀释作用。因此，当公众系统性地误解社会实现福利最大化的途径时——如同他们所经常认为的那样——他们则点燃了迅速燃烧的连接相应错误政策的导火索，这将使所有人都会对民主更加失望。②

---

　　①　参见［美］布赖恩·卡普兰《理性选民的神话——为何民主制度选择不良政策》，第1—3、16、24—25、166、220、255—256页。

　　②　同上书，第168—169、240页。

　　第三，民意调查与选举的作用相同。有批评者认为，民意调查会损害民主，主要的原因在于民意调查缺乏让人们认真权衡政策后果的激励。不同于选举，民意调查并不能改变政策，是这样吗？错！政客们常常根据民意调查来采取行动，你的回答可能让他们在政策上采取冒险行为。接受调查者具有与选民一样多、或一样少的动机去认真地思考。的确，选举就是调查。对这两者的回应都是几乎不可能改变政策的空谈。①

　　第四，弱化民主、强化市场可能是件好事。经济学存在着反市场偏见、排外偏见、就业偏见、悲观主义偏见四种系统性偏见。② 不仅普通大众低估了市场的作用，就连经济学家也低估了市场相对于民主制度的优越性。与市场原教旨主义的不同之处在于，民主原教旨主义遍地都是。民主本身被界定为是正确的，因为不存在超民主的评价标准。民主的好坏必须根据其结果来判断，但判断其结果的唯一办法就是投票。非民主政治不是民主政治之外的唯一选择。生活的很多方面都处于政治或"集体选择"领域之外。当法律沉默时，决策权"交给个人"或"留给市场"。可以把私人选择叫作"第三条道路"——民主与独裁之外的选择。在很多情形下，经济学家应该在市场不完善的情况下仍支持自由市场，因为即便如此它仍然胜过民主。卡普兰的民主分析的主要结论是：应该更多地依靠私人选择和自由市场，减少或取消增加选民投票率的努力；既然接受良好教育的人是更佳的选民，那么改善民主的另一条可取道路，是向选民提供更多的教育，这或许能奏效，但这个办法会比较昂贵。③

　　西方经济学家对政策问题和民主问题的理解，可能远比本章列出的内容范围更广，但是就本章所列内容，已经可以看到主要是来自经济学的两个理论范式，即"公共选择政策范式"和"组织决策的政策范式"，以及与"决策民主政策范式"有关的一些论点。如果说经济学背景的"决策民主政策范式"论点，可能或多或少地有新自由主义、新马克思主义的影响；"公共选择政策范式"和"组织决策的政策范式"两个理论范式，则是对其他范式如"民主政策科学的政策范式"、"行政民主政策范式"等产生了重要的影响。这样的影响，主要表现在两个方面：一是将这两种

---

　　① 参见［美］布赖恩·卡普兰《理性选民的神话——为何民主制度选择不良政策》，第158页。

　　② 同上书，第29—58页。

　　③ 同上书，第4、229—237、240—244页。

范式重点关注的"理性选择"、"集体行动"等与学者自己的理论解释相结合；二是将这两种范式（尤其是"公共选择政策范式"）作为不能回避的批判对象。无论是结合还是批判，都彰显了对政策与民主关系的分析，确实不能没有经济学的视角。

第十章 政策科学中的民主问题

在政策科学或公共政策学的发展过程中，西方的政策学家大量讨论了政策与民主的关系问题，从中可以归纳出一种不同于其他范式的理论表述，我们可以将其称之为"民主政策科学的政策范式"，并列出与之相关的几种理论化的"政策模式"，而不是政策分析的技术模型或分析模型，因为本书并不是全面论述公共政策分析的专著。

一 "民主的政策科学"与有限理性决策模式

自 20 世纪 50 年代西方学者提出"民主的政策科学"的概念后，发展出了一种"有限理性决策模式"的论述，可以列出一些具有代表性的论点。

（一）拉斯韦尔："民主的政策科学"的提出

美国学者拉斯韦尔（Harold D. Lasswell，1902—1978 年）在 20 世纪 50 年代初明确提出了"民主的政策科学"的概念，他认为政策科学在美国的发展取向应是为改善民主实践直接提供必要的知识，"民主的政策科学"（policy sciences of democracy）的主要目标就是在理论和事实上落实人的尊严。[①]

拉斯韦尔曾以"股票"制来说明政策与民主的关系：公共政策可能不仅要求把"股票"当作一种"公共关系"的策略，而且要求把"股票"作为提供有效控制的手段。目光远大的思想家们已经预测出，终有

---

① Harold D. Lasswell, "The Policy Orientation", Daniel Lerner and Harold D. Lasswell ed. , *The Policy Sciences*, *Recent Developments in Scope and Method*, Stanford University Press, 1951, pp. 3 – 15.

一天共同控制的机制将与一体化的全国性政策的要求相适应。他们已经预见到这样一种可能性，在"美利坚合众国股份有限公司"中"每一个公民都是股票持有者"；每一个公民都由于对这项国家经济事业承担一份固定的责任而享有一份有保证的基本收入（按其参加这项国家事业的符合要求的程度而定），每一个公民都属于一些能够对政策施加正式的而不是神秘的或形式上的影响的职能——地区性集团。①

　　拉斯韦尔虽然强调民主对政策的重要意义，但他更注重的是"精英"而不是普通民众的作用（在这方面，他应该受到了当时比较盛行的精英政治学说的影响）。他认为取得价值最多的人是精英，其余的人是群众。各类权势人物有的以好战的或妥协的方法为名，有的以对一系列政策所提出的要求为名；彼此大不相同的人格脸型可以在对国家或对阶级忠贞不渝的信念上，也可以在方法、政策、前景上联合起来。任何精英都以共同命运的行政作为旗号来为自己辩护和维护自己的利益。精英集团的支配地位部分依靠于他们对环境的成功操控。一个特定社会的精英们，在来自内部和外部的双重威胁下，只好借助于对基本物质和服务实行先集中控制、然后分散控制，先配给然后定价的摇摆政策，来达到有时劝诱、有时胁迫、有时转移目标的目的。由于物资和服务集中在公认的精英手中，发起挑战的精英们处于不利地位上，他们以停止合作为手段，增强不满者的权力意志。任何精英的优势地位都部分地取决于他所采用的实际措施的成功。这些措施包括所有吸收和训练精英的方法和所有在制定政策和实行管理中所采取的形式。统治精英就是通过将元音与辅音进行各种新的组合而从人民大众中获取忠诚、血液和税款的。危机要求专政、集权、集中、服从和倾向性。危机的间歇期则允许对民主、分权、分散、首创性和客观性作出让步。一个新近得到公认的精英集团，在确信它得到了相当普遍的支持时，能够做到使权力的基础民主化。②

　　拉斯韦尔强调了"中产阶级"的政策地位：如果中等收入的技能集团想要站在自己的立场去影响国家的政策，他们就必须在全国范围内组织起来，必须做到能够独立地坚持自己的主张，他们必须具有一批代表自己

---

　　①　参见［美］拉斯韦尔《政治学：谁得到什么？何时和如何得到？》，杨昌裕译，商务印书馆1992年2月第1版，2008年2月第7次印刷本，第143—144页。

　　②　同上书，第3、7、11—12、19、61—67、91—92、137—138页。

利益的发言人，这些人在独立企业、专业组织和劳工集团威胁要对垄断的做法加以限制时不会被那些埋怨"赤色恐怖分子"的大企业集团发言人引入歧途。①

　　拉斯韦尔还对美国的立法机关和苏联的代表大会在政策中的作用作了比较，指出美国的立法机关已经变成了进行区域间交易而不是制定全国性政策的渠道，立法机关所造成的法定利益和感情利益在草率的拼合而不是精细的结合方面加重了全国性政策的负担，地方立法议员经常为了推进相邻地区的计划而极力促成在全国性问题上达成交易。苏联的代表大会由人数很多的代表组成，开会时间很短，听一些内容广泛的报告和关于政策的讨论，表达自己的意愿——主要是通过选出一个常设委员会的办法，最后散会。这种代表大会是使中央行政机构制定的政策获得承认的一个重要工具。但是也不必设想代表大会的调子对处于位置中心的人毫无影响。②

　　拉斯韦尔在与亚伯拉罕·卡普兰（Abraham Kaplan，1918—1993 年）合著的《权力与社会：一项政治研究的框架》中，在民主和政策方面亦有一些值得注意的观点。

　　拉斯韦尔和卡普兰强调民主政体是自由的、法治的。民主政体是通过权力过程的三个特征来定义的。（1）权力是在自身责任最大化的基础上行使的，民主政体不能容忍任何形式的威权主义，不论这样的责任集中会带来多少利益。（2）权力过程不是绝对的、自给的；决定是有条件的，可接受质疑的。（3）权力过程的利益在政治统一体中进行分配，民主政体不允许特权等级的存在。民主政权是民主统治的必要条件。体现民主的必须是整个社会结构，而不单单是社会秩序、政权或统治。民主是一个可能的社会组织模式，尽管是难以达到的。功绩而非等级、技能而非地位，才是民主统治的要旨所在。③

　　拉斯韦尔和卡普兰对政策过程中的一些概念作出的定义和解释，有助于对拉斯韦尔倡导的"民主的政策科学"的理解。

　　（1）公众和公众舆论。公众由群体中拥有或期待拥有意见的人所组成。公众舆论是意见在公众中的分布情况。为了成为公众的一员，就有必

---

① 参见［美］拉斯韦尔《政治学：谁得到什么？何时和如何得到？》，第 144 页。
② 同上书，第 68 页。
③ 参见［美］哈罗德·拉斯韦尔、亚伯拉罕·卡普兰《权力与社会：一项政治研究的框架》，王菲易译，世纪出版集团、上海人民出版社 2012 年 1 月版，第 1、210—214 页。

要期待他能够对政策的形成施加影响。在某些问题上，一个人可能是没有决定性影响的，除非他不再预期在某个时间或某些问题上参与讨论，否则他仍是公众的一分子。参与的程度可能随着议题的变化而变化，即便并非如此。①

（2）政策与政策过程。政策乃是为某项目标、价值与实践而设计的计划。政策过程则包括关注自身未来人际关系的各种认同、需求和预期之规划、颁布与执行。与他人有关的行为过程称为行为者的"政策"。设定的行为过程是一种在任何时候在行为中牵涉他人而不是行为者自身的政策。政策的制定是由那些有影响力的人对最终行为的预期而作出的，影响力的运用在于对他人的政策产生影响。政策领域是由人际关系构成的。②

（3）决策与权力。决策是涉及严厉制裁（价值剥夺）的一种政策。由于决策是政策的有效决定，因此它涉及产生一个特定行为的所有过程。在作出决策时只有参与者的行为才是真正相关的。投票并不是我们所说的决策——只能算作一种行为——如果所投的票没有被计数的话。因为决策过程包括了政策的阐述、颁布和执行，那些行为受到影响的人也参与到决策过程中，通过确认或无视这项政策，他们有助于判断它是否是一项决策。作出决策是一种人际交往的过程：他人将要追求的政策是所要作出决定的内容，作为对决策过程的参与，权力本身就是一种人际关系。根据决策来界定权力，补充了"产生对他人的预期影响"的重要因素。权力仅仅使得对政策的有效控制成为必要。权力是一种服从价值，拥有权力就是将其他人的行为（政策）考虑进去。在相互作用中权力形成的结果是一项决策。相互作用总是以互动中的参与者实行的政策为特征的。在互动中，当由严厉的制裁来确保由此产生的政策时，权力就形成了。所有的权力和影响力关系的共同点只是对政策的影响。③

（4）政治与行政。立法职能指普遍化政策的形成。任何制定政策的行为都可以被称为立法。我们从政策形成而不是决策角度来定义立法功能，这仅仅在这个案例中成立：当政策被预期由制裁所决定的。行政职能是将政策专门化，以适用于特定案例。但是，专门化的政策必须与立法相

---

① 参见［美］哈罗德·拉斯韦尔、亚伯拉罕·卡普兰《权力与社会：一项政治研究的框架》，第50页。

② 同上书，第78—81页。

③ 同上书，第82—88、96页。

一致，即如果行政人员是一般政策的制定者，他同时也参与立法过程（这些功能不必完全分离，而且需要由不同的权威机构执行）。"法"不仅包括制定法规，也包括行政管理。因为权力明显依存于行政职能和立法职能这两方面——两者都参与了决策过程。古德诺曾试图在政治和行政之间建立一个基本的差异体系，但是就决策而言，政治是一个持续的过程并贯穿于政府行为之中。目的和方法，在这里如同在其他地方一样，是一种共生关系。因而，区别立法功能和行政功能，其目的不在于指出不同实践之间的严格界限，而是旨在标明决策过程中可辨别的阶段。①

（二）维克斯：政治民主的政策选择

杰弗里·维克斯（Geoffrey Vickers，1894—1982 年）在讨论政策问题尤其是如何制定政策时使用的是"政治民主"概念，他将政策制定描述为管理关系的设定或准则的设定，认为作出决策不仅要凭或大或小的技巧，而且要凭有无"责任感"，并不是对所有决策都要展示"主动性"；每个决策的作出不仅要受限于当时的具体情境，也受限于过去所做决定的情境，并会影响将来的决策。②

维克斯重视"政治选择"的作用，但这样的选择实际上就是政策选择。一个系统的变化速度以及变化的可预测性预设了该系统被管理程度的种种限制。在这些限制中，可管理的程度依赖于可接受的管理类型。每一类型都有其自己的可能性和限度，而且管理者的选择将经常是一种政治上的选择，即一种政策选择，因为不同的选择会提出既适合于优化又适合于平衡的不同准则。政治选择不仅仅是民主政治的情景。政治选择的相对重要性和政治选择的困难相伴而生。一开始，许多事务一直由少数几个人选择决定。后来，许多人觉得应该重视他们自身的利益，应该参与政治选择活动，于是就使政治选择变得困难了。政治活动的量的增长，导致政策制定的量的增长，政策制定致力于满足弱势群体的需要，这种增长拓宽了政治选择的范围也增加了复杂性。政治选择越来越多样化，甚至市场选择的一些显而易见的领域也依赖于它。政治选择的特性不仅仅表现在少数人对

---

① 参见［美］哈罗德·拉斯韦尔、亚伯拉罕·卡普兰《权力与社会：一项政治研究的框架》，第 180—181 页。

② 参见［英］杰弗里·维克斯《判断的艺术——政策制定研究》，陈恢钦、徐家良、张闿译，中国青年出版社 2004 年 6 月版，前言，第 38—39 页；正文，第 8 页。

多数人的权力运作的延伸，也表现在多数人对少数人权力运作的那种影响。从一个极端来看，这完全是革命的威胁；从另一个极端来看，它是无意识地诉求于共同遵守的文化规范。①

维克斯不认为公开衡量所有备选方案并选择"最佳的"办法是大多数决策作出的方式，因为备选方案太多而时间又太短。做决策常见的路线是通过一种过程尽快使备选方案限定在可管理的数量上，然后围绕管理周期作出安排，直到发现一种解决办法而且通过检验被认定是"足够好的"为止。公众对政府决策有意见，政府可以为公众就决策提的反对意见而举行听证。②

维克斯重视的是个人对决策的重要作用，认为即使在最大型组织的最高层，评估和决策都是由一些单个的人作出的，他们总是过多地或过少地体现机构的角色。政策制定者不仅依赖于计划者的角色，还依赖执行计划的人、否决计划的人及各种各样的机构。内阁需要在以下这两类人群中得到足够的认可，第一类是能够产生政府但并未产生政府的合格选举人，第二类是那些潜在的法律破坏者，他们能够挫败任何一项依赖于大众遵从的政策。③

维克斯对民主体制中的政策课责提出了自己的看法：在长期的宪政斗争中，行政权的形成先是依赖于年度选举资源，后来实际上是通过议会选举的结果由任免而形成的，不过只是采用了在只有单个的可供选择对象中作出选择这样的一种重大而又有限的方式。无论机制怎样不完善，长期以来我们接受了这样的原则，即政治权力在此意义上成为可说明的、可课责的；辩论是政策得以形成的最基本的过程。政治权力的掌控者通过辩论作出他们的课责，并通过辩论来争取产生足够维持他们官位的支持。全体选民是最终的课责权持有者，无论他们有多么严肃的动机，但在评判政策制定者的绩效方面，比起其他领域的评判，他们更不能胜任。④

维克斯对政策参与给予了极大的关注。他指出在一个政治选择越来越普遍以及越来越负责任的领域里，越来越多的人或以代理人的身份参加进来，或以直接或间接参与形成政策或挫败政策的方式参加进来，或以政策

---

① 参见［英］杰弗里·维克斯《判断的艺术——政策制定研究》，第56、96—99、103页。
② 同上书，第63—64页。
③ 同上书，第65—66、193页。
④ 同上书，第118、136页。

结果的受益者身份、受害者身份参加进来。以上是他们可能参与到这个领域中来的四种身份。我们社会中的每一个人都经常以一种或多种方式参与政策制定过程，无论是自觉的参与还是不自觉的参与，并负有相应的责任。人们参与政策制定过程中扮演的这些角色不仅限制了政策制定者，而且也通过参与活动的对话方式对政策制定作出贡献，这两方面都赋予了这些角色扮演者以责任。我们的政治系统被设计来约束那些对民众不负责任的权力的运用，而不是被设计来确保对于国民的负责任的权力的运用。虽然我们把它看作是政治民主的学校，然而我们必须承认，它仍然处于非常基础的阶段。在一个更广泛的社会中，有些个人摆脱了其自我选择的角色作为一个公民参与其中，他们的权利比他们的责任更惹人注目。作为一个自由的、平等的社会成员，每一个人都潜在地拥有像他的同伴一样的自由地行动、表达和组织的权利，以及同等地具有怀疑、质问和批判的权利。权力型结构不要求他承担任何来自个人的委托，而只要求他承担有关他所扮演的角色力量的委托。权威和信任在政治社会中起着不小的作用，而且需要它们更加成功地发挥功能。在政治争论领域是不得不去赢得和保持这种权威和信任的（而且通常是通过竞争去获得的）。政治对话确实是促进变化的许多中介因素中最重要的因素，然而我们很难相信它是胜任它的工作的。政治对话将大众的防御同昨天的威胁对立起来，并在这样做的同时，忽视甚至于阻碍了它自己去应对和关注更大的已经临近的威胁。假如我们的政策制定就是确保我们的"平衡"，而不管最庄重的"优化"的话，那么政策制定（以及政策封锁）的责任必须更清楚地被我们的文化和我们的机构所鉴别。①

（三）黑尧：效率与民主的关系

米切尔·黑尧（Michael Hill）认为任何有关政策过程探讨的背后，都存在着两大重要的价值关怀，其中一个主题是效率，另一个是民主。虽然它们经常被视为各自独立的关怀，而且有时候还被认为彼此冲突，然而一旦漠视民主的课责，则也有可能出现人民因抗拒对他们所施加的不合理负担，从而破坏政策效率性。身为政策过程参与者（无论是试图影响决策的人，被认为应该执行决策的人，或是受决策影响的人），都必须了解

---

① 参见［英］杰弗里·维克斯《判断的艺术——政策制定研究》，第193—201页。

实际现状为何。黑尧特别指出：我们总是过于轻易地想要保持自己与"政府"或"国家"的距离，而将其视为加诸在我们身上的不合理负担。我们似乎拥有两种选择：国家或市场。在此构想下，现今国家逐渐被看成是一种外在于我们的负担；相对地，市场是一个我们可以作选择的地方（尽管常常是受限制的选择）。此种对于国家的观点，受到另一组明显的替代概念而扩充，也就是国家或社会。民主国家的理念，涉及由社会来控制国家。在此构想下，国家充其量不过是和社会一样的"我们"所构成，它只是我们治理自己的工具。使政策过程的教学能够合乎现实评价，而非试图以一种天真的乐观主义，灌输学生有关多元论和决策者理性论的内容。如今已有越来越多的作品，试图透过重新表述我们对于民主政治的概念，而在各个层次上提倡权力分享与参与。有一些提出民主政治替代模式的文献，将重点放在扩大多元主义并使其更加均衡的方法上，其他文献则注意到将权力转移到次级政府的更佳方法。然而还有尚待处理的重要问题，是有关执行公共政策的组织，如何增加他们的直接公共课责能力。拥护市场选择途径的主张，对于我们所相信的消费者权力之天真观点，同样也开始有所补充，并进而指出公民还有其他方式可以选择，并且可以参与他们所选择之机构的运作。[1]

（四）林德布洛姆等：民主政策的制定过程

林德布洛姆（林伯隆，Charles E. Lindblom，1917—　　）和伍德豪斯（伍豪斯，Edward J. Woodhouse）使用了"民主政治"和"民主政策"等概念，重点关注的是政策制定过程中的民主及明智程度问题。[2]

林德布洛姆和伍德豪斯对"民主政治"作出的解释是，民主政治要求执政者的各种行为，必须要有回应民众的整体智慧。民主政治的优点，并非全赖于言论、出版或其他公民的自由权，因为即使是一个非常开放的社会，都无法组织以解决民主政治的问题。民主政治的成功，亦无法以选举现象作基本解释。民主政治拥有特定增加智慧的过程与策略。民主政治

---

① 参见［美］米切尔·黑尧《现代国家的政策过程》，林钟沂、柯义龙、陈志纬译，韦伯文化事业出版社 2003 年 1 月版，第 243—248 页。

② 参见［美］林德布洛姆、伍德豪斯《最新政策制定过程》，陈恒钧、王崇斌、李珊莹译，韦伯文化事业出版社 2001 年 9 月版，序言，第 5—6 页。

体系设定了使政治参与者能经由彼此互动以形成的政策的过程。①

　　林德布洛姆和伍德豪斯指出，在政策制定的基本态度上，产生了根本性冲突。人们要求政策须以充分的资讯与良善的分析作为制定基础，要具备正确性与科学性；然而，他们同时也要求政策制定应合乎民主。一个社会能否制定出既理性又民主的政策，需要注意"民主政策"的以下要求。②

　　第一，以同意代替完全的理解。在政策过程中，党派的互动可以使政策达成三个目标：回应公众的观感、有意义之交易、注意相关的资讯。只要有效的多数同意新政策或修正的政策，此政策便可被认为包含了一种新的理解：一种共同的同意。③

　　第二，政策参与的有限角色。策略性分析与政治参与者之间的相互调适，是民主政治体系对于其所采取的行动达成相当明智性的基本策略。民主政治体系具有较大的异质性，因而使更多的社会需求得到更好的保障。政治之所以具有影响力，主要在于制度上，责任是划分于不同的参与者身上。换言之，每个参与者都只能扮演有限的角色；每个人从不同的角度针对复杂问题进行论述，经由多元建议与理念的交换，呈现出一个较完整的图像。当然，这并不保证良善政策的出现。一些参与者可能未妥善扮演其角色，使某些关键性的考量点无法充分呈现出来；而权力的不平等，亦造成对特定观点给予不成比例之加权，甚至使一些相关的重要观点全然无法呈现出来。但每一个参与者扮演有限角色的结果，使分析的任务更具可行性。人们了解政策的个别能力、自信能影响政策的信念，及其对政策所能发挥的效果大不相同。即使是那些了解政策能为其需求服务的人，甚或是有正面解决问题之动机和精力的人，都可能不出席投票或参与任何运作，实现其自我帮助的可能。在政策制定过程中，需要的是培养一般公民思考社会问题机会的能力。④

　　第三，投票的不确定性。利用选举以促成民主、明智政策的可能性，存在着先天性严重限制。由于选民对候选人政治态度的无知、选民对政治议题的无知、并非所有议题皆呈现于选民面前、单一面向投票及一次投票

　　①　参见［美］林德布洛姆、伍德豪斯《最新政策制定过程》，第31—32页。
　　②　同上书，第8—9页。
　　③　同上书，第32—35页。
　　④　同上书，第40—43、138—139、179—184页。

面对多项政策等因素，选举在将公民的需求与判断转换到政策上，相对而言是一种较软弱的机制。选举所含有的薄弱性，使公民得以拥有一项控制政策制定的工具。①

第四，精英控制政策制定过程。民选官员由全部公民中的极小部分组成，因此形成了一种精英。这些精英是使民主成为可能的基础，但同时也构成对民主与明智决策前景的一种威胁。政治领导者制定政策、行政人员执行政策的论点并不正确，所有与政策制定直接相关的行为：抉择、说服、达成协议、威吓与承诺及权威性命令的发布与收受，几乎每一个行为都有官僚的介入。即使政务官、立法者与法院制定最重要政策，但大部分这些政策都已先经过官僚的规划与设计，通常负责实现政策的人员，都拥有实质的影响力。执行政策的主体，可有效地"制定"政策。政策专家的角色，并不在于保持中立，而是要有具思想而负责任的党派意识；不在于企图对原本未知的未来提出正确的预言，而是在刺激政策参与，以构建出足以对抗不确定性的政策能力，这包括了：说服他人如何为了避免无法接受的错误，而采取谨慎的措施，如何建立弹性，以及由经验中累积学习；并非接受现有的政治经济体系和决策过程，而是对其立论根据加以挑战；不单独对政治精英进行分析，而是了解到改善一般人的思维方式可能是人类最好的希望。②

第五，民主政策制定的复杂性。民主的统治是将小派系或寡头集体统治的体系，转变为较复杂、难以理解、难以经由人为的设计活动来决定可预测的产出以及难以有效参与的多元政策制定过程。公民期望及实际政策产出间，并非是一种必然的直线关系。政策能否回应公民的需求与期盼，主要是受以下因素所决定：规则的结构，权威体系，程序，调节民选官员行为及其运作所产生政策结果之间关系的组织。虽然民主政治的规则赋予公民重要的权力及自由权，但他们对政策只能施加以松散的控制，政策制定的明智程度主要取决于民选任职者主观的心态与意念。③

第六，政策分权的作用。当分权化与互动式的调适成为官僚协调活动的主要方式时，则没有任何一个机关能以其正式行动单独决定政策。相反

① 参见［美］林德布洛姆、伍德豪斯《最新政策制定过程》，第47—60、74页。
② 同上书，第61—62、77—80、161—175页。
③ 同上书，第63—74页。

地，政策是在所有官僚、民选官员、利益集团代表及其他参与者之间，经过复杂与互惠的互动关系所演化而成。其结果是不可预期的，并不在所有参与者的意料之中。经由此种方式产生的政策，较之层级节制协调的方式，明智与民主程度均较高，因为有较多元的意见被纳入考量，且没有任何单一的参与者或集团能主导政策。①

第七，利益集团扮演的角色。利益集团借由厘清及表达公民们的需求，有助于形成一个可行的议程；他们协助监督政府的行动，直接对相关的官员作出回应，并且也向其他的官员抱怨；他们也是资讯来源的关键，而不只是提供欲求而已；而且他们也有助于建立有效的联盟。②

第八，政治不平等对政策的影响。即使在民主的政治系统中，政治不平等仍然存在。是否在实现平等时，必然要牺牲一部分的民主，平等能否与民主共存，不仅影响民主的程度，也影响公共政策的品质。政治不平等并未剥夺公民的控制权，仅意味某些公民的控制权较他人为多。政治上的不平等，显然降低了决策得以完全民主化的程度。只有促成政治上真正的平等，每个人的问题、期待与理念，方能有更好的机会在政策过程中被仔细考量。③

（五）斯通：政策悖论中的民主

德博拉·斯通（Deborah Stone）以"政策悖论"的视角，对与政策过程有关的民主问题提出了以下论点。

第一，即便是最清楚、最简单而又没有歧义的政策也还是有可能在事实上充满歧义的。公民应该学会生活在歧义和悖论中。④

第二，政客们通常至少有两个目标。第一个是政策目标——他们乐于见到如他们所愿地成就或挫败某个项目或建议，他们乐于见到某个问题得到解决。但也许更为重要的是政治目标，政客们总是想要维持他们的权力，或者得到更多的权力，以便能够实现他们的政策目标。⑤

---

① ［美］参见林德布洛姆、伍德豪斯《最新政策制定过程》，第86—88页。
② 同上书，第95—102页。
③ 同上书，第12—13、133、141—143、184—186页。
④ 参见［美］德博拉·斯通《政策悖论：政治决策中的艺术》（修订版），顾建光译，中国人民大学出版社2006年12月版，前言，第15页。
⑤ 同上书，第2页。

　　第三，理念和蓝图是在政策制定过程中的关键形式。需要重点讨论的不是人们如何去收集和利用"传统的"权力资源（如金钱、票数和权力部门），而是人民如何利用理念去取得政治支持，同时减少对反对者的支持，所有这一切都是为了控制政策。[①]

　　第四，效率本身是一个关于构成社会福利的可加挑战的理念，最好的组织社会实现效率的方式应该是能够提供民主的治理结构的方式，这种民主结构允许这些挑战以一种公平的方式加以表达和阐述。[②]

　　第五，在围绕着政府能否合法地干预公民的选择和活动的公共政策领域中，不断地会冒出有关自由的悖论。[③]

　　第六，民主理论中的核心问题是，在道德上看来平等的利益在政治上可能是不平等的。民主理论在如何认定弱小和强大的利益、要求政府如何保护弱小利益方面各不相同。但是，它们在以下两个核心假定上是相同的：至少有一些重要而良好的利益过于弱小无法靠自身的力量显示出来，政府至少有一项重要的功能就是要支持这些弱小的利益。假如权利不能对增进民主发生作用，那因为这些权利不够强大以确保为穷人和无权的人提供足够的保障，以便让他们参与到公共事务中来。[④]

　　第七，当强力在民主政治中得到合法的使用时，它是作为意见表达的权利和规则的执行。赤裸裸的物质性强制是超出民主的价值体系的。如许多人所说的，民主就是通过讨论的政府。理性的说服是与自愿相联系的。如果人民能够得到教育，他们就不需要被强制，甚至不需要被引导。他们会为自己的、共同的善保持协调的行为。[⑤]

　　第八，从民主理论来说，正式的规则是由选举出来的代表相关利益群体的立法机构协商产生的。由于制度和立法机构具有的某种特征，使得他们支持比较模糊的立法。立法议员们必定会对再次被选举这一点存有担心，当然也对具有重要意义的问题关心。每一个立法议员都不仅面对与其他选区代表的冲突，还面对着来自他自己选区的利益冲突。回避冲突和避免失去潜在的支持者的一个办法就是避免让成文法明显地对一些人造成伤

---

① 参见［美］德博拉·斯通《政策悖论：政治决策中的艺术》（修订版），第33页。
② 同上书，第77页。
③ 同上书，第108页。
④ 同上书，第224—225、343页。
⑤ 同上书，第259、301页。

害。议员们可以用各种办法来取得人们对于自己的支持，如花时间为选区服务，进行互助，以及提供纯粹象征性的立法。但是，当他们被迫去制定一些实质性的规则的时候，模棱两可就成了最好的避难所。①

第九，民主政治的理论以及政策分析界都表示支持不限制地获取信息的原则，以及在决策中的信息的完备性。尽管在口头上都表示无保留的信息，在人类事务的所有方面，控制信息却是一种战略的一个基本、基础的组成部分。保密对于政府的重要性一点也不亚于市场。官员和议员们通常是在半秘密的情况下起草新的法规和法律的，保密可以让他们得以探索讨价还价的立场，而又不将此暴露于公众，从而能使所作的承诺更具魅力。被界定为有意识对舆论和人们倾向加以操纵的灌输，同样出现在自由民主的政体中。在这样的政体中，它也同样掌控信息，或者操纵信息。②

第十，在决策结构变更过程中的关键就是控制某一政策领域的权力。在控制权力方面，美国政治中一再被制止的是改变决策机构的成员、改变决策机构的规模和改变联邦主义的决策重心。尤其是改变成员，在代议制民主下，或是改变决定代表的选举者的构成，或者改变代表本身的身份。前者涉及改变投票群的成员，后者则涉及改变官员群的成员。尽管民主基于这样一条原则，即每一个公民在决策过程中拥有平等的地位，所有的民主政体都会在允许哪些人投票的问题上加以限制。关于官员资格斗争的激烈程度一点不亚于关于投票者资格斗争的强度。官员们，无论是政务官还是事务官，从理论上说都是代表了他们选民的利益。所以，从这一理论进一步推论，或者是通过改变这些代表者的身份，或者是改变选民控制他们的能力，我们就可以改变这些官员所作的决策。但是，"代表"选民的含义究竟是什么呢？有一个所谓"描述性代表"的概念认为，代表如果与他们的选民之间有着重要的人口学意义上的共同特征的话，将可能最好地代表他们的利益。这儿的逻辑是，具有相同人口学特征的人们倾向于类似地"思考、感觉和推理"，最终会形成同样的政策倾向。与之相对的另外一个概念是所谓的"实质代表"，这种概念认为与其选民有着相同的重要信念和目标的代表会最好地代表选民。关于代表的核心检验不是代表与其选民是否具有相同的人口学意义上的特征，而在于他们是否对他们的选民

---

① 参见［美］德博拉·斯通《政策悖论：政治决策中的艺术》（修订版），第291—297页。
② 同上书，第313—315页。

负责。[①]

第十一，在理性分析背后的思想范畴本身是在政治斗争的过程中构造起来的，而非暴力的政治冲突首先是通过理性分析来引导的。这不仅仅是以参与者的方式或者出于政治的目的而采取的分析，理性分析必定是政治的。由于政治理性是一种束缚过程，它也就是寻找标准和为选择论证其合理性的过程。平等、效率、自由、安全、民主、公正以及其他诸如此类的目标都仅仅是一个共同体的渴求。[②]

（六）政策过程理论视角下的民主

在公共政策研究，尤其是政策过程研究中，出现了阶段启发法、制度性的理性选择、多源流分析框架、间断—平衡框架、支持联盟框架、比较政策研究等新的研究方法，[③] 这些方法大多涉及了政策的民主过程等问题，可列举不同研究方法的主要论点。

1. 阶段启发法

阶段启发法把政策过程分为一系列的阶段——通常是议程设置、政策构建和合法化、政策实施以及评估——同时分析各阶段具体进程的影响因素。彼得·德利翁（Peter Deleon）认为政策过程框架（阶段启发法）需要找到更切实的视角，如拉斯韦尔提出的"较好的信息导致较好的政府"就是一个可以接受的选择。[④]

2. 制度性的理性选择

制度性的理性选择聚焦于制度规则如何改变受物质利益推动的特别理性的个人行为。埃里诺·奥斯特罗姆（Elinor Ostrom，1933—2012年）以"行动舞台"作为分析框架，指出情境中的行动者可以被认为是一个单一的个体或者是作为共同行动者起作用的群体。个体在任何特定情形下对策略的选择取决于他对各种策略及其可能结果的理解和估量。信息搜寻的成本是昂贵的，人类的信息处理能力也是有限的，因此个体经常必须基于不

---

① 参见［美］德博拉·斯通《政策悖论：政治决策中的艺术》（修订版），第348—356页。

② 同上书，第369—371、375页。

③ 参见［美］保罗·A. 萨巴蒂尔编《政策过程理论》，彭宗超、钟开斌等译，生活·读书·新知三联书店2004年4月第1版，2006年8月第2次印刷本，第3—20页。

④ 参见［美］彼得·德利翁《政策过程的阶段性方法：何去何从》，载《政策过程理论》，第21—41页。

完全了解所有可能的选项及其可能的结果来作出选择。个体在具体选择时可能犯错误，但从长期看，他们还是能更好地理解其所处的情境，进而采取策略以实现更好的结果。个体说是一码事，做是另一码事，这种机会主义进一步增加了既定情形里的不确定性问题。发生在任一环境下的机会主义行为的水平，不仅受到用于治理此种环境当中相互关系的规范和制度的影响，还受到决策环境自身属性的影响。很多舞台并没有产生明确的结果，个体并非能完全独立或自主地作出决策，而可能被拖入社会之中。制度性的理性选择集中以经济效率、融资均衡、再分配公平、问责制、与普遍的道德一致、适应性六个标准评估政策结果。在民主政治中，官员应就公共基础设施和自然资源的开发和使用对公民负责。对责任的关注不必与效率和公平的目标有太大的冲突。事实上，实现效率要求决策者能获得关于公民偏好的信息，要实现责任也是如此。有效地聚集这些信息的制度安排，有助于在增强责任和促进再分配目标实现的同时达到效率。在非常小的群体中，那些受影响的人通常能面对面地讨论他们的偏好和约束，进而达成大体上的意见一致。在规模大一些的群体中，关于基础设施的决策，一般是通过诸如投票或者授权给政府官员等机制来决定的。大量关于投票体制的文献表明，将个人的偏好转变成充分反映个人观点的集体选择是多么的困难。[①]

3. 多源流分析框架

多源流分析框架是约翰·金通（John Kingdon，1940—　）在有关组织行为的"垃圾桶"模型的基础上发展出来的，将政策过程看成是由行为者和过程的三个源头组成：由各种问题的数据以及各种问题界定内容组成的问题源流，涉及政策问题解决方案内容的政策源流，由各种选举活动和被选举官员组成的政治源流。尼古拉斯·扎哈里尔迪斯（Nikolaos Zahariadis）对金通论点的总结是：议事日程是由政治源流中的事件、紧迫性问题以及像当选官员那样明显的参与者所决定的。可供选择的政策方案的细化过程受政策源流中的选择过程的指引，也受相关政策领域内相对属于幕后参与的专家的影响。对金通理论的修正，是将政治源流中的三个维度（国民情绪、利益集团、换届）整合为一个概念变量——执政党的意

---

① 参见［美］埃里诺·奥斯特罗姆《制度性的理性选择：对制度分析和发展框架的评估》，载《政策过程理论》，第42—91页。

识形态。任何一种选举胜利，无论其胜出的优势多么微弱，都会被即将上台的政府认为是同意颁行相应政策的一种允诺。当然，这种胜利也许是对上届政府所持政策的一种惩罚，或是对反对派政策的一种认可。但是，政策的选择是一定要着重强调的。政策之所以被接受，主要是由于公众需求的改变所致。因此，采用已经承诺的政策比真正解决实际问题更为重要，也会获得更多的政治收益。扎哈里尔迪斯还明确指出，政策制定者如何在一个模糊的环境中决策，多源流分析要为民主治理提供什么建议，目前的研究还较少涉及这两个方面。[①]

4. 间断—平衡框架

间断—平衡框架认为美国的政策制定具有长期的渐进变迁伴随短期的重大政策变迁的特点。詹姆斯·L. 特鲁（James L. True）、布赖恩·D. 琼斯（Bran D. Jones）、弗兰克·R. 鲍姆加特纳（Frank R. Baumgartner）指出，间断—平衡理论将政策过程放在政治制度和有限理性政策制定的一种双重基础之上，强调政策过程中两个相互联系的元素：问题界定和议程设定。政治中的间断—平衡来源于这样的政治要求：政治家们不能同时处理所有重要的问题，而政府则必须这么做。多年以来，美国政策中已经出现了大量的变迁，有一些变迁是渐进发生的，另一些变迁则是爆发性或是间断性地出现。在一个问题领域处于平静的时候，这样的问题就不被视为一个公共问题，即便它是一个公共问题，其政策制定也是由一个子系统（通常是一个政策垄断）完成的。但是，总是存在这样的可能，就是冲突扩散或者热情动议会导致新图景的产生并吸引新的参与者，那么问题就不再平静了，它被提到议程上来，宏观政策机构就会加以处理，并争相解决新的"热点"问题。间断—平衡理论预测了一种系统层次的稳定性模式，但是它不能够帮助我们在特定政策问题上作出预测。[②]

5. 支持联盟框架

支持联盟框架关注的焦点是支持联盟之间的互动作用，保罗·A. 萨巴蒂尔（Paul A. Sabatier）、汉克·C. 简金斯－史密斯（Hanks C. Jenkins-Smith）指出，支持联盟由来自不同职位（选举的和机构的官员、利

---

① 参见［美］尼古拉斯·扎哈里尔迪斯《模糊性、时间与多源流分析》，载《政策过程论》，第 92—122 页。
② 参见［美］詹姆斯·L. 特鲁、布赖恩·D. 琼斯、弗兰克·R. 鲍姆加特纳《间断—平衡理论：解读美国政策制定中的变迁和稳定性》，载《政策过程理论》，第 125—149 页。

益集团的领导人、研究者等）并具有以下特征的人组成：（1）共享一个特定的信仰系统——一套基本的价值观、因果假设和问题的感知；（2）长时间内对一项协调行动毫无争议。支持联盟框架假设，联盟试图通过改变政府机构的行为以实现他们按照各自政策核心来确定的政策目标，他们处理的手段包括：（1）通过听证会和竞选捐赠来影响立法者改变预算和行政部门的合法权威；（2）试图去改变各种职位的在任者，而不管他们是否是部门中受政治任命者、部门的公务员，还是当选议员和高级行政长官；（3）通过大众传媒影响公共舆论（一个潜在的、强有力的外部因素）；（4）通过示威或联合抵制试图去改变目标组织的行为；（5）通过研究和信息交换，试图慢慢地改变各种行动者的认知。①

6. 比较政策研究

威廉·布洛姆奎斯特（William Blomquist）指出，比较政策研究包括国家、亚国家和地区三个层次的政策结果的比较，从已有的研究成果中可以提炼出一组正确解释公共政策过程的广泛要件。（1）多维度，包括政策决策中社会和经济条件的影响，政治系统的结构和过程，以及信息和思想的发展与演变。（2）多制度，承认决策可以获得的不同论坛，个体可以获得的作用和可获得性的条件，以及通过在不同行为层次中的转换进行制度变革的可能性。（3）动态的或至少是历时的，能够把政策变革解释为一个过程，而不是仅仅作为某一时间点出现的结果。②

从拉斯韦尔提出"民主的政策科学"概念之后，尽管这样的概念并未得到进一步的解释，但是与之相关的"有限理性决策模式"确实有了重要的发展。对这种决策模式的表述尽管有所不同，并且使用了不同的民主概念，但是在有限理性的政策选择方面具有一致性，并且各种表述大都带有一定的精英决策的色彩，淡化甚至回避了选举对政策的直接影响，由此体现了该模式与其他模式的重要区别。

---

① 参见［美］保罗·A. 萨巴蒂尔、汉克·C. 简金斯－史密斯《支持联盟框架：一项评价》，载《政策过程理论》，第150—221页。

② 参见［美］威廉·布洛姆奎斯特《政策过程与大规模比较研究》，载《政策过程理论》，第268—309页。

二 "选票决定政策"模式及其质疑者

西方的一些公共政策学者关注的是选举与政策的关系问题，并且出现了"选票决定政策"的专门论述，但这样的论述在公共政策学者中不乏质疑者和反对者，可以分别列出不同的论点。

（一）海涅曼等：选举对政策的影响

美国学者罗伯特·海涅曼（Robert A. Heineman）、威廉·布卢姆（William T. Bluhm）、史蒂文·彼得森（Steven A. Peterson）、爱德华·卡尼（Edward N. Kearny）等人将选举与政策分析联系在一起，认为理解选举中的趋势和关系对于解释和预测政策过程中众多问题的变迁而言非常重要，[①] 并从不同角度对选举与政策的关系作了说明。

在价值观方面，当选的政府官员必须获得公众支持以再次当选，因此即使群众价值观并不总是明智的或者连贯的，它们也能够推翻政策分析。当选官员和落选官员都遵循公众意见的变化。在这类政策环境中，如果政治的旋涡趋势不能与公众信念的当前方向保持一致，它们能够很快扫除纯粹的"客观"分析。[②]

在政治性方面，如果缺乏对行政或政治过程的足够的关注，就会促成对问题的狭窄的纯粹技术性分析。当选官员除了考虑技术有效性和效率之外，还必须考虑其他因素，例如，政策对投票人的吸引力，以及决策对于个人职业目标的启示。另外一个被政策制定者认真考虑的因素是公平，因为公众认为公平是一个重要的政策评价标准。[③]

在政治平等方面，平等的投票权观念显然与全人类有平等的道德和价值的思想紧密相连。在美国人对"人民"观念的情感依恋中，有社会公众理想的感情基础。虽然缺乏具体的道德含义，"人民"的概念就代表全体道德，并且在道德政治学的语境中，它与"利益"的概念是相对的，后者被理解为特殊的人群享受或者寻找没有道德约束的特殊地方和特权。

---

① 参见［美］罗伯特·海涅曼、威廉·布卢姆、史蒂文·彼得森、爱德华·卡尼《政策分析师的世界：理性、价值观念和政治》，李玲玲译，北京大学出版社2011年3月版，第107页。

② 同上书，第50、57页。

③ 同上书，第57页。

利益是追求私利的和具有操纵力的少数人群，相较之下，人民是社会公众的道德力量。在多元世俗化的时代里，"人民"扮演的角色相当于清教徒时代的"教堂"，选举就是选民的投票权。尽管社会人群中的大多数都反对任何情况下的完全平等，但毫无疑问的是，美国的平等主义传统极大地影响了公共政策。①

在选民的影响方面，在西方民主国家中，选民的态度与政党体系应该能够提供广义的偏好框架，以制定具体的政策。公民——通过他们的投票、意见和/或政党——能对正式政策过程的第一阶段产生作用。这个事实使选举无序的存在或威胁通过对公共政策最终影响的方式而变得更加显著。一般说来，政党被认为是选民联盟的代表，并且可以促进将会回应这些选民联盟利益需求的政策制定者的选举。当这些联盟保持稳定时，他们为政府的政策连贯性建立了基础。但是，近年来选民越来越反复无常，分崩离析，因而已经不能为政府工作人员提供始终如一的指导。在选举方面，新的个人主义在选民中引起了一种"最近您为我做了什么"的计算。选民这种日益短期的取向影响着政府候选人。回顾选举产生了压力，要做一些事情让公众看到在职者最近都为他们做了什么，短期（或战术）决策压倒长期考虑将成为现实。电视新闻可能会减少美国人判断政党和候选人的能力，并可能因此使选民更不稳定。②

在国会的影响方面，国会的政治根本上是以个人与个人或者集团与集团为基础的赞助政治，直接涉及个别的国会议员是系统的一个特点，协调一致的国家决策并非其目的。投票者选择他们的参议员和代表不是为了协调国家政策或领导国家，选民选出他们，和过去一样，主要是为了其代表他们的州和地区。影子政府现象大大增加了直接进入以集团对集团为基础的"大政府"的渠道；相反地，选举服务极大地增加了个人对个人的基础。国会议员的大量时间都花费在选举服务上，这是国会进一步协调的一个障碍。③

在政党的作用方面，更强大的政党组织也许有助于为当前选举的不确定性引进一些秩序。（1）在各级政府的政党组织已经成为更重要的机构，

---

① 参见［美］罗伯特·海涅曼等《政策分析师的世界：理性、价值观念和政治》，第65、69页。

② 同上书，第88、95—104、107—110页。

③ 同上书，第116—125页。

他们更有能力去影响政策辩论的结构。（2）政党组织似乎致力于创造更多的"团队"仪式和发展更大的政党统一。（3）政党组织——通过在选举日公布表决上努力工作——能够影响选举结果（因而使党的候选人更依赖组织）。政党作为凝聚选民偏好的代表，保留在政策过程中提议问题的权力。政党力量的减弱意味着现在被提上议程的问题都是因为利益集团有获得公众和官员注意的能力——但是很少有能力在政策制定过程中维持持久的支持。①

在民主精神对制度影响方面，三权分立的联邦政府体制极大地限制了政府通过中央集权方式达成高效率工作的可能性，对社会利益的分裂侵蚀导致了政策过程的进一步瓦解。然而美国人对于协调一致或集权化的政府制度仍然表现出极少的热情。与对中央集权政府的不信任同时并存的是一种美国人中普遍存在的强烈的民主精神，美国人不仅偏爱于分散的政府机构，而且坚持认为这些分散了的机构更易被人们接受。②

在地方决策方面，政策议题权力向州政府的转移与智囊机构的地理分布一起，打开了远远超越二十年前情形的政策对话。这种扩展的对话将使政策过程的许多方面变得更加复杂化，政策的分散和不连续性看来注定要扩展至华盛顿的政治圈之外。③

在结构性改革方面，由于选举程序是一个起作用的民主的核心，可以进行两方面的改革：一是由国会提名总统候选人，将有助于更好地协调总统和参众两院的关系；二是参众两院议员和总统竞选的分离是国家中央权力分裂的核心，在"团票提案"下，参众两院议员和总统每四年同时进行选举，投票者要保持选票的政党取向一致性，不能由不同政党分享他们的选票。④

（二）韦默、维宁：决策者服从选民罢免

美国学者戴维·L. 韦默（David L. Weimer）和加拿大学者艾丹·R. 维宁（Aidan R. Vining）也研究了选举与政策的关系问题，提出了与海涅

---

① 参见［美］罗伯特·海涅曼等《政策分析师的世界：理性、价值观念和政治》，第104—107 页。

② 同上书，第 111 页。

③ 同上书，第 154—155 页。

④ 同上书，第 184—185 页。

曼等人不同的论点。

第一，政府失灵理论还不完善。社会科学至今还没有提出一种和市场失灵理论一样全面或能被广泛接受的政府失灵理论。社会选择理论关注的是表决规则和其他集体选择机制的运行，我们从中得知了民主政治的内在缺陷。从政治学的各个领域，我们认识到代议制政府的问题。公共选择理论和组织行为研究有助于我们理解在政府的分权系统中执行集体决策的问题以及用公共机构生产和分配物品的问题。作为政策分析家，我们应该对政府干预私人事务的提议保持审慎态度，我们应该意识到干预的成本可能会超过收益。①

第二，直接民主制的局限。在民主制度中，投票被当成一种将个人偏好与社会选择相结合的机制。然而，大工业国中产生的大量问题导致除了最重要的问题外，公民投票很难行得通。为了揭示社会价值而依赖投票，就会遇到一个更为基本的问题，没有一种投票方法是既公平又一致的。多数派专制的危险使公民投票民主制不尽如人意，现代公共政策的复杂性使得它难以实施。也许最接近直接民主制的社会是一个当选的决策者服从选民罢免的社会。尽管存在这些固有的问题，直接民主制还是显示了一些优点。（1）参与机会鼓励公民了解公共事务，实际参与可以使公民更愿意接受他们曾反对的社会选择，因为他们有过被倾听和参与的机会。（2）通过给选民一定机会去推翻负担过重的政策和罢免不受欢迎的决策者，提供了一种对权力滥用的制约。正是这种"开除无赖"的能力从根本上赋予了民主制内在的价值。民主制并不总能导致好的政策，更不用说最好的了，但是它提供了纠正最坏错误的机会。②

第三，代议制政府的固有问题。代议制的政治体制通常不把仔细衡量社会成本与社会效益作为制定公共政策的基础。③

第四，以规则解决问题。规则可以分为框架性规则和管制规则。框架性规则包括民法和刑法。框架性规则能被用于解决政府失灵的相关问题，例如在直接民主制和代议制民主制下，宪法确定的个人权益能保护少数人免受多数人的专制；同样，对代表们能得到的馈赠和特权等方面的限制有

---

① 参见［美］戴维·L. 韦默、［加拿大］艾丹·R. 维宁《政策分析——理论与实践》，戴星翼、董骁、张宏艳译，上海译文出版社2003年10月版，第151—152页。

② 同上书，第152—158页。

③ 同上书，第169—170页。

助于避免他们明目张胆地采用寻租行为。①

（三）豪利特、拉米什：政策子系统涉及的选举问题

加拿大学者迈克尔·豪利特（Michael Howlett，1914—1992 年）和澳大利亚学者 M. 拉米什（M. Ramesh）特别关注政策子系统的作用，并以此为基础讨论了与政策过程有关的选举问题。

豪利特和拉米什认为政策子系统是行动主体讨论政策问题的论坛，各种主体发挥不同的作用。

投票人在政策过程中扮演一个相对弱小的角色。一方面，在民主国家，投票是参与政治，基本上是政策过程的最基本方式。它不仅为投票人提供了表达他们选择政府的机会，也赋予了他们对寻求选票的政党和候选人制定有吸引力的一揽子政策施加压力的权力。但另一方面，投票人的政策能力常常因为各种原因，不能，至少不能直接地体现。在现代民主国家，政策由投票人代表制定，到这些代表一经被选出，他们的日常职能并不要求他们关注投票人的偏好。更重要的是，候选人和政党在竞选中通常不是以政策平台来运作，即便他们那样做，投票人也不是只单单根据其提出的政策来投出选票。

政党对公共政策有着重要的影响，但这种影响是间接的，其影响公共政策的程度只能是通过行政机关里的党员，或是立场更弱的立法。

参与政策过程的当选官员可以被分为两类：行政机构成员和立法机构成员，后者通常扮演次要的角色。在议会体系下，立法机构的任务是保证政府忠于公众，而不是制定和执行政策。但该功能的实现为立法机构影响政策提供了机会。立法机构是用以强调社会问题、呼吁解决社会问题政策的重要场所。但是，立法机构的政策潜力在实践中不可能实现，这是因为行政机构享有的控制权和它对立法机构的内部组织及立法委员会的角色所产生的影响。官僚们通常是政策过程的关键力量，也是政策子系统的中心人物。

现代政治的现实使利益集团在政策过程中也扮演了重要角色。在民主政治体系，利益集团的信息和权力资源使其成为政策子系统的重要成员。

---

① 参见［美］戴维·L. 韦默、［加拿大］艾丹·R. 维宁《政策分析——理论与实践》，第 207—209 页。

尽管这不能保证他们的利益全部得到考虑，但他们也不可能被完全忽略。

政策过程中的另一类重要的社会行动主体是工作在大学和思想库的研究人员，通过可持续的分析和批评，他们能够在公共政策领域取得显著的影响。

大众媒体在政策过程中的角色使他们能够强烈影响着政府和社会在公共问题及其解决方案方面的偏好，但与此同时，他们在政策过程中的作用又是零散的，并且通常很边缘性的。

影响政府组织制定或执行政策的效果的两个维度是自治和能力。影响政府政策制定能力的因素，一是与权力分割有关的联邦制还是单一制，二是行政机构、立法机构、司法机构之间的关系，三是普遍存在的科层制结构。

要有效制定和推行政策，国家需要主要社会团体对其行动的支持。社会团体内部及社会团体之间的联合能够创造出一个稳定的政策环境。当国家软弱无力和社会分裂的时候，政策效率是最低的。

工商组织对政党的财政贡献以及他们所具备的可以资助他们所选择的研究者的能力，为他们提供可影响政策制定者的重要资源。一个强有力的商业组织通常采取的形式是高峰联盟，联盟拥有制裁和规训其成员的权利。

影响工会参与政策制定过程的性质和效力的因素，依赖于大量的制度和情境性因素。政府本身的结构就是工会参与政策制定过程的重要决定因素。一个软弱和分裂的政府将无法确保工会的有效参与，因为后者几乎无法确定政府是否有能力遵守协议。为使工会有效参与政策过程，劳工需要一个中央组织，从而实现其超越商业的政治能力。

国际机构也越来越多地影响到许多国家公共政策的制定过程及其结果，但是国际制度对各国和各政治区域的影响是不同的。

一个政策子系统的成员是由宪法和法律的条文，以及所涉及参与者的权力和知识资源所决定的。主管政策领域的部长和官员们是所涉领域政策制定过程的主要政府参与者，立法人员则扮演了次要角色。他们的社会搭档主要选自利益群体和研究组织，而媒体只是在制定议程时参与进来。所有这些参与者都有着自己的通过政策制定过程寻求达成的目标。[1]

---

① 参见［加拿大］迈克尔·豪利特、［澳大利亚］M. 拉米什《公共政策研究：政策循环与政策子系统》，庞诗等译，生活·读书·新知三联书店 2006 年 5 月第 1 版，2006 年 8 月第 2 次印刷本，第 89—140 页。

豪利特和拉米什以政府提供物品与服务的水平为标准，将政策工具分为"自愿性政策工具"（家庭和社区、自愿性组织、市场）、"强制性政策工具"（管制、公共事业、直接提供）、"混合型政策工具"（信息和劝诫、补贴、产权拍卖、税收和使用费）三类，并指出直接提供政策工具的缺陷十分明显，虽然技术上政府可以做私人部门做的任何事情，但是在实践中并非如此。首先，民主、自由社会中官方机构做事往往以缺乏灵活性为特征，他们注重法律规则的价值，信守正规的操作程序；其次，凌驾于机构与官员之上的政治控制会影响到社会物品与服务的提供，使政府往往采取干预的手段为政府的选举服务而不是为公众服务；再次，由于官僚机构不是竞争主体，他们往往不会充分重视成本问题，而这些成本最终将由纳税人承担；最后，项目的执行可能会因为政府内部机构职能的交叉与冲突而陷入困境。①

豪利特和拉米什指出，对政府政策的政治评估是由每一个人承担的，不管他对政治抱着何种兴趣。政治评估通常来说既不系统，也不必然在技术上精致，因为它们的目标很少是为了改进政府的政策，而是为了支持它或挑战它。政治评估仅在特殊场合才会进入政策过程。民主社会中最重要的场合之一就是在选举的时候。此时公民有机会对政府的表现作出评估。在选举或者公民表决的时候，选票表达了投票者对于政府及其计划和政策的效率和效果的非正式的评估。然而，在大多数民主国家，对于某项特定的政策进行公民表决或者公民投票，是相对比较罕见的。由于选举定期举行，正是其这种性质使得它牵涉一系列的问题，这就使得从中所得出的关于投票者对于单个政策的意见的结论是不适当的。当公民在选举中表达他们的偏好情绪时，作出的评估通常是对于一届政府的表现的总的判断，而非针对特定政策的效果和作用。尽管如此，公众对于政府行为的无效或有害效果的感知能够并且确实影响选举行为，这是政府在它们的选举危险中忽略的现实。②

豪利特和拉米什重视政策学习的作用，指出政策子系统的成员通过政策学习获得的共同理解，会为解决问题的新方法的出现打下基础，而这种

---

①　参见［加拿大］迈克尔·豪利特、［澳大利亚］M. 拉米什《公共政策研究：政策循环与政策子系统》，第142—144、157—158 页。

②　同上书，第300—301 页。

新的方法可能又会导致一种新的范式的确立。①

（四） 政策传播框架与选举安全水平

"政策传播框架"是政策过程理论中的一种分析方法，认为采纳政策创新的方法不仅由政治体制的不同特点决定，也受各种政策传播过程的影响。弗朗西斯·斯图克斯·贝瑞（Frances Stokes Berry）、威廉·D. 贝瑞（William D. Berry）分析了内部决定模型、全国互动模型、区域传播模型、领导—跟进模型、垂直影响模型五种政策传播模型，指出社会科学家经常假设选任官员的主要目标是赢得连任，这个假设意味着在决定是否采用一项新政策时，选任官员应该对公众舆论有所回应。但是，可以预测，这种回应性随着州官员的选举安全水平而变化的，当他们感觉越不安全时，他们越可能采纳选民欢迎的新政策，他们越不可能采纳不受广泛欢迎的或者至少被认为和部分选民相冲突的新政策。政治家的选举安全水平也会随着距离下一次选举时间的长短而变化。这里不存在关于个体公民政治行为的被广泛接受的总体性理论，人们很难认为，一个个体在一次单独选举中的投票选择（是否投票、如果投票、投谁的票）是一个独立于态度发展的大范围的纵向过程的具体事件。在态度的发展过程中，意识形态、党派认同、关于候选人的评价以及特定的问题形式将发生变化。然而，这种认识并没有阻止学者们通过研究特定个体选举行为的方式来研究影响投票选择的因素。相似的，国家同一个大的纵向政府间政策制定过程相分离的政策采纳行为的独立性，不应该阻止我们对分离的政策采纳行为的研究。②

将选举与政策的关系作为主要关注点，应该是公共政策学中的一个重要流派，但是这一流派在选举决定政策还是选举影响政策的关键性问题上，显然存在着明显的分歧。应该说，强调选举决定政策的学者毕竟是少数，多数学者认可的是选举影响政策的论点。

---

① 参见 ［加拿大］迈克尔·豪利特、［澳大利亚］M. 拉米什《公共政策研究：政策循环与政策子系统》，第333—334页。

② 参见 ［美］弗朗西斯·斯图克斯·贝瑞、威廉·D. 贝瑞《政策研究中的创新和传播模型》，载《政策过程理论》，第225—267页。

三　政策学中的精英民主和参与民主

在西方的政策学家中，也有持"精英民主"或"参与民主"观点的人，可以列出一些学者的主要论点。

（一）戴伊：自上而下的民主

托马斯·R. 戴伊（Thomas R. Dye，1935—　）认为公共政策是一个政府决定要做的任何事，或者它选择不会去做的任何事——既包括了政府的行为，也包括了政府的不行为。① 他对"自上而下"和"自下而上"两种政策制定过程所包含的民主性作了分析。

"民主—多样化"的自下而上政策制定模式的理论前提是，在一个诸如像我们这样的开放的社会里，任何问题都可以为个人或者群体所认识和认同，并能被提交到政治过程中来讨论、辩论和找到解决的办法；公民能够确定、界定自己的利益，可以自我组织起来，说服他人支持他们的事业，能够接近或者成为官员，影响政策制定，同时也监督政府政策和工程项目的执行。民主过程的核心内容在于公开竞选，但是通过公开竞选将公民的要求转化为公共政策需要几个条件：（1）候选人必须向选民清楚地阐明自己的政策选择；（2）选民必须根据自己的政策取向进行投票；（3）选举结果必须反映出一种主流政策倾向；（4）赢得竞选者必须努力兑现自己竞选时所承诺的政策。这样的政策模式将所有政策制定活动的内容都限定在政府之内。没有多少证据或者事实来支持"自下而上"的政策制定观点。②

"自下而上"的政策制定并不代表一种很受欢迎的政策制定模式，也不是政策制定的一剂良方。实际上它只提供了一种分析模式，以便于理解和解释一种民主制度中政治生活的真实情况。那种宣称公共政策反映了"民众的要求和呼声"的断言，与其说是表达了民主的真谛，倒不如说是描述了一种神话。事实是公共政策是自上而下制定的。我们说一个民主社

---

① 参见［美］托马斯·R. 戴伊《自上而下的政策制定》，鞠方安、吴忧译，中国人民大学出版社 2002 年 8 月第 1 版，2013 年 9 月第 2 次印刷本，第 3 页。

② 同上书，第 12—17、152—156 页。

会的公共政策是自上而下制定的，并不是为了贬低和毁谤民主。民主的基础的价值理念——自由和平等，界定了个人的尊严。民主和自由是基本的道德价值理念，不是政府的恩赐，而是属于个人的自然权利。经过被统治者的认可，通过自由、定期和公开的竞选，在这种竞选中每一个人的投票权都与其他人的投票权平等，于是一届政府产生，这种政府产生的模式也就界定了最低限度的民主运作过程。然而，在任何社会中权力的分配都是不平等的，没有什么政府能够保证让其公民全部有效地参与影响他们生活的所有政策制定。自上而下的政策制定并不一定意味着对民众的压迫或者剥削，国家精英集团会进行广泛的改革，以保持现有的政策体制，维护他们在此体制中的角色地位，保证民众对此政策体制的支持，由此避免民众的不安定。美国的精英集团明白，需要一种反应灵敏的政策机制，但他们推崇的是渐进型的变革而不是革命，是政策的调适而不是政策被取而代之。一个受宪法的约束禁止侵犯基本公民自由权的精英集团，可以被公正地称为是一个民主的精英集团。精英们的政策制定过程常常是肮脏的、混乱无序的和勾心斗角的。金钱是领导人选举过程中交易和交换的媒介，而在政策制定过程中也不例外。当今的领导人选举机制和过程严重依赖于大款的精英集团，并相应地使精英阶层强烈地作用于国家的政策制定，这种状况不会也不可能有任何重要的变化。我们虽然推崇政策的制定和选择都是民主的政策制定模式，但现实是我们应当努力理解更实际的"自上而下"政策制定体制。[①]

政策的合法化过程是政策制定的最直接过程，是一个公开的、公共的过程。使政策合法化是政府的政策制定者们——国会、总统和法院——的任务，这些部门是最直接的政策制定者。民主政府具有独特的合法性权力。在自上而下的政策制定过程中，合法性并不是通过全民参与的大选（普选）而取得。政策的合法性是通过选举产生的国家领导人（包括国会议员和总统）来实现的。选举、政党、利益代表集团以及所有其他保障民主的机制，都向公民提供了一种"符号性的"（象征性）保证，即法律具有合法性。选举的基本功能是赋予政府权威的合法性，并赋予民众遵守和执行政府所制定政策的责任义务。在自上而下的政策制定模式中，政策

---

① 参见［美］托马斯·R. 戴伊《自上而下的政策制定》，第 1—3、17、80、98—100、106 页。

本身并不是来自全体公民，也不必通过全体公民的同意才产生或者生效，是政治体制而不是政策本身赋予了政策的合法性。①

在美国，公共政策如果不经过司法程序的挑战和检验，那么它们就不会取得完全的合法地位。通过宣布其他政府决策制定者的行动是否符合美国的宪法和法律，法院不仅发挥了使其他政府决策制定者的行动合法化的功能，而且它们本身还致力于政策的决策。法院自身以它们特殊的司法决策方式，来维护和加强它们自己的立法权威，这些方式主要有表面上的客观公正性、不参与任何政党、介入政治的特殊规则、合法的程序和风格。②

戴伊对民意的制造过程作了说明，认为在自上而下的政策制定过程中，国家的媒体精英们扮演着双重角色，一方面大众传媒的领导者本身就是国家精英集团的主要组成部分之一，另一方面他们要把精英集团的观点传达给政府里的政策决策者以及民众。在政策制定过程中，媒体的权力体现在"制造"问题，并将这些问题进行装扮，使之变成"危机"问题。使人们开始关注并讨论这些问题，最终迫使政府官员不得不采取措施解决这些问题。媒体不关心的问题也就是政府可以忽略不计的问题。大众传媒也许不能成功地告诉我们如何去思考，然而它在引导和告诉我们该思考什么方面，却做得惊人地成功。③

戴伊指出，从宪法的角度讲，行政机构并没有被赋予制定政策的权力，然而在政策的执行过程中行政机构又具有此种权力。行政官僚机构自身的膨胀和权力的增长，是随着技术的进步、信息量的增加和社会规模的日益扩大且变得复杂化而产生的。大型的、复杂的民主社会（政体）无法由其选举产生的代表来直接统治和管理，当国会和总统自身有意识地将政策制定的责任转交给（或者转移给）行政官吏们时，行政官僚机构的权力也会得到加强。政策的执行要求政府行政官僚部门的高效、负责和政令畅通，但实际上这种效果很难达到。通常法院不会关心或理睬行政机构作出的政策决定。如果行政机构的政策决定是在国会的授权范围之内所作出的，同时如果这些决定的作出又都符合程序规定，那么这种情况下法院就不会找麻烦。④

---

① 参见［美］托马斯·R. 戴伊《自上而下的政策制定》，第9、151—152 页。
② 同上书，第173—175 页。
③ 同上书，第8—9、103—149 页。
④ 同上书，第10—12、177—202 页。

（二）托马斯：强势民主的公民政策参与

约翰·克莱顿·托马斯（John Clayton Thomas）希望在一种更为强势的民主模式下，发现提高公民在公共事务管理和公共政策中的有效参与能力的途径或措施。[①]

托马斯首先对新公民参与运动的民主性作了分析：新公民参与运动对公共管理者工作的有效性提出了有力的挑战。当公民参与成功时，它能够给公共管理带来一些实质性的益处，如更加有效的公共政策，感到满意的和支持政策的公民，最为重要的是，它更加强有力地促进了民主。但是，当公民参与并不成功，甚至遭遇失败的时候，而且它也经常失败，随之而来的便是社会不满意，甚至是躁动不安、难以控制的民众，无效的政策，以及遭到削弱的民主参与基础。在太多的公民参与和太少的公民参与之间找到一个适宜点，体现了公民参与面对的最大挑战。正像民主并不是一条通往政府管理的简单途径一样，公民参与也不是将民主引入公共事务管理的简单工具。[②]

新公民参与运动与传统公共参与有两个主要方面的区别。一是在传统意义上，有关公民参与的作用和角色被限定在政策制定或决策上，而新的公民参与运动则更加强调对政策执行的参与，即公民不仅参与政策的制定，而且一旦政策被采纳，公民也参与政策的实际操作，进入公共项目的实际管理过程。二是新公民参与运动一反传统公民参与中具有的精英主义倾向，它扩展了相关参与的公民的范围，这个参与过程包括了那些低收入阶层的公民，并进一步包容了公民组织。[③]

托马斯采用了巴伯对"强势民主"的定义，强调为了建立强势民主模式，必须重新检视和改造现有的政策决定程序，特别是公共领域中的决策程序，以适应不断深化的和更为有效的公民参与的要求。当然，这一再造并不仅仅局限在政策的形成过程，很大程度上也发生在政策运作的程序中，即强势民主势必将参与延伸至政策的执行过程。如果将公民排斥在政策执行方案的审慎权衡之外，也许就等同于在政策涉及的相关问题上拒绝

[①] 参见［美］约翰·克莱顿·托马斯《公共决策中的公民参与》，孙柏瑛等译，中国人民大学出版社 2010 年 9 月版，前言，第 9—11、116 页。

[②] 同上书，第 2 页。

[③] 同上书，第 3 页。

任何民主参与影响作用。同时，由于受到藐视的公民可能拒绝服从那些没有征求他们意见和征得他们同意的政策，所以，政策的执行还可能导致失败的结局。如果公共政策执行要想达到期望的结果，那么公民要做的就必须很多，而不是仅仅拘泥于服从政策。如果在公共政策执行中缺乏公民参与，政府提供的服务可能是毫无意义的。强势民主不仅要求行政管理把自己看作是"公民行政官"，还应该促进和造就强劲的公民资格和强有力的公民社会。①

托马斯对"政治与行政二分论"持否定态度，并针对质疑公民参与的主要论点（公民参与的不完善性、与管理绩效相抵触、对决策质量的威胁），提出了公民参与的可操作性理论：现代治理中需要更多的公民参与，公民参与有一定的支出成本，有关公民参与的平衡的理论必须承认这两个方面。学习过程的思维方式有助于人们认识和解决公民参与特征的强烈反差问题，这些反差要么表现为使参与枯竭的相互不信任或情感性障碍，要么表现为对行政管理者的支持和保护。公民参与过程出现两方面特征也许都是准确的，但他们或许存在于学习过程的不同阶段。相互不信任现象更可能出现在学习过程的早期，随着学习过程向调解斡旋和有效决策阶段推进，相互不信任现象就会逐步消弭，甚或可能达成相互支持。公共管理者花费一定时间邀请各个行动者参与公共决策，可以减少政策执行过程中所花费的时间。凭借各方行动者的力量参与最初的决策，更可能达到广泛支持甚至促进政策执行的功效。如果学习过程能够成功完成，公民参与可以实现一些优势。对于行政管理者而言，这些优势包括获得有关公共服务需求的更完善的信息，以更节约资金的方式提供公共服务，以及行政管理者形成对自身管理工作的良好情感；对于公民而言，公民参与的优势包括保证公共服务更适合他们的需求，促进一个更开放、更具有回应性的公共官员体系形成，以及建立对政府和公民自身更加积极和正面的认识和情感。公民参与的平衡理论不能包容、涵盖所有不一致的观点，例如公民参与不能被描述为既能推进政府管理效能，又能协调重要的公共政策质量标准。只有在理论中加入随机性的变量，才能包容这样以及其他的争议论点。概言之，随机性论点就是要发现公民参与方式选择随环境变化而变化

---

① 参见［美］约翰·克莱顿·托马斯《公共决策中的公民参与》，第5页。

的优势所在。①

托马斯认为公共管理者必须决定在多大程度上与公众分享影响力。公共管理者必须决定由公众中的谁去参与公共决策过程，并要进行两方面的选择，即一方面是接纳少数人的参与，另一方面是接纳很多人来参与。一个极端的情况可能是，公民可能被允许行使行政决策的实质性权力；而另一种极端的情况可能是公民只被授予极有限的咨询顾问的权能。作为一个中间选择，公共决策的影响力必然被公共管理者和公众共同分享。界定公民参与的适宜度主要取决于最终决策政策质量要求和政策可接受性要求之间的相互限制。在分享决策权力方面，有五种决策参与途径可供选择。（1）自主式管理决策。管理者在没有公民参与的情况下独自解决问题或者制定决策。（2）改良的自主管理决策。管理者从不同的公众群体中收集信息，然后独自决策，公民群体的要求可能会也可能不会得到反映。（3）分散式的公众协商。管理者分别与不同的公众团体探讨问题、听取其观点和建议，然后制定反映这些团体要求的决策。（4）整体式的公众协商。管理者与作为一个单一集合体的公众探讨问题，听取其观点和建议，然后制定反映公民团体要求的决策（这种方法只要求所有的公众成员都有参与的机会，比如获得参与组织良好的公众听证会的机会，但并不要求每个人都实际参与）。（5）公共决策。管理者同整合起来的公众探讨问题，管理者和公众试图在问题解决方案上取得共识。在政策制定之后，管理者才与公众进行讨论并不构成真正的公民参与。仅仅让公众知晓一项政策可能是完全适当的，但是如果把它伪装成一种公民参与的形式来表明其影响力，那就是不恰当的。管理者如果忽视了公众的影响力需要，特别是当他们过分重视参与，而不太看重决策影响力的分享时，公众参与过程就会面临失败的危险。②

为了能够在五种决策参与途径中作出恰当的选择，公共管理者必须对拟处理的政策问题的特点提出七个重要问题。（1）在任何决策中，管理者都明确决策的质量要求是什么吗？（2）我有充分的信息作出高质量的决策吗？（3）政策问题是否被结构化了，以至不再需要人们重新界定其他替代方案？（4）公众对决策的接受程度是否对决策的有效执行至关重

---

① 参见［美］约翰·克莱顿·托马斯《公共决策中的公民参与》，第11—23页。

② 同上书，第8、24—27页。

要？如果没有参与，决策执行是可能的吗？决策者有相当把握来认定公民会接受政策吗？（5）谁是相关的公众？公众是一个有组织的团体、多个有组织的团体、无组织的公众，还是这三种形式的混合体呢？（6）在解决决策问题时，相关公众能分享公共管理机构欲达成的决策目标吗？（7）在选择优先解决问题的方案时，公众内部可能会产生争议吗？对前四个问题的回答表明，公众不应该参与，因为政策质量问题处于支配地位。在决策过程中，公共管理者不论是采用自主式管理决策，还是采用改良式自主决策方法，都应该小心谨慎，即使不是绝大多数决策问题都需要公民接受，但是，许多决策要想得到成功的执行，就需要获得公众的接受。对后三个问题的回答，应使用界定相关公众的自上而下或自下而上的技术方法。在要求扩大公民参与的同时，必须认识到其中的局限性，因为过于广泛的撒网会使政策制定过程产生不必要的复杂化，参与决策的人应仅限于那些能够提供重要的信息或能够辅助决策执行的人。让太多的政府层级参与决策可能产生的风险会非常大。分散式的公众协商、整体式的公众协商和公共决策都需要"与公众分享公共决策权力"。公共决策途径的采纳，意味着我们可以忽略问题中其他方面的特征。由于公民态度与公共管理机构目标的一致性，公共管理者无须担忧政策质量会在参与中大打折扣。公共决策方法并不意味着公共管理者要将所有权力让渡给公众。事实上，他应该为公民参与的整个程序作出安排，在政策质量规定方面发挥权威作用，并对问题结构界定提供权威性的解释。不用说，公共管理者还应在有计划地吸引公民参与决策方案的讨论时发挥积极的作用。当公民参与成为公共管理进程一个不断发展的组成部分时，管理者就可以把握公民的偏好，获取其关注问题的信息，从而在决策问题陷入无法自拔的危机之前，能够有准备地发起对决策问题的讨论。[①]

托马斯区分了两类不同的公民政策参与技术。第一类是仅仅以获取信息为目标的公民参与技术。这种技术必须遵守两个原则：一是由于在信息交流过程中并没有赋予公民施加影响的权力，因此这种方法必须保证公民在参与过程中花费的时间和精力达到最小值。二是这些方法一般要求公民以个人的身份参与而不是集成团体参与。满足这两个标准的公民参与技术包括：（1）关键公众接触法；（2）公民发起的接触法；（3）公民调查；

---

① 参见［美］约翰·克莱顿·托马斯《公共决策中的公民参与》，第28—60页。

（4）新沟通技术。第二类是以增进政策接受性为目标的公民参与技术。这种技术通常把公民作为群体来对待，使公民对公共决策的认同形成集体意识或共识。满足这样标准的公民参与技术包括：（1）公民会议；（2）咨询委员会；（3）协商和斡旋。此外，公民参与还有五种高级形式：（1）申诉专员和行动中心；（2）共同生产；（3）志愿主义；（4）决策中制度化的公民角色；（5）保护公共利益的结构。①

为构建政府与公民间强有力的合作关系，公共管理者需要充分了解和把握如何与公众互动。政府领导人的认可是合作关系建立的前提条件，并要注意建构良好关系的几个基本原则：（1）合作各方需要平衡感情与理智的关系；（2）管理者要明确把握对方是怎样认识问题的；（3）沟通交流；（4）建立彼此的信任；（5）管理者在解决冲突时突出说服，而不是强制；（6）公民的接受，并特别注意培养充分知情的公众。②

伴随着公民参与决策的不断发展，公共决策的合法性与效能性之间的平衡关系就成了一个重要的问题。如果管理者更多地借助于公民参与决策，与公共管理者自主决策相比，无疑会增加政策的合法性。在良好规划和管理的基础上，公民参与可以促进公共管理工作的有效性和决策的有效性，并给我们带来很多好处。（1）由于公民或公民团体的参与为决策带来了更多的有效信息，这使得决策质量有望提高，公民提供的信息可以避免决策因建议不当而造成的失误。（2）伴随着公民参与公共决策过程，公民对决策的接受程度大大提高，从而促进了决策的成功执行。（3）如果公民能够辅助公共服务的提供，那么公共部门提供的服务就会更有效率和效益。（4）公民参与将会增强公民对于政府行为的理解，从而减轻人们对政府机构的批评，改善官僚遭到围攻的困境。公民参与带来的最重要的回报是它对于民主价值发挥的作用。不断增强的公民参与通过发展公民与政府间新的沟通渠道来保证对政府的监督，来增进政府以及公共管理者的责任性，而更加有力的公民参与还促进了公民对政府决策的接受性，这就为政府提供了合法性的基础。③

作为总结，托马斯对公民政策参与"做什么和不做什么"，提出了十

---

①　参见［美］约翰·克莱顿·托马斯《公共决策中的公民参与》，第8、61—87、98—107页。

②　同上书，第9、88—97页。

③　同上书，第49、115—116页。

二条原则。（1）提前预测问题，而不由外界强压问题。（2）界定问题，以获得解决问题的最佳途径。（3）不能把公民参与本身当作是非评判的标准。（4）知晓将要从公民参与中得到什么。（5）应该意识到公民参与必然需要分享决策权力。（6）提前确定哪些问题可以与公民协商，哪些问题不行。（7）预先确定公民中的哪个部分应当纳入参与过程。（8）决策接受性要求管理者在公民参与时要考虑公民对组织目标的态度。（9）选择适当的决策方式。（10）建立良好的合作关系。（11）时刻把握公共利益的走向。（12）接受失败并从失败中学习经验。[①]

（三）科布：后现代公共政策的挑战

美国学者小约翰·B.科布（John B. Cobb, Jr, 1925—　）以"后现代"的视角，对政策问题提出了一些新的看法。

第一，人类是政治人、文化人甚至宗教人以及经济人，可以假定，公共政策应该充分考虑到人的多维性，它应该寻求完整的个人的善以及所有人共同的善。[②]

第二，有人认为，经济增长带来了政治上的和谐、人权和民主。这一论点包含两个部分。首先，人们认为经济活动中的自由经验导致人们在政治领域中也要求自由。其次，人们论证说，日益增长的繁荣导致了所有人的满足，因此阶级斗争消失了。历史只是在非常有限的程度上证实了这些主张。确实，很多实行市场经济的国家采取了制度化的民主形式，并公开承诺遵奉人权，但其中的很多国家也对本国的穷人开展了小规模的战争。此外，当今大多数国家的民主政府对其公民最关切的问题几乎无能为力。一般说来，每一个国家的经济精英都在政治上统治了国家，大多数发展中国家实际上比真正的民主国家更专制。要更加尊重人权并使全体人民更进一步地参与政府工作，我们需要为实现这些目标作出特别的努力。[③]

第三，在任何情况下，集体化都很难很好地发挥作用，因为它低估了个体。由于个人在共同体中的人当中是最根本的要素，当共同体的状况改善时，他们也就获益了。这种改善有益于他们借以被构成的各种关系，即

---

①　参见［美］约翰·克莱顿·托马斯《公共决策中的公民参与》，第108—112页。

②　参见［美］小约翰·B.科布《后现代公共政策——重塑宗教、文化、教育、性、阶级、种族、政治和经济》，李际、张晨译，社会科学文献出版社2003年4月版，第148页。

③　同上书，第155—159页。

使它并没有增加个人得到的物品和服务。因此，首先应该支持的乃是那些旨在改善共同体的整体福利的政策。共同体主义的标准形式寻求的是对个人权利的关怀和共同体幸福之间的平衡。它希望的是主要通过道德说服而非国家强制使行为趋向社会的建设性行为。对一个在地理被定义的社会作为共同体来发挥作用而言，它必须使其所有公民参与治理，地方共同体不可能将其人口的任何一部分排除在参与决策的过程以外。它必须说服性地和他们相联系，它必须以多种方式支持其自由，它必须对其所有公民的幸福承担责任。在这些更小的、更接近人民的单位中作出更多的决定，有许多优点。它们更能使政策适合地方的条件，它们能有更多的决策权，而且它们更能判断这些决定是如何得到贯彻的。后现代主义者在很大程度上将把决定权留给那些最直接相关的人。①

（4）建设性的后现代模式赞成的是最早的各种诉诸规范社会以获得各种价值而非只是经济增长的理论。在我们的新境遇中，它要求共同体重组其自身，从而使经济服从其共同的目标而非只是服从经济的需要。它呼吁恢复政治秩序对经济秩序的第一性。②

综观公共政策学者的民主论点，可以看出围绕"民主的政策科学"，至少产生了四种主要的理论模式（这四种主要模式之外还有一些不同模式的表述）：最具代表性的应是"有限理性决策模式"，最具争议性的是"选票决定政策"模式（这种模式的替代者是"选举影响政策"模式），具有吸收性的是"精英民主决策模式"和"参与民主模式"。不可否认的是，这四种理论模式都受到了其他政策范式的影响，尤其是"有限理性决策模式"，与经济学家提出的"公共选择政策范式"和"组织决策的政策范式"有密切的关系，"选票决定或影响政策模式"与"多元民主政策范式"有一定的关系。尽管如此，我们还是应该将公共政策学者的表述看作是一种不同于其他范式的新的理论范式，因为他们对政策过程中的民主，确实给予了更多的关注。

---

① 参见［美］小约翰·B. 科布《后现代公共政策——重塑宗教、文化、教育、性、阶级、种族、政治和经济》，第161、164—165、170、176、183—185、188—189、245页。

② 同上书，第164—165页。

第十一章 比较政治学："民主化"与"治理"理论中的政策问题

西方的比较政治学学者，除了在"全球化"、"民主化"、"治理"等理论框架下讨论政策问题外，还在政治发展、政治文化等领域探讨了与政策有关的问题。本章重点介绍的是"民主化"等理论涉及的政策问题，而政治发展和政治文化涉及的政策问题则是本书第十二章的主要内容。

一 倾向于"多元民主政策范式"的"民主化"理论

多元民主理论对"民主化"理论有较大影响，亨廷顿、戴蒙德等人表述的"民主化"理论，主要阐释的就是多元民主的论点，并对"多元民主政策范式"有一些重要的补充和发展。

（一）亨廷顿：以选举为基础的"民主化"

塞缪尔·亨廷顿（Samuel P. Huntington，1927—2008 年）不仅在"民主化"理论方面有重要的影响，还对美国的政策问题等提出了一些重要的看法。

1. 选举与"民主化"

亨廷顿在"民主化"理论中阐释的民主观点，既吸收了熊彼特的论点，"评判一个二十世纪的政治体制是否民主所依据的标准是看其中最有影响的集体决策者是否通过公平、诚实和定期的选举产生"，也吸收了达尔的竞争和参与两个民主政治的维度，[①] 并对如何界定民主作了五点

---

① 参见［美］塞缪尔·亨廷顿《第三波——20 世纪后期民主化浪潮》，刘军宁译，上海三联书店 1998 年 10 月版，第 4—7 页。

说明。

第一，根据选举来界定民主是一种最简单的定义。对某些人来说，民主具有或者应该具有涵盖性广得多的和更富有理想的相关含义。对他们来说，"真正的民主"指的是自由、平等、博爱，公民对政策的有效控制，负责任的政府，政治中的诚实、廉洁和公开，知情的或理性的审慎、平等的参与和权力以及各种其他的公民美德。含混不清的规范并不能产生有用的分析结果。公开、自由和公平的选举是民主的实质，而且是不可或缺的条件。由选举产生的政府也许效率低下、腐败、短视、不负责任或被少数人的特殊利益所操纵，而且不能采纳公益所要求的政策。这些品格也许使这种政府不可取，但并不能使得这种政府不民主。民主是一种公共美德，但不是唯一的美德，只有把民主与政治体制的其他特征明确地区分开来，民主与其他公共美德和罪恶的关系才能得到理解。

第二，若是到了最有权势的集体决策者不是通过选举产生的地步，那么该政治体制就是不民主的。隐含在这一民主概念中的是对权力的限制。在民主国家，选举产生的决策者并不拥有巨细无遗的权力，他们与社会中的其他群体分享权力。

第三，人们可以把稳定或制度化的概念纳入对民主的定义之中，一个体制的稳定不同于该体制的本质。

第四，把民主或不民主当作一个两分法的变项，还是持续的变项，许多分析家倾向于后一种看法，而且发展出了测量民主的方法，这些方法把选举的公平、对政党的限制和新闻的自由等其他标准结合在一起。

第五，不民主的国家没有选举上的竞争和普遍的选举投票参与，不民主政权或威权政权的具体类型指的是：一党体制、极权体制、个人独裁、军人政权，以及类似的政权。[①]

亨廷顿还特别强调了民主化的三点要求。（1）政治民主与个人自由密切相关，民主政治运作的长期后果可能是扩大和加深个人的自由。（2）政治稳定和政体是两个不同的变项，民主国家为在体制内表达不同意见和反对意见提供了被认可的渠道，政府和反对派都不大可能用武力来相互对抗；民主也通过提供改变政治领袖和公共政策的定期的机会来维持政治稳定；在民主国家很少在一夜之间发生戏剧性的变化，它通常是温和

---

① 参见［美］塞缪尔·亨廷顿《第三波——20世纪后期民主化浪潮》，第8—11页。

的和渐进的。（3）民主的扩展对国际关系有重要意义，一个民主占主导地位的世界很可能是一个相对免于国际暴力的世界。（4）民主在世界的未来对美国人具有特别的重要性，美国人在适合于民主生存的全球环境中具有一份特殊的利益。[①]

新民主体制下的幻灭，以四种行为方式显示出来。（1）它常常导致冷漠、犬儒和脱离政治。（2）对现任政府的反弹。（3）反对现体制。（4）反现任统治者和反体制的反应是对政策失败和幻灭的经典式民主反应。[②]

亨廷顿认为发展和巩固民主政体可能遇到转型、情境、体制三类问题，并从六方面论证了民主巩固的有利条件：（1）具有民主的经验；（2）经济发展水平；（3）国际环境和外国扮演重要角色；（4）转型性质和时机；（5）转型的不同方式如变革、置换、转移或干预等的影响；（6）情境问题的数量与性质。[③]

在亨廷顿看来，经济增长会加强亚洲国家政府相对于西方国家政府的权力；从长远看，它又会加强亚洲社会相对于亚洲国家政府的权力。民主制会由于日益强大的资产阶级和中产阶级希望它到来而在更多的亚洲国家实现。强调权威、秩序、等级制和集体高于个人的中国儒教传统，对民主化形成了障碍。但是，中国南方的经济增长，正产生出日益增长的财富、具有活力的资产阶级、政府控制之外的经济力量的积累以及迅速扩大的中产阶级。此外，中国人在贸易、投资和教育方面已深深融入外部世界。所有这一切正在为中国走向政治多元化提供社会基础。[④]

2. 政策与政治制度化、现代化

亨廷顿认为政治制度化的标准包括以下内容。（1）适应性——刻板性。组织和程序的适应性越强，其制度化程度就越高；反之，适应性越差，越刻板，其制度化程度就越低。在一段时间内，某一组织针对某一类型的问题已形成一套行之有效的对策，假如它一旦碰到完全不同类型的问题并需要采用不同的对策，该组织就很可能沦为自己过去成功的牺牲品，

[①]　参见［美］塞缪尔·亨廷顿《第三波——20 世纪后期民主化浪潮》，第 28—30 页。

[②]　同上书，第 319—324 页。

[③]　同上书，第 331—343 页。

[④]　参见［美］塞缪尔·亨廷顿《文明的冲突与世界秩序的重建》，周琪等译，新华出版社 2002 年 1 月版，2005 年 5 月第 2 次印刷本，第 213、265 页。

应付不了新的挑战。（2）复杂性——简单性。一个组织越复杂，其制度化程度越高。复杂性具有两个含义，一是一个组织必须具有庞大的下属组织，从上到下，隶属明确，职责不同；二是这个组织不同类型的下属组织各具高度专门化水平。完全仰仗一个人的政治体制是最简单的政治体制，这种体制也是最不稳定的。（3）自主性——从属性。缺乏自主性的政治组织和政治程序就是腐败的。（4）内聚力——不团结。一个组织越团结，越具有内聚力，其制度化程度也就越高；相反，组织越不团结，其制度化程度也就越低。当然，某种程度的意见一致是所有社会组织存在的前提。一个拥有高度制度化的统治机构和程序的社会，能更好地阐明和实现其公共利益。①

政治现代化理论的最关键的方面可以大致归纳为以下三个内容。（1）政治现代化涉及权威合理化。（2）政治现代化包括划分新的政治职能并创制专业化的结构来执行这些职能。（3）政治现代化意味着增加社会上所有的集团参政的程度；在所有现代国家里，公民是直接参与政府事务并受其影响的。②

群众社会和参与社会两者都具有高水平的政治参与，它们的区别在于各自政治组织和程序的制度化程度。在群众社会里，政治参与是无结构的、无常规的、漫无目的和杂乱无章的。群众社会缺乏能够把民众的政治愿望和政治活动与他们领袖们的目标和决定联系起来的组织结构。而参与社会则不是这样，它的民众高度参政是通过政治制度来进行组织和安排的。大众参与政治并不一定意味着大众控制政府。③

一种政治体制首先必须能够创制政策，即由国家采取行动来促进社会和经济改革，才能成功处理现代化面临的问题。一个政治体制还应当能够成功地同化现代化所造就的获得了新的社会意识的各种社会势力。什么样的政治条件，更具体地说，什么样的权力组合状况有助于现代化社会的政策创制呢？一般证据表明，在复杂的政治体制中，既非高度集中也非十分分散的权力，有助于政策创制。那些构成现代化的各种政策创制，其最初的提出只能发生在诸多社会集团都能提出创意的社会中。在那些较晚进行

---

① 参见［美］塞缪尔·亨廷顿《变化社会中的政治秩序》，王冠华、刘为等译，上海人民出版社 2008 年 7 月版，第 10—19 页。

② 同上书，第 26—28 页。

③ 同上书，第 67—69 页。

现代化的社会里，政策创制则无需这些条件。在较晚进行现代化的社会中，政策创制的采用而非提出就成了关键。我们有理由得出结论说，在一个进行现代化的社会中，政策的创制与其政治制度中的权力集中或多或少有着直接的关系。[①]

3. 美国的政策模式

对美国的政策模式，亨廷顿重点讨论了六个方面的问题。

第一是精英决策体制的问题。在国家特性问题上，公众的观点与许多精英人士的观点大不相同。公众关心的是社会安全，这包括在可接受的演变条件下，保持语言、文化、结社、宗教以及国家特性和风俗习惯的传统模式。对于许多精英人士来说，公众关心的这些事情却退居次要地位，他们首先关心的是参与全球经济、支持国际贸易和人口流动、加强国际体制、促进美国人参与国外事务、鼓励少数群体的特性和文化。在涉及国家特性的对内对外政策问题上，各种大机构的领导人与公众之间的日益增大的分歧，形成了横跨各种阶级、教派、地区和种族区别的一条重大文化新断层。美国公司机构的权势人物已通过各种不同的方式日益脱离美国人民。在许多方面，美国已经成为非代表性的民主，特别是涉及国家特性的问题上，美国领导人都不顾美国人民的观点而通过法律和执行政策。随之而来的是，美国人民已日益被疏远于政治和政府。政府的政策自然是反映精英的立场，精英与公众之间的观点分歧，导致公众意见与法律所体现的政策之间日益扩大的差距。政治领导人没有"迎合"公众意愿，其可以预见的后果有三。在重要问题上，政府政策严重脱离公众观点时，可以料到，公众会失去对政府的信任，会降低对政治的兴趣和参与，还会转而采取政界精英所控制不了的手段来影响政策的制定。[②]

第二是美国人对政府的态度问题。美国人对政府的不信任根深蒂固。美国的自由民主理想构成对所有政治体制，包括美国政治体制持续而有力的谴责。由于美国信念具有根深蒂固的反政府性，于是就变成，强势的政府是非法的，合法的政府是弱势的。按照美国信念，政府就该是平等的、

---

① 参见 [美] 塞缪尔·亨廷顿《变化社会中的政治秩序》，第 117—119 页。

② 参见 [美] 塞缪尔·亨廷顿《谁是美国人——美国国民特性面临的挑战》，程克雄译，新华出版社 2010 年 1 月版，第 237—245 页。

参与的、开放的、非强制的，对个人和集团有求必应的。[①]

第三是民主具有的欺骗性问题。政治体制给弄得看上去比实际情况更开放，更加响应民意，政治领袖也必须显得比实际情况更能考虑人民的意愿。他们别无选择，只能向民主的衣冠叩头。对政府民主的要求产生了更多的民主，也产生了更多的欺骗。由于美国人希望政府达到的民主超出其所能，政府只得显示出比其实际上更民主的样子。[②]

第四是激情政治问题。实际上存在着两种美国政治：一种是运动和事业的政治，信念激情和改革的政治；一种是利益和集团的政治，实用主义协商和妥协的政治。美国的"新政"不是激情的政治，它具有以下特征。（1）新政的目标首要是经济的恢复，而政治的改革远远是次要的。（2）因为要应对经济问题，所以新政强调的是如何运用政府权力，而不是如何打碎它。（3）新政的标志是实用主义、机会主义。（4）新政时期，政治分裂沿着经济的阶级阵线展开，这在美国历史上可能绝无仅有。（5）就其结果而言，它产生了大量新的经济政策和计划，即产生了政府与经济间的新关系，却没有努力去净化清理政府，开放政府，使得政府更加民主化。激情政治的四个时期，共同目标是打碎或削弱有组织的权力，对其进行改革和控制面向公众开放决策程序。留给美国的是，更平等的社会，更开放的政治，更世故的公众，更无权威和效率的政府。[③]

第五是政党的政策功能问题。政党在公共政策的形成和执行中发挥了一定的作用，但从历史上看，这种作用在美国不像在强制社会那么重要。在某些方面，比如在政党决策核心层年资制度的改变方面，政党对于形成公共政策变得更重要，但这些发展都不足以抵消政党进一步弱化之大趋势。[④]

第六是政策走向问题。在美国制定现代化之中的国家政策时，它的经验体现在下述的信念中：先发展经济，再进行社会改革，这两步成功了，政治稳定便会水到渠成。1961年随着进步联盟的产生，社会改革——更

---

① 参见［美］塞缪尔·亨廷顿《失衡的承诺》，周端译，东方出版社2005年9月版，第43、46、48页。

② 同上书，第94—95页。

③ 同上书，第101—103、109、239页。

④ 同上书，第225页。

加公平地分配物质和资源——才和经济发展一样成为美国对现代化之中国家的政策中自觉而明确的目标。[①]

（二）戴蒙德：选举型民主与自由民主的区别

拉里·戴蒙德（Larry Diamond，1951—　）将民主视为一种深度不等的政治体系。在最低层次上，如果一个国家的公民能够以自由公正的定期选举选出和更换他们的领导人，那么它就实现了"选举型民主"。它只是意味着，选民中的多数想要变更领袖和政策，并能根据规则有效地组织起来，他们就可以变更。在更高的层次上，当一个体制具备以下十个特征时，我们就可以称之为"自由民主体制"。（1）个人拥有以下方面的实质性自由：信仰、观念、讨论、言论、出版、广播、集会、示威以及使用互联网。（2）种族、宗教、民族和其他少数群体有践履其宗教、文化及平等参与政治和社会生活的自由。（3）所有成年公民拥有选举权和参选公职的权利。（4）真正具有开放性和竞争性的选举，使得任何遵守宪法原则的团体都能组建政党并参选公职。（5）所有公民在法治体系下拥有平等的法律地位。（6）一个中立并持续地适用法律和保护个人与集体权利的独立司法机关。（7）正当的法律程序。（8）民选官员的权力受到独立的立法机关、法院系统的其他自治机构的制度性制约。（9）信息来源以及独立于政府的民间组织形式的真正的多元化，即一个活跃的公民社会。（10）由文官控制军队和国家安全机构，而文官要通过选举产生，从而最终对人民负责。[②]

戴蒙德在全球民主化的研究中，重点关注的是合法性、公民社会、民主政治文化、问责制四个问题。

所有政府在某种程度上同时依赖合法性和强制性，比起威权体制，民主体制的稳定要更多地依赖于合法性和自愿服从。一方面，民主就其本质来说是一种有关公众认可的体制。另一方面，当我们依旧称一个政权为民主体制时，它可以使用强制力的程度是有限制的。[③]

戴蒙德认为有三种因素使公民社会不再容忍威权统治的延续：一是政

---

① 参见［美］塞缪尔·亨廷顿《变化社会中的政治秩序》，第5页。

② 参见［美］拉里·戴蒙德《民主的精神》，张大军译，群言出版社2013年10月版，第8—10页。

③ 同上书，第99—100页。

治价值观已经向民主方向转移；二是社会利益的整合；三是曾经轻松地处于主导和控制地位的威权政府被迫处于防守地位。公民社会可以以下述方式深化民主体制并赋予它活力：制约和扭转对国家权力的滥用、招募和培训新的政治领袖、设计新的改革计划，以及提高公民的权利和责任意识。另外，通过打破附庸和依附关系的垂直纽带，培育平行的政治参与和信任形式，形成跨越不同组群和地方认同的新利益纽带，并将公民组织起来以要求更有效的服务。①

　　民主政治文化珍惜作为最佳治理形式的民主体制，因而主张公民的某些基本权利和义务。如果人们愿意参与，他们需要具有某些信息和知识，并且具有某种程度的信心认为自己的个别参与会产生影响，就是说参与是"有效的"。民主文化也包含温和的立场、妥协的精神、合作的态度和讨价还价的行为。公民必须拥有要求并获得有关政府所有职能与决策之信息的合法权利——这样的信息应与国家安全问题无关，而且也不会侵犯个人的隐私。②

　　稳定的民主体制需要法治。有效的治理机制必须建立起来，以约束统治者几乎不受限制的自由裁量权，将他们的决定和交易公开以供检验，以及使他们对法律、宪法和公众利益负责。这就意味着要建立垂直与水平问责的机制。最好的问责机制就是真正民主的选举，在这样的选举中，公民们对官员的行为进行评估，并撤换那些表现不佳的官员。其他有效的垂直问责机制包括公众听证会、公民审计以及信息自由法。作为补充，平行问责制赋予政府的某些机构以监督其他机构、官员或者政府部门之作为的权力与责任。当与政府平行问责制相关的政府机构有系统地相互连接并交叉重叠时，政府的公开与透明就会得到最佳的体现。③

（三）阿普特：现代化政治的决策理论

　　戴维·阿普特（David E. Apter，1924—2010 年）论证的现代化理论，强调的是在"协调体系"而非其他体系（如动员体系）中建立一种新的决策方式。

---

① 参见［美］拉里·戴蒙德《民主的精神》，第 115—116、366 页。
② 同上书，第 172—173、360 页。
③ 同上书，第 183—184、355—356、359 页。

第一，制度选择的重要性。一种政治制度就是一种选择特定群体的制度。政府就是管理选择的机制。不同的政治制度不仅体现了不同的选择方式，也体现了他们优先秩序的不同。政府将伴随着它们管理选择的方式的不同而发生变化。这样，存在着不同的选择机制，存在着制度之间的不同选择。现代化过程的特征之一就是现代化同时包含了两个方面：改善了选择条件，以及选取了最令人满意的选择机制。[①]

第二，社会分层对政策的影响。决策过程是对政府组成单位的具体、重要的权力关系的描述。责任代表了权力对称的程度，即权力在那些对决策者进行信息控制的人们中间分享的程度。对政府分配活动的评估可以发现政府试图：（1）改变社会分层；（2）提高社会流动性；（3）管制非政治的权力来源。当意识形态冲突超越了角色之后，政治现代化的问题尤为尖锐，不同角色需要适应不同的社会层次，政府的政策必须做相应的调整。政府的这种调整效果如何，将取决于政治制度的类型。[②]

第三，多党制的政策意义。对于西方人而言，反对党的存在或不存在是决定政党角色及其活动的关键因素。毫无疑问，这是非常重要的。对传统决策模式或传统民治的强调并不能掩盖一个事实，即作为现代社会的具体结构特征，两个以上的政党依据特定的宪法规则竞争政治权力，创造了一种与一党政权不同的政体模式。[③]

第四，政府决策的目标。在那种诸如现代化推动的情况下，政府是一个典型的积极的能动者，而不是忠实地反映社会本来面目的消极行为者。在大多数现代社会中，在实现人的能力和充分利用社会资源的重要目标的指引下，政府根据不同的参与原则来塑造社会。政府的决策（实施其选择的责任）决定了社会的道德品质。现代化社会中的政府试图使不同阶层的成员得到最大满意，推动权力的现代化，为了获得民众的忠诚和使政府活动合法化，权力必须受到限制。

第五，政府的两类决策。第一类是社会分层的决策，第二类是意识形态的决策。社会分层决策是指政府通过这些决策不断地努力去创造更大的社会流动的条件，要么在社会主要的阶级内部进行，要么通过修改社会分

①　参见［美］戴维·阿普特《现代化的政治》，陈尧译，世纪出版集团、上海人民出版社2011年1月版，第7页。

②　同上书，第98—99页。

③　同上书，第144页。

层体系。通过意识形态政策，政府产生比满足社会流动所需要的更大的权威，因为这些决策需要满足精神和审美的需求，它们就会操纵道德。第一类关于权力和声望（分层）的决策，可以被看作是政府运用理性进行决策的过程。第二类意识形态决策超越了理性而体现非理性的特点。任何一个稳定的政权均需要这两类决策。如果政府被界定为社会中的关键性组织，那么政府的失败意味着整个社会的失败。假设这一关系是正确的，如果政府改变社会分层的决策不足以维持公众对政权的忠诚，或者政府权威的非理性因素不再被理解，那么政府就会遭到失败。前一种失败来自对公平的背离，后一种失败来自政治犬儒主义。①

第六，合法性与政策的关系。意义是行动的计划，政策是计划的表述。政策成为政府的经验活动，政策分析引导我们去研究欲望，欲望的条件在目的价值和工具价值中均可以被发现。合法性来自于这两类价值，即目的价值和工具价值。合法性的目的价值可以被描述为团结和认同，合法性的工具价值可以从政策制定的有效性方面进行讨论。合法性的两个方面，即目的合法性和工具合法性，设定了政府活动可行性的条件。其他团体阻止这两种合法性的努力提供了政府活动的"动机"，推动政府制定政策。如果这两种合法性提供了政府活动的边界这一说法正确的话，那么加强合法性或至少防止合法性衰落，就成为政府最终的政治目标。因此，政府目标的实现，取决于政府作出充分的选择以维持合法性，即从道德和效率的角度最终被社会所接受。政府对工具目的的操纵可以从影响权力和声望等级的决策中发现。政府政策通过操纵意识形态影响目的价值而非工具价值。②

第七，政策的信息手段和强制手段。政府所需要的信息通常包括两种。（1）决策者要求获得关于维护或扩大对政府支持的信息，一旦获得这些信息，决策者期望自己的政治方案能够获得民众的支持。（2）他们需要获得推动社会现代化目标的有效行动的信息。高度的信息体系存在一个"超载"的问题。决策者面对如此之多的信息以至于难以采取行动。而且，信息可能被预先进行了筛选，信息的来源和重点已经不对称了。因此，充分的信息体系中的困难在于评价信息，这就导致了不确定性。信息

---

① 参见［美］戴维·阿普特《现代化的政治》，第171—172页。
② 同上书，第176—177、199、234页。

的一个来源是社会中政府对其负责的各种团体，信息假定在政府与这些团体之间进行沟通；另一个来源也许可以被称为政策反馈，即关于政府所采取行动的结果的信息。当领导者希望阻止信息获得，或者关于以前决策的知识被忽视，那么，在缺乏信息的情况下，采取强制是必要的。政府使用强制和信息手段的比例不同，这两个因素的不同结合，就是区分权威类型的基础。①

第八，政策的权威性结构和责任结构。政府的结构条件，最基本的有两个。所有政府必须具有权威性决策的结构以及责任的结构。权威性决策是指组织中成员认为是合法的决策。责任是指作为决策者的政府必须向社会团体或民众作出回应。不同的社会体系将决策和责任在不同程度上结合起来，以适应强制和信息之间的关系。权威性决策越具有等级性，政治体系就越缺乏责任；政府越具有责任，政治结构的等级性就越弱。现代化社会中的权威性决策可以是等级决策、金字塔型决策或分支决策。责任的结构条件通过非政府组织或准政府组织如法定组织、工会、政党等向政府施加的影响和控制的程度，以及通过立法机关和其他代议组织的同意——换言之，对行政机关的控制——所体现出来。政府还可以被分解为四种次结构。（1）政府进行政治录入的具体结构。（2）强制和惩罚结构。（3）资源决定和分配结构。（4）一个同意团体，在决策具有约束力之前必须获得该团体对决策的同意。这样一种同意团体可以是官方的如议会、半官方的如共产党组织中的政治局或中央委员会，或者是非官方的但必需的，如在国家中具有特殊影响力的那些利益集团。②

第九，政策效率评价因素。（1）我们需要将政府作出的决策作为样本。这些决策也许出现于公共演讲、宣言或其他的政府文件，或者出现于发展计划中。（2）我们需要评估成本，即实现目标的支出。（3）我们需要评估决策者为了维护政治体系所获得的关于决策结果的信息——不是技术信息，而是关于忠诚和支持的情况，最难获得的是关于决策对民众期望产生的影响和关于民众满足的信息。（4）我们需要观察以武力行动表现出来的强制，例如拘留，或政府对个人和群体使用武力的威胁。③

---

① 参见［美］戴维·阿普特《现代化的政治》，第28、178—179、292页。
② 同上书，第181—187页。
③ 同上书，第282—283页。

第十，协调政府体系的政策模式。民主是一个要求人们高度自我节制的协调政府体系。如果一个国家想以最有效率的方式进行现代化，它就需要建立一种政体，这一政体能够在强制与信息之间形成一种合理关系，以最低的成本实现现代化目标。协调体系不得不在很大程度上依赖信息来确定自己的目标和实现目标的手段，它不可能过多地依靠强制——如果这样，它就转变为动员体系。它的显著特征是其团体参与生活，以及激励民众更充分地参与经济过程。在协调体系中，集体合法性来自代议制原则。因为妥协是协调体系固有的特点，社会发展的步伐由政治领导者和民众所支持的中央政府政策的意愿来决定。发展的步伐从来不会比人们所希望的更快，因为政策必须符合公众需要。当动员体系中的决策异常复杂，要求改革政府的基本结构时，存在着几种选择。一种选择是创建一个更狭隘的、更集权的权威性决策体系；这一决策体系远离人们日益关心的事务，也不负责任；这一选择导致向极权主义的发展，强制手段加强，效率低下。另一种替代选择是决策分权，从而提高责任性。分权可以采取增加次级决策单位的形式，这样，集权政府模式可以通过大量的地方政府得到扩散，地区或地方事务的决策更为有效。建立在地区基础上的次级决策单位提供了公众对于与他们的利益相关事务进行参与的机会，并发展出一种公民责任的传统；由此导致了强制手段的下降，决策的分享和责任的扩张。①

第十一，民主化的协调体系。协调体系中蕴涵着民主因素，但是民主的实现必须要满足特定的条件。（1）必须具备宪政框架作为权威的基础。（2）隐私必须成为一种目的的价值。（3）权威问题必须转变为平等问题。（4）具有来自各种来源包括自由的公共沟通媒体、反对党的信息。（5）维护平等、责任和实践现实主义的方式包括：一是不断地将价值冲突转化为利益冲突；二是议会对行政机关进行控制；三是通过代议原则确保合法的、正式的反对派；四是通过普遍的投票权和定期选举表达出来的人民主权。从结构上看，民主社会发挥功能要求具有比现有的更为精细的代议形式，以获取充分的信息。②

---

① 参见［美］戴维·阿普特《现代化的政治》，第257、291、306、336—338页。
② 同上书，第331—335页。

（四）福山："历史终结论" 与国家建构

弗兰西斯·福山（Francis Fuknyama，1952—　）是亨廷顿的学生。他不仅对与自由主义民主有关的"历史的终结"作了阐释，还论述了民主化中的国家建构及与之相关的政策问题。

1. 自由主义民主与"历史的终结"

福山指出，自由民主可能形成"人类意识形态进步的终点"与"人类统治的最后形态"，也构成"历史的终结"。换言之，以前的统治形态有最后不得不崩溃的重大缺陷和非理性，自由民主也许没有这种基本的内在矛盾。可是，自由民主的"理念"已不能再改良了。[①]

福山对"自由主义"的概要性定义是：经济上遵行资本主义；政治上，尽量给予人民自由，对政府的权力有所限制。[②]

自由主义和民主主义紧密相连，但概念上完全不同。政治自由主义，简言之，是承认确定之个人自由或免于政府控制之自由的法治原则。在定义基本人权时，我们当执着于勃莱士爵士（Lord Bryce）更简洁而传统的公民权、宗教权、政治权三种权利。另一方面，民主主义是指所有市民分享政治权利的普遍权利，也就是所有市民有在选举中投票，参与政治的权利。这里所说参与政治的权利，可以认为是自由主义所具有的基本权利——最重要的权利，因此自由主义在历史上与民主紧密相连。

判断一个国家是否民主，可以依据民主及其形式的定义。人民基于成年人平等的普通参政权，经由多数政党制的定期无记名投票，选择自己的政府，人民拥有这种权利，这个国家就是民主的。的确，只依靠形式上的民主，未必能保证平等的政治参与和各种权利。民主程序有时会由精英分子巧妙运作，未必能经常反映人民的意志与真正利益。不过，一旦脱离这种形式定义，就会产生民主原则到处乱用的可能性。预防独裁的真正制度安全瓣，正是形式上的民主，而且最后也以此较为可能产生"实质民主"。自由民主的根本乃在于推动最合理的政治行为。

以胜利者状态出现的与其说是自由主义的实际，不如说是自由主义的

---

① 参见［美］弗兰西斯·福山《历史的终结》，黄胜强译，远方出版社 1998 年 7 月版，第 1 页。

② 同上书，第 388 页。

"理念"。总之,世界大部分地区,目前已经没有一种伪装普遍的意识形态足以跟自由民主竞逐,也没有一种普遍原理比人民主权更具正统性。在历史终结中出现的普遍而均质的国家,可说建立于经济与认可这两根支柱之上。选择民主绝不是根据"经济"理由,民主的选择是自主自律的行为。现代社会正向民主进化时,现代思想似已走进窄巷,在建构人及其尊严方面不可能有什么共识,结果也不可能去界定人的权利。这一方面给承认平等权的极端肥大化的需求一个出口,另一方面也打开了"优越愿望"再解放之路。自由民主其实也是人性问题的最好解决方案,尽管如此,这种思想上的混乱依然会产生。①

2. 互惠式相互承认和影响民主化的文化

自由民主承认所有人的"权利",并加以保护。孩子有权拥有财产,这权利必须得到国家和朋辈市民的尊重,对任何议题,都有权利作有"气魄"的选择(即对价值与评价表示意见),也有权利尽量公开并普及自己的意见。这种有气魄的意见有时采取宗教信仰的形式,而且表达意见时可获完全的自由。当孩子长大成人,就有权利参与最先确立这类权利的政府,并参与讨论最高尚重要的公共政治问题。参与方式可以采取定期选举投下一票,或采取直接参与政治过程更富行动性的形态。选举权已被广泛视为人之平等与价值的象征,本身已经成为一个目标而受到重视。人民的自治政府会消除主仆的区别;每个人都有资格共同拥有一些做主人的角色。目前,支配乃采取公布经由民主程序决定之法律——人自觉地支配自己——的一系列规则的形式。国家和人民互相承认时,也就是国家给市民权利,市民同意遵守国家法律时,承认就变成"互惠的"。这些权利陷于自我矛盾时,也就是一种权利的行使侵犯到另一种权利的行使时,就要受到限制。②

这一切因素——国家认同感、宗教、社会平等、市民社会的性向、自由制度的历史经验——交互形成一个民族的文化,并可能构成民主化的文化障碍。民主绝不能从后门进来。在某些点上,民主应从有计划建构民主的政治决定中兴起。安定的自由民主要是没有贤明有能力的政治家,就不可能诞生,因为这种政治家懂得政治技术,能够把人们内藏的性向导向恒

① 参见〔美〕弗兰西斯·福山《历史的终结》,第59—62、236—237、243—244、383页。
② 同上书,第234—236页。

久的政治制度。① 从定义上讲，外来者不能把民主"强加"给一个不想要民主的国家；民主的要求和改革必须是国产的。因此促进民主是一个长期的和随机的过程，要等待有效的政治和经济条件的逐渐成熟。②

3. 国家构建的政策取向

福山认为国家构建是当今国际社会最重要的命题之一，过去几年世界政治的主流是抨击"大政府"，力图把国家部门的事务交给自由市场或公民社会，但特别是在发展中国家，政府软弱、无能或者无政府状态，却是严重问题的祸根，因此需要建立的是一种"小而强的国家"。③ 对于国家构建中涉及的政策问题，福山提出了以下论点。

第一，国家活动的范围和强度。有必要将国家活动的范围和国家权力的强度区别开来。前者主要指政府所承担的各种职能和欲求的目标，后者指国家制定并实施政策和执法的能力特别是干净的、透明的执法能力——现在通常指国家能力或制度能力。④

第二，制度是核心变量。发展政策理论界发现它自己处于一个说反话的境地。冷战后时代是在经济学家的理论统治下开始的，经济学家极力推行经济自由化和小政府大社会。然而十年之后，许多经济学家得出结论称，某些影响经济发展的最重要的变量根本不是经济方面而是涉及制度和政治的。国家概念中还有一个重要发展的维度——国家构建——在人们全神贯注地关注国家职能范围时完全忽略了。传统理论现在会声称，制度是现代经济发展的核心变量。⑤

民主的失败，与其说是在概念上，倒不如说是在执行中。世界上大多数人极向往这样的社会：其政府既负责又有效，民众需要的服务能获得及时和高效的满足。但没几个政府能真正做到这两点。如没有漫长、昂贵、艰苦、困难的过程来建设相关的制度，民主制是无法成功的。政治制度是必要的，不能被视为理所当然。你"叫政府让开"后，市场经济和富裕不会魔术般出现，它们得倚赖背后的产权、法治、基本政治秩序。自由市

---

① 参见［美］弗兰西斯·福山《历史的终结》，第248—252页。

② 参见［美］弗兰西斯·福山《十字路口的美国》，《国外理论动态》2006年第6期，第52—57页。

③ 参见［美］弗兰西斯·福山《国家构建：21世纪的国家治理与世界秩序》，黄胜强、许铭原译，中国社会科学出版社2007年1月版，"序"，第1页。

④ 同上书，第6—7页。

⑤ 同上书，第22页。

场、充满活力的公民社会、自发的"群众智慧",都是良好民主制的重要组件,但不能替代强大且等级分明的政府。[①]

第三,"善治"的政策走向。还有一个"善治"与民主政治之间并不那么容易区别的方面。好的国家制度应当是以透明和高效的方式为其顾客(国家的公民)的需要服务。在货币政策方面,政策目标比较直接(即价格稳定),而且可以由相对独立的技术官僚来实现。因此,各国中央银行一般均按照有意避开短期的民主政治压力的方式来构建。在其他领域,如中小学教育,公共部门产出的质量在很大程度上取决于它从政府服务的最终消费者那里得到的反馈。很难想象,脱离了他们所服务的公众,技术官僚们能在这些领域做好工作。所以,民主政治除了它的合法性价值外,对治理也具有功能性作用。某些事务量少但特定性程度高的工作(如中央银行),在制度结构和方法上不能接受高度的异化,这些都是最易于进行技术官僚式改革的领域,将技术官僚空投到某个发展中国家,就可以带来公共政策的普遍改善。与此相反,最难改革的领域是事务量大而专业化程度低的工作,如教育、法律。最棘手的领域是工作特定性和事务量都处在中等程度,只适合在有限的程度上运作最佳的方案。[②]

第四,自由裁量权的授权问题。所有组织要解决的核心问题都是自由裁量权的授权问题。确定组织目标时的有限理性、代理人行为监控方法的多样性、自由裁量权授权程度的不确定性,均与这个核心问题有关。组织目标的模糊性意味着一个组织内没有理论上最佳的划定决策权的方法,一切都受周围环境、历史、组织成员的认同感以及许多其他独立的变量的影响。组织状态不存在均衡状态或者帕累托最优,只能在设计规模的系列之中寻找一连串的平衡。为什么理性会受到组织环境的制约呢?因为组织的成员透过一个由同事编织的社会过滤网来洞察世界并且规划未来。他们用制度判断来取代个人的判断。他们追求最低满意而不是最佳,因为他们的决策空间取决于他们的社会角色和职能。市场很少体现个人的自我认同感,而组织却能做到。规范在经营管理和公共管理中非常重要而且无处不在,这意味着制度发展将受到不在公共政策直接控制范围内的社会结构、

---

① 参见〔美〕弗兰西斯·福山《政治秩序的起源:从前人类时代到法国大革命》,毛俊杰译,广西师范大学出版社2012年10月版,第11、14页。

② 参见〔美〕弗兰西斯·福山《国家构建:21世纪的国家治理与世界秩序》,第26—27、81—82页。

文化和其他变量的深刻影响。组织可以通过社会化和培训来制定规范，但周围社会的规范也侵入组织。组织存在着不确定性，这一事实并不意味着我们已经无能为力了，只能认定在公共行政领域"怎样都行"。尽管可能没有最佳做法，但肯定有最差做法，或者可以避免较差的做法。过分强调规范或过分拘泥于屈从地方习惯和传统，反而会导致出现很容易通过公共政策固定下来的、副作用极大的激励结构。[①]

第五，小而强的国家。三十年来，世界政治的趋势一直在弱化国家概念，精简国家机构并重新审视过去一直被不适当地扭曲的市场和公民社会的功能，便成为一种趋势。对于后"9.11"时代来说，全球政治的首要问题将不是如何淡化国家概念而是如何重建这个概念。对单独一个社会以及对国际社会来说，国家的衰亡并不是通往理想国而是灾难的前兆。贫困国家之所以无法发展经济，关键是它们的制度发展水平不适当。它们不需要什么都管的国家，但它们确实需要在有限范围之内具有必要功能的、强有力并且有效的国家。[②]

第六，政治发展的前景。成功的现代自由民主制，把国家、法治、负责制政府（民主）这三种制度结合在稳定的平衡中。能取得这种平衡，本身就是现代政治的奇迹。能否结合，答案不是明显的。毕竟，国家功能是集中和行使权力，要求公民遵从法律，保护自己免遭他国的威胁。另一方面，法治和负责制政府又在限制国家权力，首先迫使国家依据公开和透明的规则来行使权力，再确保国家从属于民众愿望。就未来的政治发展而言，可提出迄今尚无答案的两个问题。第一个问题与中国有关。中国今天在经济上迅速增长，但只有强大的国家控制，这样的情境能否长久？没有法治或负责制，中国能否继续维持经济增长，保持政治稳定？经济增长所引发的社会动员，到底是受控于强大的威权国家，还是激起对民主负责制的强烈追求？国家和社会的平衡长期偏向于前者，如此社会能出现民主吗？没有西式的产权或人身自由，中国能否拓展科学和技术的前沿？中国能否使用政治权力，以民主法制社会无法学会的方式，继续促进发展？第二个问题与自由民主制的未来有关。自由民主制今天可能被认为是最合理

---

① 参见［美］弗兰西斯·福山《国家构建：21 世纪的国家治理与世界秩序》，第 74—81 页。

② 同上书，第 114—115 页。

的政府，但其合法性仰赖自己的表现，而表现又取决于维持适当的平衡，既要有必要时的强大国家行为，又要有个人自由。现代民主制的缺点有很多，呈现于 21 世纪早期的主要是国家的软弱。当代民主制太容易成为僵局，什么都是硬性规定，无法作出困难的决策，以确保自己经济和政治的长期生存。但有重要理由相信，政治负责制的社会将胜过没有政治负责制的，政治负责制为制度的改善提供和平途径。英明领导的威权制度，可能不时地超越自由民主制，因为它可作出快速决定，不受法律和立法机关的挑战。另一方面，如此制度取决于英明领袖的持续出现，如有坏皇帝，不受制衡的政府大权很容易导致灾难。这仍是当代中国问题的关键，其负责制只朝上，不朝下。[①]

二　倾向于"决策民主政策范式"的"民主化"理论

"决策民主"理论对"民主化"理论也有重要的影响，一些探讨"民主化"理论的学者，阐释的主要问题就是如何在不同国家采用"决策民主政策范式"。

（一）海哥德、考夫曼：民主体制是一个决策体制

斯迪芬·海哥德（Stephan Haggard）和罗伯特·考夫曼（Robert R. Kaufman）认为民主体制的巩固和经济改革的巩固紧密相连，民主体制是这样一个决策体制：它所产生的实际后果有一定的不确定性。民主体制为相互竞争的利益集团提供了挑战和改变政策（包括经济政策）的机会。[②]就民主化与经济政策的关系，他们提出了以下看法。

第一，世界上并不存在通往稳定的民主资本主义体制的唯一途径，也没有巩固的民主制度的唯一模式。不过，民主体制的成功巩固的确意味着要改变行政权力机关的自主决策模式，这种模式是无论是否处于危机状态的民主体制发起改革的特定方式。强有力的行政机构对克服和严重经济危机相关联的集体行动难题可能是重要的，但它们必须最终要对代表机构负

---

① 参见［美］弗兰西斯·福山《政治秩序的起源：从前人类时代到法国大革命》，第 16、472—474 页。

② 参见［美］斯迪芬·海哥德、罗伯特·考夫曼《民主化转型的政治经济分析》，张大军译，社会科学文献出版社 2008 年 3 月版，第 15 页。

责并接受它们的制衡。在危机状态下，这意味着要超脱行政命令和公民投票的诱惑。在非危机情况下，这意味着要取消由前任威权统治者所施加的对民主参与的限制。许多民主体制都会碰到这种矛盾情形：一方面行政官员需要迅速作出决策，另一方面还要照顾到参与和协商原则，这种矛盾在新建立的民主政权中可能尤其尖锐。即使通过扩大行政机关实施政策的自由裁量权及使政策决策免受短期政治压力的影响，宪政安排可以增强行政机关的权力，此类机制却无法在长期内为政策协调及分配性矛盾的解决提供有效基础。相反，行政机关强大的自由裁量权却可能会削弱政党、立法及利益集团领袖为政策建议提供政治支持的动力。行政机关的强势权力对代议机构的有效性和合法性可能会产生重要的间接影响。赋予行政机关以广泛的立法自由裁量权可能减弱政党领袖们在经济议题上达成妥协的动力，行政官员们还会通过诉诸媒体和个人化运动来获取公众的普遍授权，而不是依靠与立法议员和利益集团的制度化协商管道。在缺乏协商与监督机制的情况下，行政机关中的决策者也没法获得反馈意见，而后者对政策的专业水平和获得维持这些政策所必需的政治支持都是至关重要的。①

第二，民主化的巩固不仅要靠经济绩效，而且要看代表机构如何分配经济产出。代议制政府的巩固就意味着需要减少行政官员个人的自由裁量权以及让民选代表和利益集团领袖承担更多的问责义务。我们也怀疑议会制本身就天生比总统制优越。在危机与非危机转型国家中，政策制定时的部分关键难题较少和行政机关与立法机关的关系有关，而更多地与难于获得商界与工会的合作有关。议会制也不能保证其更有效地处理这些关系。实际上，如果协商被看作在重大调整问题上达成交易的一个重要组成部分，我们也不能肯定议会制就一定优越于总统制。②

第三，新兴民主体制稳定度的不确定性也影响个人以及公共参与者的眼界。一些国家新上任的民主领袖采取的政策旨在短期内对付反对派，却减损了不太受欢迎的改革措施会带来的好处。改革的政治制约因素包括集体行动的两难困境、分配问题上的冲突以及决策者降低成功改革所带来的收益的预期。③

---

① 参见［美］斯迪芬·海哥德、罗伯特·考夫曼《民主化转型的政治经济分析》，第15、178—181、375、379—381页。

② 同上书，第16、375、390—391页。

③ 同上书，第166、170—173页。

第四，合作主义是指利益团体在政策制定与实施方面的制度化参与，是改善责任机制的途径之一。因为利益集团和政府官员间的有系统的合作对长期有效地治理经济有重要意义，肯定还会有更多企图使新协商模式制度化的努力。尽管我们对大规模与中等程度的合作主义在发展中国家新生民主政体中的发展前景表示怀疑，有一点是清楚的，即这两种制度的正常运行都严重依赖其自身的组织结构与创设并监督它们的立法机关的关系。①

第五，政党竞争的特征不可能仅仅从社会结构以及政策议题本身推导而出，这在很大程度上要取决于政党体系的激励机制以及各个政党的内部是如何组织的。我们能够做到的是设想出许多不同的政党体系，如两党体制、组合体制以及分别有中左或中右派支持的多党体制等，这些政党体系可能会为资本主义民主体制的运作提供稳定支持，并避免政治两极化与政治分裂的问题。②

（二）猪口孝、纽曼、基恩：变动民主中的政策

日本学者猪口孝（1944—　）、英国学者爱德华·纽曼（Edward Newman）和英国学者约翰·基恩（John Keane）在对全球民主化的研究中，就民主（或民主化）与政策的关系提出了以下论点。

（1）民主是一种把公共偏好转化为公共政策的机制。没有公民方面的积极参与，民主制度不可能产生预期的政策结果。

（2）在体制内部，既得利益深深地制度化到各种缠绕不清的官僚机构网络中，这会妨碍政策的有效实施。在很多情况下，不负责任、封闭的官僚机构和制度化了的利益让人们得出结论，民主过程不过就是使精英合法化。在哪儿都可以看到，设置政府机构原本是为了更有效率地实行公共政策，但它们却形成了自己的生活，维护自己的利益。即便是民主选举的领导人也常常不能实行他们的政策，而高度制度化的社会就更难实现政治效能。人们注意到，在有些方面，民主未必是有效率的政治体制。

（3）政党成员和选民支持当然是便利的数量指标，但它们无法传达

---

① 参见［美］斯迪芬·海哥德、罗伯特·考夫曼《民主化转型的政治经济分析》，第381、386—387页。

② 同上书，第398页。

态度因素，无法揭示出对党派、个性和政策的支持水平与对民主过程和结构本身的支持水平之间的差别。

（4）在国家决策中常常存在理想主义和现实政治的紧张关系，政治家和政客们在适当的时候使用善治和民主化这样的语言，而他们的政策却取决于施加附加条件和制裁后对贸易平衡产生的影响。通常，政府的言行并不一致。因此，重要的是，在推动国家内部民主政治的时候，要提倡在多边关系之间的公正平等，避免民主成为操纵的工具。而这一进程的第一步就是承认不同的社会背景可以有不同的民主模式；第二步则是在国家领导和国际组织间造成一种责任感，以避免民主的辩论被人操纵。

（5）与国际组织影响日增相关的一个问题是这些组织内部的责任和民主的问题。传统上，民主这一概念仅限于国内范围，国际关系遵从的是另一套规范。按照有些观察家的看法，这一传统在许多组织中已经演变为一种民主的亏空。在这些组织的政策过程中，即使是在那种会对某些国家内部政策、对于千百万人民的生活造成巨大影响的情况下，也没有透明度或者公开的政策输入。

（6）传统国内国际政治两分的概念把国际政治看作是外交家和政治家的舞台，这造成公共参与的真空：个体公民被认为没有权利也没有可能卷入国际政治。由于非政府组织广泛地参与到一系列行为中，这一真空正逐渐得到填补。这代表了一种对非政府意见的跨国——有时甚至是全球范围的——动员。这一组织网络在日程设定上，在提供建议和信息方面，在政策执行上，对政府和政府组织都产生了影响，并为公共讨论提供了讲坛。非政府组织未必即是民主的，不过，如果我们把它们看作是社会方面对参与公共政治的主动要求，那么这就会产生国际市民社会正在兴起的想法。最终国家会成为一种进行平衡的角色，而参与的政治文化也会在上层政治结构与底层运动之间造成一种平衡。只有在这种情形下，市民社会的演进才会为政府与非政府的活动创造出可以共存的空间。

（7）如果宗教和公共政策位于同一空间，治理和民主就会受到责难；如果多个宗教都处在同一空间，情况就更为棘手。典型的自由派或世俗的民主概念都把教会和国家分离。不过，如果民主进程和社会的公共领域能够包容各种不同的——甚至相互竞争的——公民身份概念，宗教、还有其他身份群体和社团，并非内在地就与民主政治相对立。如果民主进程允许所有意见得到表达，如果在底层有一种宽容的文化，各种不可比的思想就可以共存。

（8）自由公正的选举对于给予人民自信、反映人民要求有着关键的作用，但是，如果民主一词不仅仅是在装点门面的意义上来使用的话，选举本身并不必然导致民主。如果普遍地缺乏和解的意愿，缺乏形成一种能够超越以往敌意的公民能力概念的意愿，仅仅有选举并不能创造出一种民主的文化。

（9）在民主政治已经建成的国家里，媒介有重要的，但也是不可捉摸的作用。一个熟悉情况的公民是民主政治健康运行的基础，而媒介的作用即在于交流观点，培育公民意识和公共话语。此外，媒介对于多数人是最优影响力的公共辩论舞台，也是民众和政府之间一种最为直接的交流形式。因此，它有助于政治民主的创立和维系，有利于市民社会。但是媒介不可避免地会对信息进行过滤，会传达它们自己的议程安排；它们也会成为控制的工具或者是动乱与颠覆的工具，在冲突中与冲突后的情形尤其如此。[①]

约翰·基恩还特别指出，最好把民主理解为实现哲学和政治多元化的一个不言而喻的条件和实际结果。公民社会与国家的分离以及二者的民主化——即实现民主政治制度指导下的后资本主义公民社会——乃是促成个人和群体真正的多元化的必要条件，从而使得人们能够公开地对他人的理想和生活方式表示赞同或提出异议。如果从这样一个新的角度去理解，民主化的概念和经过改革的公共服务媒介模型也就可以携手并进。民主程序和公共服务媒介同样鼓励不同意见，它们促使人们对既定协议提出异议并加以修订。正因如此，对一个为种种生态问题所困扰的复杂社会来说，唯有民主程序和公共服务媒介最为适宜。民主程序一旦得到不受检查的、多元化媒介的支持，便优越于所有其他类型的决策方式，这样说不仅仅是因为民主程序足以保证达成一致意见，作出"好"的决策，而且因为它们能为将受到此决定的影响的公民提供机会，重新考虑决策的优劣以及可能发生什么意想不到的结果。民主程序有时允许多数人就他们不甚了了的事情做出决定，但同时也使少数人得以在多数人在不甚了了情况下做出的决定提出质疑，并帮助多数人恢复理智。正因如此，民主程序最适于公开监

---

① 参见〔日〕猪口孝、〔英〕纽曼、〔英〕基恩编《变动中的民主》，林猛等译，吉林人民出版社 1999 年 12 月版，第 1—22 页（第 1 章）。

督和控制。民主程序使决策更加灵活而便于掉转方向。它们欢迎争论，它们制造对现行状况的不满，甚至能够激发公民的愤怒。这样，决定便是在选择——而且可以反复——的基础上作出的，而选择本身又是几种互相竞争的意见进行深思熟虑、有意为之的对抗的结果。唯有以多元化传播媒介为辅的民主程序能够公开地、公平地引导公众注意到若干危险，小心翼翼地监督那些负责管理有风险的组织的人士，从而将失误降到最低限度，力求避免灾难性的大错。①

（三）新制度主义论者的决策民主观

一些以新制度主义研究"民主化"理论的学者，表述的是带有"决策民主"倾向的观念，可列举一些主要的论点。

1. 理性选择制度主义的政策视角

巴里·韦恩加斯特（Barry R. Weingast，1952—　）指出理性选择分析几乎被应用于民主制度的方方面面，许多研究力图揭示制度如何影响政策选择，该选择涉及宏观经济决策、福利、预算、法规和技术。制度研究法在许多问题上产生了新颖的洞见。对于官僚机构，这一方法试图表明，官僚对政策的影响并没有人们先前认为的那样大。理性选择研究方法在强调先后选择次序之重要性的基础上认为，只要政治领导人能够对官僚偏离他们所期望的政策行为保留惩罚的权力，官僚可以不需要得到政治领导人的直接授意而执行某些政策。尽管这并不能说明政治领导人能够支配官僚，但它的确表明我们不能由政治领导人缺乏直接的政治输入而推论他们缺乏影响力。这种一般性原则——决策者能够预见到自己行为带来的后果并由此考虑随后可能介入的行为主体的利益——表明能够适用于各种各样的情形，例如，法院和政治部门之间，以及政党与其领导人之间的关系。②

道格拉斯·诺斯（Douglass G. North，1920—2015 年）、威廉·萨默希尔（William Summerhill）和巴里·韦恩加斯特认为有序的制度具有以下特征：（1）一个产生各类机构和建立一系列权利和基本公民权利的制

---

① 参见［英］约翰·基恩《民主与传播媒介》，载中国社会科学杂志社编《民主的再思考》，社会科学文献出版社 2000 年 12 月版，第 272—302 页。

② 参见［美］巴里·韦恩加斯特《政治制度：理性选择的视角》，载何俊志、任军锋、米德米编译《新制度主义政治学译文精选》，天津人民出版社 2007 年 4 月版，第 95—120 页。

度矩阵；（2）一个稳定的关于政治和经济市场上交易关系的结构；（3）一整套切实促使国家制定一系列政治规范和加强保护组织和交易关系权利的根本制度；（4）由规范内在化和外在强化（对于个人）相结合导致的多数人同意。他们认为政治秩序可以通过两种途径产生：一种是强制政治为基础的独裁政府的秩序，另一种是以社会协作为基础的共识性社会的秩序。为了维系共识性政治秩序，应该注意以下原则。

第一个原则涉及政府合法性基础的共享信念体系和公民权利范围之间的关系。公民权利和暗含的对政府的限制必然是政治官员们自我实施的。从某种程度上说，决定在某个社会中是否出现共识性政治秩序的主要因素是政治领导者是否掌握了集中解决一致问题的方案。这一方案必须具有以下特点。（1）它必须就调控政治决策、公民权利和对政府的限制等方面的法规达成详细的协议。（2）该协议必须说明相关的战斗策略，以告诉公民何时该反抗那些试图侵犯协议中明确说明条款的政治官员。（3）当占主导的政治团体能够对其他团体施加影响时，共享信念体系和共识很少形成，因此，该协议必须在各对抗的精英中达成妥协。共识的政治秩序对公民有三个条件：公民中必须有足够的共识，认为他们的政治制度是称心的；公民必须接受这些制度制定的政策的合法性，乐意生活在由这些制度确定的政策下；公民必须相信他们的权利应该受到保护，乐意去保护这些制度不被政治官员滥用。

第二个原则涉及宪法和稳定民主秩序的存在，成功的宪法可以限制政治风险，成功的社会必须限制政治决策制定的风险。公民必须有足够的权利以确保国家无法干预社会、经济和政治生活的重大内容。

第三个原则是缺少详尽解释和广泛接受的权利条款，同政治上的高风险相结合，就会导致寻租。在一个社会里，如果对经济管理和政治选择的权利和规则没有基本的一致同意，那么任何事情都会处于危险之中。

第四个原则是降低政治风险要求国家提供可信的承诺和维护公民权利的多样性。国家提供的可信承诺范围越小，寻租的范围就越大。公民保卫他们权利和制度的愿望有助于建立可信的制度和权利。①

---

① 参见［美］道格拉斯·诺斯、威廉·萨默希尔、巴里·韦恩加斯特《秩序、无序和经济变化：拉美对北美》，载梅斯奎塔、鲁特主编《繁荣的治理之道》，叶娟丽、王鑫等译，中国人民大学出版社2007年6月版，第18—63页（第2章）。

肯尼斯·谢普勒斯（Kenneth A. Shepsle）认为政策结果往往随着关键行为者偏好的改变而改变，制度结构和程序赋予他们过度的控制议程的权力。可以说，所有的"行动"，并非是所有偏好的直接加总，而毋宁是由于对结构和程序的控制而产生有时相当微妙的影响。结构——诱致均衡表现为一套规则的制度过程，可以被勾画为一种广泛的博弈形式。次序之所以重要，是由于它决定着行动的先后，行动的主体和时机。在进行选择时，我们必须对制度选择的过程十分明确，这场博弈的规则是什么，参与者都有谁，何种子系统足以带来制度变迁——即哪个联盟是决定性的。[①]

2. 历史制度主义的政策视角

凯瑟琳·西伦（Kathleen Thelen）和斯温·斯坦默（Sven Steinmo）认为历史制度主义的核心特征是强调塑造政治策略的中层制度，制度在相互竞争的各个集团间构造权力关系的方式，尤其是对既定制度背景下政治过程和政策制定的集中关注。历史制度主义者倾向于认为，政治行为者并不是知道所有信息的理性最大化者，而在更大程度上是遵循"满意而止"的规则。理性选择主义将偏好的形成看成是外生的。而历史制度主义则将偏好的形成看成是内生的。即使在制度置身其中的政治经济环境发生剧变的条件下，制度也倾向于保持"惰性"。人们既为制度而斗，也为政策结果而斗。在制度问题上展开的斗争是非常重要的，因为在制度选择之后会导出大量的政策路径。新近出现的每一篇论文都超越了"政策创造政治"的洞见，并深入阐明了某一具体制度安排是如何构造某种政治的。这不仅有助于我们理解不同国家所采纳的某种政策选择，而且还有助于理解历史分化的来源和不同国家所走过的更为一般性的路径。[②]

保罗·皮尔逊（Paul Pierson，1959—　　）指出，把政治社会描绘成"路径依赖"日益成为社会科学家的一种共识。路径依赖的概念是前一步沿着特定方向的运动将导致沿着该方向进一步的行动。这一概念已经被"回报递增"的观点捕捉到，在一个回报递增的过程中，沿着同一方向行动的可能性随着在那条道路上每次行动的开展而不断提高。回报递增的过程被描述成是自我增强或正反馈的过程，并具有四个特征：（1）多重均

---

① 参见［美］肯尼斯·谢普勒斯《制度研究：理性选择理论的启示》，载《新制度主义政治学译文精选》，第121—138页。

② 参见［美］凯瑟琳·西伦、斯温·斯坦默《比较政治学中的历史制度主义》，载《新制度主义政治学译文精选》，第141—173页。

衡；（2）偶然性；（3）时间及其序列的关键作用；（4）惯性。大多数政策有着相当长的持久性，尤其是在现代社会，广泛的政策安排本质上塑造了政治行动者的动机。政治生活的重要特征——公共政策和（尤其是）政治制度——抵制变革。一般把这两者设计成难以变革的原因主要有两个。一是设计政府和政策的人可能希望它们能约束其继任者。二是在大多数情况下，政治行动者也被迫约束自己。①

三　倾向于"直接民主政策范式"的"民主化"理论

在研究"民主化"理论的学者中，有一些人明确支持"直接民主政策范式"，并希望与这种范式有关的做法能够在不同的国家实施。

（一）克里克：恢复政策辩论的政治传统

伯纳德·克里克（Bernard Crick，1929—2008 年）强调恢复政治传统，而所谓政治传统的意思仅是在政治上解决争端和决策的行为——也就是在自由公民中进行公开辩论来决定行动。如果找不到政治解决途径，或者，更可能是政治妥协，那么，权力集权在一个需求日增而资源日竭的世界里，将更加无情地、激烈地奋力打拼，以求维系至少对他们忠心耿耿的大多数选民的生活水平。通过公民间的政治辩论来统治这一发明，即后来的传统，在希腊城邦与古罗马共和国的实践和思想中都有其根基。历史上的大多数国家曾压制人民对政策的公开辩论，喜欢鼓励"好的臣民"，而不是好的或积极的公民，但这种行径在现代社会越来越难以存在了。无论从历史上说还是从逻辑上说，政治统治都是优先于民主的。没有秩序就没有民主，而没有政治统治，民主甚至不可能是正义的。②

（二）赫费：参与式国家的政策走向

德国学者奥特弗里德·赫费（Otfried Hoffe，1943—　）认为民主有九个要素或者概念，并且可以分为三个维度。

---

① 参见［美］保罗·皮尔逊《回报递增、路径依赖和政治学研究》，载《新制度主义政治学译文精选》，第191—224页。

② 参见［英］伯纳德·克里克《民主的沉思》，载《变动中的民主》，第297—311页（第15章）。

第一个维度是“统治合法性的民主”，包括两个要素。（1）奠基于统治概念，政治统治意志源自相关法伙伴的总体，即源自人民。（2）民主服务于人民。这两个要素加在一起就构成了基本民主。它限制了所有国家权力机关决定权，也限制了民主多数的决定权。基本民主指的是一种不可放弃的最起码的民主，是不能往后推延，不能等待现代化的。基本民主的普遍命令是“每种统治都必须是以人民的名义和为了人民的幸福”。

第二个维度是“实施统治的民主”，包括六个要素。（1）民主自决能力和决策规则。一种实施统治的民主需要决策程序。在决策准则即多数原则中，平等又很重要，每个公民都有一票且只有一票表决权。决议在把多数原则作为决议规则来采用，并在一定情形下用强制权力来实现多数的决定时，不能认为本身就是一个多数的决议。逻辑上更高层次的决议需要那种一致的赞同，而这种一致赞同只有符合分配性集体利益时，才可以期望得到普遍赞同。（2）法保障。（3）分权。（4）普通公民的法权权限。（5）参与式民主与公开性。参与式民主从本质上说就是政治的公开性。有了政治的公开性，间歇补充以常设性的民意调查，人民就不再是临时性的选举公民，而是成为政治的载体，尽管始终不对一切作出直接的决定。因为直接民主既不是唯一的，也不是在合法性上具有优势的民主形式。公开性不仅是让各种利益和意见表达出来的论坛，而且也是一种对影响和权力进行辩论的舞台。此外，公开性也是一种批判制度。由于公开性也让反对派发表意见，所以其作用也有助于内部的和平。（6）民主是一种生活方式或社会实践。

第三个维度是“外交的民主”，包括一个要素，即民主不仅要服务于内部和平，也要服务于外部和平。[①]

赫费还指出，参与式国家公民意识所要求的是不能被强迫的东西：时间的投入和生活方式中相应的优先。另一方面，如果没有大量公民接受参与性的国家公民意识，只能减轻而不能阻止民主制度中的“专制式”干扰。有一种经过实验的防止出现参与性民主制度的专制化危险的手段：人民直接参与国家意志和决策的形成，以民众表决、民意调查、大众请愿和人民决断等形式的公决，其中有的是投票权，有的是公决权。直接的民主

①　参见［德］奥特弗里德·赫费《全球化时代的民主》，庞学铨、李张林、高靖生译，世纪出版集团、上海人民出版社 2006 年 4 月版，第 92—103 页。

制度不一定要取代代表制，它甚至可以保留合法的优先地位。但是，公民只是在选举时才平等参与，而实质性决策的参与权则有赖于是否有机会进入能影响公众意见的那部分，这里指的是党派和团体，这样，民主制度中就掺入了专制主义的因素，这就要求一种制度性的相互制约。经验表明，全民公决有助于解决巨大的社会冲突，全民公决会提升民众的信息水平及其参与的积极性。①

四　倾向于"代议制民主政策范式"的"民主化"理论

在探讨"民主化"理论的学者中，有人强调的是"代议制民主政策范式"，可以列举几种有代表性的看法。

（一）邓恩：代议制民主的政策功能

约翰·邓恩（John Dunn，1940—　　）强调民主原本是一种政治体制的名称，要理解为什么民主在今天取得了如此全面的意识形态上的胜利，需要区分两个因素。第一个因素是民主作为一种观念，其充满想象的诉求和其纯粹的人为之力。第二个因素是一种独特的经济、社会和政治复合体，其严格的实践的可行性。② 由于目前一种特殊的民主规则的模式——现代的、世俗的、宪政的代议制民主——牢牢地建立于市场经济的核心之上，邓恩对代议制民主的特征作了归纳，与政策有关的论点可概述于下。

第一，1776 年以来，民主作为一种国家政体形式，一直保持着胜利者的姿态。这种民主是代议制民主而不是参与式民主。瑞士还有一些州保留着集体决策的参与机构，大部分现存的代议制民主，只有在对非常地方性的问题进行公共决策时，才略微体现出一点参与性机构的特征。③

第二，用来解释为什么资本主义经济能被相信可以长期地、自发地产生其参与者的共同利益的理由，并不能成功地解释为什么任何公共决策体系都能被相信可以确定并取得能够使其有效运作所必须的公共物品。④

---

① 参见［德］奥特弗里德·赫费《全球化时代的民主》，第 187 页。
② 参见［英］约翰·邓恩编《民主的历程》，林猛等译，吉林人民出版社 1999 年 12 月版，第 238、245 页。
③ 同上书，第 248 页。
④ 同上书，第 256 页。

第三，现代宪政的代议制民主，在它有效运作的地方，不管时间长短，大体上已经取得了三个不同的、在人类范围内引人注目的、有益的政治物品。（1）它提供了现代政府一种统治体系，这种政府体制能够将政府权力对国民个人和群体的自然安全所造成的直接风险减到最小。（2）它为它的公民提供了一种评价政府对其被统治者的职责的适度标准。（3）代议制民主对于现代国家来说，是一种较为安全的民主。代议制民主所提供的这三个功能，既限制了民主，也限制了国家：它将这两个理念之中充满极端与潜在危险之处统剔除了。代议制民主作为一种政体形式，要拥有对合法的政治权威的唯一的要求权，仍然面临三个重大的问题。第一个问题是关于代议制民主与经济运作之间的因果关系，即现代经济究竟怎样运作以及限制经济有效运作的因素怎样影响政府的有效行动。第二个问题是对民主制度下的每一个公民提出的，我们应该怎样看待科学知识，与人们要进行统治、或要在不同的可能的统治者的优势之间做出选择的权利要求之间的关系。民主，作为一种公民自治的政治体制，本身并没有提供控制这种挑战的范围的秘诀。第三个问题是代议制民主能否使其所有的、扩展的极其巨大的公民共同体实现那一直被强烈要求的价值。我们已经不能希望再用直接的、连续的自治方式来进行自治了，不能对每一件事情发表自己的意见，做出独立的选择。但我们现在所能希望做的，是永远的保护并扩大我们自己选择的权力——个人的和地方的。①

（二）菲利普·施密特："不确定民主"的政策选择

菲利普·施密特（Philippe Schmitter，1936—　）在对民主化的研究中，既注意到了民主与政策的关系，也提出了在"不确定民主"下如何进行政策选择等问题。

1. 民主制度与公共政策

菲利普·施密特认为现代民主政治是一种管理体制，其中统治者在公共领域中的行为要对公众负责，公民的行为通过他们选举产生的代表的竞争与合作来完成。在这样的基本定义下，他就民主与政策的关系提出了以下看法。

第一，仅把民主等同于选举这种谬见被称为"选举主义"。不管选举

---

① 参见［英］约翰·邓恩编《民主的历程》，第249—251、262—267页。

对民主政治有多么地关键，也仅仅周期性地举行。在两次选举的间歇期，公民可以通过如利益联合体、社会性、地区性团体、恩庇性的安排等其他方式寻求影响公共政策。换言之，现代民主政治为团体的以及正常的、机能的以及地域的、集体的以及个人的利益和价值的表达提供了各种各样的竞争程序和渠道。

第二，合作一直是民主政治的重要特征之一。行动者必须自愿作出约束整个政治体的集体决策。为了竞争他们必须合作。为了荐举候选人、阐述观点、向当局请愿、给政策施加影响，他们必须做到通过政党、社团、运动来集体行动。

第三，民主政治下的自由还必须鼓励公民内部慎重地商议，以发现他们共同的需求，并无需依赖某些高高在上的中央权威而自己解决他们之间的差异。在最好的情况下，市民社会提供了一种介于个人和国家间的中间管理阶层，它可以无需公共强制力就能解决冲突，控制成员的行为，它并不会让决策者承载起更多的要求而使整个体制难以管理。

第四，政府部门的迅速增多（主要是民众需求带来的副产品）使得肩负公共决策任务却又不受选举左右的诸政府机构的数量、种类以及权力增加。围绕着这些机构已经发展出了一种庞大的表达机制，它主要建立于机构的利益而非地区选区的利益之上。在最稳定的民主国家里这样的利益联合体，而非政党，加上愈来愈频繁的社会运动干预，已经成了市民社会最主要的表达渠道。

第五，民主化并不必然带来经济增长、社会和平、管理效率、政治和谐、自由市场及"意识形态的终结"。相反，我们应该期待出现这样一种政治制度，它能够保证以和平竞争的方式组织政府，影响公共政策；它能够通过固定的程序调整社会和经济冲突；它与市民社会有充分的联结，从而可以代表各自选区的选民，并为集体行动的事业作出承诺。[①]

2. 民主转型中的政策问题

菲利普·施密特在讨论民主的巩固和威权统治转型中，就相关的政策问题提出了以下看法。

第一，一种国家政体必须有一些明确的规则以决定集体决策的方式。

---

① 参见［美］菲利普·施密特《民主是什么，不是什么》，载刘军宁编《民主与民主化》，商务印书馆1999年12月版，第20—40页（第2章）。

从而，政体的巩固过程反映了，由在转型期胜负难料的斗争中出现的偶然的安排、审慎的规范和权益的解决，向制度以及这种制度的参与者/公民/国民所确知的、反复运用的，并且规范上予以认可了的关系的转变。

第二，民主制并不打算把所有造成不确定性的因素都予以排除。哪些候选人会获胜，获胜者会采取什么政策，哪些团体可能对政策造成影响，在所有这些问题上几乎没有任何不确定性的政治组织很难被冠以"民主"之名。对于行动者来说，他进入竞争性的斗争，提出问题，与他人合作，以及任职和施加影响的愿望，都存在限制。每一种程序能够决定的内容，哪怕是反映了多数意志并且在决策中体现了少数的意愿，也都存在限制。民主在转型期着手要做的是，借助正式规定和非正式的惯例把"异常"的不确定性化约为"正常"的不确定性。

第三，现代民主制更应该被表述为"局部体制"的混合物，而不是"一种单一的体制"。伴随着民主巩固过程的推进，每一个局部体制都从一种特殊的序列，按照独特的原则，在不同的场所被制度化。不过，这一切与社会团体的代表程序及彼此间冲突的解决有关。政党、协会、运动、地区和不同的主顾为了赢得职位、影响政策，在这些不同的场所勾心斗角。他们的结构化的行为可以达到把冲突导入公共舞台的效果，从而避免诉诸私人手段。

第四，产生一部被接受的宪法草案并由投票或全民公决的方式予以批准，这一过程无疑代表了民主政治的巩固过程中的一个重要时刻，不过仍然会有许多局部体制未予界定。我们很难想象能从哪怕是最巨细无遗的宪法中看到政党、协会和运动是怎样相互作用以影响政策。

第五，民主政治的巩固就是把局部出现的特别的政治关系转化为稳定的结构，从而使得继之而来的进入渠道、包容的模式、行动的资源和决策规范都符合一个首要的标准，即公民身份的标准，这包括在制定集体决策时他有权得到与其他同胞同等的对待。各种不同的决策规则、范围的规定、资源分配、参与形式、影响策略等，都可以是这一类规则的体现。

第六，选举的举行，党派为千变万化的获胜机会而进行的竞争，选民的偏好可以得到不公开的记录并如实地加以记数，社团自由组建、招收新成员并施加影响，允许公民就政府的政策进行争论并让领导人为其行为负责，这一切都重要。这些"基本程序条件"存在的时间越长，它们得以延续的可能性越大。①

　　第七，民主化指的是公民权的规则与程序应用到从前被其他规则统治着的政治制度中（暴力统治、传统习俗、精英统治或官僚陋习），或者是扩展至从前无法享受此种权利与义务的人们，或者是扩展至从前公民无法参与的领域与机构中。通往更高阶民主制度的过程更可能出现的，是通过渐进式的、为了面对政治压力与计算政策成本而进行的细枝末节的改革。将一部分统治责任交给长期被排挤的参与者的"历史性的妥协"，在某些政体中是另一种形式的民主化。在其他国家中，改革显得比较松散：选举法与政党财务法规的变化；效果更好的选民登记办法；更平等的立法权分配；更透明的公共信息；更分权的行政机构；等等。这些改变本身都不是很剧烈，但是积累起来就可能造成政治生活的民主化。改革中的一部分还可能着眼于我们俗称的"社会"或"经济"民主：社会福利，公共医疗体系，必须的男女同工同酬，对工会的承认，工人在企业管理中的代表权，学生对于教育管理的参与，儿童权利，等等。②

（三）奥唐奈："委任民主制"的缺陷

　　吉列尔莫（又译基尔摩）·奥唐奈（Guillermo A. O'Donnell，1936—2011 年）认为民主的各种制度都属于政治制度，它们同政治的主题有着公认的、直接的关系：一个在被授权领域的决策制定，进入决策角色的管道，对要求享有这种权利之旨趣和一致性的塑造。

　　制度引发不同的代议制模式。基于同样的理由，制度赞同把潜在的、来自选民的众多声音转变成为由他们的代表来主张表达的较少的声音。一方面，代议制包含着为某些相关的其他人代言的公认权利；另一方面，它也包含着使其他人服从于与代议制有关的决策的能力。

　　"委任制民主"建立在这样一个前提之上：无论谁赢得了总统选举，他或她因此被授权以他（她）认为合适的方式进行统治，只受现存权力关系的铁的事实和宪法上规定的任期的限制。委任制民主更具有民主性，但同代议制民主相比，它更少自由。

---

　　① 参见［美］菲利普·施密特《有关民主之巩固的一些基本假设》，载《变动中的民主》，第25—41 页（第 2 章）。

　　② 参见［美］吉列尔莫·奥唐奈、［美］菲利普·施密特《威权统治的转型：关于不确定性民主的试探性结论》，景威、柴绍锦译，新星出版社 2012 年 3 月版，第 8—9、59—60 页。

在制度化的民主制下，责任不仅是纵向的，也就是使被选举的官员对投票箱负责；而且也是横向的，即通过一套能提出质疑的相对自治的权力网络的检测，最终惩罚那些不正当地推卸责任的在职官员。由于政策是通过一系列相对自治的权力得到实施的，因此代议制民主下的决策往往是迟缓的、渐进的，有时甚至会陷于僵局。但是，基于同样的原因，这些政策也往往避免了因草率从事而导致的错误，而且它们享有受到合理地执行的良好机遇；更有甚者，错误的责任往往被广泛地分担了。委任制民主意味着软弱的制度化，具有传统的允许快速决策的明显益处，但要付出下列代价：因草率从事而很可能导致错误决策，执行错误决策带来的危险和后果的责任集中在总统一人身上。我们目睹了拉美国家狂乱地决策的行为，这些新的草率决策不可能得到贯彻执行，在公共政策的这种消极和混乱时期根本无法做任何事情帮助改善国家的情况。由于它们的制度弱点和决策模式的反复无常，委任制民主比代议制民主更容易半途而废和崩溃。①

（四）林茨、斯特潘：民主制的政策

胡安·林茨（Juan J. Linz，1926—2013 年）和阿尔弗雷德·斯特潘（Alfred Stepan）指出，民主制中，对于政府制定的优先方案和政策都要进行自由的公共论争。如果一个民主制，它的政策从来不能在教育、健康和交通领域产生政府托管的公共物品，不能为公民提供一种经济保障的体系，针对总体的经济不平等提供一些缓解措施，它就不可能维持下去。把这么一些公共政策从合法的公共论争议程上拿走，这在理论上是反民主的。

民主不仅是一个政体，它是一个相互作用的系统，它需要五种场所：（1）一个自由、有活力的社会；（2）一个相对自主的政治社会；（3）有效地服从法律的统治；（4）一个能为新的民主政府所用的官僚机构；（5）一个制度化的经济社会。

当一个国家的所有居民都认同于一种民族的主观意识，当民族与国家事实上同延的时候，"把国家政策民族化"以增强文化的同质性的"民族国家政策"才可能有效地推进民主。多民族国家更需要探索各种非多数

---

① 参见［美］基尔摩·奥唐奈《论委任制民主》，载《民主与民主化》，第 46—70 页（第 4 章）。

至上、非全民公决的原则，少一些多数至上而多一些共同接受的政策。

只有政治领导人就一些先发性的政策和决定进行了酝酿、协商和实施，才有可能得到难度可能极大的民主的结果。

民主制的政府和立法者所作的政策决定确实会影响到生活的质量，从长远看尤其如此。但社会的总体质量仅仅有一小部分在于民主制的作用。认为民主政治应当为其他所有问题负责的感觉可能会极为强烈，民主派越表明民主政治的成就会导致所有其他目标的实现，最后人们的失望就越甚。民主政治的品质确实会对社会的品质有正面负面的作用，但这两种品质不应当混淆。作为学者，在研究中应当对生活质量的这两种维度都加以探索。①

（五）马什：政策制定的条件

澳大利亚学者伊恩·马什（Ian Marsh）认为政策制定需要以下五个条件。（1）它必须能够把公众的注意力集中于远期的问题（12—18 年），也能够将它集中到当下的中期（一直算到 5 年为止）的问题上。（2）它能够为两党（多党）交叉的实现提供机会。（3）把战略性政策的制定，与当下及中期问题涉及的政策制定加以区分。（4）制定战略性政策的结构，在当前或中期问题的政策制定结构中，应该具有一个同等正规的地位（这就是说，这个过程是在部长们和内阁的领导下的）；随着政策制定过程展开成为项目的管理，还需要具有检查和评价的能力，以便能使部长、部门、机构和各利益方负责。（5）政策制定的结构，应能够进行利益动员和争取盟友。

要满足这五个条件，唯一可能的办法就是实行一种"强"议会委员会制度。经过挑选的议会能够使政策的制定更为透明，使政策制定的政治过程公开。一个"强"体制至少需要四个条件：（1）它应该形成一种结构，能够覆盖政府主要部门，以及公共政策的重要方面；（2）它应该具备独立进行技术分析的能力；（3）它应该能够鼓动媒体和利益团体的关注；（4）它的组成成员中，至少应该有一些人具有一种"委员会文化"。②

----

① 参见［美］胡安·林茨、［英］阿尔弗雷德·斯特潘《走向巩固的民主制》，载《变动中的民主》，第 56—81 页（第 4 章）。

② 参见［澳］伊恩·马什《政治代表和经济竞争力：可以设想一种新的民主综合吗》，载《变动中的民主》，第 161—18 页（第 9 章）。

五 治理导向的政策范式

在"全球化"背景下出现的"治理"理论，提出了一种新的政策范式，即"治理导向的政策范式"，但是这一范式在一些基本问题上存在严重的分歧，我们可以列举对三个基本问题的不同看法。

（一）政府在治理中的角色

对于政府在治理中扮演的角色，罗西瑙强调的是"没有政府的治理"，甘布尔强调的是"政府是最重要的一个治理机制"。

1. 罗西瑙：没有政府的治理

詹姆斯·罗西瑙（James N. Rosenau，1924—2011 年）以世界政治的视角研究治理问题，明确提出了"没有政府的治理"的概念。

第一，治理与政府统治并非同义词。政府统治意味着由正式权力和警察力量支持的活动，以保证其适时制定的政策能够得到执行。治理则是由共同的目标所支持的，这个目标未必出自合法的以及正式规定的职责，而且它也不一定需要强制力量克服挑战而使别人服从。换句话说，与统治相比，治理是一种内涵更为丰富的现象。它既包括政府机制，同时也包括非正式、非政府的机制。随着治理范围的扩大，各色人等和各类组织得以借助这些机制满足各自的需要，并实现各自的愿望。

第二，治理是一种规则体系。治理包括政府的行为，也包括其他许多可以实现"支配"的方式，如制定目标、下达指令、出台政策等。它依赖主体间重要性的程度不亚于正式颁布的宪法和宪章的依赖。更明确地说，治理是只有被多数人接受（或者至少被它所影响的那些最有权势的人接受）才会生效的规则体系；然而，政府的政策即使受到普遍的反对，仍然能够付诸实施。

第三，没有政府治理的可能。治理在维护体系延续上始终发挥着有效作用，否则它就不应当存在（因为人们不会提及无效治理，而只会说无政府状态或者混乱）。另一方面，政府即使不被视为根本不存在（人们往往干脆视之为"软弱"），实际上也很可能是相当低效的。因此，没有政府的治理是可能的，即我们可以设想这样一种规章机制：尽管它们未被赋予正式的权力，但在其活动领域内也能够有效地发挥功能。甚至可能还会有人认为，鉴于政府所执行的有害的政策，在某种程度上，没有政府统治的治理比起善于治理的政府更为可取。

第四，分散的决策中心。一些安排实际上源于个体决定的集中，这些个体决定提出的目的就在于服务直接的子系统所关注的目标，但是它最终汇集成为系统广度的秩序安排。一个自我调节的集合体可以促进秩序的形成。一种多元秩序趋向于多个分散的决策中心，但要使之经久不衰，治理就不可或缺。

第五，多头政治中的公民权。两极世界构造、合法性与权威标准的出现，以及伴随着与正式政府无关的治理机制的发展，为公民介入世界的过程提供了诸多新的切入点。与其说对民主的渴望是变革的动力，倒不如视之为技术革命的结果，而这改变了公民的能力。

第六，规范性秩序与经验性秩序。无论我们何时分析政策问题、分析促进或组织新的全球安排的问题，经验性秩序和规范性秩序之间的区别也都是十分明显的。那些将体制秩序的众多形式与诸多政策目标相联系的人的出发点都必然是某种规范性的秩序映像。要使政策目标以符合人们感情需要的方式实现，它们就必须与最低限度的经验环境相联系，在这一环境中可以采取任何措施来实现上述政策目标。①

2. 甘布尔：反"终结"的治理理论

安德鲁·甘布尔（Andrew Gamble，1947—　）认为"治理"这一术语的复兴，为的是表明社会得以统治的驾驭机制的范围。政府是诸多机制中的一种，而且很明显，不论怎么说都是最重要的一个治理机制，但这并不意味着它是唯一的方式。政府所采取的治理模式往往是一种等级森严的组织，具有明确和具体的责任分工，明确的上下级关系。其他诸如市场和网络的治理模式则以不同方式来协调和控制行为。②

甘布尔不同意"政府的终结"的说法，认为治理使我们重新注意社会得以管理的复杂模式，以及已建立起来的社会互动的稳定模式。尤其是

① 参见［美］詹姆斯·罗西瑙《世界政治中的治理、秩序和变革》、《变动中的全球秩序与公民权》，载詹姆斯·罗西瑙主编《没有政府的治理》，张胜军、刘小林等译，江西人民出版社 2001 年 9 月版，第 1—31 页（第 1 章）、第 317—340 页（第 10 章）；《21 世纪的治理》，载［英］戴维·赫尔德、［美］詹姆斯·罗西瑙等《国将不国：西方著名学者论全球化与国家主权》，俞可平等译，江西人民出版社 2004 年 1 月版，第 370—405 页（第 12 章）。

② 参见［英］安德鲁·甘布尔《政治和命运》，胡晓劲、罗珊珍等译，凤凰出版传媒集团、江苏人民出版社 2007 年 4 月第 2 版，第 85 页。

它对所有的、非国家的网络和市场的关注，这些网络和市场联系着个体，而无须政府或是公司的官僚机构的调解。多层次的复杂治理模式显而易见，但并不意味着政府工作必然缩减。这种向调节型国家而非向干预式国家的转变并不预示着政府的终结，它甚至可能意味着"政府"的增加，只是这种政府并非一定是国家层面上的政府。重要的是不同治理模式间的平衡，这才是政治的关键所在，因为所有的治理模式，包括市场，都要求政治上的合法性和政治上的支持。①

甘布尔也不同意"公众参与的终结"的论断，指出在现代理解中，私人拥有优先位置，政体的目标在于倡导和满足私人需要和私人欲望的获得。这就是现代性一以贯之的发展轨迹，应该从对抗这种背景的角度来考察参与形式的改变。把20世纪上半叶确立起来的某些参与形式视为理所当然，并想象为某种标准的代表，据此对当今的情形做出判断，这其实是一个错误。参与形式改变了，何者为公及其怎样实现也都发生了变化。如今，明显存在着威胁到公和公共空间观念的趋势，但是我们也要认识到新的参与形式和新的公共议程出现的方式。与信息革命密切相关的新技术正在开创公民未来参与的新途径，这种新途径将适应正在崛起的新型社会和社会交往。②

甘布尔还不同意"公共利益的终结"的看法，认为公共利益概念的关键之处不仅在于如何定义公与私以及它们之间的关系，而且在于如何定义公共领域、如何定义超出公共领域之外的政治领域概念，以及适合于规划和评估公共政策和公共行动的标准和价值。这也意味着，公共利益不可能是固定不变的事物，它总是处于争论中，总是处于谈判的进程中，总是由政治来决定的。③

甘布尔指出国家常常被等同为政府，也等同为公众。但是，政府至多只能算是国家的一部分，一个特殊的组织手段来传递公众赞同的政策。"掌权政治"是任何一种制度化的权力体系都不可缺少的，但它又远比这一体系更广阔，包括政党组织和压力集团，以及与扩展中的国家相伴相生的各种网络和政策共同体。它关注于寻找共同基础，达成共识和联合，使

---

① 参见［英］安德鲁·甘布尔《政治和命运》，第85—88页。
② 同上书，第89—94页。
③ 同上书，第95、99、114页。

对立的各方能走到一起，找到足够多的一致的且合理合法的解决办法，并拥有接近决策者的渠道。政治的权力维度并不会消失，在任何政治制度中，资源必须要分配，职位也必须要有人来担当，于是，"政治"就会出没其间，质疑和考验这些决策，施加压力与影响。政治的权力维度来自集权化的决策，它出现在每一个组织之中，也出现在当代国家中。由于媒介对个人品格和政治流言的"胃口"丝毫没有缩减的迹象，决策的集权化程度看来是在增长，而非相反。这是宫廷政治，它会永远存在。要减少人们对宫廷政治的反感，减轻政策的通过和实施过程中所遇到的阻力，其实还是可以有所作为的。缺少了冲突和严肃的争论，谁在掌权和他们制定什么政策的问题也就变得无关紧要了。①

（二）全球化对"国家"的挑战

在"全球化"的影响下，国家的决策功能是全面减退甚至消亡，还是发生了一定的转变，西方学者既有"主权国家消失"的论点（斯科尔特），也有反对"国家消失"或"国家衰亡"的论点（潘尼奇等），还有强调"主权国家治理"的论点（梅斯奎塔等）。

1. 斯科尔特：主权国家的消失

简·阿尔特·斯科尔特（J. A. Scholte）认为当代全球化资本不是对国家的存亡，而是对民主的实现提出了挑战，并提出了以下论点。

（1）面临着资本的全球化，国家仍然存在，而且没有任何迹象表明其衰亡的命运。每个国家在面临全球化时，会有不同的政策抉择和机遇。如果国家不支持全球化进程，大量的全球化是不会涌现出来的。

（2）跨国资本和全球化的其他方面的共同作用，剥夺了当代国家的主权。主权消失了，现代国家也已失去了单方面实行全面的宏观经济政策的能力，但主权的终结并不意味着国家的终结。

（3）除传统的国内公民外，跨国资本还赋予当今国家某些跨地域的支持者。

（4）跨国的剩余积累过程大大地抑制了国家间的战争。

（5）跨地域的资本主义通常助长了当代国家削减许多社会保障的储备。在 20 世纪的前 75 年里，国家的历史可以说是一个公共领域向保障不

---

① 参见［英］安德鲁·甘布尔《政治和命运》，第 7、89、106—108 页。

断发展的历史。造成社会保障工程的扩张有许多因素，比较引人注目的有，普选权的推广，布尔什维克的挑战，统治精英向世界大战和非殖民化斗争期间遭受苦难的大众的许诺。自 20 世纪 80 年代起，世界各地的政府努力压制社会民主，分解国家社会主义；对于沉没成本，如失业救济、养老金和无条件的官方发展援助，政府一般都采取大力削减的政策。当代国家普遍地减轻了其担负的缓和贫困、财富再分配及保证与此相关的机会均等的责任，这一政策遭到了世界各地的抗议运动的挑战。

（6）资本的全球化促进了国家间多边主义的史无前例的发展，国家放弃单边主义的方法，对世界各方面的事务实行多方协调。

（7）上述趋势为国家民主的实现制造了重大的困难。在旧的以疆界为界的世界里，就纯理论上说，主权可以——当它通过投票、代表和责任机构用于收买国民的人心时——为民主治理提供框架。于是，人民希望由此可以控制国家，国家也可以以人民的名义支配社会关系。由于主权国家的消失，全球化资本主义使得传统的民主模式行不通了。跨国的生产、市场、货币和经营协作轻易地逃避了大多数的可以在一国施行的民主。而且，在处理国家和它们的垮地域的支持者之间的关系上，至今也没有设计出什么机制来保证透明、自由争论和责任。这些问题的解决途径也许在于多边主义的民主化，然而这方面并没有取得多大进展。当然，坚持民主国家的团结可以产生民主的多边主义是站不住脚的。剩余积累的跨国过程不得不使通常意义上的国家一体化显得过时，但处于社会边缘的民主却不在其中，由此提出的显而易见的问题是，不平等和民主的削弱在当前的全球化时代是否相关；更多的全球民主管理和全球分配上充分的公正，在通向一个更公正合理的未来上，二者是否接受共进。[①]

2. 反对"国家消失"的观点

不少学者对于全球化将导致"国家消失"或"国家衰亡"提出了反对意见，进而对所谓"跨国民主"提出了质疑。

利奥·潘尼奇（Leo Panitch，1945—　）指出，有些人认为民族国家已经被全球化所超越了，因而想要引入一种"跨国民主"。其实，不仅世

---

① 参见［英］简·阿尔特·斯科尔特《全球资本主义和国家》，载［英］戴维·赫尔德、［美］詹姆斯·罗西瑙等《国将不国：西方著名学者论全球化与国家主权》，第 146—182 页（第 4 章）。

界仍主要是由国家组成的，而且任何跟资产阶级和官僚阶层的权力相关联的有效民主，也依然是嵌入在以国家或小于国家的单位为界限的政治结构中的。我们不需要造出一种"国际公民社会"，以引入一种"跨国民主"；相反，我们可能看到，一系列的运动会兴起，它们相互仿效，虽然还带有各国独特的特征。①

琳达·韦斯（Lind Weiss）认为"无权力国家"的概念是一种误导，它的问题不在于给政府权能施加新的压力使之不能自由地制定和实施政策这一做法是错误的，问题的关键在于它断定如此的制约是绝对的而非相对的，它们代表了"国家历史的终结"，而非"国家适应国外、国内挑战的演化史"。国家政策决策者所面临的困难，大多要归因于持续不断的经济衰退和国内财政困难——并不否认，全球金融的某些形式有可能对政府政策产生毁灭性打击。但关键在于，在复兴和持续的增长情况下，如此"浩劫"也许被证明为无关紧要。国家的战略调整能力不可能归结为政策工具。这里要强调的是，国家不可能被经济一体化所拖垮。如果有这方面的影响，那也是某些系统特定的政策工具所发挥的功效。由于国家的国内能力不一，充分利用国际经济变化的机会——而不是简单地屈从于其压力——的能力也是各异的。我们正在见证的不是国家权力的削减，而是权力的重构。②

保罗·赫斯特（Paul Hirst，1946—2003 年）、格雷厄姆·汤普逊（Grahame Thompson）认为国家具有两面性：一方面是独立存在的决策制定和执行力量，另一方面是限制它们自己活动和公民活动的规则源泉。这两方面也许可以分开，很大程度上这是有好处的。作为行政和公共政策制定机构的民族国家力量已经衰落，这并不意味着国家的法律制定和宪法调整功能会受到相同程度地减弱。国家一方面是独立存在和结果取向的，事关政治决策以及通过行政贯彻这些决策。国家的另一方面是程序性的，涉及国家作为最广泛意义上的社会活动调节者。作为法治源泉的民族国家是通过国际法实现规制的必要条件，作为全局性的公共权力，它们对拥有各种管理和共同体标准的多元"民族"社会的生存是必不可少的。治

---

① 参见［加拿大］利奥·潘尼奇《全球化与国家》，载《国将不国：西方著名学者论全球化与国家主权》，第31—80 页（第 1 章）。

② 参见［澳大利亚］琳达·韦斯《"无权力国家"的神话》，载《国将不国：西方著名学者论全球化与国家主权》，第81—117 页（第 2 章）。

理——也就是一些能获得预期结果的手段对活动施加的控制——不仅仅是国家的职能范围，相反地，各种各样的公共和私人、国家和非国家、国家和国际的机构及事务所同样可以履行该职责。[①]

丝奇雅·沙森（Sakia Sassen）指出关于国家与全球化的关系包括三个观点，一是认为国家成为全球化的牺牲品并失去了意义；二是认为没有发生大的变化，国家基本上保持了它的原样；三是认为国家调整并做出了改变，从而确保它没有衰落。沙森提出了第四种观点：全球化并不必然导致国家的衰退，也不能使国家像往常一样，或导致其与新情况相适应；国家成为私有和公共领域关系中、国家内部权力平衡中以及包括国家和全球力量在内的更大范围内发生基础变化的场所，国家需要在此当中发挥作用。国家参与到全球化进程的实践当中，而不是这些进程的"牺牲品"；在国家当中建立全球的内化反过来提供了作为这种国家着手参与进程的特定国家功能与能力的去国家化。[②]

3. 梅斯奎塔、鲁特：主权国家治理的政策取向

布鲁斯·布恩诺·德·梅斯奎塔（Bruce Bueno De Mesquita，1946—　）和希尔顿·鲁特（Hilton L. Root）指出，如何为繁荣而治理，可能是最重大的政策问题。

（1）经济成功或者失败的关键，事实上也可以说是广义的政策部署的成功或者失败的关键，在于主权国家的政治制度。制度设计，即创造促使政治领导者为政策结果负责的制度，必须在一个民族国家边界内解决。能够迫使政治家们对国内政策负责的制度，也是对国际资本市场紧急状态负责的重点所在。

（2）我们区分了两种截然不同的政治推动力：政治家们为物资分配进行斗争的推动力和为保护为未来的利益而促成一致的推动力。是选择为眼前的物资分配的斗争还是为未来的利益促成一致，取决于与职责相关的政策是倾向于分配私人物品或者公共物品，还是保住官职。而这一点，反过来是他们所处的政治制度的一个功能。领导者们可以选择全体受益的公

---

① 参见［英］保罗·赫斯特、格雷厄姆·汤普逊《民族国家的未来》，载《国将不国：西方著名学者论全球化与国家主权》，第190—236页（第6章）。

② 参见［美］丝奇雅·沙森《全球的场所与空间：一个扩展的分析领域》，载［英］戴维·赫尔德、安东尼·麦克格鲁主编《全球化理论——研究路径与理论论争》，王生才译，社会科学文献出版社2009年5月版，第84—115页（第4章）。

共物品分配形式，或者只是其亲信受益的私人物品分配方式。故意的政策失误是历史上普遍存在的现象。政治领导者流连于权力，他们为追求政治忠诚不惜以牺牲经济为代价。他们在乎的是政治危机而不是经济危机。

（3）政治制度的特点决定经济危机何时会变成政治危机。一般而言，当领导者为了留任而被要求满足支持者中大多数人的利益时，一个社会的政治制度是民主的。相反，独裁领导者留任只需要一小部分人的支持即可。对于小部分支持者，独裁者将资源奖赏给他们。民主制度剥夺了领导者们的上述选择，迫使领导者必须通过真的、制度的约束来提出有效的公共政策以避免经济危机。这种动态关系，不同于选举，是民主和经济增长之间相互关系的症结所在。

（4）民主经常被评价为在一国领导层内为了提供成功的政策而采取的竞争机制。其前提是，选民会解散政策失败的政府。第三世界最持续和稳定的民主提供了一个令人信服的例子，能解释为什么民主——选举——不足以形成政策责任，以及为什么政党不能通过成功的政策增强社会福利而连任。那些失败的政策通常是与制度安排相一致的，而这些制度安排激励领导层通过庇护而不是通过有效的政策来进行竞争。

（5）政府增加了获利的机会，腐败会得到高度的认同，领导者们手中的政治决策资源使得其追随者们获取贿赂的机会最大化。比如，他们通过控制进出口审批、外汇配额和建设特许来达到这一切。①

梅斯奎塔等人还指出，公民意识对于选择有效公共政策既非必要的也非充分的，缺乏公民意识的领导者也并不一定排斥成功的政策。领导者眼中保持权力的最优制度和能够促进有效公共政策产生的最优制度是有很大区别的。政治家寻求支持者组建获胜联盟，并且通过利益分配来回报这种支持。利益有两种表现形式，一些以私人物品的形式来分配，其他的利益则主要体现在公共政策上，这些政策会影响到国家中每一个人的福利。所有人都关心公共政策，至少在政府必须提供最起码的安全来保障公民享用私人物品和所获收入这一问题上如此。领导者面临两个问题：一个是分配问题；另一个是政治承诺问题。分配问题涉及的是为了犒赏获胜联盟成员，应怎样确定私人物品和公共政策在税收收入中的比例。可信承诺问题

① 参见［美］布鲁斯·布恩诺·德·梅斯奎塔、希尔顿·鲁特《当坏的经济成为好的政治》，载梅斯奎塔、鲁特主编《繁荣的治理之道》，第1—17页（第1章）。

则涉及对私人物品和公共政策的承诺的可信程度。多数决定制度的小规模获胜联盟制度，能更好地推动领导者提供好的政策。在多数决定制度下，挑战现任者领导权的挑战者，也将承诺重点放在公共政策上而不是私人物品的分配上。独裁政府讲求忠诚规则，而在民主国家中，支持者在政策失败时就会不忠诚。小规模获胜联盟制度中的领导者不大可能在负责对政策进行重新评估和政策选择的建议者和官僚身上投资重金，而只是一味取悦于关键的选民。大规模获胜联盟和大规模党团相结合的政治制度并不鼓励政治忠诚，恰恰相反，他们鼓励对政策实施失败的领导者进行惩罚，这就意味着这种制度下的领导者更关注政策执行的情况。[①]

保罗·扎克（Paul J. Zak）分析了"社会政治不稳定"（socio - political instability, SPI）与"发展政策"（提高人均收入增长率的政府行为）的关系，认为发展政策必须是动态，理想的发展政策不仅取决于它对经济增长的影响，也取决于它对 SPI 的影响。降低 SPI 的政策会促进更快的发展并带来政治稳定，产生 SPI 的压力会随着收入的增加而消失，这类政策可能包括减少不公平的收入再分配政策或者限制罢工和游行的政府强制行为，但是通过政府强制来减弱 SPI 的代价也是很大的。[②]

（三）全球治理的政策走向

如何构建"全球治理"体系，西方学者有不同的看法，爱德华兹侧重于联合国决策机制的建立，瑞斯侧重于建立跨国治理的决策协商制度，库珀则要求实行全球代议并推动非选举民主。

1. 爱德华兹：全球治理的决策体制

迈克尔·爱德华兹（Michael Edwards，1943—　）倡导的"全球治理"，是建立各个国家集体承担责任的制度和法律，在此框架下，公民和企业通过民主协商和风险共担来防范全球性的威胁。[③]

爱德华兹认为"全球治理"的各项措施，没有各个成员国的广泛支

---

① 参见〔美〕布鲁斯·布恩诺·德·梅斯奎塔等《政治制度、政治生存与政策成功》，载《繁荣的治理之道》，第64—90页（第3章）。

② 参见〔美〕保罗·扎克《社会政治不稳定与发展问题》，载《繁荣的治理之道》，第164—184页（第6章）。

③ 参见〔美〕迈克尔·爱德华兹《积极的未来》，朱宁译，江西人民出版社2006年4月版，第2页。

持难以奏效。但是，除非这些成员国能够在国际事务的决策中拥有更大的发言权，否则，这些措施也不会得到他们的支持。只有所有国家都对国际问题的决策与后果承担责任，我们才能找到全球问题的永久解决之道。这意味着弱小国家在 WTO 和其他一些国际组织也享有发言权——按照人口的多少而不是国民生产总值来分配选票——公民社会组织的活动空间也应相对扩大。具体的建议是一个包含两个主要组成部分的联合国，一个部分管理社会和经济事务，另一个负责和平和安全事务。两个组成部分都向一个扩大了的安理会和一个更加民主的联合国大会汇报工作。在联合国大会，是根据一个国家负担的世界人口和 GDP 平均值，来确定投票权，或根据每个国家在特定主题上的特殊利益来决定。因为公民社会和商业的直接参与很难，建议设立一个与联合国大会并列的第二个非选举性的内阁理事会，但需要作出适当安排，以防止其被一个地区或集团所控制。另外，代表们要对各项决定起明确作用并有一定程度的真实影响力——例如，就联合国大会的各项提议和安理会各项决议，有要求更多相关信息的自由。[①]

爱德华兹希望建立"对话的政治"。改变政治权力体系是社会和经济变革的前提条件。分权的、民主的治理形式，为人民超越权力的偏见和市场去行使他们的各种公民权利提供了一个最好的框架，该框架嵌入在更大的、在国家和全球层面上做着同样事情的体系之中。权力分散化之所以重要，因为各种新的取舍必须反映每一个人的意见，以便保持经济的持续发展，而这在讨论和政策制定中不是人人都有发言权的政治机制的情况下，是不可能发生的。随着政治参与的增加，国家权威的合法性与有效性也在加强，这同时也为保护那些在社会权力体系中遭受歧视的或者在经济舞台上被剥削的人的权利，提供一个强有力的手段。首要任务是增加穷人、妇女、儿童以及在政策制定中未被充分代表的其他团体的声音，以便所有人拥有同样的参与机会。民主政治教给人民对话和合作的技巧，而这些技巧是社会和经济生活中新型伙伴关系的基础。[②]

爱德华兹对"公民社会"持相对消极的态度：在国际发展的背景下，公民社会被探讨得太多，仅仅追求做一些鸡毛蒜皮的小事，人们期望穷人

---

① 参见［美］迈克尔·爱德华兹《积极的未来》，第 3、202—203 页。
② 同上书，第 174—175 页。

（这里通常指妇女）现在组织社会服务，治理她们的社区，评估各种项目，解决失业问题以及拯救环境。但是大多数穷人要忙于生计，以致做不了这些事情，而绝大多数的其他人则太懒了。大多数发展中国家是否存在着公民社会，有人对此表示怀疑，他们把西方的热衷看作是把自由民主的价值观散布到其他国家的一个圈套。事实确实如此，是那些西方国家的作家使公民社会这个概念通俗化的。治理的目标并不仅仅是一个强有力的公民社会，而是一个方方面面真正公正文明的社会。未来在于通过国际体系对权力进行更好的分配，通过更加多样化的渠道来表达、有更多的监督和平衡。这要求像社会学家们所称谓的"多重公民资格"的运用，以多种角色实现我们的各项权利并且履行各种责任，如作为社区和当地压力集团的成员，国家政体的公民，全球市场中的消费者，还有未来——国际制度的选民。强有力的利益集团可能扭曲民主进程，但是通过保证所有的利益都被包括在内，可以使危险得到控制，而且，一切都是透明的，都为他们所做的和他们声称要代表的负责任。①

为解决跨国家的安全威胁等问题，有三种方法供政策制定者们对其做出反应。第一种方法是一种继续对所有人免费的方法，但这个方法将产生类似"囚徒困境"的自我破坏行为。第二种方法是走向相反的极端，对全球范围内的所有事情进行规制，但这样对激励机制损害太大，对人类自由强加了无法容忍的限制。第三种也是最好的办法是一套核心的协定，该协定以自愿性的规范和其他非强制性的选择为基础，控制行为中大多数的破坏性行为，并且保留在其他地方调整策略的空间余地。这就是全球治理——一套被广泛接受的塑造跨越民族国家边境行为的规则、规范和机制。②

2. 瑞斯：全球化协商

德国学者托马斯·瑞斯（Thomas Risse）认为民主最终是那些利益相关者，通过特定的社会规则，对特定规则的规范合法性相互说服的一种协商进程。一旦行为体达成了合理的共识，这将大大加强规则的合法性，因此也保证了在缺乏约束情况下的自觉遵守。旨在跨国治理中改进决策协商质量的制度，有几项权衡需要考虑。

---

① 参见［美］迈克尔·爱德华兹《积极的未来》，第176—178、251页。
② 同上书，第183、197—198页。

（1）为跨国规则设定进程选择相关的利益相关者是困难的。协商要求那些在决策过程中受到规则潜在影响的人参与，但是建立一个可持续性政策同时没有引起不同利益相关者的反对，这很少达成一致。

（2）协商实体与决策权威中成员选择的决定是关于吸收和排除的问题。谁应该被吸收进来，谁又该被排除出去，以及谁来决定吸收和排除，在建立跨部门公共政策网络中是最具争议的议程。这一问题由于以下事实而更加恶化：具体的利益相关者的利益比扩散的利益相关者的利益，通常更容易被组织和代表。

（3）一旦选中利益相关者，如何建立协商和论辩以改进谈判的质量。这需要具体的机制设定，以促使行为体参与论辩的自我反思过程。在这一点上，需要考虑协商设定中透明性和论辩效率间的平衡。透明性通常被视为增强跨国治理民主合法性的必要元素。如果我们仅通过进一步减少进程的透明性来改进全球治理的协商质量，那么对合法性和外部责任的整体收益来说可能是不值得的。

（4）责任和协商间的潜在紧张。如果谈判者被其对手说服以至于改变了立场，的确提出了责任的问题。至少，他们参与了"双层论辩"进程，也就是说试图说服他们的委托人也应该改变其偏好。不仅要在包括跨部门公共政策网络的多边谈判中将协商进程机制化，还需要将交往反馈带回谈判者需要负责的国内和其他环境。不然的话，我们会牺牲责任和合法性以换取效率。"双层论辩"对克服秘密协商的效率和确保进程的透明性间的紧张也是必要的。[①]

3. 库珀：全球治理的革新

安德鲁·库珀（Andrew Kuper）对重新建构全球治理和走向"回应性民主"，提出了八项革新措施。

（1）通过界定义务获得权力。我们需要更为具体、更一致和系统的询问，谁应该为谁做些什么。我们需要识别特定的施动者（无论是国家还是非国家行为体，抑或个人），它能够并且有义务去维护贫困个人和群体的权利。

（2）将非国家行为体引入治理当中。我们的主要目标必须是建构我

们的全球政治秩序，以便我们清除恶意和冷漠的施动者，同时利用和帮助公正与发展潜在的施动者。这需要两方面相联系的变化：重新分配责任和重新分配代表权。

（3）重新分配责任。分配义务给国家或非国家行为体的第一步是建立分配这些政治责任的原则，第二步是根据原则进行运用和裁断，第三步是根据义务确定行动的相关施动者。

（4）推动非选举民主。民主并不与选举同义，理解选举可以和不可以做什么至关重要。选举远不能保证足够的民主代议。为约束政治权力的滥用，要么我们必须找到选举多边机制，要么我们必须找到非选举的机制，它与国家为基础的选举机制协同运行，保证我们的观点和利益的充分代表。

（5）推动权力的多元性。权力分离可以通过引导制度彼此制衡，解决公民与统治者间权力与信息的不对称问题。基本理念是针对不同的和潜在冲突的政府功能，为不同的机构明确界定的权力；同时如果这些机构要完成各自的功能，它们必须相互依赖，那么它们有强烈的理由去达成一整套的法律和政策。在许多情况下，我们有充足的理由重视系统中心的代议，我们更关心对整体公民治理的控制及结果，而不是特定的施动者是否经选举产生。这并不是说。全球代议可以摒弃选举或国家。相反，它强调获得民主代议的机制既超越了活跃的公民社会，也超越了国家机构的选举。

（6）扩展责任机构。在全球层面构建责任机构，以重大的权力来调查特定的领域，提出改革计划并监管变化的执行，但问题最困难的是如何来守卫这些保护人，使他们与直接的政治干预无缘同时仍处于民主控制之下。

（7）突出义务宪章。这一宪章应包含分配辅助性原则、累积民主原则和沟通能力原则。

（8）重构企业和公民部门。培养、累积和联系社会企业承诺，将从根本上改变公民组织和公司的日常影响。[①]

西方学者对"民主化"理论和"治理"理论有相当多的论述，本章只是摘取了其中的一小部分论点，来说明这样一个基本的事实："民主

---

① 参见［美］安德鲁·库珀《重新建构全球治理：八项革新》，载《全球化理论——研究路径与理论论争》，第265—282页（第11章）。

化"理论本身并未产生新的政策范式，而是将"多元民主政策范式"、
"决策民主政策范式"、"直接民主政策范式"和"代议制民主政策范式"
等引入了比较政治研究或"全球民主化"研究；"治理"理论提出的"治
理导向的政策范式"，应该说是一种新的政策范式，但是这一范式的内部
分歧过大，还缺乏全面的"整合"和系统性的理论阐释。

第十二章　比较政治学：政治发展、政治文化与政策发展

研究政治发展和政治文化的西方学者，注重的是将既有的解释政策与民主关系的理论范式，与发展问题或政治文化问题联系在一起，而不是创立新的范式。政治发展和政治文化已经有很多研究成果，我们只是选择了部分学者的论点，说明在这两个领域中，也大量涉及政策与民主关系的讨论。

一　政治发展理论中的政策视角

研究政治发展理论的学者，对"决策民主范式"给出了不同的解释，尤其需要注意的是派伊、利普哈特等人的论点。

（一）派伊：政治发展与政策发展

鲁恂·W. 派伊（Lucian W. Pye，又译白鲁恂，1921—2008 年）以政治发展的视角，讨论了民主与政策的关系等问题。

1. 政治发展的定义

派伊归纳了西方学术界对"政治发展"的十种不同定义。（1）政治发展是经济发展的前提。（2）政治发展是工业社会的典型政治形态。（3）政治发展是政治现代化。（4）政治发展是民族国家的运转。（5）政治发展是行政和法律的发展。（6）政治发展是大众动员和大众参与。（7）政治发展是民主制度的建立。（8）政治发展是一种稳定而有序的变迁。（9）政治发展是动员和权力。（10）政治发展是多元社会变迁进程的一个方面。他认为有三个主题在关于发展问题的一般看法中似乎是最广泛的和最根本的。

　　第一个主题是一种关于平等的一般精神和态度。政治发展的确包括大众对政治活动的普遍参与和介入。参与既可以是民主的也可以是极权动员方式的，主要的看法是臣民必须成为积极的公民，或至少表面上的大众统治是必要的。

　　第二个主题与政治体系的能力有关。从某种意义上说，能力与政治体系的输出，以及政治体系所能够影响其他的社会和经济方面的程度有关。能力也同政府的作为，以及影响这些作为的条件有密切的关系：（1）能力是政治和政府活动的大小、范围和规模的首要标志。（2）能力意味着公共政策执行中的效力和效率，发达的体系可能不仅能比别的体系做更多的事，而且能做得更快更好。现代化的确蕴含着一种能够有效地处理更大范围问题的更大的能力，可供政策选择利用的权力水平显然比在传统体系中要高些。（3）能力与行政中理性化和政策的世俗取向有关，政府的行动更受审议和辩论过程的指导作用。这种过程寻求把手段和目的以一种系统的方式联系起来，因此规划才有可能。

　　第三个主题是分化和专业化。发展的这一方面首先指的是结构的分化和专业化，职位和机构倾向于具有特定的和界定的功能，而在政府的事务范围内就对工作进行了相应的分工。由于分化，在体系中各种政治角色的功能专门性就会上升。最后，分化还要求复杂的结构与过程的统一。①

　　2. 政治发展中的危机

　　派伊指出政治发展中有认同危机、合法性危机、贯彻危机、参与危机、整合危机、分配危机六大危机。

　　（1）认同危机。"认同危机"是六大危机中"第一个也是最根本的"危机。一个新国家中的人民必须把他们的国家领土视为家园，他们必须认识到作为个人，他们的人格认同在某种程度上是被其按领土划界的国家的认同定义的；人们一旦感到处于两个世界之间，感到在社会上处于无根的状态，他们就不可能具有建立一个稳定、现代的民族国家所必需的那种坚定的认同了。

　　（2）合法性危机。过渡社会里存在着一种深刻的权威危机，因为一切统治的努力都会受到来自不同人不同原因的挑战，领导人无法获得具有

---

　　① 参见［美］鲁恂·W. 派伊《政治发展面面观》，任晓、王元译，天津人民出版社2009年4月版，第49—65页。

合法权威的全面的支配权力。

（3）贯彻危机。新国家里非常重要的行政问题导致了贯彻危机的产生，它包括政府深入社会与推行基本政策的问题。要推行有意义的发展政策，政府就必须能够深入乡村的层次并关心人们的日常生活。贯彻的问题是政府为正常制度确立效力，以及在统治者与臣民之间建立信任和良好关系的问题。起初政府发展很难激发人民或改变其价值观和习惯，以获得对国家发展进程的支持。另一方面，政府的效力在破除旧的控制方式方面，经常会引发广泛的更大程度地影响政府政策的要求。

（4）参与危机。大众参与扩大的合理速度不确定，以及新参与进来的力量给现存体系带来严峻考验时，就会发生参与危机。随着一部分新人进入政治过程，就会产生新的利益和新的问题，以至于原来的政策的连续性中断，这样一来就需要重建政治体系的全部结构了。参与危机的出现并不必然地标志着对民主过程的压力。

（5）整合危机。这一危机包括把大众政治与政府活动联系起来的问题，因此它代表有效而妥当地解决贯彻和参与危机的问题。在许多过渡体系里会存在许多不同的利益组合，但它们基本上都不是互动的，它们最多是各自向政府提出其独立的要求。政府必须同时对付所有这些要求。而与此同时，政府本身可能就不是很统一的。其结果是，整个政治体系中一般施政水平的低下。

（6）分配危机。发展过程中的最后一个危机包括如何运用政府权力，以影响社会中的商品、服务和价值的分配问题。什么人将从政府获益，政府要给社会各方面带来更大的福利需要做些什么。①

3. 民主与政治发展

派伊就民主与政治发展的关系，提出了以下看法。

第一，民主与经济增长的要求。派伊不同意民主的方法比专制的方式缺乏效率的论点，指出有能力的民主领导实际上可以鼓励大众参与，而比那些专制独裁的领导实现更多的对经济发展任务的干预。②

第二，政治稳定与公共政策的关系。政治稳定的实质是一种实现有目的变迁的能力，因此稳定意味着在对付变迁着的情况时的一种适应能力。

---

① 参见［美］鲁恂·W. 派伊《政治发展面面观》，第80—85页。
② 同上书，第90—92页。

与之截然相反的是，政治不稳定则意味着这样一种公共政策，它要么过于僵硬呆板无法促成社会中各种价值的动态平衡，要么就过于游移不定无法向一种目标前进。①

第三，代议制的政策功能。要建成一个代议制政府的稳定体系，大多数的过渡社会都缺乏两种根本的前提。首先是一种社会机制，因为只有由此才有可能在社会中不断地决定和澄清价值与利益的模式，并通过一种统合与契约的过程把它们跟权力的模式联系起来。其次是一旦社会将有关的价值和利益表达出来时，具有适当的手段去贯彻公共政策——也就是说，具有不仅仅是作为统治权力集团的有效的官僚体系。由于代议政治的互相作用，一个社会有可能实现世界文化与本国传统文化成分之间的基本综合。因为竞争政治会使人们划分自己的真正利益，在社会生活中的手段与目的之间，寻求一种合理的关系，以及区分私人与公共政策之间的不同。②

第四，利益表达和利益综合。政治作为一个过程，其中互相冲突的利益能够公开表达，并由此可以作出调整从而使各派利益都能得到最大程度的实现。而若要如此，就必须存在一个公开的过程，使利益能够得到表达并综合成为公共政策。起代议作用的政治人物的一个基本功能正是表达这些利益。如果领导人对于特定利益的分配没有把握的话，他们就不可能执行对各种针对专门利益组合的政策要求进行过系统策划的战略策略。在这种情况下，公共讨论就会从有关社会冲突的严重现实问题上转移出去，而成为一种大而无当的泛泛之论。政治表达的目的不只存在于训练有批判和怀疑精神的选民。对于过渡社会而言，政治表达更为基本的目的可能在于向大众灌输一种新的价值和新的观念。现代化要求的是大众趣味和风格的转变、新技术和新要求的产生，以及新效忠的聚合。③

第五，有秩序的权威。强有力的控制和有效的行政管理不应看作是民主发展的对立面，倒是权威和参与在现代国家的建设上应该携手共进。我们试图强调通过加强大众政治人物的作用来扩大民主参与。民主发展不仅是只包括对大众参与问题的成功解决。要想有民主的政府，就必须有一个

---

① 参见［美］鲁恂·W. 派伊《政治发展面面观》，第 93 页。
② 同上书，第 94—99 页。
③ 同上书，第 99—102 页。

政府和有秩序的权威。①

第六，法律、行政与政治之间的平衡。殖民地经历的结果是无需把法院的工作同公共政策的要求联系起来，法律似乎成了独立的存在，没有人知道它如何同可以为有秩序的变革和创新开辟道路的立法过程取得平衡。政治社会中变迁和稳定的核心是法律、行政和大众参与之间的相互关系，现代化和政治发展要求这三个方面要有微妙然而稳固和确定的平衡。在创造现代国家时法律本身是不够的，甚至当法律通过行政体系得到执行的时候，国家发展也不会自动得到。大众政治的发展是国家建立的第三个必不可少的因素，通过它可以让人们表达他们的愿望和价值观。然而加入大众政治将摧毁其他二者——法律和行政——的话，那么现代政治体的建立就会以另一种方式而步履艰难，如果不被摧毁的话。②

4. 传播的作用

政治过程和传播过程之间存在着特别紧密的关系，因为在政治领域内传播过程具有一种根本性的功能。如果没有一个能够扩充和放大个人言辞和选择的网络，那就不会有能够覆盖一个国家的政治。传播过程还为大众政治中的理性提供必要的基础。

传播过程能帮助一个社会建立其政治因果关系的法则和确立其似乎可能的范围。在很大程度上，政治是通过把相互关系归结为社会中一切形式的事件而形成的，而正是政治家被认为对理解和说明事件之间的相互关系特别敏感。这一过程以最简单和最自然的形式，涉及那些确定自己的政策与已降临社会的一切美好事物之间联系的掌权者，涉及那些对无情地与同样这些政策俱来的一切罪恶作出解释的在野者。传播过程为限制和弄清政治因果关系的恰当范围提供了一个基础，以使领导者和公民都能强制接受同样似乎合理的意识。同时，通过确定适宜的责任原则，它能将政治行为者紧紧地把握在因果关系的网络中。传播过程因此给予了政治过程以形式和结构：一方面是不断地对政治家发出暗示，提醒他政治行为是具有结果的，而人民对政治会有无法满足的期望；另一方面是告诫他们，无所不能的幻想总是危险的。

人们可能愿意甚至渴望自己直接面对传媒，而且他们也许能够充分理

<hr>

① 参见［美］鲁恂·W. 派伊《政治发展面面观》，第 107 页。
② 同上书，第 144—147 页。

解信息，但其结果未必就是更为有效的政治参与。目前在过渡社会中仍然有大量的人，他们应该改变自己的地位，从旁观的臣民转变为参与的公民，但是尽管公共事务已具有足够的知识，他们依然无动于衷。尽管大众媒介在新国家中对公民教育具有很大的潜力，但这种潜力只有通过微妙的理解方法才能实现。①

（二）利普哈特："共识民主"与"协和民主"

阿伦·利普哈特（Arend Lijphart，又译李帕特，1936—　）认为"政治发展"通常包括两个维度，其一是民主化，其二是国族整合。同时应该提及的是，在有关政治发展的观念中，有三个重要的方面。（1）民主化和发展的其他维度通常被认为是依赖国族整合的。（2）紧随着这种命题的是对政策的要求：国族建构必须被提到优先位置，并成为发展中国家领导人的首要任务。（3）通常的观点是国族建构要求根除那些原初的次国族纽带，并由国族忠诚来取代它们。② 利普哈特通过多国的比较研究，提出了"共识民主"（consensus democracy）和"协和民主"（consociational democracy）的概念，这两个概念都与政策有密切的关系。

1. "共识民主"的政策特征

利普哈特认为现代民主国家都可以在以"多数民主"为一端、以"共识民主"为另一端的范围之内进行测量。把民主定义为"民治和民享的政府"引起了一个基本的问题：政府由谁来治理？当人民之间产生了不一致或有不同的偏好时，政府应该代表谁的利益？对此困境的答案之一是：人民的多数。这就是多数民主模式的本质。多数民主这个答案既简单又直接，并且得到了广泛的赞同，原因是与政府由少数人掌握并对之负责相比，政府由多数人控制并符合多数人的愿望显然更接近"民治和民享的政府"的理想。另一个备选答案是：尽可能多的人。这是共识民主模式的核心所在。它承认多数人的统治优于少数人的统治，在这一点上与多数民主并无不同。但是，共识民主模式仅仅把多数原则视为最低限度的要求：它努力使"多数"的规模最大化，而不是满足于获得作出决策所需

---

① 参见［美］鲁恂·W. 派伊《政治发展面面观》，第175—178、191—192页。

② 参见［美］阿伦·利普哈特《多元社会中的民主：一项比较研究》，刘伟译，世纪出版集团、上海人民出版社2013年1月版，第14页。

的狭隘多数。在共识民主模式下，各种规则的制定、各类机构的设置旨在使人们广泛地参与政府，并就政府推行的政策达成普遍的一致。共识民主模式通过多种手段试图分享、分割和限制权力，以包容、交易和妥协为特征，因此也可以被定义为"谈判式民主"（negotiation democracy）。①

多数民主与共识民主在最重要的民主制度和规则方面有十项重要的差别，前五项表现为"行政机关—政党维度"的差别，后五项表现为"联邦制—单一制维度"的差别（多数民主模式特征在前，共识民主模式特征在后）。

（1）行政权集中于一党多数内阁—行政权在广泛的多党联合内阁中分享。

（2）在行政机关与立法机关的关系方面，行政机关居优势地位—行政机关与立法机关权力平衡。

（3）两党制—多党制。

（4）多数选举制、非比例代表选举制—比例代表制。

（5）自由竞争的、多元主义的利益集团制度—相互协调的、旨在达成妥协与合作的"合作主义"利益集团制度。

（6）中央集权的单一制政府—地方分权的联邦制政府。

（7）立法权集中于一院制立法机关—立法权由同样强大但构成不同的立法机关两院分享。

（8）只需简单多数赞同即可修改的柔性宪法—只有经特别多数通过才能修改的刚性宪法。

（9）立法机关对其所通过法律的合宪性有决定权的制度—法律的合宪性要由最高法院或宪法法院通过司法审查予以裁定的制度。

（10）依赖行政机关的中央银行—独立的中央银行。②

就"行政机关—政党维度"而言，多数民主国家在宏观经济管理和控制暴力等方面并不比共识民主国家做得更好，实际上共识民主国家的绩效反倒略胜一筹；而在民主的品质、民主的代表性和"公共政策取向的宽容性与温和性"方面，共识民主国家的绩效远胜于多数民主国家。在

----

① 参见［美］阿伦·利普哈特《民主的模式：36个国家的政府形式和政府绩效》，陈崎译，北京大学出版社2006年11月版，"前言"，第6页；正文，第1—2页。

② 同上书，第2—3页。

"联邦制—单一制维度"上，共识民主国家采用的联邦制对大国来说具有明显的优越性，独立的中央银行则为实现抑制通货膨胀的目的提供了有效的服务。我们可以设想，共识民主和这些更宽容、更温和的政策都源自同一种从根本上寻求共识、倡导集体意愿的文化，而此种设想似乎比假设上述政策都是共识民主制度的直接产物更有说服力。①

2. "协和民主"的政策优势

利普哈特认为"协和民主"既是经验的，也是规范的，②可以通过四个特征来界定。

（1）大联盟。协和民主的首要特征，是多元社会所有重要区块的政治领导人在大联盟中合作，进而治理国家。大联盟并不完全否定反对派，也并不一定带来行政无效率、成本高和决策瘫痪。从短期来看，协和民主可能显得迟缓而笨重，但是随着时间的推移，它却更有可能出台有效的决策，特别是在政治领袖们学会了适度使用相互否决权的时候，僵局和动力瘫痪并非完全不可避免。小的国家规模，对协和民主的建立及其成功实践的可能性，同时有着直接和间接的影响。一方面，它有助于直接增强和解与合作的精神；另一方面，基于决策负担的减轻，国家变得容易治理，从而间接地增加了采用协和民主的机会。③

（2）相互否决或协同多数原则。相互否决是对纯粹多数决原则的偏离，意味着消极少数决原则。④

（3）比例性原则。比例原则也代表着对多数决原则的一个显著偏离。比例原则为大联盟概念增加了一个限制，不仅所有的区块在决策机构中都应该有其代表，而且代表须按比例分配。比例原则承载着两个主要功能。其一，它是在不同区块中分配公职以及通过政府补充形式分配稀缺资源的一种方法。比例性作为一个中立而无偏狭的分配标准，排除了决策过程中大量潜在的分歧问题，因此也减轻了协和政府的负担。其二，将最困难和最攸关的决策，交付各区块最高领导层，比例原则在这个过程中是一个关

---

① 参见［美］阿伦·利普哈特《民主的模式：36个国家的政府形式和政府绩效》，第222—227页。

② 参见［美］阿伦·利普哈特《多元社会中的民主：一项比较研究》，第1页。

③ 同上书，第23、39—41、54页。

④ 同上书，第31—32页。

键设置。①

（4）区块自治。区块自治带来少数统治，在少数专属的事务领域，由少数自己来统治，这是大联盟原则在逻辑上的必然。与共同利益相关的一切事务，都应该由所有区块根据各自大致的影响力比例作决定。而其他的所有事务，一切决策及其执行都可以交由各区块去作。不同区块的分立与自治，即它们必须自我管理自身事务，至少在两个方面影响了平等理念。其一，协和民主关注各群体受到平等与按比例的对待，甚至关注个体平等。其二，区块分离与自治对实现全社会的平等，可能构成障碍。分离或许倾向于不平等，但并不内在地导致不平等。②

（三）帕特南：具有回应性和有效率的政策

罗伯特·帕特南（Robert D. Putnam，1941—　）对意大利民主政治发展的研究，运用的是新制度主义的研究方法，并且重点关注的是"制度绩效"。他把制度绩效的观念建立在"社会需求—政治互动—政府—政策选择—实施"的简单治理模型上，强调的是政府制度从它们的社会环境中获得输入，然后输出结果以对那个环境作出反应，最后决定采取一项政策（可能仅仅是象征性的），除非政策是"什么也不做"，否则就意味着必须实施。一个高效的民主制度应该既是回应性的又是有效率的：对选民的需要很敏感，同时，在应用有限的资源解决这些问题的时候富有效率。③

帕特南的研究发现，在1970年以后的20年里，意大利政府的博弈规则已经改变。地区政治家之间的党派关系明显比支持他们的选民之间的党派关系更加开放和宽容。地方决策的变化趋势产生了一个重要的后果，对实际问题的多数意见不再因为党派对立而难以达成了。意识形态化的政治在这20年里逐渐衰弱了。地区政治家不再把世界看作是非黑即白，而有着更微妙的灰影（因而是可以讨价还价的）。实用主义不再是一个口号，而是处理事务的一种方法。他们现在更多是关注行政的、政治的、程序的改革。立法自治和行政效率（或更经常的情况是行政无效率）在他们关

---

① 参见［美］阿伦·利普哈特《多元社会中的民主：一项比较研究》，第32—34页。

② 同上书，第34—35、39—40页。

③ 参见［美］罗伯特·帕特南《使民主运转起来——现代意大利的公民传统》，王列、赖海榕译，江西人民出版社2001年9月版，第9页。

于地区事务的讨论中所占的比重要大得多，而早年关注的救星式的"激进社会革新"已经消逝了。在具体政策问题上的意见分歧更大了，中央政府转移的权力和资源使地区领导人有能力作出真正的选择，因而也有了对实际事务的真正争论。新的地区制度在其成员中培养了一种宽容的、合作的实用主义精神，地区改革培养了"政治运行的一条新途径"。①

从严格的政府间政治关系的角度看，意大利的地区政府与中央政府之间关系在20世纪80年代得到了巨大的改善，地区委员与社区领导人对中央权力机关的敌意都降低了。大多数问题引起的都不是简单的中央与地区管辖权的斗争，而是多角的斗争。许多项目的责任并不是明确分配给某一级政府的，其责任事实上是由中央、地区和地方政府共同承担的。所有三个级别政府的政治家和行政官员不断地进行非正式的磋商，互相之间要进行谈判，这些磋商与谈判经常是非常激烈的，即使在主要的决策责任明确属于某一级政府的时候也是如此。到20世纪80年代，已经成立了将近100个联合委员会来协调具体部门的地区政策和中央政策。地方政治家善于要求自治，但不善于在得到自治权后建立完善的自治。无论是中央的转移制度还是地区的招募制度，两者都存在一支积极主动的有能力实施创造性的地区政策的官员队伍。管理的开放性是地区政府与中央政府之间存在巨大差别的一个重要方面，地区和地方组织都可以请到地区政府官员来倾听它们的抱怨和建议。总之，在政府的"输入"方面，地区政府比中央政府有重大的改善，但是在"输出"方面，地区政府的管理还亟待改善。地区领导人可能已经学会了"政治运行的一条新途径"，但是他们中的大多数人还没有发现有效"管理的新方法"。②

帕特南为衡量"制度绩效"采用了政策的制定、政策的颁布、政策的实施三个方面的12项指标，并强调要衡量的主要是"输入"而不是"输出"。调查和分析的结果显示，一些地区政府在多方面都比另一些地区政府更加成功。参与的特征随着不同地区政治状况的巨大差异而不同。一些地区，政治行为人认为政治是对公共事务的集体论辩。而另一些地区，政治是等级化地组织起来的，是比较狭隘地集中于个人利益的。意大

---

① 参见［美］罗伯特·帕特南《使民主运转起来——现代意大利的公民传统》，第29、36—39、42页。

② 同上书，第49—52、56—57页。

利一些地区有许多合唱团、足球队、鸟类观察俱乐部和扶轮社。这些地区的大多数国民都通过日报热切地关心社区事务。他们为公共事物所吸引，而不是为个人化的或庇护—附庸型的政治所吸引。居民们相互信任、行为公允、遵守法律。这些地区的领导人比较诚实。他们相信民众政府，始终愿意与自己的政治对手达成妥协。这里的国民与领导人认为平等是合意的，社会网络和政治网络的组织方式是水平式的，不是等级制的。社区鼓励团结、公民参与、合作和诚实的品质，政府是有效的。另一端是"公民性弱"的地区，可以很恰当地用"无公民品质"来概括。这些地区公共生活的组织方式是等级化的而非水平型的。"国民"的概念被严重扭曲。在个体居民的眼里，公共事务是别人的事务——即高级人士的事务，"老板们的""政治家们的"——不是自己的事务。很少有人去参加关于共同利益的思考，提供给他们的这种机会也不多。政治参与的动机是个人化的依附或私人的贪欲，不是集体的目标。对社会和文化社团生活的参与非常少。私人的考虑代替了公共的目的。政治家们自己也这样看，他们对民主的原则冷嘲热讽，"妥协"是一个贬义词。这里的代议制不如公民性更强的地区的代议制政府有效。①

帕特南认为，在所有社会中，集体行动困境都阻碍了人们为了共同的利益——无论是政治的还是经济的——而进行合作的尝试。第三方强制不足以解决这一问题。自愿性合作依赖于社会资本的存在。普遍互惠的规范和公民参与网络，鼓励了社会信任和合作。横向的公民参与网络有助于参与者解决集体行动困境，一个组织的建构越具有横向性，它就越能够在更广泛的共同体内促进制度的成功。为什么社会资本——体现在横向公民参与网络之中——提供了政府和经济的绩效，而不是相反，我们的观点是强社会、强经济；强社会，强国家。②

二　政治文化视野下的政策比较

在政治文化的研究中，政策比较已经成为一项必不可少的内容，并且

---

①　参见［美］罗伯特·帕特南《使民主运转起来——现代意大利的公民传统》，第74—83、91、109、133—134 页。

②　同上书，第 206—208 页。

主要是基于"决策民主范式"或"精英决策范式"的跨国比较，可以列举一些重要的论点。

（一）阿尔蒙德等：以政策比较为核心的政治文化研究

阿尔蒙德（Gabriel A. Almond，1911—2002 年）、鲍威尔（G. Bingham Powell）、多尔顿（Russell J. Dalton）、斯特罗姆（Kaare Strom）等人阐述的比较政治学理论，重点就是政策的比较研究，因为按照他们的界定，"政治关系到人类的种种决策，政治科学便是对决策的研究"；"政治是指在特定人群中、特定领土内，与能够得到权威和强制工具支持的公共决策控制相关的种种活动"。① "民主"亦与政策有重要的关系：民主的字面意思是"民治政府"。在小型政治体系如地方共同体中，"民众"也许有可能直接参与公共政策的辩论、决定和执行。在大型政治体系如现代国家中，民主必定是通过间接参与政策制定来实现的。选举、竞争性政党、自由的大众媒体和代议制使得一定程度的民主成为可能。这种间接的代议制民主并非是彻底的，或者理想的民主，但是公民的参与越多，他们选择的影响力越大，该体系也就越民主。② 在一个从事复杂的政策制定活动的庞大机构中，要长期不断维持一个直接的、平等的民主制，无论它是谈判性的还是市场型的交换，事实上都是不可能的。公民充其量也只能参与少数问题的决策，或是直接参与分权的政治基层部门。民主这一概念的大部分感召力，无疑在于它有希望达成这样一种政治体系，参与的需求，政府的反应和令人满意的支持之间能够进行成功的交换，从而为政治体系内的公民提供体系过程和政策产品。③ 阿尔蒙德等人就以政策为核心的比较政治研究和政治文化研究，提出了一个系统性的框架。

1. 政治体系的构成

政治体系是一种特殊的社会体系——即参与制定权威性公共政策的体系。换言之，政治体系就是一套表达并实现社会或其中诸群体共同目标的

---

① 参见［美］阿尔蒙德、多尔顿、鲍威尔、斯特罗姆等《当代比较政治学：世界视野》（第 8 版更新版），杨红伟、吴新叶、方卿、曾纪茂等译，上海人民出版社 2010 年 2 月版，第 3—4 页。

② 同上书，第 31 页。

③ 参见［美］阿尔蒙德、鲍威尔《比较政治学——体系、过程和政策》，曹沛霖、郑世平、公婷、陈峰译，东方出版社 2007 年 7 月版，第 61、419 页；［美］阿尔蒙德、多尔顿、鲍威尔、斯特罗纳等《当代比较政治学：世界视野》，第 116—117 页。

机构，如议会、官僚机构和法院等。①

任何政治体系所发挥的功能都可以从三个层次来考察，即体系层次、过程层次和政策层次。

体系层次涉及体系的维持和适应功能，主要关注的是政体规范和合法性等问题。公民服从与精英人物政策之间的交换的基础因政治文化而异。有效的社会化形成了支持性的态度和一致的政策倾向，这将有助于实现体系的延续。

在过程层次中，要求和支持的输入通过一个转换过程变成了权威性政策的输出。这一转换过程可以看作是由四个方面的功能组成的。（1）利益表达。（2）利益综合。（3）政策制定。（4）政策实施。

政策层次即政策的实际作为。政策层次不仅关注输出本身，而且还包括对转换过程每一阶段作政策上的分析，并关注政策输出的后果和反馈的作用。认为在不同政策领域会有一致的政治功能行为，这实在是一个严重的错误。事实上，在外交政策或国防政策中承担利益表达、利益综合、政策制定和政治执行功能的结构，同那些涉及税收政策、教育和福利的结构常常是很不相同的。政策结构不仅按政策领域，而且常常按某一具体的政策方向形成专业化。凡是在政策选择呈现多极化的地方，我们往往可以看到内部政策看法一致的各种具体结构，但在该政策领域中表达利益的各结构的组合也会出现多极化。②

政治体系面临五种类型的挑战和问题：（1）渗透和统一问题，亦所谓国家建设问题；（2）忠诚和义务，或称之为民族建设问题；（3）参与问题，也就是各种社会集团施加压力，要求参加政治体系的政策制定的问题；（4）经济建设问题，即运用政治体系来提高国内经济的生产能力，使社会得到产品和服务；（5）分配或服务，即国内社会中产生的，要求运用政治体系的权力来重新分配收入、财富、机会和荣誉的压力。③

2. 政治文化中的政策取向

欲了解一国现在和未来的行为趋向，就必须首先讨论公众对政治的态

① 参见 ［美］阿尔蒙德、多尔顿、鲍威尔、斯特罗姆等《当代比较政治学：世界视野》，第14页。

② 参见 ［美］阿尔蒙德、鲍威尔：《比较政治学——体系、过程和政策》，第14—17、65—72页；［美］阿尔蒙德、多尔顿、鲍威尔、斯特罗姆等《当代比较政治学：世界视野》，第53—58页。

③ 参见 ［美］阿尔蒙德、鲍威尔《比较政治学——体系、过程和政策》，第24页。

度和他们在政治体系中的角色——我们称之为一国的政治文化。政治文化是一个民族在特定时期流行的一套政治态度、信仰和感情。我们可以把个人对政治对象的态度区分为三个组成部分：认识的、感情的和评价的。

个人政治倾向一个最重要的方面在于各种态度之间的关系，也就是一致性的总量和类型。如果一个人对一种政策问题（如外交政策）的看法与他对另一种政策问题（如政府干预经济的程度和取消种族隔离）的看法毫无关系，他的倾向是非强制性的。如果一个人对某类问题的选择和他对所有其他问题的选择有关，他的态度是受到高度强制的，他有一系列高度一致的倾向。如果大多数公民都有一系列非常一致的政策态度，如果这些态度又按同样的方式组合在一起，那么政治文化的政策选择不是一致右的，就是一致左的。政策问题的性质，特别是政策问题同一般公民生活的关系，公民可能作出的选择，以及教育和普遍兴趣的变化，都能增加或减少公民态度的一致性。公民在政策问题上可能还比较容易达成一致的看法，而对他们应在政治过程中发挥怎样的作用，或对什么是最佳类型的政治体系则容易产生意见分歧。

体系文化重点关注的是"国家的认同意识"问题。即使公民或是如文官和军官那样的重要精英人物对在政权中任职的某些个人有反感，或对其政策有不同看法，他们可能仍然支持这一政权；反之也一样，公民和精英人物可能支持个人，但是不支持这一政权的结构。

过程文化重点关注的是个人对于自己在政治过程中影响力的看法，以及个人对于自己同其他活动者之间关系的看法。后者有信任和敌视的不同，前者有狭隘观念者、顺从者和参与者的区别。

狭隘观念者指那些对政治体系所知甚少，甚至一无所知的公民。没有文化的农民对国家政治可能一无所知，而对本村的决策却可能积极参与。但是狭隘观念者的一般观念主要是指那些在生活中只关心非政治性事务，而且对自己与国家政治过程的关系毫无意识的公民。

顺从者就是已经成为政治体系组成部分的，并对政治体系施加于他们生活的影响或潜在的影响有所认识的公民，他们受政府行动的影响而不是积极地去影响政府的行动。他们甚至可能对政权和权威人物产生某种合法感或者疏远感。但是他们对于政治参与始终抱被动的态度。

参与者表现出来的是对社会的输入过程，也就是那些促使他们介入政治的过程有一定的认识，并形成了鼓励自己利用各种参与机会的态度，也就是相信只要努力去做就能够影响国家的政治事务。

政策文化是对公共政策的倾向模式。在不同的政策领域中，我们一般能够辨别出对于能使全体人民团结或分裂的政治问题所采取的基本态度，这些态度影响着政策所取方法的实质和联盟的形成。政策倾向模式的核心是人们对美好社会的想象，目标的一致并不等于政策的一致。公共政策的倾向就是对政治体系作为的选择，即对社会资源的提取和分配以及对行为管制的选择。这些选择倾向是为了通过各种类型的政治行动来实现社会所要达到的意图或战略目标。国家内部或国家间选择倾向的不同，可能来自不同的理想社会结果，或来自有关怎样实现这些结果的不同理论，也来自对现实社会中现有社会条件的不同认识。

世俗化的主要影响在于它指出有可能用慎重考虑的政策，按照所需的方式来控制社会和经济环境。在过程层次上，世俗化指对于政治机会有较强的意识以及利用这些可能改变个人命运的政治机会的意愿；世俗化意味着社会中对政治过程抱狭隘观念者不断减少，顺从者和参与者角色不断增加。在体系层次上，世俗化代表性地意味着以习惯和超凡魅力为基础的合法性标准的削弱，而政府实际作为的重要性日益成为合法性的基础。①

3. 政治录用的政策作用

录用功能是一种体系功能，它与社会化和交流这两种其他的体系功能相互作用，但是录用功能执行中的某种变化，也可能影响过程层次和政策层次。

在体系层次上是维持现状还是进行变革，取决于控制政治资源的人的选择倾向和体系执行政策结果二者之间的平衡。如果具有权势者的期望和体系执行政策的结果完全相等，体系就是协调的，维持现有的结构安排自然不成问题。如果倾向、资源或政策结果发生变化，失去平衡，那么稳定的支持就将受到损害。

在过程层次，录用功能决定了政治体系的容纳范围和担当政治决策的代表性。录用结构会对所建立的决策的代表性，以及在挑选角色中所体现的代表性产生重大影响。

---

① 参见［美］阿尔蒙德、鲍威尔《比较政治学——体系、过程和政策》，第 26—54、110—112 页；［美］阿尔蒙德、多尔顿、鲍威尔、斯特罗姆等《当代比较政治学：世界视野》，第 53 页。

录用也会影响公共政策的执行。（1）由于录用提高了政策制定和执行人员的能力，因而对公共政策有重要的影响。（2）按特殊的选择倾向录用个别人员充任重要的角色也会影响政策。现代民主政治体系的基本概念是公民能够通过定期选举控制精英人物。选民支持的潜在力量之大，使相互竞争的选举结构常常深深地卷入利益综合甚至政策制定中。想获得或保持政治官职，候选人就不得不组成政党，并把政策向选民提出。自由选举具有影响公共政策纲领的潜力。

政治录用还涉及公民角色的录用。尽管参与者角色对民主政治体系中的政策制定来说可能是非常重要的，但所有政治体系中最普遍的公民角色还是顺从者角色。纳税人是所有公民角色中更会使公民拒不服从当局对于促进顺从的要求，作为政府福利领受者的公民角色人们是更乐意担当的。公民中顺从者决策的最后一种形式特别重要：象征性参与角色，大多数政治体系确实都试图以集体、政权和当局的象征来动员公民参与政治。参与不仅仅是回应性政府的手段，它本身还增强了公民的能力和尊严。[1]

4. 政治交流的作用

人民控制政治领导人是由来已久的民主制度的神话。如果对领导人的行动缺乏确切的了解，对这些行动和公众目标之间的关系缺乏认识，要想有意义地表达和施加政治影响就是不可能的。首先，公民要掌握足够的事实，以便在一定的情况下决定作出选择。其次，公民需要知道哪些领导人在这些问题上采取各种不同的立场。最后，公民如果同那些赞同他们立场的人联合在一起，那么他们的影响和控制方面所进行的努力通常就会更加有效。不过，即使在民主政体下，要获得公众得以控制的信息也由于种种原因而变得复杂起来：一是政府活动涉及技术的复杂性以及为理解这些复杂性需要越来越专门的知识；二是公众对许多政治问题非常隔膜。当然，如果政策结果不好的话，选民能够运用并且确实也用了投票这个方法来反对现任领导人。但尽管如此，如果所有的任职者表现都恶劣的话，那么究竟谁负责的问题还是不能解决。

在总的政策领域里的主要争论焦点之一，是作为政策运行基础的综合计划问题，争论集中在直接协调和通过市场的力量间接鼓励这两种方法的

---

① 参见［美］阿尔蒙德、鲍威尔《比较政治学——体系、过程和政策》，第114—129页；［美］阿尔蒙德、多尔顿、鲍威尔、斯特罗姆等《当代比较政治学：世界视野》，第163页。

利弊上。对这些问题不能作笼统的回答，因为政策问题是受具体环境以及政治体系运用其政府性机构从事提取、分配、管制等活动的能力的影响的。但是，对交流和体系的特性的分析可以说明这些政策问题的某些总的基本动因。除了技术问题和充分培训人员的问题之外，在最明显的政策处理中存在着一些基本的困难：政府行政机构直接干预和发展综合性的政策规划，这些困难与信息失实有关，既包括决策者所获信息的失实，也包括决策者在致力执行已定政策过程中的失实。如果中央决策者负责评价所有的信息并制订所有的决策，而不仅是负责作出基本政策选择，那么他们在一个庞大而复杂体系中的功效就会由于以下因素而削弱。（1）中央决策者只能读到或听到和了解到数量有限的信息。（2）由于一个集权的决策结构的信息系统包括许多环节，发生错误和失实的可能性也加倍增长。（3）大量有关信息不断增加的技术复杂性，使得高级官员都要受他们手下专家们的支配。（4）政府行政等级结构所起的歪曲作用，在有效的政策收集和发布信息方面也造成了许多困难。随着大量信息的出现和大部分信息具有技术性质，其结果是一个庞大而复杂的体系不可避免地要么被推向一定程度的分权，要么便陷入缺乏效率和不合理性的活动。[①]

5. 利益表达

利益表达同把它们成功地转换为权威性政策，是完全不同的两码事。除个人方式的利益表达之外，我们还能从组织的角度出发，把利益集团分为四种类型：（1）非正规的，就是无组织的暴徒和骚乱；（2）非社团性的，建立在共同意识形态的种族、语言、宗教、地区和职业利益的基础之上；（3）机构性的，存在于诸如政党、公司、立法部门、军队、政府行政机构和教会组织之内；（4）社团性的，为了表达某些特定集团的目标而专门建立起来的。

利益集团在发达工业社会中同整个决策过程发生联系的方式，第一种是竞争性的，第二种是非自主性的，第三种是阶级合作性的，第四种是国家控制型的。

对实行新政策或继续推行某些政策的要求，是同给予选举支持的承诺合法地联系在一起，几乎所有的政治体系都禁止或至少是谨慎地控制和管制使用暴力，特别是控制和管制政策制定者使用强制手段。合法的接近渠

---

① 参见［美］阿尔蒙德、鲍威尔《比较政治学——体系、过程和政策》，第164—175页。

道包括个人联系、精英人物代理、大众传媒工具、政党、立法机构、抗议示威等方式，强制性的接近渠道包括罢工和阻挠、暴乱等方式。

近年来，人们越来越关注一个问题，即大量的利益集团网络以及这些集团内的公众参与是否促生了公民社会——在这样的社会中，人们所参与的社团和政治交往不受国家的控制或管制。社区团体、志愿协会，甚至宗教团体，还有通过大众媒体和因特网对免费通讯和信息的获取方式，都是公民社会的重要部分。公众积极参与多种多样的利益集团，为民主政治的发展提供了坚实的基础。[①]

6. 利益综合

把各种要求转变成重大政策选择的功能，称作利益综合。各种要求得到大量政治资源的支持，就转变成重大的政策选择。要使各种政治要求成为真正的政策选择，必须得到一种政治体系中任何能起决定作用的资源的充分支持，因此，利益综合是由把各种要求汇合进政策选择并动员支持这些政策选择的资源的过程所组成的。

利益综合是一个重要功能，它在体系、过程和政策各层次上都有重大意义。从政治体系层次上看，它有助于思考各个竞争者是用什么政治资源来支持竞争者和政策的。对于决策过程，利益综合能够成为一个重要的桥梁，把大批集团和个人分散的利益和资源同得到多数联盟支持的权威性决策的制定联系起来。在政策层次上，利益综合的模式影响着政策的实质内容。利益综合会影响具体的政策结果。如果利益综合使某些政策、方针得到了多数的支持或决定性的支持，这些政策就有可能得以通过。如果利益综合产生若干个竞争者，那么在决策阶段上大部将取决于他们在利益综合过程中各自向其追随者所作的政策承诺，以及取决于他们已经积累起来的资源的规模和类型。

利益综合至少有五个相互作用复杂的因素是须加以考虑的。

（1）政府组织。政府组织之所以重要，是因为它影响到政党在利益综合过程中所采取的方法策略。如果决策是中央集权式的，那么政党的目标必定是参加具有全国性影响的联盟。如果实行的是联邦制度和地方分权，政党就可能要致力于控制地方政府。

---

① 参见［美］阿尔蒙德、鲍威尔《比较政治学——体系、过程和政策》，第179—198页；［美］阿尔蒙德、多尔顿、鲍威尔、斯特罗姆等《当代比较政治学：世界视野》，第71—89页。

（2）政党制度所提供的政策选择。如果有许多政党在于提出不同的政策选择，那么公民们很可能去寻找一个代表他们所赞同的那种综合政策立场的政党。政党向选民提出的那些供选择的政策的制定，是一个复杂的问题，它取决于社会中各种选择倾向的分布，也取决于党的领袖的抱负、资源和策略。

（3）公民的选举行为。公民在为某些党的候选人奔走和投票时，直接参加了利益综合。

（4）选举法。选民的行为和他们的行动对利益综合的意义这二者却要受制于选举法。

（5）议会中联盟的形成。选举法、政党的政策选择和选民的行为共同产生了议会和行政部门中的政党代表。

利益综合过程的一个重要结果就是缩小了政策选择的范围。通过利益综合，公民的愿望和要求最终转化为少数可行的政策。此外，利益综合还意味着政治资源已经被集中到少数几个决定政策的政治角色手中。政治文化在政策制定中会形成分裂，而利益综合往往会改变分裂的结果。利益综合过程的最终含义，可能在于政府的代表性和适应性以及由此产生的政府稳定性。[①]

7. 决策规则和政府结构

决策是政治过程的关键性阶段，是把有效的政治要求转换成权威性决策的阶段。决策规则之所以影响政治活动，是因为它决定了寻求何种政治资源及如何获得和使用这些资源。个人和集团若试图影响政策，也必须在这些规则的框架当中运作。决策规则必须透明和稳定。权威性政策的制定和实施必须有某些固定的决策规则——关于制定规则的规则——以决定谁能在政策制定和实施中从事什么活动。决策规则赋予各种政治资源以特定的价值，决定了决策过程的组织方式：（1）中央和地方权力在区域上的分配；（2）不同政府部门之间决策权的划分和分配；（3）对政府权力限制的程度及方式。

宪法是关于决策制定、权利和政治体系中权威分配的基本规则。政策制定是社会利益和要求转换为官方的公共政策的过程，宪法确定了该过程

---

① 参见［美］阿尔蒙德、鲍威尔《比较政治学——体系、过程和政策》，第209—232页；［美］阿尔蒙德、多尔顿、鲍威尔、斯特罗姆等《当代比较政治学：世界视野》，第107—110页。

的规则。宪法把政策建议权赋予特定的集团或机构，又赋予另一些集团或机构以权力，来修正、拒绝或批准这些建议，或者贯彻、监督或评判这些建议。如果通过投票来作出决策，仍然需要一些规则来决定投票的结果。

政府是一套制定和执行政策的结构。政治体系的基本决策规则确定组织和权力。政府机构——虽然在不同的方式上是专业化的——是多功能的。行政机构既执行和裁决政策，也制定政策；立法机构既参与制定政策，也参与执行政策；法院既裁决政策，有时也制定政策。

在一个政治体系中，无论存在什么样的政策推动力，都往往集中于政治行政领导部门。政治行政领导部门由所有政策领域中的部长和政务次官组成；它的成员构成会反映其政策动向。

立法机构可能具有体系、过程和政策功能。它们在制定宪法和在其他决定规则中所起的作用，以及在录用、社会化和交流中所起的作用，就是它们的体系功能。立法机构参与利益表达和利益综合，参与政策制定和政策执行，就是它们的过程功能，而议会中的专业化委员会以及按党派和按问题组成的各种集团则意味着立法机构的政策功能。

大多数政治部门和机构都执行着好几种不同的功能，而官僚机构几乎是单独执行着一项关键性的政治功能——在各种具体情况下实施法律、法规和规章。从某种意义上说，官僚机构垄断了政治体系的输出方面。官僚机构还大大地影响着决策过程。一项普遍政策得以贯彻到什么程度，通常取决于官僚对它的解释，以及取决于他们实施该项政策的兴致和效率。公共政策是经政府行政部门和议会批准实施的法律意图的表述。它们为实现这些目标而分配资源和确定责任。但这种意图的实现，取决于官僚机构和受这些政策影响的社会集团的反响。政策很可能会在官僚机构的勾心斗角的荆棘中夭折，或是因官僚机构的误解或反对而被歪曲得不成样子。①

8. 政策输出和反馈

政治生产力包括体系产品、过程产品和政策产品。体系产品要求体系维持和体系适应。过程产品是在输入和输出两个阶段上生产出来的包括公共政策制定中的参与以及公共政策执行和实施中的服从和司法程序上的公

---

① 参见〔美〕阿尔蒙德、鲍威尔《比较政治学——体系、过程和政策》，第245—246、270—293页；〔美〕阿尔蒙德、多尔顿、鲍威尔、斯特罗姆等《当代比较政治学：世界视野》，第114—116页。

正。政策产品则包括福利、安全、自由等。

公共政策表示在政治过程中形成的目标，反映决策联盟期望的社会结果，反映领导人认为可用以取得这些结果的手段。

在政策意图和政策结果之间始终存在着巨大的差距，这个差距有两个重要的原因。第一个原因是政策要经过一个执行的过程，而在这个过程中，政策会被改变，政策执行功能限制了决策者的创新能力。在政策执行结构中的工作人员，常常会抵制他们所反对的政策，或者受其他集团的收买和控制，而且政策执行的复杂程度简直可以减弱行政官员的能力。第二个原因是，政策是同政策所要影响的国内和国际环境中的社会、经济和文化过程相互作用的。政治体系的实际作为和政治体系所要影响的环境之间的相互作用，常常没有被决策者充分理解，或者这种相互作用受到无法预测的外部因素的影响。

输出也可以说是包括了四种由政治体系所引起的交往，这些交往通常是与顺从者支持密切相关的。

（1）提取。所有的政治体系都从其环境中提取资源，尤其是从其成员中提取。提取采取的形式可以有贡品、战利品、税收或个人服役。政治体系的提取行为，可以由提取对象的类型、提取的数量以及由受这些提取影响的集团来衡量。

（2）分配。政府不仅索取——它还给予，这就是我们所谓的分配。人们可以根据所分配的东西——经济产品；教育、保健、环境卫生或娱乐等方面的各种服务；以及诸如地位、威信、或共同感和安全之类的其他价值观——来进行比较。在描述和比较分配方面的实际作为时，要提出的问题：一是政治体系的分配活动面有多大；二是政治体系怎样在各种功能和活动中分配其开支；三是谁是这些开支的受益者。

（3）管制。管制是对社会中的个体和群体行为实施政治控制。在对人类行为的管制上，各政治体系由于以下四个方面的不同而有所不同：一是被管制行动的数量和类型；二是受管制的集团；三是在执行管制的程序上的限制；四是用来强迫人们服从的制裁的类型和严厉程度。在描述某个政治体系的管制作用的特点时，人们还应回答下述三个具体问题：一是人类行为和交互作用在哪些方面受到了管制，受管制的程度有多大？二是社会中是哪些集团受到了这样的管制，执行管制时受到什么程序限制？三是为强迫或诱导人们的作为，使用了哪些类型的奖惩法令？

（4）象征。政治领导人以象征作为沟通形式，包括确立价值观、展示政治象征、阐明各种政策的意图。这种象征输出是为了增强政治体系在其他方面的实际作为，也就是要让人民更乐意和诚实地缴纳税款，更忠诚地服从法律，或承受牺牲、危险和困苦。政治角色的承担者——政治精英人物——不断在彼此之间，以及在同公民集团或全体公民进行交流。他们所说的大部分内容，包括其他精英人物或公民为什么要服从法律，或者支持公共政策及其实施。为了规劝和说服公民采取某种所需的行为，领导人都求助于文化价值观、感情和信仰。政治精英人物的象征性输出也可能诉诸过去，作为动员人民支持当前公共政策路线的一种方法。也可能用承诺自己的行动将同传统作为或同意识形态理想保持一致的方式，号召人民走向未来。①

在考察公共政策及其实施结果时，我们必须区分，这种结果是有意造成的还是无意发生的；是即时发生的还是随后出现的，即使是即时发生的结果也会偏离人们的意向。政治文化在过程的两个阶段——当输出变成结果时，以及当结果变成反馈时——影响着政治体系的实际作为。②

9. 公民文化与政策研究

民主国家为普通人提供机会，以具有影响的公民身份，去参加政治决策的过程。但是，民主政体和它的公民文化的现行原则——政治精英决策的方式，他们的规范和态度，普通公民的规范和态度，领袖和政府的关系以及他和他的选民的关系，则是更微妙的文化部分。③

我们还必须介绍另一种复杂概念——"角色文化"。较复杂的政治系统之特征是它们都具有角色——官僚机构、军队、政治行政组织、党派、利益集团、传播媒介——的专业化结构。由于这些精英在制定政策和执行政策方面是决定性的，因此存在于他们之间的文化差异可以严重地影响政治系统的运行。在稳定的、合法的政治系统中，角色文化仅仅在内容上发生变化。在不稳定的政治系统中，政策的差别伴随着结构式取向方面的差

---

① 参见［美］阿尔蒙德、鲍威尔《比较政治学——体系、过程和政策》，第 12、297—323、372、413—418 页；［美］阿尔蒙德、多尔顿、鲍威尔、斯特罗姆等《当代比较政治学：世界视野》，第 143—154 页。

② 参见［美］阿尔蒙德、鲍威尔《比较政治学——体系、过程和政策》，第 337、371 页。

③ 参见［美］阿尔蒙德、维巴《公民文化——五个国家的政治态度和民主制》，徐湘林等译，东方出版社 2008 年 2 月版，第 4—5 页。

别，而且可能在精英层次上产生文化的破裂。①

与有人主张的"理性—主动性"的理想公民参与模型不同，在公民文化中，个人并不必然是理性的、积极的公民。他的行动模式是较复杂和较有节制的。依照这种方式，他能够把某种程度的能力、卷入和积极性与消极性和不卷入结合起来。此外，他与政府的关系，不是一种纯粹的理性关系，因为这种关系包括坚持（他的和决策者的）我们称之为公民能力的民主神话。一方面，民主政府必须管理，它必须具有权力和领导层并能够制定决策。另一方面，它对它的公民必须是负责任的，因此，民主制度就意味着在某些方面政府精英们必须对公民的愿望和要求作出响应。在政府的权力和政府的责任之间保持适当的平衡是民主制最重要也是最困难的任务之一。高比率的潜在影响力和较低水平的实际影响力之间的差距，以及认为有参与义务的高频率与参与的实际重要性和数量之间的差距，有助于解释一种民主政治文化能怎样保持政府精英的权力与政府精英的职责之间的平衡（或者是它的补充，在普通百姓的积极性和影响力与普通百姓的被动性和无影响力之间的平衡）。政治参与是比较少的，它对个人来说相对缺乏重要性。此外，普通人客观上的弱点，允许政府精英去发挥作用。普通人的不积极和对影响决策缺乏能力，有助于政府精英提供他们作决定所需要的权力。但是这仅仅是把民主系统中相对立的目标之一增加到最大值。精英的权力必须要受到制约，在公民文化中的公民具有一座有影响力的储备库。他并非不断地卷入政治，他并不主动地监督政治决策者的行为。但是如果需要，他便有发挥作用的潜能。公民卷入，精英给予回答，然后公民后退，这样的循环可能趋向于巩固对民主政治所需要的对立平衡。②

西德尼·维巴（Sidney Verba，1932—　）还特别指出，即使满怀公民意识的上层社会的人士可以参与到政治生活中来，并且将一系列支持民主制度的态度输入系统当中，他们仍然会有特殊的利益需求，同时以他们的喜好来扭曲政府的回应性特征，因此无法有效代表那些没有积极参与政治的群体的要求。观察大众政治现象与研究政策过程有关。大

---

①　参见［美］阿尔蒙德、维巴《公民文化——五个国家的政治态度和民主制》，第27—28页。

②　同上书，第421—434页。

众政治运动对环境政策或者核能政策的参与已经对许多国家的政策过程产生了重大的影响。①

（二）李普塞特：注重分歧和共识的政治人

李普塞特（Seymour Martin Lipset，1922—2006 年）从熊彼特和韦伯的著作中抽象出来的民主定义是：一个复杂社会中的民主，可以定义为一种政治系统，该系统为定期更换政府官员提供合乎宪法的机会；也可以定位为一种社会机制，该机制允许尽可能多的人通过在政治职位竞争者中作出选择，以影响重大决策。它隐含着如下几个特定条件：（1）有这样一种"政治信条"或政治信仰体系，认为通过政党、新闻自由等方式表达信仰是合法（公认正当）的；（2）有一组执政的政治领导人；（3）有一组或多组希图执政并得到承认的领导人。这些条件的必要性是显而易见的。首先，如果一种政治系统不以允许权力"竞赛"的价值体系为特征，民主就会变得混乱无序。其次，如果政治"博弈"的结果不是把实权定期授予某一集团，那么出现的与其说是民主，不如说是一种不稳定的、不负责任的政体。最后，如果缺乏使有效的反对派继续存在的条件，执政者的权力将会不断增强，而公众对政策的影响将处于最低限度。②

李普塞特强调研究促进民主的条件，必须把重点放在分歧和共识的根源上。稳定的民主要求冲突或分歧的具体化，以致出现围绕统治地位的斗争，对执政党的挑战和执政党的更替；但是，如果没有共识，即没有一种允许对政权进行和平"博弈"，允许"在野党"维护"执政党"的决策，允许"执政党"承认"在野党"的权利的政治系统，就不可能有民主。③

政治参与问题也可以从不同角度看，这取决于你是关心分歧，还是关心共识。相信高度参与永远有利于民主的观点是没有根据的。民主制理论的一个主要问题是：在什么条件下社会可以有维护民主制的"充分的"参与，而不引入削弱社会凝聚力的分歧根源。④

---

① 参见［美］西德尼·维巴《再论公民文化》，载［美］阿尔蒙德、维巴编《重访公民文化》，李国强等译，东方出版社 2014 年 5 月版，第 343 页（第 10 章）。

② 参见［美］李普塞特《政治人：政治的社会基础》，张绍宗译，上海人民出版社 1997 年 9 月第 1 版，1998 年 3 月第 2 次印刷本，第 24 页。

③ 同上书，第 1 页。

④ 同上书，第 11 页。

组织成员或社会公民对政治事务参与，对于一般人员发挥对组织和政府政策的影响，既不是必要条件，也不是充分条件。一方面，成员可以显示对组织和社会的低水平参与，但却因为他们能收回或给予竞争权力的这个或那个不同的官僚机构以选举支持而影响政策。另一方面，成员或公民可以定期参加会议，大部分人加入各种政治组织，甚至参与投票的比率很高，但却对政策没有或几乎没有影响。尽管如此，就民主而言，即对于保持一个有效的反对派来说，导致一个组织之成员进行高度参与的条件，通常比很少有人对政治过程有兴趣或参与政治的条件有更大的潜力。参与率和投票率的高低，本身对民主政治无所谓好坏；重要的是，参与的程度和性质反映其他因素，而这些因素最深刻地制约着制度发展或生存的机会。不过，不同阶层居民的冷漠程度和不同程度的参与，也确实反映政治过程中起基础作用的共识和冲突。[①]

对于一个社会群体来说，显示较高的投票率可以用四个极一般的解释性前提加以概括。

一是他的利益受政府政策的强烈影响（政府政策与个人的关系）：（1）依赖于政府，因为政府是他的雇主；（2）面对需要政府采取行动的经济压力；（3）面对政府的经济限制；（4）持有受政府政策影响的道德价值或宗教价值；（5）有关替代政策的有效性；（6）总危机环境。

二是可以接触到关系到其利益的政治决策的信息：（1）政府政策后果的直接可见性；（2）有助于一般洞察力的职业培训和经验；（3）接触与沟通；（4）空闲时间量。

三是面对着要求它投票的社会压力：（1）低下的社会地位和受社会冷落；（2）阶级政治组织的力量；（3）社会接触范围；（4）反对投票的群体原则。

四是不强迫它为不同政党投票（交叉压力）：（1）冲突的利益；（2）冲突的信息；（3）冲突的群体压力。[②]

（三）英格尔哈特：引导精英型政治的政策走向

罗纳德·英格尔哈特（Ronald Inglehart，1934—　）在 1977 年出版

---

① 参见［美］李普塞特《政治人：政治的社会基础》，第162—163 页。
② 同上书，第166—167、193 页。

的《寂静的革命》中已经指出：西方公众价值观业已从过于强调物质福利和身体安全而转向更加强调生活质量。越来越多的民众开始对国内和国际政治拥有足够的兴趣和理解力，从而能够参与这些决策层面中去。当然，群众通过投票等方式在国内政治中发挥重要作用远非今日之事，但文化变革却使得今日的人们可以在政策形成中扮演日益重要的积极角色，也可以让他们参与所谓的"挑战精英"活动之中，以对抗"精英主导"型传统政治。精英主导型政治参与，在很大程度上依然是精英所掌控的政治，即由精英借助于成熟的组织如政党、工会、宗教机构等来动员群众，以获取群众的支持。新的"挑战精英"型政治则在具体决策层面上赋予公众日益重要的角色，而非仅仅让公众在两套决策班底之间进行非此即彼的被动选择。① 20 世纪 90 年代，英格尔哈特更明确提出了"引导精英型"政治的概念，并就此种政治形态的政策走向提出了具体的看法。

1. 后现代主义的政治特征

英格尔哈特认为，从现代化到后现代化，在政治形态方面发生了以下变化。

第一，官僚化国家扩展的功能极限。官僚科层组织的发展曾帮助建构了现代社会，但是已经达到了它的发展极限。后现代主义社会的特征就是科层制度与严厉社会规范的衰退，以及个人选择和民众参与空间的扩展。

第二，淡化对政治、经济和科学权威的强调。后现代主义转变的一个主要组成部分就是背离宗教和官僚权威以及淡化对所有权威的强调。相反，繁荣和安全状况则普遍能促进多元化，特别是民主。

第三，民主的发展。后现代主义价值观的兴起带来了对权威尊重的衰退，以及对参与和自我表现的日益强调，这两个趋向催生了民主化进程（在威权主义国家里），以及参与性更强、以议题为导向的民主政治（在民主国家里）。经济发展带来两种促进民主政治的转变：它带来社会结构转变，从而动员大众参与；带来文化转型以帮助稳定民主政治。

第四，政治标准的变化。后现代主义政治的区分标准就是从以阶级为基础的政治斗争（工业社会的标志）转变到对文化和生活质量的日益强调上来。一方面，分权性和参与性更强的管理风格正日益被重视；另一方

①　参见［美］罗纳德·英格尔哈特《发达工业社会的文化转型》，张秀琴译，社会科学文献出版社 2013 年 7 月版，第 2—3 页。

面，指望政府解决收入和工作保障等问题的倾向正在遭到逆转。

第五，政策服从的变化。政府是一个国家的决策系统。它的民众服从政府的决定，要么出于外部强制，要么因为他们已将一系列规范内化，从而将其服从行为合理化。所有国家无外乎依赖于以上两个因素的结合作用，虽然它们在依赖强制或者依赖文化合法性的程度上存在关键差别，这也是不稳定独裁政权和稳定民主政权之间的差别。文化与强制之间的平衡是政治的核心问题。在现实世界里，所有的政权都在一定程度上依仗强制，但是要民众服从政策，更廉价、更安全的依靠应是内化的价值观及规范，而不是赤裸裸的武力。

第六，文化转型。经济发展也促进有助于稳定民主政治的文化转型，我们发现了两个尤为主要的因素。（1）一种信任文化。民主政治兴起的一个关键元素就是"忠诚的反对派"准则的出现：反对派不是被视作阴谋推翻政府的叛国者，而是受到信任被允许依据民主游戏规则做事。（2）民众的合法性。民主制度能否生存下去取决于它们是否在民众中扎根。对民主化进程而言，民众成了一个至关重要的政治因素。政治系统积极的输出为执政者带来民众支持，从短期看，这种支持建立在成本收益计算的基础上，即关于"你最近为我做了些什么"。如果某个政权的输出在很长一段时间里都被认定是积极的，那么这个政权会发展出"弥散化支持"。民主政权只花较少的时间去重塑它们潜在的文化。民主政权的精髓就在于，它们反映公民的偏好，但不试图控制它们。

第七，政治合法性。与对政治体系本身的好评相比，整体上对个人生活感到满意更能极大地提升政治的合法性。因为对大多数人来说，政治只是生活的边缘领域，其满意度可以在一夜之间升降。但是，当人们感觉到在民主制度下自己的生活在整体上过得很幸福时，随之产生的就是对这一制度的较深层的、弥散化的以及长久的支持基础。高水平的生活满意度、政治满意度、人际信任度、议政率和对现有社会秩序的维护，往往都是联系在一起的——它们构成了对所有世界之积极态度的征候群。长期有效性可能就是产生合法性的最可靠方式，因为公众会将他们在社会化早期对该政体的长期正面态度稳固下来。

第八，公民的政策偏好。在民主制度规范下，政府官员理应执行反映多数公民偏好的政策。但如果实际上大多数公民就政治问题并没有一致或稳定的偏好，那么政治决策者有何必要考虑他们呢？各种证据表明，大众拥有持久的社会政治偏好，调查研究往往会系统性地低估大众态度的稳定性和约束性。大众的议题偏好对精英层面的政治有重大影响，就这些议题而言，在同一政党中政客的立场与选民的立场有着惊人的契合。

第九，政党的变化。后物质主义的兴起给现有的政党制度带来了长期压力。在大多数国家，这些政党分化状况既不与支持变革的社会基础相对应，也不与围绕最有争议问题的分化趋势相对应。现有主要政党皆建立在经济问题占主导而且工人阶级是支持社会政治变革的主要基础之时。而今天，最有争议的问题往往是非经济性的，支持在这些问题上实施变革的也是以中产阶级出身为主的后物质主义者。在这样的事实背景下，主要政党的社会基础往往就会与其意识形态立场出现不一致。当"新政治"问题的争论激烈到足以削弱或分裂现有政党的时候，它们就会出现。只要能提供一个对后物质主义者和老左派选民都有吸引力的政策纲领，左派就能赢得年轻人的支持。非经济问题在国家议程中的地位越来越重要，这就产生了政治分化的新轴线。①

2. 认知动员与政策参与

无论在西方还是东方，发达工业社会的人们越来越多地要求发挥更多的参与作用。在认知动员发生的情况下，公众在积极介入政治决策方面的潜能不断扩大。"认知动员"一语指的是为应对大型社会的政治所需而对政治技能的培养；认知型动员基于那些提升个人技能的不可见转变，这些转变蕴涵重大的政治后果。②

在后现代社会里，民众参与的重点开始从投票转向更活跃的、更针对具体议题的模式上来。民众对老牌科层制政党的忠诚度逐日被侵蚀，不再满足于扮演受纪律约束的群体，而变得日渐自治且挑战精英。因此，虽然投票率出现停滞甚至倒退，但是民众通过更活跃、更针对议题的模式参与政治。另外，民众中越来越多的人开始把言论自由和政治参与本身看作是有价值的好东西，而不仅仅是取得经济安全的手段。对公民来说，投票本

① 参见［美］罗纳德·英格尔哈特《现代化与后现代化——43 个国家的文化、经济与政治变迁》，严挺译，社会科学文献出版社 2013 年 7 月版，第 25—46、55—56、182—186、201、238—241 页；《发达工业社会的文化转型》，第 15、40、110—111、119、133—134、282—283、289—290、304 页。

② 参见［美］罗纳德·英格尔哈特《发达工业社会的文化转型》，第 9、22、376—377 页；《现代化与后现代化——43 个国家的文化、经济与政治变迁》，第 192 页。

身不一定是一种使他们能够支配全国性决策的有效方法，它可以被精英操纵，而且也确实这样发生了。投票可以是实现赋权于民的一个有效步骤，但它不是很有区分能力的那种。①

后物质主义已经不再是一种学生现象。经济繁荣期过后的 10 年或 15 年内，在繁荣期成长起来的年青一代开始成为选民。再过十多年，这一群体又开始占据社会中有权势的职位。紧接着可能又是十年后，这一群体开始成为最高决策者。当"战后一代"在 20 世纪 60 年代的政坛崭露头角之时，大学可能是他们产生主导影响的唯一主要部门。他们年轻，在整个社会中处于少数派地位，并且在决策层相对缺乏代表性。这一切都决定了他们采用对抗的策略。后物质主义者很少能进入关键的决策职位，但他们很有思想动力而且善于表达自己。他们无法控制决策过程，但却可以干扰它，所以他们使用了非传统的政治抗议的技术手段。截至 1980 年，后物质主义者作为专家、国会工作人员和部级机构成员，已经直接接触到了社会政治系统的领导职位，抗议已经不再是他们最有效的工具了。后物质主义者的影响力也不再是以学生拿着抗议标语牌为主要标志了，转而以公益律师或论述环保影响的技术专家为标志。②

3. 从精英主导型政治到引导精英型政治

参与源自两个根本不同的进程：一个是政治参与的旧模式，另一个是新模式。传统官僚组织的成员身份似乎主要鼓励的是"精英主导型"参与方式，它们带来的是较低层次的政治参与，一般就是简单的投票行为。因此与其说它反映的是公众偏好对精英的影响，不如说反映的是精英对公众的成功控制。"引导精英型"参与源于那些在现存机制（不包括那些为处理具体问题而临时设置的机构）中没有特别作用的普通公民。议政率的上升、非传统政治参与形式的增加和新社会运动的兴起都是引导型政治参与兴起的表现。在表达个体偏好上，新的引导精英型参与模式要比旧模式更加精确和详细。它以议题为导向，并且立足于临时性团体，而非现有的官僚组织。它旨在造成特定政策的变化，而不是简单地支持既定团体的代表。这种新参与模式要求有较高的政治技能水平。

---

① 参见〔美〕罗纳德·英格尔哈特《现代化与后现代化——43 个国家的文化、经济与政治变迁》，第 44、192 页。

② 参见〔美〕罗纳德·英格尔哈特《发达工业社会的文化转型》，第 70、336 页。

　　如果我们把正规教育看作政治技能的一个指标，只要识字似乎就足以进行投票了。虽然识字本身就足以带来高投票率，可若想在国家层面提出一项动议，似乎至少需要中等教育，或者可能是大学教育的水平。对于引导精英型政治行为来说，情况尤其如此。甚至在弄清向谁去表达具体不满的问题上，只有小学教育程度的公民们是无法匹及的。所以，后者很可能就要依赖某种代理人，如声称能代表他们利益的保护人或政治首领。

　　政治参与的门槛要求越高，新政治参与模式就越有具体问题针对性，就越有可能发挥功用。说它新是指直到最近，人口中的很大比例才具备这种参与模式所要求的技能。说它新还在于它使公众更少依赖于永久性寡头组织。旨在影响具体政策制定的引导精英型参与模式变得越来越普遍，寡头政治的铁律正逐渐被废除。引导精英型政治行为的潜能在不断增长——这种行为旨在取得具体政策的变化，而不是仅仅为了支持某一组精英。政治在西方社会逐渐变得更加非制度化和更难预测，但它越来越密切地受到公众的监督。①

---

　　①　参见［美］罗纳德·英格尔哈特《发达工业社会的文化转型》，第340—345、374—375页；《现代化与后现代化——43个国家的文化、经济与政治变迁》，第192—195页。

第十三章　政治社会学涉及的政策问题

在 20 世纪 50 年代以来西方政治社会学的发展中，也涉及了政策与民主的关系问题，并从权力、权利、社会结构、社会运动等角度，对不同的解读政策与民主关系的理论范式作了重要的补充。

一　"权力"学说的政策取向

20 世纪前半叶的政治社会学家已经注意到了权力对政策的关键性作用（见本书第二章），这样的问题亦被 20 世纪后半叶的一些政治社会学家所关注，可列举一些有代表性的论点。

（一）迪韦尔热：侧重政策过程研究的"权力学"

莫里斯·迪韦尔热（Maurice Duverger，1917—2014 年）认为政治社会学不是"国家学"，而是"权力学"，"政治社会学 = 权力学"的概念比"政治社会学 = 国家学"的概念更便于政治社会学的运用。尤其是对"权威"问题的研究，迪韦尔热强调的是权威的决定不仅反映了他本人的意志，而且是相当长时间的过程所导致的结果，在这个过程中有许多人进行干预，每个人都从不同的角度施加压力以便赢得对他有利的决定。目前社会学家研究的方向侧重于这种政策过程，而不是集中力量研究掌权者及其权力。这种研究方法使人能更好地了解在什么情况下权威才真正地行使它所享有的权力。对决策的研究为我们提供了第一个研究方法，当我们对一个组织的决策过程作一番精细的剖析时，就可以比较清楚地看出构成正式等级的每个要素所起的真正影响。①

迪韦尔热对其他人称为"权威"的"权力"的定义是：权力就是根据行使这种权力的社会的标准、信仰和价值得以确定的影响（或影响力）形式。权力的存在取决于下述事实，即所有社会集团都明确或不明确地承认一些首领、统治者、领导人——正式称呼如何无所谓——有权向本集团的其他成员发布命令，推动他们做一些没有命令就不会做的事情。本集团的成员服从这种影响，因为他们认为这种影响是合法的，即符合本集团的标准和价值系统。② 迪韦尔热还强调不要把政治权力看成在整体社会中行使的权力，而把它看作是在一切集体（集团或整体社会）中行使的完整权力。也就是说，与本集体每个个别部门中的相对权力比较而言，这是一个能够组织、维持和发展这个集体并保护它不受其他集体侵犯的权力。因此，一个企业的董事长和它的职工大会、一个工会的总书记及其指导委员会就成了政治权威，而行政管理负责人、人事负责人、技术负责人、司库、对外关系代表等则不是权威，因为政治是指整体范围内的总决定和全局性指示。③

迪韦尔热一方面强调了掌权者在决策中的主要地位，指出任何决策都是经过一个复杂过程得出的结果，在这个过程中要受到许多因素的干扰，最后作决策的掌权者也要受到多种因素的压力，但这并不妨碍掌权者在其中起主要作用。在不少文化制度中，选举制实际上不过是一种门面装潢。更准确地说，选举制在其中起着一种表示全体一致的仪礼作用，象征性地显示一下集体对领导自己的掌权者予以承认，并授予他们合法地位。④ 另一方面，他并不同意精英决策的"寡头铁律"，指出民主组织对这种倾向的抵制胜过其他组织。这首先是因为民主组织有产生和监督领导人的正式程序，由本组织成员选举领导人，无记名投票，定期更换当选者，由全体大会或代表大会监督"小圈子"的决定等，这一切都限制了寡头政治的发展。当然，在位的领导人竭力控制选举，以便继续执掌权力或让他自己看中的继承人当选。他们竭力操纵全体大会或代表大会来通过支持其看法

---

① 参见［法］莫里斯·迪韦尔热《政治社会学——政治学要素》，杨祖功、王大东译，东方出版社 2007 年 7 月版，第 10—13、107—108、147 页。

② 同上书，第 98 页。

③ 同上书，第 106—107 页。

④ 同上书，第 111、113—114 页。

的决定，或不让它提出使其难堪和模棱两可的空洞动议。他们往往能达到目的，但又不可能完全达到目的。失去民心的领导人终究要被清除掉。全体大会和代表大会的监督作用有时是很有效的。通过民主程序和依靠多数成员的支持，新的领导人可能脱颖而出并上台执政，因为他们多少反映了本成员组织的愿望。这种情况在非民主组织中是决计没有的。①

迪韦尔热对可能的民主的政策过程提出了以下看法。（1）官僚体制似乎可能包含一些民主成分，比如最高级或某些中间层次作出的决策要由选举产生的理事会通过，或受到它们的监督。（2）某些大型组织划分成相对分散的单位，每个单位在创议、决策和责任上享有相对的自主权，这样就可以摆脱掉官僚主义结构。（3）技术人员结构不仅仅存在于跨越公共部门和私人部门的中间领域里。正如大型企业和行政部门一样，政治方面的问题的复杂性和技术性使个人难以掌握这些问题的各个方面，一次大型会议也无法认真解决这些问题。因此，必须由了解有关各种情况的人所组成的小组来讨论这些问题，也应该让他们参与决策。这样便形成了一种纯粹政治方面的技术人员结构。如果通过内部领导人和传统的委员会来研究政党的组织情况，通过工作委员会和议会党团来研究议会的组织情况，通过部际委员会、技术委员会和工作会议来研究政府的组织情况，就可以看出这些组织的格局是一样的。（4）各种决定都是在一个缩小了的集团内部集体通过的，由一个人（总统、总理、宗教领袖）或大型会议（议会、党代会）决策的现象日益罕见了。这种决策集团中多数互相重叠，同立法与执法、公共机构与私人组织等不同形式交叉在一起。这种集团把部长、高级官员、议员、政党领袖、工会和压力集团的领导人、专家、技术人员或"贤人"，即相对独立的知名人士都联结在一起。（5）技术人员结构的发展并未取消政治组织中的任何民主制度。公民选出的议员和官员参与政治性技术人员结构，他们在其中作最后裁决。选举产生的总统、总理和部长、多数派政党领袖、议会反对派的代表、工会领袖、行会组织和压力集团的代理人，代表着决策集团中的公民。在这一点上与私人部门技术人员结构有很大差别，因为消费者无法在私人部门的技术人员结构里发表他们的意见。②

---

①　参见［法］莫里斯·迪韦尔热《政治社会学——政治学要素》，第142—144页。

②　同上书，第152—153、157—158页。

迪韦尔热对社会系统的各种模式作了分析，认为民主制度与发达国家是相适应的，它们的公民有相当的文化水平，可以通过选举进行基本的政治选择，他们之间的相互对立还没有严重到用阶级斗争来摧毁其脆弱的自由程序的程度。技术的进步、文化水平的提高和社会紧张关系的缓和，为多党制民主制度的运转创造了必要的条件。迪韦尔热还发展出了一种"E-C-I-P"的通用模式，E 代表生产技术，C 代表由此产生的社会分层化，I 代表为这种分层化辩解的意识形态，P 代表政治机构。按照这样的模式，从 19 世纪末到今天有两种显著不同的西方制度交替更迭，即自由主义民主制和"技术民主制"。在 1914 年以前盛行的是第一种制度，1945 年以后开始实行第二种制度，两次世界大战之间则是一个过渡时期。这两种制度中的经济结构和政治结构是密切协调的。自由民主制适合个人所有或家庭所有的中小企业，政治代议制是以"干部党"为基础建立起来的，这些党均围绕一些显赫人物组织起来。在技术民主制中，经济建立在集体的国家的或跨国的大型企业基础之上，它们组成一种技术人员结构，其中包括为作出复杂决策所必需的所有人。市场规律被制定长期生产计划所取代，这种计划需要巨额投资，必须通过科学的、坚持不懈的宣传才能使公众确信它能够成功。行政部门、集体服务机构、国营企业、政党、工会也是纪律森严的重要组织，它们同样是一种与经济技术结构混在一起的技术人员结构领导的。经过如此演变，议会制发生了深刻变化，组织严密的大党都合并为两个党或处于两级联盟之中，从而产生较大的稳定性和政府首脑即多数派政党领袖的巨大权威。只有美国没有发生这种巨变。①

（二）丹尼斯·朗：权力与政策

丹尼斯·朗（Dennis H. Wrong，1923— ）对权力与政策的关系，提出了以下看法。

第一，限制国家的完整权力。现代的国家权力，人们会采用不同于将完整权力转变为一个分散权力系统的形式来企图限制它。限制完整权力可以既不缩小掌权者的决策自主权，也不在特定领域让其他人控制他的权力。设计用于限制完整权力的措施包括定期检查当权者的行为（立法和

---

① 参见［法］莫里斯·迪韦尔热《政治社会学——政治学要素》，第216、254—259 页。

司法审查），定期重新确认掌权者的法律地位或免职和接替（任期和继承规则），规定他可以控制的领域或该领域内供他选择的范围（公民自由权），以及涉及的冤屈的上诉和请愿权利。各种设计，诸如用投票行使的创制权、复决权和罢免权，以及诸如公众授权的选举构想，都是国民对统治者行使抵消权力的既定方法。然而，在现代国家情况下，只要统治权力中不可削弱的完整因素不能完全取消，从完整权力到分散权力的转变就永远不能完成。权利法案，宪法保证，管辖权限制，以及对政治决策者可供选择的法定限制，都是制约国家完整权力的方法，而不是通过剥夺统治者可以按自己意见决定和行动的任何领域，把完整权力完全取消。①

第二，反抗权力。权力对象可用四种方法来反抗或抵触完整权力掌权者的权力：一是可以对他努力行使抵消权力，以便把完整权力转变为分散权力；二是可以对他的权力在广延性（权力对象的数量）、综合性（领域的数量）和强度上设定限制；三是可以摧毁他的全部完整权力，让以前受他控制的行为获得自由和自主选择；四是可以通过获取并行使他的完整权力，设法取代他。涉及现代国家领土管辖内的完整权力，前面三种选择大体上相当于建立民主政府的努力，建立立宪政府的努力，以及消灭政府，或无政府主义。第四种办法显然相当于不同形式的政治更迭，诸如政变、革命后受法律调控的竞选竞争。②

第三，专制权力的决策权。专制或寡头政体更多地运用了广延性、综合性以及强度更大的权力。现代技术，特别是新的通信媒体使得对国民生命的更加高度集中化的官僚控制成为可能，从而将决策集中于少数人手中，甚至可以通过包含从上到下更多中间层次的权力结构来加以实现。③

第四，说服。把说服列为权力的一种形式（另外的形式是武力和操纵），因为它代表一种手段，参与者可以用它来对他人行为取得预期结果。当我们考虑到现代社会中的大众传媒时，说服手段分配不均就更为明显。通信技术革命已经建立了新颖、复杂的说服工具，使用这些工具构成至关重要的权力来源。不受政府控制的出版和网络自由，在民主政体中被恰当地认为对维护公开政治竞争和保有对政府权力的限制是至关重要的。

---

① 参见〔美〕丹尼斯·朗《权力论》，陆震纶、郑明哲译，中国社会科学出版社 2001 年 1 月版，第 12—13 页。

② 同上书，第 13 页。

③ 同上书，第 19 页。

说服也许能比大多数其他权力形式有更大的广延性，但综合性和强度有限，因为说服完全取决于权力对象对说服者意见的自由接受。从掌权者的观点来说，如果要求少花资源，少冒引起权力对象敌对或反对的危险，则说服是最可靠的权力形式之一。[①]

第五，选举与政策参与。在普选权基础上定期举行选举的立宪民主政体中，选举集团是团结和组织情况最差的政治上动员起来的单位。选举机器一旦建立，选举行为就只需付出极小努力和牺牲。关心区分和估量个人参与政治程度的作者通常把选举视为政治参与的最基本形式。对选举的研究结果充分说明支持同一政党或同一候选人的选举人常常对他们的纲领有极不相同的看法，甚至提出完全对立的政策。因此一个选举集团的成员持相同信仰与价值观的情况十分少有。选举人也不需要多少组织，只需选举官员或政党的竞选运动工作人员从事一些活动，如公布候选人名单和发动选举人在选举日投票等。除了选举以外，三层（国家、政治组织和政治底层）的任何一层中只有少数居民参与政治，有时仅有稍多于半数的合格选民肯为选举操心（在地方或非全国性的选举中参加者更少）。[②]

第六，政治过程。在代议制民主国家的理想模型中，政治过程大体可描述如下：人民通过他们和国家之间的调解组织——政党和利益集团——明确表达他们的各种要求。这些调解组织为取得公众或官方支持而竞争——在政党政治的情况下，通过国家调控的选举竞争以求助于票数。获胜者被授权临时控制国家权力，并组织政府或行政部门实施人民赋予的委托。如果说政党是把他们支持者的愿望转变为政治要求的组织手段，那么政府拥有国家的完整权力使他们能在许多领域和在广泛的接受区内独立自主地行动，虽然他们的表现最终要接受选举的检验。但是在国家、政治组织和政治底层三个层次中，存在着复杂的情况。[③]

第七，中上层阶级的政策地位。包含基于承认普选权定期选举的政治民主，可以被视为符合多数统治和一人一票规范原则的数量权力的制度化。民主制给每个人一种特殊的政治资源，即选举权，不管他或她可能拥有其他什么资源，当集合起来作为选举政府的集体选举选择时，民主制还

---

① 参见［美］丹尼斯·朗《权力论》，第38—39页。
② 同上书，第183—185、190页。
③ 同上书，第185—223页。

给这种资源以专门的优先权。总之，这是一种具有决定性分量的在人口中平均分配的个人资源。因此，数量集体资源通过多数票给人口中最缺少其他个人和集体资源（至今仍分配不均，且集中在少数人手里）的那部分人以其在政治地位上升的机会。首先，很难动员大量人民，即使为了有限的目标，例如把他们的选票都投给同一候选人；而且动员过程需要时间——不是几年而是几十年。其次，除了选举权以外，其他资源仍然大部分掌握在少数人手里：财富，地位，基于优越信息的政治手段，教育，空闲时间，传统合法性。中上层阶级在所有这些资源方面都处于有利地位，使他们不仅能在两次选举之间对政府政策施加较大影响，而且能在实行形式平等的时候对选举动员直到实际投票那一时刻施加较大影响。正如莱曼所说，"只有在选举过程结束时，一人一票的拉平作用才行得通。离开选举越远，影响的差别越大"。①

（三）卢克斯：三种权力观与政策

史蒂文·卢克斯（Steven Lukes，1941—　）列出了三种权力观与政策的关系。

一维权力观集中于：（1）行为；（2）决策制定；（3）各项（关键的）议题；（4）可以观察到的（明显的）冲突；（5）（主观的）利益，被看作是通过政治参与揭示出来的政策偏好。

两维权力观对于以行为为中心的权力观（有保留）的批评，集中于：（1）决策制定和不决策；（2）各项议题与潜在的议题；（3）可以观察到的（明显的或隐蔽的）冲突；（4）（主观的）利益，被看作是各种政策偏好或者愤恨。

三维权力观对于以行为为中心的权力观的批评，集中于：（1）决策制定和对于议程的控制（并不必然通过各种决策的方式）；（2）各项议题与潜在的议题；（3）可以观察到的（明显的或隐蔽的）冲突与潜伏的冲突；（4）主观的利益和真正的利益。

卢克斯认为需要在三维状态中而不是一维或者两维的状态中来思考权力。一维权力观借助于政治行动者为在行为上对政策制定权进行研究提供了一种明确的范式，但是它不可避免地接受了所观察研究的政治体系的偏

---

① 参见［美］丹尼斯·朗《权力论》，第235—237页。

见，并且对于各种政治议程受到控制的情形视而不见。两维权力观着重强调了对上述偏见和控制进行研究分析的方法，然而它是在过于狭窄的范围内考虑它们，它不仅仅在研究决策制定的权力和不决策的权力时缺乏一种社会学的洞察力，而且在研究社会内部关于抑制各种潜在冲突的不同方式时也缺乏一种社会学的洞察力。三维权力观具有三种特殊的特征：首先，这样一种权力运作可能涉及不作为而不是（可以观察到的）行动。其次，它可能是无意识的（这似乎考虑到了两维权力观，但是，三维权力观同样也强调不决策本身就是一项决策；同时，在没有作出进一步解释的情况下，无意识的决策看起来似乎是自相矛盾的说法）。最后，权力可能被各种集体——例如各种集团或者机构——所运用。①

（四）约翰斯顿：反腐败的政策逻辑

迈克尔·约翰斯顿（Michael Johnston）把腐败界定为"追求私人利益而滥用公共角色或资源"，认为如何追求财富和权力、如何使用和交换财富与权力是当代政策制定中鲜有的一场争论，所有这些问题都围绕着人类拥有过上好生活以及参与影响他们生活的决策的基本权利。② 就腐败与民主和政策的关系，约翰斯顿提出了三方面的看法。

1. 腐败的政策根源

约翰斯顿指出，在政策辩论中，腐败常常被视为一种一般性问题，人们承认其深刻根源、其渗透政治和经济进程的方式，以及其构成财富和权力之间、公共利益与私人利益之间、国家与社会之间各种各样令人费解的关系综合表现，但对它们却认识肤浅。对于为什么关注腐败以及腐败与政策的关系，约翰斯顿提出了以下看法。

第一，从一个视角来观察，腐败只不过是影响力、决策、交换和"发展"的另一种表现形式。虽说腐败在形式上是非法的，但不能因此认为被批准的程序和制度肯定是道德的或有效率的。官方政策可能根本就是不公正的，一个奉行完全错误政策的发展部即使没有腐败也无法完成其使命。

---

① 参见［美］史蒂文·卢克斯《权力：一种激进的观点》，彭斌译，凤凰出版传媒集团、江苏人民出版社 2012 年 6 月版，"导论"，第 1 页；正文，第 17—18、42—45、49 页。

② 参见［美］迈克尔·约翰斯顿《腐败征候群：财富、权力与民主》，袁建华译，世纪出版集团、上海人民出版社 2009 年 1 月版，第 12、228 页。

第二，腐败总体上延误和扭曲了政治和经济的发展。通过传递信息和提供优惠条件，腐败交易会波及整个经济或政治系统。

第三，腐败使政府的政策成了一种欺骗。腐败的权钱关系影响着决策，民主价值观和参与变得毫不相干，许多人急需机遇但机遇却被剥夺了。

第四，对克利特卡德（Klitgaard）提出的"腐败＝垄断＋决定权－责任"公式的进一步解释应该是，当垄断与决定权结合时，垄断就破坏了竞争，支持那些奖励关系户的是操纵的程序而不鼓励公开、公正的决策。在责任缺失情况下，决定权与强大和高效率的政治和市场制度相对立，政治与经济之间的界线、公共利益与私人利益之间的界线变得模糊或被扰乱，公平游戏规则也被破坏，使得接近决策者的机会成了市场上的商品，市场、政治和政策都会被扭曲。

第五，公开、竞争的政治程序——包括（但不局限于）选举——也因腐败受到削弱，并殃及那些无形的反腐力量。①

2. 四类腐败征候群的政策特征

约翰斯顿把腐败分为四类，不仅指出了这四类腐败征候群的政策特征，还提出了一些解决腐败问题的政策思路。

（1）权势市场腐败。权势市场的腐败（日本、德国和美国）大部分发生在"体制内部"，追求财富的腐败把目标锁定在政府的承包合同、政策执行或立法的具体内容上，而不是去建立黑市或相类似的经济。关键的竞争发生在政党派别之间而不是社会的不同利益之间，并且政策修改首先要使那些重要的支持者感到高兴。在有钱人利益集团控制政治的政策的地方，政治参与受到妨碍，权势市场国家应当重新审查有关选举和政党的法律，并且对其政治资金筹措体制予以特别关注，可继续发展"干净政策"和"全权信托制"等实验。

（2）精英卡特尔腐败。与把接近制度化完善的决策者的机会作交易的腐败相比，精英卡特尔（意大利、韩国、博茨瓦纳）腐败发生在追求政治和经济利益的过程中，并且腐败很少集中在正式角色和政策程序上。腐败主要表现为一种系统性的控制机制，本质上是防卫性的。为控制精英卡特尔采用的各种措施，其策略目的是从各种表象中突出政治和政策程

---

① 参见［美］迈克尔·约翰斯顿《腐败征候群：财富、权力与民主》，第15、23—31页。

序，并且给予国家和社会更多的自主权，摆脱精英网络的侵犯。这些目标不仅是改进政府运作的质量，还包括制止通谋，逐渐增加真正的、具有决定性的竞争，在国家、政治程序和经济之间确定较为清晰的有效界限，给予公民更多的机会奖励高效率政府和罢免腐败政府官员，并且不鼓励政治程序、经济、精英网络和官僚之间相互渗透。

（3）寡头与帮派腐败。在寡头和帮派腐败（俄罗斯、墨西哥、菲律宾）中，很难说清什么是公共的，什么是私人的；谁是政客，谁是企业家。制度建设和改善公共管理是亟待解决的问题，可是缺乏政治支持。因此最初的策略不是直接针对消灭腐败、鼓动市场和政治竞争，而是减少不安全因素。就长期而言，目标是把腐败引向破坏性更小的形式，同时建立能承受其影响的政治解决机制。

（4）官僚权贵腐败。官僚权贵腐败（中国、肯尼亚、印度尼西亚）最不看重国家政府程序的影响力，制度和官职仅仅是追求财富的可利用的工具。腐败与发展的关系变化很大。无人挑战的权力内涵依赖于那些掌握权力的人所制定的议事安排。建立一个强大的、活跃的公民社会将是一个循序渐进的过程，需要根本的变革，因此迂回的策略也值得考虑。我们可以想象一个更加开明的政权，它按照公共而非私人议事日程建立各项制度和权威。拥有一个反腐败日程的新领导会不会动用其不受制约的权力，同时加紧严厉执法和监控企业的过分行为，使一个官僚权贵社会"跃入"一个新的、低腐败的状态。①

3. "深度民主化"的政策诉求

在改革和反腐败的大环境下，如何发展民主，约翰斯顿提出了以下五点看法。

第一，单靠政治竞争——即使通过竞选来表现——还不够：选举必须是合法的、决定性的及竞争性的，竞选活动的准入、权利和自由也是重要的。倘若人们意欲自由地表达其优先选择，并且决策者非常重视他们的选择，那么公开、竞争性的参与是极其重要的。

第二，在公共领域里，"民主"意味着领导效率低下，政策不落实。民主化进程不仅表达不同的私人利益，而且也把它们汇入广泛认可的公共

———————————

① 参见［美］迈克尔·约翰斯顿《腐败征候群：财富、权力与民主》，第40—49、208—223页。

政策之中。众多"公共"方面——外部性——不在市场考量之内，它们只在政府的政策中得到重视。问题不仅仅在于政策选择，而且在于各种期望。

第三，改革不仅仅是一个改善公共管理的问题，而且是一件有关正义的大事，它要求"深度民主化"，不仅要求选举，而且要求对人们以及集团中存在的实际问题进行积极的争论。这些人们和集团有能力为自己进行政治辩护，在其长期自身利益的支撑下，他们有能力取得政治解决。这种争论以及它所培植的各种机构的社会"所有权"，有助于在各种社会中建立民主。也就是说，不仅要有竞争选举或透明度机制，尽管它们很重要，而且要使公民自由地追求和捍卫其价值观的利益，还要使公民选定可接受的制度以及使用财富和权力的方法。

第四，业已建立的民主制度得益于强大的公民社会，对制定公平游戏规则、限定政治和经济影响范围、提倡独立司法以及建立反对派达成共识，还得益于选举人所具有的撵走政府而保存立宪政体的能力。

第五，好的制度不会成为自由的政治和经济参与的绊脚石，相反，它会有助于保护这种参与。在制度化完善的体系里，国家、政治组织和公民社会既要缓和政治要求又要有助于表达心声，通过制定正确的政策以提高政府应对能力。因此需要强调选择适合特定社会的对策并且遵循适当原则贯彻这些对策，还强调要避免弊多益少的改革。①

二　"权利"学说的政策取向

政治社会学家也关注到了政策过程中的公民权利和公民身份问题，提出了一些重要的论点。

（一）马歇尔：公民权利、政治权利、社会权利

马歇尔（Thomas Hamphrey Marshall，1893—1981 年）将公民身份分为公民的要素、政治的要素、社会的要素三个部分，并对应于公民权利、政治权利、社会权利三种不同的权利。公民的要素由个人自由所必需的权

————————

①　参见［美］迈克尔·约翰斯顿《腐败征候群：财富、权力与民主》，第 3、7—9、14、30、38、195、207、227 页。

利组成，包括人身自由，言论、思想和信仰自由，拥有财产和订立有效契约的权利以及司法权利，与公民权利最直接的相关的机构是法院。政治的要素指的是公民作为政治权力实体的成员或这个实体的选举者，参与行使政治权力的权利，与其相对应的机构是国会和地方议会。社会的要素指的是从某种程度的经济福利与安全到充分享有社会遗产并依据社会通行标准享受文明生活的权利等一系列权利，与这一要素紧密相连的机构是教育体制和社会公共服务体系。公民权利归于 18 世纪，政治权利归于 19 世纪，社会权利则归于 20 世纪。公民身份的民主性或者说普遍性特征源自这样一个事实，即它在本质上是一种自由的身份。①

马歇尔指出，建立社会权利的正式途径是政治权力的行使，因为社会权利意味着对某种标准之文明拥有一种绝对的权利，它只以公民身份一般义务的履行为条件。社会地位上的差异从民主公民身份角度看可以获得合法性的印记，其前提是这些差距不能过分悬殊。这就意味着，在一个大致平等的社会中，不平等是可以容忍的，只要这些不平等不属于对抗性的。② 对于是否存在某种只针对物质本身——即福利——的权利，这种权利观念是如何影响社会政策的，马歇尔的回答是如下。（1）享有某些援助或服务的权利，并不必然表示它就完全不要履行某种责任，它仅仅意味着这些服务不应当以支付能力为条件。（2）只有在一种非常有限的程度上，福利才称得上是社会服务或社会政策的结果。③ 我们发现立法越来越像一种将来某一天有望付诸实践的政策声明，而不是一种让政策立即生效的决定性步骤。国家在住房方面对整个社会所承担的责任是它最为沉重的负担之一，公共政策已经毫不含糊地给予公民一个合法的期望，即让每一个家庭都各安其所。在不断实现集体社会权利的过程中，可能会出现个人之间的不平等这一暂时性的后果。④

马歇尔认为构建一个权利和期望的等级体系是完全可能的。在这一体系中，第一等级是被精确界定且有法律强制力的权利，它可以通过法律的解释而得到调节，而不是自由裁量权。第二等级是依据现行的政策，通过

---

① 参见［英］马歇尔、吉登斯等《公民身份与社会阶级》，郭忠华、刘训练编，江苏人民出版社 2008 年 9 月版，第 10—11、13、16 页。

② 同上书，第 33、54 页。

③ 同上书，第 62、73 页。

④ 同上书，第 43—44 页。

行使自由裁量权来评估某人需要的权利。官员们能够做到的可能就是对规则加以解释，而且在这样做的过程中，往往还加入了个人的判断。第三等级是"合法的期望"，它们以公开承认的政策目标为基础，更精确和更概括地说，它们是承诺提供给公民的援助或服务。如果期望没有得到满足，所形成的抱怨并不会转化为诉讼，而是表现为对服务的不满意。第四个等级是一些普遍接受的标准，通过它们，社会政策及其绩效状况可以得到判断。对个人而言，这些标准被转化成为社会成员的身份属性。对社会而言，它们则代表了这样一种假设，通过这些假设，有关社会政策的公共讨论得以启动。[①]

马歇尔从宏观政策层面，分析"民主—福利—资本主义"这一复合社会系统的三个组成要素是如何处理政策决策的，提出了以下论点。（1）政治民主和工业民主在正常条件下所盛行的风气，与福利领域运作层次的政策决策所需要的精神已不再协调。（2）福利决策在本质上是利他性的，它们并不是个人主义偏好的结合物，也不是假想的多数人表决的产物。福利决策的决定本质上是威权主义的，本质上是家长制的。（3）社会科学家和技术人员与经济政策（"资本主义"要素）联系在一起，而专业福利政策则通常与政治行政机构中的官僚联系在一起。（4）在福利领域，政府的责任比通常所说的经济事务更为直接，更为紧迫；国家必然使服务扩展到全国，使所有人都能得到福利服务。（5）在一个包括代议制政府、混合经济和福利国家的社会结构中，可以完成社会的变革。[②]

（二）伊辛、特纳等：与政策领域关联的公民权

恩靳·伊辛（Engin F. Isin，1959—　）、布鲁恩（布赖恩）·特纳（Bryan S. Turnur，1945—　）认为，现在人们已不再仅仅关注作为法定权利的公民权，而一致认为，公民权必须被理解为一种社会过程，通过这个过程，个体和社会群体介入了提出权利要求、扩展权利或丧失权利的现实进程。政治上的介入意味着实质性的公民实践，而这反过来又意味着一个特定政体下的成员总是努力去主动地塑造它的命运。这种发展业已导致了对于公民权的一种社会学的定义，这种定义不强调法律的规定，而更强

---

① 参见［英］马歇尔、吉登斯等《公民身份与社会阶级》，第76—78页。
② 同上书，第110—116、127页。

调（习传的）规范、惯例、意义、认同。

无疑，公民权也是一个与一系列政策领域相关联的重大主题，从福利、教育、劳动力市场，一直到国际关系、移民等，公民权之所以与这些问题相关联，是因为它将三个基本的问题纳入了它的轨道：即如何确定一个政治体内的成员资格的边界以及政治体之间的边界（外延）；如何分配安排成员的权益和义务（内涵）；如何了解和调适成员之身份认同的"强度"（深度）。现代公民权背后的动力是去创建一个福利国家，以达致公民之间的平等。因此，重建市民社会（或公共领域）的任务若离开了公民权的动力形式是不可能完成的。对于任何有关全球治理问题的回答和政策来说，公民权问题必将是一个核心的成分。①

伊辛还指出，最有希望的可能性，是将公民权设想成一系列辩论竞争的过程，这些过程逐步地变得具有政治意义，并产生出对于多种多样的身份认同、政治体和实践的权利要求，以及与此相关联的责任承诺。对于城市公民权，强调的重点已经从"单数的权利"（the right）转移到了"复数的权利"（rights）。对于在当代城市治理中出现的那些权利的重新思考，需要提出的是对于城市的权利（rights to the city），而不是作为一个法团、一个政府，简言之，作为一个疆界性的政治容器的城市所拥有的权利（rights of the city）。这需要我们超越城市政府的限制来重新思考城市公民权，需要我们转而去探索那些使城市治理得以表达出政治行动的方式的途径。②

特纳则专门讨论了公民身份问题：公民身份可以定义为各种实践的集合（司法的、政治的、经济的和文化的），通过这些实践，人们获得了成为社会成员的能力，并相应形塑了资源在个人与社会群体之间的流动。公民身份的类型指公民身份是消极还是积极，公民身份的参与形式相应限定了主体在现代政治中的性质。公民身份的形成条件则把我们带入现代民主的历史社会学中。因此，总体而言，公民身份概念本质上指的是社会成员身份在现代政治共同体中的性质。无论是什么力量推动着现代化向前发

---

① 参见［英］恩靳·伊辛、布鲁恩·特纳《公民权研究：导论》，载伊辛、特纳主编《公民权研究手册》，王小章译，浙江人民出版社 2007 年 5 月版，第 1—14 页（第 1 章）。

② 参见［英］恩靳·伊辛《东方主义之后的公民权》、《城市、民主和公民权：历史意象与当代实践》，载《公民权研究手册》，第 157—173 页（第 7 章）、416—432 页（第 19 章）。

展，它都同样推动着公民身份的发展和扩张。① 沿着两种轴心可以提出公民身份的社会学模式，即从政治活动空间的形成角度来划分道德行为的公共与私人定义，从公民仅仅是概念化为绝对权威的臣民还是积极的政治行动者角色来划分积极与消极的公民身份。在消极民主中，公民身份是自上而下的，公民似乎只是臣民。在一个自由主义民主的解决方案中，积极民主强调参与，但它经常受制于对隐私和个体意见神圣性的强调。在公民表决的民主中，虽然家庭生活在个人伦理发展领域具有优先权，个体公民还是淹没在国家的神圣中，从领导人的选举看，只有极少数人才能参与。② 公民权对于确立友谊是必不可少的，没有有效的团结纽带，礼貌教养将不可能存在。③ 民主化与文化之间的联系存在一个重要问题，即是否可能把现代文化的某种民主化预先考虑为公民身份扩展的一种后果。完全可能把一种更为积极的后现代化阐述为一种为我们提供文化系统非等级集团化（以及因此文化部分民主化）的进程，同时也允许文化的分化。接触文化等级化与现代公民身份标准的民主目标是相融合在一起的。④

特纳还指出，由于全球电子通信体系的出现，在现代社会，一致参与的大民主政治传统已经发生了变革。鉴于空间的限制是民主对话的传统限制，新的电子技术可以原则上克服这种空间的限制。我们可以认为，在现代政治理论中，空间不再匮乏。但是，随着电子通信浪潮吞没了现存社会体制，时间在供应上就短缺了。在现代电子世界中，"共同体"的本质变成了政治理论和公共争论中至关紧要的问题。对于深入分析来说，"密"与"疏"共同体的区分也许是有用的。传统的（密）礼俗社会是建立在热烈交往基础上的有机共同体。当代互联网可以看作是陌生人交换信息的全球市场，也是创造稀疏共同体的必然结果。文化和通信的全球化为民主参与既带来了风险也创造了机会，但是这些参与机会经过了社会分层（阶级、性别和年龄）的过滤，也经过了日常生活中的生活机会和紧急事

---

① 参见［英］布赖恩·特纳《公民身份理论的当代问题》，载特纳编《公民身份与社会理论》，郭忠华、蒋红军译，吉林出版集团有限公司 2007 年 12 月版，第 1—20 页（第 1 章）。

② 参见［英］布赖恩·特纳《公民身份理论概要》，载《公民身份与社会阶级》，第 284—319 页（314 页）。

③ 参见［英］布鲁恩·特纳《宗教与政治：公民权的基本形式》，载《公民权研究手册》，第 354—375 页（第 16 章）。

④ 参见［英］布赖恩·特纳《后现代文化/现代公民》，载［英］巴特·斯廷博根编《公民身份的条件》，郭台辉译，吉林出版集团有限公司 2007 年 12 月版，第 174—190 页（第 12 章）。

件的过滤。受教育程度看起来似乎对参与正在出现的电子民主来说至关重要，所以虚拟社区中积极的公民身份假定了大众教育体制的存在。在全球符号分析的劳动力市场上，就业机会将高度受限于"减员"和"重组"，文化参与模式发生剧变的可能性更加有限。①

（三）史密斯：去政治化的现代公民权

罗格斯·史密斯（Rogers M. Smith, 1953—   ）指出，公民权具有以下四种意义。

公民权的第一种，也可能是最熟悉的意义，事实上是其最原初的意义。无论是在古代，还是在现代共和民主体制下，所谓公民即是指一个具有参与人民在自我治理过程的政治权利的人。这些政治权利包括投票的权利，担任选举产生的或任命的政府职务的权利，在各种不同的陪审团中担任陪审员的权利，以及作为平等的社群成员参与政治辩论的权利。

第二种意义强调的是在现代世界中，我们通常也将"公民权"看作是一种更纯粹的法律地位。"公民"是指那些在法律上被承认为某种特定的、具有正式独立主权的政治共同体之成员的人们。因此，他们拥有得到该共同体政府保护的某些基本权利，无论这些权利是否包括政治参与的权利。

大体上是在20世纪，人们越来越多地在第三种意义上来使用"公民"一词，即以此来指那些归属于几乎是任何人类结合体——不管是政治共同体，还是其他群体——的人们。

第四种意义是作为第一和第三种意义的一个共同结果，今天我们常常不仅以"公民权"（身份）意指某个群体中的成员资格，而且还以此意指某种适当行为的标准。这意味着只有那些"好"公民，才是这个词汇之完整意义上的真正的公民。公民权的这种意义事实上体现了下述两个方面的一种结合：一方面是无差异的参与型公民概念；另一方面就是如今普遍地以"公民权"指称各种人类群体中的成员资格的做法。

在现代大型的共和国中，自我治理除了广泛地依靠代议制以外，没有其他切实可行的选择，除非彻底放弃所有真正有意义的自我治理。因此，

---

① 参见［英］布赖恩·特纳《文化公民身份的理论概要》，载［英］尼克·史蒂文森编《文化与公民身份》，陈志杰译，吉林出版集团有限公司2007年12月版，第15—45页（第2章）。

在今天，公民权的核心意义是这样一种成员资格，它至少在一个通过某种选举代表的制度——如议会选举、总统选举、两院制的选举、一院制的选举等——来治理的独立的共和国中拥有某种政治参与的权利。这样一种公民权被认为不仅包含了各种权利和特权，包括政治参与的权利，而且还隐含了一种精神气概，即至少在一定程度上愿意以有利于公共福利的方式来行使这些权利。但是，那种所有的公民都参与其中并进行商议和投票表决的整个政治共同体范围的议会在现代世界中已经消失了。在绝大多数现代社会中，公民权与积极参与的公共精神或强劲互动的民主之间已没有多少关联。

随着公民权变得无所不在，它同时也变得去政治化了，至少就参与正式的自我治理而言是如此。如今，人们对公民权（身份）的理解已经越来越集中于我们一开始所说的后三种意义了：一是理解为一些应享的法律保护和权利（其中，政治权利是最不重要的）；二是理解为所有各种人类结合体中的成员资格；三是理解为一种规范性概念，即在所有这些有关群体中，怎样才算是"好成员"。

尽管 21 世纪的公民权在某些方面看起来会非常不同于今天的公民权，但无论对于那些完整地、牢固地拥有它的人们来说，还是对于那些不拥有它的人们来说，它都是获得幸福生活的一种非常重要的政治地位。[①]

（四）史珂拉：公民权的四个含义

茱迪·史珂拉（Judith Shklar, 1928—1992 年）认为，"公民权"这个词汇，至少有四个相互关联但界限相当清晰的含义。

第一个含义是社会身份。的确，身份是一个含混的概念，指的是一个人在等级社会中的位置。但是，绝大多数美国人似乎对身份的含义有着足够清晰的概念，而他们相关的社会位置，是由收入、职业和教育程度决定的，对于他们而言也具有相当重要的意义。他们也清楚，他们对自己的社会身份的关注与自己公认的民主信条并非完全一致。然而，身份作为社会阶层中一个较高或较低的位置，很难和要求得到"尊重"的平等主义一致起来。在一个民主国家，公民有权受到尊重，除非他们由于自己的令人

---

① 参见［美］罗格斯·史密斯《现代公民权》，载《公民权研究手册》，第 142—156 页（第 6 章）。

不可接受的违法行为而丧失了这种权利。对于遭受排斥的男女而言，选举权和收入权这两大公共身份象征的重要意义，似乎清楚得不能再清楚了。在他们眼中，选举权和收入权不仅等同于获取利益、收入的能力，而且是美国公民的标志。那些未被赋予上述公民尊严标志的人不仅感到无依无靠、一贫如洗，而且感到颜面无光。他们也会遭到其他公民同胞的蔑视。因而，争取公民权的斗争，在美国一直是压倒一切的归属这一政体的要求，是打破排他壁垒、寻求认同的努力，而不是一种公民深度参与政治活动的热望。

第二个含义是国籍意义上的公民资格。在任何一个现代国家，尤其是一个移民社会，公民资格一定总是首先与国籍相关联的。作为国籍的公民资格是国内和国际上对一个人的法律认同，认同他是一个国家的成员，或是土生土长的，或是加入国籍的归化民。这种公民资格可不是小事，变成一个没有国家的个人，是现代世界可能降临到任何人头上的最可怕的政治命运之一。

第三个含义是积极参与国事意义上的或称"好"公民的品德。作为政治参与的好公民的品德，其中心在于政治实践，适用于在社区中始终参与公共事务的人们。民主政体下的好公民是定期积极参与当地政治和国内政治的政治力量，他们对政治的参与不仅仅限于初选日和大选日。积极的公民有个人见解，对自己认为不公正、不明智或仅仅是奢侈的公共措施敢于直言。他们也公开支持自己认为正义的、审慎的政策。虽然他们并不克制追求自身利益或相关集团的利益，但是，他们会毫无偏见地努力权衡其他人的要求，认真听取这些人的理由。他们是公共集会的参加人，是志愿组织的参加者，他们与其他人一起讨论和斟酌那些将会影响到全体参与者的政策。

这种积极公民的品德经常渐变为私人领域的划定。现在，好公民一词经常用于指代在工作和左邻右舍中间表现出色的人们。"公民权"一词的用法之一，就是它没有政策的含义，而是民主政体内在的一部分，民主政体依靠的是公民的自我引导和责任感，而不是单纯的顺从。无论是在私下场合还是在公共场所，好公民都会为支持民主习惯和宪法秩序做些事情。

第四个含义是理想的共和国公民。普通的积极公民或好公民当然不是理想的或完美的公民，他们只是努力做到符合代议制民主制的公认要求而已。理想的共和国爱国者却全然不同，他们热衷的只有公共活动，他们生活在公共集会里，为公共集会而生活。自 19 世纪末 20 世纪初以来，一直有人指出，治愈民主政府之痼疾的最佳良药不是削弱民主制，而是加强民主制。通过公民表决、罢免和提案等程序稳定发展更直选的政府，就建立在这一假定的基础之上，同时产生了相当不确定的结果。上述政治表现机会并没有给真正参与民主制度的提倡者留下深刻印象，因为上述机会仍然只是对法案投票的方式，投票人没有亲身经历参与议事的机会。

在理想的共和国内，有德性的公民在接受统治的同时还经常直接参与统治。完美的公民将会一心一意地以直接民主的方式而不是代议制民主的方式追求公共利益。他们当然是一个与现在、过去或可想象的未来的美国截然不同的共和国的成员。对完美的共和国德性的号召本身，只有被置于与现代代议制共和国全然不同的完美的民主制的整体环境下才会有说服力。充满讽刺意味的是，民主政体的理想的公民权自相矛盾，对它理应取悦的人民根本没有吸引力。①

（五）雅诺斯基、格兰等：政治权利和参与权利

托马斯·雅诺斯基（Thomas Janoski, 1947—　）、布雷恩·格兰（Brian Gran）指出，从根本上讲，所有的公民权利都是法律上的和政治性的，因为，公民权利或是由政府决策机构制定、由行政命令颁布的，或是由法律裁决制定并进而强制执行的。

公民身份的定义有四个要点。（1）公民身份始于对一特定民族—国家的成员身份的确定。（2）公民身份包含着一种法律体系之下主动的影响政治的能力和被动的生存权利；当公民在公民权利方面变得日益主动时，社会科学家们就要关注对于公民参与的水平、原因和后果的衡量评估了。（3）公民权利是载入法律的、供所有公民行使的普遍的权利。（4）公民权利是一种平等的表述，其权利和义务在一定限度内保持平衡；这种平等主要是程序性的——如都能够进入法院、议会、政府机构等——但也可能包括会直接影响实质性平等的有关费用交付和服务提供的担保。

---

① 参见［美］朱迪·史珂拉《美国公民权：寻求接纳》，刘满贵译，世纪出版集团、上海人民出版社 2006 年 5 月版，第 3—10 页。

通观公民权，可以分出四类权利：（1）法律权利，包括人身安全、司法和程序性权利、良知和选择权利；（2）政治权利，包括个人政治权利（投票权、竞选公职权、信息自由权、抗议权）、组织权利（成立政党、社会运动/反对权等）、成员资格权利（移民和定居权、避难权、文化权利等）；（3）社会权利，包括促进能力的权利、机会权利、再分配和补偿的权利；（4）参与权利，包括劳动力市场干预权利、建议/决定权利（集体谈判权、共同决策权等）、资本监控权利。通过参与权利，国家在市场、公共组织以及更私人化的场域中，也即在市民社会和私人领域中确立了一系列权利。这些权利是指个人和群体通过对市场、组织和资本的某种监控措施而得以参与私方决策。劳动力市场干预权利包括公众参与就业安置、就业再培训、就业机会创造计划。组织参与权利则包括从个体通过共同决策机制和劳资联席会而参与工作决策，一直到社区参与医疗卫生和环境保护决策的一系列权利。政治和参与权利属于支配权，这是个人和群体必须合作努力方能实施的合作性权利。社会权利属于要求权，直接依赖于其他人为建立失业和公共援助福利金而交付的税金。

政治权利需要重点关注的：一是个人的政治权利体现于选举中的投票权；二是组织的政治权利意指政治党派、利益群体、社会运动机构等具有在合法的场所、法庭、媒体上组织和采取行动的权利，就像选举权和立法权一样，这些权利也不是实质性的，而是程序性的；三是各个国家在授予其境内外的公民以成员资格的做法方面互有不同；四是某个人群的自决权利不是一个人的权利，因为单个人不能够组成政府。

按照行动立场和价值介入，可以发现不同类型的公民。首先，存在着两种参与型的公民：全身心投入的公民和激进主动的公民，前者通常是精英的一部分，后者常常与当权精英发生冲突。其次，有三类非参与型的公民：恭敬顺从的公民、玩世不恭的公民和边缘旁观的公民；恭敬顺从的公民一般不参与政治，而将此留给精英，但是他们一般会参加投票，当其陷入困境时，也会到从政者那里去寻求帮助；玩世不恭的公民往往只关注自身的利益，他们的姿态是消极的，但往往又是现实政治和国家的尖刻批评者；边缘旁观的公民很少参加选举或志愿活动，他们中的许多人是政策制定者关注的目标。再次，还有一种特殊的机会主义公民，他们最关心的是对影响到他们短期的、直接的利益的物质利益问题做出理性的决定；这种类型的公民如今被称为"索取型公民"，并且被认为应该对社群和其他社会制度的瓦解负责。①

巴里·辛德斯（Barry Hindess）指出，那种宣称人们因共同拥有一系列公民的、政治的和社会的权利而使得人们能够相对平等地参与社会生活的观点，揭示了一个观察社会自身的特殊视角——更确切地说，它包括一种普遍分享的生活模式。行为依赖于观念，行动者必须使用一些方法，这些方法反映了行为所发生的环境，并能够估算行为可能造成的影响。在政治行为试图影响政府或执行政府政策的例子中，这些反映了环境的手段包括关于社会政治构成的思想，以及政治与社会生活的其他特征之间相互关系的思想。②

斯蒂芬·卡尔伯格（Stephen Kalberg）也指出，前现代公民身份忽略了一个起中间作用的极度核心的社会维度：公民行动具有改善其共同体的取向。政治权利和公民权利在此不是最主要的，公民参与政治决策过程的责任和义务才是。公民身份被理解为不仅包括投票在内的整个一系列活动，诸如给国会议员和报纸编辑写信，加入政党和参与运动，请求罢免当选官员，推动公民复决制度的形成，以及组织利益集团和示威活动。此外，实施人们的公民身份权利和参与政治决策过程被从更加普遍的意义上来看待，更恰当地涉及民众的广泛代表，而非极少数政治、文化精英或特殊种族群体和显赫家族的成员。如果要谈参与政治过程，公民责任的思想要广泛传播，对个人影响政治过程的能力的根本信念看来是必要的。现代公民身份的组成要素——公民责任、社会信任、平等主义和世俗化的个人主义——不能被看作是静止的和孤立的。如果现代公民身份要为议会民主提供一个坚实的基础，那么就必须要有其组成要素之间精妙的平衡。③

（六）罗奇等：社会权利与社会民主模式

莫里斯·罗奇（Maurice Roche）指出，社会政策比较研究一直认为，与其他模式相比，社会民主模式最能充分地发展和实现公民社会权利。近

---

① 参见［美］托马斯·雅诺斯基、布雷恩·格兰《政治公民权：权利的根基》，载《公民权研究手册》，第17—72页（第2章）。

② 参见［澳大利亚］巴里·辛德斯《现代西方的公民身份》，载《公民身份与社会理论》，第21—40页（第2章）。

③ 参见［美］斯蒂芬·卡尔伯格《现代公民身份的文化基础》，载《公民身份与社会理论》，第104—130页（第5章）。

年来，民族经济的管理和政策制定上，适应正在出现的全球资本主义经济之相对没有约束的市场力量已经变得越来越重要。尽管存在着推动政策趋同的结构压力，但是，福利资本主义和社会公民权的各主要模式之间的区别还是显著的，社会民主模式具有适应和更新能力。事实上，研究发现，在经济方面，社会民主模式继续与其他模式一样发挥作用，而在推动社会权利和公民权的社会维度的切实实现方面，则继续比其他模式表现得更为出色。社会民主模式以斯堪的纳维亚的国家为典型，这种模式追求平等、普遍、包容的理想和价值，因而允诺人民，作为现代公民，他们可以合法地要求享有充分的资源保障的社会权利。跟法团主义模式一样，这种模式要促进高水平的就业，同时推动政策制定方面的社会对话。

全球化对于民族国家的社会政策、福利体制以及更一般意义上的公共政策所造成的影响，无疑是当代政策分析的一个重大而迫切的问题。我们可以从一系列领域中看到国际上对于结构变迁的共同政策反应，这包括"社会契约主义的"、"积极的"劳动力市场和就业政策的发展，也包括社会援助政策。

在未来更新社会权利的过程中，下述两个方面的联系必须加以重新肯定和重新制度化：一方面是社会权利与社会义务之间原初的、基本的联系；另一方面是社会权利与公民更一般的市民的、政治的、文化的权利和义务之间的联系。同时这还意味着，更新国家层次上的社会权利的工程必须考虑到超国家层次上的权利和义务的关联性。在全球层次上，必须认真对待下述可能：即未来的人们更加关注像联合国、国际劳工组织、世界银行、国际货币基金组织这些全球政策机构，并提升其能力，以促进社会权利以及与公民身份联系的整个权利复合体。在欧盟中，一方面各民族国家还保留着对于税收和福利政策的控制和否决权；另一方面，从中长期看，政治和社会的运行逻辑与建立单一市场、单一货币以及总体上的经济和金融一体化的经济逻辑是相互联系的。这就可能导致（经济）政策"溢出"将波及社会和公民政策的领域，就像在许多政策领域中都存在这种"溢出"效应一样。因此，国家层次上的、社会民主模式的社会公民权体系，除了适应全球化之外，同时还要进一步适应超国家的欧洲一体化进程。①

---

① 参见［英］莫里斯·罗奇《社会公民权：社会变迁的基础》，载《公民权研究手册》，第94—116页（第4章）。

在欧洲委员会的内部政策话语中，在欧洲委员会对大众传播和欧盟一体化合法性的态度中，在欧洲委员会的一般性宣传话语中，普通的公民身份和欧洲特定的公民身份一直以来都是突出议题。在欧洲，各国文化的差异性明显，而且跨国文化和权力的获得与参与也必然涉及单一文化与多元文化间的一种新的平衡。与公民身份的国家形式不同的是，"欧洲公民身份"在形式上的特征目前相对细微。但是，正在欧洲建构起来的共同"经济空间"密切关系到（"自上而下"）文化政策的概念化和发展，也关系到（"自下而上"）作为工人、消费者和公民的人民。或许可以说，当代欧洲文化的包容性和向前看的观念，与"面向所有人的欧洲文化"的公民权要求尚未开始连接。如果要联结起来，至少最初在诸如体育、媒体和旅游等大众文化消费领域要这样。①

汉斯·阿德里·安桑斯（Hans Adria Ansens）也指出，通过提高劳动力参与的方式，一个政策将为社会权利完成一个前提条件，这个政策的另一方因素与增强一种"积极的劳动力市场政策"相关联。然而，问题就在于，这些政策不仅看起来是攻击前些年经得起考验的原则，而且也需要政府机构、雇主组织和工会相互联结的行动。因为发展的动力已经改变了深层的结构，所以可能并不惊讶的是，公民权利与福利国家都是危险的。在这种形势下，不需要在公民身份与福利国家之间做出选择。我们所需要的是一个宏观计划体制来激励并促进企业家与独立公民的市场。②

南希·弗雷泽（Fraser）和琳达·戈登（Gordon）认为"社会权利"一词的表达引出了来自政治理论的三个主要的传统主题，即（社会）权利和平等尊重的自由主义主题，团结和分担责任的共同体主义主题，参与公共生活（通过使用"公共物品"和"公共服务"）的共和理想。我们的分析不支持公民权利与社会权利是彼此不相容的结论，我们主张两种公民身份形式间的调和对理论家来说代表一种紧迫的任务。在"民主胜利"的修辞与经济恶化相伴而至的今天，正是坚持没有社会权利就不可能有民

---

① 参见［英］莫里斯·罗奇《公民身份、大众文化与欧洲》，载《文化与公民身份》，第105—141页（第6章）。

② 参见［英］汉斯·阿德里·安桑斯《公民身份、工作和福利》，载《公民身份的条件》，第76—86页（第6章）。

主权利的时候到了。①

　　彼得·桑德斯（Peter Saunders）也认为，几乎没有学者怀疑法律平等与政治平等作为现代公民身份基本组成部分的重要意义，但是"社会权利"的平等在国家的福利普及体系中是否代表了实现公民身份理想的第三个必要因素，值得怀疑。首先，现代福利国家的道德依赖于那些声称代表我们、为我们服务的所制定的道德决策，但社会的道德凝聚力这一概念显得稀奇古怪，它的道德基础就由社会的领导阶层所独占。其次，允许每个人都有得到供给的权利而不歧视任何人的方式，这样一项政策的社会学后果事实上是与我们预想的正好相反，因为普遍权利不会产生统一而是分裂。其原因部分是人们常常愤恨纳税支持那些不值得帮助的人，也因为人口的不同部分不可避免地会在为他们自己的情况下要求额外的补助，反对其他人获得救济金的权利。再次，公民身份理论宣称社会权利培育了一种积极的归属感，因为一个能保护所有公民从"摇篮到坟墓"的社会，是一个个人可以不断感受到大统一体的成员资格并从中得到慰藉与食物的社会。我们感到有归属，那是因为我们正被照料着，但是，很少有宝贵的证据支持这个观点。现代福利国家是高度形式化与官僚化的。我们被悉心照料，不是因为集体关心我们每个人身上发生了什么，而是因为我们有合法的权利。最后，越是把集体主义强加到人们头上，越是会产生事与愿违的结果。社会凝聚力的悖论在于，政府越是想通过扩展"公民身份权利"（广义上的）的手段来维持它，它就会变得越脆弱。在某种程度上，我们并没有认识这一点，我们将继续再现我们的政策本想解决的社会分裂问题，只要我们仍然假定市场与个体自利、福利国家与集体主义之间有着必然的联系，这种不受人欢迎的国家公务就不会停止。团结主义是从下面发展起来的，而不能是被上面强加的。如果我们的目标真的是要维持社会凝聚力，那么我们就有必要向私人领域而不是公共领域寻求解决方案。权力下放、民主结构以及参与机会，这些事实上都不能转移最终的控制与责任，因而它们也不能带来个人与社区自我实现的可能性。从集体主义福利体制的废墟里慢慢出现的私人化社会提供了一个社会与道德不分离的前景，也提供了积极公民身份的新形式，这种公民身份形式的基础是个体竞

---

　　①　参见［美］南希·弗雷泽、琳达·戈登《公民权利反对社会权利》，载《公民身份的条件》，第103—122页（第8章）。

争和名副其实的集体联合形式的发展，以及从下面涌现的社交能力的发展。①

（七）舒克、金里卡：自由主义公民权

彼特·舒克（Peter H. Schuck）以"自由主义公民权"意指对于公民权利的一种独特的构想和制度化，其关注的首要价值是个人自由的最大化。

舒克认为，国家的中立最终被证明是不可能的。无论所辩论的政策针对的是公立学校的课程、仇恨言论的管制、税收、福利政策、外交事务、平权行动、私立教会学校可赎的担保，还是其他数不胜数的问题，国家总会普遍地认为支持了某一方，促进了某些价值和群体而抑制了其他的价值和群体，并声称自己拥有实施这种政策所必须的权威和资源。社会越是异质多样，围绕其政策的争论就越来越激烈。国家欲做的事情越具雄心，越具有再分配的性质，它与传统自由主义政治的意识形态和制度的限制就越紧张。自由主义公民最终会认识到，作为国家存在之理由的原则性的中立不过是一种虚饰和错觉，从而认为，政治无非是那些主导性的利益群体之间一系列的权力游戏，无非是游戏中的输家可能不得不服从但并不具有正当性的一系列决定。关于自由主义公民权的吸引力，最终将根据国家如何有效而公正地进行管理、市场如何创造和分配财富、社会如何界定和评价自由来加以评估——至少那些其政治和经济留给它们足够的自由去思考自由主义公民权的政治组织将会如此来评估。②

威尔·金里卡（Will Kymlicka，1962—　）以"多元文化公民权"的视角，论述了与少数族群权利有关的自由主义理论，提出了以下论点。

第一，传统人权学说没有为保障少数族群权利给出答案。言论自由的权利并不能告诉我们什么是一种恰当的语言政策；选举权没有告诉我们应该怎样划定政治界线，或应该怎样在政府各个层面之间分配权力；迁移权

---

① 参见［英］彼得·桑德斯《自由社会的公民身份》，载《公民身份与社会理论》，第66—103页（第4章）。

② 参见［美］彼特·舒克《自由主义公民权》，载《公民权研究手册》，第177—195页（第8章）。

也没有告诉我们一种恰当的移民或归化政策是什么。①

第二，决策程序中的公平性。必须通过真诚的谈判和民主政治的平等交换在政治上解决冲突问题。这意味着我们不仅需要考虑具体的有群体差别的权利的公平性，还要考虑对这些权利加以界定和解释的决策程序的公平性。决策程序中的公平性意味着少数族群的利益和看法要得到聆听和考虑。共同的公民权利所提供的标准的政治权利，对于实现这一点无疑具有关键作用。拥有政治上组织起来的权利并且拥有公开地倡导自己观点的权利的地方，这些权利常常足以保证它们的利益得到公正的倾听。然而，就像个体性公民权利有时不足以保证公正地包容群体差别那样，个体性政治权利有时也不足以保证这些差别得到公正的代表。结果是，在西方各个民族国家，在选举过程和立法过程不能反映人口的多样性这个意义上，许多人把它们看作"没有代表性的"。②

第三，"群体代表制"面临的问题。有些人认为群体代表制是现有的种种代议民主概念的一种彻底反叛，它会破坏人们所珍视的个体权利和负责任的公民身份等自由民主规范。另外一些人则相信，群体代表制是现有代议原则和机制的合乎逻辑的扩展，而且是与自由民主政治文化的主要特征相一致的。应该避免把"镜式代表"理念（立法机构真实地反映公众的种族、性别和阶级特性，才具有代表性）当作一般性代表理论，并认真处理以下问题。

（1）哪些群体应该得到代表。如果哪个群体能够满足下列两个标准之一，那么它就可以要求代表权：一是这个群体的成员在政治过程中处于系统性不利地位吗？二是这个群体的成员有要求自治的权利吗？

（2）一个群体应拥有多少席位。在比例代表制和最低代表保证之间进行选择，或许依赖于决策过程的性质，即这个立法机关是否采用了一致达成的共识、联合、绝对多数，或其他类型的妥协决策原则，以此反对简单的多数票决定原则。这个过程越是一致同意，或许就越需要最低代表保证。

（3）怎样保证群体的代表负责任。可以合理地得出结论认为，一个

① 参见［加拿大］威尔·金里卡《多元文化公民权：一种有关少数族群权利的自由主义理论》，杨立峰译，世纪出版集团、上海译文出版社 2009 年 1 月版，第 6 页。

② 同上书，第 168—169 页。

远远达不到按它的人口比例获得代表席位的群体是"代表名额不足的";但是，不能由此得出，通过有保证的席位改变这种排斥，可以确保这个群体的利益和观点因此而得到"代表"。我们再次面对着两种基于不相容的理想的不相容模式。镜式代表理想和民主问责制理想还没能被充分地整合在一起。①

第四，自治与"共同公民身份"。自治权是有差别的公民身份的最彻底的例子，承认自治权的多民族民主国家本质上就是不稳定的。事实上，极少有多民族国家奉行严格的"共同公民身份"策略。这并不为奇，因为拒绝自治权只会加剧这些群体的疏远感，从而增加它们独立的愿望。被称作一个多民族国家中的"共同公民身份"的东西，事实上包含着对多数民族文化的支持，例如它的语言变成了学校、法庭和立法机构的官方语言，它的节日变成了公共节日。此外，一种共同公民身份的体制意味着，少数族群没有办法保护自己不受多数族群的经济与政治决定的伤害，这是因为在界定内部政治单位的边界和权力时，目的就是为了符合多数族群的管理方便，而不是为了满足少数族群的自治要求。这样，民族性少数族群一直拒绝各种试图把共同的公民身份强加给它们的努力，就不足为奇了。移民和处于不利地位的群体对多种族权利和代表权的要求，主要是对包容和这个较大社会的充分成员身份的要求。把这看作对稳定或团结的威胁是不合理的，而且这常常反映出对这些群体的一种潜在的忽视或不宽容。②

（八）达格、冈斯特仁：共和主义公民权

里查德·达格（Richard Dagger）认为共和主义强调的公共性，其含义有两重：首先是政治作为公共事务必须公开地当众进行；其次是"公众"不仅仅是指一群人，而且还是一个有其自身的要求和所要考虑的事情的生活方面或领域。从公共性的这些方面出发，共和主义继而强调法治，以及可能最显示出共和主义之与众不同的特点的公民美德。因为政治是公众的事务，因此需要公开的辩论和决定，这反过来又需要有正式

---

① 参见［加拿大］威尔·金里卡《多元文化公民权：一种有关少数族群权利的自由主义理论》，第172—193页。

② 同上书，第232—233、245页。

的、确定的程序——也即关于何人可以发言，何时可以发言，如何达成决定等等的规则。政治决定因而必须采取正式颁布的规则或法令的形式，以指导公众成员的行为。对于公共性的坚持强调，必然导致对法治的要求。

自我治理和法治之间的联系至少同样紧密和直接。假如公民要实现自我治理，他们就不能受制于绝对的或专横的统治。自我治理也要求自我的治理。一个共和主义的公民不是一个任意妄为地、冲动地或鲁莽地行动的人，而是按照他或她参与制定的法律行事的人，这显然又表明了对于法治的需要。

公共性质可以从两个方面显示出来。首先，好公民是一个具有公共精神的人，他将共同体的利益置于个人利益之前。其次，显示出对于公共利益之责任承诺的第二个方面是公民参与。好公民在受到吁请时固然会承担公共责任，他们还会主动地参与公共事务。政治是公共事务，而好公民，按照共和主义的观点，将在这一事务的行使中扮演一个见识广博明达、富有公共精神的角色。除非我们对相关的人们的个人利益有所了解，否则我们就不能真正作为公众的成员而行动。而公民活动——观点的交流、辩论中的意见交换等——能帮助我们获得这种了解。事实上，公民活动在两个方面发挥着整合的功能：它使个人得以整合他或她所扮演的各种不同的角色，同时，它也将个人整合进了共同体。

在制定法律和政策时，我们应该作为公众的成员而不是作为自利的个体来思考和行动。但是，这并不意味着我们不能考虑到组成政治体的人们那些特殊需要和利益。在这里，共和主义公民权同样是整合性的。它要求我们尽可能地考虑到我们个人生活的各个方面。在制定那些我们能一致同意（尽管我们彼此互不相同）的法律和政策的过程中，公民权帮助我们在差异当中发现一致性。但是，这并不要求我们一定要放弃我们的特殊认同或否定多样性的价值。共和主义公民权鼓励人们将差异放在一边，而去寻求作为公民的共同立场。

共和主义者也注意到，真正的社群有许多不同的形式，并非所有形式都适宜于共和主义的自我治理理念。按照共和主义的模式，可以说，好社群一般具有下述五个特征：（1）法治下的公平待遇；（2）经济安排和财富分配促进的是公民权而不是消费主义；（3）教育的首要目标是为孩子们将来负责任的公民生活作准备；（4）市政计划要强化邻里情感和公共精神；（5）具有充分的参与公共事务，包括公民服务的机会。①

赫曼·冈斯特仁（Herman van Gunsteren）指出，新共和主义的公民身份概念包括来自共同体主义、共和主义和个体主义的思想特征的各种要素，它具有以下核心要素的特点。

第一，新共和主义的公民是自主的、忠诚的、能够明确判断和履行统治与被统治的双重角色。他／她与以前的公民不同，因为他／她的自主性是共和国保障的，因为他／她的明确判断主要出现在能干地对待多元性中，因为他／她的忠诚是导向多元性本身的公共组织即共和国中。

第二，多元主义的组织是共和国的任务。当共和国的功能需要某些标准的时候，这些必须在公共领域中执行，但这并不表明政府以诸如它开始"自发地"产生标准这样一种方式来改造私人领域。

第三，对于"公民的再生产"来说，那是人们构成为自主的个体，是能够明确判断和共享一个公共命运的公共共同体成员，政府必须承担领导作用。政府并不等候个体作为公民自发地表达自我，它也把人们的构成形态汇聚成独立且能干的公民。个体不是自然给予的，而是社会形成的。共和国不仅仅把公民的"再生产"留给既定的共同体，而且也证明那些共同体所钟情的社会形态是否允许承认公民身份。在没有这种情况的地方，或者在人们缺乏正式支持共同体的地方，政府就出面干预。在每一个政府行动中都表明公民再生产的任务。检查每一个政府的行动可以并可能对公民身份的影响方面，就像我们现在判断几乎所有政府在其对财政赤字的影响方面所采取的行动一样。

第四，公民身份代表一种平等的政治地位。公民身份并不要求社会平等，公民身份的对立面不是不平等而是奴役。从公民身份的视角看，只要各种不平等不带有奴役的迹象并且不阻碍对公民身份的平等承认，那么是可以接受的。

第五，公民身份在共和国中是一种责任。（1）公民与完整的和普通的人不是一样的；（2）对公民身份的承认和运作是与能力联系在一起的；（3）公民身份在共和国里的其他因素中是一种责任，这种取决于环境的责任能够调整对其他责任的实施。

---

① 参见［美］里查德·达格《共和主义公民权》，载《公民权研究手册》，第196—214页（第9章）。

第六，公民身份的再生产问题可以出现在一切领域。尤其是在公共领域，可以看得出每一个行动在它为公民身份而实施的各方面。公民身份提供一种规范且增长见识的观点，在忠诚的冲突中，这种观点把适合的责任归因于独立判断且能够治理和被治理的公民。①

（九）史蒂文森等：文化公民权

尼克·史蒂文森（Nick Stevenson）指出，公民身份观念把我们的注意力更加尖锐地集中指向权利、民主参与和责任的概念。为公民身份加上文化的维度，表明与日常生活政治化有关的问题在深化和扩大。对话极有可能进行交锋的场地是在大众资讯媒体内。在印刷品和无线广播中，重要的政治争论和主导媒体电视逐渐成形。这是 20 世纪主要的"文化"变革之一。大量复杂的视觉符号和节目的发展打断了更具支配性的制度和文化的议事日程，这是符号社会中一种基本力量。因此，要享有文化公民身份，就得能够介入地方、国家和全球的公共领域。另外还出现了一个新的社会发展形态，它在引发文化公民身份问题上起着重要的作用，这就是全球化。一个多元和电子化的公共领域的出现似乎是对此作出的回应。未预作安排的和自反性的对话形式就像在地方市政厅进行的一样可以通过互联网进行。然而，现代社会试图终结意识形态，确保有争论主题的存在，因而也面临许多来自其他方面的压力。文化政策最关心的那些值得公众保护的"文化"和最适合达成这些目标的政策。这些问题可能需要新的思维形式，以适应大众文化和精英文化间的混合。自从后现代主义的到来，哪些文化种类应该获得公众保护的问题就不再是不证自明了。这就提出了这么一个问题：文化政策领域到底需要哪一套公共标准？既然文化政策不再是简单地维持精英文化的原有地位，也不是任由市场决定绝大多数大众的品位，那么这些问题就越发突出了。指向文化的民主化过程是不够的，虽然这些过程可能非常重要，但是人们也应该关注与意义、质量和美学相关的问题。更多以市场机会为导向的文化出现了，但还没有取代大众文化的可预测性和循规蹈矩的特征。这又使得一套规范的标准显得十分必要，因为它们将指向让更加工具化的议程决定我们共同文化所具有的显而易见的

---

① 参见［美］赫曼·冈斯特仁《公民身份的四种概念》，载《公民身份的条件》，第44—57 页（第4 章）。

危险性。①

托比·米勒（Toby Miller，1958—　）认为文化公民权关注的是通过教育、习俗、语言、宗教而维护和发展文化的谱系，以及主流社会对于差异的正面承认。大多数文化公民权的支持者认为，身份认同是通过文化背景而形成与获得的。文化政策负有塑造公民的使命，今天，无论是政治上的左翼还是右翼，都将文化政策与公民权联系了起来。文化政策给激进主义者提供了将社会运动中提出的权利要求与切实可行的政策相联系的途径，这是一种新的有价值的权利获得形式，它既防范了市场的侵蚀，也杜绝了国家社会主义。而站在右翼的立场上看，文化服从于私有化的压力。国家归根到底是一种治理的网络，这个网络将各不相同的力量聚合在人民的管理之下。特别是，文化资本主义民主制擅长于"远距离的行动"。这种体制希望，不仅仅通过国家的制度机构，而且还通过大量的知识，包括公共卫生、社会工作、审计、会计和其他现代调节方式，把社会世界组织起来。在如此分散的一系列行动中，差异总存在表达的机会。②

约翰·肖特（John Shotter）指出，从我们都平等参与这个程度来说，"我们"是创造者，不仅是我们自己"现实"的，也是我们"自身"的。要展示的不是一种"权力的政治"，而是一种"认同的政治"，一种进入或被排除的政治，一种本体论机会的政治经济。如果人们要以同等机会参与该政治，那么，斗争共同体的"成员资格"不可能是有条件的，它必须是关于权利和资格的问题。但它是双向的、互惠的。因为关键的目的是这样的：如果"自由个人"只能被保持在一个特定类型的共同体中，那么个人就必须关心它，也就是，积极参与到管理和维持该共同体形态的过程中。我们在过去把政治说成是一种对话，但这并非一个总是能够很好服务于我们的形象。我们所有的文化主张都是在一种充满对立的、矛盾的与不确定的时空的协商中构建起来。这一实践旨在形构一种政治话语以想象一种政治共同体，使公民身份在其中可能。③

尼克·克罗斯利（Nick Crossley）指出，公民身份依赖于生活世界的

---

① 参见［英］尼克·史蒂文森主编《文化与公民身份》，第1—14页（第1章）。
② 参见［美］托比·米勒《文化公民权》，载《公民权研究手册》，第316—334页（第14章）。
③ 参见［美］约翰·肖特《心理学与公民身份：认同与归属》，载《公民身份与社会理论》，第131—162页（第6章）。

基础，即"公民身份的文化"，但也同样依靠那些对公共事务感兴趣的公民的积极介入。这些公民使公共事务构成"公民身份"问题，并在公共（领域）语境中对这些问题进行争论。公共领域仅仅在这种争论途径中，并通过这种争论才存在。公共领域使官僚政治的自动合法化过程发生"短路"，并回过头来把这个过程与生活世界的争论和讨论联系起来。公共领域能够有或者至少要求有集体意愿形成的过程，该过程能够而且也应该对政府产生压力。生活世界中，观点和意见的交流应该转变为有效的政治权力的有效流动。公共领域是一种潜在的民主方式，通过这种方式，共同体的观点，即"普遍化的他者"，得以形成并确定下来。个体不可能成为公民或者保持为公民，正式公民身份需要一个有效的公共领域。①

　　祖德·布卢姆菲尔德（Jude Bloomfield）和弗郎哥·比安契尼（Franco Bianchini）重点讨论了与城市文化政策有关的公民身份问题，指出由于有了专门的部门和更高质量的人员，文化领域内市政政策的制定获得了越来越多的自主权。这些人主要来自更政治化的一代的政策制定者，受到了西欧 1968 年政治风暴和文化政治新形式的影响。解放的城市文化政策目标的实现主要有两种策略：一是创造一个共同的公民空间和地方身份；二是赋予处于劣势的个人和群体权力，让他们发出自己的声音，把自己组织成有自我意识的社区，使他们呈现自己在复兴的公共领域的感受。旨在激发城市尚未实现的潜能的公民文化政策，必须针对社会弱势群体和边缘群体。同样，强化公民身份的文化政策必须抵制城市空间两极化的发展，对抗集中在"被强迫的社区"和禁区的贫困。为了应对社会两极化和政治排他性的问题，城市不得不积极地鼓励少数族裔团体和其他弱势社会团体自我组织起来，鼓励他们参与政策制定过程，这样他们就可以为城市整体发展贡献自己的思想、热情和技术。

　　在建构地方公民认同和公共领域方面，作为一个具有包容性的政治空间的市政当局，不能再声称代表着"整个共同体"，好像共同体是单一而不是混合的共同体那样。这个公共领域必须既是一个多元文化的空间，也是一个文化交互空间。在这中间，可以听到各种不同的声音，个体替自己说话，尽量克制自己不代表他人，解构并重建共同文化，同时传播自己有

① 参见［英］尼克·克罗斯利《公民身份、主体间性与生活世界》，载《文化与公民身份》，第 46—65 页（第 3 章）。

特色的文化。作为最接近公民的权力机构的市政当局组织并提供各种服务。那些未被代表和未被组织起来的人具有未发挥出来的天赋和创造力，而市政当局在激发这些人的天赋和创造力以使其融入当地文化经济方面具有十分关键的作用。通过为公民提供培训，市政当局可以更有效地激发边缘群体出现在公开场合，这样就能抵制种族主义和曲解。市政当局还可以开始把公共空间重建为一个多元的文化空间。这个空间将建立在不同声音、价值标准和利益之间相互对话和社会协商的基础上，这也会有助于地方参与性政治的复兴。与国家政府相比，城市政府对于基层群众的文化需求和激情能更快作出回应，对于多元文化也更敏感。为了更进一步贴近新的公民身份概念，还需要采用更一体化的城市文化政策制定方法。它跨越了非官方的、公共的和私人部门间，不同机构的事务间和不同职业的秩序间的分界线，促使政策制定方法更加具有协商性、开放性，为政策制定者的培训形式提供更广泛的基础。如果文化政策使地方媒体和城市规划面向大众的参与，以此促使地方政治本身复兴，那么它们将最终复兴公民身份。①

（十）林克莱特等：世界公民权

安德鲁·林克莱特（Andrew Linklater）指出，世界民主和世界公民权的主要倡导者，提出了三个支持性论点。

第一，由于经济全球化，国家民主的重要性已经大大削弱，经济全球化已将民族国家的社会置于公民们无力控制的外界社会和经济力量的支配之下。如果一直以来通过民族国家公民权（透明度、责任制、代表权、参与权等）加以保障的基本原则想要继续保持的话，民主的理念必须扩展到世界政治的领域。

第二，调节正在日益扩张的跨国社会和经济互动网络的各种全球治理工具已经出现，问题是如何使全球经济和政治机构遵守民主的合法性原则。

第三，参与有可能影响或危害他们的任何决策的磋商，是个体的一项道德权利，无论这些决策是在哪里作出的。这种权利是一切人类的权利，

------

① 参见［英］祖德·布卢姆菲尔德、弗朗哥·比安契尼《文化公民身份与西欧的城市治理》，载《文化与公民身份》，第142—179页（第7章）。

而与他们的公民身份或国籍无关。这样的论点对下面这种道德偏向教条提出了疑问。这种道德教条认为,民族国家的机构应该对公民负责,而对于外人则没有同样的责任。这种民主模式之所以产生,是因为人们一向认为公民在民族国家政治机构中具有代表权,这些机构做出的决策将影响到他们。但公民不能期望在其他政治共同体的政治机构中拥有代表权——同样,他们也不认为自己有责任将自己民族国家机构中的代表权赋予外人,即使这些机构有关安全、贸易的决策对于这些外人具有灾难性的后果。但是今天,人们越来越意识到在全球力量面前风险正在日益上升,觉察到某个国家的决策会影响到其他地方的人们,正是这种意识和觉察,给上述这种道德偏向的教条施加了最大的压力。

世界民主的倡导者们提出了一系列建议,希望以制度创新来推进民主理念的全球扩展。在这些建议中,有两项举措可以强化国际刑事法庭,使其能够对违反国际人道主义法则的国民实施强制性司法权:一是直接选举联合国大会代表,二是成立直接代表个体和国际非政府组织的联合国上议院。有充分的理由相信,推动世界政治民主化的压力将持续增长,它们将在多大程度上取得成功,则取决于那些民主国家是否会使用其影响力来提高人们对于一个有效的世界性公共领域的参与可能性。

健全的全球伦理认为,全球治理的手段必须建立在所有人的同意之上,特别是那些最贫弱、最经受不起风险的世界社会成员的同意之上。按照这种伦理理念,全球治理最终将根据下述标准来衡量:那些脆弱者能够在多大程度上抵抗其他人对他们的伤害?当其他人利用他们的相对贫弱而不公平地谋取利益时,他们能够在多大程度上表达他们的抗议谴责?他们又能够在多大程度上取得外界的帮助以减轻那些并非不可避免的苦难?此外,全球治理的评估还要考虑到,那些全球性机构——不论它们是否民主——能够在多大程度上对文化差异的公共承认要求作出同情的反应。[①]

巴特·斯廷博根(Bart Van Steengergen)认为公民身份表达参与公共生活的观念(这比政治生活更广泛)。一个公民是一个既治理也被治理的人,因为这可以期待公民具有像自主、裁决和忠诚这些素质。公民身份一方面是解决权利与应得权利的问题,另一方面是解决义务的问题。公民身份不

---

① 参见〔英〕安德鲁·林克莱特《世界公民权》,载《公民权研究手册》,第433—453页(第20章)。

仅关注权利和授权，而且也关注职责、义务与责任。参与的概念可能有助于我们阐述公民的新态度。参与指的是"作为一部分"以及积极并充分负责。全球公民身份的概念（或者更好的概念）可以依据控制和关爱两个概念来区分两种形式。控制是作为环境管理者的全球公民的核心概念，环境管理者远不是全球资本主义者，他们意识到生态的各种问题，而对他或她来说，可持续性和可持续增长是中心目标。全球改革者同情世界政府的某种形式的思想。关爱的概念以理解世界的方式非常强烈地到来了，生态公民身份强调地球作为培育土地、作为居民和作为生活世界的重要性，在那种意义上，可以把这种类型的公民称为地球公民。更富有成效的似乎是在责任领域中延伸的一种公民身份，这也表明在参与基础上与自然的一种新型关系。如果这样一种参与概念与把地球作为我们养育土地的一种强烈意识伴随而至的话，那么这个概念才能成为一种切实可行的选择。①

理查德·福尔克（Richard Falk，1930— ）指出，考虑到生活和资本的全球化，公民身份的延展取决于建立一个更强大得多的跨国议程和共同体观念，同时也激励平民百姓更广泛的参与，致力于可以称之为是地方全球化的一种进程。需要理解这种思考公民身份路径的政治含义，可能以一种基本的方法来表明理解政治本质的一种转变：从一种"可行性的主轴"到一种"期望的主轴"，从作为"可能的艺术"的政治到作为"不可能的艺术"的政治。一种积极多样性的全球公民身份意味着公民有能力超越现实视野的一种乌托邦信心。全球公民社会的真正本质是对这种多样性的真实性和肯定，多样性本身进而为受到最充分赞赏的公民身份形式提供精神营养。②

汤姆·巴特摩尔（Tom Bottomore，1920—1992年）指出，工业国家以不同的形式建立了政治民主制，但同时也引起了太多的争论话题：这些国家有多民主？在各种社会和政治态度的表达方面，它们的政治制度和选举体制在多大程度上有效？政府是否应该更加"开放"而更少精英主义色彩？在各个层次的社会中，为了鼓励和促进更积极的参与决策制定，民主制是否应该得到更广泛的延伸，尤其是在经济领域？如何有效地行使公

① 参见 ［英］巴特·斯廷博根《公民身份的状况》、《迈向全球生态公民身份》，载《公民身份的条件》，第1—11页（第1章）、160—173页（第11章）。

② 参见 ［美］理查德·福尔克《全球公民身份的构建》，载《公民身份的条件》，第144—159页（第10章）。

民权利和社会权利成为一个更加广泛争论的问题。实际上，在所有工业国家，引起最激烈争论的，是有关社会权利范围的原则问题，以及社会权利在发达工业国家的社会政策和社会性政策中应该处于什么样的位置的问题。我们应该在普遍人权的概念框架中讨论公民权利、政治权利和社会权利，而不是公民身份的框架，并且必须在一个全球视野中思考人权。[①]

三　"公民社会"学说的政策取向

政治社会学家对"大众社会"和"公民社会"的论述，具有不同的政策取向，可以列举一些具有代表性的论点。

（一）奥尔特加·加塞特：大众对民主和政策的影响

西班牙的奥尔特加·加塞特（Jose Ortegay y Gasset，1883—1955 年）是现代大众理论的先驱者，他从三个方面论证了大众对民主和政策的影响。

1. 大众取代精英的趋势

加塞特强调的是精英主义的论点，他认为社会总是由两部分人——少数精英与大众——所构成的一种动态平衡：少数精英是指那些具有特殊资质的个人或群体，而大众则是没有特殊资质的个人之集合体。无疑可以对人类作出最基本的划分，即把人类分为两种类型：一种人对自己提出严格的要求，并赋予自己重大的责任和使命；另一种人则放任自流——尤其是对自己。把社会分为大众和少数精英并不是阶级的划分，而是两类人的划分，不可将这种区分与基于阶级出身的"上层"阶级和"下层"阶级的划分混为一谈。在这两个社会阶级中都存在大众与真正的精英之分。人类社会按其本质来说，就是贵族制的；甚至可以这样说：只有当它是贵族制的时候，它才真正成其为一个社会；当然，我这里说的是社会，而不是国家。在任何一个公共事务秩序良好的国家里，大众的角色都不应该是自行其事，安分守己才是它的使命。大众生来就是被指导、被影响、被代表、被组织的——甚至可以说就是为了不再成为大众，或者至少说以这种可能

---

① 参见［英］汤姆·巴特摩尔《公民身份与社会阶级：四十年回眸》，载［英］马歇尔、吉登斯等《公民身份与社会阶级》，第 337—381 页（第 373—374、379—380 页）。

性为目标。但它来到这个世界上并不是为单靠自己就可以做任何事情的，它需要把自己的生活托付给一个更高的权威，也就是少数精英。若没有了精英，人类将丧失其本质。①

大众对精英政治的挑战，被加塞特视为"大众的反叛"：最近发生的变革全然意味着大众对政治生活的支配。我们必须详加考察的现象可能会沿着两个方向发展：首先，今天大众在社会生活中所发挥的作用与过去只为少数精英人物所独占的作用并无二致；其次，大众与此同时已经开始变得难以驾驭，桀骜不驯，他们不再顺从、追随、尊重那些天然的精英，他们把这些精英推到一边，取而代之。大众无论出于何种目的参与公共生活，他们都会采取"直接行动"的方式，一切诉诸"间接"权威的行为都受到了压制。②

2. 大众政治对民主政治的威胁

加塞特推崇的是自由主义的民主观，认为在所有的政治形式中，最能体现人类追求公共生活之崇高意愿与努力的就是自由民主政体。首先，以科技知识为基础的自由民主政体是迄今为止最高级的公共生活方式；其次，这种生活方式或许并不是我们想象中最好的，但我们所能想象得到的最好的公共生活方式却必欲保留这两条原则——自由民主政体和科技知识——的本质；最后，退回到19世纪之前的任何一种生活方式都无异于自取灭亡。自由主义是宽容的最高形式，它是多数承认少数的权利，它宣告了一种与敌人——哪怕是最羸弱的敌人——共存的决心。③

大众政治只能带来所谓的"超级民主"。民主与法律——法律之下的共同生活——的含义是一致的。然而，今天我们正在目睹一场"超级民主"的胜利。在这种民主当中，大众无视一切法律，直接采取行动，借助物质上的力量把自己的欲望和喜好强加给社会。有人认为大众开始厌倦政治，并且已经将政治运作拱手让给了专业人士，这样来解释当前的新形势无疑是一个错误，真实的情况恰恰相反。我怀疑历史上还没有哪个时期的大众比我们这个时代的大众更加直接地统治，这就是我把它称之为超级民主的原因。我们这个时代的典型特征就是，平庸的心智尽管知道自己是

---

① 参见［西班牙］奥尔特加·加塞特《大众的反叛》，刘训练、佟德志译，吉林人民出版社2004年10月版，第6—9、14、111—112页。

② 同上书，第9、15、70、92页。

③ 同上书，第45—46、70—71、104—105页。

平庸的，却理直气壮地要求平庸的权利，并把它强加于自己触角所及的一切地方。①

当一个国家的公共生活出现困难、冲突和危机时，大众就会倾向于求助国家的即刻干预，凭借其巨大无比、不可抗拒的手段直接加以解决。这就是当前威胁文明的最大的危险：国家干预、国家对一切自发的社会力量的越俎代庖——这就等于说取消了历史的自发性。大众自言自语道："国家就是我！"这正是"朕即国家"的大众翻版。②

3. 面对大众政治的政策选择

加塞特认为在大众政治下，政策选择发生了重要的变化。30 年前，反对派的政治家们习惯于在群众面前发表冗长的演说，对政府的政策和措施横加指责，说长道短。在我们这个时代，占统治地位的是大众，因此，作出选择和决定的正是大众。不能简单地说，这就是民主时代、普选时代一开始就发生的现象。在普选制度下，大众并没有作出决定，他们的角色仅仅是服从这个少数群体或那个少数群体所作出的决定。今天正在发生的事情与此截然不同，公共权力落入了大众代表的股掌之中，他们之强大足以摧毁一切可能的反对势力。当大众直接行使公共权力的时候，它通常是无所不能又如昙花一现，尽管它拥有无限的潜能和力量，最终却一事无成。然而，在我们这个时代作出决策的恰恰是这种类型的人。③

大众在政策选择方面有不同的表现。一方面，平庸之辈从不会想到，哪怕是模模糊糊地意识到，自己应该对某一个公共事物作出决策；另一方面，在公共生活领域，尽管大众依然愚昧无知，但他们却处处插手，频频干预，强制推行自己的观点。大众受到了教化，变得有文化、有涵养，这难道不是重大进步的象征吗？绝非如此，普通大众的"思想"并不是真正的思想，也不能说他们因此就拥有了文化。④

为应对大众政治对政策选择的挑战，加塞特强调的是以下五种做法。

第一，改革代议制。议会制到处都为人诟病，但我们却没见到有哪个国家试图用别的制度来替代它，甚至也没有哪个乌托邦式的国家设计看起来更理想、更可取。对议会的传统运作方式存在着各种看似合理的批评，

---

① 参见［西班牙］奥尔特加·加塞特《大众的反叛》，第 9—10 页。
② 同上书，第 114—116 页。
③ 同上书，第 24、42—43 页。
④ 同上书，第 66—67 页。

但是如果对它们逐一进行分析的话，我们就会发现，其中没有一个可以证明议会应该被取消这一结论是正确的；相反，所有这些批评都只是直言不讳地指出议会应当进行改革。事实上，人们对任何一种制度所能说的最好评价就是它需要改革，因为这就意味着它是不可或缺的。历史上还没有任何一种制度能够比 19 世纪的议会制度创造出更强大、更有效率的国家。议会的最终目标就是解决各个国家的公共问题。我们千万不要把如下两个问题混为一谈：一是为了使立法机关"更加有效率"而对它们进行彻底改革的可能性与紧迫性；二是由此把它们说得一无是处。①

第二，真实的选举。民主政治——不论其类型与程度如何——的健全与否完全取决于以为简单的技术性细节——选举的程序，其他的一切都是次要的。当一种选举系统已经变得虚假的时候，它就是僵化的、毫无价值的。当真正的选举无法进行时，整个选举必然就会遭到扭曲。没有一种真实的选举制度的支持，民主政治制度必将变得虚无缥缈，不切实际。②

第三，明确谁行使权力。今天，是谁在行使社会权力呢？毫无疑问，是中等阶级的人。在中等阶级中哪一个群体被认为是最主要的力量，毫无疑问，是科技人员。当前的科技人员正是大众人之原型。我们所使用的"统治"，指的是人与人之间那种稳定的、正常的关系，它决不依赖于强力。统治是权威的正常行使，并且常常是以公共舆论为基础。统治不是攫取权力，而是平平静静地行使权力。如果违逆公共舆论，就无所谓统治。这使我们意识到，统治就意味着某种观点的优势，因而也就是某种精神的优势。归根结底就是说，统治不是别的，而是一种精神权力。大多数人是没有自己意见的，他们的意见必须由外界灌输进去。③

第四，实行恺撒式的政策。恺撒从来没有阐述过自己的方针政策，相反，他却埋头于这些方针政策的执行。恺撒的政策就是他本人，就政策内容而言，其内容不过如此。如果我们想要理解这一政策的内容，我们必须像恺撒那样行动，并为这些行动冠以恺撒之名。④

第五，改变大众政治的方向。国家的本质是一个群体为了实现某种共同的事业而向另一些群体发出的邀请。每一个人都感到自己是国家的积极

---

① 参见［西班牙］奥尔特加·加塞特《大众的反叛》，第 147—149 页。

② 同上书，第 158 页。

③ 同上书，第 105—110、125—129 页。

④ 同上书，第 158 页。

公民，既是一个参与者，也是一个合作者。"国家"意味着公共权力与其所统治的集合体之间的"实质性联合"。①

（二）李普曼：民意对政策的影响

沃特尔·李普曼（Walter Lippmann，1889—1974年）就民意对政策的影响，提出了一些重要的看法。

1. 领袖决定政策的民意取向

社交圈子在我们与世界的精神联系中发挥着重要的作用。组成最高社交圈子的人们体现着"大社会"的领导权。这个"最上流社会"几乎不理睬任何一个两眼只盯着地方事务的社交圈子，在那里，战争与和平、社会战略的重大决策以及最高政治权力的分配，都是在一个——至少是潜在的——熟人圈子里进行的。民主革命装配了两部轮流运转的机器，每一部机器都会有几年的时间从另一部机器犯下的错误中收获利益，但机器从不会消失。没有哪个地方能够实现牧歌式的民主理论。总是有一个内部人的圈子，周围环绕着一些向心圈，它们渐行渐弱，直到消融在对它们漠不关心或者无动于衷的平民百姓之中。②

与我们的民意有关的环境是透过许多管道折射出来的：透过源头上的检查和保密，透过另一端的物质与社会障碍，透过飘忽的注意力，透过贫乏的语言，透过涣散的精神，透过无意识的情感丛，透过损耗、暴力和千篇一律。这是一些妨碍我们进入环境的限制因素，此外还有事实本身的朦胧与复杂，它们共同损害着感性认识的清晰度和公正性，用误人视听的虚构替代切实可行的理念。③

选举技巧验证了由不同见解组成的民意是如何变得模糊不清的，其含义是如何从五光十色的混合体接近中间色调的。在以达成表面一致为目的而冲突依旧的场合，向大众发出呼吁时运用愚民政策是屡见不鲜的。在公开辩论中的关键问题上几乎总会出现模糊性，这显示了有人要达到相反的目的。④

---

① 参见［西班牙］奥尔特加·加塞特《大众的反叛》，第168页。
② 参见［美］沃特尔·李普曼《民意》，阎克文、江红译，五南图书股份有限公司2009年2月版，第60、218—219页。
③ 同上书，第81页。
④ 同上书，第188—197页。

　　依靠群众行动不可能构思、筹划、协商或者实施任何事情。直接行动的极限就是人人都在某个呈现在大众面前的争端中出于各自的实际目的而说"是"或者说"不"的权力。我们很少有意识地对超出我们眼力的事件作出什么决定，而且每个人能够去落实的决定都是不足挂齿的，我们难得碰上实际的争端，因此没有人养成作出重大决定的习惯。必须提出一项具体的选择，必须透过象征来转移人们的兴趣，使这项选择与个人的见解联系起来，职业政治家早就比民主哲学家懂得了这一点。于是他们组织了秘密会议、候选人提名大会、程序委员会，作为提出一项明确选择的手段。任何人想要透过许许多多的人们的合作而成事，都会步其后尘。基本事实始终是，少数领导人把一项选择出示给一大群人。滥用程序委员会导致了诸如公民创制权、公民复决、直接预选等将选举弄得复杂化而延缓或者模糊了一部机器的需要，不管能够拉来多大规模的选票，都不会消除制造争端让选民去说"是"或者说"不"这种需要，无论这个争端是一项议案还是一位候选人。人们所设想出的最复杂的投票形式就是选择投票制，在这种制度下，选民从列出的诸多候选人中间排定自己的选择次序，而不是赞成一位反对其他。但即使这里有了很大的灵活性，大众的行动仍然取决于别人提供的选项的品质，而全部选项都由那些乐此不疲的小圈子提供。①

　　政策的影响范围决定着领导者与追随者的关系。如果领导者的计划中所需要的是人们远离采取行动的场合，如果成效隐而不显或者显露得很迟，如果个人的义务是间接的而且并非应尽的，如果人们的同意是出于某种快乐的感情，领导人就会放手大干，那么计划就会成为最得人心的计划。在地方事务中，政策的代价容易看到，因此领导人一般都宁可实施那些代价尽可能间接的政策。但是，在人们乐于相信某项政策在无法想象的将来，在一个看不见的地方将使他们获益时，这种政策的付诸实施，一种和他们想法不同的逻辑就会接踵而至，会出现不同的暗示。如果始终把暗示的效果排除在外，那么大众的感情就会空无一物，而这种感情最后决定着对一切具体政策的选择。大众感情所要求的一切，就是政策的产生与实施即便不能在逻辑上，那也应当能够通过模拟和联想与最初的感情联系在一起。所以，当一项新政策付诸实施时，最初都会需要一种感情共同体。

---

　　①　参见［美］沃特尔·李普曼《民意》，第219—222页。

明智的领导人不会把行动拖延得太久，他们会寻求某种程度的同意，如果不能获得全体大众的同意，他们就会把官僚体系的下属视为知己，让他们为将要发生的事情做好准备。如果确立了地位的当权者机敏而见识广博，如果他们显然想满足大众感情，并切实消除某些导致不满的原因，他一定要注意不去召唤那种不可能注入纲领中去的感情，因为纲领要面对的事实乃是特定感情所系。通过精心安排能够制造出同意，这一点是无可否认的。民意的产生过程复杂，任何知晓这一过程的人都有机会去摆布它，这是非常显见的。说服已经变成一种自觉的艺术和世俗政府的一个常规功能。①

2. 专家的政策作用

不论是所谓的政界还是产业界，也不论有没有选举的基础，只要没有一个独立的专家组织为那些必须进行决策的人物挑明种种无形的事实，代议制政府就不可能成功地运转。②

在理论上说，我们在每个问题上都应选择最好的专家。不过，虽然选择专家比选择事实真相容易些，但也仍然极为困难，经常行不通。专家本身也根本不确定他们当中谁是最专的专家。③

专家的力量靠的是与决策者保持距离，而不是亲自操心会有什么样的政策产生，掺和决策的人很快就会失去信任，他会越来越片面地看问题。他会利用一种新的环境去面对那些运用物质力量的人，操纵他们的观念和情感，改变他们的立场，以这种最深刻的方式去影响决策。专家因为任由别人决策，所以徒劳无功，这种看法完全不合经验。进入决策的因素越微妙，专家就越能产生影响而不必为此负责任。但专家仍然是人，他们也会喜欢权力，他们会把自己视为审查官，从而摄取真正的决策功能。除非对其职责作出正确定义，否则他们就会对他们认为适当的事实进行裁决，把他们所赞成的决定传递出去，简言之，他们会变成一群官僚。④

3. 民意与民主

"民意"被认为是民主政治的原动力，但自我中心的民意不足以成就良好统治。民主的实践超前于它的理论。该理论认为，成年选民是根据他

---

① 参见［美］沃特尔·李普曼《民意》，第229—236页。
② 同上书，第37页。
③ 同上书，第214页。
④ 同上书，第347—349页。

们当中产生的一种意志而共同作出决定。但是，正如在理论中见不到的统治等级正在逐渐形成一样，在民主的形象中得不到解释的大量建设性的适应性变化也正在发生。民主的谬误在于它只关心统治的起源，却忽视了过程和结果。如果想完全从源头控制政府，那么所有的重大决策就必定会变成隐形决策。因为，既然没有什么本能可以自动作出带来美好生活的政治决策，那么实际行使权力的人就不仅不能表达人民的意志——因为在绝大部分问题上根本不存在什么意志，而且他们还会依据完全不为选民所知的见解去行使权力。如果不把人的尊严放在一个自治的假设上，而是强调人的尊严需要一个使人能够适当发挥其才能的生活水准，那么整个问题就发生了变化。此时用以衡量统治的标准就成了这种统治能否提供一定的基本医疗、体面的住宅、日用品、教育、自由、娱乐以及美的东西，而不是牺牲这一切，只看它是否回应了人们脑海中浮动的自我中心的见解。如果要使这些标准达到确切而客观的程度，那么必定只是少数人才关心的政治决策实际上就与人们的利益产生了关系。

任何时候我们都无法想象会有这样的前景：所有人都能清楚地看明白整个无形的环境，因而在全部政府事务上自发形成明确的民意。即使有这种可能性，我们中间很多人是否愿意惹这个麻烦或者花费时间去形成对影响我们的"任何社会行为方式"的看法，也是大可怀疑的。唯一并非幻觉的前景，就是我们每一个人都在各自的空间尽量描绘出无形世界的真实画面，以及使越来越多的人们成为保持这种画面的现实性的行家好手。在我们自身可能具有的相当狭窄的注意力范畴之外，社会控制取决于设计出生活标准与查核方法，据此来衡量政府官员和产业领袖的行为。我们不可能像那些玄妙的民主主义者一贯想象的那样亲自激发或指导所有这些行为，但是我们可以坚持将所有这些行为记录在案并客观评估其结果，从而加强我们的实际控制。①

在实际生活中，谁也不会按照在每一个公共问题上都会有一个民意这种推测去行事。局外人——除了在现代生活的少数方面以外，我们每个个人几乎总是局外人——却没有时间、精力、兴趣，也没有进行判断的手段来从事政策研究。在所有错综复杂的问题上都诉诸大众的做法，其实在很多情况下都是想借助并无机会知情的多数人的介入，来逃避那些知情人的

---

①　参见［美］沃特尔·李普曼《民意》，第 241、289—292、344 页。

批评。①

如果民意要想发出声音，那就必须利用新闻界加以组织，而不是像今天的情况那样由新闻界加以组织。进行这样的组织首先是政治科学的任务，它应当得到作为策划者的适当地位，并走在实际决策之前，而不是充当决策作出之后的辩护士、评论员和辩护人。新闻机构被当成了一个直接民主的机构，在更大规模上日复一日地担负着本该由提案、公决或罢免等程序完成的功能。②

（三）福克斯：国家与公民社会

基思·福克斯（Keith Faulks）强调政治社会学应该重点关注的是国家与公民社会的关系，③ 并提出了国家的民主化、公民社会的民主化、治理的民主化的诉求。在福克斯看来，民主理论的核心观点是只有个人才能对自己的利益作出最佳的判断，公民社会的不断个人主义化必然要求治理的民主化。然而，除了表达个人的自主权之外，民主还必须表示一种相互关系，民主包括对他人的妥协和容忍以及对彼此冲突的观点加以调和。因此，民主为我们提供了使日益多样化的公民社会走向和谐的最好的机会。民主还是使权力转化为权威的最可靠的方式，因为民主是在征得了公民同意的前提下才以他们的名义进行决策。民主能够以同样的尺度来衡量公民社会中全体成员的贡献。因而，民主要求任何决定都应由公民自己作出。以上是民主治理的最终目标。④

福克斯认为，对政治社会学来说，以国家为中心的方法暗示着，如果政治行为能被理解，国家中心论观点必须得到承认。正是国家，而不是其他机构，能集中一些权力资源去影响公民行为，塑造政治议程和改变公民社会行为的背景。国家被视为最基本的权力场所，公民社会被界定为包括一些机构和社团，如媒体、经济组织、政党和社会运动。显然，公民社会不是国家的工具，公民社会本身也是重要的权力场所。国家与公民社会共

---

① 参见［美］沃特尔·李普曼《民意》，第360—363页。
② 同上书，第38、331—333页。
③ 参见［英］基思·福克斯《政治社会学》，陈崎、耿喜梅、肖咏梅译，华夏出版社2008年4月版，"导言"，第2—3页。
④ 同上书，第134页。

存于一种充满活力又不乏紧张的关系之中。①

福克斯强调在分析公民社会与国家关系时，首先弄清楚"公民权利"的含义是非常重要的。这是因为公民权利决定了谁是某一国家的合法成员、谁对国家负有责任、谁的权利受到国家保护。公民权利还为公民社会中的个人交往提供了法律框架。不过，公民权利并不是单纯指一种法律身份，拥有公民权利往往还会带来可观的经济利益，这些利益关乎公共卫生保障、教育和社会保险等方方面面，一言以蔽之，就是"社会的公民权"。公民权利为所有拥有此种身份的人提供了一种普遍的认同感，能够促进公民社会的团结，并把个人与国家联系在一起。公民权利不仅意味着一系列权利，而且包含着一连串责任。过于强调公民权利这个综合体中的某一个侧面（如自由主义者偏好权利，或者如社群主义者重视责任），会导致权利和责任之间的相互依赖关系丧失。要实现公民权利，最重要的是创造出行使这些权利、履行这些责任的环境。有效的公民权利不是被动的，它要求所有人都能参与政治，并且尽其所能。②

福克斯指出，政府成员并不等于整个国家，两者是有区别的。政府制定国家的政策，政府要对它的公民负责，这主要是通过民主思想——主权是建立在其治理的公民的基础之上——来实现的。在此基础上对"政治参与"的工作定义是：政治参与是指个人和各种社会集团积极参与到对其生活产生影响的政府过程中来，其中既包括参与政府的决策，也包括参加反对派的活动。更重要的是，政治参与是一个积极的过程，某人可能是一个政党或压力集团的成员，但在该组织中他未必就能发挥积极的作用。积极参与行为中，一方面包括传统的政治参与活动，如投票、参加公职选举、参与政党的竞选活动或者管理共有住宅区；另一方面，一些非传统的政治参与活动也属于积极参与行为，如签署请愿书、参加和平示威等公认的合法行为，又如暴力反抗或者拒绝纳税等非法行为。只有建立起更加完善的、保障公民参与的、民主的治理机制，国家与公民社会关系的问题才能到解决。③

福克斯认为自由民主国家的政治参与正处在转型期，选民受教育的程

---

① 参见［英］基思·福克斯《政治社会学》，"导言"，第8—9页。
② 同上书，第102—103、111、117页。
③ 同上书，第17、119页。

度更高，掌握的信息更多，他们对于精英的能力如何以及现有政治机构能否满足自己的期望的怀疑也逐渐加深。传统政治参与形式越来越得不到人们的信任就证明了这一点。公民正在日益抛弃公民社会和国家内部的精英主义治理形式。他提出了一些强化政治参与的建议。

（1）实行强制投票制，其优点在于有助于消除投票中的社会经济不平等，能够激励公民增强自身的政治意识，还能防止政党忽视在过去的选举中未能行使投票权的集团的利益。

（2）扩大公民投票的使用范围，公民投票不一定要由政党来主导，公民只需通过请愿的方式征集到一定数量的支持者即可迫使政府的某一项政策接受公民投票，他们甚至可以要求对自己选择的问题进行公民投票。有人担心公民投票会干扰政府的工作，但从瑞士的经验看这种担忧并无根据。

（3）信息通信技术进步的绝对性和复杂性表明，在不远的将来它会在增强政治参与方面发挥重要的作用，然而我们必须谨防过度的乐观主义和技术决定论。

（4）近年来在政治参与方面最有趣的进展，是公民评判委员会的运用。这一机制的运用者是一些提供公共服务（如医疗保健）的部门，或者是地方政府就本地正在筹划的一些问题征求意见。公民评判委员会作为一种参与手段有许多优点。由于有待解决的问题经过了几天的讨论，因而这种参与是高强度的、慎重的。公民评判委员会提出的建议也颇有见地，因为他们可以聆听相关专家的意见并发问，可以增强公民对各种政策问题的理解。全面评价公民评判委员会的作用需要做更多的实验，但是迄今为止的实验结果都是非常积极的，证明了精英决策必然更优越的观点是站不住脚的。公民在许多问题上都提出了有见地的观点，丝毫不比国会或者议会的议员们逊色。

（5）其他的公民参与实验同样证明了普通公民有能力作出明智的决定。公民积极参与的好处数不胜数，可以增强自信心、强化公民的权利感以及决策的合法性。今日的技术进步为全面实现参与式民主提供了机遇。一方面公民投身（广义上的）政治的意愿更加强烈；另一方面，参与行为反过来又对公民的参与能力起着越来越积极的作用。只有通过这样的参与，公民的权利和责任才能达成一致。只有在决策过程中实行分权，公民才有机会履行责任，行使权利。

（6）我们不应该接受那种将代议制民主与直接民主视为截然相反的对立面的观点。即便在直接民主制下，公民社会的各种机构（尤其是政党）仍然发挥着调解政治争端的作用。因此，在任何一种有效的民主制度下，侧重以公民为中心的政治参与（如公民评判委员会和公民投票）同强调比例性、授权的责任的代议机构都有可能同时存在，二者共存的前提是一部既能捍卫基本权利，又能提供水平不同、类型各异的政治参与形式的宪法。①

（四）达仁道夫：有利于公民社会的政策取向

拉尔夫·达仁道夫（Ralf Dahrendorf, 1929—　）认为，现代的社会冲突是一种应得权利和供给、政治和经济、经济增长的对抗，这也总是提出要求的群体和得到了满足的群体之间的一种冲突。②

达仁道夫通过研究资本主义国家政策的变化，指出了两种不同的政策模式面临的不同问题。

第一种是重视经济增长忽视公民权利的政策模式。英国的政治长期是一种应得权利的政治，而不是供给的政治，它的主题是公民资格和特权，而不是经济增长。但是，这类问题往往要求进行零和对策，其中的一方的所得必定是另一方的所失。与此相反，如果增长的政策不能带来正和对策结果，它就会陷入极大的困难。历史的阶层的特殊结合导致出现断层，断层导致一系列社会政策上的地震，这些地震起初震撼了欧洲，随后就震撼了世界。即使今天的德国也没有能够完全摆脱官僚体制，未能完全摆脱哪种旨在克服现代政治问题的尝试失败的种种后果。在德国，长期缺少最低限度的民主的东西，既不存在通过当选的政治家进行监督的机制，也不存在有规则地吸纳很多人的意见和利益的机制。因此，人们必然要寻求其他的表达的可能性，而这些表达可能性起初是议会之外的表达可能性，随即很快就变成反议会的。用简单的公式概括之，这就是没有公民的应得权利而有经济增长的后果。③

第二种是重视公民权利和福利但可能无法得到经济发展保障的政策模

---

① 参见［英］基思·福克斯《政治社会学》，第118—136、182页。

② 参见［英］拉尔夫·达仁道夫《现代社会冲突》，林荣远译，中国社会科学出版社2000年3月版，第3页。

③ 同上书，第89、92页。

式。20 世纪 80 年代发展公共服务部门的改革，需要更多的政府行为，这是显而易见的。改革需要有人去管理，这也适用于使"民主化"这一口号流行起来的那种事态发展的无意的后果。民主化意味着建立新的决议机构和召开很多会议，然而决议机构和会议不仅要花费很多时间，而且也需要消耗很多纸张。民主化意味着为任何一项决策都要建立上诉机关，因而也意味着文件的生产。民主化也意味着个人的决断为深入的和明确阐述的理由所取代，这类例行公事要求有报表、档案和管理人员。那么没有统治的交往和要求充分为一切价值判断申明理由的理想的追随者们可能会相信，他们可用所有的人参与所有的事情，来取代不容置疑的权威。但是，他们首先把大家都置于官僚体制的难言折磨之中。在开支方面，社会政策计划要求几乎无限制的义务。至少得补充这个过程的行政管理费用，还有应得权利款项流通的摩擦损耗费用，它们的名称就叫作"官僚体制"。官僚体制是社会国家的最大的矛盾。它意味着，那些应该关怀他人的人，如教师和护士，淹没在行政工作中。此外，它还意味着，接受服务的人不能要求简单的和明白易懂的权利，而是不得不经受忍辱屈尊，他们必须填写表格，公开他们的具体生活情况，排长蛇阵等待，才能在某些机关办公室商议和讨价还价，到底国家哪个部门应该负责为他们提供一份大锅饭。作为一种起初似乎是不可避免的以及可能确定如此的官僚体制化的结果，个人的问题被普遍化、格式化了，并被归入档案卷宗或计算机文档，变成为非个人的事例了。一种公正的体制变成为一种不公正的现实。新任务要求越来越高的税收和越来越多的官员。国家守夜人的角色，变成为施主，施主没有一时一刻不把眼睛盯住他的公民。如果民主对于多数派阶级来说，成为政治的企业家们争取选票的一种竞争，而在这个竞争中的成就则取决于是否有能力至少提供若干许诺过的物品，那么，供给的增长也是这种博弈发挥作用的一个必要的条件。在这种情况下，民主正在变成一种正数和博弈，倘若经济数字相加不再能够正好得出正数和，这种博弈就有危险。①

达仁道夫特别强调了公民社会的重要性，并提出了"世界公民社会"的概念。他认为在公民社会里，至关重要的是让很多不受（中央集权）国家干预的组织和机构存在，让它们虽杂乱无章，但具有创造性。作为自

---

① 参见［英］拉尔夫·达仁道夫《现代社会冲突》，第 169—175 页。

由的媒介物的公民社会，有其专有的特征，应该强调的是其中的三个特征。公民社会的第一个重要的特征是它的要素的多样性，有很多的组织和机构，人们能够在其中实现他们在各方面的生活利益。公民社会的第二个重要的特征是很多组织和机构的自治。自治首先必须理解为独立于一个权力中心。凡是社区自治得到严肃对待的地方，乡镇的行政管理（自治管理）就能够变为公民的社会的一部分。即使由反对财政拨款维系的机构，如大学，也能实行自治。公民社会的第三个重要的特征与人的行为举止有关系。在这里我们遇到公民身份地位的另一方面，即公民个人的一面，也就是说，公民意识。①

自由的、开放的共同体需要三件东西：政治的民主、市场经济和公民社会。必须有一些规则，争端中的群体和不同的利益可以依此进行辩论（法治国家、宪法）；必须有一些方法，才能把被统治者的偏好、不过也包括其更深刻的需要变为对执政者的有效的监督（最低限度的民主）；而且必须有一些中心，但是也包括一些创议的载体，它们准备探索一些新的解决办法（领导）。法治国家和国家宪法可以通过程序或者通过内容加以界定；最低限度的民主或者可以直接实现，或者采用代议制实现；首创精神和领导可以从政治党派或者握有大权的总统产生。②

为将政治的民主、市场经济和公民社会统一起来，达仁道夫认为需要将三个重要问题放到日程上。

第一是政治制度问题。经典的民主国家正在寻找一些游戏规则，以从根本上遏制政治领导和政治阶级的过分行为。其中的两项任务是首要的：（1）必须有可能进行革新。这要求要有机构的灵活机动性，执政者们要有明确的职权范围（政策方针、权能、总统制），而且国家要有一种促进多数的选举法，这两者的优点是显而易见的。（2）民主的后援必须能够运作。必须能够监督执政者和吸纳公民及其各种组织的冲力作用。一方面同利益集团的四分五裂相比，另一方面同全民公决的民主相比，代议制的党派政府的各种优点是很大的，但是，它们要求一种尚不能看到的各种政党的转型，也要求实现舆论媒体的独立性和多样性。

第二是应得权利问题。应得权利仅仅是社会选择的一半，还应包括提

---

① 参见［英］拉尔夫·达仁道夫《现代社会冲突》，第58—59页。
② 同上书，第95—96页。

供广泛的供给选择的另外的一半。关键是保障人人都有机会参与政治共同体、（劳动）市场和公民社会生活。我们所需要的是实际的政治、有运作效力的公民社会和公民权利的一种有效的混合体。

第三是建立新的社会契约。新的社会契约一方面在于识别和确认规则和规范的基本组成部分，这些组成部分应该不受一般政治风云年变换的摆布；另一方面机构和制度建设的目的是为结社的产生创造空间，使公民社会的生动活泼的多样性成为可能。①

（五）格林：市民资本主义的政策诉求

大卫·格林（David G. Green，1951—　）指出，市民资本主义者论点的核心是，他们相信个体应当对一切环境负有道德责任。他们的理想社会是，一个尽可能建立在所有参加者都自由同意，而不是服从命令的基础之上的社会。这个理想所奠立其上的个人责任观念，包含三个主要因素。第一，它在一定程度上是一种实用主义的判断，认为假如人们享受自己成功所带来的收益，并承担自己失败所付出的代价，那么所有人都将从中受益。第二，它认为如果不存在我们可以不断用来衡量自己的标准，那么人类的愚蠢将无以复加。第三，它建立在这样一种信念之上，即一种自由社会高于任何其他类型的社会。市民资本主义思想中的核心内容还包括承担个人责任，这既有出于利益计算的考虑，也有道德的原因。人们按照自己的判断，冒着自己的风险，来自由地追求自己的合法目标，就包含了利益计算的考虑，因为这样做大家的利益更有可能获得更好的结果。之所以提出这个观点，从某种程度上来说，是因为决策者在花别人钱的时候，不会像个人承担失败代价或者收获成功回报的时候那样付出同等的关心。②

国家应当履行什么职责，根本问题在于，政府是不是在运用它的权力指导人民把精力用于实现某个既定的目的？也就是说，政府是把人民当作手段，还是说政府在为人民提供必要的手段。假如政府的目的不是要取代私营福利部门，而是要支持和补充私营福利部门，那么我们可以有效地运用五个问题来考量当前的政府服务。（1）私营社团能够提供更好的服务

---

① 参见［英］拉尔夫·达仁道夫《现代社会冲突》，第226—237页。
② 参见［英］大卫·格林《再造市民社会——重新发现没有政治介入的福利》，邬晓燕译，陕西出版集团、陕西人民出版社2011年1月版，第20、29页。

吗？如果可以的话，那么福利提供现在为什么全都隶属于公共部门？
（2）即使政府能够更为有效地提供福利保障，是否还存在一种情况，即
把私营部门的福利提供作为一种手段，通过体验人民的"道德、思想和
行动"品质来提高福利水平。（3）在由国家提供社会福利的地方，国家
是否具有垄断行为？一切垄断，尤其是公共部门的垄断，会压制进步所依
凭的多样性。设计公共政策时特有的假定应当是反对由公共部门提供社会
福利，而且首先反对公共部门的垄断。（4）在由国家提供社会福利的地
方，能够避免行政自由裁量权吗？自由裁量权越大，权力滥用的可能性就
越大。（5）在由公共部门提供社会福利的地方，福利需要由中央政府来
提供，还是说可以由地方政府来提供。作为一个一般性原则，只要一有可
能，属于公共部门的社会福利就应当由地方性的经费自给的政府单位来
提供。[1]

把人视为追求利益最大化的人和把公共政策建立在这个假设之上，就
等于在流沙上建筑高楼。需要避免的首要危险是福利国家的"排挤"效
应。随着国家福利日益增长，它已经挤走了许多自愿性组织和减弱了个人
责任精神，而这是一个生机勃勃的市民社会的基石。遵循这条路径的政策
可以分为三种类型：（1）旨在促进经济增长，政府有责任创建一种符合
自由原则的经济制度框架；（2）消除公共政策对家庭或个人进步形成的
障碍，尤其是高税收；（3）聚焦于个人的独立自由。因此，市民资本主
义者希望实施三项主要变革。一是进行宪法改革，通过将立法过程从政治
纲领的执行中独立出来，重新确定法律的公正无私性。二是必须重新更新
自己对福利国家道德景况的理解，被我们称之为福利国家的许多东西应当
回归到市民社会中去。当福利严格来说是政府事务的时候，把权力分散给
地方和把中央政府的补贴转嫁给地方政府，可以增加政府的可信度。这样
做的结果会使地方纳税人更好地认识到自己纳税的理由，以及通过缩小社
会实验范围，增加错误在造成更大危害之前就被发现的纠正的可能性。这
些措施的总体作用是拓展市民社会的范围，亦即扩展与政府命令相对的自
由选择和道德良心的权限。三是鼓励人们讨论什么样的道德风气能够使得
自由成为可能。我们需要一种崭新的社会团结精神，并迫切需要修复个人

---

[1]　参见［英］大卫·格林《再造市民社会——重新发现没有政治介入的福利》，第156—
158页。

责任文化。①

四　"社会运动"、激进政治等学说的政策取向

政治社会学家提出的"社会运动"学说（或"抗争性政治"学说）以及激进政治、恐惧的政治等论点，对政策问题有一些不同的表述。

（一）蒂利：社会运动与民主化

查尔斯·蒂利（Charles Tilly，1929—2008 年）认为对民主有宪法的、实质性的、程序的和过程取向四种定义方式，蒂利以判断国家行为和公民所执的要求的一致，确定的民主定义是：当一个国家和它公民之间的关系呈现出广泛的、平等的、有保护的和相互制约的协商这些特点，我们就说其政权在这个程度上是民主的。"广泛"是从只有少数人口享受广泛的权利，而其他人在很大程度上被排除在公共政治之外，到在国家管辖范围内的非常广泛的人们的政治参与。"平等"是从在公民范畴内极大的不平等到广泛的在两个方面（权利和义务）的平等。"保护"是从很少到很多的防止国家专断行为的保护。"相互制约的协商"是从没有制约的或者极端地不对称的制约到相互制约。②

蒂利后来又为"民主化"确定了规范、宽泛、平等、协商、保护五个要素。（1）政府与受管辖国民的关系是规范的、无条件的，而不是间断的、因人而异的。（2）这种关系涵盖了大部分乃至全部国民。（3）这种关系平等地适用于一切受管辖的国民个体和群体。（4）政府对有拘束力的国民集体协商作出回应，并相应地对政府的人事、物资和行为进行调整。（5）保护国民——特别是国民中的少数人——免受政府专断行为的侵害。③

蒂利对作为政治的社会行动的分析，提出了以下基本观点。（1）自

---

① 参见［英］大卫·格林《再造市民社会——重新发现没有政治介入的福利》，第 163、178、180—181、184—185 页。

② 参见［美］查尔斯·蒂利《民主》，魏洪钟译，世纪出版集团、上海人民出版社 2009 年 6 月版，第 6—7、12—13 页。

③ 参见［美］查尔斯·蒂利《社会运动，1768—2004 年》，胡位钧译，世纪出版集团、上海人民出版社 2009 年 1 月版，第 170—171、183 页。

18世纪起源伊始，社会运动就一直是以交响乐而不是独奏曲的方式向前演进的。（2）社会运动结合了三类诉求：纲领诉求、身份诉求和立场诉求。（3）在社会运动和社会运动的诉求者中，以及在社会运动各个阶段，纲领诉求、身份诉求和立场诉求的相对特色会发生显著变化。（4）民主化推动了社会运动的形成。（5）社会运动主张人民主权。（6）与以地方为根基的大众政治形式相比，社会运动的范围、强度和效果严重依赖于运动中的政治企业家。（7）一旦社会运动在一种政治环境中安家落户，就能通过模式化运作和彼此的沟通合作，促使社会运动被其他相关的政治环境所接受。（8）社会运动的形式、组成和诉求，是随着历史而变化和发展的。（9）作为人类创造的制度形式，社会运动有可能消亡或转化成为其他截然不同的政治形式。①

对于社会行动与民主化的关系，尤其是社会行动与政策的关系，蒂利有以下具体的解释。

第一，借助于民主化，政治制度的发展体现出如下特色：相对广泛和平等的公民权利；围绕政府的政策、人事和资源而展开的有拘束力的公民协商；以及使公民免受政府专断权力侵害的公民保护。正是借助于竞争性选举和它的协商形式，公民才得以将对公民自由的保护——如通过结社和联合以传播大众的诉求——融合到社会行动的形式之中。②

第二，议会化有力推动了社会行动的形成。议会这一领土组织让掌权者和选民之间的社会联系和空间距离趋于紧密，议会决策的绝对影响力和相对影响力的不断提升，使公民的注意力越来越集中于易于实现的、具有潜力的诉求目标，即议会中的本地代表。一般说来，议会化还产生了一系列有利于社会运动诉求的政治效果。（1）长期建立的、作为国家重要渠道的委托—庇护链，其政治上的重要作用削弱了。（2）政治企业家获得了新的重大机遇——成为政府官员与权利受侵害的公民团体间的临时链接。（3）政府所谓代表了一个统一、协调的民族的主张得到了强化。（4）代表机构定期举行的半公开会议，转而成为临时性的和地域性的伸张诉求的场所。③

---

①　参见〔美〕查尔斯·蒂利《社会运动，1768—2004年》，第16—20、50—52、200—204页。

②　同上书，第17—18页。

③　同上书，第73—75页。

　　第三，竞争性的选举制度，作为一项始终遵循着自上而下路径的政治创新，极大地促进了社会运动的形成。（1）选举犹如官方节日，不可避免地包含了公共集会，这种集会成为传播公共诉求的豁免地。（2）选举提供了一种模式，人们可以像公开支持某个竞选的候选人那样，公开地支持某个竞选纲领。一旦政府允许人们公开讨论选举所涉及的重要议题，便很难禁止这种讨论在选举之外进行。（3）选举活动使人数的重要性日益突出，在竞争性选举中，如果一个团体拥有大量追随者的支持，它就有可能成为民意上的盟友或敌人。（4）候选人有意愿去代表"人民"，比竞选对手获得更广泛的支持。（5）选区是按地理方位划分的，因此竞选和投票也使地方性的议题有机会进入公共讨论的领域。（6）法律上对有投票权和无投票权的划分，因排斥无投票权而推动受排斥者产生了以下诉求，即要求被这种赤裸裸的排斥所剥夺的权利。①

　　选举和社会运动具有重要的相似性并相互依赖。成功的社会运动积极分子通常以个人或作为新政党成员参加选举政治，他们关注的话题出现在政党的纲领中，他们的支持者在未来的选举中逐渐壮大为重要力量。结果，建立在对政治生活日益重要的公民投票基础上的选举活动中，社会运动在组织、范围、影响方面逐渐扩大。在若干重要方面，社会运动不同于选举。选举首先将人们的注意力聚焦于为职位而竞争的候选人身上；其次，选举使人们关注政党或政党的纲领。社会运动通常首要关注的是纲领甚至是特殊要求。选举的成功取决于人数。社会运动的挑战者总是寻求更复杂的目标，结果单单数量不能保证社会运动活动的成功。一次选举活动不仅在过程方面，而且在结果方面相似，在大多数时候，选举的过程和投票变化不大。相比之下，社会运动的参加者投入巨大的努力，使本次活动与上一次活动或下一次活动之间显示出差异。选举以内部政治为轴心，社会运动以外部政治为轴心。记住以下这些将社会运动与其他政治形式区别开来的因素：持续的挑战；针对有权者的挑战的方向；以特殊群体交易开展的活动；不断地公开显示某个特殊群体或其倡导者是有价值的、团结的、规模巨大的、信念坚定的。②

---

　　①　参见［美］查尔斯·蒂利《社会运动，1768—2004年》，第78—79页。

　　②　参见［美］查尔斯·蒂利《社会运动研究者的议程》，载［美］杰克·戈德斯通（Jack A. Goldstone）主编《国家、政党与社会运动》，章延杰译，世纪出版集团、上海人民出版社2009年11月版，第219—228页。

第四，社会运动与民主化在生成逻辑、实际发展和形成原因上有着明显的不同。就生成逻辑而言，社会运动的蓬勃发展并不必然伴随着民主化。在实际发展方面我们也见识了反民主运动的不断产生。在社会运动的形成原因方面，它与民主化在一定程度上是相互独立发展的。①

第五，20世纪传播媒介的变革与扩展，为社会运动提供了前所未有的机遇和展示。鉴于此，我们应当避免科技决定论，仅仅发明一种新的传播媒介并不足以自行改变社会运动的性质。绝大多数社会运动的新特点都来自于社会背景和政治背景的变迁，而不仅仅出于技术革新。②

第六，民主化的发生，需要四项社会步骤。（1）潜在政治参与者的人数增长及其联系的增进。（2）潜在政治参与者在资源和关系上的平等化，推动了政治整合和政治联合，阻止人们采用无条件的权利与义务规定以外的方式去追求对政府行为、资源和人事的控制。（3）公共政治不受既有社会不平等的影响。（4）人际信任网络与公共政治结为一体。民主化需要信任作出两方面的转变：一方面，在政治舞台上，公民充分信任政府的协商和保护机构能够弥补个体的短期劣势，而不至立即转向非政府的手段。另一方面，公民在从事有风险的长期事业时心存一个假定，即政府能够持续实现并最终兑现它的承诺。原本罕见的信任转变一旦发生，则信任网络将通过以下三种中的任何一种途径，实现它与公共政治的结合：一是原先与公共政治相隔绝的、曾经发挥作用的信任网络瓦解了；二是政府机构与公民之间有拘束力的、直接委托机制形成了；三是在主要的政治角色与公民成员或委托人之间形成了类似的委托机制。把信任网络融入公共政治有三个重要过程：解散相互隔离的信任网络、整合以前的信任网络以及创造新的信任网络。③

涉及自治的权力中心的促进民主的过程包括：（1）政治参与的扩大；（2）接近政治资源的途径和国家之外的机会平等化；（3）在国家内部和外部禁止自治的和任意的强制权力。这些过程的内部机制有：（1）部分统治阶级和通常排除在权力之外的自发的政治参与者联盟的形成；（2）中央选择或者消灭以前自治的政治中间人；（3）超越不平等种类和

---

① 参见［美］查尔斯·蒂利《社会运动，1768—2004年》，第79—80、168页。
② 同上书，第116—118、135页。
③ 参见［美］查尔斯·蒂利《社会运动，1768—2004年》，第175—183页；《民主》，第85—87、93—94、185页。

不同信任网络联盟之间的沟通。①

　　第七，民主化可以从以下方面促进社会运动。（1）政府与国民之间更加规范、无条件的关系的形成。（2）公共政治中权利与义务的扩大。（3）公共政治中权利与义务的平等化。（4）在政府政策、资源和人事变动方面，增加有拘束力的公民协商。社会运动得力于公民协商，这是因为社会运动有关价值、统一、规模和奉献的展示，其分量将随着这种可能性——即社会运动的行动者或支持者在政府决策过程中真正获得发言权——的增加而增加。（5）扩大对国民的保护，使国民免受政府机构专断行为的伤害。（6）建立辅助性机制，民主化常常能培育发展出一些至关紧要的机制，这些机制又反过来独立的推动了社会运动的动员。②

　　第八，社会运动的内在动力激发了推动民主的三个步骤：通过群体政治参与的扩大化和平等化使公共政治民主化；使公共政治与现有的社会不平等相隔绝；使信任网络与主要的政治角色相隔绝。③ 在任何时间和地方促进民主的基本的过程包括信任网络和公共政治融合程度的增加，使公共政治和分类上的不平等隔离的程度的增加和大的权力中心相对于公共政治的自治程度的降低。从大多数政治参与者的视角来看，民主本来就是比其他体制更具风险、更具偶然性的体制；因此只有对民主政治的结果非常信任的参与者才会和这种体制合作。④

　　蒂利还指出，集体暴力是论争政治的一种形式，由于参与者提出彼此影响的诉求而被看作是论争的，由于参与者与政府的关系总是危险的所以被看作是政治的。政治制度在两个方面有所不同，它们明显地影响着集体暴力的特性和强度：一个是政府能力，另一个是民主。政府能力意味着在管理范围内，政府机构控制资源、活动和人口的程度。原则上讲，政府能力在几乎零控制（低）与几乎绝对控制（高）之间发生变化。民主意味着在政府权限内，社会成员与政府代理人保持着广泛而平等的关系，他们对政府人员和资源实施集体控制，并且享有政府专有的保护。民主有两个主要品质：一是集体暴力通常随着民主化而下降；二是在民主化的道路

---

① 参见［美］查尔斯·蒂利《民主》，第75页。
② 参见［美］查尔斯·蒂利《社会运动，1768—2004年》，第183—186页。
③ 同上书，第186—191页。
④ 参见［美］查尔斯·蒂利《民主》，第21、90—91页。

上，当赌注关涉谁输谁赢的时候，斗争经常变得更加暴力。①

（二）戈德斯通：社会抗议和政治参与的互补

杰克·戈德斯通（Jack A. Goldstone，1953—　　）认为社会运动是现代社会规范政治的基本要素，制度化政治和非制度化政治之间的界限是含糊不清而且容易穿透的。社会抗议和常规政治参与在几个方面是互补的。（1）对于绝大多数普通公民而言，制度化政治活动是高度间歇性的过程，集中在选举期间，社会抗议和结社活动则可以不受季节和年份限制持续进行。（2）绝大多数传统政治参与活动仅仅限于相当粗泛的选项表达，社会抗议和结社活动却可以专注于某个特定的社会问题，赋予活动以特异性。（3）抗议活动和社团活动提供了纯化和强化选举结果的新方法。（4）不仅政党，而且社会运动也能够影响公共选举的结果。社会运动能够影响选举，不仅是通过动员其支持者参加投票以支持某个政党，还可以通过凸显与某个政党或政治家合为一体的社会问题来影响选举。

戈德斯通认为国家可以采取下列方法因应社会运动。（1）镇压社会运动，进行机构变革。（2）镇压社会运动，不进行机构变革。（3）容忍或者鼓励社会运动。（4）影响社会运动，不进行机构改革。这是关于社会运动取得成功的传统观点。国家不情愿地根据源自社会抗议团体的观点制定政策，或者不情愿地接受立法机构和制度化组织的观点制定政策，然而并不涉及任何重大的机构改革。（5）影响社会运动，进行机构改革。一个社会运动的影响是如此广泛，以至如果要答应其政策需求或者使其观点合法化，就会改变政党和政府制度结构的基本要素。不过，那些业已获得了常规政治参与者，甚至掌控了一些政府部门以执行其政策主张的社会运动，并不会因此而停止周期性的抗议活动和社会动员活动。相反的是，周期性的动员活动和抗议活动继续成为他们影响政治活动的部分内容，这些周期性活动是为了在政治家和公众面前进一步凸显其关注的社会问题的重要性，或者是为了追求特定的政策目标的议事日程。（6）通过持久联合影响社会运动。（7）通过使社会运动脱离政党而影响社会运动。②

①　参见［美］查尔斯·蒂利《集体暴力的政治》，谢岳译，世纪出版集团、上海人民出版社 2006 年 12 月版，第 24、39、41—42 页。

②　参见［美］杰克·戈德斯通《跨越制度化政治与非制度化政治》，载戈德斯通主编《国家、政党与社会运动》，"序言"，第 16—39 页。

（三）斯沃茨：影响地方政府决策的社会运动

海迪·斯沃茨（Heidi Swarts）通过分析美国基督教社区组织对城市政策的影响，指出草根性的社会运动可能极大地影响城市议事日程。

在联邦制国家中，有许多地方都能制定政策。主要政策的制定都控制在州政府和地方政府手里，并由它们提出政策目标，这些政策领域包括婚姻和家庭、经济发展、教育、执法、社会服务、公园和娱乐等。社会运动组织并不总是把眼光瞄着全国政府，甚至也不总是瞄着州政府。当抗议团体瞄着州政府或地方政府或其官员时，会出现影响多数人的政策改变。

斯沃茨研究的两个基督教社区组织都是多议题、全市性的行动组织。他们支持的并不是某些政客，而是某些社会议题。常用的基本策略是举行大规模的"责任大会"，在这些会议上，政府官员或决策者被要求当众做出一些特殊的承诺。并受到一些挑剔者要求作出"是"或"否"回答的压力。头一次参加这种会议的政治家往往会受到敌意对待，因为这些会议的目的是宣示权力，要求得到官员的尊重。当政治家们意识到，如果对教会社区组织置之不理，就会遭到报复；如果尊重它们，教会社区组织就能提供各种资源（社会议题、公众支持、投票），它们的规则和行为就会是一以贯之并可以预测的，政治家们就会经常追求与教会社区组织在政策制定上达成合作关系。

斯沃茨指出，议程制定的研究文献有一种进行全国性研究的偏好，研究议程制定的专家大多注重对全国政府的研究，而不太注重对地方政府研究。相较州政府和全国政府而言，地方政府议程更容易受到地方组织的影响，地方组织不仅能够否决某些建议，而且能够开展积极的社会运动，提出一些惠及成千上万选民的建议。因此，公民组织能够帮助制定城市政策，自下而上筛选出来的议题有助于激发公众参与某些有助于防止参与者受到媒体和反对者策略的影响。[1]

（四）吉登斯：激进政治的对话民主与情感民主

安东尼·吉登斯（Anthony Giddens，1938—　）就重构激进政治，提

---

[1] 参见［美］海迪·斯沃茨《制定国家议事日程——美国城市政治中的基督教社区组织》，载戈德斯通主编《国家、政党与社会运动》，第54—80页（第3章）。

出了六点框架性的意见。①

第一，要关注修复被破坏的团结。在一个解传统化的社会中，增强团结依靠的是积极信任，以及复兴个人和社会对他人的责任感。积极的人肯定了自主，而不是与之对立，因为服从是自由地作出的，而不是由传统约束强制实施的。

第二，生活政治相对于政治秩序的正式领域和正统性更少的领域的中心性正不断增加，"解放政治"是一种生活机会的政治，因此是创造行动自主性的核心。显然，它一直处于激进政治方案的中心。生活政治不是生活机会的政治，而是生活方式的政治。它关注某些争论和斗争，后者与我们（作为个人和集体性的人）应该怎样生活在一个过去被自然和传统固定的、现在服从于人类决定的世界有关。②

第三，积极信任意味着能动性政治的理念。能动性政治存在于这样的空间中，这个空间把国家和社会中自由的反思性动员联系在一起。"启发性政治"是一种在存在社会整体关怀和目标的环境下，寻求使个人和团体完成任务，而不是国家为它们完成任务的政治。能动性政治虽然是对公共领域的维护，但是没有把自己置于旧的国家与市场对立之中。它通过为更广的社会中的个人和团体所作的生活和政治决定提供物质条件和组织框架来发挥作用，这样一种政治依靠的是在政府机构和相关的代理机构中建立积极的信任。启发性政治是现在有效地解决贫困和社会排斥问题的主要手段。

积极信任意味着多种情况。（1）培育能够实现预想结果的条件——把想要的东西作为黑箱暂时放起来，"上级"不去确定哪些是想要的东西，或不去实现那些结果。（2）在政府机构本身或在相关的机构中，创造建立和保持积极信任的环境。（3）给那些受到特定纲领或政策影响的人以自主权——实际上是多方面地发展这种自主权。（4）创造提高自主权的资源，包括物质财富。（5）政治权力的分权，分权和政治集中之间并非零和博弈，分权时能提高中心的权威，或者是因为政治换位，或者是因为它创造了更大的合法性。③

---

① 参见〔英〕安东尼·吉登斯《超越左与右——激进政治的未来》，李惠斌、杨雪冬译，社会科学文献出版社 2003 年 12 月第 2 版，第 12—19 页。

② 同上书，第 94—96 页。

③ 同上书，第 97 页。

　　第四，强调对话民主的重要性。在今天关于民主形式和组成的各种争论的文献中，民主秩序的两个主要维度被区别开来。一方面，民主是代表利益的机器。另一方面，它是创造公共领域的途径，在公共领域通过对话，而不是既定的权力形式，能够（原则上）解决或者至少处理矛盾。虽然第一方面可能最受注意，但是第二个方面至少具有同等的重要性。对话民主的扩展会成为所谓的民主制的民主化的组成部分（尽管不是唯一的部分）。政府的更大透明度会有助于民主制的民主化，但是这个原则也可以用于正式的政治领域之外的其他领域。在国家领域之外，对话民主能够在一些主要领域中得到推进。

　　"对话民主"受"协商民主"影响并延伸了"协商民主"，"协商民主"限定在正式的政治领域，"对话民主"则延伸到了更广阔的领域。"对话民主"指的是这样一种情况：那里有发达的交往自主权，这种交往构成对话，并通过对话形成政策和行为。对话民主与理想的讲话场所不是一回事。首先，对话民主与先验哲学原理无关。其次，对话民主并不一定要达成共识。对话民主仅仅意味着公共场合的对话提供了与他人在一种彼此宽容的关系中相处的手段。

　　"情感的民主"依靠的是把自主与团结结合在一起。它认为，在其中动员和维持积极信任的个人关系是通过讨论和观点的交换，而不是某种武断的权力来实现和发展的。就情感民主出现而言，它对于正式的、公共民主的生活具有重要的意义。理解自己情感形成的个人以及能够有效地在个人层面上与他人沟通的个人都会为承担更广泛的公民任务和责任做好准备。

　　通过自助团体和社会运动也能够推动对话民主。社会运动和自助团体的民主特点很大程度上来自于这样的事实：他们在自己关注的问题上为公共对话打开了空间，他们能够闯入以前没有被讨论过，或者是通过传统惯例"解决"的社会行动领域中，他们有助于对事物的"官方"定义发起挑战。在这类运动和团体中，有些在本质上是全球范围的，因此有利于民主形式的更广泛的传播。①

　　不论是自由主义民主制度或是其他的民主形式，民主都包含两个彼此部分分离的维度。其中之一是利益的表达，民主作为一种制度，它为不同

---

① 参见［英］安东尼·吉登斯《超越左与右——激进政治的未来》，第108—128页。

的利益提供了表达的渠道，同时也为它们的代表提供了某些组织化的手段。但是，民主也意味着提高了个人的话语权。换句话说，它意味着对话的可能性。经验条件下的对话通常并不能直接解决有争议的问题，然而，讨论可以允许我们去接受不同的意见，从而成为一种强大的宽容和妥协的媒介。对话民主或者其可能性不应当局限于民主参与的正式背景。对话民主的机制需要在其他多个社会生活——不管是地方性的还是更加全球性的——的重大领域建立起来。在"亚政治"领域，至少存在两大领域，对话民主机制在其中变得重要或关系重大。其中之一涉及科学或技术在我们日常生活中所发挥的日益广泛的作用；另一种环境是个人生活领域：性关系、婚姻、家庭和朋友关系等领域。①

第五，应该为从根本上反思福利国家做好准备。生态政治是一种损失政治——是自然的损失、传统的损失——但也是恢复政治。今天特别需要一种新的"和解"，但是不能采用过去那种利益从上至下分配的形式。相反，目的是清除两极分化效应（毕竟现在还是阶级社会）的福利措施必须是授权的，而不仅仅是"分配的"。它们必须关注家庭以及更广的公民文化之上的社会团结的重建。"积极福利"更重视使用生活政治措施，目标再一次集中在把自主与个人和集体的责任联系在一起。

第六，激进政治的方案必须准备解决人类事务中的暴力的作用。在任何社会环境中，可以解决价值冲突的方法都是有限的。一种方法是通过地理分离。另一种更积极的方法是退出。第三种方法是对话。第四种方法是使用武力或暴力解决。阻止和限制暴力发生，应该重点考虑三种情况：第一种是对话民主的潜在力量，第二种是反对原教旨主义，第三种是控制感情交流退化。②

吉登斯认为现代性的四个基本的制度性维度是资本主义、工业主义、监督机器、对暴力工具的控制。行政集中化依赖于那些大大超越于传统文明特征的监督能力的发展。监督这里指的是：在政治领域中，对被管辖人口的行为的指导，尽管作为行政权力的基础，监督的重要性绝不只限于政治领域。监督可以是直接的（如福柯所讨论过的许多例子，像监狱、学校以及露天工作场），但更重要的特征是，监督是间接的，并且是建立在

---

① 参见［英］马歇尔、吉登斯等《公民身份与社会阶级》，第231—234页。

② 参见［英］安东尼·吉登斯《超越左与右——激进政治的未来》，第256页。

对信息控制的基础之上的。在民族国家内，监督活动的加强导致了对民主参与的压力的逐渐增加（虽然并非不存在明显的对应倾向）。凡是那些标榜自己是"民主国家"的，总有些使公民卷入政府程序的过程，无论在实践上这种卷入是多么地微不足道。原因何在？因为现代国家的统治者发现，有效的政府需要臣民的积极默认，而这种积极默认的形式在前现代国家既无可能，也无必要。然而，多元政治（即"政府对被认为是政治上平等的公民所作选择的连续不断的回应"）的倾向，目前却仅仅集中在民族国家的水平上。我们有理由期望民主参与的新形式崭露头角，例如，促进在车间、地方性协会、媒介组织以及各种类型的跨国组织中的民主参与程度。①

在前现代背景下，基本信任被植于社区、亲缘纽带和个人化信任关系之中。现代化情境下，解释人们怎样追求自我认同时的分歧，大致与关于社区衰落观点分歧的情形相类似，而且这两类分歧也相互关联。某些人把自我发展的前提看成是这样一种事实，那就是昔日的社区秩序崩溃了，产生出一种自恋式的享乐主义。其他人也得出了大致相同的结论，但是他们把这一结果归咎于社会支配的形式：把大多数人从制定最终政策和作出最后决定的领域中排挤出去，迫使人们不得不去关心自我，也就是大多数人所遭受到的无权无势。②

作为在社会生活中具有普遍重要性的激进卷入模式，社会运动为未来可能出现的转变提供了重要指针。劳工运动和言论自由/民主运动都很"老"了，其他类型的社会运动（和平运动、生态运动等）更有"朝气"。其他的影响，包括民意的力量、商业公司和国家的政策，以及国际组织的活动，也是对基本的改革具有相当重要的意义。同情弱者的困境是所有解放政治的组成部分，但是实现解放的目标通常又要依赖特权阶层的代理人的参与。③

（五）富里迪："恐惧的政治"及其政策走向

弗兰克·富里迪（Frank Fured，1948—　　）对社会运动、协商民主、

---

① 参见［英］安东尼·吉登斯《现代性的后果》，田禾译，凤凰出版传媒集团、译林出版社 2011 年 2 月版，第 49—52、146—147 页。

② 同上书，第 104、107 页。

③ 同上书，第 139—142 页。

行为政治等都持批判的态度，并勾画出了"恐惧的政治"的基本政策走向。

1."没有选择"的政策

"没有选择"这一观念本身就不仅仅意味着选择的缺失，也暗示了人类失去了影响现实的能力。它代表着一种要求结束政治讨论与争辩的呼声。在这样的情况下，政治变成仅仅是行政、技术与管理功能的运用。这就是为什么在当代政治词汇表中，像"账本底线"、"估价建议"、"传递服务"、"方案设计"或者"增殖"这一类术语扮演着如此显著的角色。政策不再被称作"好的"，而是被称作"建立在明确的基础上"。它们基本上不再来自某种世界观，而是源于"最好的实践"。此外，理所当然的是，它们是"顾客导向的"。公共讨论的领域被管理学语言殖民，是社会中政治衰竭的直接后果。今天的政府不再试图鼓舞选民，而似乎更乐于劝告民众降低期望值。政策问题上的争吵极少具有危急紧迫的特征，因而经常显得像是拌嘴，而不是辩论。①

政府和政治体制一直以来都苦于民主的缺陷和其他的一些不足之处，这就是为什么不能以决策的质量和权力的分配来解释今日年轻人疏离政治的现象。今天的问题不是政治家不肯听取选民的意见。即使他们更加努力地听，情况也不会有太大变化。对政治的疏离是以强烈的政治衰竭感作为保证的。②

不论议会民主有什么样的局限，人们至少享有选举代表并保证其负责任的权利。即使没有别的好处，人们至少处于这样一个地位：可以向根植于他们自己的区域或领土里的公共机构施加压力。而在一些特殊情况下，如果他们的代表被证明是顽固的、迟钝的，公众可以做出直接的反应：抗议、反抗或清除他们。毫无疑问，议会民主并不完美，并且总是屈从于既得利益集团，绝大多数人对于如何管理社会并无发言权。然而，人们至少有一份正式的权利，可以用来选举代表为自己发言。一个民选的政治家与政党至少得到了可以代表公众发言的授权。③

2.社会运动表现为"否认的政治"

富里迪指出，新的政治或新的社会运动，不断地扩展"参与"的含

---

① 参见［英］弗兰克·富里迪《恐惧的政治》，方军、吕静莲译，凤凰出版传媒集团、江苏人民出版社 2007 年 9 月版，第 12—14 页。

② 同上书，第 34—35 页。

③ 同上书，第 96、102 页。

义，以至一个网络谈话组、一个病人自助小组或者一份请愿书上的签名全都成了最高公民道德的表现形式，这一反应突出表现为"否认的政治"。"否认的政治"可以有两种不同的理解。首先，它可以是否认政治的实用性，并宣称我们生活在一个几乎没有为政治活动留下余地的世界。其次，它否认这样一个现实，一颗从政治中疏离的心灵往往由深深的壕沟隔绝。①

政治行动主义在过去数十年中的主旋律都是拓展政治议程，出现代表新论题的新的政治参与者。而这一被描述为扩展了政治议程的进程，最好被理解为微政治的快速发展。被动的、原子化的公众参与方式反映出我们时代的特征。相较于传统形式的代议制民主，新的抗议政治没有表现出任何进步。和过去真正的抗议运动不同，今天高度制度化的社会运动提供的参与空间是狭窄的。对这些活动而言，重要的不是动员草根阶层的支持，而是一份有效的媒体策略。许多激进分子感到他们的个体行动代表了一种有效的参与方式。毫无疑问，他们做到了。但是，参与要具有社会和政治的维度，就必须以影响更为广泛的公众为指归。它不仅是一种个人的宣言，而且是一个更为广泛的公共计划的一部分。抗议者对社会的参与并不比那些在家里电视上观看他们行动的人更深入。他们所干的，大体上也只是做了一个个人宣言。②

我们可以察觉到，有一种趋势正将民主参与重新阐释为某种扩散化的"拥有你的发言权"的概念。有人投入大量的精力，通过降低民主的意义去建立一个试图绕开公众参与的计划。在使得公共生活民主化的伪装下，一种热衷于由精英驱动的"伪参与"的新的寡头政治已经出现。世界主义民主不信任民众，而信任公民社会，后者实际上意味着一个由压力团体和非政府组织构成的网络。这些组织往往也被称作新社会运动，它们承担了使"日常生活"民主化的任务。然而吊诡的是，鼓吹新社会运动的理论基础是代议制民主在促进公众参与方面已经破产，社会运动已经为大众提供了参与真正重要的活动手段。政府组织和新社会运动采取了一种高度精英主义的行动方式，它们对社会的影响依赖于其提升公众能见度的成功程度。从这个观点看，一个行动只要制造了新

---

① 参见［英］弗兰克·富里迪《恐惧的政治》，"前言"，第3页。
② 同上书，第30—33、36—41页。

闻就可以认为是有效的。实际上，游说者/活动分子对代议制民主的批判是一种反民主的观点。它建立在这样的前提之上：未经选举的拥有崇高道德的目标的个人，比通过一种并不完美的政治程序选举出来的政治家有着更大的权力代表公众行事。同民选的政治家相比，从倡议团体自己挑选的网络中获得授权的活动者只能作为一群范围窄得多的支持者的代表。①

3. 绕开民主的"协商民主"

商议式民主为参与提供了意义，既然参与者被卷入了一场直接导向看得到的结果的对话，这些决定具有什么样的结果，恰恰很少被讨论。不过，既然商议式民主者相信协商就其本身而言就是一个目标，那么这也就不足为奇了。对磋商会议的热衷取代了民主的意义，在有利于正式磋商技巧的情况下，成为促进随着社会运转的公众参与的一种手段。

磋商会议伪装成真正的协商，实则变成了一种管理工具。这样的协商，其发起者总是来自上层，其操作所遵循的条款又是由专业的顾问构建。协商的过程依赖于专家设计的"程序、技术和方法"。程序本身由专业的会议推进者执行，而会议推进者的原则就是协助对参与者进行管理。这不是一个参与者平等互动的论坛。熟练的会议推进者受雇前来创造合适的环境与合意的结果。我们所得到的，只是协商的假象与受操纵的现实。此种参与的假象作为一种模式，协助统治阶层"重新联系"上否则就会遥远无比的公众。精英阶层全心全意地采取了给人民以"声音"的计划，在实践上，这意味着创造一个场地专用于融入。大力推广融入的主要后果是，公共生活里的老一套使得政治衰竭的问题更严重。

将民主等同于被给予一个发言权，这代表着对这一重要政治概念从根子上进行了重定义。真正的民主并非民众获得肯定的礼物作为赏赐，那是一种政治生活的方式，它为人们提供机会，让其参与和影响那些会影响到其生活的决定。②

4. "恐惧的政治"带来的政策变化

恐惧的政治不仅仅是对公众意见的操纵，它作为一种强力存在于其自身的权利中。自"9·11"以来，政治家、企业、倡议组织和特殊利益团

---

① 参见［英］弗兰克·富里迪《恐惧的政治》，第95—104页。
② 同上书，第104—109页。

体就已经在设法通过操纵公众对于恐怖活动的焦虑，以推进其狭隘的议程。似乎所有人都认为，只有打着安全的幌子提出其论点和要求，才更有可能获得一个意见被听取的机会。

培育人们的脆弱性是恐惧的政治的重要成果。现在的政府把公民当作脆弱的服从者，公民被当成个体和总是不知道自己最大的利益之所在的人。因此，决策者们已经将注意力从公众转移到私人领域。

政府不断地着手发动改革运动，目标直指人们的饮食、健康、性生活、养育子女的策略、饮酒，以及他们在其他问题上的态度或行为。个人生活方式的政治化与公共生活的去政治化具有一种反向的均衡。因此，典型的公共政策过去需要与负责任的公民论战，如今则只需把他们当作似乎仅仅是生理成熟的孩子来对待。负责任的公民地位下降的趋势加速，并让位于将作为顾客或父母或需要支撑的脆弱个体的人们幼儿化的模式。

政治精英们没有能力预想一套应对公共领域变化的策略，转而选择控制微观议题，从来都不是出自官场的大量的技术问题已经出其不意地变成政府立法提案的焦点。对于人们私人事务的干预失去了限制，这是过去20年来公共政策领域发生的最重大的变化。政府已不能确定其价值和目标，只得转而将其能量投注于管理个人行为和控制日常关系。

行为政治的倡导者们无法改变迫切需要决定性政策的环境，就试图改变个人的生活方式。福利国家对自身进行重新定位，转向关注公众的治疗性的需求。治疗性政策的目的是通过控制人们的内在生活在政府和个人之间搭起联系。人们与其说是被加入，还不如说是"被治疗"、"被扶持"或者"被协商"。当然，只要公众还在疏离政治，他们就有可能被当作原子化的个体来对待，行为的政治也确认并巩固了这种状况。国家政策代表了一种授权的工具，以一种令人烦扰的制度化的形式重新塑造了病人对治疗者的依赖关系。由公民向病人的转化具有改变公众与社会公共机构之间关系的潜在能量。行为修正的政策除了具有强迫性的意味，还帮助强化了对政治的疏离。既然精英阶层发现很难为自己的行动赋予一种目标感，他们也就会发现很难系统性地执行相关的政策。这就是为什么他们选择了一个通过控制人们的主体性来奖励因循和依赖的方案。这个方案将政府的职责扩展到个人的内在生活。政治的终结激发了一个过程，在这套程序里公众的怨愤被系统地改造成容易接受治疗性干预的私人小麻烦。①

　　5. 改变的前景

　　针对今天人们更倾向于与公共生活切断联系并游离于其外，以及在政治方面被耗尽的衰竭感似乎统治了公共事务，人日益被视为改变的对象，而非其执行者等现实状况。富里迪认为人文主义教化的设想是宿命论的解毒剂。对抗时下流行的宿命论文化的方法是：维护人文主义启蒙运动的遗产，并且将它们教化得更深更广。政治的复兴不能依靠发现一两个足以提高公众参与度的聪明点子或新伎俩。可以依靠的只能是，通过挑战时下流行的限制文化，恢复我们对人类潜力的信心。一个值得努力的目标是培育再一次启蒙运动。我们不欢迎消极被动和脆弱性，而是要开始以人文主义教化我们的生活。在那依然是恐惧政治的另一场表演中，我们不要做观众，而是要努力改变导致恐惧政治的现状。②

---

①　参见［英］弗兰克·富里迪《恐惧的政治》，第110—119、128—143 页。
②　同上书，"前言"，第2—3 页；正文，第1、17、151—152 页。

第十四章 与"政策与民主"有关的不同理论范式

　　本书用了十三章的篇幅，引述西方思想家或政治学家对政策与民主关系的各种看法，所要着重说明的是，在广义的政治学理论发展过程中，出现过"政策"与"民主"的五次重要"交集"，各次交集或者产生不同的表述政策与民主关系的理论范式，或者对已有的范式进行重要的补充和发展。第一次交集发生在古希腊和古罗马时期并延续到中世纪，出现了"直接民主政策范式"和"意见表达政策范式"两种理论范式。第二次交集发生在16世纪中叶至18世纪末叶的资产阶级革命时期，产生了"防止专制政策范式"、"代议制民主政策范式"和"法治政策范式"三种新的理论范式。第三次交集发生在19世纪，虽然没有产生新的理论范式，但是出现了结合不同范式的综合性表述，如托克维尔的"民主政策观"和密尔的"理性民主制"等。第四次交集发生在20世纪上半叶，产生了"精英决策的政策范式"、"官僚决策的政策范式"和"行政民主政策范式"三种新的理论范式。第五次交集自第二次世界大战结束至今，出现了"决策民主政策范式"、"多元民主政策范式"、"公共选择政策范式"、"组织决策的政策范式"、"民主政策科学的政策范式"、"治理导向的政策范式"六种新的理论范式。

　　作为本书的总结，本章将对与"政策与民主"有关的这十四种理论范式，各做一个发展脉络的概要性说明。

一　直接民主政策范式

　　亚里士多德是"直接民主政策范式"的最早表述者，他看重的是公民大会所具有的决策权，而这样的决策权，必须建立在全体公民参与的基础之上。西塞罗为这样的范式增加了前提性的条件，他既认可元老院享有决定政策的权力，也强调人民具有政策表决权和否决权。

"直接民主政策范式"在中世纪既有支持者，也有反对者。支持者主要是早期的空想社会主义思想家如托马斯·莫尔和康帕内拉等，阿奎那和布丹扮演的则是反对者角色。

从资产阶级革命时期到当代，对"直接民主政策范式"的反对或质疑，主要出自两个理由。第一个理由是"事实性的"否定，强调真正的决策者是统治者或精英，而不是人民或公民，霍布斯、休谟、尼采、巴枯宁等人持的都是这样的论点。第二个理由是"可行性的"否定，强调全民参与国家决策不可能实施，也没必要这样做，孟德斯鸠、卢梭、葛德文、黑格尔以及当代的保守主义学者卡尔·施米特等人，持的就是这样的论点。

尽管"直接民主政策范式"不断遭遇批评，但仍然不断有人发展这样的范式。自资产阶级革命以来，西方政治学界至少出现了六种与"直接民主政策范式"有关的表述。

第一种表述带有全面接受"直接民主政策范式"的特征，或者如早期的杰斐逊、洪堡、蒲鲁东、托克维尔等人所表现出的对民众广泛、直接的政策参与的高度重视；或者如近代的鲍桑葵所言，全体选民的作用是决定一般的政策，代表大会和政府的作用是具体执行政策；或者如当代"民主化"理论的阐释者伯纳德·克里克所提倡的，恢复在自由公民中进行公开辩论来决定行动的政治传统。

第二种表述凸显的是公民对政策的决定权，并发展出了"全民公决"或"全民投票"的概念。这种表述的早期代表是霍布豪斯和孔多塞，现代的代表是倡导在计算机技术支持下建立"即时直接民主制"的无政府主义学者罗伯特·沃尔夫，要求在全球民主化中建立"参与式国家"并高度肯定全民公决作用的奥特弗里德·赫费，以及对"全民投票"决定政策持肯定态度的塞特拉。

第三种表述强调的是"自治"性的决策，其中既有对团体自治决策的强调（罗素），也有对公民共享自治和共同协商的共和主义理念的阐释（桑德尔、奥斯特罗姆），还有一些新的提法，如赫尔德倡导的"自治民主"，以及夏皮罗提出在"集体自治"决策基础上构建"多数人统治的决策机制"。

第四种表述是 20 世纪后半叶出现的"参与民主"理论，这样的表述与第一种表述的最主要区别，是既可以倡导"直接民主决策范式"，也不排除并且可以接受其他的民主范式。如巴伯提出的"强势民主"（参与型民主），就是与"弱势民主"（自由主义民主或代议制民主）共存的民主形式，这样的论点亦被托马斯和科布引入了公共政策学的研究领域。发展"参与民主"理论的学者，还展现出了一些不同的侧重点，如科恩强调的是通过民间途径处理某些领域的复杂事务，佩特曼则要求建立一个"参与的社会"。一些研究公民社会的政治社会学家，也表现出了支持"参与民主"理论的倾向，如倡导"公民社会的民主"的福克斯，强调的是可以与代议制民主并行的参与民主，重点是发挥公民评判委员会和公民投票的政策作用；倡导"世界公民社会"的达仁道夫注重的是公民普遍的政策参与和对执政者的有效监督（最低限度的民主）；格林则认为福利国家的许多东西包括政策参与应回归市民社会。

第五种表述是同样出现在 20 世纪后半叶的"协商民主"（商议民主、审议式民主）理论，这样的表述也不完全排斥其他民主范式，但着重点不在于"参与"，而在于围绕政策问题开展有效的"协商"。"协商民主"论者提出的重要论点：一是协商所代表的"公共推理"（科恩），可以使决策更具有理性（埃尔斯特、博曼）；二是可以通过讲道理来达成彼此都能接受的决策（古特曼、汤普森），并以协商程序产生的合法性来保证某种程度的实践理性（本哈比）；三是协商观念的重点在于所有的观点都被听到，这样的协商在各个层级都可以进行（米勒）；四是政治决策之前的讨论比投票重要（费伦），并且可以建立"交往民主"（艾丽丝·马里恩·扬）；五是既可以让协商者的思想"通过想象在场"（古丁），也可以建立专用于"协商民主"的"大众部门"或"第四部门"（里布）。研究"社会运动"或"抗争性政治学说"的一些政治社会学家，也有支持"协商民主"理论的倾向，如蒂利阐释的社会运动与民主化的关系，一方面强调了投票所起的政策作用，另一方面强调了协商的作用，重点是社会运动的行动者或支持者在政府决策过程中真正获得发言权；戈德斯通和斯沃茨也认为草根性的社会运动可以影响选举结果和政府的政策。

第六种表述强调的是对公民权利和公民身份的注重，因为权利和身份是参与必须具备的条件。阐释"参与民主"理论的博格斯已经注意到了公民权具有更广泛的参与和对政府决策机构的民主支持的新意义。更多的对权利和公民身份的解释，则来自政治社会学家，他们提出了以下论点。
（1）构建一个"权利—政策—期望—标准"的等级体系是完全可能的
（马歇尔）；公民权是一个与一系列政策领域相关联的重大主题（伊辛、
特纳）。（2）现代公民权已带有去政治化的特征（史密斯）。（3）"好"
公民应该是政策的积极参与者，而不一定是"完美"的公民（史珂拉）；
"参与权利"（主要是政策参与）是可以与法律权利、政治权利、社会权
利并列的一类公民权利（雅诺斯基、格兰）；公民参与政治决策过程的责
任和义务是最重要的（卡尔伯格）。（4）公民权利归于18世纪，政治权
利归于19世纪，社会权利则归于20世纪（马歇尔）；没有社会权利就不
可能有民主权利（弗雷泽、戈登）；"社会民主模式"更能体现公民社会
权利，并推动政策制定方面的社会对话（罗奇）；公民权利和福利国家都
是危险的（安桑斯）；私人化社会提供了积极公民身份的新形式（桑德
斯）。（5）"自由主义公民权"关注的首要价值是个人自由的最大化（舒
克）；应当以"群体代表制"实现决策程序中的公平性（金里卡）。
（6）"共和主义公民权"强调法治、公民美德和自我治理（达格）；新共
和主义的公民能够明确判断和履行统治与被统治的双重角色，政府必须承
担"公民的再生产"的领导作用（冈斯特仁）。（7）文化政策负有塑造
公民的使命，文化政策与公民权有密切的联系（米勒）；存在文化权利扩
展到全球的可能性（罗奇）；指向文化的民主化过程是不够的，人们也应
该关注与意义、质量和美学相关的问题（史蒂文森）；需要展示的不是一
种"权力的政治"，而是一种"认同的政治"（肖特）；公共领域是一种
潜在的民主方式（克罗斯利）。（8）世界民主和世界公民权倡导的是全球
性的决策磋商（林克莱特）；必须在一个全球视野中思考人权和各种权利
（巴特摩尔）；"地球公民"强调的是控制和关爱两个概念（斯廷博根）；
可以致力于"地方全球化"的进程（福尔克）。（9）在城市治理中应考
虑的是"复数的权利"和"对城市的权利"（伊辛）；文化政策面向城市
大众参与，将复兴公民身份（布卢姆菲尔德、比安契尼）。

　　从"直接民主政策范式"的原始表述，到后来出现的六种表述，显
示了这种范式并不会固着在地方或基层的"小决策圈子"里，还可以通
过"全民投票"、"参与民主"、"协商民主"甚至全球的"民主化"，扩
展到国家决策甚至全球决策，并由此彰显公民的政策参与权利。尽管这样
的范式仍将继续遭遇"事实性的"和"可行性的"的质疑，但显然不能

无视此种政策范式对现代社会的重要影响。

二 意见表达政策范式

"意见表达政策范式"的最早表述者是马基雅维里，他既强调在作出决定之前公民都能发表赞成或反对的意见，并且认为公民不会杯葛决策，也强调"明智的政策"应由最杰出人士作出。也就是说，公民在政策过程中的作用只是意见表达，而不是决定，政策决定者是君主或杰出人士，由此这种范式更准确的定义应该是"意见表达＋精英决策范式"。这样的范式与"直接民主政策范式"的最重要区别，是否定了公民对政策所具有的决定权。

"意见表达政策范式"在资产阶级革命时期得到了响应，如卢梭把公民的意见表达与公意的形成联系在一起，强调的是在形成公意过程中公民自己意见的表达；罗伯斯比尔则把人民的意见表达与公共集会的辩论、了解议员和政府行为、舆论自由结合在了一起；孔德要求在政策讨论中彰显公众的理性；雪莱则强调每个人都有权享受无限制的讨论自由。

19世纪和20世纪前半叶，"意见表达政策范式"由"直接表达"转向了"间接表达"，如密尔强调的是公民通过代表的意见表达方式，将议会视为国民诉苦委员会和表达意见的大会，并主张较聪明或较有道德的人应有更多的发言权。布赖斯则明确将选民的投票视为政策意见的表达，但这样的意见表达只有通过政党和代议制才能实现政策的选择。

20世纪下半叶，"直接表达"又成为"意见表达政策范式"的主流意见，如杜威强调民主是一种共同生活模式，需要的是表达自己意见的机会；莫里斯则明确提出了以"开放自我的开放社会"来替代"民主"概念的论点。

20世纪下半叶还出现了可以替代"意见表达政策范式"的"对话民主"或"话语民主"，后现代主义学者是这种替代理论的主要倡导者，如利奥塔看重的是一种重视个人意见表达并注意倾听的"对话"式的政策范式；鲍曼强调的是可以摆脱后参与时代困境的有效沟通渠道，使人们能够在共处状态下达成彼此理解；罗蒂明确反对"富人民主"，要求重视理性对话和公民集会；萨义德则强调了另一种"对话"形式，即知识分子在政策过程中说真话的政策对话。"话语民主"与"协商民主"应该有所不同，正如德雷泽克所言，"协商民主"（deliberative democracy）的路径强调的是政治领袖意识中的协商，"话语民主"（discursive democracy）强调的是交往，人们围绕公共事务进行交往，并且这种交往是指向公共政策的。吉登斯则明确表示，"对话民主"受"协商民主"影响并延伸了"协商民主"。

"意见表达政策范式"及其作为当代替代品的"对话民主"或"话语民主"，是一种很容易与"直接民主政策范式"混淆的理论范式，并且是一种"偏弱"的理论范式，论及此类范式的西方学者并不是很多，但是这一范式的可行性显然高于"直接民主政策范式"，这是不能不注意到的问题。

三　防止专制政策范式

反对专制是民主的一个显著特征，其中应包括反对"政策专制"的重要内容。由霍布斯倡导的"政策专制"，不仅遭到了西方政治学家的严厉批评，亦由此发展出了旨在防止"政策专制"的政策范式，这样的范式重点强调的是三个方面的控制。

第一个方面是对决策者的控制。如何有效地控制决策者，可以有不同的思路，如在英国资产阶级革命时期，弥尔顿就明确提出了对国王、主教、贵族等影响决策应有所限制的论点；法国资产阶级革命时期，马布利提出了以法律手段减少国家需要的论点，霍尔巴赫强调以理性的正确政策取代暴君的政策，罗伯斯比尔则要求以舆论自由作为反抗暴君的手段。后来的政治社会学家也注意到了这一问题，如涂尔干明确提出了反对政府专制主义和将国家的希望寄托于伟人的论点，迪韦尔热则认为应该以民主组织限制寡头政治的发展。

第二个方面是对政策权力尤其是决策权的控制，大致有三种不同的思路。一种思路是强调对决策权力的直接控制，如滕尼斯注重的是人民代表机构对权力的限制，丹尼斯·朗强调的是以建立民主政府、立宪政府的方式抵消或限制政治决策者的完整权力，卢克斯认为应该在三维状态中而不是一维或者两维的状态中来思考决策权力。另一种思路是以分权制的方法控制决策权力，如阿克顿提倡的是使政府多中心化和讨论多中心化的分权制，西瑟则明确指出分权的政策体制应具有五个重要的特征。第三种思路是"平衡"或"协调"权力，如桑斯坦要求由总统来协调规制，使其在政策过程中发挥制衡功能；彼得森认为既要强调联邦政府的再分配和统一福利政策功能，也要为私营部门介入地方政策留出空间。

第三个方面是对腐败的控制，约翰斯顿指出腐败的权钱关系影响着决策，使政府的政策成了一种欺骗。他对"腐败 = 垄断 + 决定权 - 责任"的公式作了进一步解释，认为应该开展"干净政策"等试验以及"深度民主化"所要求的积极争论。

"防止专制政策范式"的核心问题是如何控制政策权力，因此这样的范式，也可以称为"控制权力的政策范式"。尽管权力问题是政治社会学家关注的主要问题，迪韦尔热甚至提出了"政治社会学 = 权力学"的论点，但是"控制权力的政策范式"显然不是政治社会学的"专利"，因为政治学其他领域的学者，也对这一范式有重要的理论贡献。

四　代议制民主政策范式

"代议制民主政策范式"的最早完整表述出现在资产阶级革命时期，并在理论的发展中出现了具有不同特征的六种表述。

第一种是带有平民代表特征的"代议制民主政策范式"。弥尔顿是这种表述的首创者，他不仅强烈主张平民代表应进入议会并代表人民决策，还强调由平民代表组成的下议院应成为国家的最高机关。边沁在一定程度上支持弥尔顿的看法，认为下院议员是人民最愿意挑选的人。圣西门强调的是下议员应主要由实业家组成，莫里斯则明确提出了议会就是全体人民的论点。

第二种是带有沟通特征的"代议制民主政策范式"。斯宾诺莎是这种表述的代表，他不仅将议事会视为决定国家政务的最重要机构，还将议事会定位为公民与统治者沟通的唯一渠道。

第三种是只具有立法功能和监督功能而不应具有决策功能的"代议制民主"。孟德斯鸠是这种表述的倡导者，他认为代表机关不是为了通过积极性的决议而选出的，是为着制定法律或监督它所制定的法律的执行而选出的。密尔应是这种表述的积极支持者，尽管他强调了一个完善政府的理想类型一定是代议制政府，但是也明确指出代议制议会的适当职能是公开政府行为和作为国民的诉苦委员会和表达意见的大会；代议制议会的适当职能不是管理，而是监督和控制政府。

第四种是强调决策功能的"代议制民主政策范式"。华盛顿、潘恩等人都强调议会应具有决策功能，并对议会决策提出了不同的要求，华盛顿认为应将充足的决定权力赋予议会（大陆会议），潘恩则强调了决定权和执行权分开的必要性。

第五种是强调权宜之计的"代议制民主"。沃拉斯（华莱士）是这种表述的代表，他认为代议政体不是唯一可能或永远最可能获得人们同意的方法，而只是一个能有无穷变化的权宜之计。

第六种是带有普遍性代表特征的"代议制民主政策范式"。柏克是这种表述的先期倡导者，他既肯定了议会下院在处理政策问题时以代表国民的利益，也明确表示了对法国第三等级在议会中垄断政策的反对态度。贡斯当则明确指出，民众对政府决定影响较小，因此不得不依靠代议制来进行利益表达，但是要注意权力不受限制的议会比人民更加危险。葛德文尽管指出代议制不能信赖，但还是提出了在议会中施行"缓慢的审议程序"的建议。托克维尔强调的是民主国家人民可以防止他们的代表偏离他们根据自己的利益为代表规定的总路线。基佐认为公开性是代议制政府的最根本特征。卡尔·施米特则指出公开性和辩论是两条原则，宪政思想和议会制都取决于这两条原则，但议会与政党的政治生活现实和公众信念，已经远离了这些信念。加塞特强调的是"大众政治"带来的"超级民主"并不能带来代表民众的政策选择，因此必须改革代议制，而不是废弃代议制。

研究全球"民主化"学者论述的"代议制民主政策范式"，主要发展的是第六种表述。如邓恩强调代议制为公民提供了一种评价政府对其被统治者的职责的适度标准，伊恩·马什要求实行一种"强"议会委员会制度，菲利普·施密特认为公民的行为应通过他们选举产生的代表的竞争与合作来完成，奥唐奈则指出代议制民主下的迟缓决策可以避免草率决策，林茨和斯特潘则希望探索各种非多数至上、非全民公决的原则。

对于"代议制民主政策范式"，有两点需要特别注意。第一点是这样的理论范式是在反对"直接民主政策范式"的基点上产生的，并且在理论的发展中，往往带有强烈的排斥"直接民主政策范式"的特征。第二点是这样的理论范式在进入 20 世纪后逐渐丧失了其本身应具有的"独立性"，变成了其他理论范式中不能不提到的一种"要素"，因此绝大多数学者的论述中都会涉及代议制民主问题，但是他们所着重的，并不只是发展或完善"代议制民主政策范式"，而是将这样的范式"融入"新的、更宏大的理论范式之中。本小节列出的"民主化"理论对"代议制民主政策范式"的阐释，实际上就是这种"融入"的一种形式。

五　法治政策范式

"法治政策范式"或"民主—法治政府的政策范式"，既有源自资产阶级革命时期的早期版本，也有中期版本和当代版本。

英国资产阶级革命时期的哈林顿应是"法治政策范式"早期版本的首创者，他不仅倡导法治政府，反对人治政府，强调民主政府的利益最接近全人类的利益，还认为人民满意的政府是好政府，行政官员必须向人民负责。洛克和美国的联邦党人也是早期版本的重要表述者，洛克强调的是"公民政府"既要注重被统治者的福利，也要依据法律来行使权力；联邦党人强调的则是国家政策统一、行政赋权和政策公信力的不可缺性。

"法治政策范式"的中期版本出现在19世纪和20世纪前叶。如密尔倡导的"理性民主制"的理念，强调不是人民亲自进行统治，而是可以保证他们拥有优良政府；除非政府干预能带来很大便利，否则便不允许政府进行干预。罗素则强调了各种机构的管理民主化，尤其是最大限度地减少政府对自由的干预和对行政权力加以控制。

20世纪下半叶和21世纪初，来自不同政治学领域的学者，几乎都有涉及"法治政策范式"的表述，使这一范式具有了当代形态的至少七种版本。

（1）"反独裁"版本。波普尔指出，民主的重点是避免独裁，或者换个说法，避免不自由，避免某种统治模式不是法治。

（2）"反人治"版本。弗里德曼认为，迄今提出的唯一有希望的方法是通过立法而成立一个法治的政府，而不是人治的政府来执行政策。

（3）"宪政"版本。哈耶克指出，宪政的根本就在于用恒定的政制原则限制一切权力。只要民主制度不再受法治传统的约束，那么它们就不仅会导向"全权性民主"，而且有朝一日还会导向一种"平民表决的独裁"。哈丁也认为，"宪法下的决策"阐释的是在宪政和法治的框架下，具有自我实施的政府秩序、分散决策、程序正义等特征，以及公民有限的政策参与，并可能是一种"边缘上的民主"。

（4）"民主政体"版本。拉斯韦尔和卡普兰强调民主政体是自由的、法治的，并通过权力过程的三个特征来定义的：一是权力是在自身责任最大化的基础上行使的；二是权力过程不是绝对的、自给的；三是权力过程的利益在政治统一体中进行分配，民主政体不允许特权等级的存在。

（5）"市民社会（公民社会）"版本。哈贝马斯指出，资产阶级法治国家所建立起来的政治公共领域，其普遍开放性从一开始就取决于市民社会的结构，而不仅仅是市民社会给自己制定了政治宪法之后才确定下来的。达仁道夫认为，自由的、开放的共同体需要三件东西：政治的民主、市场经济和公民社会。必须有一些规则，争端中的群体和不同的利益可以依此进行辩论（法治国家、宪法），法治国家和国家宪法可以通过程序或者通过内容加以界定。

（6）"平等与自由"版本。戴蒙德强调了所有公民在法治体系下拥有平等的法律地位，福山认为政治自由主义是承认确定之个人自由或免于政府控制之自由的法治原则，达格则指出共和主义的公民权要求法治下的公平待遇。

（7）"法治局限性"版本。奥克肖特认为，当仔细思考和制定"政策"的权威与事情被置于仔细思考和制定法律的权威与事情之上，当追求和管理一个"政策"的权威和事情被置于裁定的权威和事情之上时，作为一个依据法治的联合的国家的特性是受限制的。雷蒙·阿隆也指出，用法治取代人治的理想属于西方自由主义的传统。但是，这种理想并不是人人都能理解的，也不是与社会的整个存在同外延的。现代国家的功能在于达到某些目的：用目标治理代替法治。

"法治政策范式"之所以有各种不同的版本，或者说是不同的说法，表明这样的范式还缺乏必要的"整合"，因为确实还很少有人对这样的范式作完整的描述，只是在表述其他理论范式时提及法治原则或标准（尤其是哈耶克和哈贝马斯，对此有较多的论述）。由此，除了需要对这样的范式进行系统性的"整合"外，还要重点说明这一范式与"防止政策专制范式"的区别。从西方学者的论点可以看出，"防止专制政策范式"和"法治政策范式"两种范式的区别，不仅仅是前者以"控制政策权力"为重点，后者以"建立政策法治体系"为重点，更重要的是前者侧重于方法或技术，后者侧重于背景和理念，并且前者涉及的范围较窄，后者则涉及更宽泛领域的问题。从这两种范式的关系上看，"法治政策范式"似可包含"防止专制政策范式"，将其作为一种"子范式"或者一种不同的表述版本。但是从理论的发展来看，两种范式毕竟有不同的发展脉络，亦各具特征，还是应该有各自的表述，而不是混为一谈。

六　精英决策的政策范式

尽管在西方传统政治学中，已经出现过与精英决策有关的一些论点，但是作为一种完整表述的"精英决策的政策范式"，应是在 20 世纪上半叶由以帕累托、莫斯卡和米歇尔斯为代表的精英主义论者提出来的。这样的政策范式，主要是由六个要点构成的。（1）以大众的直接民主决策是不可能的，普选不能代表民意。（2）所有的决策都是少数人（精英）作出的。（3）各种组织都处于寡头统治之下（即"寡头统治铁律"）。（4）代议制是对精英有利的制度。（5）精英依托的主要是中产阶级。（6）民众对精英决策并不是毫无影响。

"精英决策的政策范式"在当代仍是不少学者分析政策问题的重要视角，并且不乏批评的意见（乔姆斯基所说的精英决策体制下，出现了公众意愿与公共政策的严重错位，就是一种具有代表性的说法）。我们需要强调的，是这样的理论范式在当代有三个方面的重要发展。

第一个方面的发展是对"精英决策的政策范式"下选举能否影响政策的评估，出现了不同的观点。巴特尔斯认为民众对政策的影响有限，选举不能发挥左右政策的作用。多姆霍夫则认为，尽管选民可能更关心候选人的个性而不是实质性议题的政策，但是选举使得并不富裕的公民至少能够表达点什么，而且选举为批评社会系统提供了一个机会。

第二个方面的发展是对"精英决策的政策范式"的民主走向提出新的看法，如巴特尔斯要求通过调整美国两党的权力关系，来改变精英结构；帕伦蒂提出了通过改变选举来改变权贵操控国会的建议；英格尔哈特更明确指出，在"后现代主义"社会，出现了由"精英主导型政治"向"引导精英型政治"的转变，最重要的是在政策参与模式上，出现了由"投票行为"到"议题导向"参与的转变。

第三个方面的发展是对"精英决策的政策范式"下的政策模式有了较系统的说明，如戴伊所言，民主社会中实施的并不是带有直接民主特征的"民主—多样化"的自下而上政策制定模式，而是"自上而下"的政策制定模式，在这种政策模式中，"民主的精英集团"主导着决策；政策合法性不是由普选取得的，而是通过选举产生的国家领导人来实现的，政策本身并不是来自全体公民，也不必通过全体公民的同意才产生或者生效，是政治体制而不是政策本身赋予了政策的合法性。

需要说明的是，在西方学者的理论阐述中，带有一定的"精英决策"色彩，与具有系统性的"精英决策的政策范式"论点，是有所区别的。西方不少学者在讨论政策问题时，都多少会表现出对现实社会中"精英决策"的承认，但大多数人不会自认为是"精英主义"论者。只有坚持"精英主义"立场的学者，或系统构建精英决策模式的学者，才能算作"精英决策的政策范式"的代表性人物。

七　官僚决策的政策范式

"官僚决策的政策范式"是由韦伯提出来的，包括以下主要论点。（1）直接民主制从技术上说仅仅在一个小邦国才是可能的，直接民主的行政管理处处都是不稳定的。（2）民主制到处都在变成一种官僚化的民主制。（3）重大的政治决策——尤其在民主制条件下——不可避免总是由少数人作出。（4）民众作为"临时"政治家的投票和表达，就是政治参与的全部，但是公民直接投票仍可作为最后手段。（5）现代议会乃是被官僚制手段统治的人们的代表机构。（6）议会制政府和民主化未必是相互依存的，如果没有一个能够对行政的实质和人事进行干预的民主化议会，就不可想象怎么才能实现民主。（7）现代国家政治党派的目标是借助支持者的数量决定政策。

当代政治学者在讨论行政问题或政策问题时，经常会提及韦伯的论点，但是对"官僚决策的政策范式"有系统发展的，是行政学家尤其是专注于"新官僚体制研究"的学者。

詹姆斯·威尔逊认为有两个截然相反的官僚体制机制效果，更加友好和更负责任感的公民服务机构以及更加刻板和更有敌对情绪的公民管制机构，并指出官僚机构决策的以下基本特征。（1）官员采取行动的自由受到其行政上级决策的重大限制，有时候甚至完全受后者支配。（2）一个政策制定机构的成型期对该组织的行为具有极其重要的意义。（3）对很多政治主管人员来说，影响政策的机会是承担一份政府工作的主要动力；成功的决策者是这样一些人，他们努力设法将其希望机构做什么的清晰的憧憬同有效地传达其憧憬并激发关键的公务员去实施的能力结合起来。（4）政治主管人员很少把能量发挥在行政管理上，因为他们不愿意根据其机构是否运转良好来判断其政绩，而更愿意根据他们所认同的政策是成功还是失败来判断。（5）政治家不会因为谴责官僚体制而丢失选票，以双方同意的方式（即灵活、非惩罚性或妥协）执行它们行政政策的国家往往实行议会制；以对抗方式（即严格、惩罚或照章办事）执行政策的国家实行总统制。（6）国会在一定程度上不大可能作出具体管理的决定，更大的可能是对这些决定如何作出施加限制性影响，国会的微观管理逐渐变为制定具体详细的规则。（7）在法院的干涉下被采纳的政策并不总是最好的政策。

比瑟姆则明确指出"民主或科层制"的对立是一种误解，不仅需要修正把行政看作政策实施工具的概念，还应承认科层制并不具有反民主的本质，并要求"民主公民"对政策持一种批判的立场。

盖伊·彼得斯分析了行政学提出的五种治理模式，并就官僚决策的民主控制提出了以下看法。（1）立法机关的角色逐渐转化为监督者。（2）政府决策公开的一个信条是，那些非常明确影响公民的决策，应该在实施前服从公众的意见，一个最基本的方法是公众听证。（3）官僚机构应比立法机关更欢迎政策领域中的协商民主。

"官僚决策的政策范式"和下面即将讨论的"行政民主政策范式"，有点像孪生姐妹，两种范式关心的不少问题是重合的，因此有一些学者是在公共行政学的总体框架内讨论韦伯的论点，而不是将韦伯的官僚体制独立于行政学研究之外。但是从政策与民主的关系看，"官僚决策的政策范式"更注重的是对"决策者"（官僚）及其所倚赖的制度的研究，"行政民主政策范式"更注重的是对"政府"（行政）及其运作体制的研究，前者强调的应是一种"集团性"的效应（即官僚作为一个集团所发挥的政策功能），后者强调的是应是一种"结构性"的效应（即不同的行政体制可能产生不同的政策功能），两种范式毕竟是有较大区别的。

八　行政民主政策范式

"行政民主政策范式"是行政学学者创造的理论范式，对于这样的范式，行政学学者主要有六种不同的表述。

第一种表述是 20 世纪初叶出现的以"政治—行政二分法"（或政策二分法）为特征的"行政民主政策范式"，代表人物是伍德罗·威尔逊和古德诺。威尔逊所倡导的"民主政策"，强调的是以政策的公共性为出发点，通过政治与行政分离以及由选举带来的公众协商机制和公共舆论监督机制，重塑新的官僚制度以及相应的政策机制。古德诺主张的是"政策二分法"，他不仅明确指出任何一次选举通常都无法在政策决策机关（即政府中的政治机关）和政策执行机关（行政机关）之间达成协调一致的关系，还强调了政党（尤其是党魁）对政策的决定性作用，由此需要确立的民主形式，主要是民众对党魁或党的领袖的有效控制，以及与之相关的对行政集权和官员任期的控制。

第二种表述是 20 世纪中叶出现的"民主行政理论"，强调的是政策制定与执行不可分割的行政民主政策范式。"民主行政理论"的概念是由沃尔多提出来的，他认为这一理论的中心问题，就是如何去调和对民主的渴望与对权威的要求，并且拒绝承认政治与行政是彼此不同的教条。弗雷德里克也明确指出，公共政策制定和执行的具体模式表明，政治与行政并不是两个相互排斥的区间，或者能够绝对地区分开来；公共政策是一个连续的过程，其制定与执行是密不可分的。他不仅强调了行政责任（政策责任）的重要性，还以政策有效性的角度阐释了"顾客至上"和公民政策参与的必要性。维戈达认为"行政民主"需要的是社会各类成员的高度合作。凯瑟琳·登哈特强调直接承认公共行政既是政治的，又是行政的，那么仅从传统视角进入伦理学是没理由的。政治视角的取向指向拥护影响和回应政策的方向，这一视角与民主理念的实现是相联系的。官僚理念和民主理念不应当被认为是分离的和相互竞争的两方面，而应被看作是同一信念制度的构成部分，它们使整个政治制度合法化。

第三种表述是 20 世纪 60 年代出现的"新公共行政"理论。这种理论与"民主行政理论"一样反对"政治—行政二分法"和行政人员的"中立"，但是正如弗里德里克森所言，新公共行政较多地受后行为主义影响，注重公平和变革，尤其注重行政部门的政策制定和政策倡议，并且既注重公民的政策参与，也注重公务人员本身的政策参与，而后者显然在其他行政学理论并没有得到应有的重视。

第四种表述是 20 世纪 80 年代出现的"新公共管理"理论，这一理论同意"政治—行政二分法"，并发展出了一些新的论点。奥斯本和盖布勒认为"政府是我们用来作出公共决策的一种机制"，并以"改革政府"的原则和视角，提出了一种新的政府政策过程。（1）起催化作用的政府要求建立政策制定（掌舵）同服务（划桨）分开的体制。（2）社区拥有的政府要求通过参与式民主给社区和公民授权。（3）竞争性政府要求对竞争仔细地加以组织和管理，尤其是限制与公共部门做生意的公司对公共政策的影响。（4）有使命感的政府要求决策者进行必要的预算改革并关注重大政策议题。（5）讲究效果的政府要求按政策效果拨款。（6）受顾客驱使的政府要求政府注重满足公民的不同政策需求。（7）有事业心的政府要求注重政策的可能收益。（8）有预见的政府要求长远的政策规划。（9）分权的政府要求适度的政策分权。（10）以市场为导向的政府要求以政府力量影响私人决策以达到集体目标，并且既注重市场的作用，也注重社区的作用。简·莱恩也明确指出，新公共管理对政治和行政两分法抱赞成态度，政治和管理之间的区分是由于交易成本的缘故，契约主义、管理主义、福利社会是新公共管理关注的主要问题。林登则既注重"无缝隙政府"，要求顾客与服务提供者直接接触，以一种整体的而不是各自为政的方式提供服务；也注重"政府部门再造"，用灵活机动的过程小组来取代僵化的职能部门。

第五种表述来自新公共管理理论的反对者"新公共服务理论"，代表性人物是罗伯特·登哈特和珍妮特·登哈特，他们强调的是建立将公共服务、民主治理和公民参与置于中心地位的治理系统，并指出民主包含着公民以一种符合根本民主价值观的方式来实施统治。新公共服务要求的民主政策过程，包括以下内容。（1）提供服务是拓宽公共参与和扩大民主权的第一步。（2）公共利益最好被视为社区对话和参与的一个过程，这个过程既可以使人们了解政策制定的情况，又可以培育公民意识。（3）政府只是一个博弈参与者，应该从控制者的角色转变为议程创立者的角色。（4）公民和行政官员共同承担责任并且一起为执行项目而工作。（5）责任机制在民主政策中的最终目的在于确保政府对公民偏好和需要的回应。

（6）对公共领导的重新概念化被不同地描述为"基于价值观的领导"、"共同领导"和"催生化领导"。（7）民主行政理论现在必须被放在首要位置。

　　第六种表述来自行政学的参与理论，这种理论也反对"政治—行政二分法"。博克斯不赞同"强势民主"论者以直接民主弱化甚至取代代议制的思路，强调应该以公民的政策参与为基础，形成可以凸显"社区政策导向"和"社区代议制"的治理体系。贝内斯特也注意到了在政策过程中社区的作用。哈曼强调社会公平的观念要求"组织民主"（或参与性管理）的公众义务必须是毫不含糊的。勒妮·欧文和约翰·斯坦斯伯里强调的是应从"公民如何参与政策"回归到"公民是否应该参与政府决策"。谢里尔·西姆瑞尔·金等人则认为真正的参与将公民置于紧贴议题的位置，行政系统和过程则位于相对远处，行政人员是沟通二者的桥梁。

　　从"行政民主政策范式"的各种不同表述可以看出，官僚制度本身确实不是这样的范式重点关注的问题，政府体制或行政管理体制才是核心问题，由此才使政治与行政的关系成为人们不得不关注的问题。关于行政学发展中出现的一些重要理论特征，已经在本书第八章作了较详细的交代，可资参考。

九　决策民主政策范式

　　"决策民主政策范式"出现在第二次世界大战结束后，最突出的特征就是在基本概念上将民主与决策直接联系在一起，强调决策是民主第一性、根本性甚至全面性的内容。这样的理论范式，可以按照不同学者的学术背景，分为七大流派。

　　最早提出"决策民主政策范式"的是新自由主义的学者。"决策民主政策范式"的新自由主义流派，并非出自一人之手，而是由多人的论点聚合而成。（1）熊彼特提出了这一范式的基本论点：民主的目标就是产生决策者，不能用直接民主的方式解决政策问题，"议会民主"的可能性已经确立，官僚机构并不一定与民主是对立的关系。（2）哈耶克给出了"民主所指涉的乃是确定政府决策的一种方法或一种程序"的更明确定义，并列出了八种政策评价标准。（3）波普尔对"民主政策"原则就是为了避免专制而创设、发展、保护政治制度作了阐释，并对"全民创制"提出了否定性的看法。（4）阿伦特更前进了一步，她强调公民参与对决策有两方面的影响：一方面是公民有参与决策的自由，并需要有相应的权利保障和制度保障，如人权和政府提供的保护权，以及有利于公民政策参与的委员会制度；另一方面是即使面对精英决策和代议制的政策缺陷，也不能走向"公共意见统治"，因为公共意见的统治是暴政的一种形式，全民公决则是唯一与无拘无束的公共意见统治密切呼应的制度。沃尔泽对"民主决策"的诠释，也是一方面强调了每个公民都是一个潜在的参与者，一个潜在的政客；另一方面明确反对电子投票式的政策全民公决，明确指出这是一种错误的和最终可耻的分享决策的方法。（5）弗里德曼倡导的市场导向的政策选择，强调用"法治"来约束政府那只看得见的手，并明确提出了政府的职责范围必须具有限度、政府的权力必须分散的要求。杜鲁门则特别强调应区分文本的政策过程和真实的政策过程。（6）伊斯顿将政治生活解释为某种输入由此而转换为我们称之为官方政策、决策和执行行动的输出，并为政策过程建立了一个由"输入—输出—反馈"构成的循环政治系统。（7）罗尔斯将讨论的问题引向哲学层面，在两个正义原则的基础上，提出了"正义政策"（"公共善政策"）的概念。（8）萨托利明确提出了"决策民主论"（决策过程网络的民主）的解释框架，这样的理论解释重点考虑的是影响决策的各种要素是否带有民主的成分，由此不仅要关注决策的性质、决策背景、决策结果和决策成本，而且需要在"多数至上的民主"和"合作式民主"之间选择决策方式。（9）彭茨以"自由即决策自由"为基点，提出了能够体现"决策自由"的一些基本原则：自由主义的政策具有鲜明的反专制决策的特征；自由首先是一个公开的、公正的决策过程；自由主义政策必须找到个人权力与集体要求之间的平衡点；对决策应承担相应的责任；可以用直接民主决策方式作为代议制决策的补充形式；一个国家的讨论水平反映其民主的程度；公民有充分参与决策的可能性，并且有义务在决策过程中作出自己的贡献。

"决策民主政策范式"的第二个流派是新马克思主义流派，同样汇聚了不同学者的论点。（1）马尔库塞明确提出了反对政策制定者自我决定和自我解释的单向度政策的论点，并倡导集中权力和直接民主的结合，以及大众真实的自我决定。（2）萨特倡导民主是一种生活方式，但指出投票选举并不是最重要的，因为这样的投票不能显示"人民管理"，重要的应是建立人民之间的"兄弟关系"。（3）胡克明确提出了"民主是讨论政策的方式"的论点，这一论点主要是基于这样的定义：一个民主的社会是政府依靠被统治者自由地表示同意的一种社会；普遍同意只有在不同的意见能通过自由的、批判性的讨论而得到磋商的时候才能发扬光大。由此，不仅被统治者应对各项公共政策作自由的讨论和商议，并在执行通过民主程序所达成的各项委托时进行自愿的合作；还要由被统治者的代表控制经济政策，因为不能控制经济政策就不可能实现政治民主；对一切扩大权力的要求，民众应抱顽强而非盲目的怀疑态度，并作为政策是否明智的最好裁判人。（4）哈贝马斯将"民主"理解为制度上得到保障的普遍的和公开的交往方式，由他提出的建立在交往前提上的民主模式（也被称作"一种协商民主的模式"），涉及以下内容。一是与模式相关的"话语理论"，要求建立协商、自我理解的话语与公正话语之间有机联系的制度化民主程序，它一方面表现为议会中的商谈制度形式，另一方面表现为政治公共领域交往系统中的商谈制度形式。二是政治系统是一个依靠集体决策的系统，公共领域的交往结构是一个范围极其广阔的感应网络；它们对整个社会问题的压力作出反应，并激发起许多意义重大的意见。三是与"决定论模式"、"技术统治论模式"不同的"实用主义的模式"，把技术成果和战略成果有效地转变为实践，有赖于政治公众社会作为中介。四是不仅国家机关，而且一切在政治公共领域中具有公开影响的机构，都要求具有公共性。五是"形式民主"的制度与程序安排，使得行政决策一直独立于公民的具体动机之外；公民参与政治意志形成过程，即"实质民主"，必定会使人们意识到社会化管理的生产与私人对剩余价值的继续占有和使用之间所存在的矛盾；关于分配公正的特殊原则的斗争及辩论，应该成为民主评估的目标，所有的这些原则应该由专家们确定，但最后还是应该回过头来由公民们决定他们要共同参与的那些方向。六是多数人不能要求少数人放弃信念，他们只能等待，直到他们在自由和公开的意见竞争中能够说服少数人，从而接受他们的意志为止；如果没有这种话语方法，就不会有民主的意志形成。（5）艾伦·沃尔夫提出了"积累的民主化"的概念，强调消除积累与合法化的矛盾要在两方面都实行民主原则——进行投资和分配决定时也要给予人们发言权，就像在更直接的政治决策中人们理论上拥有的发言权一样；由此不仅需要注重民众的选择，还要保护社会福利政策，因为福利国家能否继续存在已经成为民主梦想能否实现的关键。（6）奥菲也认为福利国家已经成为一种不可逆转的结构，废除它与废除整个政治民主、联盟以及从方法上改变政党体系没有什么差别。在精英决策的基本架构下，作为桥梁的民主政治可能坍塌，政治离公民越来越远，而政策则离公民越来越近，参与危机就是对公民相应地从冲突表达的官方渠道中撤退的反映。着重国家政策的改革并不"服务于"特定社会集团或阶级的需要，而是对福利国家机构的内部结构性问题作出反应。如果公民和政治精英在竞争中仅追求自己的利益，民主国家会堕落成事务国家，决策就不能为大多数人所接受，政府也会失去作用。

"决策民主政策范式"的第三个流派是经济学流派。经济学家就这一范式提出了以下论点。（1）"政策产生政治"（皮尔逊）。（2）将"有钱人的民主"变成"穷人将在大选中投票"的民主，不仅要求制定广泛的政策来减轻贫困，还要求政策和行动并不服从意识形态或教条（加尔布雷斯）。（3）亲多数政策往往是与亲穷人政策相一致的（阿塞莫格鲁、罗宾逊）。（4）言论和传媒的"监督"功能涉及两个层次，一是传媒具有揭露政府不当行为的权力，二是借由增加报道不当行为的机会，产生吓阻这些行为的作用（贝克）。（5）要多向选民提供教育，而不是增加选民投票率（卡普兰）。

"决策民主政策范式"的第四个流派是"民主化"流派。研究"全球化"和"民主化"理论的海哥德、考夫曼认为民主体制是这样一个决策体制：它所产生的实际后果有一定的不确定性，民主体制为相互竞争的利益集团提供了挑战和改变政策（包括经济政策）的机会；他们一方面要求改变行政权力机关的自主决策模式，使其最终对代表机构负责并接受它们的制衡；另一方面强调了利益团体在政策制定与实施方面的制度化参与的"合作主义"。猪口孝、纽曼、基恩强调民主是一种把公共偏好转化为公共政策的机制，民主程序一旦得到不受检查的、多元化媒介的支持，便优越于所有其他类型的决策方式。

"决策民主政策范式"的第五个流派是新制度主义流派。倡导理性选择制度主义的学者，侧重的是"次序"，如维恩加斯特等人强调的是制度如何影响理性的政策选择，在理性选择和有序制度基础上形成的共识性秩序中，政治家可以有效控制官僚的决策；谢普勒斯认为政策结果往往随着关键行为者偏好的改变而改变，制度结构和程序赋予他们过度的控制议程的权力，次序之所以重要，是由于它决定着行动的先后。倡导历史制度主义的学者，侧重的是"路径"，如西伦和斯坦默强调的是在制度选择之后会导出大量的政策路径，遵循的是以"满意而止"的有限理性规则聚合偏好；皮尔逊认为大多数政策有着相当长的持久性，可以看出由"回报递增"带来的"路径依赖"。

"决策民主政策范式"的第六个流派是"政治发展"流派。派伊重点关注的是政治发展中的政策能力问题，因为政治体系的能力意味着公共政策执行中的效力和效率，只有具有这样的能力，才可能化解各种危机；而要保持这样的能力，要求的是民主领导鼓励大众的政策参与，由传播过程为大众政治中的理性提供必要的基础，在一个公开的过程中使利益能够得到表达并综合成为公共政策，起代议作用的政治人物的一个基本功能正是表达这些利益。利普哈特为政治发展提供了两种民主概念。一种是"共识民主"（"谈判式民主"），这样的民主与"多数民主"相比，更容易形成政策的共识和使公共政策具有宽容性与温和性。另一种是"协和民主"，这样的民主既有利于大联盟的政策框架，也有利于"区块自治"。帕特南重点关注的是政治发展的"制度绩效"，并把制度绩效的观念建立在"社会需求—政治互动—政府—政策选择—实施"的简单治理模型上。

"决策民主政策范式"的第七个流派是"政治文化"流派。阿尔蒙德等人强调的是"政治科学便是对决策的研究"，政治体系即参与制定权威性公共政策的体系。他们为政治文化研究提供了一个带有"决策民主范式"特征的分析框架，这样的框架既具有"系统性"，强调"输入—输出—反馈"的政策系统过程；也具有"层次性"，强调"利益综合"在体系层次、过程层次和政策层次上发挥的作用；还具有"规则性"和"文化性"，前者强调的是决策规则必须透明和稳定，后者强调的是带有倾向性的"政策文化"或"角色文化"。李普塞特认为参与率和投票率的高低，本身对民主政治无所谓好坏；如果没有共识，即没有一种允许对政权进行和平"博弈"，允许"在野党"维护"执政党"的决策，允许"执政党"承认"在野党"的权利的政治系统，就不可能有民主。

"决策民主政策范式"尽管出现了七大流派，但是最重要，影响也最大的是新自由主义流派，因为这一流派对"决策民主政策范式"的理论表述，既具有包容性和系统性，也具有哲理性。其他的六个流派，或多或少受新自由主义流派影响，并形成了不同的侧重点，如新马克思主义流派侧重公共领域和福利国家，经济学流派侧重亲穷人政策，"民主化"流派侧重"合作主义"，新制度主义流派侧重"次序"和"路径"，"政治发展"流派侧重政策能力、共识民主和制度绩效，"政治文化"流派侧重"政策文化"等。

十　多元民主政策范式

"多元民主政策范式"也是由新自由主义的学者提出来的，与"决策民主政策范式"最明显的不同是，"多元民主政策范式"在基本概念上强调的是选举与民主的直接关系，与选举相比，决策或政策过程处于次要甚至被决定的地位，由此这样的范式也可以被称作"选举主义的政策范式"。

"多元民主政策范式"最具代表性的人物是达尔，但是这种范式显然不是达尔的专利，而是由多个学者的论点聚合而成。

第一，奥克肖特以公民投票和与之相关的"授权"为基础，指出了两种不同的"民主政治"政策方向：第一种是"信念论政治"方向，第二种是"怀疑论政治"方向。奥克肖特所要强调的是，能否在当代环境下防止"大众"制度整个地投靠信念论政治，并恢复怀疑论政治的生命力。

第二，雷蒙·阿隆倡导的"自由民主制"，主要包含以下主张。（1）公民既是政权的主体又是客体，主体是因为他们直接或间接地选举民主制度的文职领袖，客体是因为他们服从国家统治。（2）公民用他们的选票即使不是在两种政策之间，也至少在两个团体之间作出选择。（3）形式自由是公民选举和代表的必要条件，所有人都有权参加有关共同命运的政治讨论，尽管积极参与的公民向来是少数群体。（4）在民主制下的执政者明白，他们的地位全靠选举。（5）公民通过选举参与政治事务的管理，当选者通过审议和监督参与政治事务的管理，既完全符合民主的特有理想，也与工业社会相容。（6）代议制民主在政党竞争中并通过政党竞争表现出来；多党制最适宜象征民主的准则，即对话的准则。（7）精英决策是现代社会的普遍现象。

第三，伯林对积极自由（肯定性自由）和消极自由（否定性自由）

加以区分，强调政治（"积极的"）权利和参与政府的权利的主要价值，是作为他们保护他们所认定的终极价值，即个人的（"消极的"）自由的手段，并明确表示赞成一种要求协商和妥协的多元民主制。

第四，达尔对"多元民主"作了全面的阐释，突出强调的是公民投票对政策过程的重要性，因为"民主必须在实际上确保每一个成年公民都拥有投票权"，并在此基础上提出了多项民主的标准或定理。（1）理想的民主或"民主的政策过程"，应符合有效的参与、平等的投票权、获得受启发的理解、议程的最终控制权、包容、根本权利六条标准。（2）代议制制度应符合选举产生的官员、自由公正和定期的选举、表达意见的自由、接触多种信息来源、社团的自治、包容广泛的公民身份六条标准。（3）显示政策偏好的七条定理是：多数人极少控制特定政策事务、选举不能显示少数人的偏好、多重少数人的统治、多数人暴政只是神话、政策产出取决于偏好强度的相对强度、多元政治体制以权力的分离为标志、民众中所有积极的和合法的群体都可以在决策过程的某个阶段表达自己的意见。（4）在政策过程中还需要注意专家决策、伦理判断、决策规模、精英的讨价还价、公民参与等重大问题。

第五，诺齐克要求的是严格控制强制手段的最低限度的国家，公民象征性的投票尽管对政策影响极小，仍然需要投票，因为公共领域只是一个共同表达自我的问题，并可以允许对公共政策认真持反对意见的人选择退出该政策。

第六，墨菲提出了"激进多元民主"和"争议式多元民主"的主张，强调的是民主形式的多元性，要求发展和增进那些产生民主的"主体地位"的话语、实践以及"语言游戏"，并以争议式民主取代审议式民主。

第七，鲍尔斯和金蒂斯提出"后自由主义"民主观，注意到了"资本权力"对国家政策的控制问题，市场和投票箱无法给予人民想要的东西，由此所要倡导的是能够提升个人决策和参与能力的民主参与和民主决策，并借重于工作场所的民主、民主的经济计划和共同体获得资本的进路。

第八，多元民主理论对"民主化"理论也产生了重要影响。亨廷顿尽管引用了熊彼特的论点，但是他所倡导的"民主化"理论更接近达尔的观点，尤其是突出强调了选举对民主以及选举对政策的关键性作用，带有较强的"选举主义"特征。亨廷顿对多元民主政策范式有两点重要的补充：一是强调政策参与应主要依赖"参与社会"而不是"群众社会"；二是认为既非高度集中也非十分分散的权力有助于政策创制。戴蒙德认为在低层次的"选举型民主"之上，应有更高层次的"自由民主体制"，并明确提出了最好的问责机制就是真正民主的选举的论点。阿普特强调的是在"协调体系"而非其他体系（如动员体系）中建立一种新的决策方式，这种体系通过普遍的投票权和定期选举表达的人民主权，并要求更为精细的代议形式。福山以自由民主难以再发展来强调"历史的终结"，但他更看重的是支撑自由民主的制度因素，强调的是把国家、法治、负责制政府结合在稳定的平衡中。

"多元民主政策范式"尽管因为其鲜明的"选举主义"特征而受到质疑和批评，但是仍然在西方学术界占据着重要的位置，因为"选举至上"、"选举决定政策"的论点，对于要求民主的人们而言，确实具有很强的吸引力。

十一　公共选择政策范式

"公共选择政策范式"是由经济学家提出来的，这种范式也是由不同的表述构成的。

阿罗认为可以把投票视为将个别选民对候选人或其政见的偏好加总，而汇集为所谓的社会选择；只有当一个组织的所有成员拥有完全相同的利益和完全相同的信息，自发的合意才是有效率的，并且需要给大型组织中的权力增加责任。

唐斯认为政治中的理性人必须能够大致预测其他公民和政府的行为，而每一个政府寻求最大化政治支持。在一个民主制度中，选举的主要目的是挑选出一个政府。理性人感兴趣的并不是政策本身，而是他们自己的效用收入。可以把"得到选民赞同的统治"定义为这样一种决策过程：在这个过程中，决策者在把那些受到影响的人们的偏好基础上作出每一个选择，并且相对于每个人受到影响的程度权衡他的偏好。唐斯提出的"中间选民"理论，强调的是民主制度能否产生稳定的政府，取决于大部分选民是否集中在中央，或者集中在两端而中央密度很低。在两党体制中政党的意识形态收敛于中点，这种收敛依赖于投票人的单峰分布。民主社会不可能达到帕累托最优，也很少能有选民在与政府的交往中达到边际均衡。

布坎南提出的"个人主义民主"决策理论，可以被视为"公共选择政策范式"的代表性表述，主要包括以下内容。（1）对各种超越定期选举统治者的民主决策制度的实证辩护所必然依靠的，是有关个人主义民主的假设，而不是有关理想主义民主的假设。（2）个人是唯一有意义的决策单位，这些个人的动机是效用最大化的考虑；在民主制度下，个人在所有时候都是一个潜在的参与者，政治决策是间接地由个体公民作出的。（3）个体选票产生各种发挥经济效应的集体决定。（4）政策过程中的个体理性是有限度的，政治和集体决策过程无法"对真理作出判断"，而仅仅是个人对各种结果的选择可以结合起来产生集体结果的一个过程。（5）全体一致规则必定会在任何规范的民主政治理论中占有核心地位；只有经过普遍同意，才能揭示公民的偏好。（6）如果假定政治制度是切实民主的，那就必须假定个人以各种方式参与作出财政选择。（7）"宪法"必须被置于"民主"一词的前面，多数人的暴政与其他形式的暴政一样真实，而且实际上它可能更为危险。

希尼克和芒格对"公共决策"和"集体决策"作了区分，对阿罗、唐斯的定理都提出了质疑，并强调绝大多数大众民主是通过代议制实现的。

缪勒对公共选择理论的一些重要论点进行验证后，得出的是"制宪民主"的结论，这样的结论主要考虑的不一定是公民的政策偏好，而是公民对政策的最终控制权。

敦利威为公共选择理论引入的"团体认同"和"塑造政策"，对民主和官僚体制都有重要的作用。赛蒙则指出，对政策的不满到达或接近极限时，就会有极强的趋势促使政策的改变，这是选择模型不能不认真看待的问题。

"公共选择政策范式"的最重要贡献，是将各种经济学的理论模型和量化分析方法带入了公共政策研究，因此尽管不断有人质疑这种范式所倡导的理性选择和不同的定理，但都无法否定该范式所带来的方法论方面的巨大变革。

十二 组织决策的政策范式

"组织决策的政策范式"是由"组织理论"的倡导者西蒙、马奇等人提出来的理论范式，这种范式与"公共选择政策范式"有重要的互补作用。

西蒙不同意古德诺对"政策问题"和"管理问题"的二分法，强调"决策"工作同"执行"工作一样渗透到整个管理型组织中，事实上这两者紧密相连、缺一不可。西蒙不仅强调了决策中价值判断和事实判断的区别与联系以及有限而不是完全的决策理性，还指出组织通过"权威—沟通—组织忠诚—效率准则—培训—冲突"的模式影响决策，尤其是指出了组织对冲突反应的四个步骤：问题解决、说服、谈判、"政治"，前两个步骤是"分析过程"，试图使个人决策与公共决策达成一致，后两个步骤则是"谈判过程"。

马奇也认同"有限理性"，指出决策者似乎更倾向于选择"满意化"而不是"最大化"，他们要寻找一个"足够好"的行动，而不是寻求"最佳可能"的行动。他认为组织决策理论最好应该被称作注意力或搜寻理论，而不是选择理论。决策取决于注意力产生的环境：谁注意什么？在什么时候注意？注意力行为学更关注满意化的观点，满意化更应该是搜寻原则，而不是决策原则；满意化规定在哪些条件下开始搜寻，在哪些条件下停止搜寻。把决策描述为联盟结成的决策论，关注的是如何建立伙伴关系，怎样达成协议并加以实施？讨价还价和联盟结成的理论强调了多重行动者决策理论中两个非常重要的方面。每个人都"知道"决策与行政应该区分开来；同时，每个人都"知道"决策与行政不能分开。政治民主不仅取决于经济和社会条件，还取决于政治制度的设计。现代制度通过规范参与者、政策问题、解决方案的选择机会，有助于减少因开放结构和垃圾桶过程而导致的不确定性。

曼瑟·奥尔森对"集体行动"特征和含义的解释，同样强调的是"有限理性"的论点，并指出在民主政治体制中，许多关键的决策需要依赖制衡以及更大多数人支持的原则，并应该集中注意一个政府是否通过对选票的自由政治竞争来选择成为代议制的，而不是关注它是否赋予普遍的公民选举权这样的问题。

制度经济学派的学者柯武刚和史漫飞的论点，接近"组织决策范式"，因为他们既认同"有限理性"，也认可制度对决策的重要性。但有所不同的是，他们更关注的是"公民"而不是"组织"在政策过程中的作用，由此不仅强调要为公民控制政策提供有效手段，而且认可公民创议的全民公决,而全民公决恰是"组织决策范式"极力反对的一种决策方法。

"组织决策的政策范式"因强调"有限理性"而有别于"公共选择政策范式",因强调"组织功能"而有别于"行政民主政策范式"。更为重要的是,"组织决策的政策范式"也大量采用了经济学的理论和数据模型,无论是在方法论上还是在理论视角上,都成为研究者难以忽视的一种理论范式。

十三 民主政策科学的政策范式

"民主政策科学的政策范式"是由公共政策学者提出的,这样的范式主要是由不同的"政策模式"的理论解读(而不是技术方法或分析方法的"模式"或"政策模型"解读)构成的。除了已经列入"直接民主政策范式"的"参与民主"模式和列入"精英决策的政策范式"的"精英决策"模式外,公共政策学者还提出了七种"政策模式"。

(1)"民主政策科学"模式。拉斯韦尔是"民主的政策科学"概念的创始人,他承认存在着精英控制政策过程的既有模式,但是基于每一个公民都是(政策)股票持有者、每一个公民都属于一些能够对政策施加正式影响的地区性集团的基本认识,他所强调的政策模式具有政治与行政共生、决策等同于立法、以决策界定权力、注重政策领域的人际关系、"中产阶级"有组织的意见表达、公民与国家共同控制政策等特征。

(2)"民主政策"模式。林德布洛姆和伍德豪斯认为民主政治体系设定了使政治参与者能经由彼此互动以形成政策的过程,在这一过程中重要的是有效的多数同意而不是完全的理解,每一参与者扮演有限角色,在所有官僚、民选官员、利益集团代表及其他参与者之间互动中产生的政策,其结果不可预期,明智与民主程度会较高。

(3)"有限理性决策"模式。维克斯讨论的是"政治民主"下的政策模式,他一方面承认大型组织高层的个人对决策起重要作用,所要达到的是"足够好的"有限理性决策和能够实施有效的课责;另一方面,他强调了公民可以用直接或间接参与者、代理者、受益者、受害者等不同的身份参与政策,使每个人都以不同方式参与政策制定并负有相应责任。黑尧也主张,为有效平衡民主与效率的关系,不仅需要在各个层次上提倡权力分享与参与，还要增加直接公共课责能力。

（4）"选票决定政策"模式。海涅曼等人强调的"选票决定政策"模式由以下逻辑组成：公众意见影响当选者和落选者—平等投票权极大影响公共政策—选民的短期取向带来短视而不是长远政策—国会议员的选举服务极大增加了个人对个人的基础--政党凝聚选民偏好—选民对分权和扩展对话的偏爱。弗朗西斯·斯图克斯·贝瑞和威廉·D. 贝瑞对"政策传播框架"分析方法的解读，也是建立在选举可以影响政策的理论假设上，但他们强调的是，这样的影响主要来自政治家对选举安全水平的把握。

（5）"政策悖论"模式。斯通以"政策悖论"的视角，强调政治理性是一种束缚过程，民主就是通过讨论的政府，理性的说服是与自愿相联系的，在政策过程中普遍存在的是歧义和悖论、以权力实现政策目标并控制政策、无法保障穷人和无权的人的参与、议员对政策问题的模棱两可、控制或操控信息；在代议制体制下，真正需要的应是代表对他们的选民负责。

（6）"罢免"模式。韦默和维宁反对海涅曼等人的论点，他们的核心论点是现代公共政策的复杂性使得投票决定政策难以实施，最接近直接民主制的社会，应是一个当选的决策者服从选民罢免的社会。

（7）"政策子系统"模式。豪利特、拉米什以"政策子系统"视角论述的选举与政策的关系，表现的是以下逻辑：投票人在政策过程中扮演相对弱小角色—政党对公共政策只具有间接影响—当选官员中的行政机构成员和立法机构成员，后者通常扮演次要角色—利益集团扮演重要角色—专家的显著影响—媒体的作用是零散和边缘性的—政策依赖主要社会团体支持—制度与组织结构影响决策能力—选票表达政策效果的非正式评估。

"民主政策科学的政策范式"尽管已经包含了不同"政策模式"的理论解读，但是从严格意义上讲，这样的理论范式还缺乏系统性和规范性。拉斯韦尔所倡导的"民主的政策科学"，至今还没有被公共政策学者普遍采纳，应该与"民主政策科学的政策范式"还未"定型"有一定的关系。公共政策学者在理论建构上表现得比较突出的是"实用主义"和"拿来主义"，即擅长于从"精英决策的政策范式"、"决策民主政策范式"、"多元民主政策范式"、"行政民主政策范式"、"公共选择政策范式"、"组织决策的政策范式"、"直接民主政策范式"等范式中摘取可以用于公共政策分析的论点，较少有自己的理论建树或者系统性的"理论整合"，这应该是"民主政策科学的政策范式"一直未能"定型"的主要原因。

十四　治理导向的政策范式

对于治理理论是否已经成为一种体系严密的理论，西方学者有不同的看法，但是这并未妨碍带有治理导向的政策范式的出现。当然，在比较政治学的研究者倡导的"治理导向的政策范式"中，更多看到的是理论上的分歧。

第一种分歧是关于政府的"治理"角色的。罗西瑙强调的是"没有政府的治理"，认为治理既包括政府机制，同时也包括非正式、非政府的机制；鉴于政府所执行的有害的政策，在某种程度上没有政府统治的治理比起善于治理的政府更为可取，由此需要分散的决策中心和多头政治中的公民权。甘布尔强调的是"政府是最重要的一个治理机制"，他不同意"政府的终结"的说法，因为多层次的复杂治理模式显而易见，但并不意味着政府工作必然缩减。他也不同意"公众参与的终结"和"公共利益的终结"的论断，指出政治的权力维度来自集权化的决策，缺少了冲突和严肃的争论，谁在掌权和他们制定什么政策的问题也就变得无关紧要了。

第二种分歧是关于国家的功能定位的，即在"全球化"的影响下，国家的决策功能是全面减退甚至消亡，还是发生了一定的转变。斯科尔特主张的是"局部消亡"论点，既认为全球化并未使国家衰亡，每个国家在面临全球化时，会有不同的政策抉择和机遇；也指出主权消失使现代国家已失去了单方面实行全面的宏观经济政策的能力；由于主权国家的消失，全球化资本主义使得传统的民主模式行不通了，问题的解决途径也许在于多边主义的民主化。梅斯奎塔和鲁特主张的是"主权国家未消亡"的论点，强调了制度对治理的重要性：制度设计，即创造促使政治领导者为政策结果负责的制度，必须在一个民族国家边界内解决，那些失败的政策通常是与制度安排相一致的。赫斯特和汤普逊认为作为行政和公共政策制定机构的民族国家力量已经衰落，但这并不意味着国家的法律制定和宪法调整功能会受到相同程度地减弱。琳达·韦斯则认为"无权力国家"的概念是一种误导，国家不可能被经济一体化所拖垮；如果有这方面的影响，那也是某些系统特定的政策工具所发挥的功效；我们正在见证的不是国家权力的削减，而是权力的重构。沙森指出全球化并不必然导致国家的衰退，也不能使国家像往常一样，或导致其与新情况相适应；国家成为私有和公共领域关系中、国家内部权力平衡中以及包括国家和全球力量在内的更大范围内发生基础变化的场所，国家需要在此当中发挥作用。

第三种分歧是关于"跨国民主"的。倡导"跨国民主"或"全球治理"的学者，提出了一系列的设想。如爱德华兹倡导的"全球治理"，要求建立以联合国为载体的政策范式，由此不仅要建立一个包含两个主要组成部分的联合国（一个部分管理社会和经济事务，另一个负责和平和安全事务），根据一个国家负担的世界人口和GDP平均值来确定投票权；还要设立一个与联合国大会并列的第二个非选举性的内阁理事会；解决政策问题，应通过"对话的政治"，而不是"公民社会"。瑞斯希望建立跨国治理的决策协商制度，并以"双层论辩"来应对责任和协商间的潜在紧张关系。库珀要重新建构的全球治理和"回应性民主"，强调的是在全球层面构建责任机构，实行全球代议，并推动非选举民主。"跨国民主"的反对者如潘尼奇，强调的则是民主依然嵌入在以国家或小于国家的单位为界限的政治结构中，不需要造出一种"国际公民社会"，以引入一种"跨国民主"。

"治理导向的政策范式"是在"全球化"的背景下产生的，因此其主要领域是跨国的而不是一国的。将"治理"变成某一国家内部的重要机制，并不是不可以，但是这显然不是比较政治学研究的重点所在，并且很难与"治理导向的政策范式"合拍，尽管这样的范式还只具有"雏形"，处于"共识少于分歧"的基本形态之下。

本书归纳出来的十四种表述政策与民主关系的理论范式，可能因作者的知识水平有限，并不一定准确，还可能漏掉了不少具有代表性的论点，有待来自各方面的批评以及未来的进一步的补充和完善。但是我们认为，通过大量篇幅引述西方学者的论点，并通过不同理论范式的归纳，说明"政策民主"并不是"无源之水"，而是有着深厚的理论基础，这样的目标应该说是达到了。换言之，本书已经为"政策民主"的理论来源画出了一个基本的轮廓，在这个基础上，可以"构建"出较为系统的"政策民主"理论，而这样的"构建"，应该是与本书接续的另一本书所要完成的任务。

参考书目

〔美〕达龙·阿塞莫格鲁（Daron Acemoglu）、詹姆士·罗宾逊（James A. Robinson）：《政治发展的经济分析——专制和民主的经济起源》，马春文等译，上海财经大学出版社 2008 年 12 月版。

〔英〕阿克顿（John Emerich Edward Dalberg－Acton）：《自由的历史》，王天成、林猛、罗会钧译，贵州人民出版社 2001 年 10 月版。

〔美〕阿尔蒙德（Gabriel A. Almond）、鲍威尔（G. Bingham Powell）：《比较政治学——体系、过程和政策》，曹沛霖、郑世平、公婷、陈峰译，东方出版社 2007 年 7 月版。

〔美〕阿尔蒙德、维巴（Sidney Verba）：《公民文化——五个国家的政治态度和民主制》，徐湘林等译，东方出版社 2008 年 2 月版。

〔美〕阿尔蒙德·多尔顿（Russell J. Dalton）、鲍威尔·斯特罗姆（Kaare Strom）等：《当代比较政治学：世界视野》（第八版更新版），杨红伟、吴新叶、方卿、曾纪茂等译，上海人民出版社 2010 年 2 月版。

〔美〕阿尔蒙德、维巴编：《重访公民文化》，李国强等译，东方出版社 2014 年 5 月版。

〔美〕戴维·阿普特（David E. Apter）：《现代化的政治》，陈尧译，世纪出版集团、上海人民出版社 2011 年 1 月版。

〔意〕阿奎那（Thomas Aquinas）：《阿奎那政治著作选》，马清槐译，商务印书馆 1963 年 3 月第 1 版，2007 年 10 月第 5 次印刷本。

〔美〕汉娜·阿伦特（Hannah Arendt）：《极权主义的起源》，林骧华译，生活·读书·新知三联书店 2008 年 6 月版，2009 年 3 月第 4 次印刷本。

〔美〕汉娜·阿伦特：《马克思与西方政治传统》，孙传钊译，凤凰出版传媒集团、江苏人民出版社 2007 年 4 月版。

［美］汉娜·阿伦特：《人的境况》，王寅丽译，世纪出版集团、上海人民出版社 2009 年 1 月版。

［美］汉娜·阿伦特：《论革命》，陈周旺译，凤凰出版传媒集团、译林出版社 2007 年 3 月版。

［美］汉娜·阿伦特：《共和的危机》，郑辟瑞译，世纪出版集团、上海人民出版社 2013 年 4 月版。

［古希腊］亚里士多德（Aristotle）：《政治学》，吴寿彰译，商务印书馆 1965 年 8 月第 1 版，1997 年第 2 次印刷本。

［法］雷蒙·阿隆（Raymond Aron）：《知识分子的鸦片》，吕一民、顾杭译，凤凰出版传媒集团、译林出版社 2005 年 7 月版，2006 年 6 月第 2 次印刷本。

［法］雷蒙·阿隆：《阶级斗争——工业社会新讲》，周以光译，译林出版社 2003 年 6 月版。

［法］雷蒙·阿隆：《论自由》，姜志辉译，上海译文出版社 2009 年 3 月版。

［法］雷蒙·阿隆：《雷蒙·阿隆回忆录——五十年的政治反思》，杨祖功等译，新星出版社 2006 年 9 月版。

［美］肯尼斯·阿罗（Kenneth Arrow）：《组织的极限》，陈子白译，华夏出版社 2014 年 1 月版。

［美］查尔斯·埃德温·贝克（C. Edwin Baker）：《媒体、市场与民主》，冯建三译，世纪出版集团、上海人民出版社 2008 年 9 月版。

［俄］巴枯宁（Mihayi Bakunin）：《国家制度和无政府状态》，马骧聪、任允正、韩延龙译，商务印书馆 2013 年 1 月版。

［俄］巴枯宁：《上帝与国家》，朴英译，华东师范大学出版社 2005 年 11 月版。

［美］本杰明·巴伯（Benjiamin R. Barber）：《强势民主》，彭斌、吴润洲译，吉林人民出版社 2006 年 5 月版。

［美］拉里·巴特尔斯（Larry M. Bartels）：《不平等的民主：新镀金时代的政治经济学分析》，方卿译，世纪出版集团、上海人民出版社 2012 年 5 月版。

［英］齐格蒙·鲍曼（Zygmunt Bauman）：《寻找政治》，洪涛、周顺、

郭台辉译，世纪出版集团、上海人民出版社 2007 年 8 月版。

[英] 比瑟姆（David Beetham）：《科层制》，郑乐平译，桂冠图书股份有限公司 1991 年 4 月版，1997 年 9 月第 2 次印刷本。

[加拿大] 贝淡宁（Daniel A. Bell）：《超越自由民主》，李万全译，上海三联书店 2009 年 2 月版。

[美] 塞拉·本哈比（Seyla Benhabib）主编：《民主与差异：挑战政治的边界》，黄相怀、严海兵等译，中央编译出版社 2009 年 4 月版。

[英] 边沁（Jeremy Bentham）：《政府片论》，沈叔平等译，商务印书馆 1995 年 4 月第 1 版，2007 年 12 月第 5 次印刷本。

[英] 边沁：《道德与立法原理导论》，时殷弘译，商务印书馆 2000 年 12 月第 1 版，2009 年 7 月第 5 次印刷本。

[英] 以赛亚·伯林（Isaiah Berlin）：《自由论》（自由四论扩充版），胡传胜译，译林出版社 2003 年 12 月版。

[英] 以赛亚·伯林：《自由及其背叛》，赵国新译，凤凰出版传媒集团、译林出版社 2005 年 9 月版。

[伊朗] 拉明·贾汉贝格鲁（Ramin Jahanbegloo）：《伯林谈话录》，杨祯钦译，译林出版社 2002 年 4 月版。

[法] 让·博丹（Jean Bodin）：《主权论》，李卫海、钱俊文译，北京大学出版社 2008 年 12 月版。

[美] 卡尔·博格斯（Carl Boggs）：《政治的终结》，陈家刚译，社会科学文献出版社 2001 年 12 月版。

[美] 詹姆斯·博曼（James Bohman）、威廉·雷吉（William Rehg）主编：《协商民主：论理性与政治》，陈家刚等译，中央编译出版社 2006 年 9 月版。

[美] 詹姆斯·博曼：《公共协商：多元主义、复杂性与民主》，黄相怀译，中央编译出版社 2006 年 9 月版。

[英] 博赞克特（鲍桑葵，Bernard Bosanquet）：《关于国家的哲学理论》，汪淑钧译，商务印书馆 1995 年 1 月版，2006 年 1 月第 3 次印刷本。

[美] 塞缪尔·鲍尔斯（Samuel Bowles）、赫伯特·金蒂斯（Herbert Gintis）：《民主与资本主义》，韩水法译，商务印书馆 2013 年 1 月版。

[美] 理查德·博克斯（Richard C. Box）：《公民治理：引领 21 世纪的美国社区》（中文修订本），孙柏瑛等译，中国人民大学出版社 2013 年

1 月第 2 版。

　　［澳］布伦南（Geoffrey Brennan）、［美］布坎南：《宪法经济学》，冯克利等译，中国社会科学出版社 2004 年 1 月版。

　　［加］布来顿（Albert Breton）、［法］赛蒙（Pierre Salmon）、［意］卡罗地（Gianluigi Galeotti）、［加］温特伯（Ronald Wintrobe）：《理解民主——经济的与政治的视角》，毛丹等译，学林出版社 2000 年 12 月版。

　　［英］布赖斯（James Bryce）：《现代民治政体》，张慰慈等译，吉林人民出版社 2001 年 1 月版。

　　［美］詹姆斯·布坎南（James M. Buchanan）、戈登·塔洛克（Gordon Tullock）：《同意的计算——立宪民主的逻辑基础》，陈光金译，中国社会科学出版社 2000 年 9 月版。

　　［美］詹姆斯·布坎南：《民主财政论》，穆怀朋译，商务印书馆 1993 年 9 月第 1 版，2002 年 11 月第 3 次印刷本。

　　［美］詹姆斯·布坎南：《财产与自由》，韩旭译，中国社会科学出版社 2002 年 10 月版。

　　［美］詹姆斯·布坎南、罗杰·康格尔顿（Roger D. Congleton）：《原则政治，而非利益政治——通向非歧视性民主》，张定淮译，社会科学文献出版社 2004 年 3 月版。

　　［英］柏克（Edmund Burke）：《法国革命论》，何兆武、许振洲、彭刚译，商务印书馆 1998 年 8 月第 1 版，1999 年 10 月第 2 次印刷本。

　　［英］柏克：《美洲三书》，缪哲译，商务印书馆 2003 年 3 月第 1 版，2005 年 2 月第 2 次印刷本。

　　［意］康帕内拉（Tommaso Campanella）：《太阳城》，陈大维、黎思复、黎廷弼译，商务印书馆 1960 年 4 月第 1 版，1980 年 5 月第 2 版，1997 年 4 月第 5 次印刷本。

　　［美］布赖恩·卡普兰（Bryan Caplan）：《理性选民的神话——为何民主制度选择不良政策》，刘艳红译，世纪出版集团、上海人民出版社 2010 年 10 月版。

　　［美］西瑟（James W. Ceaser）：《自由民主与政治学》，竺乾威译，上海人民出版社 1998 年 12 月版。

　　［美］诺姆·乔姆斯基（Noam Chomsky）：《失败的国家：滥用权力

和践踏民主》，白璐译，世纪出版集团、上海译文出版社 2009 年 1 月版。

［古罗马］西塞罗（Cicero）：《国家篇》、《法律篇》，沈叔平、苏力译，商务印书馆 1999 年 8 月第 1 版，2008 年 5 月第 5 次印刷本。

［美］小约翰·B. 科布（John B. Cobb, Jr）：《后现代公共政策——重塑宗教、文化、教育、性、阶级、种族、政治和经济》，李际、张晨译，社会科学文献出版社 2003 年 4 月版。

［美］卡尔·科恩（Carl Cohen）：《论民主》，聂崇信、朱秀贤译，商务印书馆 2007 年 7 月版。

［法］孔德（Auguste Comte）：《论实证精神》，黄建华译，商务印书馆 1996 年 12 月版，1999 年 3 月第 3 次印刷本。

［法］孔多塞（Condorcet）：《人类精神进步史表纲要》，何兆武、何冰译，江苏教育出版社 2006 年 3 月版。

［法］贡斯当（Benjamin Constant）：《古代人的自由与现代人的自由》，阎克文、刘满贵译，商务印书馆 1999 年 12 月版。

［美］罗伯特·达尔（Robert A. Dahl）：《民主理论的前言》，顾昕、朱丹译，生活·读书·新知三联书店 1999 年 1 月版。

［美］罗伯特·达尔：《多元主义民主的困境：自治与控制》，周军华译，吉林人民出版社 2006 年 5 月版。

［美］罗伯特·达尔：《民主及其批评者》，曹海军、佟德志译，吉林人民出版社 2006 年 5 月版。

［美］罗伯特·达尔：《论民主》，李柏光、林猛译，商务印书馆 1999 年 11 月版。

［美］罗伯特·达尔：《论政治平等》谢岳译，世纪出版集团、上海人民出版社 2010 年 1 月版。

［美］罗伯特·达尔、布鲁斯·斯泰恩布里克纳（Bruce Stinebrickner）：《现代政治分析》（第六版），吴勇译，中国人民大学出版社 2012 年 6 月版。

［英］拉尔夫·达仁道夫（Ralf Dahrendorf）：《现代社会冲突》，林荣远译，中国社会科学出版社 2000 年 3 月版。

［美］珍妮特·V. 登哈特（Janet V. Denhardt）、罗伯特·B. 登哈特（Robert B. Denhardt）：《新公共服务：服务，而不是掌舵》，丁煌译，中

国人民大学出版社 2010 年 8 月版。

　　〔美〕罗伯特・B. 登哈特：《公共组织理论》（第三版），扶松茂、丁力译，中国人民大学出版社 2003 年 5 月版，2004 年 3 月第 2 次印刷本。

　　（南非）登特里维斯（Maurizio Passerin d'Entreves）主编：《作为公共协商的民主：新的视角》，王英津译，中央编译出版社 2006 年 9 月版。

　　〔美〕约翰・杜威（John Dewey）：《民主与教育》，薛绚译，译林出版社 2012 年 11 月版。

　　〔美〕约翰・杜威：《杜威文选》，涂纪亮编、译，社会科学文献出版社 2006 年 12 月版。

　　〔美〕拉里・戴蒙德（Larry Diamond）：《民主的精神》，张大军译，群言出版社 2013 年 10 月版。

　　〔美〕威廉・多姆霍夫（G. William Domhoff）：《谁统治美国：权利、政治和社会变迁》（第 5 版），吕鹏、闻翔译，译林出版社 2009 年 4 月版。

　　〔美〕唐斯（Anthony Downs）：《民主的经济理论》，姚洋、邢予青、赖平耀译，世纪出版集团、上海人民出版社 2005 年 9 月版。

　　〔法〕狄骥（Leon Duguit）：《公法的变迁》、《法律与国家》，郑戈、冷静译，辽海出版社、春风文艺出版社 1999 年 6 月版。

　　〔澳大利亚〕约翰・德雷泽克（John S. Dryzek）：《协商民主及其超越：自由与批判的视角》，丁开杰等译，中央编译出版社 2006 年 9 月版。

　　〔英〕帕特里克・敦利威（Patrick Dunleavy）：《民主、官僚制与公共选择——政治科学中的经济学阐释》，张庆东译，中国青年出版社 2004 年 1 月版。

　　〔英〕约翰・邓恩（John Dunn）编：《民主的历程》，林猛等译，吉林人民出版社 1999 年 12 月版。

　　〔法〕爱弥尔・涂尔干（Emile Durkheim）：《乱伦禁忌及其起源》，付德根等译，世纪出版集团、上海人民出版社 2006 年 8 月版。

　　〔法〕莫里斯・迪韦尔热（Maurice Duverger）：《政治社会学——政治学要素》，杨祖功、王大东译，东方出版社 2007 年 7 月版。

　　〔美〕托马斯・R. 戴伊（Thomas R. Dye）：《自上而下的政策制定》，鞠方安、吴忧译，中国人民大学出版社 2002 年 8 月第 1 版，2013 年 9 月第 2 次印刷本。

［美］戴维·伊斯顿（D. Easton）：《政治生活中的系统分析》，王浦劬译，华夏出版社 1999 年 1 月版。

［美］迈克尔·爱德华兹（Michael Edwards）：《积极的未来》，朱宁译，江西人民出版社 2006 年 4 月版。

［美］约·埃尔斯特（Jon Elster）主编：《协商民主：挑战与反思》，周艳辉译，中央编译出版社 2009 年 4 月版。

［美］约·埃尔斯特、［挪］斯莱格斯塔德（Rune Slagstad）编：《宪政与民主——理性与社会变迁研究》（1988 年），潘勤、谢鹏程译，生活·读书·新知三联书店 1998 年 12 月版。

［英］基思·福克斯（Keith Faulks）：《政治社会学》，陈崎、耿喜梅、肖咏梅译，华夏出版社 2008 年 4 月版。

［美］赫尔曼·芬纳（Herman Finer）：《民主政府的行政责任》（1941），载颜昌武、马骏编译《公共行政学百年争论》，第 13—32 页。

［美］詹姆斯·菲什金（James Fishkin）、［英］彼得·拉斯莱特（Peter Lasleft）主编：《协商民主论争》，张晓敏译，中央编译出版社 2009 年 4 月版。

［美］詹姆斯·菲什金：《倾听民意：协商民主与公众咨询》，孙涛、何建宇译，中国社会科学出版社 2015 年 6 月版。

［英］诺曼·弗林（Norman Flynn）：《公共部门管理》，曾锡环、钟杏云、刘淳译，中国青年出版社 2004 年 1 月版。

［法］傅立叶（Charles Fourier）：《傅立叶选集》，赵俊欣、吴模信、汪耀三等译，商务印书馆 2004 年版。

［美］弗里德里克森（H. George Frederickson）：《新公共行政学》，曾冠球、许世雨译，智胜文化事业有限公司 2007 年 1 月版。

［美］米尔顿·弗里德曼（Milton Friedman）：《资本主义与自由》，张瑞玉译，商务印书馆 1986 年 3 月第 1 版，2004 年 7 月第 2 版，2007 年 11 月第 7 次印刷本。

［美］卡尔·弗雷德里克（Carl J. Friedrich）：《公共政策与行政责任的本质》，载颜昌武、马骏编译《公共行政学百年争论》，中国人民大学出版社 2010 年 1 月版，2012 年 4 月第 2 次印刷本，第 3—12 页。

［美］弗兰西斯·福山（Francis Fuknyama）：《历史的终结》，黄胜强

译，远方出版社 1998 年 7 月版。

［美］弗兰西斯·福山：《国家构建：21 世纪的国家治理与世界秩序》，黄胜强、许铭原译，中国社会科学出版社 2007 年 1 月版。

［美］弗兰西斯·福山：《政治秩序的起源：从前人类时代到法国大革命》，毛俊杰译，广西师范大学出版社 2012 年 10 月版。

［英］弗兰克·富里迪（Frank Fured）：《恐惧的政治》，方军、吕静莲译，凤凰出版传媒集团、江苏人民出版社 2007 年 9 月版。

［美］约翰·肯尼迪·加尔布雷斯（John Kenneth Galbraith）：《美好社会——人类议程》，王中宝、陈志宏、李毅翻，江苏人民出版社 2009 年 3 月版。

［英］葛德文（William Godwin）：《政治正义论》，何慕李译，商务印书馆 1980 年 4 月版，1997 年 2 月第 4 次印刷本。

［英］安德鲁·甘布尔（Andrew Gamble）：《政治和命运》，胡晓劲、罗珊珍等译，凤凰出版传媒集团、江苏人民出版社 2007 年 4 月第 2 版。

（西班牙）奥尔特加·加塞特（Jose Ortegay y Gasset）：《大众的反叛》，刘训练、佟德志译，吉林人民出版社 2004 年 10 月版。

［英］安东尼·吉登斯（Anthony Giddens）：《超越左与右——激进政治的未来》，李惠斌、杨雪冬译，社会科学文献出版社 2003 年 12 月第 2 版。

［英］安东尼·吉登斯：《现代性的后果》，田禾译，凤凰出版传媒集团、译林出版社 2011 年 2 月版。

［美］杰克·戈德斯通（Jack A. Goldstone）主编：《国家、政党与社会运动》，章延杰译，世纪出版集团、上海人民出版社 2009 年 11 月版。

［美］弗兰克·古德诺（Frank Goodnow）：《政治与行政》，丰俊功译，北京大学出版社 2012 年 8 月版。

［英］大卫·格林（David G. Green）：《再造市民社会——重新发现没有政治介入的福利》，邬晓燕译，陕西出版集团、陕西人民出版社 2011 年 1 月版。

［美］吉恩·格罗斯曼（Gene M. Grossman）、［以］埃尔赫南·赫尔普曼（Elhanath Helpman）：《特殊利益政治学》，朱保华等译，上海财经大学出版社 2009 年 4 月版。

〔法〕弗朗索瓦·基佐（Francios Guizot）：《欧洲代议制政府的历史起源》，张清津、袁淑娟译，复旦大学出版社 2008 年 12 月版。

〔美〕阿米·古特曼（Amy Gutmann）、丹尼斯·汤普森（Dennis Thompson）：《民主与分歧》，杨立峰、葛水林、应奇译，东方出版社 2007 年 5 月版。

〔德〕哈贝马斯（J. Habermas）：《公共领域的结构转型》，曹卫东等译，学林出版社 1999 年 1 月第 1 版，2004 年 12 月第 3 次印刷本。

〔德〕哈贝马斯：《作为"意识形态"的技术与科学》，李黎、郭官义译，学林出版社 1999 年 1 月第 1 版，2002 年 9 月第 2 次印刷本。

〔德〕哈贝马斯：《合法性危机》，刘北成、曹卫东译，世纪出版集团、上海人民出版社 2009 年 11 月版。

〔德〕哈贝马斯：《对话论理学与真理的问题》，沈清楷译，中国人民大学出版社 2005 年 9 月版。

〔德〕哈贝马斯：《哈贝马斯精粹》，曹卫东等译，南京大学出版社 2004 年 5 月版。

〔美〕斯迪芬·海哥德（Stephan Haggard）、罗伯特·考夫曼（Robert R. Kaufman）：《民主化转型的政治经济分析》，张大军译，社会科学文献出版社 2008 年 3 月版。

〔美〕汉密尔顿（Alexander Hamilton）、杰伊（John Jay）、麦迪逊（James Madison）：《联邦党人文集》，程逢如、在汉、舒逊译，商务印书馆 1980 年 6 月第 1 版，2006 年 2 月第 8 次印刷本。

〔美〕罗素·哈丁（Russell Hardin）：《自由主义、宪政主义和民主》，王欢、申明民译，商务印书馆 2009 年 3 月版。

〔英〕詹姆士·哈林顿（James Harrington）：《大洋国》，何新译，商务印书馆 1963 年 9 月第 1 版，1996 年 7 月第 4 次印刷本。

〔英〕哈耶克（Friedrich A. Von Hayek）：《通往奴役之路》，王明毅、冯兴元等译，中国社会科学出版社 1997 年 8 月第 1 版，2007 年 3 月第 2 次印刷本。

〔英〕哈耶克：《自由秩序原理》，邓正来译，生活·读书·新知三联书店 1997 年 12 月版，1998 年 2 月第 2 次印刷本；又译《自由宪章》，杨玉生等译，中国社会科学出版社 1999 年 2 月第 1 版，2007 年 3 月第 2 次印刷本。

　　［英］哈耶克：《法律、立法与自由》，第 2、3 卷，邓正来等译，中国大百科全书出版社 2000 年 10 月第 1 版，2003 年 3 月第 3 次印刷本。

　　［德］黑格尔（Georg Hegel）：《黑格尔政治著作选》，薛华译，中国法制出版社 2008 年 4 月版。

　　［英］戴维·赫尔德（David Held）：《民主的模式》，燕继荣等译，中央编译出版社 2008 年 12 月第 3 版。

　　［英］戴维·赫尔德、［美］詹姆斯·罗西瑙（James N. Rosenau）等：《国将不国：西方著名学者论全球化与国家主权》，俞可平等译，江西人民出版社 2004 年 1 月版。

　　［英］戴维·赫尔德、安东尼·麦克格鲁（Anthony McGrew）主编：《全球化理论——研究路径与理论论争》，王生才译，社会科学文献出版社 2009 年 5 月版。

　　［美］罗伯特·海涅曼（Robert A. Heineman）、威廉·布卢姆（William T. Bluhm）、史蒂文·彼得森（Steven A. Peterson）、爱德华·卡尼（Edward N. Kearny）：《政策分析师的世界：理性、价值观念和政治》，李玲玲译，北京大学出版社 2011 年 3 月版。

　　［美］米切尔·黑尧（Michael Hill）：《现代国家的政策过程》，林钟沂、柯义龙、陈志纬译，韦伯文化事业出版社 2003 年 1 月版。

　　［美］梅尔文·希尼克（Melvin J. Hinich）、迈克尔·芒格（Michael C. Munger）：《解析政治学》，陆符嘉译，凤凰出版传媒集团、译林出版社 2009 年 12 月版。

　　［英］霍布斯（Thomas Hobbes）：《利维坦》，黎思复、黎廷弼译，商务印书馆 1985 年 9 月第 1 版，1996 年 4 月第 4 次印刷本。

　　［英］霍布豪斯（Leonard Trelawny Hobhouse）：《自由主义》，朱曾汶译，商务印书馆 1996 年 9 月版，2005 年 4 月第 3 次印刷本。

　　［英］霍布豪斯：《形而上学的国家论》，汪淑钧译，商务印书馆 1997 年 4 月第 1 版，2004 年 9 月第 4 次印刷本。

　　［英］霍布豪斯：《社会正义要素》，孔兆政译，吉林人民出版社 2006 年 5 月版。

　　［德］奥特弗里德·赫费（Otfried Hoffe）：《全球化时代的民主》，庞学铨、李张林、高靖生译，世纪出版集团、上海人民出版社 2006 年 4

月版。

〔法〕霍尔巴赫（Holbach）：《自然政治论》，陈太先等译，商务印书馆 1994 年 3 月第 1 版，1999 年 3 月第 2 次印刷本。

〔美〕悉尼·胡克（Sidney Hook）：《理性、社会神话和民主》，金克、徐崇温译，世纪出版集团、上海人民出版社 2006 年 7 月版。

〔加拿大〕迈克尔·豪利特（Michael Howlett）、〔澳大利亚〕M. 拉米什（M. Ramesh）：《公共政策研究：政策循环与政策子系统》，庞诗等译，生活·读书·新知三联书店 2006 年 5 月第 1 版，2006 年 8 月第 2 次印刷本。

〔德〕洪堡（Wilhelm von Humboldt）：《论国家的作用》，林荣远、冯兴元译，中国社会科学出版社 1998 年 3 月第 1 版，2005 年 5 月第 2 次印刷本。

〔英〕休谟（David Hume）：《人性论》，关文运译，商务印书馆 1980 年 4 月第 1 版，1997 年 2 月第 9 次印刷本。

〔美〕塞缪尔·亨廷顿（Samuel P. Huntington）：《变化社会中的政治秩序》，王冠华、刘为等译，上海人民出版社 2008 年 7 月版。

〔美〕塞缪尔·亨廷顿：《第三波——20 世纪后期民主化浪潮》，刘军宁译，上海三联书店 1998 年 10 月版。

〔美〕塞缪尔·亨廷顿：《文明的冲突与世界秩序的重建》，周琪等译，新华出版社 2002 年 1 月版，2005 年 5 月第 2 次印刷本。

〔美〕塞缪尔·亨廷顿：《失衡的承诺》，周端译，东方出版社 2005 年 9 月版。

〔美〕塞缪尔·亨廷顿：《谁是美国人——美国国民特性面临的挑战》，程克雄译，新华出版社 2010 年 1 月版。

〔美〕罗纳德·英格尔哈特（Ronald Inglehart）：《发达工业社会的文化转型》，张秀琴译，社会科学文献出版社 2013 年 7 月版。

〔美〕罗纳德·英格尔哈特：《现代化与后现代化——43 个国家的文化、经济与政治变迁》，严挺译，社会科学文献出版社 2013 年 7 月版。

〔英〕恩靳·伊辛（Engin F. Isin）、布鲁恩（布赖恩）·特纳（Bryan S. Turnur）主编：《公民权研究手册》，王小章译，浙江人民出版社 2007 年 5 月版。

［英］雅赛（Anthony De Jasay）：《重申自由主义——选择、契约、协议》，陈茅等译，中国社会科学出版社 1997 年 7 月版。

［美］托马斯·杰斐逊（Thomas Jefferson）：《杰斐逊选集》，朱曾汶译，商务印书馆 2011 年 1 月版。

［美］迈克尔·约翰斯顿（Michael Johnston）：《腐败征候群：财富、权力与民主》，袁建华译，世纪出版集团、上海人民出版社 2009 年 1 月版。

［德］康德（Immanuel Kant）：《法的形而上学原理——权利的科学》，沈叔平译，商务印书馆 1991 年 9 月第 1 版，2008 年 10 月第 6 次印刷本。

［荷兰］法兰克·卡斯腾（Frank Karsten）、卡洛·贝克曼（Karel Beckman）：《民主以外——关于民主的十三个问题》，王弼译，商务印书馆（香港）有限公司 2015 年 7 月版。

［德］柯武刚（Wolfgong Kasper）、史漫飞（Manfred E. Streit）：《制度经济学：社会秩序与公共政策》，韩朝华译，商务印书馆 2000 年 11 月第 1 版，2001 年 7 月第 2 次印刷本。

［加拿大］威尔·金里卡（Will Kymlicka）：《多元文化公民权：一种有关少数族群权利的自由主义理论》，杨立峰译，世纪出版集团、上海译文出版社 2009 年 1 月版。

［英］简·莱恩（Jan-Erik Lane）：《新公共管理》，赵成根等译，中国青年出版社 2004 年 1 月版。

［美］哈罗德·拉斯韦尔（Harold D. Lasswell）：《政治学：谁得到什么？何时和如何得到?》，杨昌裕译，商务印书馆 1992 年 2 月第 1 版，2008 年 2 月第 7 次印刷本。

［美］哈罗德·拉斯韦尔、亚伯拉罕·卡普兰（Abraham Kaplan）：《权力与社会：一项政治研究的框架》，王菲易译，世纪出版集团、上海人民出版社 2012 年 1 月版。

Daniel Lerner and Harold D. Lasswell ed., *The Policy Sciences*, *Recent Developments in Scope and Method*, Stanford University Press, 1951.

［法］勒庞（Gustave Le Bon）：《乌合之众——大众心理研究》，冯克

利翻译，广西师范大学出版社 2007 年 9 月第 1 版，2009 年 3 月第 5 次印刷本。

〔法〕勒庞：《革命心理学》，佟德志、刘训练译，吉林人民出版社 2004 年 10 月版。

〔美〕伊森·里布（Erhan J. Leib）：《美国民主的未来：一个设立公众部门的方案》，朱昔群、李定文、余艳红译，中央编译出版社 2009 年 4 月版。

〔法〕皮埃尔·勒鲁（Plerre Leroux）：《论平等》，王允道译，商务印书馆 1988 年 5 月版，2007 年 11 月第 6 次印刷本。

〔美〕阿伦·利普哈特（李帕特，Arend Lijphart）：《民主的模式：36 个国家的政府形式和政府绩效》，陈崎译，北京大学出版社 2006 年 11 月版。

〔美〕阿伦·利普哈特：《多元社会中的民主：一项比较研究》，刘伟译，世纪出版集团、上海人民出版社 2013 年 1 月版。

〔美〕亚伯拉罕·林肯（Abraham Lincoln）：《林肯选集》，朱曾汶译，商务印书馆 2010 年 12 月版。

〔美〕林德布洛姆（林伯隆，Charles E. Lindblom）、伍德豪斯（伍豪斯，Edward J. Woodhouse）：《最新政策制定过程》，陈恒钧、王崇斌、李珊莹译，韦伯文化事业出版社 2001 年 9 月版。

〔美〕拉塞尔·M. 林登（Russell M. Linden）：《无缝隙政府：公共部门再造指南》，汪大海、吴群芳等译，中国人民大学出版社 2013 年 1 月第 2 版。

〔美〕沃特尔·李普曼（Walter Lippmann）：《民意》，阎克文、江红译，五南图书股份有限公司 2009 年 2 月版。

〔美〕李普塞特（Seymour Martin Lipset）：《政治人：政治的社会基础》，张绍宗译，上海人民出版社 1997 年 9 月第 1 版，1998 年 3 月第 2 次印刷本。

〔英〕洛克（John Locke）：《政府论》，上、下篇，叶启芳、瞿菊农译，商务印书馆 1964 年 2 月第 1 版，1997 年 4 月第 9 次印刷本。

〔美〕史蒂文·卢克斯（Steven Lukes）：《权力：一种激进的观点》，彭斌译，凤凰出版传媒集团、江苏人民出版社 2012 年 6 月版。

〔法〕利奥塔（Jean-Francoic Lyotard）：《后现代道德》，莫伟民等译，

学林出版社 2000 年 12 月第 1 版，2005 年 3 月第 3 次印刷本。

　　［法］马布利（Mably）：《马布利选集》，何清新译，商务印书馆
2011 年 7 月版。

　　［意］尼科洛·马基雅维里（Niccollo Machiavelli）：《论李维》，冯克
利译，世纪出版集团、上海人民出版社 2005 年 5 月版。

　　［意］尼科洛·马基雅维里：《佛罗伦萨史》，李活译，商务印书馆
1982 年 5 月版，2008 年 9 月第 6 次印刷本。

　　［美］麦金太尔（Alasdair MacIntyre）：《追寻美德：伦理理论研究》，
宋继杰译，译林出版社 2003 年 12 月版。

　　［德］卡尔·曼海姆（Karl Mannheim）：《意识形态与乌托邦》，黎
鸣、李书崇译，商务印书馆 2000 年 9 月版，2007 年 10 月第 4 次印刷本。

　　［美］詹姆斯·马奇（James G. March）、赫伯特·西蒙：《组织》，邵
冲译，机械工业出版社 2008 年 3 月第 2 版。

　　［美］詹姆斯·马奇：《决策是如何产生的》，王元歌、章爱民译，机
械工业出版社 2007 年 4 月版。

　　［美］詹姆斯·马奇、［挪威］约翰·P. 奥尔森（Johan P. Olsen）：
《重新发现制度：政治的组织基础》，张伟译，生活·读书·新知三联书
店 2011 年 3 月版。

　　［美］马尔库塞（Herbert Marcuse）：《单向度的人：发达工业社会意
识形态研究》，刘继译，世纪出版集团、上海译文出版社 2008 年 4 月版。

　　［英］马歇尔（Thomas Hamphrey Marshall）、安东尼·吉登斯（An-
thony Giddens）等：《公民身份与社会阶级》，郭忠华、刘训练编，江苏人
民出版社 2008 年 9 月版。

　　［美］布鲁斯·布恩诺·德·梅斯奎塔（Bruce Bueno De Mesquita）、
希尔顿·鲁特（Hilton L. Root）主编：《繁荣的治理之道》，叶娟丽、王鑫
等译，中国人民大学出版社 2007 年 6 月版。

　　［意大利］米歇尔斯（Robert Michels）：《寡头统治铁律——现代民主
制度中的政党社会学》，任军锋等译，天津人民出版社 2003 年 1 月版。

　　［英］密尔（穆勒，John Stuart Mill）：《代议制政府》，汪瑄翻译，商
务印书馆 1982 年 6 月版。

　　［英］密尔：《政治经济学原理》，胡企林、朱泱译，商务印书馆

1991 年 9 月第 1 版，2008 年 10 月第 3 次印刷本。

〔英〕密尔：《论自由》，于庆生译，中国法制出版社 2009 年 4 月版。

〔英〕密尔：《密尔论民主与社会主义》，胡勇译，吉林出版集团有限责任公司 2008 年 9 月版。

〔英〕密尔：《功利主义》，叶建新译，九州出版社 2007 年 1 月版。

〔英〕约翰·弥尔顿（John Milton），《为英国人民声辩》，何宁译，商务印书馆 2011 年 7 月版。

〔英〕约翰·弥尔顿：《建设自由共和国的简易办法》，殷宝书译，商务印书馆 2013 年 1 月版。

〔法〕孟德斯鸠（Baron de Montesquien）：《论法的精神》，上、下册，张雁深译，商务印书馆 1963 年 3 月第 1 版，1997 年 2 月第 8 次印刷本。

〔英〕托马斯·莫尔（Thomas More）：《乌托邦》，戴镏龄译，商务印书馆 1982 年 7 月第 2 版，1997 年 2 月第 8 次印刷本。

〔英〕威廉·莫里斯（William Morris）：《乌有乡消息》，黄嘉德译，商务印书馆 2007 年 10 月版。

〔美〕查尔斯·威廉·莫里斯（Charles William Morris）：《莫里斯文选》，涂纪亮编，涂纪亮等译，社会科学文献出版社 2009 年 1 月版。

〔意大利〕莫斯卡（Gaetano Mosca）：《统治阶级》（《政治科学原理》），贾鹤鹏译，译林出版社 2002 年 10 月版。

〔意大利〕莫斯卡：《政治科学要义》，任军锋、宋国友、包军译，世纪出版集团、上海人民出版社 2005 年 10 月版，2006 年 8 月第 2 次印刷本。

〔英〕墨菲（Chantal Mouffe）：《政治的回归》，王恒、臧佩洪译，江苏人民出版社 2005 年 5 月版。

〔英〕墨菲：《民主的吊诡》，林淑芬译，巨流图书有限公司 2005 年 12 月版。

〔英〕丹尼斯·缪勒（Dennis C. Mueller）：《公共选择理论》（第 3 版），韩旭、杨春学等译，中国社会科学出版社 2010 年 8 月版。

〔日〕猪口孝、〔英〕纽曼（Edward Newman）、〔美〕基恩（John Keane）编：《变动中的民主》，林猛等译，吉林人民出版社 1999 年 12 月版。

［德］尼采（Friedrich Wilhelm Nietzsche）：《权力意志》，孙周兴译，商务印书馆 2007 年 2 月版，2008 年 2 月第 2 次印刷本。

［德］尼采：《查拉图斯特拉如是说》，杨震译，九州出版社 2007 年 1 月版。

［美］诺齐克（Robert Nozick）：《无政府、国家与乌托邦》，姚大志译，中国社会科学出版社 2008 年 4 月版。

［美］诺齐克：《经过省察的人生——哲学沉思录》，严忠志、欧阳亚丽译，商务印书馆 2007 年 11 月版。

［美］诺齐克：《苏格拉底的困惑》，郭建玲、程郁华译，新星出版社 2006 年 11 月版。

［英］奥克肖特（欧克肖特，M. Oakeshott）：《政治中的理性主义》，张汝伦译，上海译文出版社 2004 年 6 月版。

［英］欧克肖特：《信念论政治与怀疑论政治》，张铭、姚仁权译，上海译文出版社 2009 年 7 月版。

［美］吉列尔莫·奥唐奈（Guillermo A. O'Donnell）、［意］菲利普·施密特（Philippe Schmitter）：《威权统治的转型：关于不确定性民主的试探性结论》，景威、柴绍锦译，新星出版社 2012 年 3 月版。

［德］克劳斯·奥菲（Claus Offe）：《福利国家的矛盾》，郭忠华等译，吉林人民出版社 2006 年 5 月版。

［美］曼瑟·奥尔森（Mancur Olson）：《集体行动的逻辑》，陈郁、郭宇峰、李崇新译，格致出版社、上海三联书店、上海人民出版社 1995 年 4 月第 1 版，2008 年 4 月第 4 次印刷本。

［美］曼瑟·奥尔森：《国家的兴衰——经济增长、滞胀和社会僵化》，李增刚译，世纪出版集团、上海人民出版社 2007 年 3 月第 1 版，2009 年 4 月第 2 次印刷本。

［美］曼瑟·奥尔森：《权力与繁荣》，苏长和、嵇飞译，世纪出版集团、上海人民出版社 2005 年 4 月第 1 版，2009 年 7 月第 3 次印刷本。

［美］戴维·奥斯本（David Osborne）、特德·盖布勒（Ted Gaebler）：《改革政府：企业家精神如何改革着公共部门》，周敦仁等译，上海世纪出版股份有限公司、上海译文出版社 2006 年 11 月版，2013 年 7 月第 10 次印刷本。

［美］文森特·奥斯特罗姆（Vincent Ostrom）：《复合共和制的政治理论》，毛寿龙译，上海三联书店 1999 年 6 月版。

［美］文森特·奥斯特罗姆：《美国联邦主义》，王建勋译，上海三联书店 2003 年 6 月版，2013 年 11 月第 2 次印刷本。

［美］文森特·奥斯特罗姆：《民主的意义及民主制度的脆弱性——回应托克维尔的挑战》，李梅译，陕西出版集团、陕西人民出版社 2011 年 1 月版。

［美］埃莉诺·奥斯特罗姆（Elinor Ostrom）、帕克斯（Roger Parks）、惠特克（Whitaker）：《公共服务的制度建构》，毛寿龙译，上海三联书店 2000 年 6 月版。

［美］托马斯·潘恩（Thomas Paine）：《人权论》，吴运楠、武友任译，载《潘恩选集》，商务印书馆 1981 年 5 月版，2012 年 7 月第 6 次印刷本。

［意大利］帕累托（Virfredo Pareto）：《普通社会学纲要》，田时纲译，东方出版社 2007 年 8 月版。

［意大利］帕累托：《精英的盛衰》，宫维明译，北京出版集团公司、北京出版社 2010 年 2 月版。

［美］迈克尔·帕伦蒂（Michael Parenti）：《少数人的民主》（第 8 版），张萌译，北京大学出版社 2009 年 11 月版。

［美］卡罗尔·佩特曼（Carole Pateman），《参与和民主理论》，陈尧译，世纪出版集团、上海人民出版社 2006 年 6 月版。

［美］盖伊·彼得斯（B. Guy Peters）：《政府未来的治理模式》，吴爱明、夏宏图译，中国人民大学出版社 2001 年 11 月版。

［美］盖伊·彼得斯：《官僚政治》（第五版），聂露、李姿姿译，中国人民大学出版社 2006 年 7 月版。

［美］保罗·彼得森（Paul Peterson）：《联邦主义的代价》，段晓雁译，北京大学出版社 2011 年 9 月版。

［英］保罗·皮尔逊（Paul Pierson）：《拆散福利国家——里根、撒切尔和紧缩政治学》，舒绍福译，吉林出版集团有限责任公司 2007 年 12 月版。

［古希腊］柏拉图（Plato）：《法律篇》，张智仁、何勤华译，上海人

民出版社 2001 年 7 月版，2002 年 2 月第 2 次印刷本。

　　［英］波普尔（Karl Raimund Popper）：《开放社会及其敌人》，陆衡、郑一明等译，中国社会科学出版社 1999 年 8 月版。

　　［英］波普尔：《历史主义贫困论》，何林、赵平译，中国社会科学出版社 1998 年 12 月版。又译为《历史决定论的贫困》，杜汝楫等译，上海人民出版社 2009 年 7 月版。

　　［英］波普尔：《客观知识——一个进化论的研究》，舒炜光等译，上海译文出版社 2005 年 9 月版。

　　［英］波普尔：《二十世纪的教训：波普尔访谈演讲录》，王凌霄译，广西师范大学出版社 2004 年 7 月版。

　　［法］蒲鲁东（Pierre Proudnon）：《什么是所有权》，孙署冰译，商务印书馆 1963 年 6 月第 1 版，2007 年 10 月第 6 次印刷本。

　　［法］蒲鲁东：《贫困的哲学》，余书通、王雪华译，商务印书馆 2010 年版。

　　［德］萨缪尔・普芬道夫（Samuel Pufendorf）：《人和公民的义务》，张淑芳译，陕西出版集团、陕西人民出版社 2009 年 10 月版，

　　［德］埃伯哈德・彭茨（Eberhard Puntsch）：《政治与人类尊严——德国自由主义者的解决途径》，1996 年 2 月由林荣远、冯兴元等翻译。

　　［美］罗伯特・帕特南（Robert D. Putnam）：《使民主运转起来——现代意大利的公民传统》，王列、赖海榕译，江西人民出版社 2001 年 9 月版。

　　［美］鲁恂・W. 派伊（Lucian W. Pye）：《政治发展面面观》，任晓、王元译，天津人民出版社 2009 年 4 月版。

　　［美］罗尔斯（John Rawls）：《正义论》，何怀宏、何包钢、廖申白译，中国社会科学出版社 1988 年 3 月第 1 版，2006 年 12 月第 8 次印刷本。

　　［美］罗尔斯：《政治自由主义》，万俊人译，译林出版社 2000 年 1 月版，2002 年 1 月第 3 次印刷本。

　　［美］罗尔斯：《作为公平的正义：正义新论》，姚大志译，中国社会科学出版社 2011 年 2 月版。

　　［法］罗伯斯比尔（Maximilien de Robespierre）：《革命法制和审判》，

赵涵舆译，商务印书馆 1965 年 6 月第 1 版，2012 年 10 月第 3 次印刷本。

［美］罗蒂（Richard Rorty）：《后哲学文化》黄勇译，上海译文出版社 2009 年 1 月版。

［美］罗蒂：《后形而上学希望》，张国清译，上海译文出版社 2009 年 1 月版。

［美］詹姆斯·罗西瑙（James N. Rosenau）主编：《没有政府的治理》，张胜军、刘小林等译，江西人民出版社 2001 年 9 月版。

［法］卢梭（Jean-Jacques Rousseau）：《社会契约论》，何兆武译，商务印书馆 1980 年修订第 2 版，1997 年 2 月第 8 次印刷本。

［法］卢梭：《政治经济学》，李平沤译，商务印书馆 2013 年 5 月版。

［英］伯特兰·罗素（Bertrand Russell）：《自由之路》，李国山等译，文化艺术出版社 1998 年 1 月版。

［美］保罗·A. 萨巴蒂尔（Paul A. Sabatier）编：《政策过程理论》，彭宗超、钟开斌等译，生活·读书·新知三联书店 2004 年 4 月第 1 版，2006 年 8 月第 2 次印刷本。

［美］爱德华·萨义德（Edward W. Said）：《知识分子论》，单德兴译，生活·读书·新知三联书店 2002 年 4 月第 1 版，2009 年 11 月第 4 次印刷本。

［法］圣西门（Saint—Simon）：《圣西门选集》（三卷本），董果良、王燕生等译，商务印书馆 2004 年版。

［美］迈克尔·桑德尔（Michael J. Sandel）：《民主的不满：美国在寻求一种公共哲学》，曾纪茂译，凤凰出版传媒集团、江苏人民出版社 2008 年 4 月版。

［美］萨托利（Gioanni Sartori）：《民主新论》，冯克利、阎克文译，东方出版社 1998 年 12 月版。

［美］萨托利：《政党与政党体制》，王明进译，商务印书馆 2006 年 12 月版。

［法］萨特：（Jean-Paul Sartre）《存在主义是一种人道主义》、《今天的希望：与萨特的谈话》，周煦良、汤永宽译，世纪出版集团、上海译文出版社 2008 年 4 月版。

［法］萨特：《他人就是地狱——萨特自由选择论集》，关群德等译，

天津人民出版社 2007 年 7 月版。

　　[德] 卡尔·施米特（Carl Schmitt）：《政治的概念》，刘宗坤等译，世纪出版集团、上海人民出版社 2004 年 8 月版。

　　[德] 卡尔·施米特：《政治的浪漫派》，冯克利、刘锋译，世纪出版集团、上海人民出版社 2004 年 8 月第 1 版，2005 年 6 月第 2 次印刷本。

　　[美] 熊彼特（Joseph Alois Schumpeter）：《资本主义、社会主义与民主》，吴良健译，商务印书馆 1999 年 2 月版。

　　[芬兰] 塞特拉（Maija Setela）：《公民投票与民主政府》，廖揆祥、陈永方、邓若玲译，韦伯文化事业出版社 2003 年 1 月版。

　　[美] 夏皮罗（Ian Shapiro）：《政治的道德基础》，姚建华、宋国友译，上海三联书店 2006 年 6 月版。

　　[英] 雪莱（Percy Bysshe Shelley）：《雪莱政治论文选》，杨熙龄译，商务印书馆 1981 年 4 月版，1997 年 8 月第 4 次印刷本。

　　[美] 茱迪·史珂拉（Judith Shklar）：《美国公民权：寻求接纳》，刘满贵译，世纪出版集团、上海人民出版社 2006 年 5 月版。

　　[美] 赫伯特·A. 西蒙（Herbert A. Simon）：《管理行为》（第 4 版），詹正茂翻译，机械工业出版社 2007 年 7 月第 2 版。

　　[美] 赫伯特·A. 西蒙：《基于实践的微观经济学》，孙涤译，格致出版社、上海三联书店、上海人民出版社 2009 年 4 月版。

　　[英] 斯宾塞（Herbert Spencer）：《社会静力学》，张雄武译，商务印书馆 1996 年 11 月第 1 版，2007 年 11 月第 4 次印刷本。

　　[荷兰] 斯宾诺莎（Benedict de Spinoza）：《神学政治论》，温锡增译，商务印书馆 1963 年 11 月第 1 版，1997 年 2 月第 4 次印刷本。

　　[荷兰] 斯宾诺莎：《政治论》，冯炳昆译，商务印书馆 1999 年 10 月版。

　　[英] 巴特·斯廷博根（Bart Von Steengergen）编：《公民身份的条件》，郭台辉译，吉林出版集团有限公司 2007 年 12 月版。

　　[英] 尼克·史蒂文森（Nick Stevenson）编：《文化与公民身份》，陈志杰译，吉林出版集团有限公司 2007 年 12 月版。

　　[美] 德博拉·斯通（Deborah Stone）：《政策悖论：政治决策中的艺术》（修订版），顾建光译，中国人民大学出版社 2006 年 12 月版。

　　[美] 凯斯·桑斯坦（Cass R. Sunstein）：《权利革命之后：重塑规制

国》，钟瑞华译，中国人民大学出版社 2008 年 11 月第 1 版，2009 年 1 月第 2 次印刷本。

［法］塔列朗（Charles Maurice de Talleyrand-Perigord）：《变色龙才是政治的徽章：塔列朗自述》，王新连译，中国法制出版社 2010 年 9 月版。

［美］约翰·克莱顿·托马斯（John Clayton Thomas）：《公共决策中的公民参与》，孙柏瑛等译，中国人民大学出版社 2010 年 9 月版。

［美］查尔斯·蒂利（Charles Tilly）：《集体暴力的政治》，谢岳译，世纪出版集团、上海人民出版社 2006 年 12 月版。

［美］查尔斯·蒂利：《社会运动，1768—2004 年》，胡位钧译，世纪出版集团、上海人民出版社 2009 年 1 月版。

［美］查尔斯·蒂利：《民主》，魏洪钟译，世纪出版集团、上海人民出版社 2009 年 6 月版。

［法］托克维尔（De Tocqueville）：《论美国的民主》，董果良译，商务印书馆 1988 年 12 月版，1997 年 2 月第 6 次印刷本。

［法］托克维尔：《旧制度与大革命》，冯棠译，商务印书馆 1992 年 9 月第 1 版，2012 年 12 月第 10 次印刷本。

［德］斐迪南·滕尼斯（Ferdinand Tonnies）：《新时代的精神》，林荣远译，北京大学出版社 2006 年 6 月版。

［德］斐迪南·滕尼斯：《共同体与社会：纯粹社会学的基本概念》，林荣远译，商务印书馆 1999 年 2 月版。

［美］戴维·杜鲁门（David B. Truman）：《政治过程——政治利益与公共舆论》，陈尧译，天津人民出版社 2005 年 3 月版。

［英］布赖恩·特纳（Bryan S. Turnur）编：《公民身份与社会理论》，郭忠华、蒋红军译，吉林出版集团有限公司 2007 年 12 月版。

［英］杰弗里·维克斯（Geoffrey Vickers）：《判断的艺术——政策制定研究》，陈恢钦、徐家良、张闯译，中国青年出版社 2004 年 6 月版。

［美］德怀特·沃尔多（Dwight Waldo）：《民主行政理论的发展》，载颜昌武、马骏编译《公共行政学百年争论》，中国人民大学出版社 2010

年 1 月版，2012 年 4 月第 2 次印刷本，第 59—82 页。

[英] 沃拉斯（华莱士，Graham Wallas）：《政治中的人性》，朱曾汶译，商务印书馆 1995 年 1 月版，1997 年 3 月第 3 次印刷本。

[美] 迈克尔·沃尔泽（Michael Walzer）：《正义诸领域：为多元主义与平等一辩》，褚松燕译，译林出版社 2002 年 5 月版。

[美] 乔治·华盛顿（George Washington）：《华盛顿选集》，聂崇信、吕德本、熊希龄译，商务印书馆 2012 年 12 月版。

[德] 马克斯·韦伯（Max Weber）：《新教伦理与资本主义精神》，九州出版社 2007 年 1 月版。

[德] 马克斯·韦伯：《学术与政治》，冯克利译，生活·读书·新知三联书店 1998 年 11 月版。

[德] 马克斯·韦伯：《社会科学方法论》，韩水法、莫茜译，中央编译出版社 2008 年 5 月版。

[德] 马克斯·韦伯：《经济与社会》（上、下卷），林荣远译，商务印书馆 1997 年 12 月第 1 版，2006 年 2 月第 4 次印刷本。

[德] 马克斯·韦伯：《韦伯政治著作选》，[英] 彼得·拉斯曼、罗纳德·斯佩尔斯编，阎克文译，东方出版社 2009 年 9 月版。

[美] 戴维·L. 韦默（David L. Weimer）、[加拿大] 艾丹·R. 维宁（Aidan R. Vining）：《政策分析——理论与实践》，戴星翼、董骁、张宏艳译，上海译文出版社 2003 年 10 月版。

[美] 杰伊·D. 怀特（Jay D. White）、盖·B. 亚当斯（Guy B. Adams）：《公共行政研究——对理论与实践的反思》，刘亚平、高洁译，清华大学出版社 2005 年 7 月版。

[美] 伍德罗·威尔逊（Woodrow Wilson）：《行政之研究》，载丰俊功译《政治与行政》，北京大学出版社 2012 年 8 月版，第 209—246 页。

[美] 詹姆斯·Q. 威尔逊（James Q. Wilson：《官僚机构：政府机构的作为及其原因》，孙艳等译，生活·读书·新知三联书店 2006 年 3 月版，2006 年 8 月第 2 次印刷本。

[美] 艾伦·沃尔夫（Alan Wolfe）：《合法性的限度——当代资本主义的政治矛盾》，沈汉等译，商务印书馆 2005 年 11 月版。

[美] 罗伯特·沃尔夫（Robert Paul Wolff）：《为无政府主义申辩》，毛兴贵译，凤凰出版传媒集团、江苏人民出版社 2006 年 2 月版。

　　［美］丹尼斯·朗（Dennis H. Wrong）：《权力论》，陆震纶、郑明哲译，中国社会科学出版社 2001 年 1 月版。

　　陈家刚主编：《协商民主与政治发展》，社会科学文献出版社 2011 年 5 月版。

　　戴黍、牛美丽等编译：《公共行政学中的批判理论》，中国人民大学出版社 2008 年 12 月版。

　　何俊志、任军锋、朱德米编译：《新制度主义政治学译文精选》，天津人民出版社 2007 年 4 月版。

　　刘军宁编：《民主与民主化》，商务印书馆 1999 年 12 月版。

　　罗蔚、周霞编译：《公共行政学中的伦理话语》，中国人民大学出版社 2011 年 4 月版。

　　王巍、牛美丽编译：《公民参与》，中国人民大学出版社 2009 年 10 月版。

　　颜昌武、马骏编译：《公共行政学百年争论》，中国人民大学出版社 2010 年 1 月版，2012 年 4 月第 2 次印刷本。

　　中国社会科学杂志社编：《民主的再思考》，社会科学文献出版社 2000 年 12 月版。